Research on the
Resources of Water
Cultural Heritage
in Chengdu

成都市
水文化
遗产资源
研究

四川省地球物理调查研究所

\ 编著 \

广西师范大学出版社
GUANGXI NORMAL UNIVERSITY PRESS
·桂林·

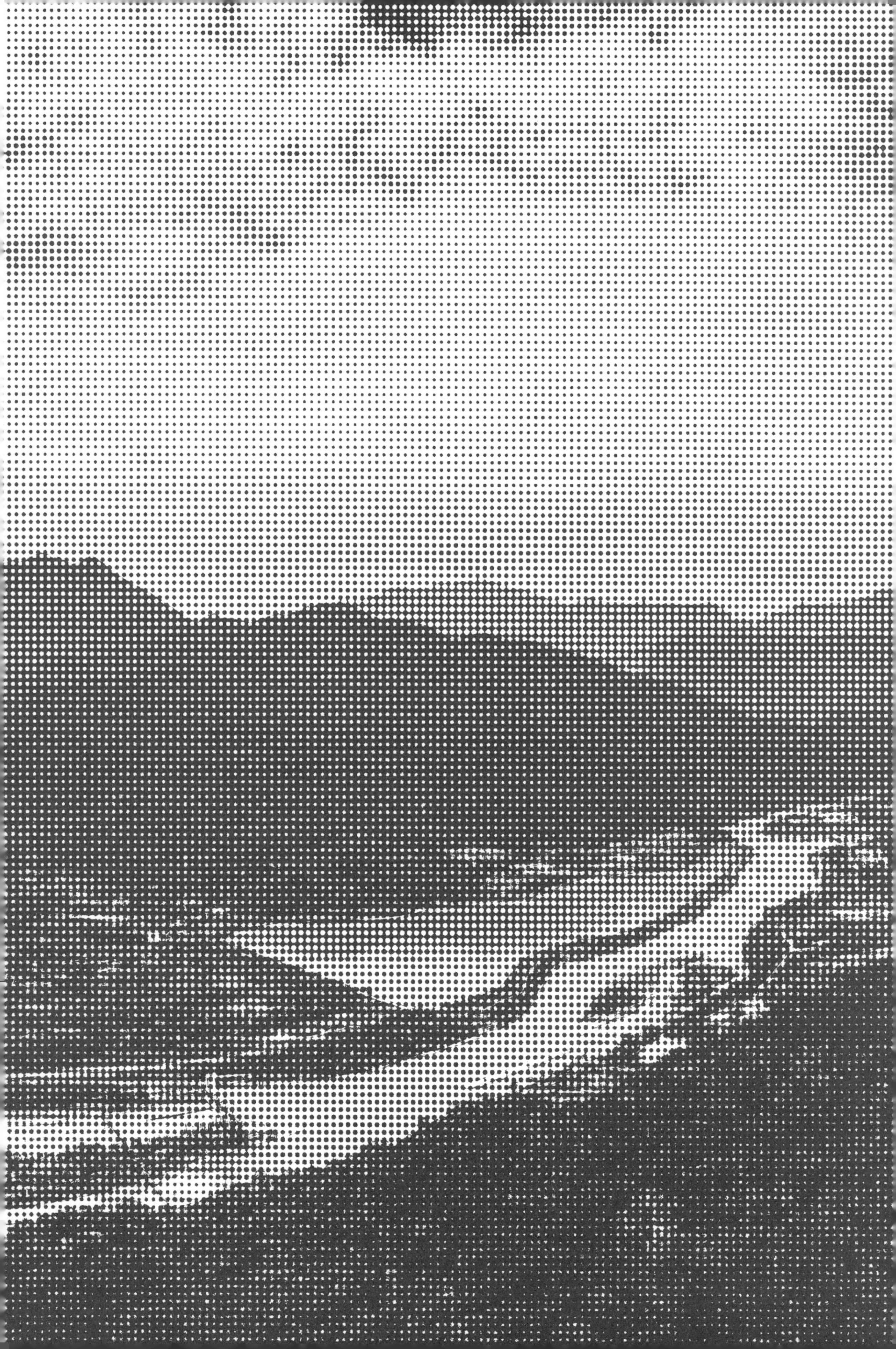

成都市水文化遗产资源研究

CHENGDUSHI SHUIWENHUA YICHAN ZIYUAN YANJIU

出版统筹：冯　波
项目统筹：廖佳平
策划编辑：邹湘侨
责任编辑：邹湘侨
责任技编：王增元
装帧设计：陈　凌

图书在版编目（CIP）数据

成都市水文化遗产资源研究 ／ 四川省地球物理调查
研究所编著. -- 桂林 ：广西师范大学出版社，2024.9.
ISBN 978-7-5598-7432-0

Ⅰ. K928.4

中国国家版本馆 CIP 数据核字第 20245X85K1 号

广西师范大学出版社出版发行

（广西桂林市五里店路 9 号　邮政编码：541004）
网址：http://www.bbtpress.com
出版人：黄轩庄
全国新华书店经销
广西昭泰子隆彩印有限责任公司印刷
（南宁市友爱南路 39 号　邮政编码：530001）
开本：787 mm × 1 092 mm　1/16
印张：46.25　　字数：936 千
2024 年 9 月第 1 版　　2024 年 9 月第 1 次印刷
定价：298.00 元（全二册）

如发现印装质量问题，影响阅读，请与出版社发行部门联系调换。

成都市水文化遗产资源研究

Research on the
Resources of Water
Cultural Heritage
in Chengdu

成都市水文化遗产资源研究

Research on the
Resources of Water
Cultural Heritage
in Chengdu

水文化遗产资源 **1507**处

物质类水文化遗产资源 **1165**处

非物质类水文化遗产资源 **342**处

Ⅰ级资源 **50**处

Ⅱ级资源 **86**处

Ⅲ级资源 **184**处

前言 〉Preface

水润天府，悠然蜀都。

成都是全国十大古都之一，列入首批国家历史文化名城，乃古蜀文明发祥之地，是我国水文化遗产工程类型最丰富、分布范围最广泛、灌溉效益最突出的城市之一。大禹治水、李冰建都江堰开二江、高骈改府河……蜀地数千年治水历史，留下了绚烂丰富的水文化遗存。成都也因此成为一座因水而生、因水而兴、因水而困、因水而荣的城市。成都水文化遗产不仅是天府文化的重要本源力量，更是中华文化的重要组成部分。

为了深入摸清这些珍贵的水文化遗产，挖掘这些见证成都与水往事的水文化遗产的内涵和价值，让散落在各地的水文化遗产的保存状态和利用方式能够得到有效改善，2021年6月，成都市水务局启动成都市水文化遗产资源普查，对现存1949年以前的水文化遗产以及1949—2000年间形成的有关水或反映人与水关系的重要物质类和非物质文化遗产进行普查。本次普查共查明水文化遗产资源1507处，其中Ⅰ级资源50处，Ⅱ级资源86处，Ⅲ级资源184处。

本书便是成都市水文化遗产普查的研究成果之一。书稿共分六章，对全市水文化遗产资源的禀赋、分类特征、定级评价、地域分布、流域分布进行了系统的梳理、总结和分析，并对其资源潜力进行了评估，可为今后成都市水文化遗产资源的研究、保护、传承、弘扬和科学利用提供参考。

书稿在编撰过程中得到成都市水务局、四川省地质调查研究院、成都环境投资集团有限公司、各区（市）县水务部门及相关单位（部门）的大力支持，也有幸得到中国水利水电科学研究院、四川大学、四川师范大学等单位机构多位专家学者的倾力相助，在此表示衷心的感谢！同时感谢所有项目组成员付出的辛勤劳动与智慧，感谢广西师范大学出版社诸位编辑在出版过程中付出的努力。此外，本书在编撰过程中还参考、借鉴了众多业内专家和学者的研究成果，在此表示崇高的敬意！

本书编者尽管尽心竭力，但难免有不成熟和疏漏之处。本书所引数据为2021年数据，因数据更新及引用来源不同，个别数据可能与已有文献不一致，恳请大家批评指正。希望本书的出版能让公众认识并关注成都的水文化，了解"蓉城水韵"往事。希望本书能对专家学者研究成都水文化、保护成都水文化遗产有所裨益。

目录

Contents

3

目录

Contents

成都市
基本情况

位置及交通

　　成都市地处四川盆地西部、青藏高原东缘，东北与德阳市、东南与资阳市毗邻，南面与眉山市相连，西南与雅安市、西北与阿坝藏族羌族自治州接壤；地理位置介于东经102°54′~104°53′、北纬30°05′~31°26′之间。2021年，全市土地面积为14335平方千米，其中中心城区建成区面积1038.79平方千米。

自然生态环境

一、地形地貌

　　成都市地处四川盆地西部边缘，地势由西北向东南倾斜；西部属于四川盆地边缘地区，以深丘和山地为主，海拔大多在1000~3000米之间，最高处位于大邑县西岭镇大雪塘（苗基岭），海拔高度为5364米；东部属于四川盆地盆底平原，为岷江、湔江等江河冲积而成，是成都平原的腹心地带，主要由平原、台地和部分低山丘陵组成，海拔高度一般在750米上下，最低处在简阳市沱江出市域处河岸，海拔高度为359米。成都市由于巨大的垂直高差，在市域内形成三分之一平原、三分之一丘陵、三分之一高山的独特地貌类型；由于气候的显著差异，形成明显的不同热量差异的垂直气候带，因而在区域范围内生物资源种类繁多、门类齐全，分布又相对集中，为发展农业和旅游业带来极为有利的条件。

二、气候资源

成都市地处亚热带季风气候区，热量充足，雨量丰富，四季分明，雨热同期。除西北边缘部分山地以外，成都市大部分地区表现出的气候特点是：夏无酷暑，冬少冰雪，气候温和，夏长冬短，无霜期长，秋雨和夜雨较多，风速小，湿度大，云雾多，日照少。2021年成都市年平均温度为15.7～18.0℃；年极端最高气温为36.1～38.6℃，年极端最低气温为-1.7～-6℃；最热月出现在7～8月，最冷月出现在1月。成都市年总降水量为>34.8～1142.3毫米，雨量主要集中在7～8月，约占全年降水量的一半，暴雨期普遍出现在5～8月。成都市年平均日照时数为843.9～1406.2小时。

三、水文特征

成都市内水系发育，河川纵横，河网密度大。境内大小河流共有四十多条，水域面积700多平方千米，2021年水资源总量90.7亿立方米，大多属于西南部的岷江水系，约占85%，少部分属于东北部的沱江水系，约占10%，少数属于青衣江水系，比例较低。各水系互有连通，属于不闭合流域。

（一）**岷江**：别称汶江、都江，在传统上以阿坝藏族羌族自治州松潘县岷山南麓的一支为其正源，是长江上游水量最丰富的支流，其干流全长711千米，落差约3560米，多年平均流量2830立方米/秒，主要支流有黑水河、杂谷脑河、大渡河等。岷江流经成都市，在都江堰的水利工程鱼嘴和金刚堤处被分为外江和内江，外江是岷江正流，其作用主要是泄洪，引流分出沙沟河与黑石河两大灌溉干渠；内江的主要作用是灌溉，分为蒲阳河、柏条河、走马河、江安河四条灌溉干渠。这几条主要河道又不断分出西河、斜河、南河等灌溉河道，在成都市境内形成密集河网。

岷江支流众多，进入市域后，左岸主要支流有龙溪河、白沙河、府河、杨柳河等，右岸主要支流有西河、南河等。

1. 龙溪河

龙溪河是岷江上游左岸一级支流，古名龙溪。发源于都江堰市龙池岗西南，初名龙池水。龙溪河全在都江堰市境内，河长18千米，流域面积77.6平方千米，多年平均流量3.44立方米/秒，最大洪峰流量300立方米/秒。龙溪河上游有一龙池，系天然湖泊，池水清澈，风景秀丽，附近的森林公园为国家一级保护区。

2. 白沙河

白沙河是岷江上游左岸一级支流，又名白沙江，发源于都江堰市光光山南麓。

白沙河长49千米，流域面积365平方千米，多年平均流量16.2立方米／秒（1954～1985年），年径流量5.11亿立方米。

3. 西河

西河是岷江右岸一级支流，发源于崇州西部山区火烧营。干流河长112千米，平均比降4‰，总流域面积1393平方千米，年平均流量14.9立方米／秒，年径流量4.68亿立方米。

4. 南河

南河古名邛水、赤水，岷江右岸一级支流，发源于邛崃市西部山区，上游分二源，源于镇西山的称火井河（又称文井江），源于天台山的称夹关河（又称白木江），二河于齐口相汇后始称南河。干流河长109千米，平均比降1.06‰，流域面积3640平方千米，年平均流量28立方米／（每）秒（1965～1970年），年径流量8.52亿立方米。

5. 芦溪河

芦溪河又名鹿溪，为天然山溪河流，属都江堰水系府河左岸支流，发源于成都市龙泉驿区长松山西坡王家湾。芦溪河长65千米，平均比降12‰（其中柏鹤寺至籍田镇0.8‰），流域面积684平方千米。

6. 玉溪河

玉溪河是青衣江上游一级支流（大渡河二级支流，岷江三级支流），又名玉玺河、芦山河、大川河。源出大邑县西部山区，上游分二源，东源为黑水河，西源为黄水河，两源于芦山县中咀汇合。玉溪河干流河长113千米，流域面积1397平方千米。

（二）**沱江**：发源于川西北九顶山南麓，绵竹市断岩头大黑湾。沱江全长634千米，流域面积2.78平方千米。从源头至金堂赵镇为上游，长134千米，称绵远河。从赵镇起至河口称沱江，长522千米，落差约214.1米，主要支流有毗河、青白江、石亭江等。流域内多年平均降水量1200毫米，多年平均流量982立方米／秒，年径流量351

亿立方米，其中岷江补给约占33.4%。

成都市地域内沱江水系分支众多，青白江、毗河虽属沱江支流，但均为都江堰内江渠系主干，并非天然河流，故不在此详述，现将市域内其余主要支流分述于下。

1. 湔江

湔江，古称湔水、蒙水、彭水、王村河等，沱江一级支流，发源于龙门山中段的茶坪山，上游称金河。湔江在关口以上的山区河段长65千米，平均比降15.3‰，流域面积626平方千米；关口至湔江（鸭子河）与石亭江汇合口之间的平原河段长58千米，平均比降5.24‰，流域面积664平方千米。湔江总长123千米，总流域面积1290平方千米。

2. 山溪河

市境内属沱江（含北河）一级支流的山溪河，自上游而下依次有官仓河、海螺河、桤木河、水磨河、清溪河、兴隆沟、鲤鱼溪、万家河、黄水河、杨溪河、壮溪河、资水河。其中壮溪河在简阳市境汇入沱江，资水河在资阳市境汇入沱江，其余各河均在金堂县境汇入沱江。

四、水利资源

成都市2021年水资源总量为90.7亿立方米，总量虽然丰富，但因人口密集，人均水资源占有量却很少，人均水资源占有量679立方米（按户籍人口计）。成都市地处长江支流岷江及沱江流域，岷江及沱江干流穿越市境，市境内岷江干流长96千米，沱江干流长146千米，岷江、沱江流域面积分别占55%、45%。成都市过境水量中以岷江过境水为主，不仅水量丰富，而且水质优异，洪枯变化较小，地势居高临下，便于自流引用，为成都主要供水水源。成都市地下水资源较为丰富，达28.63亿立方米，且埋藏深度较浅，含水层厚度大，便于开发利用；但因城市化的进程，地下水受到不同程度污染，故对地下水应以保护为主，适度进行开采。全市拥有各类蓄水设施25110处，其中有水库236座（大型1座、中型6座、小一型53座、小二型176座），各类蓄水设施实际蓄水53213万立方米。

五、自然景观

　　成都地形地貌复杂多样，山水俱全，自然风光绮丽，旅游资源得天独厚。山景中有"天下幽"的青城山、雄奇多姿的九峰山、高耸挺拔的西岭雪山、景色秀美的玉垒山，水景中有汹涌湍急的溪流、清澈明亮的水潭、飞珠溅玉的瀑布、秀美如画的湖泊，生物景观中有少见的桂花林、箭竹林、杜鹃林等植物群落以及大熊猫、小熊猫、金丝猴等珍稀动物。成都市的旅游资源分布相对集中，已形成以成都市区为核心，组合不同、风格各异的众多国家 A 级旅游景区，以及众多省、市级风景片区。

~~~~~~~~~~

第三节

历史沿革及文化发展

一、历史沿革

　　成都具有悠久而独特的历史，文化积淀极其深厚。早在距今约4500~3700年前，成都平原已出现被后世称为"宝墩文化"的一系列古蜀先民的聚落中心。这些聚落中心均已夯筑了城墙，建筑了祭祀和集会的场所。根据"金沙遗址"出土的大量历史遗存，基本可以推定，至迟在殷商晚期至西周初期，今天成都一带已经成为古蜀王国的中心都邑所在；而成都商业街战国船棺葬群的发现则进一步证明，至迟在战国早期，今成都市区中心可能已经出现比较规范的古典城市，极有可能就是古籍所说的古蜀最后一个王朝"开明王朝"的国都。

　　公元前316年，秦灭蜀，以其地设置蜀郡，在蜀王旧都一带置成都县，为蜀郡治所。公元前311年，蜀郡守张若在蜀国都城的基础上，修筑大城和少城，城市规制仿照秦都咸阳，这一重大事件被后世公认为成都建城的标志。此后，蜀郡守李冰在蜀人治水事业的基础上主持修建都江堰水利工程。都江堰把成都平原造就成为富饶的"天府之国"，为成都城市的发展奠定了物质基础，使成都迅速成为西南地区的经济、政治、文化中心。

自秦代兴建大城2000多年以来，成都城市或毁而重建，或扩而新建，城址从未迁徙，"成都"这一名称也从未改变，在中国众多历史文化名城之中是绝无仅有的。两汉时期，成都城市经济得到长足发展，到西汉末年已成为仅次于长安的全国第二大商业都会。成都不仅是西南地区最大的商品经济活动的中心，也是"南方丝绸之路"的起点和重要口岸。

从两汉至三国蜀汉，成都精美的蜀锦一直受到官方和民间高度赞赏和欢迎；这一时期，成都因出现一座专门织造蜀锦的官营作坊"锦官城"而获得"锦官城"和"锦城"两个别称。

唐代，以成都为中心的"剑南西川道"是全国最富庶的地区之一，当时有"扬一益二"之说。中唐以下，成都又成为唐王朝的"南京"。

五代前、后蜀和两宋，成都的繁荣达到鼎盛，后蜀主孟昶曾下令在成都城上遍植芙蓉，成都故此得到"蓉城"的别称。

宋代，四川地区被划分为益州路、梓州路、利州路、夔州路，简称"川峡四路"，故"四川"一名即由此而得，成都为益州路治所。

元代，建置四川等处行中书省，简称四川省，以成都为治所，这是成都为省治之始。

明代，在四川建置四川承宣布政使司，成都为布政使司治所。

明末清初，成都地区先后发生张献忠大西军、明军及清军之间的多次战争，城市遭到毁灭性打击，整个城池成为一片废墟，四川省的治所也一度被迫从成都移往川北的阆中；从康熙到乾隆，清政府推行"湖广填四川"的移民政策，鼓励垦荒占田，使川西平原和成都城市经济再度繁荣。经过康熙、乾隆年间的重建和扩建，一座宏伟的成都新城又重新屹立于原来的旧城址之上。清代，四川承宣布政使司改为四川省，成都为四川省治。

民国初年，成都仍为四川省治所在地。1922年，成都、华阳两县合并为市，成立市政公所，县治保留；1928年，成都市政府建立，成都市为省辖市、省会。

1949年12月，成都解放，始为川西行政公署驻地；1952年，行署撤销，恢复四川省建制，成都市为四川省省会至今；1976年将温江地区的双流县、金堂县划入成都市管辖；1983年，实行市领导县的体制，撤销温江地区，将其10个县并入成都市；1990年，调整成都市区划，将原来的5个区划分为7个区；2002年，经国务院批准，将原新都县、温江县撤县设区；2015年12月，经国务院批准，原双流县撤县设区；2016年5月，经国务院批准，资阳市代管的县级市简阳市改由成都市代管；2016年11月，经国务院批准，原郫县撤县设区；2020年6月，经国务院批准，原新津县撤县设区。截至2021年，成都市辖锦江、青羊、金牛、武侯、成华、龙泉驿、青白江、新都、温江、双流、郫都、新津12个区，简阳、都江堰、彭州、邛崃、崇州5个县级市，金堂、大邑、蒲江3个县。另外，成都市有国家级自主创新示范区——成都高新技术产业开发区、国家级经济技术开发区——成都经济技术开发区、国家级新区——四川天府新区成都直管区（2014年10月2日被国务院认定为国家级新区）；2020年4月28日，四川省人民政府同意设立成都东部新区。

二、历史文化发展

文化，是一座城市的独特印记，更是一座城市的根与魂。文化，是成都最厚重的城市底色、最骄傲的人文荣光。千百年来，成都在传承辉煌的中华文化、延续灿烂的巴蜀文脉中，孕育出特质鲜明、独具魅力的天府文化。

水是城市生活的生命线，是城市文明的摇篮。成都是按照"上善若水，水孕文明，文明城市"的自然哲学模式形成和发展起来的城市。

都江堰与二江（即锦江）自古即是成都城市经济文化孕育和发展的摇篮。岷江流域是最早被人类认识和开发的地区之一。独特的江源文明，是蜀文化的重要来源。

成都城、成都人、成都历史文化是水淬炼出来的，是江孕育出来的。水造就了成都平原的富饶，水赋予了成都人特有的灵气。成都城的格局和发展脉络，均与水息息相关。成都是一座与水有着不解之缘的城市。

成都，取"一年而所居成聚，二年成邑，三年成都"（《史记·五帝本纪》司马迁）之义。早在旧石器时代，成都平原上就有人类居住。战国时期，蜀王开明氏"徙治成都"，从公元前400年建城至今，已有2400多年的历史。西汉时，成都平原的繁华超过一向富庶的关中平原，汉代的成都已是全国除京城长安以外的五大都市之一。成都的兴衰发展与水息息相关。

历史上，二江曾数次发生重大变化，或主流改道，或衍生支流。成都城市的城坊格局和城市环境，也随着二江的变化而改变。从秦汉到唐中期，是"二江珥市"（汉代扬雄《蜀都赋》："二江珥其市，九桥带其流"）；从唐后期到近代，是"二江抱城"（即当今的府河、南河）。其间，城中的支流水道发生数次重大变化，对城市城坊格局、经济文化和市民生活产生了重大影响。成都自建城之后，城市曾经几度重建和扩建，城池的面积有过缩小，也有过扩展，城区水系也随着城市的发展，几经变化。不断完善的城市水系和通达的水路运输，使成都成为繁华千年的都会。现代人开展的以府河南河、沙河整治为标志的城市水环境治理，使历史文化名城焕发出前所未有的勃勃生机。

（一）天府文化是中华文化有机组成部分

中华文化源远流长、灿烂辉煌，在疆域流变、民族交融、文化融合的历史进程中，形成了多元一体的源流和多姿多彩的传承。中华文化积淀着中华民族最深沉的精神追求，镌刻着中华民族最根本的精神基因，代表着中华民族独特的精神标识，是中华民族生生不息、发展壮大的丰厚滋养，是中国特色社会主义植根的文化沃土和突出优势。天府文化是中华民族的精神成果在一代代成都人中的薪火传承，与中华文明一脉相承、相伴相生，是中华文化的有机组成、灿烂一元。数千年来，天府文化始终贯穿了讲仁爱、重民本、守诚信、崇正义、尚和合、求大同的中华文化思想理念和传统美德。

（二）天府文化传承于巴蜀文明

起源于新石器时代，形成于夏商周的巴蜀文明别样精彩，一直是长江上游地区的文明中心。秦并巴蜀，巴蜀文化逐渐融入多元一体的中华文明及其宏阔的发展历程。四川盆地独特美丽的自然山水、优越秀冠的农耕文明、富甲天下的物产与生活，孕育出巴蜀文明的鲜明特质，铸就了崇尚自然、开拓创新、开放包容、乐观向上的人文底蕴。成都平原是巴蜀文明、天府之国的核心区域，宝墩、三星堆、金沙等古蜀文化的辉煌成果，历经数千年演进，吮吸和传承巴蜀文明精髓，融合多元文化，积淀出具有鲜明成都印记、充满智慧光辉的天府文化，丰富和发展了巴蜀文明。

（三）天府文化与城市同成长

城市是人类文明进步的结晶和摇篮，具有严密高效的生产生活体系，是经济社会活动和文化积累、传播、延续和进化的核心载体。成都拥有4500年文明史、2300多年建城史，是国家首批历史文化名城和中国十大古都，在古老悠久、持续繁荣的城市历史中，天府文化从萌芽走向了兴盛，始终充满旺盛的生命力。

以十二桥和金沙文化为标志的先秦萌芽期。古蜀先民从岷江上游河谷迁徙到成都平原建立古蜀国，高度物质文明和复杂社会形态的城市开始崛起，形成了以稻作文化、蚕桑文化、青铜文化、玉石文化、建筑文化等为代表，璀璨多彩的古蜀文明，孕育了天府文化生生不息的优秀基因。

李冰治水凿筑都江堰，成都平原逐渐成为水旱从人，不知饥馑，民阜物丰的天府之国。以都江堰造就天府之国、文翁化蜀为标志的秦汉形成期。蜀锦、茶叶、漆器等沿南北丝路走向世界，成都成为汉代中国工商业繁盛"五都"之一和国际贸易城市。社会昌明文化繁荣，形成了"蜀学比于齐鲁""至今巴蜀好文雅"的天府文脉。

"扬一益二"的唐宋兴盛期。唐朝的成都与扬州"富庶甲天下"，北宋的成都是首都开封之外首屈一指的大都市、世界最大的织锦中心，涌现了世界最早的出版家"龙池坊卞家"、人类最早的纸币交子、世界佛教史上第一部官刻大藏经《开宝藏》……文化大师群星璀璨，诗词歌赋高峰耸立，音乐绘画开宗立派，佛道并盛包容万千，成就了"自古诗人例入蜀"的天府文化盛况。

成都是长江上游古代文明的起源与发展中心，亦是中华文明的重要发祥地之一。它既是中国西部政治、经济、文化、军事等区域中心，又是连接亚欧的丝绸之路和茶马古道的起点，在中西文化交流中起着不可替代的作用。自古以来，成都都位于中国城市文明的核心区，有崇文重教、和谐包容、开拓创新的城市精神和性格。在中国现代城市中，尤以思想观念、思维方式、生活方式的创新而备受世人瞩目。

~~~~~~~~~~~~~~~~~~~~~~

第四节

治水历史发展

水是生命之源，是人类赖以生存和发展的物质条件。人类对水环境的干预便产生治水，可分为三个阶段：自在阶段、自为阶段、自觉阶段。

自在阶段：在远古时代，先民"逐水草而居"，依靠采摘果实、打猎或放牧牲畜，获取赖以生存的资源。这一阶段由敬畏自然、顺应自然，而产生"天人合一"的思想。

自为阶段：防水患、兴水利。随着人类生存能力的增长，随着人口增加，生产力和科技水平的提高，人们开始与水争地，筑坝建库、修渠道、建电厂，发挥防洪、灌溉、供水、通航、发电等综合效益，进入了按照人类的意愿改造自然、战胜自然的阶段，所谓"人定胜天"，便是这一时期的主调。

自觉阶段：由于人类对自然的过度干预，水资源短缺，水生态破坏，水环境污染日益严重，人们开始反思自己的行为，提出了科学治理开发，坚持可持续发展，实现人水和谐，生态平衡。

从蜀水文化史看，先秦至民国时期是自在阶段，民国至二十世纪末是自为阶段，二十世纪末开始走向自觉阶段。

一、成都治水历程

（一）先秦时期

成都治水的初创时期从大禹治水到鳖灵疏金堂峡再到李冰开创都江堰。

蜀水文化以治水为先导，大禹开先河，鳖灵续传统，李冰集大成。大禹、鳖灵治水主要表现为"除害"，而李冰治水则体现在"兴利"。大禹的"岷山导江，东别为沱"的"导"与"别"，为治水、治国定下基调；鳖灵的"凿玉垒山，疏金堂峡"之举，实践了大禹的理论；李冰将"导"、"别"发展为"导"、"泄""引"，完成了由"除害"到"兴利"的华丽转身。

（二）秦汉时期

两汉时期的治水，主要是由除害为主转变为以兴利为主。

经秦统一六国之后，社会经济的发展，文化交流提升，人口增长，对物质需求相应增加，农业的发展又对灌溉提出了新的要求，在新的形势下，以除害为主的治水开始向以兴利为主转变。四川治水在这个时期达到的第一次高潮，代表性工程有文翁穿湔江口、文翁首扩灌都江堰灌区、创建通济堰等。

（三）三国两晋南北朝时期

三国两晋南北朝，是中国历史上较长的分裂动荡时期，社会经济和水利事业发展缓慢，甚至遭到破坏。但其中也有相对和平的时期和相对稳定的地区。一些地方割据政权，为了自己的生存和扩大疆域的需要，也比较重视水利，把水利作为国资农本，就是国之重器、农之根本。当时的成都就是这种情况。在这个历史时期，成都内部大多数时间是和平稳定的，以都江堰为代表的水利工程得到了巩固和发展。

1. 三国时期的成都水利

《三国志》是东晋史学家陈寿（233～297）所编纂的一部地方志。其中《蜀志》专记蜀汉政权下四川等地区政事，并记载国君视察水情的最早资料。北魏郦道元《水经注》记载都江堰："诸葛亮北征，以此堰农本，国之所资，以征丁千二百人主护之，有堰官。"这两条记载足以说明三国蜀汉政权对都江堰水利工程的重视。

2. 两晋南北朝时期的成都水利

魏晋时四川水利正史资料极少。最著名的有左思的《蜀都赋》、常璩的《华阳国志》、郦道元的《水经注》等，它们皆是蜀水文化精神文化的重要组成部分。《蜀都赋》从文学的角度用诗句描写了都江堰及其灌区；《华阳国志》则从地方志的角度，解读蜀水文化，翔实地记载了李冰众多政绩和都江堰当时的良好状况；《水经注》则从地理学的角度，以江河水系为纲随见随闻记载了都江堰和四川江河水利情况，弘扬蜀水文化。此外，还有任豫、李膺的《益州记》也介绍了当时都江堰的情况。

都江堰灌区发展的重要标志是国家主导了工程和灌溉管理。继诸葛亮在都江堰置堰官并派军队驻守之后，晋代蜀郡置有蜀渠都水行事、蜀渠平水、水部都督等官，是专门负责灌溉用水调度的官吏。

（四）唐宋时期

唐代以及前蜀和后蜀水利工程为成都创造了历史时期最好的水环境。这一时期是成都历史上水域面积最大的时期。晚唐时期西川节度使高骈拒南诏，保卫成都之战而兴建了引郫江工程——縻枣堰，开凿成都护城河，形成了成都二江抱城、三面环水的城河水系，即延续至今的成都的府河和南河。五代前后蜀时，引郫江入城，在成都内城出现摩诃池河湖水系。

唐代开国二百多年，社会的长期稳定和经济的持续繁荣，使成都城市发展十分迅速，城市人口大量增加。唐肃宗时（756～761）杜甫流寓成都，有"城中十万户"的诗句。到唐代后期，成都的大量市民都长期居住和劳作在城垣之外，城市的实际范围已经越出城垣的限制。特别是解玉溪和金水河的开凿，使成都东郊地区成为发达的商市区域。

唐末高骈修糜枣堰，将郫江东移，并引水入摩诃池，后蜀末年，摩诃池及成都沟渠逐渐淤淀，以致成都城西和城南街区蓄滞洪水的容量及排水能力大为降低。后蜀末年至北宋年间由于区间暴雨和岷江干流洪水多次入城，以致成都遭受了前所未有的淹城之灾。北宋之初，首要的任务就是重新整治城市水道。一些淤废的沟渠、河道重新开挖或疏浚，恢复城市的排水能力。

　　宋代都江堰有很大发展，已经形成三大干渠、十四条支渠和无数小渠的灌溉网络。灌区遍及成都、导江、新繁、九陇、崇宁、蒙阳、广汉、郫县、温江、新都、华阳、永康等十多个州县。

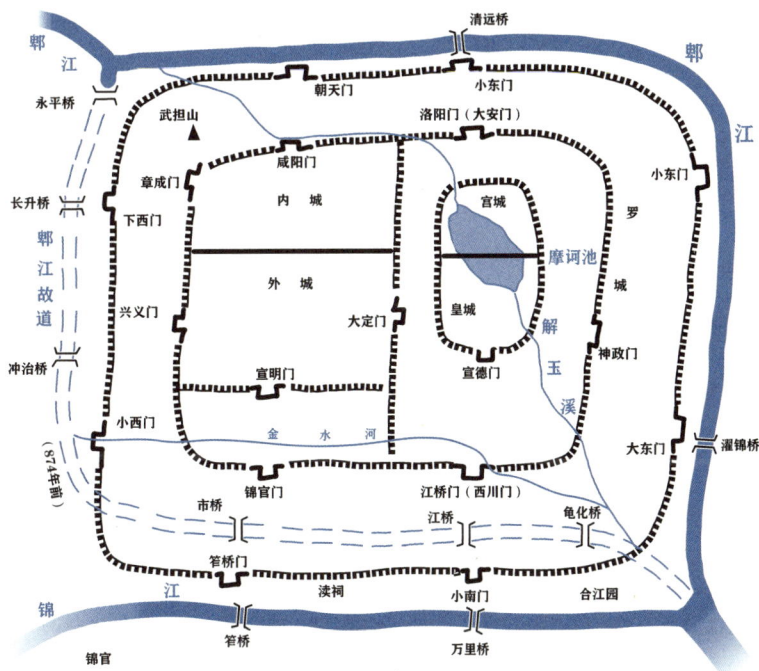

图 1-1 唐成都形制及城市水系示意图

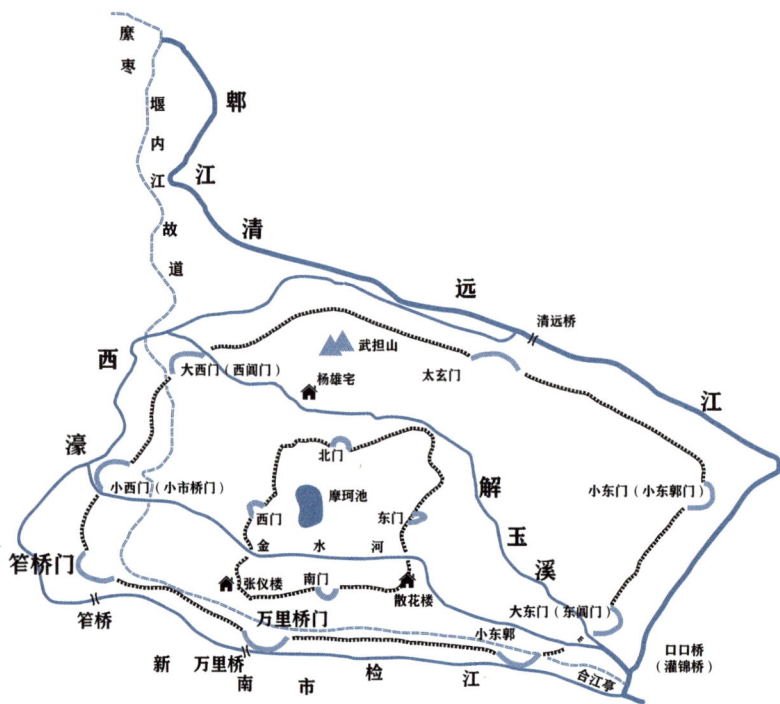

图1-2 宋成都形制及
城市水系示意图

这一时期成都水利有两个突出的特点：

第一，水制度文化不断完善。唐代曾颁布一系列水利法令和法规。唐代主管水利的最高机关水部，曾制定工程管理法规《水部式》，这是中国第一部系统的水利法典。唐代颁布的《营缮令》，对水利工程建设也有规定。《唐律》第二十七《杂律》还规定了违反水利法规的处罚标准，重者"徒三年"。这些法规，保证了水利工程建设和管理的健康发展。

宋代更加重视水政。宋仁宗颁布了张君平等提出的排涝法规《疏决利害八事》；王安石推行新政时，宋神宗又颁布《农田利害条约》，这是一部最早而又较系统的农田水利法。

宋代对都江堰的治理形成了一套行之有效的制度。宋代都江堰水制度文化集中体现在岁修（穿淘）制度的建立。以岁修为中心，建立水则水位观测规范、象鼻堤岸制作规范、资金材料登记制度、档案管理制度和监督奖惩制度。

第二，水利建设有很大发展。《新唐书·地理志》重点记载了都江堰的整治与发展，而且记载了四川地区（唐时为剑南道）十七处唐时兴建的较大的水利工程。这些工程的名称、修建的时间、地点、主持人、规模、效益、兴废都写得比较清楚。有些工程至今仍在发挥效益。唐代四川水利建设有很大发展，兴建这么多水利工程，在此前的历史上是空前的。不少工程，如通济堰、侍郎堰（今都江堰）到现在仍然经久不衰，而且青春焕然，发挥着更大的效益。

（五）元明时期

元明时期，四川治水活动进入了一个新时期。这个时期的特点，是在具体的治水工程中出现传统治水方法与新治水方法的争议和分歧，即著名的"铁石之争"。

自元末吉当普毅然改造枢纽结构，变竹笼卵石为铁锭砌石，减少岁修工程量，取得显著效益，至明初石堰冲毁，又经胡光修复。由于基础不固，铁石结构寿命约为40年，因一次性投入较多，对于这种结构是否适用于都江堰，在水利界产生了争议。

明正德时（公元16世纪初）水利佥事卢翊《治水记》认为："蜀守李公冰凿离堆以利蜀。刻'深淘滩，低作堰'六言于石，立万世治水者法。"卢翊主张用竹笼卵石结构，将用水户摊派出工的3000人分为8班，每8年轮值岁修一次，负担也不会过重。

施千祥设计建造铁牛鱼嘴，这次特修，除一对铁牛外，还立铁柱3根于铁牛下游，加固鱼嘴。鱼嘴之下，照常安置竹笼工程卷护。铁牛鱼嘴的建造，在都江堰发展史上是一件大事，艺术造型与工程技术相结合，也是史无前例的一大创举。

（六）清代

清代时期治水的特点，是重在对治水经验的总结，在注重对治水经验的总结上，还产生了不少具有相当文献价值的资料。冯广宏主编的《都江堰文献集成（先秦至清代）》一书正文共793页，清代部分就有493页，占62.1%，可见清代极为重视对治水经验的总结，是都江堰经验总结的高潮期、历史文献的高产期。

这一时期代表有：丁宝桢等易笼为石大修都江堰、强望泰两修都江堰、杭爱复修都江堰、王来通创建长同堰，编撰《灌江备考》、陈登龙著《蜀水考》、李元著《蜀水经》等。

（七）民国时期

民国时期，成都治水活动出现了许多具有专门水利工程知识的技术人才，在治水工程中自觉并大量使用现代科学技术和新材料，正式施工前有严密的工程规划及翔实的资料、图纸等，1943年出版《都江堰水利工程述要及其改善计划大纲》表明重视整体规划，使这一时期的治水实践具备前所未有的三大新型特征，完成由古代水利向近代水利的转化。

张沅毕业于日本东京帝国大学土木工程专业，曾三次主持大修都江堰。他采用现代科技和钢筋水泥等固定"鱼嘴"，奠定了现代都江堰水利工程的基础。

1933年叠溪大地震，都江堰遭到毁灭性的破坏。经过1935年的大修，1936年得到全面恢复，在抗日战争中加强维护管理，使都江堰得到巩固和发展，到1946年，都江堰灌溉面积达到300万亩,(按当时的灌面已达到历史最高)灌溉成都平原14个县的农田。

在抗战时期的水利建设中，值得一提的是集聚和造就了一批水利建设人才。其中较为著名的有：李赋都、黄万里、李镇南、贾书何、李殿冀、吴应祺、张季春、官兴文、何北衡、张沅、邵从燊、卢作孚、郑献徵、李玉鑫、余家淘、李昌图、顾兆勋、屠达、叶遇春、熊达成、吴际春、朱埔庄、李仪祉、郑肇经、任重、徐松涛、周郁如、曹瑞芝、刘石卜、魏振华、兰士祥、张缙、童舒培、张先仕、巩坚璧、邢丕绪、梁兴炎、税西恒、吴震寰、董文琦。

（八）新中国水利建设新成就

人民渠，新中国四川第一渠。1953年1月至1956年2月，四川省水利厅主持兴建了官渠堰1～4期工程（今人民渠总干渠），灌溉面积达129万余亩（1956年），实现了灌区人民世世代代渴望引灌都江堰水的愿望。1958～1980年又分别续建了5～7期工程和红岩分干渠，把都江堰水引到了涪江流域丘陵区，扩大灌溉面积264万余亩。全部工程投资（不含民工投劳折资）约2.3亿元，投劳2.3亿工日，完成工程量9348万立方米。

玉溪河引水工程是四川省兴建的跨流域大型引水工程。该工程从青衣江的支流芦山县玉溪河上游取水，控灌邛崃、蒲江、名山、芦山四县高台地和丘陵地86.64万亩，工程设计引水流量为34立方米／秒。基本形成"引、蓄、提"结合，大、中、小配套的水利灌溉体系。

二、都江堰治水历史发展

都江堰是当今世界上年代久远、唯一留存、以无坝引水为特征的古代水利工程。它不仅是古代劳动人民的智慧结晶和中国水利工程技术的伟大奇迹,亦是世界水利工程的璀璨明珠。都江堰建堰2270多年,至今仍在发挥着愈来愈大的效益,是一项造福万代的生态工程,已被联合国教科文组织列入世界文化遗产名录。源远流长的都江堰水文化是:大禹开其端,鳖灵继其业,李冰总其成,历代遵其制。

(一)古蜀先民,筑城防水

位于都江堰市青城山镇的芒城遗址,面积约12万平方米,是国内罕见的、具有双圈城墙的新石器时代晚期遗址,距今有4300多年历史。1997~1999年,经过中日联合三年考古发掘,出土大量古陶器残片和磨制十分精美的石斧、石凿、石矛、石簇等石器。居住在芒城遗址上的古蜀先民,在台地上修筑具有两道防护作用的双圈城墙,防御洪水的灾害,这是古蜀人为了防止洪水等自然灾害,采取"水来土掩"的方法。芒城遗址和宝墩等遗址是研究长江上游地区史前水利文化的重要遗迹,为探索成都平原的文明起源和对三星堆、金沙遗址的研究,具有十分重要的考古价值,1996年,芒城遗址被评为全国十大考古发现。2001年6月25日,国务院公布为全国重点文物保护单位。

芒城是古蜀人构筑的防洪避灾人工屏障:城墙和壕沟是一个系统工程,采用的是"挖壕沟,取土筑墙"的方法,尤其是在芒城遗址南城墙外侧,有经洪水冲击形成的砂石层,砂石层外还有人工堆土层,说明城墙曾经被洪水冲毁,后又修复加固。

由此证明,古蜀人在几千年前已具有修筑高大墙堤,用以防御洪水冲击的能力,以维护其在墙垣内相对安全稳定的生产和生活。

(二)大禹治水,西兴东渐

据《华阳国志·蜀志》等书记载:"禹本汶山郡广柔人,生于石纽"。在古代,汶山郡管辖的地域很广,包括现在的都江堰、汶川、茂县、松潘、黑水等岷江上游地区。南北朝时,汶山郡被羌人占据,汶山郡的郡治迁移到灌口(今都江堰市),管辖都安县、汶山县和宴官县。由于大禹出生在岷江上游与都江堰接壤的西羌地区,因此治理江河水患应是"西兴东渐",从四川的岷江上游开始,然后转向黄河、淮河、长江、富春江、钱塘江等流域的,而位于成都平原与岷江出山口之间的都江堰必然成为大禹治水的重点河流。《尚书》记载：大禹治水"岷山导江，东别为沱"，"华阳、黑水惟梁州，岷嶓既艺，沱潜既道，蔡蒙旅平，和夷底绩"。这段话记载了大禹在岷江和西南地区的治水功绩。在治水中，大禹采用"凿山开渠、疏通壅塞，将洪水引入大江和大海"的疏导方法，先导大河之水入湖海，再导山川沟壑之水入大河。并且根据山川地理情况，将中国划分为九个州，先治理九州山地，使山坡变成土地耕种，再治理山川平原，使平地变为沃土良田，使先民们由居无定所的游牧生活，过上"桑土既蚕、是降丘宅土"的农耕生活。

大禹治水成功后，受天下人所敬重。在都江堰市不仅流传很多大禹治水的故事，景区的松茂古道上还有建于清代的禹王宫，且保存完好；在龙池自然风景区还建有禹王庙，这些都是纪念大禹治水的专祠。在伏龙观内还有记载大禹治水事迹的禹碑，又称《岣嵝碑》，每年农历的6月6日，传说为大禹诞辰之日，老百姓从四面八方汇集在禹王宫或禹王庙，朝拜祭祀这位人文始祖和治水英雄。

（三）鳖灵治水，疏通排洪道

在古代，蜀国先后有蚕丛、柏灌、鱼凫、杜宇、开明等12世蜀王。《蜀王本纪》："蜀王之先名蚕丛，后代名曰柏灌，后者名鱼凫。此三代各数百岁，皆神化不死，其民亦颇随王去。鱼凫田于湔山，得仙。今庙祀于湔。时蜀民稀少。"都江堰是古代蜀王们生产和生活的地区。约在公元前六世纪，蜀王杜宇，教民务农，史称"望帝"。后来，山洪暴发，水灾严重，望帝不能治水，派丞相鳖灵去疏通岷江上游和金堂峡，将洪水排入长江，使蜀国老百姓免受洪涝灾害，治水有功。望帝自以薄德不如鳖灵，便将帝位禅让给整灵后隐居到岷山山林。鳖灵即位后，改国号为开明，称"丛帝"，开明王朝是古代蜀国最强大和繁荣的时期，虽然交通闭塞，但土地肥沃，物产丰富农业、手工业都很发达，公元前316年被秦国所灭。在都江堰市和金堂县境内还有很多遗址、遗迹与古蜀国治水有关，任乃强先生在《四川上古史新探》中论述了虹口"庙坝村"即古鱼凫祠故址。古代修建在都江堰玉垒山上的"望帝祠"就是古蜀民祭祀蜀王杜宇的专祠，在南北朝时（494~498），益州刺史刘季连将祠迁到郫县"望丛祠"，原庙改祀李冰，称"崇德庙"，到清初更名为"二王庙"。

（四）李冰治水，开凿离堆

公元前256年前后，李冰率领当地民众，经过多年的努力，凿开宝瓶口，修筑分水堤，挖开飞沙堰，修建了都江堰渠首水利工程，使蜀地近百万亩良田得以灌溉，并且在此后短短数十年时间使成都平原成为沃野千里的"天府之国"，为秦始皇统一中国打下丰厚的物质基础。

《史记·河渠书》记载："于蜀：蜀守冰凿离碓，辟沫水之害，穿二江成都之中。此渠皆可行舟，有余则用溉浸，百姓飨其利。至于所过，往往引其水益用，溉田畴之渠以万亿计，然莫足数也。"这是对李冰修都江堰的事迹记载时间最早、最精确、最简要的资料。《华阳国志·蜀志》中对李冰治水的记载更为详尽。1974年3月3日，李冰石像等文物的出土，是都江堰水利文化研究的重大发现。

（五）历代堰功遵其制，都江堰水永长流

四川在古代被称为"天府之国"，而成都在唐代时，已是被誉为"扬（州）一，益（州）二"的大都市。这都是受益于都江堰的水利工程，所以都江堰被称为"天府之源"。历代治理都江堰的典型事件有：西汉文翁穿湔江口，溉灌繁田；三国蜀汉诸葛亮保护都江堰；唐贞观元年（627）高俭广开支渠，扩大灌区；唐开元二十八年（740）章仇兼琼开通济堰，溉眉州之田；北宋刘熙古整治水患；元代吉当普铸大铁龟保护鱼嘴；明建文二年（1400）胡光以铁柱固堤；明正德年间（1506～1521）卢翊大修都江堰；明嘉靖施千祥铸铁牛；明万历郭庄、杜诗大修都江堰；清顺治大郎和尚募化修堰；清康熙二十年（1681）刘用瑞、钟声疏浚宝瓶口；清乾隆二十八年（1763）阿尔泰整治都江堰；清乾隆三十年（1765）王来通重刻宝瓶口水则；清乾隆三十一年（1766）固定卧铁；清道光强望泰连任水利同知18年；清同治十三年（1874）胡圻编成《治水三字经》；清光绪三年（1877）丁宝桢大修都江堰；民国时官兴文改造分水鱼嘴；1950年解放军抢修都江堰；1994年，都江堰建实灌1000万亩纪念碑。

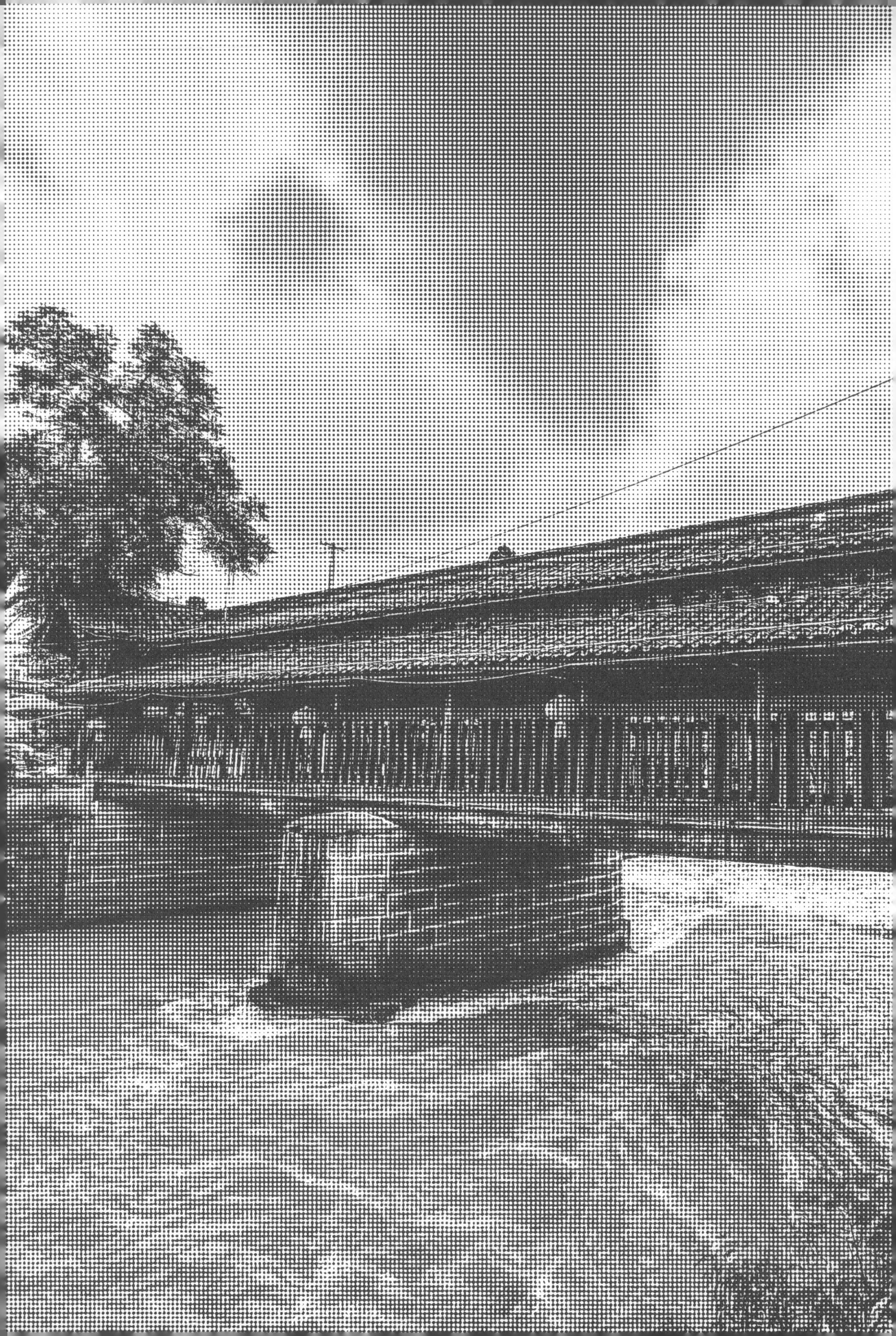

2

水文化遗产资源
分类特征

成都平原因治水而成为天府之国，流淌千年的岷江水是蜀水文化的源头和主干。四五千年前，自古蜀先民从川西北高原沿岷江河谷迁徙到成都平原辛勤垦殖开始，成都以其"千流之地"和优厚的地形条件吸引人们汇聚。两千多年来，成都城名从没变过，城址没有迁移，世世代代的先民生息繁衍，积淀了厚重丰富的水文化资源，造就了成都市水文化遗产资源数量大、种类多、分布广、品质优的特点，但资源分布的不平衡性、数量的有限性、资源利用的发展性、资源间的联系性，对水文化遗产资源提出了综合研究与开发利用的要求。

第一节

总体概况

一、资源分类总体概况

为缕清成都水文化脉络，做好成都水文化遗产梳理，在中国水利博物馆《全国水文化遗产分类图录》、郑州市《水文化遗产认定及价值评价导则》（DB4101/T10-2019）基础上，结合成都实际编制了《成都市水文化遗产资源分类、调查与评价（试行）》作为本次普查的技术标准。本次普查将水文化遗产划分为物质类和非物质类遗产两个主类，将主类细分为水利工程、水景观、水文化建筑设施、水利技艺、文献遗产、文学艺术与传说和水文化活动7个亚类，并进一步细化为21个基本类型。

根据本次普查统计，全市水文化遗产资源单体1507处，分布于2个主类、7个亚类、21个基本类型，全面覆盖了本次普查标准中所有资源类型，资源类型及数量统计见表2-1。

表 2-1 成都水文化遗产资源类型统计表

类	亚类	基本类型	数量
01物质类水文化遗产	0101 水利工程	010101 水利工程综合体	12
		010102 堤坝渠堰闸	340
		010103 桥涵码头	322
		010104 池塘井泉	179
		010105 水力器械	22
		010106 水文设施	3
		010107 工程管理机构	14
	0102 水景观	010201 河流湖泊	74
		010202 水文化场所	26
	0103 水文化建筑设施	010301 坛庙寺观亭	50
		010302 名人故居、祠堂、墓园	11
		010303 雕像、石刻、碑碣	31
		010304 水灾害遗迹	5
		010305 水边聚落遗址	40
		010306 古村古镇	36
02非物质类水文化遗产	0201 水利技艺	020101 水利技艺	3
	0202 文献遗产	020201 档案文书及法规制度	7
		020202 其他文献	165
	0203 文学、艺术与传说	020301 文学、艺术与传说	51
	0204 水文化活动	020401 历史人物、事件及记忆	93
		020402 民俗节庆和纪念活动	23

（一）主类资源数量结构

从水文化遗产资源主类统计图可以看出，成都市水文化遗产资源涵盖物质类、非物质类两个主类，其中物质类水文化遗产资源1165处，占资源总量的77.35%；非物质类水文化遗产资源342处，占资源总量的22.65%。物质类水文化遗产资源丰富，数量上具有一定优势。

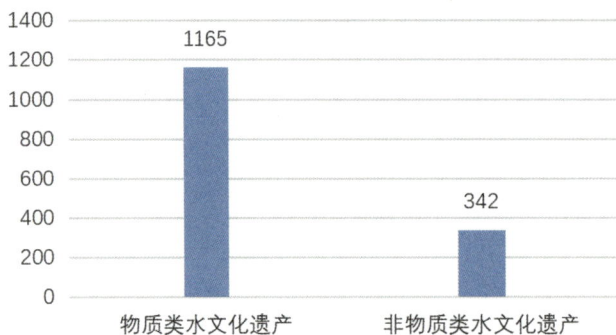

图 2-1 资源主类统计柱状图

（二）亚类资源数量结构

从水文化遗产资源亚类统计图可以看出，成都市水文化遗产资源涵盖全部亚类，以0101水利工程（892处）最为丰富，占资源总量的59.69%；其次为0202文献遗产（172处）、0103水文化建筑设施（170处）、0204水文化活动（116处）、0102水景观（100处）、0203文学／艺术与传说（51处），分别占资源总量的11.33%、11.06%、7.66%、6.60%和3.46%；0201水利技艺（3处）资源相对较少。

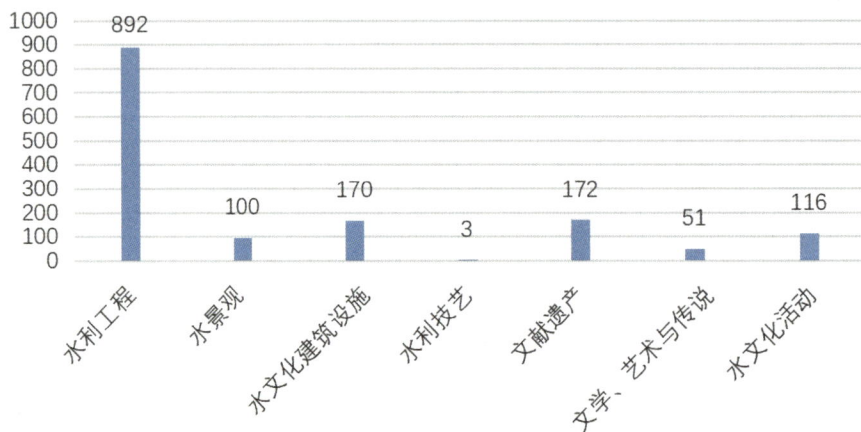

图 2-2 资源亚类统计柱状图

（三）基本类资源数量结构

从水文化遗产资源基本类型统计图可以看出，成都市水文化遗产资源涵盖全部基本类型，其中010102堤坝渠堰闸（340处）、010103桥涵码头（322处）、010104池塘井泉（179处）、020202其他文献（165处）、020401历史人物/事件及记忆（93处）等基本类型资源数量较多，分别占资源总量的22.92%、21.52%、11.93%、10.93%和6.20%；010101水利工程综合体（12处）、010304水灾害遗迹（5处）、020101水利技艺（3处）、010106水文设施（3处）等资源数量较少。

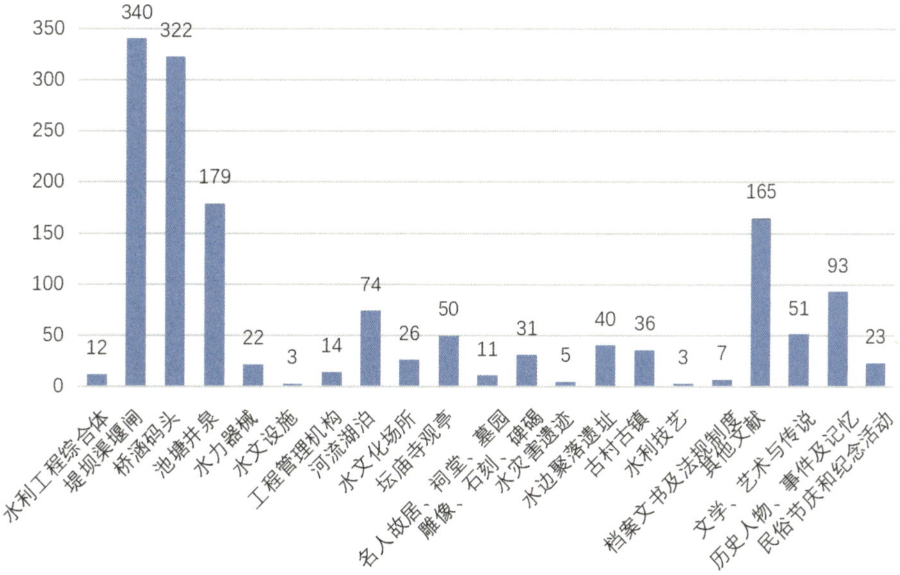

图2-3 资源基本类型统计柱状图

二、各区（市）县数量结构

从全市20个区（市）县及高新区、天府新区、东部新区资源数量结构来看，全市资源数量分布存在明显差异，数量超（含）100处有都江堰市和邛崃市，其中都江堰资源数量203处排名第一，占全市总量的12.21%，数量在50～100处之间的有8个区（市）县，50处以下有12个区（市）县。

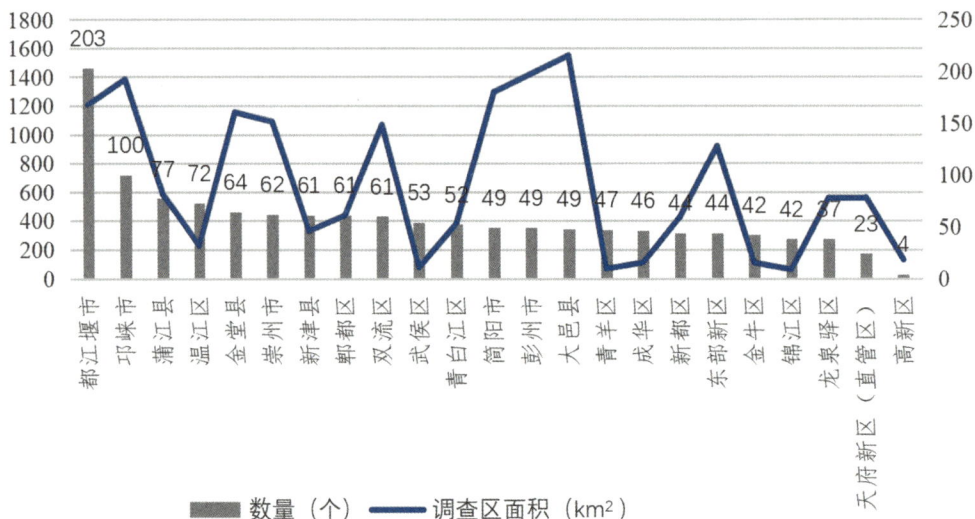

图2-4 区（市）县面积与资源数量一览表

表2-2 成都市水文化遗资源23区（市）县数量一览表

序号	区（市）县	辖区面积	数量	序号	区（市）县	辖区面积	数量
1	市本级		185	14	彭州市	1421	49
2	都江堰市	1208	203	15	大邑县	1548	49
3	邛崃市	1384	100	16	青羊区	67.78	47
4	蒲江县	583	77	17	成华区	110.6	46
5	温江区	227	72	18	新都区	428	44
6	金堂县	1156	64	19	东部新区	920	44
7	崇州市	1090	62	20	金牛区	108	42
8	新津区	330	61	21	锦江区	61.12	42
9	郫都区	437.5	61	22	龙泉驿区	558	37
10	双流区	466	61	23	天府新区（直管区）	564	23
11	武侯区	76.56	53	24	高新区	130	4
12	青白江区	378.94	52				
13	简阳市	1293	49		总计		1507

三、水文化遗产资源特征

（一）资源历史脉络清晰，充分展现成都城市发展历程

曾经的成都，地处平原却为水乡，大小河流纵横，桥梁密布，河流水系是影响城市布局历史发展的重要因素，成都城池格局受着城市水系变异的制约。自张仪筑成都城50多年后，蜀守李冰主持都江堰，为此后成都两千多年的持续发展 更是提供了丰富稳定的水源。优越的水资源孕育了丰富深邃的物质文明和精神文明，造就了蜀锦、蜀缎、蜀酒等享誉世界的物产，派生出桥文化、井文化、酒文化、井文化、笺文化等文化现象，留下众多文人雅士的足迹，依河而兴的水运为历史上成都商业的繁荣发挥了重要作用，成都历代均为西南、西北地区重要的经济、政治中心之一。不仅如此，自张仪筑城起两千多年来，成都城址从未迁移，成都城名从未更改，而"蜀道难，难于上青天"，高山阻隔的蜀地在一定程度上战乱少，经济兴衰变化不像长江中下游地区那样剧烈，成都历史发展的连续性，对水文化资源的保护和传承起到了重要作用。

本次普查成果，全面涵盖与水文化相关的工程、建筑、人物、文学、记忆等各个方面，涵盖实物记载的、残缺的、已灭失的各类资源，涵盖从史前到唐宋到明清，也包括中华人民共和国成立后重要的资源，做到全方位、全周期普查记录。

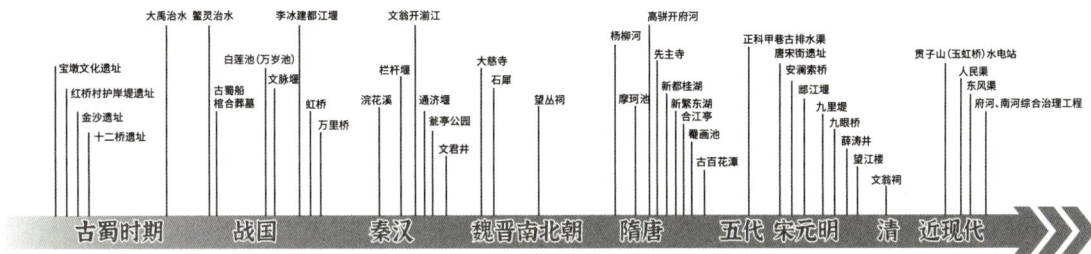

图2-5 成都市水文化遗产资源年代分布示意图

（二）世界级、国家级遗产资源密集，展示出天府水文化内核

成都拥有得天独厚的水文化遗产资源，整体呈现数量多、综合级别高的特点，世界级、国家级资源、水利风景区众多。不仅有世界灌溉工程遗产、世界自然和文化遗产都江堰水利工程，有享誉全球的金沙古蜀文化遗址，还有水文化衍生的井泉文化、锦文

化、笺文化、酒文化等相关资源等近百处，其中包含众多国家级、省级、市县级文物保护单位和一般文物保护点，更有依托水文化遗产建成的邛窑湿地水利风景区、白河水利风景区等多个水利风景区。

表 2-3 成都市现有与水文化遗产相关世界遗产名单

1	都江堰市	都江堰	2000 年入选世界文化遗产名录
			2018 年入选世界灌溉工程遗产名录
2	新津区	通济堰	2022 年入选世界灌溉工程遗产名录

表 2-4 成都市现有与水文化遗产相关国家、省级文物保护单位名单

序号	区（市）县	名称	级别
国家级文物保护单位			
1	都江堰市	都江堰	国家第二批（秦至清）
2	都江堰市	奎光塔	国家级第七批（清朝）
3	金堂县	淮口瑞光塔	国家级第六批（宋）
4	邛崃市	什邡堂邛窑遗址	国家级第三批（隋至宋）
5	青羊区	成都金沙遗址	国家第六批（商至周）
6	青羊区	成都古蜀船棺合葬墓	国家级第五批（东周）
7	新都区	杨升庵祠及桂湖	国家级第四批（清朝）
8	崇州市	罨画池	国家级第五批（清朝）
9	大邑县	新场川王宫	国家级第七批（1926 年）
10	锦江区	江南馆街街坊遗址	国家级第七批（唐至宋）
11	锦江区	水井街酒坊遗址	国家级第五批（明、清）
12	金牛区	十二桥遗址	国家级第五批（商至春秋）
13	新津区、郫都区、温江区、都江堰市、崇州市	成都平原史前城址	国家级第五批（新石器时代）
14	彭州市	镇国寺白塔	国家级第六批（北宋）

序号	区（市）县	名称	级别
15	都江堰市	灵岩寺及千佛塔	国家级第七批（唐）
省级文物保护单位			
1	双流区	二江寺拱桥	省政府公布第六批（清）
2	双流区	三县衙门	省政府公布第七批（清）
3	金堂县	禹王宫	省政府公布第八批（清）
4	新都区	新繁东湖	省政府公布第四批（清）
5	金堂县	云顶山遗址	省政府公布第三批（宋）
6	郫都区	望丛祠	省政府公布第三批（清）
7	邛崃市	文君井	1980年7月7日省政府重新公布（清）
8	邛崃市	回澜塔	1980年7月7日省政府重新公布（清）

表 2-5 成都市水利风景区名单

序号	批次	水利风景区名称	所属市（州）、区（市）县	类型	批复时间	文号
国家级水利风景区						
1	第十三批	都江堰水利风景区	都江堰市	灌区型	2013年10月15日	水综合〔2013〕394号
省级水利风景区						
1	第三批	邛崃市邛窑湿地水利风景区	邛崃市	城市河湖型	2015年	川水函〔2015〕1098号 2015年12月30日
2	第四批	彭州市湔江水利风景区	彭州市	湿地型	2016年	川水函〔2016〕1749号 2016年12月30日
3		彭州市莲花湖水利风景区	彭州市	水库型		
4		双流区白河水利风景区	双流区	湿地型		

序号	批次	水利风景区名称	所属市（州）、区（市）县	类型	批复时间	文号
5	第五批	温江区金马湖水利风景区	温江区	湿地型	2017年	川水函〔2018〕11号 2018年1月4日
6	第七批	邛崃市平乐水利风景区	邛崃市	自然河湖型	2019年	川水函〔2019〕1600号 2019年12月26日
7		邛崃市竹溪湖水利风景区	邛崃市	水库型		

（三）古代水利工程数量众多年代久远，蕴含了古人绵延千年的治水智慧

成都是一座因水而生，因水而兴的城市，治水历史贯穿成都城市发展史。"善治国者必重治水"，几千年来，为治理岷江水患使其"水旱从人"，古人付出了艰苦卓绝的努力，涌现出大禹治水、鳖灵治水、李冰建都江堰穿成都二江、文翁治沱开湔江、高骈改府河水道等众多治水事迹，为世人传颂。

蜀国开明时期，岷江上就已经修筑了较为简单的水利工程。从战国时期张仪建城修筑文脉堰、万岁池，到秦昭王时期李冰开都江堰，修筑郫江、检江，到秦汉时期修筑龙爪堰、栏杆堰、湔江堰……数千年来，在成都留下了众多水文化遗产，各个历史时期均有留存，这些遗产资源蕴含古人深刻的治水智慧，具有典型时代特征，总体保护完整，价值较高。

表 2-6 成都重要水文化遗产始建（形成）年代一览表

序号	资源名称	行政位置	资源性质	始建（形成）年代	备 注
1	郫县古城遗址	郫都区	水边聚落	距今4700多年	宝墩文化遗址群
2	都江堰芒城遗址	都江堰市	水边聚落	距今4500~4300年	宝墩文化遗址群
3	新津宝墩遗址	新津区	水边聚落	距今约4500~4200年	宝墩文化遗址群
4	崇州紫竹遗址	崇州市	水边聚落	距今约4300年	宝墩文化遗址群
5	崇州双河遗址	崇州市	水边聚落	距今4300年左右	宝墩文化遗址群
6	温江鱼凫村遗址	温江区	水边聚落	距今4000年左右	宝墩文化遗址群

序号	资源名称	行政位置	资源性质	始建（形成）年代	备　注
7	大邑盐店古城遗址	大邑县	水边聚落	距今4500～3700年	宝墩文化遗址群
8	大邑高山古城遗址	大邑县	水边聚落	距今4500年	宝墩文化遗址群
9	红桥村护岸堤遗址	温江区	防洪	距今约4000年	成都最早的史前水利工程
10	金沙遗址	青羊区	水边聚落	距今约3200～2600	文化遗址
11	十二桥遗址	青羊区	水边聚落	商代至西周（前1700～前771）	遗址
12	羊子山祭祀台遗址	金牛区	祭祀、水边聚落	商代至西周（前1700～前771）	遗址
13	古蜀船棺合葬墓遗址	青羊区	墓葬	东周时期（前770～前256）	遗址
14	方池街遗址	青羊区	城市排水	春秋古蜀王开明时期	遗址
15	文脉堰	邛崃市	城市景观水、灌溉	战国（前311）	为邛崃三座古园林供水，灌溉1.6万亩
16	白莲池（万岁池）	成华区	城市景观	战国（前311）	成都筑城墙取土形成，唐章仇兼琼筑堤蓄水灌田，现养鱼
17	都江堰	都江堰市	灌溉、供水、排洪、发电	战国（前256）	2000年被列入世界文化遗产名录，2018年列入世界灌溉工程遗产名录，灌溉面积1000多万亩
18	虹桥	武侯区	交通，城市景观	战国末年	李冰所造七桥之一
19	万里桥	青羊区、武侯区	交通，城市景观	战国末年	李冰所造七桥之首
20	驷马桥	青羊区、金牛区	交通，城市景观	战国末年	汉代司马相如"高车驷马"历史典故
21	成都南河	武侯区、锦江区	城市景观、排洪	战国末年	1998年成都府、南河工程获联合国"人居奖"
22	蒲江飞虎村船棺墓葬遗址	蒲江县	墓葬	战国末年至秦	首次发现成都矛
23	江渎庙遗址	青羊区	祭祀	秦代	已灭失

序号	资源名称	行政位置	资源性质	始建（形成）年代	备注
24	龙爪堰（肖家河）	青羊区	城市景观水、灌溉	秦代末年	
25	浣花溪	青羊区	城市景观、排洪	秦、汉时期	因传说故事和杜甫的诗而闻名
26	栏杆堰	武侯区	城市景观、灌溉	秦、汉时期	向清水河公园等供水
27	通济堰	新津区	灌溉、供水	西汉（前141）	目前实际灌溉面积52万亩
28	湔江堰	彭州市	灌溉	西汉（前141）	现灌溉16万多亩
29	瓮亭公园	邛崃市	城市景观	西汉	民国重建
30	文君井	邛崃市	生活用水	西汉	司马相如卓文君酒肆原址
31	黄龙溪古码头	双流区	交通，城市景观	东汉建安年间	黄龙溪古镇内
32	二王庙	都江堰市	祭祀	东汉	民国重建
33	李冰石像	都江堰市	镇水	东汉建宁元年（168）	伏龙观前殿正中展览
34	江安河	都江堰市、温江区、双流区	灌溉	三国蜀汉时期	
35	大慈寺	锦江区	祭祀	魏晋时期	
36	石犀	青羊区	镇水	西晋时期	成都市博物馆展览
37	瑞光塔	金堂县	祭祀	东晋年间	四川现存最古老的佛塔
38	望丛祠	郫都区	祭祀	南北朝齐明帝（494～498）	1982年重建
39	杨柳河	温江区	灌溉、供水	隋开皇元年（581）	杨秀主持修建漂木、灌溉18.5万亩
40	摩诃池	青羊区	城市景观	隋开皇二年（582）	已消失
41	散花楼	青羊区	城市景观	隋开皇年间（581～601）	蜀王刘秀所修1993年重建
42	府河	郫都区、武侯区、成华区、青羊区、锦江区	城市景观、排洪	唐乾符三年（876）	高骈主持修建，1998年成都府、南河工程获联合国"人居奖"

序号	资源名称	行政位置	资源性质	始建（形成）年代	备　注
43	沙河	金牛区、成华区、锦江区	灌溉、供水、排洪、城市景观	始建年代不详，"沙河"之称始自元、明两代	2005年获建设部"中国人居奖"、2006年获"国际河流舍斯奖"
44	先主寺	新津区	祭祀	唐天宝二年（743）	1996年重建
45	东门码头	锦江区	交通	唐乾符元年（874）	锦江夜游起点码头
46	新都桂湖	新都区	城市景观	唐代初期	清代重修
47	新繁东湖	新都区	城市景观	唐代	唐名相李德裕主持修建
48	合江亭	锦江区	城市景观	唐代贞元年间（627~649）	由川西节度使韦皋始建，目前已重建
49	金河	青羊区、锦江区	生活用水，排污	唐大中七年（853）	20世纪70年代消失
50	古百花潭	青羊区	城市景观	唐代	已消失
51	罨画池	崇州市	城市景观	唐代	清代中后期重建
52	五斗堰	都江堰市	灌溉	唐宋时期	灌溉2万余亩
53	正科甲巷古排水渠	锦江区	城市排水	唐末五代时期	唐代就已经具备了发达排水系统的佐证
54	指挥街周代遗址	锦江区	水边聚落	唐宋时期	古代遗址
55	江南馆街唐宋街坊遗址	锦江区	水边聚落	唐宋时期	完备的地下排水系统
56	伏龙观	都江堰市	祭祀	宋代	陈列李冰石像
57	安澜索桥	都江堰市	交通	宋代	何先德夫妇悲壮修桥典故
58	镇国寺塔	彭州市	祭祀	北宋至和元年至嘉祐五年（1054~1060）	近代修复
59	九里堤（糜枣堰）	金牛区	防洪	北宋乾德五年（967）	九里堤是刘熙古为防洪所建，古堤遗址现存九里堤遗址公园内，府河新堤已改建
60	双眼井	青羊区	生活用水	宋代	
61	圣德寺白塔	简阳市	祭祀	南宋	近代修复
62	水井街酒坊遗址	锦江区	酒文化	元明清三代川酒老烧坊遗址	水井坊酒传统酿造技艺为国家级非物质文化遗产
63	安顺廊桥	锦江区	交通	元代	原址下游重建
64	郫江堰	大邑县	灌溉	元代	现灌溉5万多亩
65	乌木堰	崇州市	灌溉	明代	现灌溉4万多亩

序号	资源名称	行政位置	资源性质	始建（形成）年代	备注
66	兴隆堰	青白江、金堂	灌溉	明代	灌溉4000余亩
67	奎光塔	都江堰市	祭祀	明代	清道光重建
68	薛涛井	武侯区	造纸制笺	明代	成都望江公园内
69	望江楼公园	武侯区	城市景观	明代	清代重修
70	三和堰	邛崃市固驿镇	灌溉	明万历三十六年（1608），创建人谭天相	灌溉19000余亩
71	九眼桥	锦江区	交通	明万历二十一年（1593）	原址下游重建
72	回澜塔	邛崃市	祭祀	明万历四十四年（1616）	近代重建
73	官家花园	都江堰市	园林	明代末年	民国水利同知官兴文的宅邸
74	漏沙堰	温江区	灌溉	明清时期	灌溉9000余亩
75	千功堰	崇州市	灌溉	明清时期	灌溉9万余亩
76	永济堰	大邑县	灌溉	明清时期	灌溉9万余亩
77	黄沙堰	大邑县	灌溉	明清时期	灌溉3万余亩
78	蒲阳兴隆桥	都江堰市	交通	清代初期	清初填川移民所建
79	文翁祠	彭州市	祭祀	清代	民间祭祀
80	大朗堰	进水口位于温江区	灌溉	清顺治十七年（1660）创建人大朗和尚（杨金玺）	现灌溉温江、双流、新津3万余亩
81	徐公堰	邛崃市高埂镇	灌溉	清康熙四年（1665）创建人徐绍湘	灌溉1万余亩
82	楠杆堰	邛崃市	灌溉	清康熙三十年（1691）	灌溉2万余亩
83	锦官驿遗址	锦江区	交通	清康熙六年（1667）	锦官城周边建筑
84	石堤堰	郫都区	灌溉、供水、排洪	清康熙四十八年（1709）	近代重建
85	水利府遗址	都江堰市	管理	清雍正十三年（1735）	全国仅存的唯一一座古代水利衙门遗迹
86	北泽堰	金堂县	灌溉	清乾隆元年（1736）	灌溉13000余亩
87	溥利堰	青白江玉虹乡	灌溉、发电	清乾隆二十年（1755），创建人张南瑛	灌溉1万余亩，发电装机720千瓦
88	安公堤	双流区华阳镇	防洪工程	清乾隆十三年（1748），创建人安洪德	

序号	资源名称	行政位置	资源性质	始建（形成）年代	备 注
89	古佛堰	进水口位于双流区黄龙溪	灌溉	清乾隆二十五年（1760）创建人张凤翥	现灌溉13000余亩
90	三县衙门	双流区	管理	清乾隆二十八年（1763）	管理古佛堰三县用水
91	环山渠	进水口在都江堰市玉堂镇	灌溉	清乾隆三十年（1765）创建人二王庙主持王来通	经多次扩建现灌溉8万余亩
92	鲢鱼洞堰	双流区龙池乡	灌溉	清乾隆三十四年（1769）创建	灌溉2万余亩
93	三吏堰	双流区	灌溉	清乾隆时期（1736～1795）	灌溉3万余亩
94	石龙堰	青白江、金堂	灌溉、发电	清代	灌溉1.6万亩，发电装机175千瓦
95	大湖堰	双流区	灌溉	清代	灌溉19000余亩
96	王运沱堰	彭州区	灌溉	清代	补充人民渠水源
97	皮家堰	郫县	灌溉	清代	灌溉8000余亩
98	都江堰南桥	都江堰市	交通	清光绪四年（1878）陆葆德主持修建	1958年重建
99	镇江寺	双流区	祭祀	清光绪十年（1884）	湖南民间道教水神祭祀
100	川南第一桥碑	邛崃市		清道光十一年（1831）	原状保留
101	乐善桥	邛崃市	交通	清咸丰三年（1853）	
102	刘公堰	崇州市	灌溉	民国二十年（1931）	灌溉10万余亩
103	贯子山（玉虹桥）水电站	青白江区	灌溉、发电	民国二十四年（1935）	全国最早建成的四座水电站之一
104	紫坪铺水文站	都江堰市	水文监测	民国二十五年（1936）	现已不存
105	二王庙水文站	都江堰市	水文监测	民国二十五年（1936）	现已不存
106	内江河口水文站	都江堰市	水文监测	民国二十五年（1936）	现已不存
107	外江河口水文站	都江堰市	水文监测	民国二十五年（1936）	现已不存
108	宝瓶口水文站	都江堰市	水文监测	民国二十五年（1936）	仍在运行
109	沱江三皇庙水文站	金堂县	水文监测	民国二十八年（1939）	仍在运行
110	新南门水文站	武侯区	水文监测	民国二十八年（1939）	现已不存
111	望江楼水文站	武侯区	水文监测	民国三十年（1941）	仍在运行

序号	资源名称	行政位置	资源性质	始建（形成）年代	备 注
112	南桥水文站	都江堰市	水文监测	民国三十年（1941）	现已不存
113	蒲阳河水文站	都江堰市	水文监测	民国三十一年（1942）	仍在运行
114	柏条河水文站	都江堰市	水文监测	民国三十一年（1942）	仍在运行
115	导江堰	都江堰市	灌溉	民国三十一年（1942）	灌溉 7000 余亩
116	大观堰	锦江区沙河堡	灌溉	民国三十二年（1943）	灌溉 8000 余亩

注：由于当前文献资料和证据所限，部分古代工程暂时无法准确确定年代。

（四）资源空间分布"带状聚集，辐射分布"特点，是蜀人逐水而居、聚落成邑的印证

自古以来，人类逐水而迁，伴水而居，河流是城市诞生的摇篮，是城市发展的见证。宏大的岷江，造就成都这座城市的勃勃生机，成就两岸优美而富含历史底蕴的建筑和人文。普查区的国土面积、地理区位、文化底蕴、社会经济发展、旅游开发程度及资源富集程度等，都是造成资源分布地区差异的原因。成都市水文化遗产资源分布与水系分布、地貌和交通等因素高度相关，与过往江源文明相互重叠，具有明显的交通指向性，资源集群效果明显。水文化遗产资源沿岷江、沱江分支水系分布明显，呈现带状分布特征。作为历代的政治、经济、文化中心，成都人文底蕴深厚，水文化资源点在中心城区二江抱城范围最为集中，四周区县的资源数量逐渐减少，总体呈现辐射分布的格局特点。

成都水文化遗产资源从资源数量来看，数量超过 100 处仅有都江堰、邛崃市，其余区县的大致为 30～100 处，高新区数量最少，仅有 4 处。从全市 23 个调查区水文化遗产资源空间分布密度来看，成都中心城区千年濯锦之江穿城而过、拥有两千余年建城历史的成都的文化核心区域青羊区、武侯区、成华区、锦江区、金牛区等区水文化资源集中分布，水文化资源密度在 0.32～0.71 处 / 平方千米；都江堰千年治水文化、邛崃人文历史厚重，水文化资源密度在 0.10～0.20 处 / 平方千米；周边区县及沱江流域地区地势较高，交通和用水相对困难，人口密度相对较小，水文化资源密度在 0.03～0.10 处 / 平方千米之间。

表 2-7 成都市各区（市）县水文化遗产资源密度表

序号	调查区	调查区面积（平方千米）	水文化遗产资源总量（处）	资源密度（处/平方千米）
1	武侯区	76.56	53	0.69
2	青羊区	67.78	47	0.69
3	锦江区	61.12	42	0.69
4	成华区	110.6	46	0.42
5	金牛区	108	42	0.39
6	温江区	227	72	0.32
7	都江堰市	1208	203	0.17
8	新津区	330	61	0.17
9	青白江区	378.94	52	0.14
10	郫都区	437.5	61	0.14
11	蒲江县	583	77	0.13
12	新都区	428	44	0.10
13	龙泉驿区	558	37	0.07
14	邛崃市	1384	100	0.07
15	金堂县	1156	64	0.06
16	崇州市	1090	62	0.06
17	双流区	1068	61	0.06
18	东部新区	920	44	0.05
19	天府新区（直管区）	562	23	0.04
20	简阳市	1295	49	0.04
21	彭州市	1421	49	0.03
22	大邑县	1548	49	0.03
23	高新区	130	4	0.03

综上所述，成都治水历史悠久、脉络清晰、传承度高，从古蜀到现代，水工程、设施保存完整，水文化衍生出桥文化、井泉文化、锦文化、筏文化等众多分支，世界级、国家级、省级遗产资源数量多，集中在岷江、沱江水系及分支范围，在成都中心城区分布最为集中。成都水文化遗产资源的特征，也进一步体现出成都水文化生生不息的生命力，诠释了成都人鲜活生动的人文属性。

第二节

物质类水文化遗产

成都市物质类水文化遗产共1165处，分布于3个亚类15个基本类型中，分别占标准分类亚类的100%，基本类型的100%。0101水利工程亚类资源共计892处，占物质类水文化遗产总量的77.09%。0103水文化建筑设施173处，0102水景观100处，分别占比14.38%和8.09%。

从基本类型来看，010102堤坝渠堰闸、010103桥涵码头、010104池塘井泉数量较多，010304水灾害遗迹、010106水文设施数量相对较少。

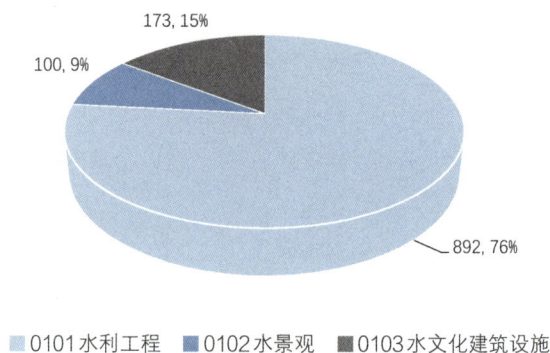

图 2-6 物质类水文化遗产资源亚类数量分布饼图

表 2-8 物质类水文化遗产资源类型统计表

类	亚类	基本类型	数量
01物质类水文化遗产	0101 水利工程	010101 水利工程综合体	12
		010102 堤坝渠堰闸	340
		010103 桥涵码头	322
		010104 池塘井泉	179
		010105 水力器械	22
		010106 水文设施	3
		010107 工程管理机构	14
	0102 水景观	010201 河流湖泊	74
		010202 水文化场所	26
	0103 水文化建筑设施	010301 坛庙寺观亭	50
		010302 名人故居、祠堂、墓园	11
		010303 雕像、石刻、碑碣	31
		010304 水灾害遗迹	5
		010305 水边聚落遗址	40
		010306 古村古镇	36

一、水利工程亚类

本次普查全市共查明水利工程亚类资源892处，占全市水文化遗产资源总量的59.69%。按基本类型统计，堤坝渠堰闸数量最多，占该亚类总量的38.39%，其次为桥涵码头，占该亚类的36.05%，水文设施类资源数量相对较少。

水利工程亚类典型资源名录见下表。

表 2-9 水利工程亚类典型资源名录

资源类型	典型资源
010101 水利工程综合体	都江堰水利工程、都江堰渠首工程（鱼嘴、飞沙堰、宝瓶口）、湔江堰、通济堰、人民渠引水工程、东风渠引水工程、府河南河综合整治工程、沙河综合整治工程、三合堰进水枢纽、玉溪河引水工程、石堤堰枢纽、紫坪铺水库
010102 堤坝渠堰闸	文脉堰、锦江、走马河、蒲阳河、柏条河、江安河、金河、府河、南河、九里堤遗址（糜枣堰）、青白江干渠、清水河干渠、黄金堰、古佛堰、沙沟河、黑石河、郫江堰、正科甲巷污水排水渠、杨柳河干渠、徐堰河干渠、肖家河、龙爪堰、通济堰水渠、安乐堰、徐公堰
010103 桥涵码头	万里桥、驷马桥、安澜索桥、锦官驿遗址、黄龙溪古码头、东门码头、二江寺古桥、乐善桥、兴隆桥、虹桥、都江堰南桥、九眼桥、安顺廊桥、红星桥、养马渡口、二仙桥遗址、东风大桥、海螺古桥群、三星镇利济桥、东门大桥（濯锦桥）
010104 池塘井泉	白莲池（万岁池）、文君井、薛涛井、洛带八角井、状元井
010105 水力器械	且家碾、曹家水碾、陈家水碾
010106 水文设施	都江堰水则、都江堰卧铁、石桥古镇洪水位刻线
010107 工程管理机构	贯子山（玉虹桥）水电站、成都自来水一厂、三县衙门、三皇庙水文站、蒲阳河水文站、江安河水文站、宝瓶口水文站、柏条河水文站

总体看来，全市水利工程亚类资源具有分布广、数量多、年代久的特点，这与成都数千年的治水历史和城市发展历程吻合。

（一）水利工程综合体基本类型

主要指都江堰等诸如此类集灌溉、运输、防洪等功能等为一体的具有一定规模的水利综合工程。

滔滔岷江自古以来就是滋润成都平原的生命之源，成都的发展史就是一部岷江除水害兴水利的治水史。"善治国者，必先治水"，历朝历代统治者都把兴水利、除水害作为安邦定国的根本大计，从鳖灵"决玉山，民得陆处"，到蜀守李冰修建都江堰并开二江构建成都城市格局，再至中华人民共和国成立后成都建设人民渠、东风渠引水工程，蜀地先民和历代成都人创建了众多的水利工程。

本次普查共查明水利工程综合体12处，其中以都江堰为代表的古代水利工程体系完整、历史悠久、规模巨大，具有独特美学意境；以府河南河、沙河整治工程为代表的现代生态环境治理工程开创了综合治理城市环境模式，是生态人居的典范。

典型资源叙述如下：

📍 都江堰水利工程

都江堰水利工程坐落于成都平原西部的岷江上，是一个由渠首枢纽、灌区各类工程组成的水利工程综合体，兼具灌溉、防洪、水运、城市供水、发电功能，是历代蜀人勤劳治水的成果。都江堰水利工程是全世界迄今为止年代最久、唯一留存、以无坝引水为特征的宏大水利工程，属全国重点文物保护单位，世界文化遗产、自然、灌溉工程遗产。

都江堰水利工程始建于公元前256年，为李冰任蜀郡太守时主持修建，由渠首和灌区两部分构成。都江堰渠首枢纽主要由鱼嘴、飞沙堰、宝瓶口三大主体工程构成，将岷江水分为内外二江，由蒲阳河、柏条河、走马河、江安河、沙沟河、黑石河六条人工河道取水并输水灌溉成都平原。都江堰古灌区主要为成都平原280万亩，现代灌区包含中华人民共和国成立后新修渠道的灌溉面积，覆盖四川盆地中西部地区7市（地）38区（市）县达1090万亩。都江堰水利工程科学地解决了岷江水自动分流、自动排沙、控制进水流量等问题，消除了水患，

照片 2-1 都江堰水利工程

使川西平原成为"水旱从人"的天府之国。两千多年来，一直发挥着运输、防洪、灌溉等多种作用。

📍 通济堰

照片 2-2 通济堰

通济堰是岷江中游仅次于都江堰的又一灌溉工程，于2022年入选世界灌溉工程遗产名录。渠首位于新津区城东南岷江支流南河、西河与岷江的汇合处。

通济堰始建于西汉公元前141年，历史上曾有六水门、蒲江大堰、远济堰等称谓。通济堰渠首工程以六水门为显著特征。唐朝开元年间，益州长史章仇兼琼整治重建通济堰，使灌区面积达到16万亩。1985年有效灌溉面积扩大为51.99万亩。通济堰与都江堰并称为孕育古蜀文明的岷江两大灌溉工程，至今还在为成都以南的岷江沿岸百姓提供生产生活用水，也是眉山市中心城区及周边100多万人口生态环保用水的重要水源。

📍 湔江堰

　　湔江堰是一个引湔江水的灌溉工程，取水口位于成都彭州市，配套8条支渠，总长89千米，有效灌溉面积16万亩。

　　湔江堰是古代引用沱江上游湔江水源的多条渠系的总称，始建于西汉景帝末年（约前141），蜀郡守文翁"穿湔江口，溉灌繁田千七百顷"。渠首在湔水出山处，今彭州关口（堋口），下分若干支。清道光十二年（1832），彭县知县毛辉凤对湔江堰进行了整治。1953年开人民渠自都江堰引水后，湔江堰部分并入都江堰向北扩灌的人民渠灌区。

照片2-3 湔江堰

📍 石堤堰枢纽工程

　　石堤堰枢纽工程位于郫都区团结镇，是府河和毗河的进水枢纽。石堤堰将徐堰河与柏条河合流后的水分成府河和毗河，实现府河、毗河的水量控制，是具有防洪、供水的水利枢纽。

　　石堤堰始建于清康熙四十八年（1709），为四川巡抚年羹尧主持修建，使得岷江上游砍伐的大量原木和石料能直接顺水漂流到成都城。1998年对石堤堰枢纽工程进行整治，现石堤堰全长130米，宽度20米（包括闸桥），闸高14米，由枢纽控制闸和行人桥组成。枢纽控制闸共有8孔，其中府河进水闸门3孔，称为"府河之源"；节制泄洪闸5孔，从这5孔闸门流出的河流为毗河，多用于泄洪。

照片 2-4 石堤堰毗河和府河闸门

三合堰进水枢纽

三合堰进水枢纽工程，位于成都崇州市西河上，是座兼有灌溉、防洪、发电综合效益的枢纽工程。

三合堰进水枢纽于1953年12月正式动工，1955年3月全面建成正式放水。三合堰从崇州公议乡磨西河右岸取水，接西河、沙沟河水，灌溉崇州、大邑、邛崃三县共49万余亩农田，建设干渠总长37千米，沿渠大小建筑工程200多处。三合堰建成后，西河以西地区形成了统一的灌溉系统，改变了旧面貌。

📍 人民渠引水工程

　　人民渠（利民渠、幸福渠、官渠堰）是都江堰扩灌工程之一，是中华人民共和国成立后四川建成的第一座大型水利工程，有"巴蜀新春第一渠"之称。渠首工程位于彭州市丽春镇境内，从岷江蒲阳河干渠引水经青白江、金堂、中江到绵阳三台鲁班水库。干渠横跨岷江、沱江、涪江三江流域，工程宏伟，有干渠、支渠192条，总长3621千米，其中干渠总长达400千米。

　　人民渠的前身叫官渠堰，是历代官府兴修的水渠。古官渠开始建于何时，已无史料可考。汉时文翁"穿湔江口，灌溉繁田千七百顷"，使青白江成为同时流淌岷江、沱江两江水的双生河，此时修建的渠道可能为官渠堰的雏形。古官渠堰横跨清波河等山溪河流，易被洪水冲垮，屡修屡废。千年间，古官渠经历了后唐刺史刘易从整治古官渠、康熙四十三年谭家场乡绅钱继堂典田出资修渠、雍正八年彭县知县王焕续修官渠等变迁。后官渠逐渐失修，至光绪四年，官渠名存实亡。1953年1月到1956年2月，四川省水利厅主持兴建了官渠堰1～4期工程，灌区面达129万亩，改名人民渠；1958～1980年又分别续作5～7期工程和红岩分干渠，扩大灌区面积达264万亩，把岷江水引到了德阳、绵阳、遂宁等地区。

照片2-5 人民渠渠首工程

📍 东风渠引水工程

照片 2-6 东风渠进水枢纽闸

东风渠引水工程原名东山灌溉工程，是引都江堰水灌溉成都东南一带丘陵地区的水利工程，属引、蓄、提相结合的灌溉系统。

东风渠引水工程自1956年3月动工，共分为六期建设。设计灌溉面积337.92万亩，有效灌面224.03万亩，引水口位于郫都区安靖镇石堤堰以下10千米的左岸，流经郫都区、金牛区、成华区、龙泉驿、仁寿、简阳、彭山、东坡等县区，灌区有总干、北干、东干、南干、新南干渠5条，全长283.1千米，是成都中心城区长度最长、流域最广、影响区域最大的人工渠道，承担着成都市灌溉、城市用水调节和防洪等多项重要功能，是成都建立世界级现代田园城市的重要支撑。

📍 玉溪河引水工程

照片 2-7 玉溪河引水工程

玉溪河引水工程是四川省70年代修建的又一座引、蓄、提结合，大、中、小配套的大型水利工程。该工程取水口位于芦山县玉溪河上游，灌溉成都市的邛崃、蒲江及雅安市的名山、芦山四市（县），设计灌面86.64万亩，有效灌面62万亩。

四川省玉溪河引水工程修建于"文革"时期，属于"边设计、边施工、边修改"工程，主干渠处于海拔800米以上山区，沿邛崃山脉环绕盘行，所经地段山势陡峻，地形地质条件复杂，自然灾害威胁严重，沿渠有隧洞16处，渡槽18处，暗渠57处，输水建筑物约占渠道总长的33%，建设难度极大。1978年引水工程投入运行来，彻底结束了灌区历史上"靠天吃饭"的局面，社会效益显著。

045

📍 府河、南河综合整治工程

府河、南河是成都的护城河，也被称为锦江，形成成都"两江环抱"的独特城市景观。自战国时期蜀郡守李冰凿离堆、穿二江以来，府河、南河一直是古成都通往荆楚的交通要道，是成都经济、文化形成发展、繁荣的命脉，被成都人称为"母亲河"。到了60年代，府河、南河河床淤毁，行洪能力不足，加之城市化进程的加快，城市规模扩大，人口膨胀，农业和工业用水急剧增加，河流不堪重负。沿江两岸，650多个排污口，每天向河中倾泻60多万吨污水，污染严重，府河、南河变成了藏污纳垢的臭水沟，曾经一度被叫"腐烂河"。

1985年，成都市龙江路小学的学生给市长写了一封关于府河、南河的信，使"救救锦江"的呼声迅速地在市民中传播开来，引起政府的高度重视。府河、南河整治工程于1994年全面启动，于1997年12月胜利竣工。府河、南河综合整治工程总投资额为27亿元人民币，包括防洪、环保、绿化及文化、安居、道路管网五大子工程。综合整治后的府河、南河，沿岸著名文物古迹、风景名胜和现代建筑融为一体，两岸绿带、建筑和宽阔道路有机联系，千年古都焕发生机。1997年至今，成都府河、南河整治工程先后获得三项联合国大奖，即"人居奖""改善居住环境最佳范例国际奖""地方首创奖"。

照片2-8 府河、南河综合整治工程

📍 沙河综合整治工程

沙河，古称升仙水，又名"凤凰水"，与府河、南河都是流经成都市的主要河道，并称为成都"三河"。沙河承担着东郊450余户大中小型企业和沿线数十万居民的生产生活用水，20世纪90年代污染严重，每年有上千吨生活垃圾、1万余吨粉煤灰流入沙河河道，河道淤积难以贯通。

2001年11月28日，沙河综合整治工程正式动工，工程投资32.48亿元。整治内容包括污染治理、防洪及河堤整治、绿化及园森景观、道路及桥梁、管线迁改、拆迁安置、环卫设施、文化和光彩工程等9大项目，治污列入工程的重中之重。2002～2004年，沙河治理工程被列入国家国债项目和四川省、成都市重点工程。2004年12月综合整治工程全面竣工，沿河规划建设了水源保护区和城市滨水绿化景区，沿河建设了北湖凝翠、麻石烟云、三洞古桥等八大景点，整治一新的沙河，成为市民休闲娱乐的好去处。沙河综合整治工程获得2004年建设部颁发的"中国人居环境范例奖"，还获得了2006年度"国际舍斯河流奖"。

照片2-9
沙河综合治理工程

（二）堤坝渠堰闸基本类型

堤坝渠堰闸是为防洪、农田水利、发电、供排水等功能而修建的坝、堤、沟、渠、渡槽等不同历史时期的水工建筑。

成都发展的历史就是岷江除水害兴水利的历史，从战国时期成都修建都江堰开始，修建防洪和灌溉工程成为贯穿成都几千年发展历史的重要组成，逐渐发展出星罗棋布的渠堰系统。清代傅崇矩《成都通览》中记载，仅劝业道管理的成都和华阳两县就有渠堰七十二，民国《郫县志》更是记载了大堰九十三，小堰五百四十七。其中比较有名的古堰有郫县的石堤堰、三道堰，大邑的邮江堰、双流的古佛堰，青白江的溥利堰等。中华人民共和国成立前后，为保障工业和生活用水、灌溉、防洪，成都修建了玉虹桥等一批小型水电站，并引蓄岷江水源，兴建了人民渠、东风渠等大型引水工程。更多的堤坝渠堰在古代工程基础上融入了现代技术，改建成现代的水利设施。

本次普查共查明堤坝渠堰闸资源340处，其中以文脉堰、古佛堰为代表的古代渠堰系统，是古代人类治水智慧的结晶，也是天府水文化一脉相承的体现；以锦江、府河、南河为代表的城市渠系，展现了成都"水文化"特色的城市格局；以人民渠、东风渠等为代表的水利工程是当代"治水兴蜀"的文化传承与创新。

典型资源叙述如下：

📍 文脉堰

文脉堰位于邛崃市，又名三泉堰，始建于秦更元十四年（前311），是成都市最古老的两个水利工程之一，在古代承担着临邛古城护城河用水和灌溉农田的重要用途。

文脉堰因古代文人期望邛崃文脉绵绵，人才济济而得名，民间更有甚者说"一脉穿三池"。清嘉庆《邛州直隶州志．杂志》有记载，三池分别为上池——观雨亭（今瓮亭）前池，中池——明杨伸花园内，下池——治南圣（文）庙前泮池。目前三池仅有瓮亭还存在，其余两处早已消失。1953年将同在邮江河左岸引水的文脉堰、张公堰和灌区内的泉凼堰合并组成，称三合堰或三泉堰。三合堰建成后，文脉堰仍保留独立进水，张公堰于1956年废弃。1984年调整灌区，文脉堰灌面从三合堰划出，重新整治渠首，建成灰浆卵石截留拦河堰埂，灌溉临邛镇、宝林乡农田约0.4万亩。

照片2-10 文脉堰

📍 都江堰渠首工程
（鱼嘴、宝瓶口、飞沙堰）

都江堰渠首枢纽工程位于都江堰市，由鱼嘴、飞沙堰、宝瓶口为主体的工程群体组成，为秦昭王后期（前256～前251）蜀郡守李冰主持修建。

鱼嘴分水堤是都江堰渠首枢纽中的分水建筑物，有自然分水分沙作用，位于二王庙前岷江干流江心，将岷江一分为二，分为约130米宽的内江（左）和约100米宽的外江（右）。飞沙堰古名侍郎堰，位于鱼嘴分水堤尾端，飞沙堰正对离堆，可将进入内江的超量洪水和泥沙翻入外江。宝瓶口是李冰在玉垒山虎头岩低伏部分凿开的一道宽20米的梯形引水口，起到控制引水、限制洪水和泥沙进入渠道的作用，是控制岷江内江进水量的关键。三者有机配合，形成一个有效的系统，使都江堰灌区达到"水旱从人"的目标。

照片 2-11 鱼嘴

照片 2-12 飞沙堰、宝瓶口

📍 都江堰内外江六大干渠

都江堰水利工程建成后，分内外江向成都平原输水，内江经宝瓶口开凿了四条人工河道，分别为蒲阳河、柏条河、走马河、江安河，并在岷江右岸开凿了沙沟河、黑石河两条干渠，取水后剩余的水流从金马河（岷江正流）排洪河道泄走。

蒲阳河干渠，是内江四大干渠最北边的一条干渠。蒲阳河在蒲柏闸（丁公鱼嘴北侧）进水，正常引水流量160立方米/秒，全长117千米。干渠从石坝子起至金堂赵镇段称"清白江"。

柏条河干渠是内江水系四大干渠之一，起于蒲柏闸，经都江堰市、彭州市、原崇宁县、新都境到郫都区石堤堰止，与走马河分支徐堰河相汇合。正常引水流量80立方米/秒，长44.8千米。

走马河干渠是都江堰内江的四大干渠之一，起于走江闸，流经聚源镇分一支流为徐堰河，至郫都区两河口分一支流入沱江河。从都江堰市区至郫都区两河口一段称走马河，两河口以下称清水河，成都市送仙桥以下称（锦江）南河，至合江亭与（锦江）府河汇流后通称锦江。干渠全长26.7千米，正常引水流量297立方米/秒。

江安河干渠是都江堰内江的四大干渠之一，起于走江闸，顺金马河流向东南，是成都都江堰市与温江区、温江区与郫都区、金牛区与双流区等的界河，最后流入双流区境内，于二江寺注入府河。干渠全长106千米，正常引水流量68立方米/秒。

沙沟河干渠即古石牛堰，是都江堰外江的两大干渠之一。沙沟河在沙黑总河闸进水，沿程相继接纳青城山一带的小山溪，经都江堰市至崇州市注入西河。干渠全长35千米，正常引水流量60立方米/秒。

黑石河干渠，是都江堰外江的两大干渠之一。因河底卵石是黑色而被命名，古为羊摩江的分支。黑石河在沙黑总河闸进水，经玉堂镇、中兴镇、石羊镇和柳街镇等入崇州市境。干渠全长65千米，正常引水流量45立方米/秒。

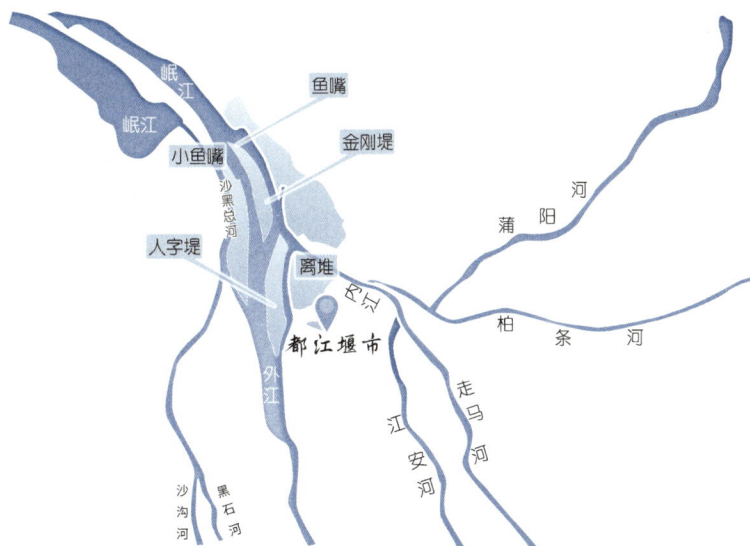

图2-7 都江堰
内外江六大干渠

金马河

金马河为岷江干流部分，岷江从都江堰市青城桥至新津段称金马河，长81.32千米的河道，是成都的一条重要输水排洪河道。

都江堰渠首工程将岷江水分为内外二江，多余的洪水从金马河泄走。岷江两岸分布都江堰市、温江区、崇州市、双流区、新津区五个区（市），面积达4202平方千米，其中耕地184.44万亩，总人口近300万人，金马河一旦溃堤，将对成都百万计人民的人身财产安全产生威胁，金马河两岸防洪堤在成都发展中起到了重要的作用，是成都防洪功能重中之重。金马河防洪堤由跃进堤、幸福堤等堤防组成。防洪堤逐年进行改造维护，通过新建堤防、拦河闸，提升防洪堤防洪、绿化、治污截污功能和水景环境。

照片2-13 金马河及防洪堤

邮江堰

邮江堰，位于大邑县，成都在用古代水利工程之一，取水口位于大邑县新场镇邮江左岸，由头堰、二堰、三堰、四堰、五堰、六堰和长流堰组成，灌溉面积5万余亩。

邮江堰始建于元代，民国23年以前，头堰取水口在魏石桥下，二堰口在傅水碾侧，三堰口在闻一桥上，四堰口在兰高坎，五堰口在武童庙侧，六堰口在邛峡、大邑交界处。1954年，为了集中管理，减少工程维修，将二、三、四堰堰口封闭，合并在头堰取水。1962年头堰拦河坝被冲毁，又恢复二、三、四堰堰口。1963年，头堰口从魏石桥上移600米至铁杆桥下。1975年，三堰口复封闭，改从头堰进水。

照片2-14 邮江堰

📍 古佛堰

古佛堰，自双流区黄佛乡府河右岸引水，沿牧马山西麓南下，至彭山区江口镇汇入府河。古佛堰干渠长22千米，灌溉双流、仁寿、彭山三区农田1.31万亩。古佛堰是成都市留存至今仍在使用的古代水利设施之一，为研究川西平原清代水利设施、水文化提供了实物资料。

古佛堰始建于清乾隆二十五年（1760），由彭山县令张凤翥筑堰引水灌华阳、仁寿、彭山三县田地，后知县陈奉兹续作，至三十二年（1767）全面完成，以近古佛洞得名。古佛堰事涉华阳、仁寿、彭山三县，清乾隆二十八年（1763）设三县衙门，专门解决协调古佛堰维修、分水、纠纷等管理事务。民国年间，建管理局，设局董、经理、局士、堰长、管事、文书、打锣匠、堰差，下设沟长、撵水夫，以亩计征水费。

照片 2-15　古佛堰

📍 锦江

锦江，是岷江干渠走马河、清水河，流至成都后与府河在合江亭汇合后的通称。现在的锦江，由府河成都洞子口至彭山区江口镇段，以及锦江南河段的两部分共同组成，全长102.66千米。锦江是都江堰渠首工程的延伸，是成都城市文明的摇篮，是成都的母亲河。

锦江，在秦汉时期称为成都二江，即郫江和检江，后因蜀地织女用江水洗濯织锦，生产出艳丽蜀锦，在汉代以后，二江改称"锦江"。成都的蜀锦、蜀缎工艺独特，得益于锦江。千年锦江，从"二江珥市"到"二江抱城"到"江环城中"，承载着成都城市格局由小到大的变迁，赋予成都"濯锦清江万里流，云帆龙舸下扬州"的自然条件，对于促进成都经济、社会的发展和繁荣，在历史上起过不可忽视的巨大作用。它是形成成都对外联系"蜀麻吴盐自古通"的通道，是促进成都商业繁荣发展的动力，在汉代，"两江珥其市"，商市就是沿两江发展起来的。唐宋时期的"灯、花、蚕、锦、扇、香，七宝、桂、药、酒、梅、桃符"，十二月市，也是沿锦江发展起来的。正是因为有锦江，才有20世纪60年代的标志建筑——锦江宾馆、锦江大礼堂和锦江区的称谓。"府南河"这个称谓，最早源于1992年成都市委、市人民政府的"府南河综合整治工程"。当时为简洁工程名称，将环绕成都城的锦江府河段和锦江南河段，合称为"府南河"。

照片2-16 锦江

📍 南河

南河，岷江都江堰分水河道走马河干渠，流至郫都区称清水河，至成都西郊送仙桥下与浣花溪、磨底河汇合后的水流称南河，绕成都西南，向东流去，与府河在合江亭汇合。

南河修建于战国末年，都江堰修建后，李冰开都江堰分成都二江，即郫江和流江（检江），形成成都二江珥市的雏形。南河即流江（检江），为清水河干渠的后段部分，因水质优良适于濯锦，又称濯锦江。今百花大桥以下宝云庵处大河湾，古代曾形成深潭，称为"百花潭"。民国时期百花潭建成公园后，河道加以规整，逐渐成为现今状况。历史上南河规模远比现代更大，在古代即为成都景观河道，马可波罗曾描写，河面宽可达半哩，河中船舶周楫如蚁，运载着大宗商品，来往于这座古城。

📍 府河

府河，为岷江都江堰分水河道柏条河干渠流经成都市区部分的河道名称，是从石堤堰枢纽府河进水闸取水，流经城区接收沱江河、南河、江安河汇水，至彭山江口镇汇入岷江的河道总称。

府河始建于唐乾符年间（874～879），高骈镇蜀时在成都二江珥市的基础上，筑罗城开府河，改郫江河道从府城下经过，与南河在合江亭处汇合，形成两江抱城之势。改道后的郫江成为护城河，因成都府而称府河。府河水量充足，古为成都航运河道，曾在石堤堰设专人管理船筏过堰。川西一带的伐木商把木头扎成筏子从阿坝漂流到成都，集售点即在今万福桥附近，成都北门为木材集散经营场地。由于木材生意兴隆，客商云集，人们木材市场东边河岸建房开店，形成一排临河的吊脚楼即是金华街，木材市场背后形成万福桥街。随后又有僧尼来这两条街修建了张飞庙、白衣庵等寺庙。东门望江楼为航运水码头，可通向彭山江口入岷江干流至乐山等地。望江楼以下约15千米处，曾于1937年4月修建船闸，设置姐儿堰船闸管理所，每日集中开闸7次，上下来往船筏收费。

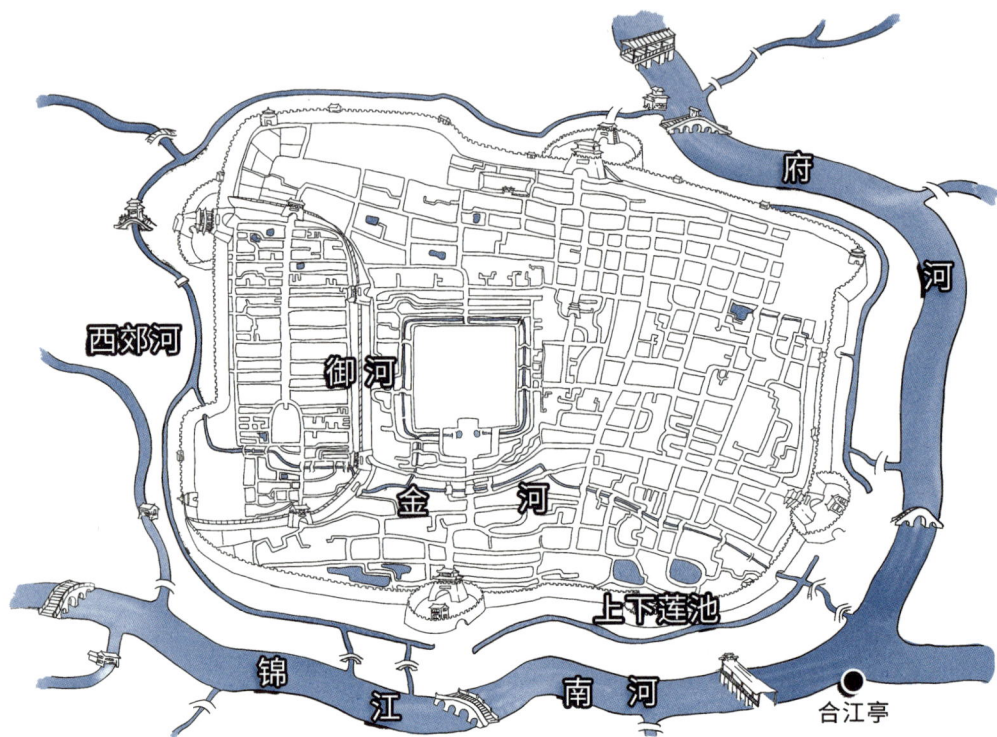

图2-8 锦江之府河、南河示意图

正科甲巷古排水渠

正科甲巷古排水渠位于锦江区，根据层位关系和出土遗物推断，该排水渠始修于唐末五代时期，在南宋末、元初废弃。

正科甲巷古排水渠呈西北—东南走向，长约19.2米，渠体部分口宽1.64米、底宽1.14米，是当时城市地下排水系统的干渠部分，水渠的砖壁在修筑时，还预留了多个出水口与其他小型暗沟相通。该古排水渠工艺高超，超过1米宽的水渠，是成都早在唐代就已经具备了发达排水系统的佐证。

📍 九里堤遗址

　　九里堤原名糜枣堰，位于金牛区，府河西岸，是三国文化历史遗产、水利知识教育基地和市民文化休闲场所。1981年5月，成都市人民政府公布九里堤遗址为成都市文物保护单位。

　　九里堤为蜀汉时期丞相诸葛亮主持修筑。唐代乾符年间，高骈在扩建罗城时，对九里堤曾予以维修。宋初，洪水冲毁堤防，成都知府刘熙古重修该堤，消除水患。后人在堤上修建刘公祠以纪念，因此又名刘公堤，又因刘熙古曾任兵部侍郎，因此又称侍郎堤。九里堤被称作诸葛堤，是蜀人对诸葛亮的敬仰和怀念，因堤坝长度约九里长，清代中叶以后通称九里堤，刘公祠也改为了诸葛庙。民国以来，因河道、水流发生变化，九里堤作用逐渐消退，也因为无人修葺，九里堤堤坝逐渐毁损，现仅余28米长、宽6米的土埂遗址，但九里堤的地名却流传了下来。2013年，成都市政府在保护原址基础上，建成九里堤遗址公园对公众开放。

照片2-17　九里堤遗址

（三）桥涵码头基本类型

桥涵码头基本类型主要包括桥梁、涵洞、渡口、码头等。

"芳树笼秦栈，春流绕蜀城"。自李冰开通郫江、检江后，成都逐步成为港埠城市。秦汉时期，蜀地粮食、丝绸产品、手工业品、土特产品多集中于成都，通过水运远销吴楚、岭南等地，两江沿岸市场繁荣，百货纷呈。至唐宋时期，成都发展成为"水陆所辏，货殖所萃"的大都会，吴盐蜀麻往来相通，万里桥等码头停泊着往来于吴蜀的船舶，沿锦江直至浣花溪。明代，九眼桥成为重要码头。自清康熙年间始，成都北门锦江沿岸渐成木材码头和木材市场。雍正年间，东门和南门锦江沿岸码头成为航运交易最繁荣的地区。到了清末，锦江沿岸逐渐形成东门、北门及南门三大码头区，各地所产丝、棉、米、柴、油和烟草等物品在这些码头集散往来。锦江上来往船舶众多，大大小小的码头附近商贾云集，酒肆林立，铺面鳞次，见证了旧时成都"水程通海货，地利来吴风"的繁荣景象。千百年来，万里桥码头、黄龙溪水码头等航道古渡，几经变迁，承载着浓厚的历史文化。古成都河流纵横，桥涵作为成都水网上的节点，从李冰开二江建七桥，到《水经注》记载的冲里桥、市桥、江桥、万里桥、长升桥，到濯锦桥到九眼桥、送仙桥、安顺廊桥……数量众多。清末傅樵村在《成都通览》中曾统计仅在成都城内，存在各种桥二百十一七座，而今大部分只存在老成都人的记忆中了。

本次普查共查明桥涵码头322处，其中以都江堰南桥、兴隆桥、简阳利济桥为代表的传统廊式古桥，以邛崃永寿桥、简阳赤水桥为代表的石拱桥，以东部新区金安桥、五福桥为代表的龙头石雕桥等古桥群是成都水文化遗产的重要构成部分。以猛追湾码头、东门码头、雍家渡等资源为代表的码头、渡口文化，展现了古成都曾经的河系之发达，经济之繁荣。

典型资源叙述如下：

📍 万里桥

万里桥，即今南门大桥（俗称老南门大桥），横跨南河，连接青羊区和武侯区，是成都历史上著名的古桥。

战国末期，李冰开二江造七桥，上应北斗七星，万里桥即为七桥之首。三国时期成都为蜀汉都城，成都二江在蜀汉丞相诸葛亮的治理下，畅通顺直，成为沟通外界的重要交通线，万里桥成为当时益州城内外乘舟东航的启程处。诸葛亮曾在此设宴送费祎出使东吴，费祎叹曰："万里之行，始于此桥"，万里桥由此得名。它既是古代成都水陆交通的一个重要起点站，又是一大名胜古迹，历史志籍记载颇多，文人吟唱也不绝于书。唐宋时代，成都的水路贸易活跃，府河、南河上的万千船舶载来外地货物，运走蜀中物产。万里桥联系城南内外交通，成为商贾会集、水陆辐辏之地。成都历代送友远行，锦江万里桥和府河、南河汇流处的合江亭是饯别的最佳场所。北宋乾德至开宝元年（963～968）间，时人沈义伦和转运使赵开，主持修筑石鱼鲫水5道，对万里桥进行了重大改造，改建为石墩五孔木梁平桥，并在桥上用木料修建桥廊，廊上盖瓦，成为廊桥，极为壮观。20世纪90年代，因不适应现代交通发展和防洪的需要，政府对清朝时期所建的桥墩进行了易地搬迁，移植到青羊横街望仙桥处仿建。在万里桥原址新修了现代桥梁，并在桥南岸新建一座海洋巨轮式样的建筑，名"万里号饭店"。

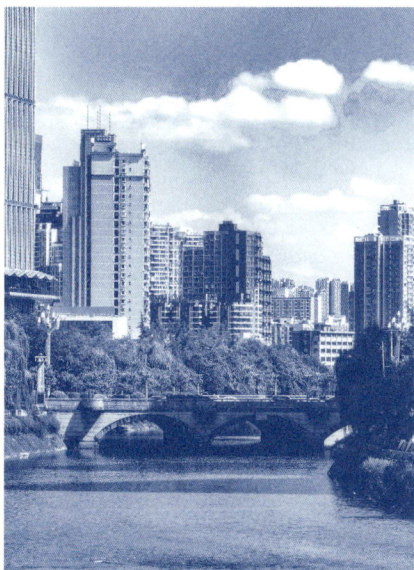

照片 2-18 万里桥

虹桥

虹桥位于武侯区，横跨南河，为一单拱人行桥，桥西边有一棵树龄已逾200年的皂角古树。

虹桥始建于先秦，前身是李冰开成都二江所造七桥之一——笮桥（夷里桥），后桥年久失修垮塌后，此地发展成一小渡口，当地居民只能依靠渡船过河。20世纪70年代，原解放军总后勤部所属3508被服厂自筹资金在原址重建了吊桥。后来，在府河、南河的综合整治工程中这座吊桥被拆除，原址重建了一座单拱人行桥，仍名"虹桥"。

照片 2-19 虹桥

驷马桥

驷马桥，位于青羊区和金牛区交界处，横跨在成都市北门的沙河上，原为木桥，千百年间经过多次重修，2003年沙河整治工程中驷马桥又一次重修，建成了现代所见汉白玉公路桥。

汉代称沙河为升仙水，驷马桥因跨升仙水而得名升仙桥，据推断修建于秦汉或者更早时期，传说古蜀的鱼凫王和修仙的张伯子都是在升仙桥头骑着赤纹虎飞升上天成了神仙，从附近出土的汉代砖画中可以看出，升仙桥最初为一木质廊桥。相传汉代司马相如背乡北游赴长安求取功名途经升仙桥时，豪情满怀，题其柱曰"不乘驷马车，不复过此桥"，后来他以《子虚赋》《上林赋》《哀二世赋》等名篇赢得武帝的重用，任西南安抚使，两次返成都办理公务，都"高车驷马"经过升仙桥，受到地方官员的迎接。到北宋时期，成都知府京镗重修升仙桥为四孔石基廊桥，写下《驷马桥记》，更名为驷马桥。从汉朝起至清朝不断有

照片 2-20 驷马桥

文人雅士在此赋诗留念，唐代诗人岑参作诗《升仙桥》："及乘驷马车，却从桥上归"，陆游、汪遵、常纪等众多诗人也都留下诗作。驷马桥成为沙河上历史最悠久最辉煌的一座古桥，蕴含着优雅的文化内涵。

📍 安澜索桥

安澜索桥位于都江堰市，横跨岷江内外二江，为人行桥，是中国著名的五大古桥之一。1951年，都江堰公布安澜索桥为都江堰市文物保护单位。

安澜索桥，古名珠浦桥，最初修建时长约340米、8孔，最大跨径约达61米，以碗口粗竹缆十根平列，上铺木板为桥面，以竹索为缆、为栏，又称竹桥、笮桥等。宋淳化元年，大理评事梁楚知重建此桥，称评事桥。宋嘉定年间，永康军知事虞刚简用竹笼加固桥桩，"桥长百五十丈"。明末毁于战火，清嘉庆八年，贵州大定府何先德夫妇募捐重建。桥成，两岸行人可安渡狂澜，故名"安澜桥"，时人又称"夫妻桥"，后安澜索桥经历多次原址重建，1979年修建外江闸，经国务院批准，将索桥整体下移100米。现存桥长约261米，宽约2.2米，高约13米。安澜索桥有许多民间传说，其中以何先德夫妇悲壮修桥故事影响最大，以此改编的川剧《夫妻桥》，已成为优秀的川剧传统保留剧目。

照片 2-21 安澜索桥

📍 安顺廊桥

安顺廊桥位于锦江区合江亭旁，横跨锦江，是成都桥文化的重要代表。

安顺廊桥有着悠久的历史，最初的建筑踪迹可以追溯到元代，原名为虹桥。乾隆年间华阳县令安洪德重修此桥，改名安顺桥。安顺廊桥是马可·波罗环游中国记载的四座古桥之一，他站在安顺廊桥上慨叹"商人运载商货往来上下游，世界之人无有能想象其盛者"。安顺桥风雨沧桑几百年后，1981年7月被一场罕见的洪灾冲毁。2003年成都府河、南河综合整治工程，在原址下游不远处重建安顺廊桥，全长81米宽6米，分上下两层，具有明清时期的建筑风格。如今的安顺廊桥已不仅仅是一座桥，更是集交通、历史、文化、商贸于一体的景观。

照片 2-22 安顺廊桥

📍 九眼桥

九眼桥位于锦江区，横跨锦江，为石拱桥，是成都市桥文化的典型代表。

九眼桥始建于明万历二十一年（1593），由四川左布政使余一龙主持修建，最早称为宏济桥，长四丈、宽三丈、高三丈，桥拱有九孔，为石桥石栏杆。在清乾隆五十三年（1788）由总督李世杰补修时，改名为九眼桥。明代水运发展兴盛，九眼桥一带形成码头搬运、物资仓储转运的集中区，被称呼为"柴码头"，乐山、峨边、洪雅等地所产的青冈木、松木等均由水路运送至九眼桥码头。20世纪30年代，九眼桥码头逐渐衰败。1992年因古九眼桥不利于泄洪被迫拆除。成都市政府于2000年在原九眼桥下游约1千米处重修了一座新九眼桥，其造型大部分还原了旧桥原貌，桥面用青石块铺设，保留具有明代建筑风格的九孔石拱桥形象。

照片2-23 20世纪30年代，华西协合大学教职工在九眼桥码头乘渡船上下班
（来源：《武侯区民俗志》）

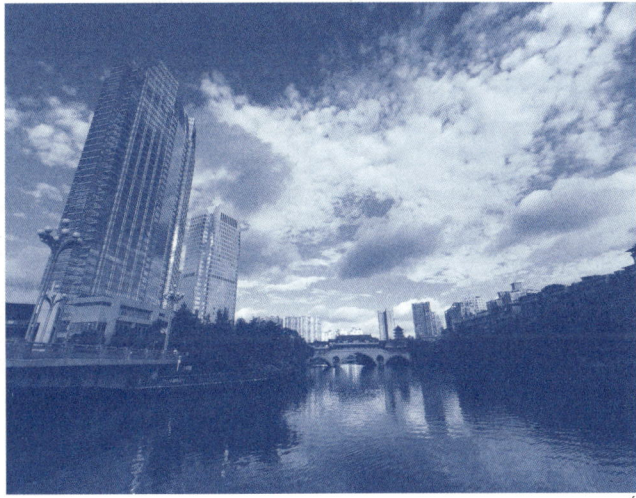

照片2-24 九眼桥现状

📍 都江堰南桥

　　都江堰南桥位于都江堰市，横跨岷江内江总干渠，是一座传统廊式古桥，历史上曾经又叫普济桥、凌虚桥、步云桥等，南桥充分展现了川西地区传统建筑的优秀建造艺术，是世界文化遗产都江堰不可分割的重要组成部分。

　　都江堰南桥始建于清光绪四年（1878），县令陆葆德用丁宝桢大修都江堰的结余银两设计施工，建成木桥，名"普济桥"。1933年，毗河战争爆发，木桥中孔受损，修复时增建了寨门。1958年重建时改木桥桩为混凝土桥墩，增建牌坊形桥门，正式定名为"南桥"。后两次改建，在五孔廊桥的样式上增加多番装饰，成为都江堰市的一处重要景观，被誉为"水上画楼""雄踞江源第一桥""川西第一桥"。

照片 2-25 都江堰南桥

蒲阳兴隆桥

蒲阳兴隆桥位于都江堰市，横跨花子河，为四川地区为数不多的一座保存完好的全木结构廊桥。2015年，四川省人民政府公布其为四川省文物保护单位。该桥为研究民国时期川西地区桥梁建设提供具有重要价值的实物资料。

蒲阳兴隆桥为清初填川移民所建，现存建筑为1923年洪水冲毁后重建，呈南北走向，全长32米，宽5米，全木结构，双跨石墩，上架圆木，铺木板，桥屋重檐悬山顶，桥头建门坊，木桥栏。

照片 2-26/27 兴隆桥

乐善桥

乐善桥位于邛崃市平乐古镇，横跨白沫江，为七孔红砂石拱桥，总长120米，桥洞一改普遍半圆形，呈桃形，十分罕见，堪称川西一绝，有"邛崃第一桥"之誉，是四川现存规模最大的古代石拱桥。

乐善桥始建于清咸丰三年，历经七年采石，三年修桥，到竣工整整花了十年时间建造，至今有150多年历史。乐善桥先后经过两次改建，曾一度成为钢筋混凝公路桥，后恢复石拱人行桥的原貌，成为平乐古镇一大景点。

照片 2-28 乐善桥

锦官驿遗址

锦官驿遗址位于锦江区合江亭旁，是秦汉时期的蜀锦管理机构住所，明清时期发展为水马驿总站，现码头已无遗存。

锦官驿始建于汉代，蜀汉时期诸葛亮在成都东南隅围城建织锦工场，并设置锦官专门管理织锦生产。一些供锦官及南来北往客商居住的客栈在成都应运而生，商人在锦官驿周围建起一排排具有川西特色的独门独院老宅，形成了后来的锦官驿古建筑群。锦官驿明、清为成都东去水陆驿站的起点。《四川通志》载，清康熙六年（1667）下旨设立锦官驿水陆码头，锦关驿紧邻锦官楼原址，清朝中期以后，住家人口逐渐增多，遂形成了水井街、水津街、黄伞巷、孙家巷、存古巷、大同巷等街巷，再加上九眼桥、东门码头商船往来、商贾云集，到清同治年间，形成了水陆码头起始点的锦官驿街。

黄龙溪古码头

黄龙溪古码头位于双流区黄龙溪古镇，处在府河与鹿溪河（古称赤水）的交汇口，是锦江流域不可多得的天然码头。

黄龙溪古码头始建于东汉建安年间，已经有2100年的历史，码头沿河道而建，大多为明清时期的建筑，主街道由石板铺就，两旁是飞檐翘角杆栏式吊脚楼。曾是蜀中对外交往的一条黄金水道，更是南方丝绸之路的物资集散地，呈现过百货山积、帆樯如林的景象。黄龙溪古码头同时还是通航至乐山的水路要冲，是成都历史上最南边的江防据点、屯兵要地。

照片 2-29 黄龙溪古码头

📍 东门码头

东门码头位于锦江区东门大桥旁，府河河畔，曾是成都人民出行的重要交通点。

东门码头始建年代已无法考证，推断从高骈开府河后就存在了。都江堰水自西向南，汇入成都平原。成都依靠这便利的水运，走出四面青山，与外界互通往来。上至唐宋，下至明清，成都城内处处商贸繁华、川流不息。合江亭、安顺廊桥、九眼桥到望江楼一带，是演绎"东门盛景"的原点，自唐宋到明清，东门除了文化名胜外，更是最为重要的水陆交通枢纽，人们进出东门有两种方法，或去东门码头乘船，或走东大街。在此，李白赋诗道："濯锦清江万里流，云帆龙舸下扬州。"那时候的成都东门，南来北往、诗酒风流。到了清朝年间，东门码头一度改名锦江东水津渡码头。现代东门码头以旅游功能为主，是锦江游船的起点码头。

照片 2-30 东门码头

（四）池塘井泉基本类型

主要指蕴含丰富文化特色或人文色彩的池塘、井、泉等。

岷江从都江堰冲出大山的包围后，呈扇状向平原地区延伸开，向地下注入了充足的水源。成都地下水资源丰富，古代便是河道纵横、湖泊众多，享有"水城"的美誉，掘地三尺即可见到清冽的地下水。金沙遗址和杜甫草堂发掘的水井遗址，是蜀地先民使用地下水资源的重要例证，而鳖灵"从井中出"的传说，甚至可能将蜀地掘井历史推至更早。清代傅樵村《成都通览》中有载：省城凡有水井二千五百一十五眼。而来自民间的统计，成都水井最多时达六千多口。邛崃市里仁街司马相如与卓文君开设"临邛酒肆"的文君井、望江楼公园薛涛取水制笺的薛涛井、正通顺街口闻名遐迩的双眼井都是成都井泉文化的典型代表。公元前316年，秦国灭巴蜀两国，建立起了临邛、郫和成都三座城池时，从城外就地取土修建城墙，形成最初环绕在城池柳池、龙堤池、千秋池、万岁池等。唐代高骈修筑罗城后，原经成都城西南的内江改道残存积留的水淖也形成上、中、下莲池等众多池塘。随着历史的进展，绝大多数池塘井泉已消失，但它们还是影响了大街小巷的命名，如下同仁路附近的井巷子因街中有水井得名，金泉街因街中井水清冽"清泉珍贵如金"而得名，西城方池街也因有荷花池而得名。成都的池塘井泉，影响了成都历史和饮食文化，给城市烙下深刻的印记。

本次普查共查明池塘井泉179处，其中以薛涛井、文君井、双眼井等以及万工堰等用于灌溉功能的自然泉眼，体现了成都平原深厚的井泉文化。

典型资源叙述如下：

📍 白莲池（万岁池）

白莲池（万岁池）位于成华区，总面积12000平方米，曾被用以灌溉、养鱼、植莲等，是目前成都最早的水利工程之一，始建年代比都江堰早55年。

白莲池（万岁池）始建于秦更元二十七年（前311），为防御蜀王旧部夺回政权，秦相张仪和蜀守张若共同营造了一座"周十二里，高七丈"的成都城，为修筑城墙，从北郊一带空地挖取大量泥土，挖土留下的洼地被水流填满形成湖泊，后世称万岁池。唐天宝年间当时的剑南节度使在万岁池筑堤坝蓄水用于灌溉。宋朝绍兴年间万岁池方圆十里，能灌溉三乡田地，后因年久淤积，当时的成都知府又安排专人疏通，并栽种榆树和柳树在池的周围。清朝时期万岁池还有800亩，昭觉寺方丈丈雪在池中遍种白莲花，入夏荷叶田田，银莲朵朵，为一时盛景，万岁池之名此后便被白莲池所取代。现为成都市渔场，目前租给通威公司养鱼。

图2-9 白莲池（万岁池）

薛涛井

薛涛井，原名玉女津，位于武侯区望江楼公园内，以唐代女诗人薛涛命名，为望江楼公园古建筑群之一，具有重要的文物价值，是研究古代制笺和茶文化的例证。

薛涛（约768~832），唐代乐伎、蜀中女诗人，居浣花溪，创薛涛笺。相传其用浣花溪制笺，至明代因百花潭渐淤积，不能沤浸造笺原料，另择玉女津一带造纸制笺。明末清初，在薛涛坟不远处玉女津塘水退缩如井口般大小，当地居民在这里打井取水。而后，每年三月初三，明蜀藩王汲此井水仿制薛涛笺入贡朝廷，自此民间始称薛涛井。到了清朝初年，成都兴起以薛涛井水酿酒之风，名为"薛涛酒"，自康熙至道光年间，吟咏不绝。清康熙三年（1664）成都知府冀应熊为井后牌坊题写"薛涛井"三个大字，成为后人纪念、凭吊女诗人的重要遗迹。嘉庆十九年（1814），四川布政使方积、成都知府李尧栋培修薛涛井，并在其附近建吟诗楼、浣笺亭、濯锦楼。光绪年间扩建并刻薛涛石像。

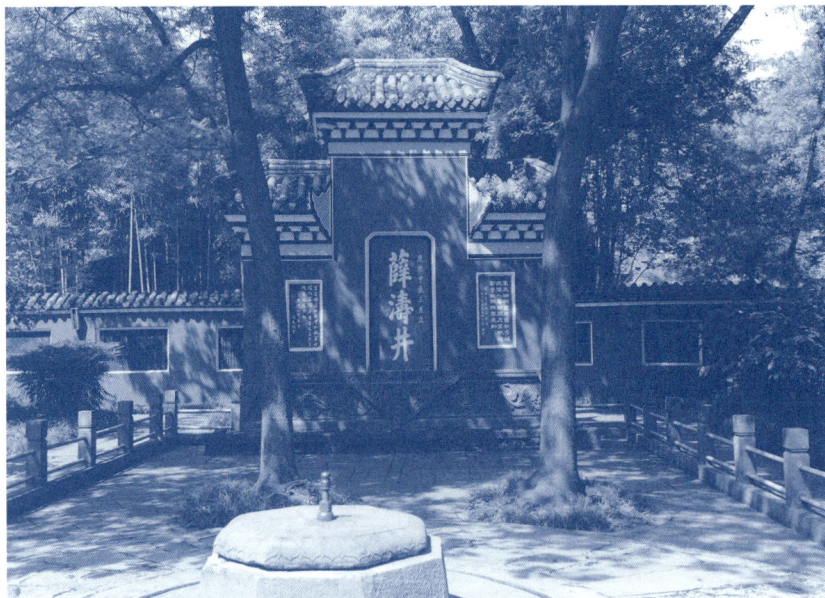

照片 2-31 薛涛井

📍 文君井

　　文君井，位于邛崃市文君井公园内，相传为司马相如与卓文君开设临邛酒肆时的遗物。公园总占地面积6000余平方米，在井台附近修建有琴台、文君梳妆台、当垆亭、酒肆等纪念性建筑，是邛崃著名的园林胜景。1980年四川省人民政府公布其为四川省文物保护单位。

　　西汉辞赋家司马相如早年父母双亡，孤苦一人来到临邛（今邛崃），结识了卓王孙之女卓文君，俩人互相爱慕私奔成都，结为夫妇。后重返临邛，以卖酒为生。每当工余闲暇，常汲取门前井水，品茗相叙。后人为纪念卓文君不顾封建礼教，忠贞爱情，以及她与司马相如汲井烹茶的故事，遂将此井定名为文君井。卓文君与司马相如的爱情故事为后人所仰慕，杜甫等众多文人雅客来此凭吊，整个园林遍布有关卓文君与司马相如的记载及后人题写的联语、诗词、碑刻。清末至民初重新对文君井进行疏淘，扩建当垆亭、水香榭、听雨亭、梳妆台等建筑。

照片2-32 文君井

（五）水力器械基本类型

水力器械基本类型包括戽斗、水碓、桔槔、龙骨水车、辘轳、水磨、水碾、水轮水车典型提水机具及水力机械等。

古蜀几千年漫长农耕历史中，为取水、碾米磨面、船只越堰等，发明了桔槔、辘轳、水碓、水车等提水工具和水利器械。我国古老的农业灌溉工具水车，又称孔明车，相传为汉灵帝时毕岚造出雏形，经三国时诸葛亮改造完善后在蜀国推广使用，隋唐时广泛用于农业灌溉，至今已有1700余年历史。五代十国时期，偏安成都的后蜀，在摩诃池畔架起高转筒车提水，持续向王宫屋顶浇水降温。而舂捣矿石、竹篾纸浆等物品渐多，更多的提水机具及水力机械出现，至中华人民共和国成立前成都河道堰口筒车水车遍布，锦江口的老南门大桥标志性三架水车、华阳、简阳遍布的龙骨水车，都是成都使用水力器械的例证。随着水能泵、电力的普及，筒车、水车等各种水力器械逐渐退出大众的视线，但在老成都人的记忆里并未远去。

本次普查共查明水力器械资源22处，其中以且家碾、曹家水碾为代表的水利器械，蕴含了丰富的农耕智慧和地域文化特色。

典型资源叙述如下：

📍 且家碾

且家碾位于大邑县，始建于清雍正三年（1725），距今已有近三百年的历史，原来主要为周围居民舂米所用，现磨坊已经丧失原功能，现仅存石碾1个，碾坊下引水通道完整。水碾坊是传统的碾米、榨油等生活生产方式的实物例证，对研究成都地区清代社会生活和农业发展史具有重要的参考价值。

照片2-33 且家碾

📍 曹家水碾

照片2-34 曹家水碾

曹家水碾位于新都区，碾坊已经有将近百年历史，原来主要为周围居民舂米所用，现仅存1个碾盘、1个石碾。当地政府对原建筑进行翻修，在水碾旁对草亭、泉眼、艾芜故居进行了重新修葺，整体打造为传统川西民居风格的建筑，并由成都诗人流沙河题名曹家水碾。

（六）水文设施基本类型

水文设施基本类型为水位题刻、水志桩、水则等相关器物，包括石人、石马、卧铁等。

从大禹、鳌灵治水可知，古蜀人有了初步的水文调查意识。公元前251年，秦国李冰在都江堰白沙河口在江中"立三石人"使岷江"水竭不至足，盛不没肩"，作为观测水位的一种标志。相传李冰建堰时在内江河床下埋有石马，作为每年维修清淘河床深浅的标志，后来演变为卧铁。后人为了掌握水情变化在宝瓶口石壁上刻画水则，至迟在宋代，水位测验已使用有等距刻画的水则，北宋时都江堰水则共十划，清乾隆三十年（1765）在都江堰宝瓶口左岸重建24划水则。明、清时期，水位观测已较普遍，并乘快马驰报水情。另外，江河沿岸还有许多重要的枯水石刻、石刻水则和古水尺，对河道洪汛水位进行记录。在20世纪水文站建设后，这些水文设施因科学价值渐失而逐渐消失。石人、水则、卧铁等资源，是古蜀治水文化的结晶，也是古蜀治水取得重要成就的象征。

本次普查共查明水文设施3处，典型资源叙述如下：

📍 都江堰卧铁

都江堰卧铁，位于都江堰内江河床凤栖窝河底，为铁铸圆柱体，每根卧铁上刻有铸造年代，是内江每年维修疏淘河床深浅的标志。按照都江堰"深淘滩，低作堰"原则，每年的岁修就以挖到卧铁为止。

相传李冰建堰时在内江河床下埋有石马，作为每年淘滩深度的标准，后来演变为卧铁。从鱼嘴沿内江河道向下约200米，就是有名的凤栖窝，凤栖窝靠河岸的地方就是卧铁的埋藏处，4根卧铁顺着河道的方向并排而卧。铸造年代最早的一根造于明代万历三年（1573）郭庄所铸，第二根为清代同治三年（1864）何咸宜铸，第三根为1927年官兴文兼制，朝向江心的是最新的一根，为1994年都江堰建堰2250周年时铸造，并于1998年安放，上面镌刻着"中华人民共和国水利部、四川省人民政府立……"字样。游客在离堆公园内喷泉处能看到的这四根卧铁的复制品，其真品还埋在内江河床下。

照片 2-35 卧铁

（七）工程管理机构

工程管理机构指的是现存的古代水利衙署、水文站、水厂等管理机构。

蜀地先民和历代成都人在治水、用水、管水过程中，设置了专门的官职和工程管理机构。李冰修建都江堰后，设湔氐道，负责工程管理和维护，兼理地方民情。汉升湔氐道为湔氐县，另设水官"都水尉""都水长"等管理堰务。汉灵帝（156～189）时设置"都水掾"，专职负责维护都江堰渠首工程。三国蜀汉时（221～263）丞相诸葛亮除承前制在都江堰设置堰官外，还派遣了一支1200人的堰兵队伍护堰。西晋时（265～316），曾于灌口设晏官县，置"晏官令"，"晏官"也即"堰官"。晋代蜀郡置有蜀渠都水行事、蜀渠平水、水部都督等官负责灌溉用水调度。元代又设"按察司佥事"、"水利道"等专门机构负责都江堰水利工程的管理和维护。清代，设水利府，并设置管理都江堰的堰官—水利同知，在双流黄龙溪成立三县衙门调解华阳、仁寿、彭山古佛堰水利纠纷。20世纪30年代起，成都设立了一批水文站，并在科学观测的基础上，在金堂率先建立成都市第一座水电站——玉虹桥水电站，之后在各条渠系上兴建了一批小型水电站。

本次普查共查明工程管理机构14处，其中以水利府、三县衙门、成都自来水一厂等为代表的工程管理机构，展现了成都历代治水、用水、管水的历史和变迁。

典型资源叙述如下：

📍 水利府遗址

水利府遗址，位于都江堰古城区，全称为水利同知府或水利同知署衙，是历史上一座专门管理水利事务的府衙，也是目前全国仅存的一座古代水利衙门遗迹。1988年，都江堰市公布水利府为都江堰市文物保护单位。

都江堰水利府始建于清雍正十三年（1735），为成都水利同知府迁到灌县后建成，距今已有270多年历史，曾名管粮水利厅，又称成都水利厅，后改为水利同知署。水利府建筑结构按照清工部法则建造，格局为三间三进式院落。水利府不仅有维护和管理水利工程之责，还有办理水务案件之权，可对破坏水利工程者或因用水而发生纠纷的案件进行审判。抗战时期，水利府一度成为水利职工用房，后在20世纪80年代重新进行了修缮。

照片 2-36 水利府遗址

三县衙门

三县衙门位于双流区，主要用于管理古佛堰的灌溉使用而修建，为清康熙华阳、仁寿、彭山三县管理水务事务的专门机构，同时是维护社会治安的衙门。四川省人民政府于2006年12月公布为其为四川省文物保护单位。

三县衙门始建于清乾隆二十八年（1763）。当时黄龙溪民事、经济纠纷不断、匪患猖獗，官府在古龙寺内设立三县联合办事机构，由三县派员轮渡当值，并派驻兵力，共管民事、水政及匪患。初名总爷衙门，民国时改称三县衙门。衙门里镶嵌有一块足印石，相传是华阳、仁寿、彭山三县的交界点，踩上去就可以"一脚踏三县"。双流区文管所于1993～1995年对三县衙门进行了全面修复。

照片 2-37 三县衙门

成都自来水一厂

成都自来水一厂位于青羊区，前身为1909年建成的利民自来水公司，是成都自来水事业的开端，是现代市政供水的最早建设的管理机构。

据《成都自来水厂特种股份有限公司筹备报告》记载，成都自来水建设最早可追溯至清末，由时任劝业道的周善培倡导，1909年建成，为官商合办，名利民自来水公司。原址位于成都南门外，于府河万里桥附近高架水筒车引水，通过管道越过城墙，设盐道街、学道街、总府街、商业场等六处蓄水池取水，由人力挑水或板车拉水出售，是成都萌生准现代市政供水的初端，因经营困难在1926年7月停业。1944年，在青羊宫百花潭上游、送仙桥侧，以磨底河、清水河为水厂水源，重建成都市自来水特种股份有限公司及青羊宫水厂。中华人民共和国成立后青羊宫水厂改为成都自来水一厂，成都的自来水事业翻开了历史崭新的一页。

照片 2-38/39 成都自来水一厂
（来源：成都市自来水有限责任公司）

📍 贯子山（玉虹桥）水电站

贯子山（玉虹桥）水电站，现位于青白江区，该站由青翰南主持，韩子撰设计，始建于民国二十二年（1933），民国二十四年（1935）投产，在解决城厢镇和广汉三水镇照明和电力提灌兴农方面发挥了重要作用。据《中国水利百科全书》记载，玉虹桥水电站是全国最早建成的四座水电站之一，也是成都地区早期建成的装机容量最大、运行时间最长的水电站，号称川西第一水电站。

中华人民共和国成立后，改公营玉虹桥水力发电厂为金堂县人民电厂。1959年又自毗河引水，建成贯子山电站，两站并网运行，统一管理，成为金堂发展生产的电力支柱。1972年，因都江堰渠系改造，玉虹桥上游毛家河改入赶牛河，水源截断，运行37年的玉虹桥水电站停止使用，玉虹桥原水力发电设备搬迁至贯子山水电站继续使用。

照片2-40 贯子山（玉虹桥）水电站

📍 成都市在中华人民共和国成立前的11个水文站

据史料记载，成都地区第一批现代水文站是在民国时期建立的。民国二十四年（1935）卢作孚担任四川省建设厅厅长，提出设立水文站的建议。根据《成都市水利志》的相关记载，1936年建立的岷江紫坪铺水文站、二王庙水文站、内江河口水文站、外江河口水文站，为全省第一批水文区，主管机构驻灌县，水利专家周郁如被任命为该区第一任主任；1939年后，又设立沱江三皇庙水文站、府河望江楼水文站等水文站。这些水文站的建立，使成都地区的水文观测基本形成网络，进入现代水文观测时代，对成都地区水文资料的连续观测、收集以及成都水利的现代化奠定了坚实的基础。成都市在中华人民共和国成立前的11个水文站，至今还保留有望江楼水文站、三皇庙水文站、宝瓶口水文站、蒲阳河水文站和柏条河水文站5个。

典型资源列述如下：

照片 2-41 望江楼水文站

望江楼水文站： 望江楼水文站位于府河上望江楼下，是府河上的重要测站，为中央报汛站、省级水文站。望江楼水文站始建于1939年1月，于当年10月建成，位于成都市九眼桥上游400米河滩处，称望江楼（一）站。1944年迁至九眼桥下游960米，称望江楼（二）站。1985年迁至九眼桥上游340米，称望江楼（三）站，最终成为现在水文站的模样。

沱江三皇庙水文站：三皇庙水文站位于沱江金堂峡口，是国家重要水文站，承担着重要的防汛任务。三皇庙水文站于1939年10月建立，原址位于金堂三皇庙内，该处是祭祀开明帝鳖灵的寺庙，后追加祭祀了李冰父子，称三皇庙。后水文站改建至沱江边现存水文站上游100米，第三次改建才迁至本处。自建站以来，历代水文职工不断收集着宝贵的水文资料，汛期每天24小时监视水雨情变化，及时向地方发出洪水预报，守卫着金堂的母亲河，是沱江防汛的第一站。

照片2-42 三皇庙水文站

二、水景观亚类

本次普查全市共查明水景观亚类资源100处，占成都市水文化遗产资源总量的6.6%。其中水文化场所26处，占该亚类总量的26%，河流湖泊74处，占该亚类的74%。

水景观亚类典型资源名录见下表。

表 2-10 水景观亚类典型资源名录

资源类型	典型资源
010201 河流湖泊	岷江（成都段）、沱江（成都段）、升仙湖，三岔湖、石象湖、朝阳湖、金河、沙河，湔江、白沙河、文井江、榿木河、斜江河、南河、北河、绛溪河、凤凰河；青龙湖、百工堰水库、白塔湖、竹溪湖、龙泉湖（石盘水库）、宝狮湖水库、张家岩水库、邮江河、金堂峡
010202 水文化场所	浣花溪公园、蜀锦工坊，罨画池、百花潭公园、新都桂湖、新繁东湖、望江楼公园、水井街酒坊遗址、家珍公园，新津斑竹林、湔江水利风景区、新津白鹤滩湿地、离堆公园、棠湖公园等

（一）河流湖泊基本类型

河流湖泊基本类型指成都主要的天然河流、人工湖泊（水库）。

成都平原上沱江和岷江两大水系呈扇系分布，支流众多，河网密布，平均每隔2～3千米即有一条河流。从孕育金沙文明的磨底河，到贯穿城北的沙河，再到崇州母亲河文井江……古代成都河道纵横、湖泊众多，享有"水城"的美誉。中华人民共和国成立后，为了川中丘陵地区引水灌溉和防洪，成都修建了人民渠、东风渠等引水工程，新建了三岔水库、石盘水库等众多人工水库，这些地方也逐步发展成为人们领略湖光山色，踏青赏花的场所。

本次普查共查明河流湖泊74处，其中以磨底河、沙河、金河等为代表的沱江、岷江干流支流，孕育了成都千年文化；以三岔湖、石象湖为代表的现代湖泊，蕴含着深厚的历史文化。

典型资源列述如下：

岷江（成都段）

岷江，古名渎水、汶水、汶川，是长江上游最重要的支流，一度被认为是长江正源。发源于岷山南麓，全长1279千米，流域面积133500平方公里，水量丰富，据二王庙水文站观测，年均径流量147.3亿立方米。沿途汇入黑水河、杂谷脑河、大渡河、马边河等重要支流，在宜宾汇入长江。都江堰将岷江划分为内外江两部分，内外江引水后，剩余的水流从金马河排出。岷江内外江干渠中，一小部分水资源汇入沱江，大部分都汇合在府河，并最终和金马河一起在彭山区江口镇再次汇入岷江。岷江演化成的像蜘蛛网一般的灌溉系统，滋润着整个成都平原，是成都平原的母亲河。

岷江（成都段）指岷江流经成都段，从都江堰辖区进水至新津流出的部分，包含都江堰水利工程前部岷江段和后部金马河温江区、新津区段。

照片2-43 岷江（成都段）

沱江（成都段）

沱江古称中江、内水、牛鞞江、资江、雁江、金川、釜川等，为长江左岸一级支流。古代以湔江为正源，近代按河长唯远原则，以绵远河为正源。沱江干流长634千米，支流呈树枝状分布，流域面积在100平方千米以上的支流有77条；其中湔江、青白江、毗河等大的支流分布于成都境内。流域略呈长条形，由于有都江堰水系引岷江水源汇入，故沱江流域呈非封闭型。

沱江（成都段）主要指绵远河南流至金堂县赵镇接纳沱江支流——毗河、青白江、湔江、石亭江等上游支流后形成的沱江正流，穿龙泉山金堂峡，经简阳市流出成都范围的河道。

照片2-44 沱江流域

📍 沙河

　　沙河，属岷江水系，起于成都市北郊洞子口，向东南流又分洗瓦堰、砖头堰，经驷马桥向东、穿越东郊腹地后逐渐转西南，于南郊汇入府河。河长22千米，沙河和府河、南河都是流经成都市的主要河道，被称为成都"三河"。

　　沙河原为自然河流，古称升仙水，传说汉代张伯子骑赤纹猛虎从河边飞升上天成仙，《水道图注》有载："鱼凫王、张伯子俱乘虎仙去"。因水傍凤凰山又称凤凰水。沙河是蜀人"岷山导江，东别为沱"的治水方法的产物，古代是成都的排洪河道，战国秦汉时期是二江的重要辅道，在军事上也有重要的北向防御地位。元代曾驱使成百上千劳工下升仙河淘金，升仙水河沙粗而硬，也常为成都玉石坊用以解玉。明代升仙水改名为沙河。20世纪50年代为适应现代城市建设发展的需要又在市东郊开凿了一条人工河，广义的沙河也包含这部分。沙河现有11座水闸，3座跌水坝及3座小型发电站，主要担负着东郊企业的生产供水、市民生活用水、沿河农田灌溉及城市东郊防洪任务，被称为成都的"生命河"。

照片2-45 沙河

📍 升仙湖

升仙湖位于成华区，原为沙河上升仙桥旁的自然湖泊，现为修建地铁1号线将沙河改道引流而修的人工湖，为成华区10处文化地标之一。

沙河在汉代又名"升仙水"，升仙湖为当时升仙水在城北低洼地带形成的湖泊，毗邻升仙桥（驷马桥），现已不存。宋时的升仙湖，湖畔有小店，店里有自然好茶，八百多年前，陆游就因为暴雨，被迫困在升仙湖茶座消遣。宋淳熙三年（1176），炎夏的雨热烈突袭，行至升仙桥的陆游，不得跑到离桥不远的升仙湖边茶铺避雨，兴时作诗《升仙桥遇风雨大至憩小店》：触热真疑堕火灰，雨如飞镞亦佳哉。空江鱼鳖从龙起，平野雷霆拥马来。正怪横吹屋茅尽，俄闻下击涧松摧。晚来日漏风犹急，卧看柴扉阖复开。21世纪初，在成都北边的中环路与双沙路交叉处，为处理地铁一号线与沙河走水的矛盾，修建地铁时挖出一个人工湖。人工湖被双沙路及其高架桥隔成两块，东边大，西边小，犹如母子相依，定名升仙湖。

照片2-46 升仙湖

📍 金河

　　金河，又称金水河，是成都城内从西到东横贯全城的小河，起于唐，在20世纪70年代消失，现仅存人民公园内的一小段古河道遗址。

　　金河始建设于唐大中七年（853），在当时的西川节度使兼成都府尹白敏中主持下，疏通城中小河的基础上修建形成，按古代五行学说中关于西方属金、金生水的说法，命名为金水河。金河水向东南沿通惠街后边的河道过金花桥，改向东流经金河街，进入少城，穿过半边桥，经西御街后，穿过三桥正街上的三座桥梁后经过染房街后，流过锦江桥、古卧龙桥、青石桥，再经龙王庙、王家坝等地，一直到大安桥后汇入府河。金河曾是成都城最为依赖和重要的母亲河之一，河上原有半边桥、卧龙桥、青石桥、拱背桥、向荣桥等桥梁二十余座，大多为大家所熟知。半边桥是清代金河水运终点码头，是当地十分热闹的小型码头贸易区；青石桥又名龟化桥，是为纪念张仪而建的，在宋代还是我国官方木版刻书的发祥、集散之地……20世纪70年代，在那段"深挖洞，广积粮"备战备荒的日子里，政府对金河进行大改造，抽干金河河水，淘光淤泥，建成成都几处大型的地下人防工程之一，金河自此消失。

照片2-47 金河旧照（戴谦和摄于1935年）

📍 三岔湖

　　三岔湖位于东部新区，龙泉山东麓，是都江堰东风渠扩灌工程的重要组成。湖域面积27平方千米，有240千米迂回曲折的湖岸线，湖面镶嵌着113个孤岛和160多个半岛，蓄水量2.27亿立方米，是杭州西湖的3倍，1993年列入《世界名湖录》，被誉为"天府明珠"。

　　三岔湖湖底埋藏着乾封古镇、三岔古镇的旧址。乾封镇在西魏时期为婆闰县县治之所兼商贸物资集散地，北宋时期还出现过以许奕为代表的文人官吏。明初，离乾封十多千米的三岔古镇逐渐替代乾封镇，成为新的商贸及物资集散地。三岔镇正式建镇设治在清雍正元年（1723），名"永鑫场"，因其北上成都、东下简阳、西通仁寿，因此俗称"三岔坝"。明末清初五省移民来到三岔古镇，修建了真武馆、万寿宫、南华宫等众多会馆、戏台等古建筑，古镇格局既成。1926～1930年，三岔古镇作为成都后方化铜重镇而繁荣，有"小成都"之称。20世纪70年代修建三岔水库，乾封、三岔古镇沉入湖底。

照片2-48/49/50 三岔湖及淹没的三岔坝历史照片
（来源：成都市东部新区水务监管事务中心）

087

📍 石象湖

　　石象湖位于蒲江县，因湖区古刹石象寺而得名，相传为三国大将严颜骑象升天之地。石象湖占地800亩，周边有花博园、石象寺、象山古镇。

　　石象湖始建于20世纪70年代，湖边有东汉末年的石象寺和高15米的川西大佛，是慈悲为怀的佛教文化的代表；有大教育家魏了翁收徒育才之所石象古书院，后人为纪念他还修建了文靖楼；有严颜厌战争求和平的三国文化，还有七子求学的七星台传说。2014年，成功创建AAAA级旅游景区。

照片 2-51 石象湖

📍 朝阳湖

朝阳湖位于蒲江县，为20世纪70年代兴建。湖长7.5千米，有4岛、28拐弯、108座山峰，有"水上青城"的美誉，是第一批省级风景名胜区之一。

朝阳湖旁有十余处两汉至唐宋摩崖石刻造像群，其中飞仙阁摩崖造像始建于隋唐时期，为全国重点保护文物单位，千年石刻，精妙绝伦。

照片 2-52 朝阳湖

（二）水文化场所基本类型

水文化场所基本类型指的是以水为特色的景区、公园、科普教育场地等。

水流过的地方便是文明生长的地方，岷江哺育了古老的蜀地文明和蜀水文化，蜀水养育了成都人，为这座城市打造出无数美丽的水景，也留下了造船、造纸、川酒、蜀锦、川味等丰富的文化遗存。秦汉城北龙堤池、万岁池，城东千秋池，城西柳池风景秀美；隋唐摩诃池、江渎池空前辽阔；更有"锦江滑腻峨眉秀，幻出文君与薛涛"的动人故事。新繁东湖、罨画池文化记忆尚存，多少人追思；百花潭、浣花溪公园、桂湖公园、望江楼公园等文化场所游客如织，一景一故事。

本次普查共查明水文化场所26处，其中以罨画池、古百花潭、望江楼为代表的文化公园，是成都水文化在建筑形态上的直接体现；以都江堰博物馆、李冰纪念馆、通济堰博物馆、沱江文化博物馆等为代表的博物馆是典型的水文化遗产科普教育场所。

典型资源列述如下：

📍 浣花溪公园

浣花溪公园，位于青羊区，占地484.8亩，紧邻杜甫草堂。公园由万树山、沧浪湖、诗歌大道、白鹭洲等景点组成，浣花溪穿园而过，是开放式城市公园。

浣花溪历史最早要追溯到秦、汉时期。唐乾元二年（759），杜甫为躲避"安史之乱"携家眷逃往蜀中，在浣花溪畔修建茅屋居住近四年，留下诗歌240余首，是现存杜甫行踪遗迹中规模最大，最具知名度的一处。宋、元、明、清历代都对浣花溪公园有修葺扩建。公园现在仍完整保留着明弘治十三年（1500）和清嘉庆十六年（1811）修葺扩建时的建筑格局。浣花溪公园388米长的诗歌大道南端，矗立着号称华夏古今第一鼎的文化源泉鼎，象征着中国诗歌"源远流长"，中国诗人"文思泉涌"。

照片 2-53 浣花溪公园

照片 2-54 瓮亭公园

📍 瓮亭公园

瓮亭公园位于邛崃市，占地2792平方米，由古瓮亭、飞仙亭、红荷湖等组成，为邛崃市文物保护单位。

瓮亭公园在西汉时期为临邛巨富卓王孙私家园林，唐代为临邛镇饯别筵会之地，宋代即建有"鸿都客堂"，至明代疏浚荷池，掘得贮满五铢钱的大瓮二只，"因建亭藏之，名瓮亭"，瓮亭公园由此得名。民国二十五年（1936）扩建并改名为临邛公园。中华人民共和国成立后，更名为邛崃瓮亭公园。

罨画池

罨画池位于崇州市，由罨画池内外湖、陆游祠和州文庙三部分组成，总占地34541平方米，是四川园林中川西园林的代表作之一。2021年6月，国务院公布其为全国重点文物保护单位。

罨画池始建于唐，初名"东亭"，最初是蜀州（今崇州）州署的郡圃，同时兼有驿站功能。当时蜀州风气"尚侈好文，俗好歌舞"，东亭也逐渐演变为蜀州地方官待客、游赏的衙署园林。北宋改名为"罨画池"，江原（今崇州）知县赵抃和苏轼之孙苏符任职蜀州时对罨画池陆续加以增建，南宋诗人陆游在此为官时遍植梅花，渐成蜀中名胜。明代官方在罨画池内，增建以纪念陆游、赵抃两人为主题的赵陆公祠，罨画池因而逐渐演变成为公共性纪念园林。现存罨画池建筑群大都重建于清中后期，为典型的清代川西建筑风格，是中国少数几处保存至今的唐宋衙署园林之一。

照片2-55 罨画池

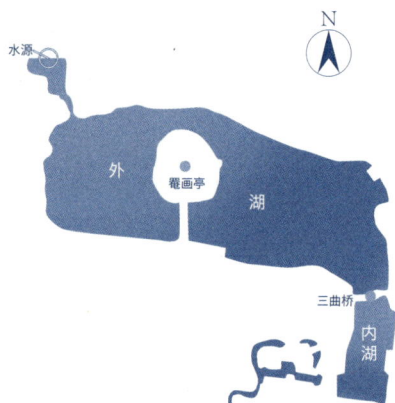

图2-10 罨画池示意图

新都桂湖

新都桂湖位于新都区，占地面积5万余平方米，湖面约占三分之一，其园林建筑以湖心升庵祠为主体，另有亭台楼阁、桥榭廊庑等二十余处。1996年11月20日，"杨升庵祠及桂湖"被国务院公布为全国重点文物保护单位。

照片 2-56 新都桂湖

桂湖始建于初唐，原名"南亭"。最初为驿馆式的官家园林，隋开皇十八年（598）始建城墙，至今有850米仍保存完好。明代正德嘉靖年间，著名学者杨慎沿湖广植桂树，并改名"桂湖"，明末桂湖建筑毁于战火。清代嘉庆、道光年间重修桂湖建筑。桂湖因其桂花和荷花种植规模大、品种丰富等特点，而成为全国五大桂花观赏地之一、全国八大荷花观赏地之一。

📍 新繁东湖

照片 2-57 新繁东湖

新繁东湖位于新都区，占地18000平方米。新繁东湖是我国有遗迹可考的两处唐代古典人文园林之一，自古有"西蜀名园"之称。1996年9月，四川省人民政府公布其为四川省文物保护单位。

新繁东湖为唐代名相李德裕任新繁县令时修建。主体建筑怀李堂，原名文饶堂、卫公堂，于北宋政和八年（1118）迁于东湖内，清光绪六年（1880）重建，以纪念修建东湖、有功于蜀中的著名宰相李德裕。东湖历史文化深厚，园内还有纪念明末清初一门四世六乡贤的"四费祠"和纪念唐李德裕、王安石之父宋王益、宋邑人梅挚的"三贤堂"遗址，具有非常重要的历史艺术价值。

📍 百花潭公园

百花潭公园位于青羊区，与杜甫草堂、浣花溪公园相邻，占地约135亩，公园以兰花盆景享有盛名。

据考证，今日的百花潭与古时的百花潭名同地异。古百花潭位于今杜甫草堂西南的龙爪堰处。宋代以后，水系变动，潭址已淤没不存。清光绪七年（1881），清人黄云鹄沿清水河顺流而下寻找古百花潭遗迹，将与磨底河交汇处的宝云庵旁一潭静水，错认为古百花潭的位置，竖立石碑并镌刻"古百花潭"几个大字于其上，并在此地修建凉亭敞轩，这就是现今百花潭公园的前身。百花潭在中华人民共和国成立后改建为成都动物园，1971年动物园搬出市区，百花潭公园恢复建设。1976年至1982年百花潭公园经整修后重新对外开放游览。根据巴金享誉世界文坛名作《家》中对园林及其建筑的描写为蓝本修建的慧园，占地26.5亩，是百花潭花园的重要组成部分。

图 2-58 百花潭公园

蜀锦工坊

图2-59 蜀锦工坊

蜀锦工坊位于青羊区，前身为蜀锦厂。成都自古以锦闻名，蜀锦拥有两千多年悠久历史，在我国丝绸发展史上占有相当重要的地位。2006年，蜀锦织造技艺入选首批国家非物质文化遗产名录，2009年与中国丝绸博物馆联合申报"中国蚕桑丝织技艺"入选联合国人类非物质文化遗产代表作名录。

蜀锦又称蜀江锦，是中国四大名锦之一。蜀锦历史悠久，春秋战国至甚至更早，商人们把蜀锦和其他货物通过"南方丝绸之路"销往印度、缅甸，继而又转运中亚，当时进行锦缎贸易的集市则称之为"锦市"。三国时候，三足鼎立，连年用兵，川蜀的军政费用，几乎全靠锦缎贸易维持。蜀锦兴于汉而盛于唐，到宋元时期，成都仍建有成都府锦院，主要生产皇室用锦、贸易用锦，蜀锦在国内外一直享有盛名，是川蜀对外物资交流的一宗主要产品。鸦片战争以后，民族工业受到很大打击，临近解放，蜀锦行业已是一片萧条景象。中华人民共和国成立后，失业的蜀锦工人在政府的扶持下，于1951年9月，通过生产自救，组建成都市丝织生产合作社（成都蜀锦厂的前身），恢复蜀锦的生产，最终发展成现在的蜀锦工坊。蜀锦工坊内展示多台蜀锦小花楼木织机，可现场手工制作蜀锦，蜀锦、蜀绣精品异彩纷呈，是国内唯一存有全套手工蜀锦制作工艺和蜀锦历史文化展示的蜀锦织绣博物馆。

📍 望江楼公园

望江楼公园位于武侯区，占地118亩，以崇丽阁、濯锦楼、浣笺亭等建筑群、薛涛纪念馆等文物遗迹及各类珍奇异竹而闻名中外。2006年05月，国务院批准望江楼列入第六批全国重点文物保护单位名单。

望江楼公园始建于明朝，最初是为纪念唐代著名女诗人薛涛而建，展示有薛涛最具代表性的三十九首留存诗作。清嘉庆十九年（1814）由四川布政使方积、成都知府李尧栋在薛涛井右侧建浣笺亭。清代科举制度开始衰落，为了提振川蜀文运的希望，清朝重建了崇丽阁，俗称望江楼，崇丽阁建成当年四川考取进士12名，望江楼顿时成为四川文脉的聚集地，引得学子纷纷来参拜。

照片 2-60 望江楼公园

📍 水井街酒坊遗址

照片 2-61/62 水井街酒坊遗址

水井街酒坊遗址位于锦江区，是一座元、明、清三代川酒老烧坊遗址，面积约1700平方米，包括晾堂、酒窖、炉灶、灰坑及酿酒设备等。水井街酒坊遗址是中国第一个经科学考古发掘的古代酿酒作坊遗址，被称为中国白酒行业的"活文物"——"中国白酒第一坊"。水井街酒坊遗址是国务院批准保护的全国重点文物保护单位；2008年6月，国务院公布水井坊酒传统酿造技艺为国家级非物质文化遗产。

蜀酒文化源远流长，早在三星堆时期，古蜀人或许就已经会使用大米开始酿酒。从西汉卓文君当垆卖酒，到唐宋名酒"忠臣堂、玉髓、锦江春、浣花堂"，酒坊遗址揭开蜀酒文化神秘面纱。水井街酒坊呈"前店后坊"的布局形式，最迟从明代起延续五、六百年未间断生产，揭示了明清时代酿酒工艺的全过程。科研人员从这些古窖池分离提取的高效酿酒功能的红曲霉菌群落，被白酒界称其为水井坊酒的 DNA，具有极高的文物保护传承价值。

三、水文化建筑设施亚类

本次普查全市共查明水文化建筑设施亚类资源173处，占成都市水文化遗产资源的11.06%。其中坛庙寺观亭50处数量最多，占水文化建筑亚类总量的30%，古村古镇36处、水边聚落遗址40处、雕像/石刻/碑碣31处，分别占该亚类的21%、20%、19%，名人故居、祠堂、墓园基本类和水灾害遗址数量相对较少。

水文化建筑设施亚类典型资源名录见下表。

表 2-12 水文化建筑设施亚类典型资源名录

资源类型	典型资源
010301 坛庙寺观亭	江渎庙遗址、二王庙、伏龙观、合江亭、望丛祠、先主寺、川王宫（大邑）、奎光塔、回澜塔、淮口瑞光塔、镇江寺、镇国寺塔（镇江塔）、圣德寺白塔、散花楼、大慈寺、都江堰文庙、三昧禅林、新都白水寺、木兰寺、老子庙三官殿等
010302 名人故居、祠堂、墓园	官家花园、杨氏宗祠、望丛祠望帝陵、望丛祠丛帝陵
010303 雕像、石刻、碑碣	李冰石像、石犀、川南第一桥碑、佛子岩石刻、北斗七星柱、桂湖石碑、锦江石牛、龙藏寺内大朗和尚筑堰治水功德碑、桂溪寺祭文碑、德政坊、东汉郭择赵汜碑、东汉堰工石像、二王庙安流顺轨碑、二王庙饮水思源碑
010304 水灾害遗迹	红桥村护岸堤遗址、方池街遗址、指挥街周代遗址、东阳桥遗址、锅底沱
010305 水边聚落遗址	摩诃池遗址、古百花潭遗址、金沙遗址、新津宝墩遗址、街子古镇双河遗址、芒城遗址、鱼凫村遗址、郫县古城遗址、羊子山祭祀台遗址、古蜀船棺合葬墓遗址、东华门遗址、十二桥遗址、江南馆街唐宋街坊遗址、鼓楼北街遗址、城守东大街遗址、内姜街遗址、蒲江飞虎村船棺墓葬遗址、邛窑遗址、新都水观音商周遗址、红桥遗址、福感寺遗址
010306 古村古镇	五凤溪古镇、洛带古镇、平乐古镇、黄龙溪古镇、城厢古镇、弥牟古镇、元通古镇、街子古镇、石桥古镇、灌县古城、三道堰镇、夹关古镇，海窝子古镇、新场古镇、连二里市、赵镇古镇、彭镇、西来古镇、怀安军遗址、弥牟古镇、泰安古镇、悦来古镇

（一）坛庙寺观亭基本类型

坛庙寺观亭基本类型包含用于纪念治水人物、事迹、祭祀、礼仪活动的场所以及相关的建筑。

农耕时期，风调雨顺是人们最大的愿望，古蜀人水神崇拜盛行，信仰对象广泛，从龙王崇拜到江渎神崇拜，再到李冰父子等治水人物的神化，成都各地兴建了数量庞大的龙王庙、川主庙、鳌灵庙、二郎庙。同时，成都古代水利科技长期居于全国领先地位，漫长的治水历史中涌现出大禹、开明、李冰等治水能手，官方和民间都修筑了大量的坛庙寺观纪念他们。

本次普查共查明坛庙寺观亭50处，其中以江渎庙为代表的祭祀场所，体现了成都江神崇拜的水信仰；以望丛祠、先主寺、川主寺为代表的祭祀文化，寄托了成都对李冰等治水人物的追思。

典型资源列述如下：

📍 江渎庙遗址

江渎庙遗址位于青羊区，现文庙西街卫生干部管理学院内，古代是祭祀长江之神——江渎神的庙宇和公园。

在古人的认知中，位于四川西部的岷山，高耸巍峨，所以将它称为"渎山"，加上很多人认为岷山是长江的发源地，更是视之为神山。早在秦朝，镇守四川的官员就在成都南边修建江渎庙祭祀长江之神。因为战乱灾荒庙宇损毁，隋开皇三年（583），对江渎庙进行重建。唐朝社会稳定繁荣，对江渎庙进行了扩建。宋开宝六年，宋太祖从帝都开封派遣设计师、绘图师和能工巧匠大修江渎庙，使其闻于天下。宋仁宗庆历七年，益州知州文彦博再次对其进行扩建。南宋淳熙二年，著名文学家、政治家

照片2-63/64 江渎庙铜像及遗址现状

范成大在成都任职期间将江渎庙扩展到"庙宇有屋209间，围墙6870尺"，并约请好友、著名诗人陆游作《成都府江渎庙碑》。明初，朱元璋下令褫夺历朝历代对江河大川赐予的封号，成都江渎庙被毁。明成化七年曾经重建，并用铜铸造了江渎神及他的两个妃子的塑像，但在明末战乱后，成都几乎变为一片焦土，江渎庙逐渐缩小损毁，清朝时江渎庙成为练兵阅兵的"南校场"。江渎庙最后于1966年退出了成都的历史舞台，如今只留下江渎庙的三尊铜像，放置于四川博物院内。

📍 二王庙

二王庙古建筑群坐落在都江堰市，是世界文化遗产都江堰的重要组成部分，是纪念都江堰开凿者、秦蜀郡太守李冰及其子二郎的祀庙。二王庙占地面积约5.1万平方米，建筑面积约1.1万平方米。

二王庙初建于东汉，原为纪念蜀王的望帝祠，益州刺史刘季连将祠内望帝迁往郫县与丛帝合祀，原祠改祀李冰，命名"崇德庙"。宋开宝五年（972），增祀传说中李冰的儿子二郎。因父子二人相继被敕封为王，清初遂名"二王庙"。二王庙现存建筑系清末民初所建，山门"二王庙"三个金字是爱国将领冯玉祥将军的手笔。庙内观澜亭下，一排丹墙石壁上镌刻有两则治水《三字经》。现存建筑多为民国十四年（1925）遭火灾焚毁后住持李云岩募资重建，是庙宇和园林相结合的著名景区。二王庙对于研究成都道教的发展、道教建筑的营建，具有一定意义。

照片 2-65 二王庙

📍 伏龙观

伏龙观位于都江堰离堆北端，宝瓶口正上方，为一道教建筑，占地面积约为3000平方米，三面为悬崖，一面以石阶和开阔的大坝相连，包含老王殿、铁佛殿、玉皇殿等建筑群。

伏龙观就离堆山脊修建，原名"范贤馆"，为纪念西晋大成政权丞相范长生而建。宋太祖诏修崇德庙、扩大庙基并增塑李二郎像于前殿，改名伏龙观，始以道士掌管香火。清同治五年（1866），清四川巡抚崇实重修大殿，作为纪念李冰的专祠，称为"老王庙"。相传李冰父子降伏孽龙并锁于观下深潭中，遂更名"伏龙观"。20世纪六七十年代塑像被毁，80年代以后，改为陈列1974年出土的李冰石像。石像造于东汉灵帝初年，距今已1800多年，是我国现存最早的圆雕石像，对研究都江堰历史具有重要意义。

照片 2-66 伏龙观

📍 望丛祠

　　望丛祠，位于郫都区，占地面积88亩，由望帝陵、丛帝陵、郫县博物馆、鳖灵湖等主体构成，是为纪念蜀王望帝杜宇和他的继任人丛帝鳖灵而修建的祀祠，也是中国西南地区唯一的一祠祭二主的帝王陵冢。1985年，望丛祠被列为成都市重点文物保护单位。1991年，被公布为四川省文物保护单位。

　　望帝祠原在今都江堰二王庙处，原名崇德祠。南北朝齐明帝时，益州刺史刘季连将它迁至郫县今处，与丛帝庙合并，始称望丛祠。宋康定二年（1041），邑令赵可度重修。明末清初为战祸所毁，仅剩下杜宇鳖灵二坟。清道光十四年（1834）重修，占地22亩。光绪三十三年（1907），在祠东建"听鹃楼"。民国四年（1915），曾于祠后建筑公园，后逐渐荒芜。民国八年督军熊克武驻扎在此，又拨款培修祠宇。1982年郫县人民政府维修和扩建了望丛祠，形成今天规模。

照片2-67 望丛祠

📍 大慈寺

照片 2-68 大慈寺

大慈寺，又名古大圣慈寺，位于锦江区，占地 11530 平方米，是四川省文物保护单位。

大慈寺始建于公元 3 世纪至 4 世纪之间，被誉为"震旦第一丛林"。公元 622 年玄奘年满二十岁，正式在此寺受具足戒，唐玄宗曾赐额"敕建大圣慈寺"，唐代新罗国（今韩国）无相禅师，开元十六年（728）到长安，受到唐玄宗召见后入蜀参拜智诜、处寂禅师。玄宗幸蜀，复获召见，并命重建成都大慈寺。历经兴废，多次毁于兵火，现存诸殿为清顺治至同治年间陆续重建。历史上，大慈寺最有特色和影响的文物是名画和铜佛。据说，该寺的铜佛、石佛也曾有大小数百尊。均先后被战乱所毁。

📍 合江亭

照片 2-69 合江亭

合江亭位于锦江区，为府河与南河交汇处，以合江亭为核心，周围分布有东门码头、安顺廊桥、思蜀园、听涛舫等多个景点。

合江亭于唐代贞元年间由川西节度使韦皋始建，与芳华楼等楼阁台榭组成成都历史上最早的"市政公园"。唐时的合江亭，与张仪楼、散花楼形成了自西向东的绚丽风景线。晚唐时，高骈改府河，成都形成两江抱城的格局，在两江交汇处的合江亭便成为贵族、官员、文人墨客宴饮吟诗的首选之处。合江亭于北宋重建，并达到鼎盛，成为官民宴饮，市井游玩的热闹场所。每到中国传统节日，就会有市民到此，放灯祈福，品茶笑谈。合江桥畔亦是时人登舟出川的主要口岸，明代辟有锦官驿，清代新置船税所。

📍 先主寺

先主寺位于新津区，建筑面积4000平方米，寺庙由往生塔、先主殿、山门、居士楼等组成。

先主寺据考始建于唐天宝二年（743）。此地原名"九龙口"，初建时名大禹庙，供奉水母，后因三国时期蜀汉先主昭烈帝刘备为民在此祈雨，并祈雨有应，故改名为先主祠，后又改作先主寺。至清康熙年，附近新津、大邑、邛崃、蒲江、双流、温江、眉山等县均遇干旱来先主祠求雨。至民国时期占地50亩左右，大殿供奉身高六至七尺的刘、关、张坐像，并有行身木偶等像。

大殿后是护法韦陀塑像，二殿供奉水母坐像，三殿供奉武侯坐像等。中华人民共和国成立后被拆除，1996年重建恢复，每月初一和十五将会举办祭祀活动。

照片2-70 先主寺

📍 散花楼

散花楼，位于青羊区琴台路，是一座临水而建的八角飞檐雕花亭楼，楼高四层。

散花楼始建于隋朝开皇年间（581～600），为蜀王杨秀修建，位于著名皇家园林摩诃池畔，后逐渐发展为文人雅士、市井走卒争相游玩的园林，与张仪楼、得贤楼、西楼合称"成都四大名楼"，散花楼位居四楼之首。在唐代，散花楼是与黄鹤楼、岳阳楼、滕王阁等齐名的中国名楼。唐开元八年（721），21岁的青年李白，在江油大匡山书院学习结业后，拜别师尊，开始长达5年的四川漫游，写了许多流传千年的壮丽诗篇，其中就有《登锦城散花楼》。宋末，散花楼毁于蒙古军队的入侵。后散花楼在历史上几经重建迁徙，1993年重建于南河边百花潭公园门外。

照片 2-71 散花楼

镇江寺

镇江寺位于双流区。占地面积960平方米，呈四合院布局。2006年12月成都市公布其为成都市市级文物保护单位。

镇江寺始建于清光绪十年（1884），依锦江王爷坎而建，原为"镇江王爷庙"，是船帮祭祀集会的场所。大殿内原塑湖南民间道教水神——镇江杨泗将军神像，每年农历六月初六杨泗将军圣诞，周边的善男信女都会来此朝会。但现在的镇江寺已然是一座佛教寺庙。在镇江寺旁有一棵黄葛树，据说为1800年前黄龙祖师云游来此所植，和镇江寺一起保古镇一方平安。镇江寺遗址对研究清代成都地区佛教的发展具有一定的价值。

照片2-72 镇江寺

淮口瑞光塔

淮口瑞光塔也称白塔，位于金堂县淮口瑞光寺内，高33米，共13层，为仿木楼阁式空心方形砖塔，综合运用小砖叠涩法、搭卷法、简卷法及计承托等典型的宋营造法式，使该塔具有极高的历史、艺术、科学价值。曾是古金堂八景之一。2006年被国务院公布为第六批全国重点文物保护单位。

淮口瑞光塔始建于东晋，距今已有近1700年历史，南宋绍兴年间由住持僧悟明禅师组织重建，是四川现存最古老的佛塔。瑞光寺为瑞光塔之后建造，年代不详，在隋朝时又名长寿寺，在唐朝时又名太平寺。瑞光塔是淮口的标志，它历经沧桑，目睹和见证了这座千年古镇的变迁。

照片2-73 淮口瑞光塔

镇国寺塔

镇国寺塔位于彭州市，塔高34米，为十三级密檐式方塔，是现存三座宋塔中最高大的一座。1980年7月四川省人民政府公布其为省级文物保护单位。

镇国寺塔始建北宋至和元年至嘉祐五年（1054～1060）。由北宋高僧净慧大师主持修建，当时净慧大师云游九陇（现丹景山镇）时，喜爱这山盘水折、神灵膏腴的胜境，便栖止于镇国寺，与当地檀越、耿符等人商议了建塔。镇国寺塔本名"无垢净光法舍利塔"，又因其傍临湔江，也称镇江塔，意为震慑水患。塔建好后，净慧大师遂请刚上任的成都知府王素做记，为彭州留下了一篇珍贵的历史文献。相传"塔北第五级有七星泥琴"（光绪《彭县志》），正对关口，出山有风时，便发出清越之音，琴音悦耳，令人神清气爽。遗憾的是现在已经是琴殒音消。

照片2-74/75 镇国寺塔

📍 圣德寺白塔

圣德寺白塔，位于简阳市城区，属砖石仿木结构、四周攒尖顶、十三级密檐式佛塔。曾以"一塔凌云"之美誉而名列"简州八景"之首。

圣德寺白塔建于南宋时期，已历经沧桑800多年。圣德寺建于唐乾符年间（874～879），南宋庆元三年（1197），简州教谕张方率僧人惠祖开始募捐建塔，落成于嘉泰四年甲子（1204）秋。建成的塔位于圣德寺中轴线上，初名"圣因塔"。明嘉靖戊戌（1538）仲秋，郡人何本贵等捐资倡众维修，至癸卯（1543）季秋竣工。维修中添置了八只铁风铃，与原有的八只铜铃相间悬挂，并在塔顶加置了重三十余斤的锡塔刹，塔身也涂成了灰白色。"白塔"之名由此得来。

照片 2-76/77 圣德寺白塔

📍 奎光塔

奎光塔位于都江堰市，是一座17层密檐式六面体部分双筒砖砌古塔，为我国现存层数最多的密檐式砖塔，为国家重点文物保护单位，是国家历史文化名城的地标性古塔。

奎光塔始建于明代，具体年代不详，当时老百姓为弥补地形缺陷，振兴本地文风，在城南修建了一座石塔，取名"奎光塔"，取魁星高照，文运昌盛之意，近200年来奎光塔被当地人看作"镇县之宝"。明末，石塔毁于兵火。清道光十一年秋（1831），灌县县令周因培亲自主持原址重建奎光塔，塔高52.67米，重约3460吨，为17层密檐式六面体部分双筒砖砌古塔。后人将塔旁三合小院改建为"周公祠"，并在祠门上敬书"崇儒"二字，塔祠相映，传承至今。

照片 2-78 奎光塔

📍 回澜塔

回澜塔坐落在邛崃市南河河心沙洲上，为十三级六边形楼阁式砖塔，塔高75.48米，是四川省境内最高的古塔，全国第三高砖塔，也是成都地区唯一对外开放的古塔，为省级文保单位。登临塔顶，临邛秀丽的风光尽览眼底。回澜塔既是点缀山水之文风塔，又是研究中国古塔建筑的重要资料。

回澜塔始建于明万历四十四年（1616），清重修，至光绪八年（1882）始成，至崇祯末年毁于兵燹。后又三度筹建，历时170多年。相传明朝时期南河水患严重，有路过的高僧看出此处有恶龙作怪，于是募资修建回澜塔来镇住妖龙，塔建成以后便没了水患。回澜塔坐东向西，塔身内1-8层供奉有名人塑像，集"祛患、致业、守成、崇贤、尚哲"主题思想于一塔，体现了"振一代文风，法古今完人"的宗旨。

照片2-79 回澜塔

（二）名人故居、祠堂、墓园基本类型

名人故居、祠堂、墓园基本类型指与水文化有关的治水人物、历史名人的祠堂、故居、墓园及相关器物。

古蜀以来，成都涌现过无数为治水、用水做出巨大贡献的先辈们，他们的故居、祠堂大多已经湮灭，唯有墓地却随着民众的祭奠留存下来，享受着后人的香火，其中有郫县杜宇开明共享香火的望丛祠，也有文翁祠等后世治水的纪念祠。20世纪六十七十年代，为了缓解成都各地长年的旱涝灾情，成都市修建人民渠、东风渠引水灌溉工程。在那个物资匮乏的年代，无数的水利工人和当地居民一起肩挑背扛，用最原始的工具打通隧洞、建造引水渠、修建水库，在劳动中献出了自己宝贵的生命，他们的墓地至今还在工程建设地受到人们的追思。

本次普查共查明名人故居、祠堂、墓园12处，其中以官家花园、浣花祠、文翁等为代表的名人故居、祠堂等是水文化建筑的集中表现。

典型资源列述如下：

📍 官家花园

官家花园，位于都江堰市，占地近22亩，系庭院式砖木结构瓦房，布局构成有多个四合院，大小房屋119间，总建筑面积5000平方米，是完整展示、体现川西民居的建筑风格和建筑文化的历史建筑遗存。2013年9月，成都市人民政府公布其为成都市文物保护单位。

官家花园建于明末，成型于清初，相传最早为尚书府第，但在官家花园保存的碑记中并未见尚书记载，后历经王姓、李姓、官姓代代相传。民国时期，官家花园成为成都水利同知官兴文的宅邸，经过不断扩建、修葺，而最终成为现在的规模。官家花园历经明、清、民国的发展，完整地体现川西民居的建筑风格和建筑文化，具有非常高的文化价值。

照片2-80 官家花园

照片2-81 文翁祠

📍 文翁祠

文翁祠，位于彭州市，占地面积4亩，建筑面积2000余平方米，是彭州人民纪念文翁治水功德的祠堂，以祠堂祭祀、文化展示、观景和休闲为主要功能。

文翁于汉景帝末年任蜀郡太守期间，兴教育、举贤能，激起蜀地向学之风，成为"文章冠天下"之地；同时，兴修水利，开湔江口，灌溉农田二千七百余顷，使蜀郡出现了"世平道治，民物阜康"的升平景象。为了纪念文翁治水的历史功德，清朝初年，彭州人在湔江河畔修建了文翁祠，祠内石门内刻下"东流不尽汉时水，西望常陪太守祠"，千百年来人们祭祀不断。

（三）雕像、石刻、碑碣基本类型

雕像、石刻、碑碣基本类型指无场所载体的用于纪念治水人物、事迹、水神崇拜的一切雕像、石碑、石刻镇水神兽等单体。

中国古代常用碑刻、雕像记录表彰纪念人物和功绩，如李冰像受人瞻仰。河流的治理、改道，捐献桥梁、改建，修建各种碑。人们为了纪念治水功绩，幻化出龙头、石牛等镇水神兽，比如开明神兽。

本次普查共查明雕像、石刻、碑碣资源33处，典型资源列述如下：

李冰石像

东汉李冰石像，位于都江堰市，石像高2.9米，肩宽0.96米，厚0.46米，重4.5吨，是我国现存最早的圆雕石像，为研究都江堰的历史和汉代美术史提供了可靠的物证。1974年4月4日，四川省人民政府公布"东汉李冰石像"为四川省文物保护单位。

东汉李冰石像于1974年3月3日，都江堰市在进行安澜索桥的迁建时从河床中挖出，出土时，石像横伏江心，面部朝下，头顶向西，前胸及两袖有题刻隶书文字"故蜀郡李府君讳冰"，"建宁元年闰月戊申朔二十五日都水掾""尹龙长陈壹造三神石人水万世焉"。据文字推断，此像应为李冰石像，可能是三神石人之一，刻造石像的时间是东汉灵帝建宁元年，即公元168年。该石雕像是目前唯一能证明李冰创建都江堰的历史文物。从1974年发掘出第一尊李冰石像后，在后来的40年间，在都江堰先后共出土了五尊石像。1975年发掘的堰工石像被确定为二级文物，与李冰石像一道存于伏龙观中，其他三尊石像暂未定级。1975年8月18日，石像加座迁至伏龙观前殿正中进行展览。

照片2-82 东汉李冰石像

📍 石犀

照片2-83 石犀

石犀，位于青羊区成都市博物馆内，长3.3米、宽1.2米、高1.7米，重约8.5吨，形状似犀，作站立状，躯干丰满壮实，四肢粗短，下颌及前肢躯干部雕刻卷云纹。

石犀属于秦汉时期偏早的石雕艺术品，兼具水则和镇水神兽的功能。李冰担任蜀郡太守期间，曾建造五头石犀，以镇压水精。该石犀可能与李冰治水有关，具有极高的考古研究和艺术价值，是成都博物馆的镇馆之宝。

📍 川南第一桥碑

照片2-84/85 川南第一桥碑

川南第一桥碑位于邛崃市，为四柱三间牌楼式砖、石仿木结构建筑，通高9.85米，面阔8.40米，坐东向西，五楼庑殿式砖石结构，檐下置斗拱，脊面饰陶雕，十分精美，为邛崃市级文物保护单位。

邛崃老南桥又称为川南第一桥，清道光十一年（1831）八月建成，时为15孔石拱桥，桥上修建有凉亭，供路人休息。清道光十二年（1832）在桥南、桥北各立"川南第一桥石碑"，今仍存其一。桥碑设计讲究，结构严谨，雕刻精细，气势极为壮观。由于桥碑常年在外经受风吹雨打，导致碑文都已基本损毁。

（四）水灾害遗迹基本类型

水灾害遗迹指古水道、洪水冲毁的遗址。

成都平原水利工程可回溯到四千年前，水灾害遗迹众多，如2014年温江区公平镇考古发现的温江红桥村护岸堤，成都方池街发现东周时期的防洪、支水、护岸工程，成都指挥街周代遗址出土柱桩、竹木编拦沙筐和洪水冲毁的水道。

本次普查共查明水灾害遗址5处，其中以红桥村护岸堤遗址、方池街遗址、指挥街周代遗址为代表的水灾害遗迹，是蜀地先民避水患、与洪水抗争历史的印证。

典型资源列述如下：

📍 红桥村护岸堤遗址

红桥村护岸堤遗址，位于温江区红桥村宝墩文化晚期遗址中，距今4000年左右，是中国历史上发现的最早的水利工程之一，也是目前在成都平原发现的最早的史前水利设施。

红桥村护岸堤遗址护岸堤总长约147米，大体呈西北——东南走向，剖面呈梯形，底宽14米，顶宽12米，高约1.3米。由内外侧多道坝体组成，外侧墙体起缓冲、分水作用，内侧墙体护岸护台地。内墙第一道墙体上的沟槽立木桩并夯实，起加固、加高作用，形成坚固的防洪体系。红桥村水利工程是目前古蜀人治水防洪的最早实物见证。它的发现，将古蜀人治水年代上溯到新石器时代。红桥村水利工程遗址与良渚外围水坝系统遗址齐名，均为目前国内已知最早的史前水利设施。但遗址在科考结束后，并未建馆保存，现已不存。

图2-11 红桥村护岸堤遗址

📍 方池街遗址

方池街遗址，位于青羊区，是1982年成都地区首次发现的一处新石器晚期至商周时期的古文化遗址，是最能说明该时期古蜀先民与洪水抗争的遗迹。

方池街遗址的文化层最主要有三层： 第③层为战国晚期文化层，第④层为战国早期文化层，第⑤层为洪水冲积形成的再生堆积。在第④、⑤层之间发现有东、西、中三条大的有规律的卵石石埂，从三条石埂重叠痕迹看，是经过几次洪水冲毁后的最后建筑。石埂呈工字形，起拦水、保护堤岸、防水冲刷的作用，还发现装卵石砌埂的猪嘴形竹笼，是目前所知年代最早的用竹络石垒坝的方法。这些防洪用石埂的年代在春秋早期与战国早期之间，这正是传说中四川盆地发生洪水和开明治水的时期。筑堤用装卵石的竹笼的方法后来在李冰治水时得到更大规模的使用，汉代还传播到中原地区，用以堵塞黄河的决口，在至今仍是川西地区加固河堤、堵塞决口采用的方法。

照片 2-86 方池街遗址

（来源：《成都方池街古遗址发掘报告》）

📍 指挥街周代遗址

指挥街周代遗址位于锦江区，紧邻指挥街西面。

指挥街周代遗址于1985年考古发现，文物部门即配合基建工程，对该遗址进行了抢救性和保护性的发掘。经过成都市文物部门的专家鉴定，指挥街遗址的战国时期文化堆积层含砂量很大，并包含有大量商代和西周的遗物，这些都是战国时期洪水冲毁商周时期遗址所形成的堆积；在对遗址的清理过程中，专家们发现了房屋遗址，以及少数的墓葬，并出土了一些随葬品，如陶碗，陶罐等等。由于周围房屋密集，调查受到限制，所以遗址面积不详。

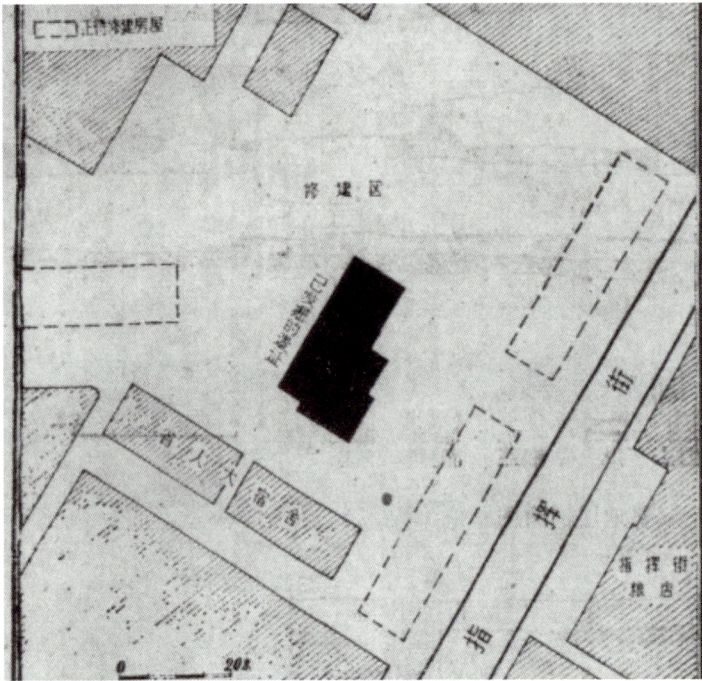

图 2-12 指挥街遗址地形图

（来源：《成都指挥街周代遗址发掘报告》）

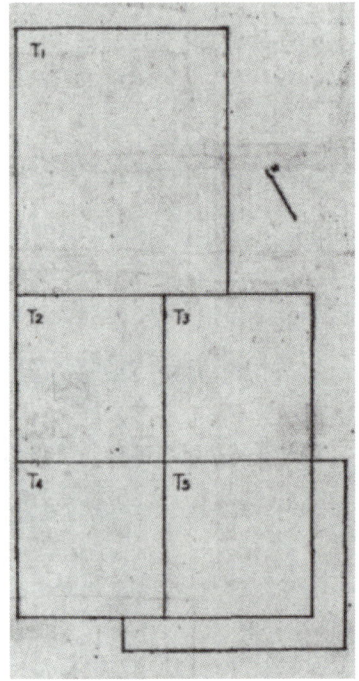

图 2-13 指挥街周代遗址探方坑位分布图

（五）水边聚落遗址基本类型

指人类逐水而居形成的文明遗址。

据中国上古时代流传下来的各种文献记载，顺着岷江河水的洪水涨落，古蜀先民沿着古河道的河漫滩和阶地逐渐发展，聚落规模逐渐扩大。从鱼凫后期，古蜀人就开始在平原中心地区即成都一带游离不定的寻找建都地址，由于水患的影响，在广汉、金沙、郫县、双流一带迁徙。到了新石器时代晚期，多元文化的融合，形成了区域特征明显的宝墩文化。在这个阶段，不同群体建立了众多大小不一的聚落，先后出现了新津宝墩遗址、崇州双河遗址、温江鱼凫古城遗址等史前文明遗址，这些遗址共同组成一个完整的古代国家都城结构。经过长期的治水，江河之间的成都市区完成中心聚落到古代都城的转变，出现以三星堆遗址为代表的三星堆文化，以成都金沙遗址为代表的十二桥文化，以成都商业街船棺、独木棺墓葬为代表的战国青铜文化。这些古城遗址中，抵御洪水的回字形等各种城墙形式，聚落建筑顺着河流的建造方向，防治洪水侵袭的干栏式建筑和吊脚楼，都体现了古蜀先民防洪用水的技术和成就，例证了古蜀先民们逐水而居并与洪水抗争的智慧。随着秦灭巴蜀，辉煌壮美的古蜀文明最后融入华夏文化圈，成为中华文明的重要组成部分。此后，成都一直是巴蜀乃至西南地区的政治、经济、文化中心，而随着生产力的发展，历代城镇也经历着兴衰，留下了众多的城垣遗址。

本次普查共查明水边聚落类40处，其中以郫县古城遗址、温江鱼凫遗址、新津宝墩古城遗址、都江堰芒城遗址等为代表的水边聚落遗址是成都最早古聚落群，印证了人类逐水而居的发展史。以十二桥遗址、东华门遗址（摩诃池）、江南馆街唐宋街坊遗址等为代表的古代遗迹完整地展现了成都早期文明的发展脉络，具有厚重的历史文化价值。

典型资源列述如下：

📍 宝墩文化八大古城遗址

宝墩文化以在成都平原上相继发现的新津宝墩村、都江堰芒城遗址、崇州双河遗址和紫竹遗址、郫县古城遗址、温江鱼凫遗址、大邑高山古城遗址、盐店遗址等八座史前遗址群为代表。宝墩古城遗址的发现和确认对于探索古蜀文明起源和中华文明起源具有极其重要的学术价值，是成都平原即将跨进文明门槛的历史见证，证明了成都平原是长江文明和中华文明的起源中心之一，为中华文明起源研究多元一体学说提供了关键证据。

郫县古城遗址位于郫都区古城镇，距今4700多年，是古蜀国最早的都邑，也是成都平原多处史前城址中保存最为完好的一处遗址。古城遗址比广汉三星堆早1000多年，比金沙遗址早2000多年。古城遗址的发现1996年被评为全国十大考古发现之一，1997年大规模考古发掘中又发现了全国同时期最大的礼仪性建筑遗迹，2001年被国务院正式公布为第五批全国重点文物保护单位。

新津宝墩遗址位于新津区宝墩镇，俗称"龙马古城"。距今约4500～4200年，是成都平原面积最大、发现年代最早的史前城址，为目前发现的具有内外双重城墙的新石器时代晚期大型城址之一。宝墩古城遗址群的考古发现在1996年被评为全国十大考古发现之一。2001年，被国务院正式公布为第五批全国重点文物保护单位。

温江鱼凫村遗址位于温江区万春镇鱼凫社区，历代俗称"古柳城""万春城"。城址呈新月形，发掘面积达1800平方米，保存较完整有1300平方米，以保存较为完整的城垣为显著特征，有干栏式、木骨或竹骨泥墙式房址、竖穴土坑墓和灰坑等遗迹。该城距今4000年左右，属于史前文明活动遗迹，早于广汉三星堆遗址，属新石器时代，成为当年全国十大考古发现之一。1999年，鱼凫古城遗址被批准为国家级文物保护单位。

崇州紫竹遗址，位于崇州市燎原乡紫竹村，距今约4300年，属于新石器时代成都平原的宝墩文化城址群之一，是宝墩文化的"中心聚落遗址"，堪称"长江上游近5000年文明史的象征"，被誉为"1996年十大考古发现"。2001年，被国务院正式公布为第五批全国重点文物保护单位。

崇州双河遗址，位于崇州市，距今4300年左右，为新石器时期遗址。双河遗址以保存较为完整的"回"字形双重城圈的城垣为显著特征。遗址发掘的三孔石钺选材优良、加工精细，无使用痕，为礼器，是宝墩文化中不可多得的实物资料。双河遗址有其独特的文化面貌，出土了区别于其他文化的器物组合，具有明显的区域考古学文化特色。2001年，被国务院正式公布为第五批全国重点文物保护单位。

都江堰芒城遗址位于都江堰市，是一处距今4500～4300年前的新石器时代晚期城址。2001年，被国务院正式公布为第五批全国重点文物保护单位。

大邑高山古城遗址，位于大邑县原三岔镇赵庵村古城埂。在宝墩文化的8座古城中，高山古城遗址历史悠久，属于宝墩文化早期。2019年高山古城遗址被国务院核定为第八批全国重点文物保护单位。

高山古城平面形状大致呈梯形，东西平均长632米，南北平均长544.5米，面积约34.4万平方米。东城墙和南城墙尚残存于地表，其中城墙的东南角保存较好，墙体高出现城外地面约1.5～2米。

大邑盐店古城遗址位于大邑县晋原镇盐店村。距今4300年，为成都平原新石器时代古遗址之一，属宝墩文化早期阶段，为四川省人民政府第八批省级文物保护单位。城址在斜江河南岸高地上，呈长方形，长约750米，宽约500米，保存完好，面积仅次于宝墩古城。大邑盐店古城遗址墙宽约20米，西面为双重城墙，中间有壕沟。出土陶器等遗存与宝墩、芒城遗址比较相近。

金沙遗址

金沙遗址位于青羊区，分布范围约5平方千米，是公元前12世纪至公元前7世纪（距今约3200～2600年）长江上游古代文明中心——古蜀王国的都邑，2006年被评为全国重点文物保护单位，是国家 AAAA 级旅游景区、国家一级博物馆、国家考古遗址公园，也是四川省继广汉三星堆之后最为重大的考古发现之一。

金沙遗址是继三星堆之后的成都平原建立的新的古蜀国权力中心。已发现祭祀区、宫殿区、一般居址地、作坊以及墓葬区等，出土大量金器、青铜器、玉石器、陶器、象牙等，尤以玉石器与金器最为出色，太阳神鸟环十分绚丽。金沙文化所处年代约在公元前1250至前650年，金沙文化和三星堆文化的文物有相似性，约等于三星堆文化的最后一期，代表了古蜀的一次政治中心转移。

照片 2-87 金沙遗址太阳神鸟

照片 2-88 金沙遗址

121

📍 十二桥遗址

十二桥遗址位于青羊区，是十二桥文化的中心聚落遗址，为商代至西周（前1700~前771）建筑遗址，沿故郫江及支流分布面积逾5万平方米。以十二桥遗址为中心的十二桥文化是四川地区继三星堆文化之后，古蜀文明发展史上的又一次高峰。2001年，国务院核定其为第五批全国重点文物保护单位。

十二桥遗址有保存较完好的商代大型宫殿式木结构建筑和小型杆栏式木结构建筑群等遗迹，宫室群是由形制不一的大、中、小型房屋组合而成。主体建筑为一座面积达1248平方米的大型杆栏式房屋。工程复杂宏大，堪称当地建筑史上的精华。在商、西周地层中出土了大量铜器、陶器、石器、骨器及卜甲等文物，其中出土的陶纺轮上文字，与所谓"巴蜀文字"不同，与殷墟甲骨文字系统相接近。十二桥遗址的发现为研究古代蜀地的建筑形制、建筑风格、营造技术提供了重要的实物资料，是对中国建筑史的重要补充。

照片2-89 十二桥遗址
（来源：《方志四川》）

📍 羊子山祭祀台遗址

羊子山祭祀台遗址位于金牛区驷马桥附近，是一座由土坯和夯土构筑而成的人造土台遗址，又称羊子山土台。羊子山土台是发达的十二桥文化的重要组成部分，是古蜀先民在沙河流域生活的实物证明。

羊子山土台为方形，丘高约10米，直径约160米，土台现存3级，其中心为31.6米见方的用土砖垒砌的郭墙，是西周时期古蜀国王族祭祀的"祭台"。由于在古蜀社会和历史进程中的特殊地位和作用，土台被古蜀史中创造十二桥文化的杜宇族和创造晚期巴蜀文化的开明氏（鳖灵）先后作为国之祭祀场所。

照片2-90 羊子山祭祀台遗址
（许琳供图）

📍 蒲江飞虎村船棺墓葬遗址

　　蒲江飞虎村船棺墓葬遗址位于蒲江县，为战国晚期至秦的大型船棺葬墓地。

　　蒲江飞虎村船棺墓葬遗址占地1600平方米，分4排东西向分布，每排7～17座不等，共存墓葬60座，墓葬葬具可辨者多为船棺，可能为家族或聚落公共墓地。墓葬出土了圆形、砝码形、山字形、方形巴蜀图语印章，铜剑、矛、钺、弩机、箭镞等兵器，其中"成都矛""蜻蜓眼"等二级保护文物最为珍贵，也是"成都矛"首次在成都区域内被发现。古蜀船棺墓是四川继三星堆之后古蜀考古的又一重大发现，飞虎村船棺墓葬遗址用整楠木凿成的船棺、独木棺数量之多，体量之大，堪称全国之最。

照片2-91/92 蒲江飞虎村船棺和刻有"成都"的青铜矛

📍 商业街古蜀船棺合葬墓遗址

商业街古蜀船棺合葬墓遗址位于青羊区商业街，是一处东周（前770～前256）时期古蜀王朝或蜀王家族墓地，是继广汉三星堆之后，古蜀国考古的又一重大发现，为研究古蜀国历史、文化及丧葬制度提供了极其重要的实物资料，2001年被公布为全国重点文物保护单位。

商业街船棺合葬墓于2000年发现，现已发掘1500平方米。墓坑呈长方形，长约30米、宽约21米，出土船棺、独木棺等葬具17具，葬具数量多、体量大。船棺葬是古代巴人盛行的一种丧葬礼俗，也是傍水而居、长于舟楫的古蜀先民群体所处生态环境和水上经济生活的投射。三星堆、金沙、船棺代表了古蜀文化发展的"三部曲"，构成了古蜀文明发展的轮廓，在世界文明史上都具有无可比拟的价值。

照片2-93 古蜀船棺合葬墓遗址

照片2-94 鼓楼北街遗址的主干沟渠G2

125

📍 成都旧城沟渠遗址

目前，成都旧城内的正科甲巷、江南馆街、城守东大街、迎曦下街、东南里、天涯石南街、天府广场、内姜街、鼓楼北街、西御河沿街、羊市街东口、外南人民路、实业街等地点，都发现有隋唐至宋元时期不同规模的市政沟渠管网。

从考古发现看，这一时期里成都城内的市政沟渠设施，大致可分作主干沟渠、次级沟渠、小型沟渠三大类。主干沟渠的建筑规模最大，通常位于主街道旁侧或附近，且几乎都是不封顶的明沟（渠），如鼓楼北街遗址 G2，属于唐末扩筑罗城后、回填子城护城河而修建的市政干渠设施，与大东门与大西门之间的主街道 L1 相配套，沟渠内为双水道结构，宽 2.5～3.2 米，两壁直墙主要用青砖错缝平砌，底部无铺砖，历经五代两宋间多次修葺和改造，至元代最终废弃；城守东大街遗址 G3 和 G7，均始建于唐末，与小东门与小西门之间的主街道 L3 相配套，口大底小，宽 1.6～2.1 米，两壁直墙亦主要用素面青砖错缝平砌，底部无铺砖，历经五代两宋间多次修葺和改造，至元末明初废弃。次级沟渠通常位于次级干道、坊内或坊间街道旁侧，建筑规模不等，但明显小于主干沟渠，且往往都是封顶后埋于地下的暗沟（渠），规模较大者以正科甲巷遗址 G8 为代表，揭露长度 19.2 米，土圹部分口宽 2.76 米、底宽 2.02 米、残深 1.92 米，沟渠口宽 1.64 米、底宽 1.14 米，两壁直墙主要用素面青砖错缝砌筑，逐层略有收分，底部为泥土硬面，顶部使用青砖横联成券拱，砖缝之间用陶瓷片填塞加固。正科甲巷遗址 G8 继续往东南延伸，即与 1995 年大科甲巷利都商城工地发掘的砖砌沟渠相接，后者的揭露长度 150 米，内宽 1.2～1.4 米，沟渠两侧散布有小型排水沟共 60 余条，均通向主沟渠内，与附近民居宅院的兴废密切相关；规模较小者以内姜街遗址 G1 及江南馆街遗址 G2、G8 为代表，前者内宽 1 米左右，券拱完整高度约 2.25 米，两壁直墙以平丁相杂砌筑，底部有一层铺砖；后者内宽 0.5～1.02 米、内高 0.7～1.3 米，两壁直墙主要用青砖错缝平砌，每层收分 0.5～1 厘米，底部为泥土硬面，顶部亦使用青砖横联成券拱，砖缝之间用陶瓷片填塞加固。小型沟渠散布于房屋院落间，普遍修筑工艺简陋，宽度多在 0.3 米左右，一般都为加盖平砖封顶的暗沟（渠），与主干沟渠或次级沟渠贯通相接，它们的数量众多，分布密集，横纵交错，与市民生活最为息息相关，既有取水洗涤之便，又可排污，净化城市环境，诚如北宋席益《淘渠记》所言："其余小渠，本起无所考，各随径术，枝分根连，同赴大渠，以流其恶。"

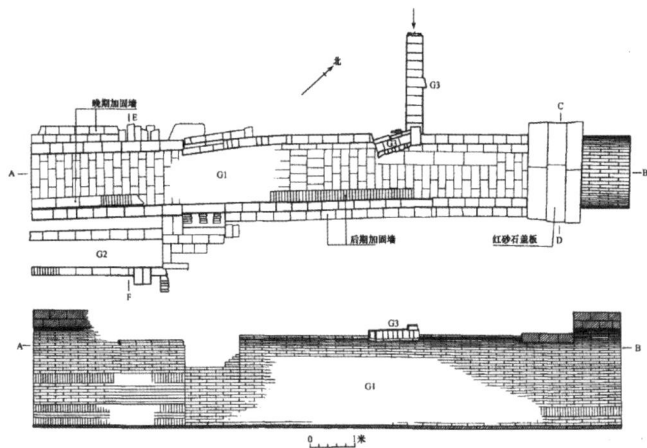

图2-14 内姜街遗址的次级沟渠 G1

照片2-95 正科甲巷遗址的次级沟渠 G8

照片2-96 城守东大街遗址的次级沟渠 G7

照片2-97 城守东大街遗址的次级沟渠 G2

照片2-98 城守东大街遗址的主干沟渠 G3

照片2-99/100 城守东大街遗址的主干沟渠 G3

（来源：《成都市旧城沟渠遗址考古报告》）

📍 江南馆街唐宋街坊遗址

　　江南馆街唐宋街坊遗址位于锦江区，因唐宋时期古城街道、房址和完备地下排水系统获得"2008年度全国十大考古新发现"称号，对于复原古代成都城市面貌、了解它的建筑方式、分析城市功能分区都有重要的意义。

　　遗址地层堆积自上而下可分为7层，发掘面积共4800平方米。遗址有保存完好的砖铺街道和排水沟，汉、唐、宋时期瓷器、佛像等文物。遗址街道、房屋、排水渠（城市下水道）规划科学，布局合理，充分反映了唐宋时期成都已具有很高的城市规划和建设管理水平。纵横交错长达数十余米的铺砖街道在中国城市考古史上十分罕见，而在现代化都市中心发现如此大规模的唐宋时期重要遗存堪称独一无二。

照片2-101 江南馆街唐宋街坊遗址
（来源：《成都方志》）

📍 古百花潭遗址

　　古百花潭遗址位于青羊区，今杜甫草堂西南的龙爪堰。与今日的百花潭名同地异。

　　古百花潭遗址，以及百花潭所在的清水河区域，唐、五代时是成都著名的郊游胜地。相传唐代崔盰夫人任氏住在锦城西郊的溪边，年少时为一长满癞疮的老僧浣洗又腥又臭的袈裟，当僧衣入水濯洗，水中立时呈现无数莲花，五彩缤纷，此后人称洗衣处为"百花潭"，称小河为"浣衣溪"。唐代四川发生叛乱威胁着成都，任氏散尽家财，募捐千军，出兵平乱，她因保卫成都被封冀国夫人，名垂青史，后人为她建冀国夫人祠纪念，每年的四月祭祀冀国夫人成为唐宋时期成都民俗节日中最为盛大的活动。到了宋代，唐代修建的浣花夫人祠堂重修时，请时任成都知府的吴中复撰写碑文。这个历史上有名的"怪御史"挥笔写下"冀国夫人碑记"。宋代以后，水系变动，原来的潭址已淤没不存。同时，由于经过历朝历代的战乱，尤其是明末张献忠对成都的屠戮，百花潭基本毁掉了，不少遗留的文物古迹也没了踪影，其中就包括那块清水河与浣花溪交汇处的"百花潭"石碑。清光绪七年（1881）清人黄云鹄沿清水河顺流而下，在与磨底河交汇处的宝云庵旁一潭静水错认了百花潭的位置，竖立石碑并镌刻"古百花潭"几个大字于其上。后在此地重建百花潭，修建凉亭敞轩，这就是现在百花潭公园的前生。

摩诃池遗址

摩诃池，又名龙跃池、宣华池，位于青羊区，存在于隋朝582年至1914年，是成都面积最大、存在时间最长的人工湖泊之一。

摩诃池始建于隋开皇二年（582），益州刺史杨秀驻守成都，展筑成都子城，取土之地雨水汇聚形成人工湖泊，名摩诃池。杨秀命人在摩诃池边修建散花楼系列亭台楼阁，用来游宴取乐。785年，节度使韦皋开解玉溪，并与摩诃池连通，湖面逐渐扩大。唐大和三年（829），南诏国军队围攻成都，城郊百姓都进城避难，城中水井水源枯竭，摩诃池作为战乱期间成都重要的救急水源，供百姓打水饮用。王建称帝建立前蜀后，将摩诃池改名为龙跃池，纳入皇宫宫苑。919年，后主王衍扩建内苑和池水面积，并改龙跃池为宣华池，宣华苑极尽豪华，其范围广达十里，青羊宫皆在宣华苑内。934年，孟知祥建立后蜀，扩建后水域面积达1000亩左右，龙跃池又改回摩诃池。明初，为明蜀王府正殿，清康熙年间于蜀王府废墟上兴建贡院，西北隅仍残留少许水面，直至1914年才全部填平作为演武场。摩诃池为古代文人墨客观景抒情和赋诗言志之胜地，李白、杜甫、武元衡、薛涛、高骈、陆游等著名诗人都在此留下了千古名篇。《宫词》中描写了后蜀时期使用人工脚踏龙骨车提水，实施人工降雨，是中国龙骨水车更早的人工降雨的历史记载。

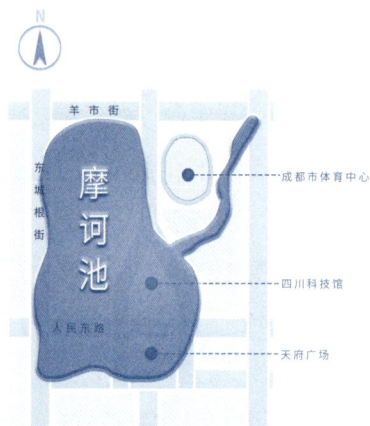

图2-15 摩诃池位置示意图

照片2-102 摩诃池遗址

（六）古村古镇基本类型

指依河傍水而建的历史名镇名村。

成都之名源于"一年成聚，二年成邑，三年成都"，富饶的成都平原是四川省省会，也是西南地区经济、文化、交通中心，从春秋末期蜀王开明"迁徙治理成都"到张仪筑城到李冰主持修建都江堰，西汉的成都是成为全国除京城长安外最大的五都之一。丰富稳定的水源为成都的持续提供了基础，依靠河道而兴的水运为成都商业的繁荣、人群的大量聚集发挥了重要的作用。除都江堰城区外，唐宋到明清时期，岷江沱江水系上发展出无数的码头渡口，铜矿、铁矿、丝绸、棉麻、糖、盐、酒等大量物资经过航道运输至全国各地。发达的水系、优越的水资源、温润的气候和富足的物产，城市人口迅速增长，成都城区及周边出现一大批人口聚集地，形成了黄龙溪等一系列以水码头或移民为主的古镇群落。

本次普查共查明古村古镇36处，其中以黄龙溪、街子、平乐为代表的水边古镇是成都水运文化、码头文化、移民文化的集中展示。

典型资源列述如下：

照片2-103 黄龙溪古镇

📍 黄龙溪古镇

黄龙溪古镇位于双流区，是中国十大水乡古镇之一，黄龙溪古镇被称为天府第一名镇；先后被评为中国民间文化遗产旅游示范区、中国历史文化名镇、国家 AAAA 级旅游景区。

黄龙溪码头距今已有2100年历史，缓流过的府河是成都货物、农副产品及其他物资运输的"黄金水道"，也是古代南方丝绸之路的重要水路段，古镇因水而生，靠水而兴，古镇就是在繁荣的府河航运业推动下建立、发展的。黄龙溪古镇建镇较晚，距今有1700余年历史，由一湖、两河、三寺、七古街、九古巷等组成。古街、古巷、古树、古庙、古堤堰、古民居、古码头、古战场、古崖墓和古衙门，黄龙溪田园风光与古镇民居融为一体，水文化风情突出，构成了黄龙溪古镇"临水而居"的旅游特色。

131

📍 平乐古镇

平乐古镇，位于邛崃市平乐镇，古称"平落"，是中国的历史文化名镇和特色小镇，素有"一平二固三夹关"的美誉。平乐古镇是全国重点镇、全国环境优美镇、中国历史文化名镇、国家 AAAA 级风景区、全国农业旅游示范点、中国民间艺术之乡、中国十大文化休闲基地，是四川十大古镇和成都十佳景区之一。

平乐在公元前150年西汉时期就已形成集镇，迄今已经有2000多年历史，因修水利、兴农桑起聚落而得名，是古南方丝绸之路西出成都第一站，穿镇而过的白沫江被堰口鱼嘴分为内外两股水流，左为黄金堰，右为安乐堰，中为顺水堰，形成一江分三水的独特格局。平乐古镇以"秦汉古镇，川西水乡"著称，全镇面积70平方千米，其中集镇区面积1.28平方千米，古镇区有保存完好的长庆街、禹王古街、福惠街等明清古街达23.54万平方米。平乐古镇历史文化底蕴深厚，境内有新石器时代遗迹，有古南方丝绸之路遗存秦汉驿道，有宋代造纸作坊遗址群，有唐代石刻大佛和观音像，有康熙御赐的天下第一圃古茶园，有见证古镇水运繁华的古码头，有一江分三水的奇特景色，有清同治元年（1862）修建的乐善桥，有保存完好的明清古建筑和古街，还有国家级非物质文化遗产瓷胎竹编、竹麻号子和省级非物质文化遗产孔明灯。

照片 2-104/105 平乐古镇

📍 五凤溪古镇

五凤溪古镇位于金堂县，一面临江，三面环山，千里沱江呈 S 状穿镇而过，山水交织、文景兼容、林盘丰富，是成都周边十大古镇中唯一的山地古镇样本，是国家 AAAA 级景区、国家级历史文化名镇。

五凤溪古镇始于汉，兴于唐宋，清置场镇，因五座凤山得名五凤溪。五凤溪古镇是一座因水而生、因河而兴的是中国历史文化名镇，古代是重要商埠，是沱江要津，是成都出川的最便捷的水路通道，古镇上的望江码头在历史上曾作为下川东重要的水运码头，高峰时期每天有100多艘船只进出，承担着成都、重庆、泸州和宜宾之间的粮食、食盐、水果和洋货的运输任务。民谣"五凤溪一张帆，要装成都半城盐。五凤溪一摇桨，要装成都半城糖"生动再现了五凤溪熙攘繁荣的画面。聪明勤劳的人们和船工不辞辛苦地将内江的糖、自贡的盐等特产，源源不断地经五凤溪码头送往成都，再将成都的百货杂物从这里运往泸州、重庆等下江各地，船工粗犷而不蛮横，豪放而不鲁莽的情怀，凝结成了五凤独特的码头文化。五凤溪是清代移民在四川的一方乐土，自"湖广填四川"的百年间，这不仅迎来了客家文化，还孕育催生了五凤的会馆文化。人杰地灵的五凤溪还培养出以"东方黑格尔"贺麟为代表的杰出人才。

照片2-106 五凤溪古镇

城厢古镇

城厢古镇位于青白江区城厢镇，是成都平原北部一座县治格局完整、文化内涵丰富、旅游特色鲜明的历史文化名镇。古镇具有1600年建制史和900年县治史，积淀了灿烂的文化，至今仍保存着汉、唐、宋、元、明、清直至民国丰富的历史文化遗存。

城厢一带早在战国时期就是先民聚居地，汉代时更是达到相当高的文明程度。历经盛衰兴废，清中晚期至民国时期，城厢镇的城建规模因湖广移民潮达到鼎盛。至清中晚期时，城内外建起多座同乡会馆，比较著名的有福建会馆天上宫、湖广会馆三楚宫、江西会馆万寿宫、广东会馆南华宫、山陕会馆三圣宫、湖广彬州会馆寿佛宫等。城厢镇在相当长的时间里保持着城池布局规范完整的旧貌，"朝阳门""长宁门""庆泽门"和"尚武门"东南西北四门、门上有楼，两楼之间还有碉楼一座的格局，一直保持到20世纪中期。

照片2-107 城厢古镇

洛带古镇

照片 2-108/109 洛带古镇

洛带古镇，位于龙泉驿区，是国家级历史文化名镇、成都"东山五场"之一。

洛带古镇历史悠久，相传汉代即成街，名"万景街"，三国时蜀汉丞相诸葛亮兴市，更名为"万福街"；后因蜀汉后主刘阿斗的玉带落入镇旁八角井而更名为"落带"（后演变为"洛带"）。唐宋时，名排东山"三大场镇"之首。清朝时更名为甄子场，后复原名并沿用至今。

镇上居民中85%以上都是客家移民的后裔，主要来自广东、江西、湖北、湖南等省的客家聚居地。上千年的悠久历史和多种文化相互交融，留下众多民间传说、历史遗留、古老建筑、客家会馆。洛带古镇老街完整地保存了"一街七巷子"的格局风貌，其中，广东会馆、江西会馆、湖广会馆、川北会馆四大国家级重点文物保护单位和客家博物馆、洛带客家公园、燃灯寺等均极具历史、人文、建筑研究价值，是名符其实的客家名镇、会馆之乡。一年一度的"水龙节""火龙节"更是几百年来客家人传承下来的特色民俗活动。洛带镇是中国西部最大的也是唯一的客家古镇，因此又被世人称之为"世界的洛带、永远的客家"，2005年世界客属第20届恳亲大会在洛带的成功举行，进一步确定了洛带在世界客家文化中的地位。近年来，景区打造了中国博客小镇、中国艺库、千亩洛水湿地游乐休闲地等新的旅游地，进一步构建了"湿地古镇、艺术洛带"旅游格局。

📍 街子古镇

街子古镇位于崇州市，毗邻青城后山和九龙山，古镇东北与都江堰接壤。岷江支流味江流经地势平缓的街子镇口，形成一泓碧潭——龙潭。古镇水系发达，地下水丰富，石板路两侧及屋前院后，常年清水不断，因而有川西水乡之名，青城后花园之称。古街区现存以江城街为中心的六条街，古建筑6.8万平方米。街道两旁房屋大体根据《清工部法则》营造，以清代中、晚期建筑为主，尚有明代水井等。境内有晋代古刹——光严禅院、凤栖山旅游风景区、千亩原始森林、千年银杏、千年古楠、清代古塔、清末民初古建一条街、宋代民族英雄王小波起义遗址、唐代一瓢诗人唐求故居，有神奇传说的古龙潭、五柜沱、云雾洞等，各种文物古迹二十余处。

街子古镇在五代时称"横渠镇"，因横于味江河畔而得名。后来经过历朝历代的重要历史事件，政治、经济反复兴衰，兴时曾为县治掌一方水土，衰时仅余一条小街，到明朝万历四十二年（1614），仅存沿河街子一条街。又从那时起，这里便被叫做"街子场"，后来在清代和民国的又几经兴废。至1940年建立街子场，旋即改场为乡，中华人民共和国成立后仍名街子乡，1991年撤乡建镇至今。崇州街子古镇为四川十大古镇之一，它集中反映了四川西南坝结合部独特的自然风光；具有深厚的优秀文化积淀；其物产曾经影响过全国的政治、军事；现存建筑朴素，小巧，是反映清代祖国西南小镇风貌的典型实物。

照片 2-110 街子古镇

📍 夹关古镇

照片 2-111/112 夹关古镇

夹关古镇地处邛崃市西南部，拥有2300多年的历史，是著名的茶马古道和南方丝绸之路的重要驿站。夹关得名于古蜀国时代，因镇之西部观音岩处的啄子山、胡大岩两峰对峙如门，中横一水而得名，关号夹门，故称夹门关，简称夹关，一直沿用至今。夹关和平乐、固驿同为邛崃三大古镇，自古以来就有"一平二固三夹关"的美誉。

夹关镇水资源丰富，白沫江从小镇穿过，古镇建桥多，由东向西三座夹关大桥、踏水桥、雄关大桥风格迥异。白沫江畔吊脚楼多为川西古民居建筑，江边的石碑、石刻和石板路上精致的花纹河昭示着以往两岸街市发达，贸易兴盛。夹关古镇在中国最早的纪传体通史著作《史记》中就有记载。古时南丝路，西出成都第一站，夹关驿站一直是重要的交通枢纽。据《临邛县志》载："夹关雄镇也，明朝成化以后移火井县巡检于夹门关……"今夹关古镇北岸街李巷子衙门口就是当年巡检司的遗址，是汉代打通南丝路，开发西南夷，出入川西南的要隘。曾几何时，南来北往的富商大贾云集此地，成就了"买不完的夹关"。每逢赶场，来自雅安、蒲江、芦山的人们挤满了夹关的大街小巷。在夹关古镇，目前还能看到众多历史遗迹，明清古建筑、秦汉驿道遗址、汉代冶铁遗址、古桥碑、石牌坊、香崖寺等保存完好。

📍 三道堰镇

三道堰镇位于郫都区，是成都平原上唯一有两河纵贯全境且具有一千多年历史的西蜀古镇，素有"天府水乡"之誉，是四川省"百镇建设行动"试点镇，国家 AAAA 级旅游景区。

三道堰因用竹篓截水做成三道相距很近的堰头导水灌田而得名。徐堰河、柏条河，这两条河流在三道堰镇夹镇而过，在历史上是成都西北面柏条河上有名的水陆码头和商贸之地，是著名的武术之乡，民国时期就有"川西小少林"之称。三道堰镇内有堰桥、永定桥、中共郫都区第一个支部成立所在地和郫都区革命的发祥地青塔寺、充满传奇和地域特色的古水陆码头、望江楼、闻水阁等特色景点，充分利用古镇得天独厚的水资源，形成"川西民居，水乡特色"的生态风格。镇内建有日供水量高达140万吨的成都自来水六厂，是目前成都地区最大的生活用水厂，承担着成都主城区一半的供水量。

照片 2-113/114 三道堰镇

第三节　非物质类水文化遗产

　　成都共查明非物质类水文化遗产资源342处，占成都市水文化遗产资源总量的22.65%，分布于4个亚类6个基本类型中。0202文献遗产亚类资源172项，数量最多，之后依次为0204水文化活动116处、0203文化艺术与传说51处、0201水利技艺3处。

　　从基本类型来看，020202其他文献165处、020401历史人物/事件及记忆93处等基本类型数量较多，020101水利技艺3处相对较少。

表 2-11　成都非物质类水文化遗产资源统计表

大类	亚类	基本类型	数量
02非物质类水文化遗产	0201 水利技艺	020101 水利技艺	3
	0202 文献遗产	020201 档案文书及法规制度	7
		020202 其他文献	165
	0203 文学、艺术与传说	020301 文学、艺术与传说	51
	0204 水文化活动	020401 历史人物、事件及记忆	93
		020402 民俗节庆和纪念活动	23

一、水利技艺亚类
——水利技艺基本类型

　　水利技艺指水利器具制作技艺、水工建筑技艺以及灌排技术等。

　　自大禹治水起四千多年来，前人总结出重要的技术方法，以都江堰水利工程中竹笼、杩槎技艺、干砌卵石工程为代表的古代治水工具和水利工程技艺充分体现了先民的治水智慧，就地取材、行之有效的传统工程技术，是全人类的共同财富。

　　本次普查共查明水利技艺资源3项，其中以竹笼、杩槎技艺等为代表的古代水利工程技艺充分体现了先民的治水智慧。

　　典型资源列述如下：

📍 古法截流

古法截流，属于传统生产技艺，是都江堰独有的行之有效的系统工程技术，主要运用于都江堰渠首三大工程，即鱼嘴、飞沙堰和宝瓶口工程，其特征是用竹笼装石进行截流和围堰。

据典籍记载，古法截流主要用于都江堰渠首内江截流以便岁修。这种竹笼装石截流的方法后又衍生出"做鱼嘴活套法"，使竹笼装石的技术广泛运用到做围堰、筑堤等工程中，成为都江堰水利工程最核心的工艺技术。古法截流技术在材质应用、工艺技术等方面都具有独特的科学价值，是古蜀文明发展过程中最能体现蜀人聪明智慧的文化范例，至今仍然具有研究指导和应用的科学价值。

照片2-115 古法截流技术

📍 竹笼、杩槎制作技艺

照片2-116/117 竹笼（上）、杩槎（下）

竹笼、杩槎制作技艺是都江堰治水设施的制作技艺，主要运用于都江堰水利工程，2018年初，被列入都江堰市级非物质文化遗产。2023年4月，都江堰四大传统堰工技术——竹笼、杩槎、羊圈、干砌卵石入选四川省第六批省级非物质文化遗产名录。

竹笼是都江堰传统工程技术中的结构构件。竹笼又称竹篓，竹笼用白甲竹或慈竹剖篾编制，一根竹料剖成3~6条，削去内部节头，编成圆柱形空笼，笼眼为六边形，编篾时每篾起头须倒插三个孔眼，使接头牢实。具体规格须视水流流速而定。竹笼可垒叠成各种类型的建筑物，如分水鱼嘴、导水堤、挡水或溢流堰坝、护岸等。

杩槎由竹、木、卵石、泥土组成，亦作"杩叉"，也称"闭水三脚"、木马。用原木作成三脚架，架间用檐梁连接，在向水面插签子，置竹笆，加培黏土即成。常用于截流、防洪、调剂水量等，还可用于抢险堵口和护岸工程。杩槎易拆易建，木桩可重复使用，是一种造价低廉的河工构件，是使用灵活、拆卸方便、功效极高的治水工程设施之一，在四川地区使用较多。

📍 干砌卵石工程技艺

干砌卵石工程技艺，为都江堰治水设施的制作技艺，主要见于都江堰灌区大小河流和渠道利用卵石修筑的工程基础、堤防、护岸、分水坝（鱼嘴）、拦水坝和桥梁工程中。

干砌卵石工程技艺，又名干丁卵石、卵石丁砌，是不用任何胶结材料，以卵石为材料，以专门的砌筑工艺修筑的工程。岷江在都江堰渠首附近的卵石，多系石英岩和花岗片麻岩等火成岩，石质坚硬，其抗磨性能甚至比混凝土和砂岩条石要好。在护岸及堤梗表面作防护层，采用干砌卵石工程，是都江堰传统工程技术特色。干砌卵石可就地取材，具有良好的渗透性、抗冲消能力和生态景观效果。干砌卵石允许河水和坡面渗水，使得堤防没有扬压力，对边坡稳定和地表水回归都有好处。在灌区上游河渠修筑干砌卵石堤防时，地下水能自由入渗，可以送到下游灌区回归渠道。

图 2-17　干砌卵石技艺

都江堰有很多渠道，当宝瓶口断流后，到下游仍有几个或几十个流量，这就是干砌卵石渠道可利用回归水的好处。直到现代，干砌卵石的工艺还在不断改良和完善中。

二、文献遗产亚类

本次普查全市共查明文献遗产亚类资源172项，其中其他文献基本类165项，数量最多，占该亚类总量的96%，档案文书及法规制度数量7项，数量相对较少，占该亚类的4%。

文献遗产亚类典型资源名录见下表。

表 2-12 典型文献遗产亚类典型资源名录

资源类型	典型资源
020201 档案文书及法规制度	治水三字经，治水六字诀，治水八字格言、《水部式》
020202 其他文献	《贺江神移堰笺》《堤堰志》《合江亭记》《高俭传》《宋史．河渠志》，《导水记》《淘渠记》《元史．河渠志》《蜀水经》《蜀水考》《钱公堤记》

（一）档案文书及法规制度基本类型

档案文书及法规制度指河工制度、工程构件制作方法、治河抢险方法及管理、格言、各类法规制度等。

从大禹疏导、分流、滞缓岷江水，到开明"岷山导江，东别为沱"，再到李冰文翁治理都江堰，蜀地先民和历代成都人在治水、用水、管水、协调水与城市发展关系的过程中，不断总结经验，形成若干管理制度，实现了制度文化的传承与发展。李冰总结的治水《三字经》《六字诀》等不断完善、常年坚持的管理制度，以及渠首到灌区严格的岁修制度保证了都江堰水利工程经久不衰；蜀汉诸葛亮在都江堰设堰官并派官兵驻守，修九里堤并颁布《九里堤护堤令》等一系列法规制度；唐代颁布《水部式》系列水利法令和法规，是中国第一部系统的水利法典；宋代完善都江堰岁修制度，以岁修为中心，建立了水则水位观测规范、象鼻堤岸制作规范、资金材料登记制度、档案管理制度和监督奖惩制度；元明清时期，成都城市水事管理制度规则、组织形态进一步完善。历代的治水、管水，留下了丰富的法律法规类历史遗存。

本次普查共查明档案文书及法规制度资源7项，其中以都江堰治水三字经、六字诀、八字格言、唐《水部式》为代表的管理制度，实现了成都治水制度文化的传承与发展。

典型资源列述如下：

治水三字经

治水三字经全文仅60字，雕刻在三官殿墙上，是千余年来人们治理都江堰经验的概括，是治理都江堰的行为准则。三字治水经全文为："深淘滩，低作堰。六字旨，千秋鉴。挖河沙，堆堤岸。砌鱼嘴，安羊圈。立湃阙，留漏罐。笼编密，石装健。分四六，平潦旱。水画符，铁桩见。岁勤修，预防患。遵旧制，毋擅变。"

"深淘滩，低作堰。六字旨，千秋鉴"说的是治水"六字诀"是修治都江堰的准则，要世代相传。"挖河沙，堆堤岸"指挖出的泥沙要用来加固培高河堤。"砌鱼嘴，安羊圈"指在修筑鱼嘴时，先要做好护底工程"羊圈"，确保鱼嘴牢固抗冲击。"立湃阙，凿漏罐"是要给内江修好飞沙堰、溢洪坝等减水河道，并在人字堤留出暗涵引水口，灌溉都江堰市区南塔子一带。"笼编密，石装健"指竹笼的笼眼编得小，才足够牢固。卵石要装填饱满，才能抗冲击。"分四六，平潦旱"指鱼嘴要按"四六"比例分水，灌区才能不涝不旱。"水画符，铁桩见"指宝瓶口岩壁的水则要刻画清楚，深淘内江河道时，要挖到"卧铁"出现。"岁勤修，预防患"是说要坚持岁修，以防洪涝灾害的发生。"遵旧制，勿擅变"是说不要轻易更改这些总结出来的治水原则、经验和管理制度。

照片 2-118 治水三字经

📍 治水六字诀

治水六字诀，是治理都江堰的行为准则。刻石嵌于二王庙三官殿左侧壁间，清嘉庆二十三年（1818）知县王梦庚书。都江堰的维修，遵循古训"六字治水诀"和"八字治水格言"，即"深淘滩，低作堰"；"逢正抽心，遇弯切角"。历代遵循，岁岁落实，故使名堰历久不衰。此古训极富科学道理，一深淘，一取直，"水不奔溢于两旁，则必刷乎河底"，水流加快，不致漫溢；水流加快，冲走泥沙，这就是"束水攻沙"的道理。水利史界认为，此理论在西汉末年已提出，明朝治水名家潘季训将其深化阐发并亲自实践。

照片2-119 治水六字诀

📍 治水八字格言

治水八字格言是治理都江堰的行为准则。八字格言分两句，其一为：遇弯截角，逢正抽心；其二为：乘势利导，因时制宜。"遇湾截角"是指，岁修时遇到河流弯道，要在凸岸截去沙滩角，在凹岸设置挑流护岸工程，以减轻主流对凹岸的冲刷。"逢正抽心"是说顺直河道，应疏浚河床中间部分，使江水安流顺轨。"乘势利导，因时制宜"，这是说，要充分利用岷江流量大、坡度陡、流速快和枯水、洪水期不同的特点，合理安排都江堰水利工程引水、泄洪、排沙、岁修等工作。

照片 2-120 治水八字格言

（二）其他文献基本类型

其他文献指除了档案文书、法规制度之外的与水文化相关的有历史意义或研究价值的图书、期刊、典章。

成都有悠久的治水历史，水利文献典籍浩如烟海，众多关于成都平原治水、城市之水流建设或改道旧况的事件，相当一部分记载于各类正史、地方志以及水利通史、水利断代史、专业水利史、河流水利史、水利工程专史、水利法规、水利施工规范中，以及存世不多的水利手稿、水利地图、水利数字文献中，还有一部分以水册和水利碑刻形式，对基层重要的水权事件、水权纠纷、水源地保护、水权合同进行记录。而成都作为西南地区经济、文化中心，历代文人墨客游历以及移民入蜀、文化入蜀，让民间也留存了众多关于水利、水文化相关事件的记录。从《史记》中关于成都河渠的记录到记述四川水道的专著《蜀水经》《蜀水考》，从治水人物传记《高俭传》到河渠修建记录《复修通济堰记》《钱公堤记》……各种水利文献涵盖了成都防洪、灌溉等各个方面。研究这些宝贵的文化遗产，可以为今天的水利建设提供有益的借鉴。

与成都治水历史和城市发展历史相关的水利文献浩如烟海，而本次普查时间紧、任务重，民间碑刻和档案文献等资源难以全面普查。因此本次普查，重点放在对正史中的水利文献的系统筛查，其他资源可根据普查工作的进一步开展逐步补充。

本次共查明其他文献类资源165项，其中以《史记•河渠水》、《蜀水经》、《蜀水考》为代表的水利文献，体现了成都河流渊源、地势沿革、民俗变迁等。

典型资源列述如下：

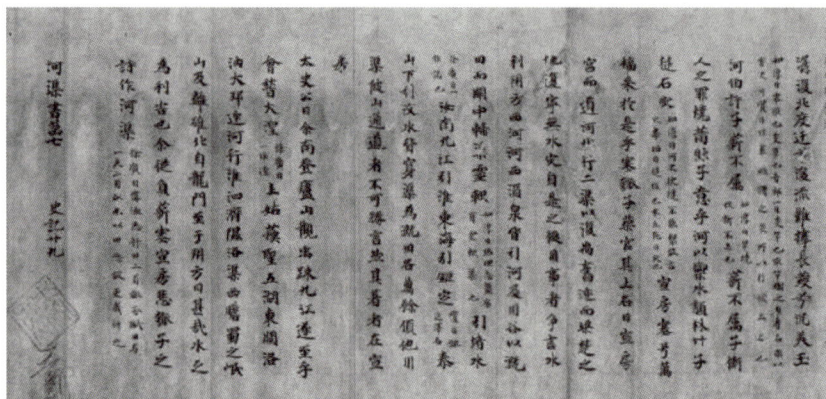

照片2-121《史记·河渠书》

📍《史记 · 河渠书》

汉代《史记》为纪传体正史中最早又影响深远的一部著作。司马迁（前135～前93?）约在公元前103～前94年完成此书。书中有12本纪、10表、8书、30世家、70列传。《河渠书》为从8书之一，专记治水事迹。

《史记·河渠书》中记载："蜀守冰凿离碓，辟沫水之害，穿二江成都之中。此渠皆可行舟，有余则用溉浸，百姓飨其利。至于所过，往往引其水益用，溉田防之渠以万亿计，然莫足数也。"这里明确指出李冰创建都江堰，开凿离碓宝瓶口，引两条干渠延至成都，是都江堰最早的治水记述。

📍《蜀水经》

《蜀水经》为清代乾隆时人李元所著，是记述、研究四川历史地理沿革的重要著作，共16卷。清乾隆年间（1736～1795）成书。全面记载了川内大大小小的水流情况，水系变迁、水利设施以及川水流经之地的地理与人文。仅考证论辩即有144则，还附有不少相关历史纪实、神话传说及诗文于其间。既可补郦道元《水经注》，又能与陈登龙《蜀水考》互为补充。

照片2-122《蜀水经》

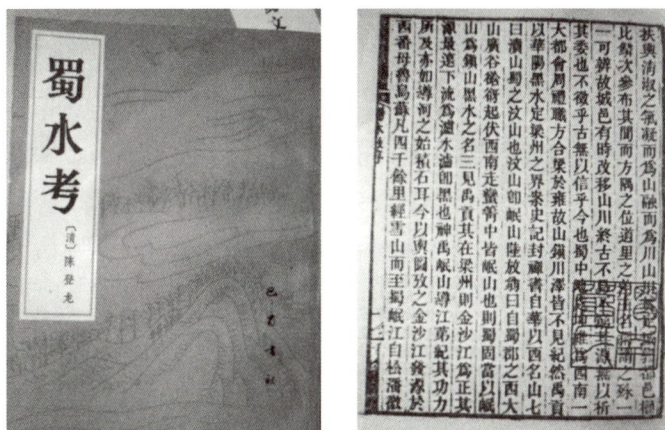

照片2-123/124《蜀水考》

📍《蜀水考》

《蜀水考》由清代福建人陈登龙所撰，是一部全面记述研究四川河流渊源、地势沿革、民俗变迁的历史地理著作，共四卷。该书为继《水经注》后全面记述四川水道的著作。作者在四川为官多年，感于《水经注》"详于河而略于江"，遂以此书补之。约成书于嘉庆五年（1800），后经朱锡穀、陈一津校雠补注分疏，使之更趋完整。《蜀水考》综全蜀之水，以岷江为经、众水为纬，网罗载籍、剪裁熔铸、溯源析流、一以贯之，于四川地势沿革、民俗变迁有重大参考价值。

三、文学、艺术与传说亚类——文学、艺术与传说基本类型

文学、艺术与传说指与传统水文化相关的传说、诗词歌赋、民间故事、美术、音乐、舞蹈等。

巴蜀大地，文明悠久，人杰地灵，从远古时代开始，就有许多至今仍光辉无比的神话，如鳖灵拓峡、李冰父子降服孽龙、龙池求雨、二郎神的传说等。文学是社会生活的反映，蜀地历史文化丰富，治水活动繁多，河流纵横水景秀美，为历代文人墨客提供了丰富的创作源泉。扬雄作《蜀都赋》："蜀都之地，古曰梁州，禹治其江"，点出大禹治水始于蜀，"两江珥其市，九桥带其流"，揭示成都依水兴城历史。李白"九天开出一成都，万户千家入画图，草树云山如锦绣，秦川能及此间无""锦水东流绕锦城，星桥北挂象天星"；杜甫"锦江春色来天地，玉垒浮云变古今""晓看红湿处，花重锦官城""两个黄鹂鸣翠柳，一行白鹭上青天，窗含西岭千秋雪，门泊东吴万里船"；陆游"当年走马锦城西，曾为梅花醉似泥，二十里路香不断，青羊宫到浣花溪"等名句名篇，描写了诗人眼中的美丽成都，描述了成都水系的发达与妙趣。花蕊夫人《宫词》："龙池九曲远相通，杨柳丝牵两岸风。长似江南好风景，画船往来碧波中。"再现成都著名园林龙跃池、摩诃池的秀美景观。这些文学、艺术与传说展现了蜀地人民的丰富想象力，寄托了对成都的热爱之情。

本次普查共查明文学、艺术与传说资源51项，其中以鳖灵拓峡、李冰父子降服孽龙为代表的神话传说，是蜀人对治水人物的形象勾画，是水文化非物质文化遗产的活态基因。

典型资源列述如下：

📍 鳖灵拓峡的传说

鳖灵拓峡的传说，是记录古蜀国王开明帝"凿巫山，开三峡"治水事迹形成的历史故事。

早在古蜀时期，解决岷江雨季的水患就是古蜀人的头等大事。而具有传奇色彩的鳖灵，正是在望帝杜宇时期来到蜀地，着手治水的。因为治水成功，望帝杜宇禅让王位给鳖灵，开创开明王国。为了治水，鳖灵"凿巫山，开三峡"，带人凿开玉垒山，让开凿出来的两条人工河带着多余的岷江水，穿过成都平原，汇入沱江。即《尚书》中著名的"岷山导江，东别为沱"。东汉末年来敏的《本蜀论》、晋代常璩的《华阳国志》等对此也有相关记载。为了纪念鳖灵的治水，人们将金堂县金堂峡的第一段命名为鳖灵峡，并在鳖灵峡修鳖灵庙进行祭祀。

📍 东门胜景图

东门胜景图是位于锦江区东大街位于铠钯街上一处浮雕景点。图总长10米，上面雕刻着以前老东门的图画，展现了合江亭、安顺廊桥、九眼桥到望江楼一带过去的生活容貌。当时的老东门不只是一条街，范围包括了从盐市口到老东门大桥，街道宽约三丈，长1600余米，街面全用红砂石板铺就，在清代不仅是成都全城最宽的街道，而且也是全城最繁华、最重要的街道。凡是大绸缎铺，大匹头铺，大首饰铺，大皮货铺，以及各字号，以及贩卖苏、广杂货的水货，全都在东大街。在南北两门相距九里三分的成都城内，东大街可称为首街。此浮雕墙画是当时老东门的具体刻画，水井坊博物馆大厅的模型图也是根据此图来缩略复原的。

照片2-125 东门胜景图

四、水文化活动亚类

本次普查全市共查明水文化活动亚类资源116处，其中历史人物、事件及记忆93处，数量最多，占该亚类总量的80%，民俗节庆和纪念活动数量相对较少，占该亚类的20%。

水文化活动亚类典型资源名录见下表。

表 2-14 水文化活动亚类典型资源名录

资源类型	典型资源
020401 历史人物、事件及记忆	大禹治水，开明治水，李冰治水，文翁治水，高骈改府河（二江抱城），东灌工程建设事件，解玉溪，锦江传说，李元著《蜀水经》，施千祥铁铸牛鱼嘴，卢翊大修都江堰，吉当普铸铁龟镇水，贺龙指挥解放军抢修都江堰，丁宝桢大修都江堰
020402民俗节庆和纪念活动	都江堰放水节，浣花日（大小游江），望丛祭祀活动，沱江号子，府河号子，客家水龙节火龙节，赛龙舟，《道解都江堰》剧目，龙舟技艺（文化），二王庙庙会，成都锦江龙舟赛，望丛赛歌会

（一）历史人物、事件及记忆

历史人物、事件及记忆指治水人物及历史事件的历史传说和文史档案，包括过去具有水利价值但现在已经为城市发展覆盖的古代建筑物及地名。

成都深厚的历史文化底蕴，创造了绚烂丰富的水文化资源。成都文明发源自古蜀治水开始，从颛顼鲧父子的堵水，到大禹的"岷山导江，东别为沱"，从蚕丛防洪到杜宇鳖灵"决玉垒山，民得陆处"，到李冰建都江堰穿成都二江，更有文翁开湔江、高骈改府河水……历史上众多的治水事件贯穿成都城市的发展。江渎庙、龙爪堰、王爷庙、城隍庙地名记忆，"水龙节火龙节""城隍庙祈雨"习俗，薛涛笺、郫筒酒等物品，都是成都水文化遗产的重要组成。

本次普查共查明历史人物、事件及记忆资源93项，以大禹治水、鳖灵治水、李冰建都江堰和穿成都二江、文翁治沱开湔江、高骈改府河水道等为代表的治水历史、治水人物、治水事件是成都治水文化的代表，构成成都水文化的基本逻辑。

典型资源列述如下：

大禹（大禹治水）

大禹，是中华治水第一名人。禹（生卒年不详），姒姓，夏后氏，名文命，上古时期夏后氏首领、夏朝开国君王，历史治水名人，史称大禹、帝禹、神禹。黄帝的玄孙、颛顼的后代，鲧的儿子。

大禹治水是中国古代的神话传说故事，著名的上古大洪水传说。三皇五帝时期，黄河泛滥，鲧、禹父子二人受命于尧、舜二帝，任崇伯和夏伯，负责治水。鲧治水时，除了堙填办法以外，增加了筑堤壅防措施，即"堵水"，没有取得成功。大禹率领民众，总结前人治水的经验教训，用开渠排水、疏通河道的办法，创造了新的"疏导"方法，"岷山导江，东别为沱"，与自然灾害中的洪水斗争，最终获得了胜利。《尚书·禹贡》记载了"岷山导江，东别为沱"，禹为华夏成功治水第一人。

图2-18 大禹治水

开明（开明治水）

开明，是春秋初期蜀国开明王朝的开国之君，本名鳖灵（又作鳖令、鳖冷、邑令），荆人。开明治水约在公元前676年前后。

开明治水的传说，始见于西汉扬雄《蜀王本纪》：荆人鳖灵受命于望帝蚕丛，负责治水，他在今天的金堂"决玉垒山以除水害"，使得洪水肆虐的人们有安身立命的地方。后望帝禅位于鳖灵，"开明（即）位，号曰丛帝。"今郫县有望丛祠，内有望帝和丛帝之陵。北魏郦道元《水经注，江水》"江水又东别为沱，开明之所凿也"，表明开明继承了大禹的事业。开明是见于文献记载的古蜀治水第一人，他高举大禹"导"和"别"的大旗，继往开来，承上启下，对都江堰创建有着重要的启示。

图2-19 开明治水

153

📍 李冰（李冰治水）

李冰（生卒年、出生地不详），战国时期著名的水利工程专家。公元前256～前251年任蜀郡太守，在职期间，主持修建了都江堰水利工程。

蜀水文化以治水为先导，大禹开先河，开明续传统，李冰集大成。《史记》记载，时任蜀郡太守的李冰，继承大禹的衣钵和鳖灵"决玉垒山"的技法，蚕丛首创"疏浚"，开天府之国"广都"；大禹以"疏浚"为重，把岷江与沱江相连，鳖灵继其业，增强两江的泄洪能力和速度；李冰仍突出"疏浚"，画龙点睛，把"疏浚与灌溉"相结合，把"雨养农业"转化成"灌溉农业"，将水文化推向高峰。任职期间李冰在岷江流域主持修建了许多水利工程，公元前256年，他主持修建都江堰水利工程，以疏导法将岷江分内江、外江，福泽成都两千余年。李冰设管理堰工的机构湔氐道，负责工程管理、维护，兼理地方民情。设水官"都水尉""都水长"等，管理堰务，是现代"河长制"的出处。都江堰修建后，李冰开成都二江，将检江、郫江引至城南，解决了城市排洪的问题，极大改善了成都的水利和交通条件，形成了成都二江珥市的雏形。又在干渠上修建冲里桥、市桥、江桥、万里桥（最初叫长星桥）、笮桥（最初叫夷里桥）、长升桥、永平桥七座古桥，大大方便了大干渠两岸人民的交流和交通。

图2-20 李冰（李冰治水）

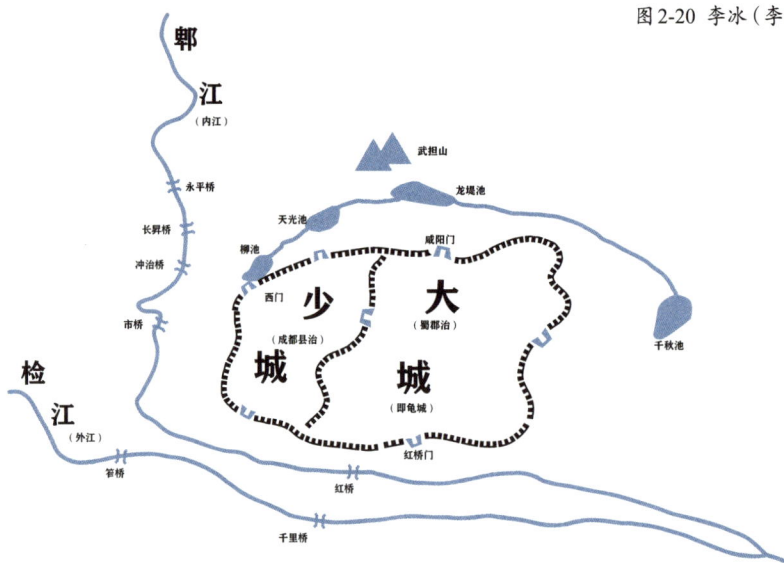

图2-21 李冰开二江示意图

文翁（文翁治水）

文翁（前187～前110），名党，字仲翁，公学始祖，著名蜀郡太守，重水利，穿湔江，创办文翁石室学堂，推动蜀郡学风兴盛，民俗顿改，并一跃成为全国科技文化先进地区。

文翁学识渊博，汉景帝末期任蜀太守，为官清正，济世仁爱，重视教育，重视人才培养。自李冰创建都江堰后，文翁是第一个扩建者，他体察民情，率领人民穿湔江口，增灌汉代繁县境（地跨今成都市新都区及彭州市）农田1700顷，约合今12万亩以上，沿用至今，现在仍是都江堰内江灌区三大干渠之一。据《都江堰水利述要》记载：文翁在任职期间，带领人民"穿湔江，灌溉繁田一千七百顷"，是第一个扩大都江堰灌区的官员。文翁主蜀期间，蜀郡"世平道治，民物阜康"。成都的经济地位迅速提升，与洛阳、邯郸、临淄、宛城齐名，并列为全国五大都会。

图2-22 文翁（文翁治水）

高骈改府河（二江抱城）

高骈（？～887），字千里，南平郡王高崇文之孙，晚唐名将。

唐乾符元年（874）因成都受到南诏威胁，懿宗调高骈任成都尹，后为剑南西川节度使。高骈在成都期间，鉴于城区狭小，城防不固，成都二江亦未发挥防卫作用，便决定扩大城区，在外围修建砖砌城墙，称为罗城。在扩城的同时，调整河渠布局，将原郫江河道绕城西的一段改道，建縻枣堰枢纽加以节制，开城北和城东的新郫江，称清远江，至城区东南与原流江（锦江）汇流，形成成都"二江抱城"的格局，大大加强了城防能力。建城改河的同时，他还将"负城丘陵悉垦平之，以便农桑"，又扩大了耕地面积，取得灌溉效益。乾符二年（875）改造工程竣工，奠定了近代府南二河分流的基础。

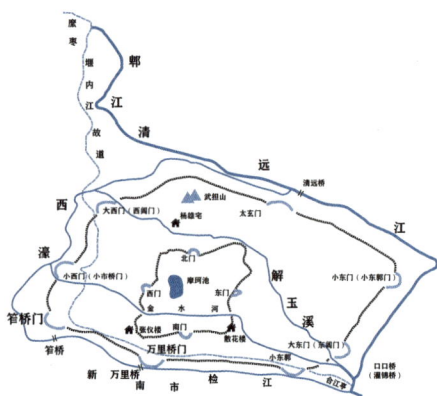

图2-23 二江抱城城市格局（上）
图2-24 高骈（下）

解玉溪

唐代后期，成都成为继长安之后的全国第二大城市，解玉溪的开凿，同时也跟大慈寺有关。唐时尚佛，大慈寺号称占地四千亩，有殿宇96院，人户骤增，金河的水不够用。唐贞元元年（785），西川节度使韦皋在成都城内挖了一条人工河，自西北引郫江水入城，斜穿市境，这条人工渠经过通顺桥街、玉带桥、玉沙路、桂王桥南街、梓潼桥正街、东锦江街，从大慈寺前门流过，于城东南回归郫江。因为这条河出产优质金刚砂，硬度高可用作切玉，因此取名解玉溪。解玉溪之"解"，即切割之意。韦皋凿解玉溪六十年之后，又有白敏中凿金水河之举，使成都享有"因水而生，因水而兴"的城市水环境特征。

东灌工程建设事件

东灌工程龙泉山灌区即都江堰东风渠扩灌工程，位于成都市以东龙泉山东麓川中丘陵的简阳、资阳（今雁江区）境内，20世纪70年代由简阳县组织施工完成。

都江堰东风渠扩灌工程为期十年，经历了龙泉山枢纽工程（6274米隧洞）、渠系配套、修建三岔水库、修建石盘水库"四大战役"。工程建设几乎动用了简阳县、资阳县所有青壮劳力，并从全川调集水利人员参加，一共有20余万人参加建设，2000余人致伤致残，119人牺牲。建设大军用钢钎铁锤打通五千多米长的龙泉山隧道，依山建成张家岩水库、三岔水库、石盘水库及渠系配套，蓄灌量约3.1亿立方米，控灌面积达100余万亩。在三岔湖主坝，塑立着一块三岔湖纪念碑，纪念建设者们发扬"愚公移山"精神，艰苦奋斗，自力更生，高喊"打通龙泉山，引水灌良田"口号，完成这一气壮山河的千秋功业。文化和精神是一座城市发展的指引，东灌精神是十万英雄用血肉之躯铸就而成的，是简阳儿女不怕艰难险阻，团结奋斗、凝心聚力、"敢教日月换新天"的集中体现。

照片2-126/127 东灌工程建设现场及龙泉山隧洞图
（来源：成都市东部新区水务监管事务中心）

（二）民俗节庆和纪念活动基本类型

民俗节庆和纪念活动指与用水管理、农事或与水文化有关的民俗节庆、赛事、演艺和特色主题活动等。

成都得益于水的滋养，民食鱼稻不知凶年饥馑，加上特殊优越的地理位置，成都相对保持了较长时期安宁与富庶，由此形成好游乐的达观秉性，同时由于蜀地长期有祭祀社稷和祭祀水神的风俗，祈求五谷丰登、国泰民安，唐宋期始，春日游江越加兴盛，从农历二月初二的"小游江"，到农历四月十九的"浣花溪大游江"，再到五月端午的龙舟赛，官方和民间自发举办的龙舟赛和祭祀拜谒都热闹非凡。为了纪念李冰主持修建都江堰的功绩，每年清明当地的居民都会在二王庙举行祭祀活动和开水（岁修完工后放水）典礼，近代以来发展成官方主办的清明放水节。望丛祠每年纪念最早的蜀王望帝杜宇和他的继任人丛帝鳖灵的祭祀活动也热闹非凡。

本次普查共查明民俗节庆和纪念活动资源23项，典型资源列述如下：

📍 都江堰放水节

都江堰放水节是都江堰市乃至整个成都历史最悠久、最重要、最具特色的大型民俗活动。

都江堰放水节初始于"祀水"，古代又称为"开水节"，是因为都江堰修筑以前，人们饱受水患之苦，为了祈求"水神"的保护，常常沿江"祀水"。李冰修建都江堰水利工程后，成都平原从此水旱从人，后人为了纪念伟大的李冰父子，将以前"祀水"改为"祀李冰"。当地民众也自发到二王庙祭祀李冰父子，举办庙会，又称清明会。每到冬天枯水季节，在渠首用特有的"杩槎截流法"筑成临时围堰，修外江时拦水入内江，修内江时拦水入外江，清明节内江灌区需水春灌，便在渠道举行既隆重又热闹的仪式，拆除拦河杩槎，放水入灌渠，这个"开水"仪式就是清明放水节的雏形。唐朝清明节在岷江岸边举行的"春秋戏牛戏"就是最早的放水节。北宋太平兴国三年（978）正式由官方将清明节这一天定为放水节，到了清代又被称

为祀水，民国后恢复"放水节"这一称谓。旧时，大典通常由四川高级官员主持，在放水前一天，完成望丛祠祭祀望帝丛帝仪式后，再进行祭祀李冰父子和放水仪式。这一民俗至今仍流行，清明放水节再现了成都平原农耕和水利文化漫长的历史发展过程，以及独特的文化习俗，体现了中华民族崇德报恩的优秀品质。

📍 望丛祭祀活动

望丛祭祀活动是郫都区的传统民俗活动，为了纪念最早的蜀王望帝杜宇和他的继任人丛帝，蜀地人民每年要祭拜古蜀先祖望帝、丛帝的一种仪式。

古蜀之初，望帝杜宇，教民务农在蜀地首创了按农事季节耕种的制度，被后代奉为农神。丛帝鳖灵凿玉垒山，是李冰之前岷江流域的最初治理者。二帝遗爱在民，历代为后人尊祀。清道光十二年（1832）规定农历三月三、九月九为望丛二帝祭祀之日，并列入成都府祀典。《郫县志》载："每年都江堰放水，成、绵、龙、茂道台，过郫境则祭之，旧例也"。望丛祭祀礼毕，方去隆重举行都江堰放水祭祀仪式，都江堰砍掉"马槎"开始蓄水，宣告成都平原一年一度的春耕春播正式开始。望丛祭祀礼仪分为击鼓、迎祖、进馔等二十个祭祀程序。虔诚的祭拜礼仪，形象再现昔日蜀人祭祖的宏大场面，引领祭拜农神杜主的良好民俗风尚，形成共同的"传统文化"价值认同和共鸣。

照片 2-129 望丛祠祭祀活动

洛带客家水龙火龙节

客家水龙火龙节是龙泉驿区洛带镇传统民俗活动，是客家人舞龙祈雨、舞龙祈福的一种仪式。

客家人舞龙历史久远，传说因此沿海客家人与东海龙王交往甚密。为感谢东海龙王适时下雨，客家人每年夏季皆以舞水龙庆祝丰年，相沿成习。从元朝到明末清初，四川连年战乱、饥荒、瘟疫，几乎成为无人之地，沿海客家大批移填四川，将舞水龙祈丰年的习俗也带入当地。每遇伏旱祈雨，壮年男龙舞龙者头带柳条，上身赤裸且有龙形文身，下身着短裤，脚穿草鞋，用传统的草编扎草龙水龙腾云驾雾，呼风唤雨。客家龙以江西籍客家人刘氏家族的"刘家龙"（又称"上川龙"）最为著名，参加舞龙的都是江西籍客家人刘氏族人。相传因他们的始祖刘累是夏朝御苑中专事养龙的官吏，故刘氏族人有"豢龙世家"和"御龙世家"之称。

照片 2-130/131 客家水龙节、火龙节

📍 沱江号子

沱江号子是流传于四川沱江流域的一种船工劳动号子，分布于成都、内江、自贡富顺地区，成都地区以所辖金堂县赵镇、淮口、五凤一带为盛。2006年，沱江号子被列入成都市首批非物质文化遗产名录。

沱江号子是流传于四川沱江流域的一种船工劳动号子，是随着沱江航运的兴盛而发展起来的，起源于明朝万历年间，在清代盛行。人们在沱江边拉纤谋生的过程中，以诙谐风趣的唱词，或粗犷雄浑或抒情婉转的声调唱出独特的艺术魅力和典型的地域文化特点，成为一个时代的乡土之音。呼喝沱江号子，并非只为自娱，实为船工之必不可少的精神食粮。传承千载的沱江号子，以磅礴气势，深沉韵律，丰富内涵，彰显了沱江水运事业的繁荣，船工抢滩涉险的惊心动魄以及艰辛。如今随着时代变迁和陆路交通、航空事业的发展，沱江纤夫已近乎绝迹，沱江号子成为探究流域历史变迁、社会变革的活化石。

照片2-132 沱江号子

📍 府河号子

府河号子是成都市唯一的船工号子，也是川西平原代表性的船工号子。2009年入选四川省第二批非物质文化遗产名录。府河号子是成都历代船工原始劳动方式的写照，更是历史文化名城成都水上运输久远历史的见证。

"府河号子"又称"黄龙溪号子""锦江号子"，流传于府河、锦江流域，目前仅存于成都市黄龙溪镇。黄龙溪位于锦江与鹿溪河的交汇口，繁荣的府河航运业促进了府河号子的发展。府河号子原是船工拉船时的工作口号。号工要用号子来掌握航行的速度，统一船工的动作，由于府河水流平缓，水势平稳等特定水域环境，船工号子以"平水号子"为主，其音乐特色是旋律舒展、平和、优美，独具川西平原风格。领唱部分的歌词除劳动号令、呼号以外，内容大多反映船工生活、水文概况、沿江两岸的山川风貌、人文地理和风土人情以及民间传说、故事等，知识性强，趣味性浓。

照片2-133 府河号子
（来源：《方志四川》）

浣花大小游江习俗

浣花大小游江习俗始于前蜀时期的春江游乐民俗。"成都之俗，以游乐相尚"。除武侯祠、望江楼等名胜古迹外，锦江、浣花溪（包括清水河）等皆为成都人休闲娱乐佳处。前蜀后主王衍首开春天游浣花溪先例，延至宋，但兴盛于唐宋。宋代成都年度游江活动有二月二日"小游江"和四月十九日"大游江"之分。四月十九日为"浣花日"，或称"大游江"，成都市民这天在地方最高行政长官率领下，倾城前往城西梵安寺（俗称草堂寺），先拜谒冀国夫人祠，次退游杜子美故宅，游江活动更是倾城出动，是宋代成都游乐的最高潮，主政官员带头游乐，形成著名的"浣花邀头"。因宋代朝廷减少太守用于宴游的财资，加之宋代末年的宋蒙战争，使得蜀中三百年左右的"浣花"邀乐传统逐渐转变为案头故事。

水文化遗产资源
等级划分

第一节
总体结果

本次普查资源定级采用定量评价的方式进行，按照《成都市水文化遗产资源分类、调查与评价》（试行）附录C《水文化遗产资源评价评分标准》，将评价内容定为4个评价项目，13个评价因子，对每个评价因子设定4个分值区间，对所有评价因子进行打分后，参照附录C《资源评价等级》确定资源等级。

本次普查将全市水文化遗产资源分为五个等级，从高到低级别分别为：Ⅰ级，得分值域≥90分；Ⅱ级，得分值域75~89分；Ⅲ级，得分值域60~74分；Ⅳ级，得分值域45~59分；Ⅴ级，得分值域30~44分。

本次普查，在总体以定量评价为主的基础上，特设两种直接定级情况：当水文化遗产已被文物系统公布为文物保护单位，且其水文化价值是构成文物保护单位的主要价值时，按文物保护等级直接定为相应的Ⅰ级、Ⅱ级、Ⅲ级、Ⅳ级、Ⅴ级，对于具有代表性的重要资源，级别可适当进行提升；当水文化遗产历史与文化价值得分超过35分，直接确定为Ⅱ级及以上资源。此外，经专家组讨论决议，对文献及人物两类特殊资源不进行等级认定。

依据上述等级划分体系和要求，对本次普查出的1507处水文化遗产资源中的1305处进行了定级，其结果如下：全市1507处水文化遗产资源中，Ⅰ级资源50处，占总量的3.32%；Ⅱ级资源86处，占总量的5.72%；Ⅲ级资源184处，占总量的11.97%；Ⅳ级资源439处，占总量的29.19%；Ⅴ级资源546处，占总量的36.37%；未定级资源202处，占资源总量的13.43%。从全市水文化遗产资源的类型来看，物质类水文化遗产数量高于非物质水文化遗产数量，比例约为3.39∶1，两者间Ⅰ级资源比例为4∶1，Ⅱ级资源比例约为11.3∶1，Ⅲ级资源的比例约为8.5∶1，可以看出，从绝对数量上，物质类水文化遗产资源数量有较为明显的优势，在高级别资源上，物质类水文化遗产的相对非物质类水文化遗产数量优势更大，证明成都市优质的水文化遗产物质遗十分丰富。

从全市水文化遗产资源定级结果来看，级别从低到高数量依次递减，即资源级别越高，数量越少，占比越低，符合金字塔形的排列规律。

表 3-1 成都市水文化遗产资源定级结果一览表

主类	I 级	II 级	III 级	IV 级	V 级	未定级	合计
物质类水文化遗产	40	79	165	387	494	-	1165
非物质类水文化遗产	10	7	19	52	52	202	342
合计	50	86	184	439	546	202	1507

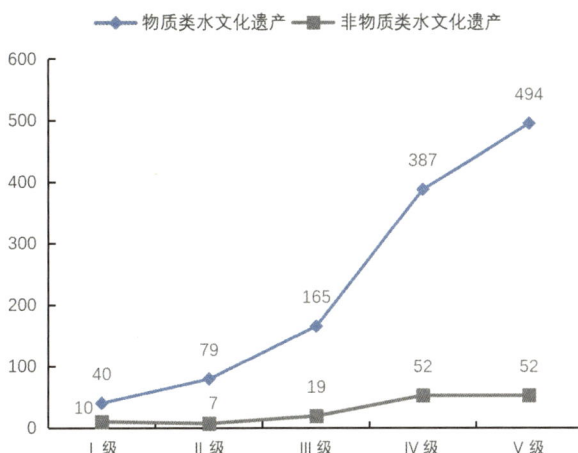

图 3-1 成都市水文化遗产资源定级结果折线图

第二节
各级资源空间分布

依据全市各等级水文化遗产资源的统计数据，全市 1305 处已定级水文化遗产资源在区域空间分布特征如下：

表 3-2 成都市水文化遗产资源各级别资源区域分布结果一览表

序号	区（市）县	I 级	II 级	III 级	IV 级	V 级	未定级	合计
0	市本级	9	9	2	0	0	165	185
1	锦江区	1	10	11	10	10	0	42
2	青羊区	7	10	4	18	7	1	47

序号	区（市）县	Ⅰ级	Ⅱ级	Ⅲ级	Ⅳ级	Ⅴ级	未定级	合计
3	金牛区	0	2	6	22	12	0	42
4	武侯区	0	4	6	26	16	1	53
5	成华区	3	1	7	31	4	0	46
6	龙泉驿区	0	2	4	6	25	0	37
7	青白江区	0	2	3	12	32	3	52
8	新都区	0	2	7	17	13	1	40
9	温江区	2	1	8	24	35	2	72
10	双流区	0	6	5	26	24	0	61
11	郫都区	3	3	12	21	20	2	61
12	金堂县	0	4	8	12	34	6	64
13	大邑县	2	4	8	15	20	0	49
14	蒲江县	0	3	5	32	32	0	72
15	新津区	2	1	7	24	20	0	54
16	都江堰市	13	5	43	41	81	20	203
17	彭州市	3	1	5	15	20	1	45
18	邛崃市	1	9	8	31	51	0	100
19	崇州市	2	4	9	25	22	0	62
20	简阳市	0	2	6	9	32	0	49
21	东部新区	1	1	4	13	25	0	44
22	天府新区（直管区）	0	1	2	10	10	0	23
23	高新区	0	0	1	1	2	0	4

从以上图表中可以看出，全市水文化遗产资源最为集中的区域为都江堰市，总体最少的为东部新区。

其中50个Ⅰ级资源主要分布于都江堰市、市本级与青羊区，其次为锦江区、成华区、温江区、郫都区、新津区、彭州市、邛崃市、崇州市、东部新区，有1～3处，其余区（市）县无Ⅰ级资源，其中Ⅰ级资源最多的为都江堰市，共有13处可以看出成都最高价值的水文化遗产资源主要集中在都江堰市，与都江堰作为世界文化遗产与世界灌溉工程遗产的基本情况相符；

Ⅱ级资源以市本级、锦江区、青羊区、都江堰市、邛崃市最为突出，成华区、温江区、新津区、彭州市、高新区、天府新区（直管区）、东部新区相对较少，其余地区分布相对较为平均；

Ⅲ级资源中分布最多的仍为都江堰市，其次为郫都区，最少的为东部新区，其余区域分布较为平均；Ⅳ级、Ⅴ级资源中仍然以都江堰市数量最为突出，其次为邛崃市，五城区Ⅴ级资源相对较少，出现Ⅳ级资源多于Ⅴ级资源的情况，这与成都旧城区悠久的历史文化底蕴，以及发达的城市建设，大量价值较低的资源早已灭失的基本情况相符。

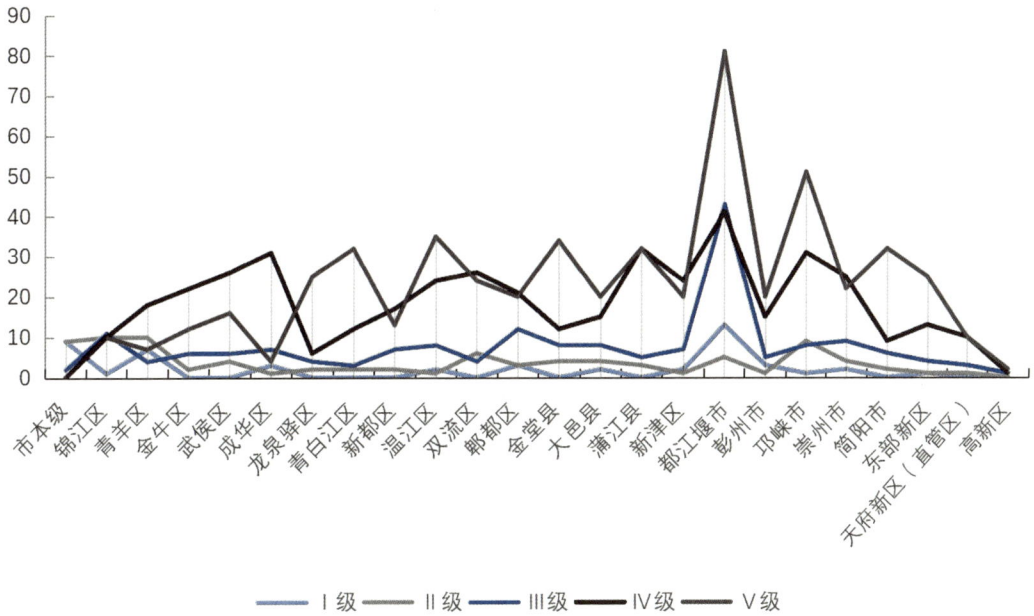

图3-2 成都市水文化遗产资源定级区域分布结果折线图

第三节
各级资源类别分布

依据全市各等级水文化遗产资源的分类统计数据，全市1305处已定级水文化遗产资源在类别分布特征如下：

表 3-3 成都市水文化遗产资源定级类型分布结果一览表

类	亚类	基本类型	I级	II级	III级	IV级	V级	合计
01物质类水文化遗产	0101 水利工程	010101 水利工程综合体	6	5	1	-	-	12
		010102 堤坝渠堰闸	6	13	85	155	81	340
		010103 桥涵码头	3	10	10	79	220	322
		010104 池塘井泉	1	2	2	44	130	179
		010105 水力器械	-	-	1	10	11	22
		010106 水文设施	-	-	2	-	1	3
		010107 工程管理机构	-	3	5	6	1	14
	0102 水景观	010201 河流湖泊	3	4	23	32	12	74
		010202 水文化场所	2	7	5	11	1	26
	0103 水文化建筑设施	010301 坛庙寺观亭	5	10	10	14	11	50
		010302 名人故居、祠堂、墓园	-	1	3	4	3	11
		010303 雕像、石刻、碑碣	2	1	1	11	16	31
		010304 水灾害遗迹	1	2	-	1	1	5
		010305 水边聚落遗址	11	7	7	10	5	40
		010306 古村古镇	-	14	8	12	2	36
02非物质类水文化遗产	0201 水利技艺	020101 水利技艺	3	-	-	-	-	3
	0202 文献遗产	020201 档案文书及法规制度	-	-	4	3	-	7
		020202 其他文献						
	0203 文学、艺术与传说	020301 文学、艺术与传说	-	-	1	19	31	51
	0204 水文化活动	020401 历史人物、事件及记忆	6	1	8	24	18	56
		020402 民俗节庆和纪念活动	1	5	6	7	4	23

总体来看，除020202其他文献（165项）及020401历史人物、事件及记忆中37个人物未参与定级外，已定级的1305处资源中以010102堤坝渠堰闸（340处）、010103桥涵码头（322处）、010104池塘井泉（179处）最为丰富；010106水文设施（3处）、010304水灾害遗迹（5处）、020101水利技艺（3处）、020201档案文书及法规制度（7处）最少，以下将分等级阐述资源在类别中的分布情况：

一、Ⅰ级资源类型分布

根据定级结果，可以看出全市50处Ⅰ级水文化遗产资源以物质类文化遗产为主，基本类型中以010305水边聚落遗址（11处）数量最为突出，占Ⅰ级资源总量的22%，其次为010102堤坝渠堰闸（6处）、020401历史人物（6处）、事件及记忆、010101水利工程综合体（6处）、010301坛庙寺观亭（5处），分别占Ⅰ级资源总量的12%、12%、12%、10%；010105水力器械、010106水文设施、010107工程管理机构、010302名人故居、祠堂、墓园、020201档案文书及法规制度、010306古村古镇、020202其他文献、020301文学、艺术与传说8个基本类型没有Ⅰ级资源分布，具体类型分布情况见图3-3，资源名录详见下表。

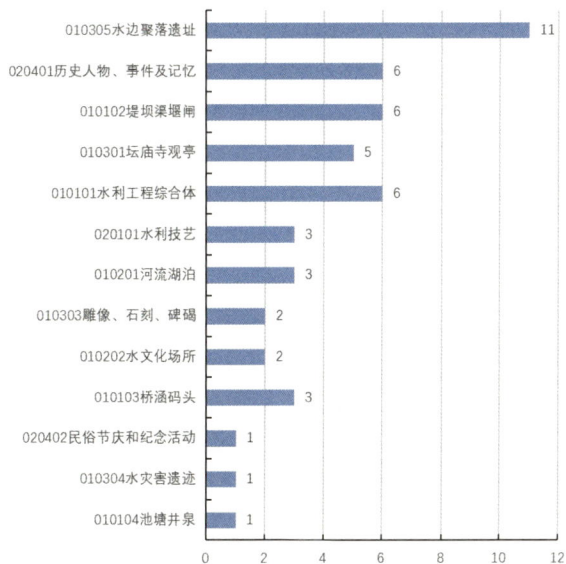

图3-3 成都市水文化遗产Ⅰ级资源类型分布柱状图

表3-4 成都市水文化遗产Ⅰ级资源名录表

序号	名称	基本类型	行政区	时代 / 始建年代
1	人民渠引水工程	010101 水利工程综合体	彭州市	1953年
2	湔江堰	010101 水利工程综合体	彭州市	西汉景帝末年（前141）
3	都江堰水利工程	010101 水利工程综合体	都江堰市	战国末期，（前256～前251）
4	都江堰渠首工程（鱼嘴、飞沙堰、宝瓶口）	010101 水利工程综合体	都江堰市	战国末期，（前256～前251）
5	通济堰	010101 水利工程综合体	新津区	始建于西汉
6	东风渠引水工程	010101 水利工程综合体	成都市	1956年
7	文脉堰	010102 堤坝渠堰闸	邛崃市	战国末期（前311）

序号	名称	基本类型	行政区	时代／始建年代
8	白莲池（万岁池）	010104 池塘井泉	成华区	战国末期（前311）
9	柏条河	010102 堤坝渠堰闸	成都市	秦汉时期
10	江安河	010102 堤坝渠堰闸	成都市	战国末期
11	蒲阳河	010102 堤坝渠堰闸	成都市	秦汉时期
12	走马河	010102 堤坝渠堰闸	成都市	战国末期
13	锦江	010102 堤坝渠堰闸	成都市	唐朝
14	安澜索桥	010103 桥涵码头	都江堰市	宋淳化元年（990）
15	驷马桥	010103 桥涵码头	成华区	战国末期
16	万里桥	010103 桥涵码头	青羊区	战国末期
17	升仙湖	010201 河流湖泊	成华区	-
18	沱江（成都段）	010201 河流湖泊	成都市	-
19	岷江（成都段）	010201 河流湖泊	成都市	-
20	浣花溪公园	010202 水文化场所	青羊区	秦、汉时期
21	蜀锦工坊	010202 水文化场所	青羊区	-
22	望丛祠	010301 坛庙寺观亭	郫都区	南北朝齐明帝建武时期
23	合江亭	010301 坛庙寺观亭	锦江区	唐贞元年间
24	二王庙	010301 坛庙寺观亭	都江堰市	东汉
25	伏龙观	010301 坛庙寺观亭	都江堰市	宋太祖年间
26	江渎庙遗址	010301 坛庙寺观亭	青羊区	秦朝
27	李冰石像	010303 雕像、石刻、碑碣	都江堰市	东汉灵帝初年（168）
28	石犀	010303 雕像、石刻、碑碣	青羊区	西晋
29	红桥村护岸堤遗址	010304 水灾害遗迹	温江区	距今约4000年
30	鱼凫古城遗址	010305 水边聚落遗址	温江区	距今4000年左右
31	双河遗址	010305 水边聚落遗址	崇州市	距今4300年左右
32	郫县古城遗址	010305 水边聚落遗址	郫都区	距今4700多年
33	新津宝墩遗址	010305 水边聚落遗址	新津区	距今约4500~4200年
34	芒城遗址	010305 水边聚落遗址	都江堰市	距今4500~4300年
35	盐店古城遗址	010305 水边聚落遗址	大邑县	距今4500年
36	古法截流	020101 水利技艺	都江堰市	-
37	金沙遗址	010305 水边聚落遗址	青羊区	距今约3200~2600年
38	古百花潭遗址	010305 水边聚落遗址	青羊区	唐代
39	摩诃池遗址	010305 水边聚落遗址	青羊区	唐代
40	紫竹遗址	010305 水边聚落遗址	崇州市	距今约4300年

序号	名称	基本类型	行政区	时代／始建年代
41	高山古城遗址	010305水边聚落遗址	大邑县	距今4500～4000年
42	竹笼、杩槎技术	020101水利技艺	都江堰市	战国时期
43	干砌卵石工程	020101水利技艺	都江堰市	古蜀时期
44	大禹治水	020401历史人物、事件及记忆	都江堰市	古蜀
45	鳖灵治水	020401历史人物、事件及记忆	郫都区	古蜀
46	李冰治水	020401历史人物、事件及记忆	都江堰市	战国
47	文翁治水	020401历史人物、事件及记忆	彭州市	西汉
48	东灌工程建设事件	020401历史人物、事件及记忆	东部新区	1970～1980年
49	高骈改府河（二江抱城）	020401历史人物、事件及记忆	成都市	唐代
50	都江堰放水节	020402民俗节庆和纪念活动	都江堰市	北宋（978）正式将清明节这一天定为放水节

注：由于当前文献资料和证据所限，部分古代工程暂时无法准确确定年代。

二、Ⅱ级资源类型分布

根据定级结果，可以看出全市86处Ⅱ级水文化遗产资源仍以物质类文化遗产为主，基本类型中以010306古村古镇（14处）数量最为突出，占Ⅱ级资源总量的19.32%，其次为010102堤坝渠堰闸（13处）、010103桥涵码头（10处）、010301坛庙寺观亭（10处），分别占Ⅱ级资源总量的15.12%、11.63%、11.63%；010105水力器械、010106水文设施、020101水利技艺、020201档案文书及法规制度、020202其他文献5个基本类型没有Ⅱ级资源分布，具体类型分布情况见图3-4，资源名录详见下表。

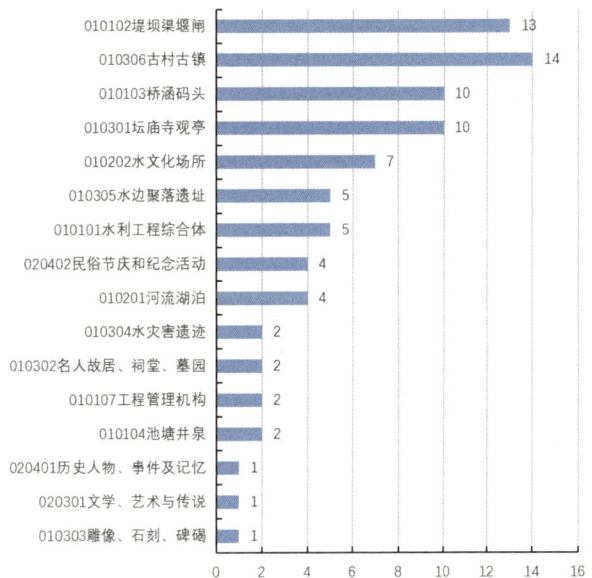

图3-4 成都市水文化遗产Ⅱ级资源类型分布柱状图

表 3-5 成都市水文化遗产 II 级资源名录表

序号	名称	基本类型	行政区	时代／始建年代
1	石堤堰枢纽	010101 水利工程综合体	郫都区	清康熙四十八年（1709）
2	府河、南河整治工程	010101 水利工程综合体	锦江区	1994年
3	沙河整治工程	010101 水利工程综合体	成华区	2014年
4	三合堰进水枢纽	010101 水利工程综合体	崇州市	1954年
5	玉溪河引水工程（邛崃、蒲江段）	010101 水利工程综合体	邛崃市 蒲江县	70年代
6	古佛堰	010102 堤坝渠堰闸	双流区	乾隆二十五年（1760）
7	正科甲巷古排水渠	010102 堤坝渠堰闸	锦江区	唐末五代
8	邮江堰	010102 堤坝渠堰闸	大邑县	元代
9	九里堤遗址（糜枣堰）	010102 堤坝渠堰闸	金牛区	北宋乾德五年（967）
10	金河	010102 堤坝渠堰闸	青羊区	唐代
11	毗河	010102 堤坝渠堰闸	成都市	-
12	黑石河	010102 堤坝渠堰闸	成都市	-
13	沙沟河	010102 堤坝渠堰闸	成都市	清代以前
14	府河	010102 堤坝渠堰闸	成都市	唐乾符三年（876）
15	清水河干渠	010102 堤坝渠堰闸	成都市	秦汉时期
16	南河	010102 堤坝渠堰闸	成都市	战国末年
17	沙河	010102 堤坝渠堰闸	成都市	-
18	青白江干渠	010102 堤坝渠堰闸	成都市	秦汉时期
19	黄龙溪古码头	010103 桥涵码头	双流区	东汉
20	二江寺古桥	010103 桥涵码头	天府新区	清道光五年（1825）
21	安顺廊桥	010103 桥涵码头	锦江区	元代
22	东门码头	010103 桥涵码头	锦江区	唐乾符元年（874）
23	锦官驿遗址	010103 桥涵码头	锦江区	清康熙六年（1667）
24	九眼桥	010103 桥涵码头	锦江区	明万历二十一年（1593）
25	都江堰南桥	010103 桥涵码头	都江堰市	清光绪四年（1878）
26	乐善桥	010103 桥涵码头	邛崃市	清咸丰三年（1853）
27	虹桥	010103 桥涵码头	武侯区	战国末期
28	兴隆桥	010103 桥涵码头	都江堰市	民国时期
29	文君井	010104 池塘井泉	邛崃市	西汉
30	薛涛井	010104 池塘井泉	武侯区	明代
31	三县衙门	010107 工程管理机构	双流区	清乾隆二十八年（1763）
32	成都自来水一厂	010107 工程管理机构	青羊区	清代
33	贯子山（玉虹桥）水电站	010107 工程管理机构	青白江区	1935年
34	朝阳湖	010201 河流湖泊	蒲江县	战国
35	石象湖	010201 河流湖泊	蒲江县	宋代以前

序号	名称	基本类型	行政区	时代／始建年代
36	金马河	010201 河流湖泊	成都市	-
37	三岔湖	010201 河流湖泊	东部新区	1975年
38	罨画池	010202 水文化场所	崇州市	唐代
39	水井街酒坊遗址	010202 水文化场所	锦江区	元、明、清三代川酒老烧坊遗址
40	瓮亭公园	010202 水文化场所	邛崃市	西汉
41	百花潭公园	010202 水文化场所	青羊区	清代
42	新都桂湖	010202 水文化场所	新都区	明正德嘉靖年间（1522~1566）
43	新繁东湖	010202 水文化场所	新都区	唐代
44	望江楼公园	010202 水文化场所	武侯区	明代
45	镇国寺塔	010301 坛庙寺观亭	彭州市	北宋
46	镇江寺	010301 坛庙寺观亭	双流区	清光绪十年（1884）
47	大慈寺	010301 坛庙寺观亭	锦江区	魏晋
48	圣德寺白塔	010301 坛庙寺观亭	简阳市	南宋
49	先主寺	010301 坛庙寺观亭	新津区	唐天宝二年（743）
50	回澜塔	010301 坛庙寺观亭	邛崃市	明万历四十四年（1616）
51	奎光塔	010301 坛庙寺观亭	都江堰市	明代
52	川王宫（大邑）	010301 坛庙寺观亭	大邑县	明万历十五年（1587）
53	散花楼	010301 坛庙寺观亭	青羊区	隋开皇年间（581~601）
54	淮口瑞光塔	010301 坛庙寺观亭	金堂县	宋绍兴十八年（1148）
55	官家花园	010302 名人故居、祠堂、墓园	都江堰市	明代
56	川南第一桥碑	010303 雕像、石刻、碑碣	邛崃市	清光绪十二年（1832）
57	指挥街周代遗址	010304 水灾害遗迹	锦江区	周代
58	方池街遗址	010304 水灾害遗迹	青羊区	新石器时代晚期至商周时期
59	江南馆街唐宋街坊遗址	010305 水边聚落遗址	锦江区	唐宋时期
60	羊子山祭祀台遗址	010305 水边聚落遗址	金牛区	商代至西周
61	十二桥遗址	010305 水边聚落遗址	青羊区	商代至西周
62	东华门遗址	010305 水边聚落遗址	青羊区	汉朝
63	古蜀船棺合葬墓遗址	010305 水边聚落遗址	青羊区	东周
64	蒲江飞虎村船棺墓葬遗址	010305 水边聚落遗址	蒲江县	战国晚期
65	红桥遗址	010305 水边聚落遗址	温江区	新石器时代
66	黄龙溪古镇	010306 古村古镇	双流区	魏晋时期
67	街子古镇	010306 古村古镇	崇州市	五代十国

序号	名称	基本类型	行政区	时代 / 始建年代
68	三道堰镇	010306 古村古镇	郫都区	蜀汉时期
69	元通古镇	010306 古村古镇	崇州市	东晋
70	石桥古镇	010306 古村古镇	简阳市	清末
71	灌县古城	010306 古村古镇	都江堰市	-
72	夹关古镇	010306 古村古镇	邛崃市	战国
73	平乐古镇	010306 古村古镇	邛崃市	西汉
74	新场古镇	010306 古村古镇	大邑县	东汉
75	安仁古镇	010306 古村古镇	大邑县	唐代
76	城厢古镇	010306 古村古镇	青白江区	清代
77	洛带古镇	010306 古村古镇	龙泉驿区	三国时期
78	五凤溪古镇	010306 古村古镇	金堂县	汉代
79	云顶石城	010306 古村古镇	金堂县	宋代
80	解玉溪	020401 历史人物、事件及记忆	青羊区	唐代
81	李冰造七桥	020401 历史人物、事件及记忆	都江堰市	战国末年
82	府河号子	020402 民俗节庆和纪念活动	双流区	-
83	望丛祭祀活动	020402 民俗节庆和纪念活动	郫都区	-
84	浣花日（大小游江）	020402 民俗节庆和纪念活动	武侯区	-
85	客家水龙节火龙节	020402 民俗节庆和纪念活动	龙泉驿区	清道光七年（1827）
86	沱江号子	020402 民俗节庆和纪念活动	金堂县	明万历年间（1573~1620）

注：由于当前文献资料和证据所限，部分古代工程暂时无法准确确定年代。

三、III级资源类型分布

根据定级结果，可以看出全市184处III级水文化遗产资源仍以物质类文化遗产为主，基本类型中以010102堤坝渠堰闸（85处）数量最多，占III级资源总量的47.22%，其次为010201河流湖泊（23处），占III级资源总量的12.78%；020101水利技艺、010304水灾害遗址、020202其他文献3个基本类型没有III级资源分布，具体类型分布情况见图3-5，资源名录详见下表。

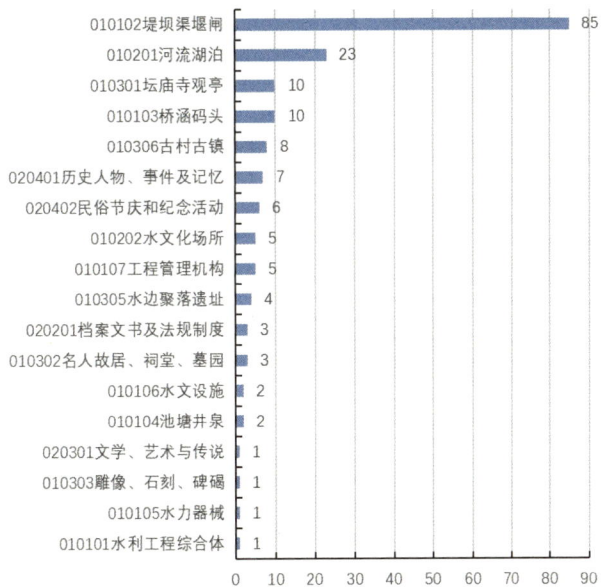

图3-5 成都市水文化遗产III级资源类型分布柱状图

表 3-6 成都市水文化遗产III级资源名录表

序号	名称	基本类型	行政区	序号	名称	基本类型	行政区
1	紫坪铺水库	水利工程综合体	都江堰市	93	海螺古桥群	桥涵码头	东部新区
2	大朗堰	堤坝渠堰闸	温江区	94	二仙桥遗址	桥涵码头	成华区
3	江安河干渠（温江段）	堤坝渠堰闸	温江区	95	苏坡桥	桥涵码头	青羊区
4	清水河干渠（温江段）	堤坝渠堰闸	温江区	96	养马渡口	桥涵码头	东部新区
5	杨柳河干渠（温江段）	堤坝渠堰闸	温江区	97	状元井	池塘井泉	新都区
6	玉石堤	堤坝渠堰闸	温江区	98	洛带八角井	池塘井泉	龙泉驿区
7	青白江干渠（彭州段）	堤坝渠堰闸	彭州市	99	曹家水碾	水力器械	新都区
8	万工堰	堤坝渠堰闸	彭州市	100	且家碾	水力器械	大邑县
9	东风渠（双流段）	堤坝渠堰闸	双流区	101	都江堰卧铁	水文设施	都江堰市
10	龙居堰	堤坝渠堰闸	蒲江县	102	都江堰水则	水文设施	都江堰市
11	黄金堰	堤坝渠堰闸	邛崃市	103	柏条河水文站	工程管理机构	都江堰市

序号	名称	基本类型	行政区	序号	名称	基本类型	行政区
12	马坝河	堤坝渠堰闸	温江区	104	宝瓶口水文站	工程管理机构	都江堰市
13	金马河干渠（温江段）	堤坝渠堰闸	温江区	105	江安河水文站	工程管理机构	都江堰市
14	七分堰	堤坝渠堰闸	崇州市	106	蒲阳河水文站	工程管理机构	都江堰市
15	千功堰	堤坝渠堰闸	崇州市	107	三皇庙水文站	工程管理机构	金堂县
16	安公堤	堤坝渠堰闸	天府新区	108	白沙河	河流湖泊	都江堰市
17	柏条河干渠（郫都区段）	堤坝渠堰闸	郫都区	109	临溪河	河流湖泊	蒲江县
18	东风渠进水枢纽闸	堤坝渠堰闸	郫都区	110	蒲江河（蒲江段）	河流湖泊	蒲江县
19	府河干渠（郫都区段）	堤坝渠堰闸	郫都区	111	南河（蒲江段）	河流湖泊	蒲江县
20	江安河干渠（郫都区段）	堤坝渠堰闸	郫都区	112	白塔湖	河流湖泊	崇州市
21	磨底河干渠（郫都区段）	堤坝渠堰闸	郫都区	113	文井江（崇州段）	河流湖泊	崇州市
22	毗河干渠（郫都区段）	堤坝渠堰闸	郫都区	114	西河（崇州段）	河流湖泊	崇州市
23	蒲阳河干渠（郫都区段）	堤坝渠堰闸	郫都区	115	干五里河	河流湖泊	崇州市
24	徐堰河干渠（郫都区段）	堤坝渠堰闸	郫都区	116	味江河	河流湖泊	崇州市
25	走马河干渠（郫都区段）	堤坝渠堰闸	郫都区	117	岷江（新津段）	河流湖泊	新津区
26	龙爪堰（高新区）	堤坝渠堰闸	高新区	118	沱江（简阳段）	河流湖泊	简阳市
27	乌木堰	堤坝渠堰闸	崇州市	119	南河（邛崃段）	河流湖泊	邛崃市
28	南河干渠（锦江段）	堤坝渠堰闸	锦江区	120	邛江河（大邑段）	河流湖泊	大邑县
29	东风渠（简阳段）	堤坝渠堰闸	简阳市	121	张家岩水库	河流湖泊	东部新区
30	沙河干渠（锦江）	堤坝渠堰闸	锦江区	122	毗河（金牛段）	河流湖泊	金牛区
31	鸡公山提灌站	堤坝渠堰闸	简阳市	123	斜江河（大邑段）	河流湖泊	大邑县
32	柏条河（都江堰段）	堤坝渠堰闸	都江堰市	124	竹溪湖	河流湖泊	邛崃市
33	东风渠（东部新区段）	堤坝渠堰闸	东部新区	125	邛江河（邛崃段）	河流湖泊	邛崃市
34	二王庙顺水堤	堤坝渠堰闸	都江堰市	126	金堂峡（沱江小三峡）	河流湖泊	金堂县
35	飞沙堰拦水闸	堤坝渠堰闸	都江堰市	127	沱江（金堂段）	河流湖泊	金堂县
36	通济堰水渠（解放渠）	堤坝渠堰闸	新津区	128	榿木河（崇州段）	河流湖泊	崇州市
37	杨柳河干渠（新津段）	堤坝渠堰闸	新津区	129	金马河（都江堰段）	河流湖泊	都江堰市
38	黑石河（都江堰段）	堤坝渠堰闸	都江堰市	130	毗河（青白江段）	河流湖泊	青白江区

序号	名称	基本类型	行政区	序号	名称	基本类型	行政区
39	环山渠	堤坝渠堰闸	都江堰市	131	湔江水利风景区	水文化场所	彭州市
40	澜杆堰	堤坝渠堰闸	邛崃市	132	棠湖公园	水文化场所	双流区
41	东风渠（成华段）	堤坝渠堰闸	成华区	133	新津白鹤滩湿地	水文化场所	新津区
42	锦江（成华段）	堤坝渠堰闸	成华区	134	新津斑竹林	水文化场所	新津区
43	沙河干渠（成华）	堤坝渠堰闸	成华区	135	离堆公园	水文化场所	都江堰市
44	江安河（都江堰段）	堤坝渠堰闸	都江堰市	136	三昧禅林	坛庙寺观亭	彭州市
45	金刚堤	堤坝渠堰闸	都江堰市	137	二江寺	坛庙寺观亭	天府新区
46	聚源走马河分水闸	堤坝渠堰闸	都江堰市	138	都江堰文庙	坛庙寺观亭	都江堰市
47	离堆	堤坝渠堰闸	都江堰市	139	老子庙三官殿	坛庙寺观亭	新津区
48	东风渠（金牛段）	堤坝渠堰闸	金牛区	140	灵岩寺	坛庙寺观亭	都江堰市
49	府河干渠（金牛段）	堤坝渠堰闸	金牛区	141	木兰寺	坛庙寺观亭	新都区
50	黄沙堰	堤坝渠堰闸	大邑县	142	新都白水寺	坛庙寺观亭	新都区
51	三轮堰	堤坝渠堰闸	大邑县	143	洛带会馆湖广会馆	坛庙寺观亭	龙泉驿区
52	摸底河（金牛段）	堤坝渠堰闸	金牛区	144	石经寺	坛庙寺观亭	龙泉驿区
53	清水河干渠（金牛段）	堤坝渠堰闸	金牛区	145	五凤镇关圣宫	坛庙寺观亭	金堂县
54	蒲柏分水闸	堤坝渠堰闸	都江堰市	146	文翁祠	名人故居、祠堂、墓园	彭州市
55	沙河干渠（金牛段）	堤坝渠堰闸	金牛区	147	望丛祠丛帝陵	名人故居、祠堂、墓园	郫都区
56	石牛堰	堤坝渠堰闸	锦江区	148	望丛祠望帝陵	名人故居、祠堂、墓园	郫都区
57	蒲阳河（都江堰段）	堤坝渠堰闸	都江堰市	149	杨氏宗祠	名人故居、祠堂、墓园	新都区
58	羊头堰	堤坝渠堰闸	大邑县	150	佛子岩石刻	雕像、石刻、碑碣	大邑县
59	跃进堰	堤坝渠堰闸	大邑县	151	福感寺遗址	水边聚落遗址	青羊区
60	新开堰	堤坝渠堰闸	邛崃市	152	新都水观音商周遗址	水边聚落遗址	新都区
61	徐公堰	堤坝渠堰闸	邛崃市	153	内姜街	水边聚落遗址	锦江区
62	清水河干渠（武侯区）	堤坝渠堰闸	武侯区	154	鼓楼北街	水边聚落遗址	锦江区

序号	名称	基本类型	行政区	序号	名称	基本类型	行政区
63	沙沟河（都江堰段）	堤坝渠堰闸	都江堰市	155	城守东大街	水边聚落遗址	锦江区
64	沙黑总河	堤坝渠堰闸	都江堰市	156	富春坊唐宋街遗址	水边聚落遗址	锦江区
65	南河干渠（武侯段）	堤坝渠堰闸	武侯区	157	邛窑遗址	水边聚落遗址	邛崃市
66	江安河干渠（武侯）	堤坝渠堰闸	武侯区	158	海窝子古镇	古村古镇	彭州市
67	金花堤	堤坝渠堰闸	武侯区	159	西来古镇	古村古镇	蒲江县
68	外江节制闸	堤坝渠堰闸	都江堰市	160	连二里市	古村古镇	温江区
69	三吏堰	堤坝渠堰闸	武侯区	161	悦来古镇	古村古镇	大邑县
70	肖家河（龙爪堰）	堤坝渠堰闸	武侯区	162	泰安古镇	古村古镇	都江堰市
71	徐堰河干渠（都江堰段）	堤坝渠堰闸	都江堰市	163	弥牟古镇	古村古镇	青白江区
72	仰天窝分水闸	堤坝渠堰闸	都江堰市	164	怀安军遗址	古村古镇	金堂县
73	走江河分水闸	堤坝渠堰闸	都江堰市	165	彭镇	古村古镇	双流区
74	走马河（都江堰段）	堤坝渠堰闸	都江堰市	166	治水八字格言	档案文书及法规制度	都江堰市
75	走马河水文站	堤坝渠堰闸	都江堰市	167	治水六字诀	档案文书及法规制度	都江堰市
76	府河干渠（青羊段）	堤坝渠堰闸	青羊区	168	治水三字经	档案文书及法规制度	都江堰市
77	南河干渠（青羊段）	堤坝渠堰闸	青羊区	169	岁修制度	档案文书及法规制度	都江堰市
78	青白江干渠（新都段）	堤坝渠堰闸	新都区	170	东门盛景图	文学、艺术与传说	锦江区
79	溥利堰	堤坝渠堰闸	青白江区	171	锦江传说	历史人物、事件及记忆	锦江区
80	东风渠（龙泉驿段）	堤坝渠堰闸	龙泉驿区	172	丁宝桢大修都江堰	历史人物、事件及记忆	都江堰市
81	红花水库引水渠	堤坝渠堰闸	金堂县	173	贺龙指挥解放军抢修都江堰	历史人物、事件及记忆	都江堰市
82	九龙滩提灌站	堤坝渠堰闸	金堂县	174	吉当普铸铁龟镇水	历史人物、事件及记忆	都江堰市
83	东风渠北干（成华区）	堤坝渠堰闸	成华区	175	卢翊大修都江堰	历史人物、事件及记忆	都江堰市
84	徐堰河干渠	堤坝渠堰闸	成都市	176	施千祥铁铸牛鱼嘴	历史人物、事件及记忆	都江堰市

序号	名称	基本类型	行政区	序号	名称	基本类型	行政区
85	官堰（双流区）	堤坝渠堰闸	双流区	177	李元著《蜀水经》	历史人物、事件及记忆	金堂县
86	安乐堰	堤坝渠堰闸	邛崃市	178	五津渡记忆	历史人物、事件及记忆	成都市
87	东门大桥（濯锦桥）	桥涵码头	锦江区	179	赛龙舟	民俗节庆和纪念活动	双流区
88	赤水桥	桥涵码头	简阳市	180	望丛赛歌会	民俗节庆和纪念活动	郫都区
89	红星桥（成华区）	桥涵码头	成华区	181	成都锦江龙舟赛	民俗节庆和纪念活动	锦江区
90	东风大桥	桥涵码头	成华区	182	《道解都江堰》剧目	民俗节庆和纪念活动	都江堰市
91	平泉街道利济桥	桥涵码头	简阳市	183	二王庙庙会	民俗节庆和纪念活动	都江堰市
92	三星镇利济桥	桥涵码头	简阳市	184	龙舟技艺（文化）	民俗节庆和纪念活动	新津区

四、Ⅳ级资源类型分布

根据定级结果，可以看出全市439处Ⅳ级水文化遗产资源仍以物质类文化遗产为主，基本类型中以010102堤坝渠堰闸（155处）数量最多，占Ⅳ级资源总量的35.30%，其次为010103桥涵码头（79处），占Ⅳ级资源总量的17.99%；010106水文设施、010304水灾害遗址、020101水利技艺、020202其他文献4个基本类型没有Ⅳ级资源分布，具体类型分布情况见图3-6，资源名录详见下表。

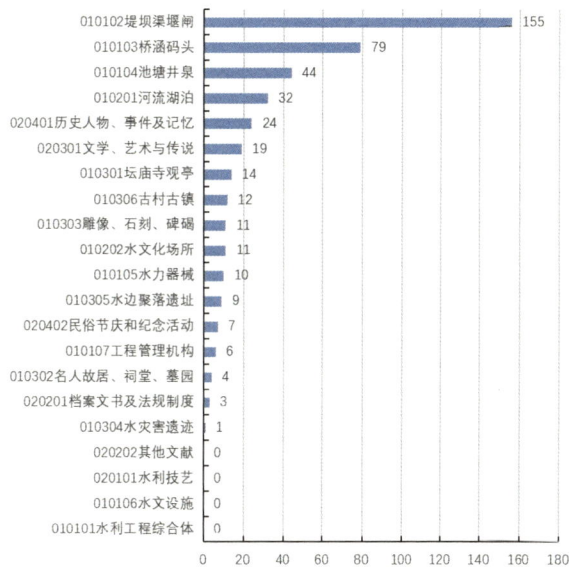

图3-6 成都市水文化遗产Ⅳ级资源类型分布柱状图

表 3-7 成都市水文化遗产IV级资源名录表

序号	名称	基本类型	行政区	序号	名称	基本类型	行政区
1	漏沙堰（都江堰市）	堤坝渠堰闸	都江堰市	222	老南门码头	桥涵码头	武侯区
2	百丈堤	堤坝渠堰闸	都江堰市	223	武侯区万里码头遗址	桥涵码头	武侯区
3	柏木河（都江堰段）	堤坝渠堰闸	都江堰市	224	承顺桥	桥涵码头	新都区
4	导江堰	堤坝渠堰闸	都江堰市	225	大丰街道崇义桥	桥涵码头	新都区
5	徐家渡（都江堰市）	堤坝渠堰闸	都江堰市	226	清源桥	桥涵码头	新都区
6	红塔堰	堤坝渠堰闸	都江堰市	227	饮马河大桥	桥涵码头	新都区
7	临江堰	堤坝渠堰闸	都江堰市	228	柏杨村石拱桥	桥涵码头	新津区
8	灵寿堰	堤坝渠堰闸	都江堰市	229	大兴桥	桥涵码头	新津区
9	马坡堰	堤坝渠堰闸	都江堰市	230	龙池桥	桥涵码头	新津区
10	人字堤	堤坝渠堰闸	都江堰市	231	龙王渡大桥	桥涵码头	新津区
11	三泊洞	堤坝渠堰闸	都江堰市	232	南河大桥	桥涵码头	新津区
12	拥军渠	堤坝渠堰闸	都江堰市	233	三渡水大桥	桥涵码头	新津区
13	长同堰	堤坝渠堰闸	都江堰市	234	西河大桥	桥涵码头	新津区
14	簧门堰	堤坝渠堰闸	成华区	235	李家井	池塘井泉	都江堰市
15	马家堰	堤坝渠堰闸	成华区	236	周家八卦古井	池塘井泉	都江堰市
16	双水碾水闸	堤坝渠堰闸	成华区	237	八角井（成华区）	池塘井泉	成华区
17	砖头堰	堤坝渠堰闸	成华区	238	八角井（崇州市）	池塘井泉	崇州市
18	官堰（崇州市）	堤坝渠堰闸	崇州市	239	艾家井	池塘井泉	崇州市
19	菜花堰	堤坝渠堰闸	崇州市	240	陈家古井	池塘井泉	崇州市
20	黄泥河堰	堤坝渠堰闸	崇州市	241	鹤鸣明月池	池塘井泉	大邑县
21	黄桶堰	堤坝渠堰闸	崇州市	242	都江堰神龟池	池塘井泉	都江堰市
22	街子镇欢喜村岩堰洞	堤坝渠堰闸	崇州市	243	涌泉镇老井	池塘井泉	简阳市
23	龙黄堰	堤坝渠堰闸	崇州市	244	慈云寺莹碧池	池塘井泉	金堂县
24	泉水堰	堤坝渠堰闸	崇州市	245	云顶石城井群	池塘井泉	金堂县
25	深溪堰	堤坝渠堰闸	崇州市	246	石经寺放生池	池塘井泉	龙泉驿区

序号	名称	基本类型	行政区	序号	名称	基本类型	行政区
26	石头堰	堤坝渠堰闸	崇州市	247	万工堰泉眼	池塘井泉	彭州市
27	铁溪堰	堤坝渠堰闸	崇州市	248	八角井（彭州市）	池塘井泉	彭州市
28	铁桩堰	堤坝渠堰闸	崇州市	249	古城镇古井院古井	池塘井泉	郫都区
29	吴家堰	堤坝渠堰闸	崇州市	250	梅花御井	池塘井泉	郫都区
30	五板堰	堤坝渠堰闸	崇州市	251	郫筒井	池塘井泉	郫都区
31	五龙堰	堤坝渠堰闸	崇州市	252	望丛祠鳌灵湖	池塘井泉	郫都区
32	五星堰	堤坝渠堰闸	崇州市	253	望丛祠隋唐井	池塘井泉	郫都区
33	西河堰	堤坝渠堰闸	崇州市	254	文昌宫巷寒泉井	池塘井泉	郫都区
34	张家堰	堤坝渠堰闸	崇州市	255	张家大林盘池塘	池塘井泉	青白江区
35	自流堰	堤坝渠堰闸	崇州市	256	井巷子	池塘井泉	青羊区
36	高河堰	堤坝渠堰闸	大邑县	257	井巷子井	池塘井泉	青羊区
37	青山堰	堤坝渠堰闸	大邑县	258	沧浪湖	池塘井泉	青羊区
38	天生堰	堤坝渠堰闸	大邑县	259	双眼井	池塘井泉	青羊区
39	五堰	堤坝渠堰闸	大邑县	260	铁箍井	池塘井泉	青羊区
40	充水南干渠	堤坝渠堰闸	东部新区	261	八卦井	池塘井泉	邛崃市
41	都江堰龙泉山灌区渡槽群	堤坝渠堰闸	东部新区	262	贵妃池（邛崃市）	池塘井泉	邛崃市
42	九道堰（金牛区）	堤坝渠堰闸	金牛区	263	鲍家塘	池塘井泉	双流区
43	二道河（金牛段）	堤坝渠堰闸	金牛区	264	堵水塘	池塘井泉	双流区
44	海滨堰	堤坝渠堰闸	金牛区	265	甘塘子	池塘井泉	双流区
45	茅草堰	堤坝渠堰闸	金牛区	266	龙池井	池塘井泉	双流区
46	三道河（金牛段）	堤坝渠堰闸	金牛区	267	太平池	池塘井泉	天府新区
47	桃花江（金牛段）	堤坝渠堰闸	金牛区	268	泮池	池塘井泉	温江区
48	西郊河（金牛段）	堤坝渠堰闸	金牛区	269	庭院小桥	池塘井泉	温江区
49	羊堰	堤坝渠堰闸	金牛区	270	桓侯庙放生池	池塘井泉	武侯区

序号	名称	基本类型	行政区	序号	名称	基本类型	行政区
50	杨柳河（金牛段）	堤坝渠堰闸	金牛区	271	流杯池	池塘井泉	武侯区
51	杨泗堰	堤坝渠堰闸	金牛区	272	龙井二泉	池塘井泉	武侯区
52	赵家堰	堤坝渠堰闸	金牛区	273	诸葛井（武侯区）	池塘井泉	武侯区
53	罗家堰（金牛区）	堤坝渠堰闸	金牛区	274	白螺泉	池塘井泉	新都区
54	牟珠堰（金牛区）	堤坝渠堰闸	金牛区	275	黄龙泉	池塘井泉	新都区
55	毗河（金堂段）	堤坝渠堰闸	金堂县	276	清泉	池塘井泉	新都区
56	中河金堂段	堤坝渠堰闸	金堂县	277	乌木泉	池塘井泉	新都区
57	大观堰	堤坝渠堰闸	锦江区	278	纯阳观凉水井	池塘井泉	新津区
58	石牛堰	堤坝渠堰闸	锦江区	279	陈家水碾	水力器械	双流区
59	东风渠老南干渠	堤坝渠堰闸	龙泉驿区	280	冯家碾坊	水力器械	郫都区
60	柏条河灵宝堰	堤坝渠堰闸	郫都区	281	发电站桥水磨坊	水力器械	东部新区
61	两河口分水闸	堤坝渠堰闸	郫都区	282	两河村水磨坊	水力器械	东部新区
62	蟆水河支渠（郫都区段）	堤坝渠堰闸	郫都区	283	郭河坝碾坊	水力器械	邛崃市
63	皮家堰	堤坝渠堰闸	郫都区	284	王井坎碾房遗址	水力器械	邛崃市
64	三道堰	堤坝渠堰闸	郫都区	285	小金沱磨碾	水力器械	邛崃市
65	梭梭堰（漏沙堰）（郫都区）	堤坝渠堰闸	郫都区	286	银杏溪碾坊	水力器械	邛崃市
66	团结枢纽闸	堤坝渠堰闸	郫都区	287	油坊石磨	水力器械	邛崃市
67	沱江河干渠（郫都区段）	堤坝渠堰闸	郫都区	288	小石河水电站	工程管理机构	彭州市
68	九道堰（郫都区）	堤坝渠堰闸	郫都区	289	望江楼水文站	工程管理机构	锦江区
69	芭蕉堰	堤坝渠堰闸	蒲江县	290	成都市自来水二厂	工程管理机构	成华区
70	白马堰	堤坝渠堰闸	蒲江县	291	成都市自来水五厂	工程管理机构	成华区
71	板堰	堤坝渠堰闸	蒲江县	292	大邑水文站	工程管理机构	大邑县
72	板堰子	堤坝渠堰闸	蒲江县	293	水利府遗址	工程管理机构	都江堰市

序号	名称	基本类型	行政区	序号	名称	基本类型	行政区
73	曹堰	堤坝渠堰闸	蒲江县	294	都江堰莲花湖	河流湖泊	都江堰市
74	倒本堰	堤坝渠堰闸	蒲江县	295	龙池湖	河流湖泊	都江堰市
75	二郎堰堤坝	堤坝渠堰闸	蒲江县	296	方家河（成华区）	河流湖泊	成华区
76	高合堰	堤坝渠堰闸	蒲江县	297	凤凰河	河流湖泊	成华区
77	官桥堰	堤坝渠堰闸	蒲江县	298	十陵河	河流湖泊	成华区
78	花滩堰	堤坝渠堰闸	蒲江县	299	西河（大邑段）	河流湖泊	大邑县
79	济公堰	堤坝渠堰闸	蒲江县	300	烟霞湖	河流湖泊	大邑县
80	金仙堰	堤坝渠堰闸	蒲江县	301	龙泉湖（石盘水库）（石盘水库）	河流湖泊	东部新区
81	邋遢堰	堤坝渠堰闸	蒲江县	302	绛溪河	河流湖泊	简阳市
82	落火堰	堤坝渠堰闸	蒲江县	303	凤凰河（金牛段）	河流湖泊	金牛区
83	琵琶堰	堤坝渠堰闸	蒲江县	304	南堰河（金牛段）	河流湖泊	金牛区
84	胜利堰	堤坝渠堰闸	蒲江县	305	饮马河（金牛段）	河流湖泊	金牛区
85	瓦窑堰	堤坝渠堰闸	蒲江县	306	资水河	河流湖泊	金堂县
86	徐堰	堤坝渠堰闸	蒲江县	307	北河（金堂县）	河流湖泊	金堂县
87	杨波堰	堤坝渠堰闸	蒲江县	308	东风水库（金堂县）	河流湖泊	金堂县
88	杨堰	堤坝渠堰闸	蒲江县	309	百工堰水库	河流湖泊	龙泉驿区
89	张滩堰	堤坝渠堰闸	蒲江县	310	宝狮湖	河流湖泊	龙泉驿区
90	张堰	堤坝渠堰闸	蒲江县	311	湔江（彭州段）	河流湖泊	彭州市
91	纸房堰	堤坝渠堰闸	蒲江县	312	濛阳河（彭州段）	河流湖泊	彭州市
92	朱木堰	堤坝渠堰闸	蒲江县	313	蒲阳河（彭州段）	河流湖泊	彭州市
93	黑石堰（蒲江县）	堤坝渠堰闸	蒲江县	314	鸭子河（彭州段）	河流湖泊	彭州市
94	团结堰（蒲江县）	堤坝渠堰闸	蒲江县	315	醴泉江（蒲江段）	河流湖泊	蒲江县
95	东风渠（青白江段）	堤坝渠堰闸	青白江区	316	长滩水库	河流湖泊	蒲江县
96	粉后堰	堤坝渠堰闸	青白江区	317	青白江干渠（青白江段）	河流湖泊	青白江区
97	马棚堰	堤坝渠堰闸	青白江区	318	齐口沱	河流湖泊	邛崃市
98	石龙堰	堤坝渠堰闸	青白江区	319	玉溪河	河流湖泊	邛崃市

序号	名称	基本类型	行政区	序号	名称	基本类型	行政区
99	文澜堤	堤坝渠堰闸	青白江区	320	蒲江河（邛崃段）	河流湖泊	邛崃市
100	江安河干渠（青羊段）	堤坝渠堰闸	青羊区	321	文井江（邛崃段）	河流湖泊	邛崃市
101	栏杆堰（青羊段）	堤坝渠堰闸	青羊区	322	斜江河（邛崃段）	河流湖泊	邛崃市
102	龙池堰	堤坝渠堰闸	青羊区	323	白河	河流湖泊	双流区
103	磨底河干渠（青羊段）	堤坝渠堰闸	青羊区	324	石鱼河	河流湖泊	温江区
104	清水河干渠（青羊段）	堤坝渠堰闸	青羊区	325	金马河干渠（新津段）	河流湖泊	新津区
105	西郊河（青羊段）	堤坝渠堰闸	青羊区	326	金马河古河道	河流湖泊	新津区
106	肖家河（青羊段）	堤坝渠堰闸	青羊区	327	桤木河（新津段）	河流湖泊	新津区
107	八合堰	堤坝渠堰闸	邛崃市	328	杉板桥公园	水文化场所	成华区
108	倒灌堰	堤坝渠堰闸	邛崃市	329	花水湾温泉	水文化场所	大邑县
109	㮷江第一堰	堤坝渠堰闸	邛崃市	330	都江堰精华灌区	水文化场所	都江堰市
110	君平堰	堤坝渠堰闸	邛崃市	331	带江草堂	水文化场所	金牛区
111	汤堰	堤坝渠堰闸	邛崃市	332	沙河源小学	水文化场所	金牛区
112	土门堰	堤坝渠堰闸	邛崃市	333	思蜀园	水文化场所	锦江区
113	渔唱溢流堰	堤坝渠堰闸	邛崃市	334	彭州市莲花湖水利风景区	水文化场所	彭州市
114	玉带堰	堤坝渠堰闸	邛崃市	335	家珍公园	水文化场所	青白江区
115	白头堰	堤坝渠堰闸	双流区	336	百溪堰湿地公园	水文化场所	新津区
116	陈家堰	堤坝渠堰闸	双流区	337	通济堰博物馆	水文化场所	新津区
117	大湖堰	堤坝渠堰闸	双流区	338	龙潭寺	坛庙寺观亭	成华区
118	剪刀堰	堤坝渠堰闸	双流区	339	崇德治水庙	坛庙寺观亭	崇州市
119	鲢鱼洞支渠	堤坝渠堰闸	双流区	340	三官殿	坛庙寺观亭	大邑县
120	麦草堰支渠	堤坝渠堰闸	双流区	341	养马街道禹王宫	坛庙寺观亭	东部新区
121	三支渠	堤坝渠堰闸	双流区	342	禹王宫	坛庙寺观亭	都江堰市
122	柑梓堰（唐家堰）	堤坝渠堰闸	双流区	343	玉垒山斗犀台	坛庙寺观亭	都江堰市

序号	名称	基本类型	行政区	序号	名称	基本类型	行政区
123	铁河坎	堤坝渠堰闸	双流区	344	泉井街道涌泉寺	坛庙寺观亭	简阳市
124	张琪埝	堤坝渠堰闸	双流区	345	三圣寺	坛庙寺观亭	彭州市
125	牧山干渠（双流区）	堤坝渠堰闸	双流区	346	石城寺	坛庙寺观亭	青白江区
126	洗瓦堰（天府新区）	堤坝渠堰闸	天府新区	347	五谷庙	坛庙寺观亭	邛崃市
127	江安河二支渠	堤坝渠堰闸	温江区	348	镇江王爷庙	坛庙寺观亭	邛崃市
128	江安河三支渠	堤坝渠堰闸	温江区	349	宝光寺	坛庙寺观亭	新都区
129	江安河四支渠	堤坝渠堰闸	温江区	350	弥陀寺	坛庙寺观亭	新都区
130	江安河一支渠	堤坝渠堰闸	温江区	351	方井寺	坛庙寺观亭	新津区
131	上天生堰	堤坝渠堰闸	温江区	352	潘文华遗址	名人故居、祠堂、墓园	武侯区
132	新堰	堤坝渠堰闸	温江区	353	杨遇春宫保府遗址	名人故居、祠堂、墓园	武侯区
133	黄土堰	堤坝渠堰闸	温江区	354	升庵故里文化小镇	名人故居、祠堂、墓园	新都区
134	龙泉堰	堤坝渠堰闸	温江区	355	德政坊	雕像、石刻、碑碣	都江堰市
135	青龙嘴枢纽闸	堤坝渠堰闸	温江区	356	东汉郭择赵汜碑	雕像、石刻、碑碣	都江堰市
136	喇叭堰（温江区）	堤坝渠堰闸	温江区	357	东汉堰工石像	雕像、石刻、碑碣	都江堰市
137	漏沙堰（温江区）	堤坝渠堰闸	温江区	358	二王庙安流顺轨碑	雕像、石刻、碑碣	都江堰市
138	栏杆堰（武侯区）	堤坝渠堰闸	武侯区	359	二王庙引水思源碑	雕像、石刻、碑碣	都江堰市
139	飞沙堰	堤坝渠堰闸	武侯区	360	天王社区石犀	雕像、石刻、碑碣	温江区
140	高攀河	堤坝渠堰闸	武侯区	361	锦江石牛	雕像、石刻、碑碣	锦江区
141	黄堰河	堤坝渠堰闸	武侯区	362	桂溪寺祭文碑	雕像、石刻、碑碣	武侯区

序号	名称	基本类型	行政区	序号	名称	基本类型	行政区
142	火烧堰	堤坝渠堰闸	武侯区	363	北斗七星柱	雕像、石刻、碑碣	青羊区
143	金花堰	堤坝渠堰闸	武侯区	364	桂湖碑林	雕像、石刻、碑碣	新都区
144	九洞桥堰	堤坝渠堰闸	武侯区	365	龙藏寺内大朗和尚筑堰治水功德碑	雕像、石刻、碑碣	新都区
145	瓦子堰	堤坝渠堰闸	武侯区	366	东阳桥遗址	水灾害遗迹	天府新区
146	东风渠北干（新都区）	堤坝渠堰闸	新都区	367	三官堂遗址	水边聚落遗址	双流区
147	毗河干渠（新都段）	堤坝渠堰闸	新都区	368	琉璃厂窑址	水边聚落遗址	锦江区
148	杨柳河故道	堤坝渠堰闸	新都区	369	水井街	水边聚落遗址	锦江区
149	饮马河干渠（新都段）	堤坝渠堰闸	新都区	370	都江堰宣威门	水边聚落遗址	都江堰市
150	牧山干渠（新津区）	堤坝渠堰闸	新津区	371	刘门放生池遗址	水边聚落遗址	成华区
151	南河干渠（新津段）	堤坝渠堰闸	新津区	372	望平坊	水边聚落遗址	成华区
152	桤木堰	堤坝渠堰闸	新津区	373	下涧槽林荫道	水边聚落遗址	成华区
153	泗江堰	堤坝渠堰闸	新津区	374	筒车坝渡口	水边聚落遗址	东部新区
154	西河干渠（新津段）	堤坝渠堰闸	新津区	375	筒车坝遗址	水边聚落遗址	东部新区
155	羊马河干渠（新津段）	堤坝渠堰闸	新津区	376	双关村船棺墓葬群	水边聚落遗址	青白江区
156	会元桥	桥涵码头	都江堰市	377	玉垒关	古村古镇	都江堰市
157	南溪桥	桥涵码头	都江堰市	378	中和场	古村古镇	高新区
158	八里桥	桥涵码头	成华区	379	沙河源洞子口老场镇	古村古镇	金牛区
159	麻石桥	桥涵码头	成华区	380	赵镇古镇	古村古镇	金堂县
160	猛追湾码头	桥涵码头	成华区	381	临溪古街	古村古镇	蒲江县
161	上三洞桥	桥涵码头	成华区	382	火井古镇	古村古镇	邛崃市
162	升仙桥	桥涵码头	成华区	383	石梯子坡	古村古镇	天府新区
163	武成门桥	桥涵码头	成华区	384	黄家碾	古村古镇	温江区
164	踏水桥遗址（成华区）	桥涵码头	成华区	385	簇锦古镇	古村古镇	武侯区

序号	名称	基本类型	行政区	序号	名称	基本类型	行政区
165	滨河水上公园码头	桥涵码头	崇州市	386	花桥镇老街	古村古镇	新津区
166	味江码头	桥涵码头	崇州市	387	花园场	古村古镇	新津区
167	西江桥	桥涵码头	崇州市	388	平泉坝遗址	古村古镇	东部新区
168	魏石桥	桥涵码头	大邑县	389	香水制度	档案文书及法规制度	大邑县
169	广济桥（东部新区）	桥涵码头	东部新区	390	水轮制度	档案文书及法规制度	大邑县
170	五福桥（东部新区）	桥涵码头	东部新区	391	堰官制度	档案文书及法规制度	都江堰市
171	金安桥	桥涵码头	东部新区	392	白莲池传说	文学、艺术与传说	成华区
172	龙泉山隧洞	桥涵码头	东部新区	393	鳖灵与开明兽的传说	文学、艺术与传说	都江堰市
173	济安桥	桥涵码头	简阳市	394	夫妻桥的传说	文学、艺术与传说	都江堰市
174	石头桥	桥涵码头	简阳市	395	灌县川剧	文学、艺术与传说	都江堰市
175	踏水村九组踏水桥	桥涵码头	简阳市	396	赵巧开挖金马河	文学、艺术与传说	都江堰市
176	北门桥（万安桥）	桥涵码头	简阳市	397	鳖灵拓峡的传说	文学、艺术与传说	金堂县
177	红星桥（简阳市）	桥涵码头	简阳市	398	五凤溪的传说	文学、艺术与传说	金堂县
178	三洞桥	桥涵码头	金牛区	399	阿斗洛带传说	文学、艺术与传说	龙泉驿区
179	王爷庙桥	桥涵码头	金牛区	400	军乐香水村刘皇叔与香水井	文学、艺术与传说	彭州市
180	雍家渡	桥涵码头	金牛区	401	《银盘古井的故事》	文学、艺术与传说	郫都区
181	高桥（金堂县）	桥涵码头	金堂县	402	金锣玉棍的传说	文学、艺术与传说	青白江区
182	合江亭码头	桥涵码头	锦江区	403	文澜秋月的传说	文学、艺术与传说	青白江区
183	五桂桥	桥涵码头	锦江区	404	"烛龙"与"应龙"的神话	文学、艺术与传说	双流区

序号	名称	基本类型	行政区	序号	名称	基本类型	行政区
184	五福桥（锦江区）	桥涵码头	锦江区	405	鹿溪河传说	文学、艺术与传说	双流区
185	义兴桥	桥涵码头	龙泉驿区	406	《鱼凫架桥》	文学、艺术与传说	温江区
186	凤仪桥	桥涵码头	彭州市	407	《鱼凫王大战饮马河》	文学、艺术与传说	温江区
187	桂花龙桥	桥涵码头	彭州市	408	《乐水楼》	文学、艺术与传说	武侯区
188	龙凤桥（彭州市）	桥涵码头	彭州市	409	簇锦传说	文学、艺术与传说	武侯区
189	崇宁文庙月宫桥	桥涵码头	郫都区	410	万里桥相关诗句	文学、艺术与传说	武侯区
190	古水陆码头	桥涵码头	郫都区	411	猛追湾街 - 街名故事	历史人物、事件及记忆	成华区
191	三道堰永定桥	桥涵码头	郫都区	412	青龙场 - 街名故事	历史人物、事件及记忆	成华区
192	石象寺老码头	桥涵码头	蒲江县	413	杉板桥 - 街名故事	历史人物、事件及记忆	成华区
193	驭虹桥	桥涵码头	蒲江县	414	水碾河路 - 街名故事	历史人物、事件及记忆	成华区
194	广济桥（蒲江县）	桥涵码头	蒲江县	415	跳蹬河路 - 街名故事	历史人物、事件及记忆	成华区
195	送仙桥	桥涵码头	青羊区	416	五桂桥 - 街名故事	历史人物、事件及记忆	成华区
196	望仙桥	桥涵码头	青羊区	417	下涧漕路 - 街名故事	历史人物、事件及记忆	成华区
197	白龙渡码头	桥涵码头	邛崃市	418	1975年金马河治理工程	历史人物、事件及记忆	都江堰市
198	川南第一桥	桥涵码头	邛崃市	419	官兴文改造分鱼嘴	历史人物、事件及记忆	都江堰市
199	飞仙桥	桥涵码头	邛崃市	420	胡光铸城	历史人物、事件及记忆	都江堰市
200	景沟桥（金凤桥）	桥涵码头	邛崃市	421	强望泰两修都江堰	历史人物、事件及记忆	都江堰市
201	九龙桥	桥涵码头	邛崃市	422	清明放水节的来历	历史人物、事件及记忆	都江堰市
202	南岸街庆元桥	桥涵码头	邛崃市	423	牛鞞古渡	历史人物、事件及记忆	简阳市

序号	名称	基本类型	行政区	序号	名称	基本类型	行政区
203	平乐渔市拐码头	桥涵码头	邛崃市	424	韩滩春涨	历史人物、事件及记忆	金堂县
204	竹溪桥	桥涵码头	邛崃市	425	古卧龙桥街	历史人物、事件及记忆	锦江区
205	柳楠桥	桥涵码头	双流区	426	彭州地名的由来	历史人物、事件及记忆	彭州市
206	王爷坎渡口	桥涵码头	双流区	427	龙潭寺场 - 故事	历史人物、事件及记忆	成华区
207	永安老码头	桥涵码头	双流区	428	薛涛笺	历史人物、事件及记忆	青羊区
208	彭镇水码头	桥涵码头	双流区	429	御河	历史人物、事件及记忆	青羊区
209	樊家干坝子桥	桥涵码头	天府新区	430	通济桥遗址	历史人物、事件及记忆	天府新区
210	华阳通济桥	桥涵码头	天府新区	431	《天纲井》	历史人物、事件及记忆	温江区
211	廻江桥	桥涵码头	天府新区	432	《天生堰的故事》	历史人物、事件及记忆	温江区
212	太平长寿桥	桥涵码头	天府新区	433	郭之新（整修西河故道）	历史人物、事件及记忆	新津区
213	永兴大桥	桥涵码头	天府新区	434	船工祭祀	民俗节庆和纪念活动	双流区
214	崇江桥	桥涵码头	温江区	435	放河灯	民俗节庆和纪念活动	双流区
215	泮桥	桥涵码头	温江区	436	三道堰泼水节	民俗节庆和纪念活动	郫都区
216	三善桥	桥涵码头	温江区	437	新津端午龙舟搏浪擒鸭	民俗节庆和纪念活动	新津区
217	舒家渡廊桥	桥涵码头	温江区	438	烟霞湖花船会	民俗节庆和纪念活动	大邑县
218	高升桥	桥涵码头	武侯区	439	养生沱和养生长河	民俗节庆和纪念活动	大邑县
219	广福桥	桥涵码头	武侯区				
220	金花桥	桥涵码头	武侯区				
221	锦江桥	桥涵码头	武侯区				

五、V级资源类型分布

根据定级结果，可以看出全市546处V级水文化遗产资源仍以物质类文化遗产为主，基本类型中以010103桥涵码头（220处）数量最多，占V级资源总量的40.26%，其次为010104池塘井泉（130处），占V级资源总量的23.68%；010101水利工程综合体、020101水利技艺、020201档案文书及法规制度、020202其他文献4个基本类型没有V级资源分布，具体类型分布情况见图3-7，资源名录详见下表。

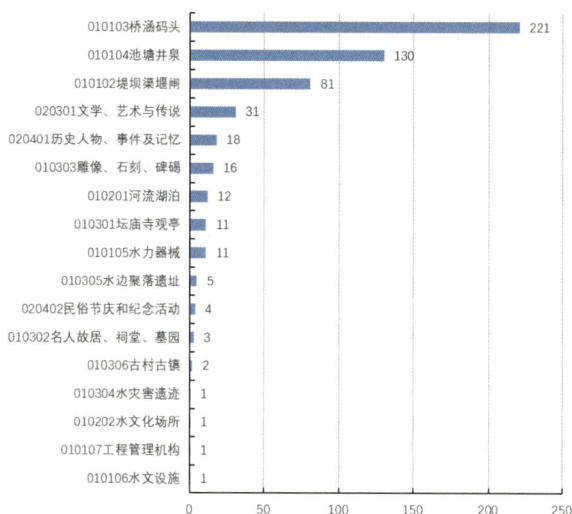

图3-7 成都市水文化遗产V级资源类型分布柱状图

表3-8 成都市水文化遗产V级资源名录表

序号	名称	基本类型	行政区	序号	名称	基本类型	行政区
1	喇叭堰（青羊区）	堤坝渠堰闸	青羊区	274	天神桥	桥涵码头	青白江区
2	毛家堰	堤坝渠堰闸	温江区	275	绣川桥	桥涵码头	青白江区
3	天师堰	堤坝渠堰闸	温江区	276	玉虹桥	桥涵码头	青白江区
4	丁堰	堤坝渠堰闸	蒲江县	277	十愿桥	桥涵码头	龙泉驿区
5	平桥堰	堤坝渠堰闸	双流区	278	肖家桥	桥涵码头	龙泉驿区
6	黑石堰（都江堰市）	堤坝渠堰闸	都江堰市	279	驿马桥	桥涵码头	龙泉驿区
7	四号堤坝	堤坝渠堰闸	双流区	280	韩滩古渡码头遗址	桥涵码头	金堂县
8	苏家堰	堤坝渠堰闸	双流区	281	金简桥	桥涵码头	金堂县
9	文星堤灌站支渠	堤坝渠堰闸	双流区	282	名扬渡遗址	桥涵码头	金堂县
10	洗马堰	堤坝渠堰闸	双流区	283	庆元桥	桥涵码头	金堂县

序号	名称	基本类型	行政区	序号	名称	基本类型	行政区
11	义和堰	堤坝渠堰闸	双流区	284	水师码头遗址	桥涵码头	金堂县
12	郭家堰	堤坝渠堰闸	温江区	285	五凤溪望江古码头	桥涵码头	金堂县
13	团结堰（都江堰市）	堤坝渠堰闸	都江堰市	286	渣浮渡遗址	桥涵码头	金堂县
14	肖磨子堰	堤坝渠堰闸	蒲江县	287	观音桥（锦江区）	桥涵码头	锦江区
15	张应曾修张公八堰遗址	堤坝渠堰闸	蒲江县	288	新桥（金牛区）	桥涵码头	金牛区
16	左堰	堤坝渠堰闸	蒲江县	289	长安桥（温江区）	桥涵码头	温江区
17	鸡公堰（武侯区）	堤坝渠堰闸	武侯区	290	和尚桥（双流区）	桥涵码头	双流区
18	马桑堰	堤坝渠堰闸	崇州市	291	徐家渡（新津区）	桥涵码头	新津区
19	洗瓦堰（锦江区）	堤坝渠堰闸	锦江区	292	观音桥（大邑县）	桥涵码头	大邑县
20	龙口堰	堤坝渠堰闸	郫都区	293	龙凤桥（蒲江县）	桥涵码头	蒲江县
21	栏杆堰（高新区）	堤坝渠堰闸	高新区	294	长寿桥（蒲江县）	桥涵码头	蒲江县
22	秀水河	堤坝渠堰闸	锦江区	295	恒安桥（简阳市）	桥涵码头	简阳市
23	柏条河莲花堰	堤坝渠堰闸	都江堰市	296	杨家桥（东部新区）	桥涵码头	东部新区
24	柏条河右支渠	堤坝渠堰闸	都江堰市	297	观音桥（都江堰市）	桥涵码头	都江堰市
25	柏条河左支渠	堤坝渠堰闸	都江堰市	298	芦稿村五洞桥	桥涵码头	简阳市
26	布袋堰	堤坝渠堰闸	都江堰市	299	白果码头	桥涵码头	金堂县
27	车家堰	堤坝渠堰闸	都江堰市	300	天赐桥	桥涵码头	金堂县
28	东八字堰	堤坝渠堰闸	都江堰市	301	蔡家河石拱桥（金堂县）	桥涵码头	金堂县
29	北干渠	堤坝渠堰闸	东部新区	302	大桐街井	池塘井泉	温江区
30	东关庙引水闸	堤坝渠堰闸	新津区	303	李家院子井	池塘井泉	温江区
31	花红堰	堤坝渠堰闸	新津区	304	梁家烧坊井	池塘井泉	温江区
32	黄泥堰	堤坝渠堰闸	新津区	305	烈士街井	池塘井泉	温江区
33	公安堰	堤坝渠堰闸	都江堰市	306	刘家院子井	池塘井泉	温江区
34	沙子堰	堤坝渠堰闸	新津区	307	前锋井	池塘井泉	温江区
35	官家堰	堤坝渠堰闸	都江堰市	308	下龙嘴井	池塘井泉	温江区

序号	名称	基本类型	行政区	序号	名称	基本类型	行政区
36	伍锁堰	堤坝渠堰闸	新津区	309	张家烧坊井	池塘井泉	温江区
37	和尚堰	堤坝渠堰闸	都江堰市	310	正宗井	池塘井泉	温江区
38	横山渠暗渡槽	堤坝渠堰闸	都江堰市	311	葛仙山镇七眼井	池塘井泉	彭州市
39	廖家堰	堤坝渠堰闸	都江堰市	312	九尺双泉	池塘井泉	彭州市
40	曹家堰	堤坝渠堰闸	金牛区	313	九尺镇观音泉	池塘井泉	彭州市
41	灯笼堰	堤坝渠堰闸	大邑县	314	芦茅泉	池塘井泉	彭州市
42	罗家堰（都江堰市）	堤坝渠堰闸	都江堰市	315	猫耳泉	池塘井泉	彭州市
43	鹤鸣天师堰	堤坝渠堰闸	大邑县	316	寿阳泉	池塘井泉	彭州市
44	鹤鸣桐子堰	堤坝渠堰闸	大邑县	317	五珠泉	池塘井泉	彭州市
45	欧家坡下渡槽	堤坝渠堰闸	都江堰市	318	小鱼洞	池塘井泉	彭州市
46	牟珠堰（新都区）	堤坝渠堰闸	新都区	319	谢恩泉	池塘井泉	彭州市
47	三洞桥水闸	堤坝渠堰闸	金牛区	320	药王泉	池塘井泉	彭州市
48	双江堰（青羊区）	堤坝渠堰闸	青羊区	321	陇石石井	池塘井泉	双流区
49	三叉堰	堤坝渠堰闸	都江堰市	322	官塘池塘	池塘井泉	蒲江县
50	胜利堰下段	堤坝渠堰闸	都江堰市	323	桂花井	池塘井泉	蒲江县
51	太白堰	堤坝渠堰闸	都江堰市	324	黄沙坎下回水沱	池塘井泉	蒲江县
52	五斗渠	堤坝渠堰闸	都江堰市	325	柳树井	池塘井泉	蒲江县
53	西八字堰	堤坝渠堰闸	都江堰市	326	龙眼井（邛崃市）	池塘井泉	邛崃市
54	向阳渠	堤坝渠堰闸	都江堰市	327	陈家井	池塘井泉	温江区
55	小罗堰	堤坝渠堰闸	都江堰市	328	翰林泉	池塘井泉	温江区
56	易家堰	堤坝渠堰闸	都江堰市	329	红专井	池塘井泉	温江区
57	梓水堰	堤坝渠堰闸	都江堰市	330	寿泉井	池塘井泉	蒲江县
58	二道河干渠（青羊段）	堤坝渠堰闸	青羊区	331	天华古井	池塘井泉	蒲江县
59	浣花溪水闸	堤坝渠堰闸	青羊区	332	汪井	池塘井泉	蒲江县
60	蒋家堰	堤坝渠堰闸	青羊区	333	黄石井	池塘井泉	温江区
61	小梁家堰	堤坝渠堰闸	青羊区	334	白家井	池塘井泉	崇州市

序号	名称	基本类型	行政区	序号	名称	基本类型	行政区
62	张师堰	堤坝渠堰闸	青羊区	335	板槽村胡家井	池塘井泉	崇州市
63	柏水堰（新都区）	堤坝渠堰闸	新都区	336	赵家井（崇州市）	池塘井泉	崇州市
64	锦水河干渠（新都段）	堤坝渠堰闸	新都区	337	曾家井	池塘井泉	崇州市
65	龙桥堰	堤坝渠堰闸	新都区	338	镇江村镇子泉	池塘井泉	温江区
66	马沙堰	堤坝渠堰闸	新都区	339	踏水桥井	池塘井泉	温江区
67	青白江拦河坝	堤坝渠堰闸	新都区	340	方家井	池塘井泉	崇州市
68	同心堰（新都区）	堤坝渠堰闸	新都区	341	高家井（郫都区）	池塘井泉	郫都区
69	娃娃堰	堤坝渠堰闸	新都区	342	柳家井	池塘井泉	崇州市
70	杨柳堰	堤坝渠堰闸	新都区	343	马家井	池塘井泉	崇州市
71	高涧槽	堤坝渠堰闸	青白江区	344	倪家井	池塘井泉	崇州市
72	老码堰	堤坝渠堰闸	青白江区	345	八角井（双流区）	池塘井泉	双流区
73	民族堰	堤坝渠堰闸	青白江区	346	前锋村井	池塘井泉	崇州市
74	三口堰	堤坝渠堰闸	青白江区	347	施家井	池塘井泉	崇州市
75	东风渠东干渠	堤坝渠堰闸	龙泉驿区	348	报恩池	池塘井泉	天府新区
76	石河堰	堤坝渠堰闸	青白江区	349	王家井	池塘井泉	邛崃市
77	双江堰（金牛区）	堤坝渠堰闸	金牛区	350	饮水思源井	池塘井泉	天府新区
78	西江河（新都段）	堤坝渠堰闸	新都区	351	护国寺古井	池塘井泉	郫都区
79	鸡公堰（温江区）	堤坝渠堰闸	温江区	352	平城村古水井	池塘井泉	郫都区
80	栏杆堰（天府新区）	堤坝渠堰闸	天府新区	353	平乐古寺通汉井	池塘井泉	郫都区
81	高涧桥（金堂县）	堤坝渠堰闸	金堂县	354	仁义村陈家井	池塘井泉	郫都区
82	柳江大桥	桥涵码头	温江区	355	孝女井	池塘井泉	郫都区
83	石敦桥	桥涵码头	温江区	356	永安村石岗井	池塘井泉	郫都区
84	葛仙山五七桥	桥涵码头	彭州市	357	袁隆平水稻种植硅谷基地古水井	池塘井泉	郫都区
85	止水苗桥	桥涵码头	温江区	358	中心村李家古井	池塘井泉	郫都区

序号	名称	基本类型	行政区	序号	名称	基本类型	行政区
86	大河桥中坝红石拱桥	桥涵码头	双流区	359	天水村岳家井	池塘井泉	崇州市
87	二洞桥	桥涵码头	双流区	360	文家井	池塘井泉	崇州市
88	桂花桥	桥涵码头	双流区	361	斜阳村李家井	池塘井泉	崇州市
89	和尚桥（都江堰市）	桥涵码头	都江堰市	362	严家弯湾百年古井	池塘井泉	崇州市
90	贾家拱桥	桥涵码头	双流区	363	元通吕家井	池塘井泉	崇州市
91	葛仙山镇花桥	桥涵码头	彭州市	364	长寿井	池塘井泉	崇州市
92	葛仙山镇廊桥	桥涵码头	彭州市	365	朱家井	池塘井泉	崇州市
93	葛仙山镇枕流桥	桥涵码头	彭州市	366	红星社区方古井	池塘井泉	简阳市
94	红岩八角庙桥	桥涵码头	彭州市	367	宏缘镇古井村古井	池塘井泉	简阳市
95	龙凤桥（邛崃市）	桥涵码头	邛崃市	368	老龙村双古井	池塘井泉	简阳市
96	顺天拱桥遗址	桥涵码头	彭州市	369	石桥井	池塘井泉	简阳市
97	提兜桥	桥涵码头	彭州市	370	吴塘社区邓家井	池塘井泉	都江堰市
98	迎仙桥	桥涵码头	彭州市	371	丁家烧房井	池塘井泉	都江堰市
99	林家砖桥	桥涵码头	双流区	372	纯阳观忠孝莲花池	池塘井泉	新津区
100	独工桥	桥涵码头	蒲江县	373	幸福泉	池塘井泉	新津区
101	放生桥	桥涵码头	蒲江县	374	贵妃池（都江堰市）	池塘井泉	都江堰市
102	十三洞桥	桥涵码头	双流区	375	观音井	池塘井泉	邛崃市
103	石子沟石拱桥	桥涵码头	双流区	376	侯家井	池塘井泉	都江堰市
104	老东女桥	桥涵码头	蒲江县	377	龙眼泉	池塘井泉	邛崃市
105	老女桥	桥涵码头	蒲江县	378	清河村陈槽井	池塘井泉	邛崃市
106	鸭子桥	桥涵码头	双流区	379	范家井	池塘井泉	成华区
107	临溪桥	桥涵码头	蒲江县	380	黄家井	池塘井泉	成华区
108	刘石桥	桥涵码头	蒲江县	381	金家井	池塘井泉	都江堰市
109	蒲江县双寿桥	桥涵码头	蒲江县	382	蔡场水井	池塘井泉	大邑县
110	达通桥	桥涵码头	温江区	383	鹤鸣八功德水泉	池塘井泉	大邑县
111	石象湖文相桥	桥涵码头	蒲江县	384	鹤鸣碧玉潭	池塘井泉	大邑县

続表

序号	名称	基本类型	行政区	序号	名称	基本类型	行政区
112	双寿桥	桥涵码头	蒲江县	385	罗家二房井	池塘井泉	都江堰市
113	万寿桥	桥涵码头	蒲江县	386	任湾井	池塘井泉	邛崃市
114	响仁桥	桥涵码头	蒲江县	387	晋王社区水官爷	池塘井泉	大邑县
115	迎恩木桥	桥涵码头	蒲江县	388	晋王社区鱼洞潭	池塘井泉	大邑县
116	玉龙古桥	桥涵码头	蒲江县	389	同乐村元帅井	池塘井泉	邛崃市
117	长寿桥（都江堰市）	桥涵码头	都江堰市	390	永丰社区洗马池	池塘井泉	邛崃市
118	鱼凫桥	桥涵码头	温江区	391	张坝社区古井	池塘井泉	邛崃市
119	长安桥（青白江区）	桥涵码头	青白江区	392	竹溪桥泉	池塘井泉	邛崃市
120	火烧桥	桥涵码头	天府新区	393	青龙神泉	池塘井泉	都江堰市
121	库尔嘴桥	桥涵码头	天府新区	394	田家井	池塘井泉	都江堰市
122	林溪寺拱桥	桥涵码头	天府新区	395	万家井	池塘井泉	都江堰市
123	寿福桥	桥涵码头	天府新区	396	下龙眼井（都江堰市）	池塘井泉	都江堰市
124	苏家倒桥	桥涵码头	天府新区	397	夏家井	池塘井泉	都江堰市
125	五捉桥	桥涵码头	天府新区	398	肖家井	池塘井泉	都江堰市
126	古堰桥	桥涵码头	郫都区	399	诸葛井（青白江区）	池塘井泉	青白江区
127	顾家桥	桥涵码头	郫都区	400	浴丹井	池塘井泉	都江堰市
128	老君桥	桥涵码头	郫都区	401	郑家井	池塘井泉	都江堰市
129	马家桥	桥涵码头	郫都区	402	朱家古井	池塘井泉	都江堰市
130	三道堰永静桥	桥涵码头	郫都区	403	金刚池	池塘井泉	青白江区
131	太平桥	桥涵码头	郫都区	404	联兴村井	池塘井泉	青白江区
132	雍家渡吊桥	桥涵码头	郫都区	405	龙腾园北龙眼井	池塘井泉	青白江区
133	云桥村桥	桥涵码头	郫都区	406	龙腾园南龙眼井	池塘井泉	青白江区
134	云桥村紫云桥	桥涵码头	郫都区	407	宝狮村龙王潭	池塘井泉	龙泉驿区
135	半边寺桥	桥涵码头	简阳市	408	陈家堰塘	池塘井泉	龙泉驿区
136	观音桥（青白江区）	桥涵码头	青白江区	409	撑杆井	池塘井泉	龙泉驿区
137	折柳桥	桥涵码头	简阳市	410	村子井	池塘井泉	龙泉驿区

195

第三章
水文化遗产资源等级划分

序号	名称	基本类型	行政区	序号	名称	基本类型	行政区
138	恒安桥（东部新区）	桥涵码头	东部新区	411	十五里村唐家井	池塘井泉	青白江区
139	红光桥	桥涵码头	简阳市	412	吴家井	池塘井泉	青白江区
140	大拱桥	桥涵码头	简阳市	413	杨家井	池塘井泉	青白江区
141	红庙村小拱桥	桥涵码头	简阳市	414	洛带粮站宿舍古井	池塘井泉	龙泉驿区
142	白鹤桥	桥涵码头	邛崃市	415	石经寺古井	池塘井泉	龙泉驿区
143	保胜桥	桥涵码头	邛崃市	416	万兴老古井	池塘井泉	龙泉驿区
144	垣坝村花花桥	桥涵码头	简阳市	417	饮马塘	池塘井泉	龙泉驿区
145	黄葛树古桥	桥涵码头	简阳市	418	张家井	池塘井泉	龙泉驿区
146	济安村踏水桥	桥涵码头	简阳市	419	长丰村谢家井	池塘井泉	龙泉驿区
147	简阳码头群	桥涵码头	简阳市	420	白鹭岛神鹭泉	池塘井泉	金堂县
148	倒桥	桥涵码头	简阳市	421	金钵井	池塘井泉	金堂县
149	五洞桥	桥涵码头	简阳市	422	金蝉井	池塘井泉	金堂县
150	平武木桥村桥	桥涵码头	简阳市	423	五凤溪古镇龙凤井	池塘井泉	金堂县
151	狮子桥	桥涵码头	简阳市	424	杨柳沟井	池塘井泉	金堂县
152	双仙桥	桥涵码头	简阳市	425	圆觉寺长寿井	池塘井泉	金堂县
153	大乐桥	桥涵码头	都江堰市	426	龙王庙井	池塘井泉	金堂县
154	王家湾桥	桥涵码头	简阳市	427	永丰社区洗马池（邛崃市）	池塘井泉	邛崃市
155	孝义桥	桥涵码头	简阳市	428	赵家井（温江区）	池塘井泉	温江区
156	安顺桥	桥涵码头	东部新区	429	龙眼井（蒲江县）	池塘井泉	蒲江县
157	陈家桥	桥涵码头	东部新区	430	高家井（崇州市）	池塘井泉	崇州市
158	赤水河老桥	桥涵码头	东部新区	431	王家井（天府新区）	池塘井泉	天府新区
159	大林桥	桥涵码头	东部新区	432	金家村余水碾	水力器械	蒲江县
160	发电站桥	桥涵码头	东部新区	433	林水碾	水力器械	蒲江县
161	凤凰桥	桥涵码头	东部新区	434	仁家碾坊	水力器械	郫都区
162	济川桥	桥涵码头	东部新区	435	四圣祠北街水塔	水力器械	锦江区
163	拦河堰桥	桥涵码头	东部新区	436	杜石碾	水力器械	邛崃市
164	老君井桥	桥涵码头	东部新区	437	拦河堰桥水磨坊	水力器械	东部新区

序号	名称	基本类型	行政区	序号	名称	基本类型	行政区
165	邓公场水陆码头	桥涵码头	新津区	438	火烧碾遗址	水力器械	邛崃市
166	董大桥	桥涵码头	新津区	439	龙桥村古桥古水磨坊区域	水力器械	大邑县
167	花桥铁索桥遗址	桥涵码头	新津区	440	王水碾	水力器械	大邑县
168	范家桥	桥涵码头	都江堰市	441	永丰社区水碾	水力器械	邛崃市
169	孔家渡	桥涵码头	新津区	442	余家碾作坊	水力器械	都江堰市
170	毛家渡大桥	桥涵码头	新津区	443	石桥街道洪水位刻线	水文设施	简阳市
171	古景贤桥	桥涵码头	都江堰市	444	沙子河（金桥段）	河流湖泊	双流区
172	秦石桥	桥涵码头	新津区	445	桤木河（金堂段）	河流湖泊	金堂县
173	乌龟桥	桥涵码头	新津区	446	阳化河	河流湖泊	简阳市
174	余波桥	桥涵码头	新津区	447	城厢古镇护城河	河流湖泊	青白江区
175	余渡大桥	桥涵码头	新津区	448	桤木河（青白江区段）	河流湖泊	青白江区
176	月花村渡口	桥涵码头	新津区	449	芦溪河	河流湖泊	龙泉驿区
177	红岩老桥	桥涵码头	都江堰市	450	西江河（青白江段）	河流湖泊	青白江区
178	纪红桥	桥涵码头	邛崃市	451	长流河	河流湖泊	青白江区
179	金鸡桥	桥涵码头	邛崃市	452	西江河	河流湖泊	龙泉驿区
180	敬雨灵桥	桥涵码头	邛崃市	453	黄水河（金堂段）	河流湖泊	金堂县
181	南岸街万福桥	桥涵码头	邛崃市	454	清溪河	河流湖泊	金堂县
182	南岸街永寿桥	桥涵码头	邛崃市	455	壮溪河	河流湖泊	金堂县
183	平安桥	桥涵码头	邛崃市	456	向荣桥街	水文化场所	锦江区
184	骑龙村永远桥	桥涵码头	邛崃市	457	金华寺	坛庙寺观亭	彭州市
185	青石桥	桥涵码头	邛崃市	458	百堰寺	坛庙寺观亭	简阳市
186	邛州园商运码头	桥涵码头	邛崃市	459	都江堰回龙观	坛庙寺观亭	都江堰市
187	廖家桥	桥涵码头	成华区	460	洪恩寺（吊水寺）	坛庙寺观亭	东部新区
188	将军桥	桥涵码头	都江堰市	461	金花庙	坛庙寺观亭	大邑县

序号	名称	基本类型	行政区	序号	名称	基本类型	行政区
189	踏水桥遗址（青白江区）	桥涵码头	青白江区	462	秦堰楼	坛庙寺观亭	都江堰市
190	柳城桥	桥涵码头	都江堰市	463	海潮庙	坛庙寺观亭	武侯区
191	金仙桥	桥涵码头	金牛区	464	玉垒阁	坛庙寺观亭	都江堰市
192	明月桥	桥涵码头	东部新区	465	淮口川主庙	坛庙寺观亭	金堂县
193	谭家桥	桥涵码头	东部新区	466	龙王庙（真多观）	坛庙寺观亭	金堂县
194	状溪镇天成桥	桥涵码头	东部新区	467	土桥镇禹王宫	坛庙寺观亭	金堂县
195	万寿宫状元桥	桥涵码头	东部新区	468	龙泉山隧洞烈士墓地	名人故居、祠堂、墓园	东部新区
196	王古埝桥	桥涵码头	东部新区	469	壮溪镇贺氏老宅	名人故居、祠堂、墓园	东部新区
197	无功桥	桥涵码头	东部新区	470	沱江文化博物馆	名人故居、祠堂、墓园	金堂县
198	响水滩桥	桥涵码头	东部新区	471	龙凤桥桥涵码头碑	雕像、石刻、碑碣	蒲江县
199	向家沟桥	桥涵码头	东部新区	472	龙爪堰碑	雕像、石刻、碑碣	蒲江县
200	杨家桥（都江堰市）	桥涵码头	都江堰市	473	北门桥龙头	雕像、石刻、碑碣	简阳市
201	仁寿社区平康桥	桥涵码头	邛崃市	474	古佛桥碑	雕像、石刻、碑碣	简阳市
202	三道湾彩虹桥	桥涵码头	邛崃市	475	金简桥功德碑	雕像、石刻、碑碣	简阳市
203	三道湾桥	桥涵码头	邛崃市	476	乐善桥功德碑	雕像、石刻、碑碣	简阳市
204	三和乐善桥	桥涵码头	邛崃市	477	都江堰实灌一千万亩碑记	雕像、石刻、碑碣	都江堰市
205	壮溪码头（壮溪渡）	桥涵码头	简阳市	478	都江堰龙泉山灌区水利工程纪念碑	雕像、石刻、碑碣	东部新区
206	神仙桥	桥涵码头	邛崃市	479	郭之新四方碑文	雕像、石刻、碑碣	新津区
207	十里桥	桥涵码头	邛崃市	480	庆元桥碑	雕像、石刻、碑碣	邛崃市
208	双溪河桥	桥涵码头	邛崃市	481	继承大禹，为民众谋福利刻石	雕像、石刻、碑碣	都江堰市

序号	名称	基本类型	行政区	序号	名称	基本类型	行政区
209	平顺桥	桥涵码头	都江堰市	482	离堆公园堰功道	雕像、石刻、碑碣	都江堰市
210	四德桥	桥涵码头	邛崃市	483	万成堰纪念碑	雕像、石刻、碑碣	大邑县
211	松安桥	桥涵码头	邛崃市	484	新都治水碑文	雕像、石刻、碑碣	新都区
212	踏水桥	桥涵码头	金牛区	485	达善桥碑	雕像、石刻、碑碣	龙泉驿区
213	通锦桥	桥涵码头	金牛区	486	五凤溪镇治水碑文	雕像、石刻、碑碣	金堂县
214	通锦桥遗址	桥涵码头	金牛区	487	锅底沱	水灾害遗迹	都江堰市
215	通顺桥	桥涵码头	金牛区	488	渡口所遗址	水边聚落遗址	简阳市
216	万福桥	桥涵码头	金牛区	489	浆洗街	水边聚落遗址	武侯区
217	福惠桥	桥涵码头	大邑县	490	染靛街	水边聚落遗址	武侯区
218	还山子桥	桥涵码头	大邑县	491	水巷子	水边聚落遗址	武侯区
219	五丁桥	桥涵码头	金牛区	492	洗面桥街	水边聚落遗址	武侯区
220	新桥（武侯区）	桥涵码头	武侯区	493	永兴场	古村古镇	新津区
221	石砌桥	桥涵码头	大邑县	494	怀安军协防军营址遗迹	古村古镇	金堂县
222	夫子岩铁索桥	桥涵码头	大邑县	495	《金马河的传说》	文学、艺术与传说	温江区
223	高沟桥	桥涵码头	大邑县	496	《马坝河的传说》	文学、艺术与传说	温江区
224	源桥	桥涵码头	大邑县	497	《石鱼河的传说》	文学、艺术与传说	温江区
225	宋水碾桥	桥涵码头	邛崃市	498	《赵巧开凿金马河》	文学、艺术与传说	温江区
226	桃花社区红军桥	桥涵码头	邛崃市	499	彭州天彭利安场水打东北桥	文学、艺术与传说	彭州市
227	桃源桥	桥涵码头	邛崃市	500	大朗和尚与大朗堰的故事	文学、艺术与传说	双流区
228	天池村拱桥	桥涵码头	邛崃市	501	古佛洞的传说	文学、艺术与传说	双流区

序号	名称	基本类型	行政区	序号	名称	基本类型	行政区
229	头堰桥遗址	桥涵码头	邛崃市	502	龙树的传说	文学、艺术与传说	双流区
230	万善桥	桥涵码头	邛崃市	503	双流区与水	文学、艺术与传说	双流区
231	文君青石桥	桥涵码头	邛崃市	504	姐儿堰	文学、艺术与传说	高新区
232	文武桥	桥涵码头	邛崃市	505	九龙巷传说	文学、艺术与传说	锦江区
233	西安桥	桥涵码头	邛崃市	506	中莲池街名故事	文学、艺术与传说	锦江区
234	兴乐桥	桥涵码头	邛崃市	507	黑石江 大水吟	文学、艺术与传说	崇州市
235	盐井桥	桥涵码头	邛崃市	508	水灾行	文学、艺术与传说	崇州市
236	盐井溪踏水桥	桥涵码头	邛崃市	509	文井江上	文学、艺术与传说	崇州市
237	堰滩村万福桥	桥涵码头	邛崃市	510	‘凉水井’传说	文学、艺术与传说	都江堰市
238	镇龙桥	桥涵码头	邛崃市	511	‘龙池’的传说	文学、艺术与传说	都江堰市
239	植板桥	桥涵码头	邛崃市	512	石龙过江	文学、艺术与传说	简阳市
240	千藏沟上拱桥	桥涵码头	都江堰市	513	马超护堰	文学、艺术与传说	都江堰市
241	千藏沟下拱桥	桥涵码头	都江堰市	514	《登锦城散花楼》	文学、艺术与传说	金牛区
242	桥桥沟桥	桥涵码头	都江堰市	515	《簇锦桥》	文学、艺术与传说	武侯区
243	安顺码头遗址	桥涵码头	武侯区	516	王彦章摆渡	文学、艺术与传说	都江堰市
244	簇桥石拱桥	桥涵码头	武侯区	517	望娘滩传说	文学、艺术与传说	都江堰市
245	上两河桥	桥涵码头	都江堰市	518	龙池求雨传说	文学、艺术与传说	都江堰市
246	上铁杆桥	桥涵码头	都江堰市	519	神仙桥传说	文学、艺术与传说	青白江区
247	和平桥	桥涵码头	武侯区	520	西河龙井的传说	文学、艺术与传说	龙泉驿区

序号	名称	基本类型	行政区	序号	名称	基本类型	行政区
248	双磨桥	桥涵码头	都江堰市	521	白鹭岛传说	文学、艺术与传说	金堂县
249	太柏桥	桥涵码头	都江堰市	522	白马涌泉传说	文学、艺术与传说	金堂县
250	五龙社区王家井	桥涵码头	都江堰市	523	金船横峡	文学、艺术与传说	金堂县
251	磨子桥	桥涵码头	武侯区	524	金龙船和仙女坟的传说	文学、艺术与传说	金堂县
252	吴塘社区吴塘桥	桥涵码头	都江堰市	525	神蛟力劈海螺河传说	文学、艺术与传说	金堂县
253	下两河桥	桥涵码头	都江堰市	526	《杜甫咏桥》	历史人物、事件及记忆	温江区
254	太平下街与皮房码头	桥涵码头	武侯区	527	《诗满双凤》	历史人物、事件及记忆	温江区
255	下铁杆桥	桥涵码头	都江堰市	528	《玉石堤的由来》	历史人物、事件及记忆	温江区
256	望锦桥遗址	桥涵码头	武侯区	529	止水庙	历史人物、事件及记忆	温江区
257	棕花桥	桥涵码头	都江堰市	530	龙泉龙爪堰碑记	历史人物、事件及记忆	蒲江县
258	走江桥	桥涵码头	都江堰市	531	金马河大修	历史人物、事件及记忆	温江区
259	反修桥	桥涵码头	青白江区	532	染房街	历史人物、事件及记忆	锦江区
260	高土桥	桥涵码头	青白江区	533	东锦江街	历史人物、事件及记忆	锦江区
261	金水桥	桥涵码头	青白江区	534	桂王桥记忆	历史人物、事件及记忆	锦江区
262	金锁桥	桥涵码头	青白江区	535	都江堰名称由来	历史人物、事件及记忆	都江堰市
263	雷打桥	桥涵码头	青白江区	536	成洛路 - 南丝绸之路成都起点	历史人物、事件及记忆	成华区
264	女儿渡	桥涵码头	青白江区	537	设水利同知专管都江堰	历史人物、事件及记忆	都江堰市
265	蔡家桥	桥涵码头	龙泉驿区	538	水电报投放点	历史人物、事件及记忆	武侯区
266	大河堰桥	桥涵码头	龙泉驿区	539	严时泰修复都江堰	历史人物、事件及记忆	都江堰市

序号	名称	基本类型	行政区	序号	名称	基本类型	行政区
267	飞龙桥	桥涵码头	龙泉驿区	540	天星堰遗址	历史人物、事件及记忆	新都区
268	简华桥	桥涵码头	龙泉驿区	541	学门堰	历史人物、事件及记忆	新都区
269	江西桥	桥涵码头	龙泉驿区	542	五凤溪古镇凤池	历史人物、事件及记忆	金堂县
270	双石桥	桥涵码头	青白江区	543	放生会	民俗节庆和纪念活动	双流区
271	锦归桥	桥涵码头	龙泉驿区	544	府河号子曲目《上江口下江流》	民俗节庆和纪念活动	双流区
272	孙家桥	桥涵码头	青白江区	545	旧时接亲的喜轿	民俗节庆和纪念活动	武侯区
273	九孔桥	桥涵码头	龙泉驿区	546	雨水节	民俗节庆和纪念活动	都江堰市

水文化遗产资源
地域分布

成都市水文化遗产数量多众、类型多样，区域分布不平衡。由于地理、气候和历史等多方面的自然原因和社会原因，成都市水文化遗产在时空分布上呈现出西多东少的分布特点，具体来说，主要是都江堰、邛崃、蒲江资源数量较多，东部的青白江、龙泉、金堂资源数量较少。

岷江干流流域历史上各级政府历年十分重视水利建设，发展农业生产，兴修大量水利工程与设施，其中很多重要的水文化遗址和水文化建筑得以保存下来，且数量众多。东部沱江流域径流量相对较小，且地形以龙泉山为代表的山地为主，古往今来于此定居生活的先民较少，水文化发展相对滞后，水文化遗产也即较少。

第一节
行政区域分布特征

成都市水务发展提出五大片区分布及评价方式，将成都市分为东部片区、南部片区、西部片区、北部片区和中部片区，为建设世界文化名城提供高质量的水文化遗产资源支撑和基础。

表 4-1 全市五大片区区（市）县划分情况一览表

资源片区	区（市）县
东部片区	简阳市、金堂县、龙泉驿区、东部新区
南部片区	新津区、双流区、天府新区直管区、高新南区
西部片区	都江堰市、崇州市、大邑县、蒲江县、温江区、郫都区、邛崃市、高新西区
北部片区	青白江区、新都区、彭州市
中部片区	锦江区、青羊区、金牛区、武侯区、成华区

一、东部片区

东部区域是成都"一心两翼"的都市功能新区，定位为"国家向西向南开放的国际空港门户枢纽、成渝相向发展的新兴极核、引领新经济发展的产业新城、彰显天府文化的东部家园"。范围包括简阳市、金堂县、龙泉驿区和东部新区。

本次普查，该片区共查明水文化遗产资源194处，占全市资源总量的12.94%。

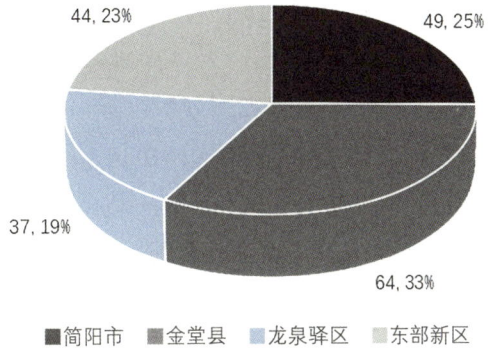

图4-1 东部片区水文化遗产资源分区统计饼图

表4-2 东部片区水文化遗产资源统计表

类	亚类	基本类型	金堂	龙泉驿	简阳	东部新区	合计
01物质类水文化遗产	0101 水利工程	010101 水利工程综合体	-	-	-	-	-
		010102 堤坝渠堰闸	5	3	2	4	14
		010103 桥涵码头	11	11	27	25	74
		010104 池塘井泉	9	12	5	-	26
		010105 水力器械	-	-	-	3	3
		010106 水文设施	-	-	1	-	1
		010107 工程管理机构	1	-	-	-	1
	0102 水景观	010201 河流湖泊	9	4	3	3	19
		010202 水文化场所	-	-	-	-	-
	0103 水文化建筑设施	010301 坛庙寺观亭	5	2	3	2	12
		010302 名人故居、祠堂、墓园	1	-	-	2	3
		010303 雕像、石刻、碑碣	1	1	4	1	7
		010304 水灾害遗迹	-	-	-	-	-
		010305 水边聚落遗址	-	-	1	2	3
		010306 古村古镇	5	1	1	1	8
02非物质类水文化遗产	0201 水利技艺	020101 水利技艺	-	-	-	-	-
	0202 文献遗产	020201 档案文书及法规制度	-	-	-	-	-
		020202 其他文献	-	-	-	-	-
	0203 文学、艺术与传说	020301 文学、艺术与传说	7	2	1	-	10
	0204 水文化活动	020401 历史人物、事件及记忆	9	-	1	1	11
		020402 民俗节庆和纪念活动	1	1	-	-	2
合计			64	37	49	44	194

（一）类型结构

从资源类别的角度分析，该片区17个基本类型中，010103桥涵码头共计74处，占片区资源总量的38.14%，占全市该类资源的22.19%，此外，该片区池塘井泉和河流湖泊也具有一定的优势，其中桥涵码头数量较多的为简阳市和东部新区，池塘井泉以金堂县和龙泉驿区分布较多。

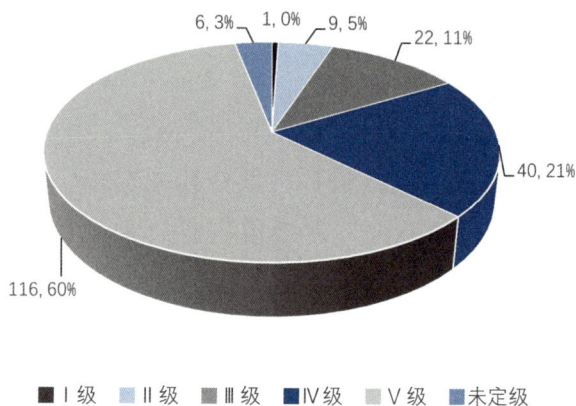

图4-2 东部片区水文化遗产资源定级饼图

（二）级别结构

从资源级别来看，该片区 I 级资源1处，占全市 I 级资源的2.08%，为东灌工程建设事件，分布在东部新区；II 级资源9处，片区内4个区（市、县）基本分布较为均匀；III 级资源22处，主要分布在金堂县，另外3个区（市、县）基本分布较为均匀。

表 4-3 东部片区水文化遗产资源分区分级统计表

区（市）县	I 级	II 级	III 级	IV 级	V 级	未定级
简阳市	-	2	6	9	32	-
金堂县	-	4	8	12	34	6
龙泉驿区	-	2	4	6	25	-
东部新区	1	1	4	13	25	-
合计	1	9	22	40	116	6

二、南部片区

南部区域是都市功能拓展区，是成都高新技术产业策源地，是天府新区、国家自主创新示范区、国家自贸试验区的核心区，定位为"全面体现新发展理念示范区、创新驱动先导区、新经济发展典范区、国际化现代新区、区域协同示范区"。范围包含新津区、双流区、天府新区直管区和高新南区。

本次普查，该片区共查明水文化遗产资源142处，占全市资源总量的9.47%。

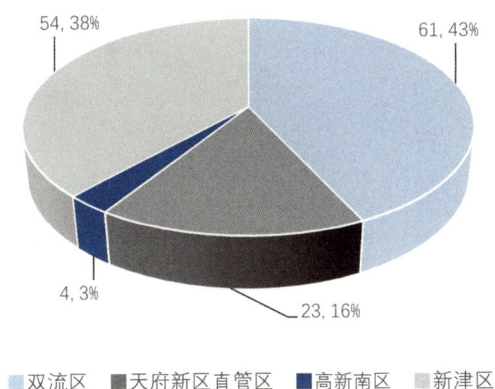

图 4-3 南部片区水文化遗产
资源分区统计饼图

双流区 天府新区直管区 高新南区 新津区

表 4-4 南部片区水文化遗产资源统计表

类	亚类	基本类型	新津区	双流区	天府新区直管区	高新南区	合计
01物质类水文化遗产	0101 水利工程	010101 水利工程综合体	1	-	-	-	1
		010102 堤坝渠堰闸	13	20	3	2	38
		010103 桥涵码头	18	14	12	-	44
		010104 池塘井泉	3	6	4	-	13
		010105 水力器械	-	1	-	-	1
		010106 水文设施	-	-	-	-	-
		010107 工程管理机构	-	1	-	-	1
	0102 水景观	010201 河流湖泊	4	2	-	-	6
		010202 水文化场所	4	-	1	-	5
	0103 水文化建筑设施	010301 坛庙寺观亭	3	1	1	-	5
		010302 名人故居、祠堂、墓园	-	-	-	-	-
		010303 雕像、石刻、碑碣	1	-	-	-	1
		010304 水灾害遗迹	-	-	1	-	1
		010305 水边聚落遗址	1	1	-	-	2
		010306 古村古镇	3	2	1	1	7
02非物质类水文化遗产	0201 水利技艺	020101 水利技艺	-	-	-	-	-
	0202 文献遗产	020201 档案文书及法规制度	-	-	-	-	-
		020202 其他文献	-	-	-	-	-
	0203 文学、艺术与传说	020301 文学、艺术与传说	-	6	-	1	7
	0204 水文化活动	020401 历史人物、事件及记忆	1	-	1	-	2
		020402 民俗节庆和纪念活动	2	6	-	-	8
合计			54	60	24	4	142

（一）类型结构

从资源类别的角度分析，该片区16个基本类型中，010103桥涵码头共计44处，占片区资源总量的30.98%，占全市该类资源的13.07%，010102堤坝渠堰闸共计38处，占片区资源总量的26.76%，占全市该类资源的12.76%。此外，该片区池塘井泉也具有一定的优势，其中桥涵码头数量较多的为新津区和双流区，堤坝渠堰闸以双流区分布最多。

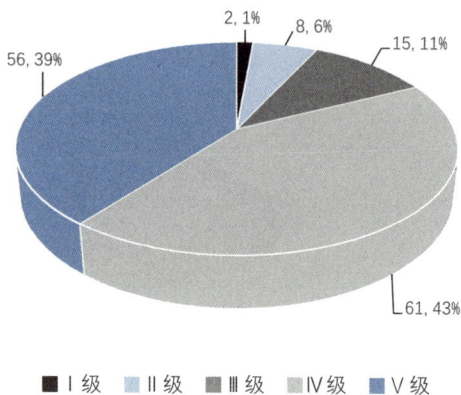

图4-4 南部片区水文化遗产资源定级饼图

（二）级别结构

从资源级别来看，该片区Ⅰ级资源2处，占全市Ⅰ级资源的2.08%，为通济堰、宝墩遗址，分布在新津区；Ⅱ级资源8处，为古佛堰、三县衙门、府河号子、黄龙溪古镇、黄龙溪古码头、镇江寺、先主寺、二江寺古桥，以双流区居多；Ⅲ级资源15处，主要分布在新津区。

表4-5 南部片区水文化遗产资源分区分级统计表

区（市）县	Ⅰ级	Ⅱ级	Ⅲ级	Ⅳ级	Ⅴ级
新津区	2	1	7	24	20
双流区	-	6	5	26	24
天府新区直管区	-	1	2	10	10
高新南区	-	-	1	1	2
合计	2	8	15	61	56

三、西部片区

西部区域是都市现代农业和生态涵养功能区，包括全市最重要的水源涵养地、都江堰精华灌区，是践行"绿水青山就是金山银山"的重要区域，定位为"成都市最重要的生态功能区和蔬菜粮食生产功能区、西部绿色低碳科技产业示范区、国家生态宜居现代田园城市典范区、世界旅游目的地核心区和天府农耕文明重要展示区"。范围包含都江堰市、崇州市、大邑县、蒲江县、温江区、郫都区、邛崃市。

本次普查，该片区共查明水文化遗产资源619处，占全市资源总量的41.11%。

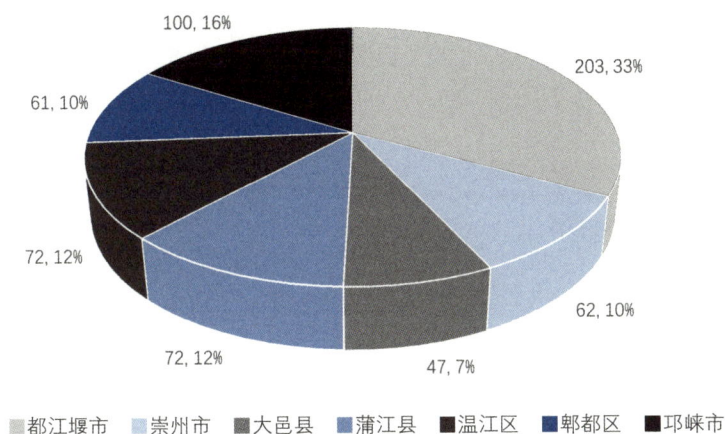

图 4-5 西部片区水文化遗产
资源分区统计饼图

■都江堰市 ■崇州市 ■大邑县 ■蒲江县 ■温江区 ■郫都区 ■邛崃市

表 4-6 西部片区水文化遗产资源统计表

类	亚类	基本类型	都江堰市	崇州市	大邑县	蒲江县	温江区	郫都区	邛崃市	合计
01 物质类水文化遗产	0101 水利工程	010101 水利工程综合体	3	1	-	-	-	1	1	6
		010102 堤坝渠堰闸	56	22	12	32	22	19	14	177
		010103 桥涵码头	29	3	8	18	10	12	45	125
		010104 池塘井泉	18	21	6	8	18	15	14	100
01 物质类水文化遗产	0101 水利工程	010105 水力器械	1	-	3	2	-	2	8	16
		010106 水文设施	2	-	-	-	-	-	-	2
		010107 工程管理机构	5	-	1	-	-	-	-	6
	0102 水景观	010201 河流湖泊	2	6	4	6	1	-	8	27
		010202 水文化场所	3	1	1	-	-	-	1	6
	0103 水文化建筑设施	010301 坛庙寺观亭	10	1	3	-	-	1	3	18
		010302 名人故居、祠堂、墓园	1	-	-	1	-	2	-	4
		010303 雕像、石刻、碑碣	9	-	2	2	1	-	2	16
		010304 水灾害遗迹	1	-	-	-	1	-	-	2
		010305 水边聚落遗址	2	2	2	-	2	1	1	10
		010306 古村古镇	3	2	3	2	2	1	3	16

类	亚类	基本类型	都江堰市	崇州市	大邑县	蒲江县	温江区	郫都区	邛崃市	合计
02非物质类水文化遗产	0201水利技艺	020101水利技艺	3	-	-	-	-	-	-	3
	0202文献遗产	020201档案文书及法规制度	5	-	2	-	-	-	-	7
		020202其他文献	-	-	-	-	-	-	-	-
	0203文学、艺术与传说	020301文学、艺术与传说	10	3	-	-	6	1	-	20
	0204水文化活动	020401历史人物、事件及记忆	35	-	-	1	9	3	-	49
		020402民俗节庆和纪念活动	4	-	2	-	-	3	-	9
合计			203	62	49	72	72	61	100	619

（一）类型结构

从资源类别的角度分析，该片区20个基本类型中，010102堤坝渠堰闸共计177处，占片区资源总量的29.13%，占全市该类资源的51.62%，010103桥涵码头共计125处，占片区资源总量的20.23%，占全市该类资源的38.29%，这两类资源在五个片区中也均占有绝对优势。其中堤坝渠堰闸以都江堰市、蒲江县分布最多，崇州市、温江区也具有一定优势。

（二）级别结构

从资源级别来看，该片区Ⅰ级资源20处，占全市Ⅰ级资源的43.47%，资源有都江堰水利工程、都江堰放水节、杩槎竹笼技术、干砌卵石工程、李冰治水、大禹治水、安澜索桥、李冰石像、芒城遗址、伏龙观、古法截流、二王庙、紫竹遗址、双河遗址、鱼凫村遗址、红桥村护岸堤遗址、望丛祠、郫县

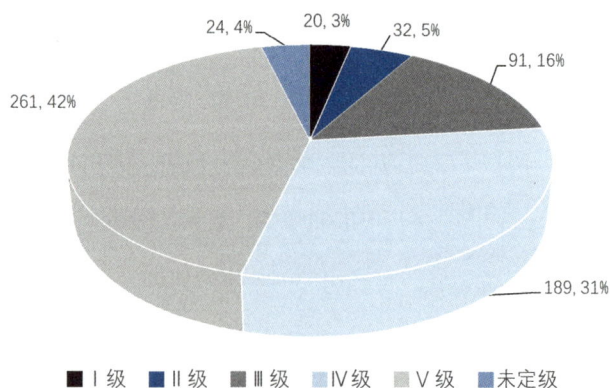

图4-6 西部片区水文化遗产资源定级饼图

古城遗址、文脉堰等，主要以都江堰市为主；Ⅱ级资源32处，主要分布在都江堰市和郫都区；Ⅲ级资源91处，主要分布在都江堰市。

表 4-7 西部片区水文化遗产资源分区分级统计表

区（市）县	Ⅰ级	Ⅱ级	Ⅲ级	Ⅳ级	Ⅴ级	未定级
都江堰市	13	8	41	41	81	20
崇州市	2	4	9	25	22	-
大邑县	2	4	8	15	20	-
蒲江县	-	3	5	32	32	-
温江区	2	1	8	24	35	2
郫都区	3	3	12	21	20	2
邛崃市	1	9	8	31	51	-
合计	23	32	91	189	261	24

四、北部片区

北部区域是都市功能优化区，定位为"一带一路"重要铁路门户枢纽、成德绵区域协同发展先导区、成都市北部生态屏障、产业转型发展示范区、城市有机更新示范区、彰显天府文化的和谐宜居家园。范围包含青白江区、新都区、彭州市。

本次普查，该片区共查明水文化遗产资源137处，占全市资源总量的9.13%。

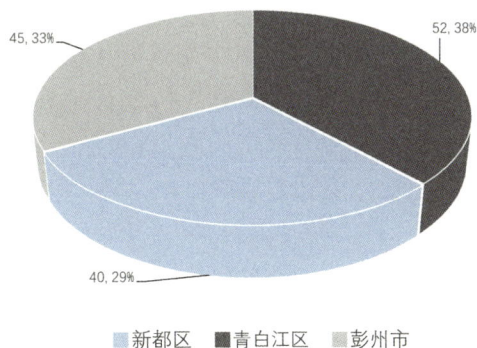

图4-7 北部片区水文化遗产资源分区统计饼图

表 4-8 北部片区水文化遗产资源统计表

类	亚类	基本类型	青白江区	新都区	彭州市	合计
01物质类水文化遗产	0101水利工程	010101 水利工程综合体	-	-	2	2
		010102 堤坝渠堰闸	12	15	2	29
		010103 桥涵码头	14	4	12	30
		010104 池塘井泉	9	5	12	26
		010105 水力器械	-	1	-	1
		010106 水文设施	-	-	-	-
		010107 工程管理机构	1	-	1	2

类	亚类	基本类型	青白江区	新都区	彭州市	合计
01物质类水文化遗产	0102水景观	010201河流湖泊	6	-	4	10
		010202水文化场所	1	2	2	5
	0103水文化建筑设施	010301坛庙寺观亭	1	4	4	9
		010302名人故居、祠堂、墓园	-	2	1	3
		010303雕像、石刻、碑碣	-	3	-	3
		010304水灾害遗迹	-	-	-	-
		010305水边聚落遗址	-	1	-	1
		010306古村古镇	2	-	1	3
02非物质类水文化遗产	0201水利技艺	020101水利技艺	-	-	-	-
	0202文献遗产	020201档案文书及法规制度	-	-	-	-
		020202其他文献	-	-	-	-
	0203文学、艺术与传说	020301文学、艺术与传说	3	-	6	9
	0204水文化活动	020401历史人物、事件及记忆	3	3	2	8
		020402民俗节庆和纪念活动	-	-	-	-
合计			52	40	45	137

（一）类型结构

从资源类别的角度分析，该片区15个基本类型中，010102堤坝渠堰闸共计29处，占片区资源总量的20.56%，占全市该类资源的10.02%，010103桥涵码头共计30处，占片区资源总量的21.27%。其中堤坝渠堰闸以新都区分布最多，桥涵码头以青白江区分布最多。

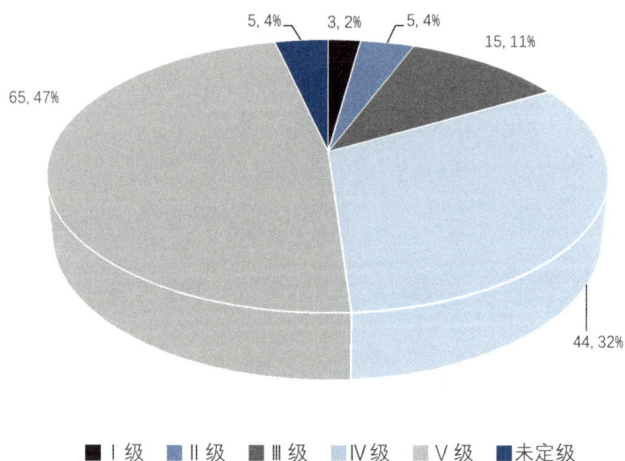

图4-8 北部片区水文化遗产资源定级饼图

（二）级别结构

从资源级别来看，该片区Ⅰ级资源3处，占全市Ⅰ级资源的6.52%，资源为人民渠引水工程、湔江堰、文翁治水；Ⅱ级资源5处，为新繁东湖、新都桂湖、城厢古镇、贯子山（玉虹桥）水电站、镇国寺塔（镇江塔）；Ⅲ级资源15处，主要分布在新都区和彭州市。

表 4-9 北部片区水文化遗产资源分区分级统计表

区（市）县	Ⅰ级	Ⅱ级	Ⅲ级	Ⅳ级	Ⅴ级	未定级
青白江区	-	2	3	12	32	3
新都区	-	2	7	17	13	1
彭州市	3	1	5	15	20	1
合计	3	5	15	44	65	5

五、中部片区

中部区域是都市功能优化区，是成都2300年城市文脉起源地，定位为"高端服务业集聚区、战略性新兴产业核心区、创新驱动引领区、国际交往核心区、天府文化集中展示区，城市极核和最能代表国家中心城市能级水平的高品质高能级生活城区"。范围包含锦江区、青羊区、金牛区、武侯区、成华区。

本次普查，该片区共查明水文化遗产资源230处，占全市资源总量的15.26%。

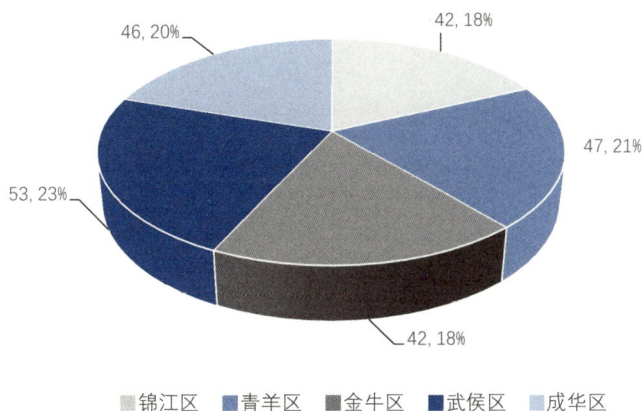

图 4-9 中部片区水文化遗产资源分区统计饼图

表 4-10 中部片区水文化遗产资源统计表

类	亚类	基本类型	锦江区	青羊区	金牛区	武侯区	成华区	合计
01物质类水文化遗产	0101 水利工程	010101 水利工程综合体	1	-	-	-	1	2
		010102 堤坝渠堰闸	7	17	22	15	8	69
		010103 桥涵码头	9	4	11	14	12	50
		010104 池塘井泉	-	5	-	5	4	14
		010105 水力器械	1	-	-	-	-	1
		010106 水文设施	-	-	-	-	-	-
		010107 工程管理机构	1	1	-	-	2	4
	0102 水景观	010201 河流湖泊	-	-	4	-	4	8
		010202 水文化场所	3	3	2	1	1	10
	0103 水文化建筑设施	010301 坛庙寺观亭	2	2	-	1	1	6
		010302 名人故居、祠堂、墓园	-	-	-	2	-	2
		010303 雕像、石刻、碑碣	1	2	-	1	-	4
		010304 水灾害遗迹	1	1	-	-	-	2
		010305 水边聚落遗址	7	7	1	4	3	22
		010306 古村古镇	-	-	1	1	-	2
02非物质类水文化遗产	0201 水利技艺	020101 水利技艺						
	0202 文献遗产	020201 档案文书及法规制度	-	-	-	-	-	-
		020202 其他文献	-	-	-	-	-	-
	0203 文学、艺术与传说	020301 文学、艺术与传说	3	-	1	5	1	10
	0204 水文化活动	020401 历史人物、事件及记忆	5	5	-	2	9	21
		020402 民俗节庆和纪念活动	1	-	-	2	-	3
合计			42	47	42	53	46	230

（一）类型结构

从资源类别的角度分析，该片区17个基本类型中，010102堤坝渠堰闸共计69处，占片区资源总量的30.39%，占全市该类资源的20.94%，010103桥涵码头共计50处，占片区资源总量的22.47%。其中堤坝渠堰闸除青羊区分布较少外，其余分布较均；该片区池塘井泉和水边聚落遗址也十分具有特色。

（二）级别结构

从资源级别来看，该片区Ⅰ级资源12处，占全市Ⅰ级资源的23.91%，资源为万岁池（白莲池）、升仙湖、驷马桥、合江亭、金沙遗址、浣花溪公园、石犀、摩诃池遗址、古百花潭遗址、江渎庙遗址、万里桥、蜀锦工坊；Ⅱ级资源26处，主要为府河南河整治工程、锦官驿遗址、东门码头、正科甲巷古水渠、指挥街周代遗址、水井街酒坊遗址、九眼桥、大慈寺、江南馆街唐宋街

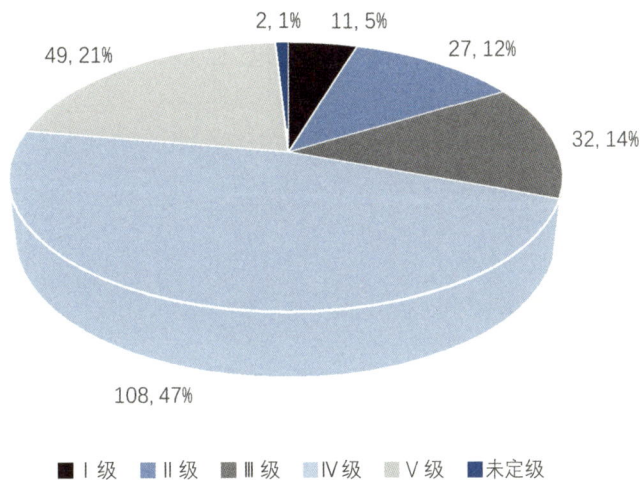

图 4-10 中部片区水文化遗产资源定级饼图

坊遗址、安顺廊桥、解玉溪、散花楼、金河、十二桥遗址、古蜀船棺合葬墓遗址、方池街遗址、东华门遗址、成都自来水一厂、百花潭公园、九里堤遗址（縻枣堰）、羊子山祭祀台遗址、沙河整治工程等；Ⅲ级资源32处，各区分布较为均匀。

表 4-11 中部片区水文化遗产资源分区分级统计表

区（市）县	Ⅰ级	Ⅱ级	Ⅲ级	Ⅳ级	Ⅴ级	未定级
锦江区	1	10	9	11	10	-
青羊区	8	9	4	18	7	1
金牛区	-	2	6	22	12	-
武侯区	-	4	7	26	16	1
成华区	3	1	7	31	4	-
合计	12	26	32	108	49	2

成都平原的河流来自岷江和沱江两个水系。由于都江堰水利工程的节制，2000多年来对成都平原的河流具有一定调节功能的人工河流。

岷江流经都江堰后进入成都平原。在它的上游岷江有黑水河、杂谷脑河、鱼子溪和白沙河支流。在中游有西河南河汇入。其中西河和南河与都江堰外江渠系互为沟通，是都江堰灌区的一部分。

沱江发源于成都平原西北彭州市西北九顶山，由湔江、石亭江、绵远河三支源流汇集而成。湔江、石亭江、绵远河自北向南流。都江堰内江的蒲阳河，沿途接纳山溪河流，汇流后而称青白江。青白江与都江堰内江的另一条干渠——毗河并行东流，在金堂赵镇汇流后称沱江。唐代开摩枣堰引毗河入成都府河，形成沱江与岷江上游的连通，因此，也成了沱江与岷江沟通的人工水系——都江堰水系。

第二节
岷江流域分布特征

岷江为长江左岸Ⅰ级支流。古称渎水、汶水。岷江干流长711千米，经渠首分外江和内江。岷江支流众多，河网密布，流经都江堰灌区的河渠尤盛，成都市境内5000~1000平方千米的有西河、南河；1000~300平方千米的有府河。支流多分布在右岸，构成不对称狭长羽状水系。

本次普查岷江流域水文化遗产共计1172处，占全市水文化遗产的77.77%。其中Ⅰ级资源44处，占全市Ⅰ级资源的88%；Ⅱ级资源71处，占全市Ⅱ级资源的82.56%；Ⅲ级资源148处，占全市Ⅲ级资源的80.43%。

表4-12 成都市岷江流域重要物质类水文化遗产资源

流域	河流			重要水文化遗产资源点
岷江	岷江干流（金马河）			导江堰、玉石堤、天王堰、鸡公堰、崇江桥、连二里市、大朗堰
	内江总干渠	蒲阳河干渠	蒲阳河	太白堰、太白堰支渠、马坡堰、公安堰、灵寿堰、青白江蓄水河、锦宁堰、南溪桥、兴隆桥、花溪桥、蒲阳河水文站
			人民渠	万工堰、万工堰泉眼

流域	河流			重要水文化遗产资源点
岷江	内江总干渠	柏条河干渠	柏条河	柏条河左支渠、柏条河右支渠、莲花堰、车家堰、灵寿堰、上罗家堰、三道堰、柏条河水文站
			毗河	崇义桥、东方渡（东方渡）、女儿渡、傅利堰、反修桥、贯子山水电站、韩滩码头遗址、韩滩春潮、民族堰、五甲堰、文澜堤
			府河	东风渠进水枢纽、九道堰、九里堤遗址、北门大桥、火烧堰、石牛堰、十二桥遗址、三洞桥水闸、带江草堂永定桥、红星桥、武城门桥、西郊桥、崇义桥、东门大桥、东门码头、合江亭码头、合江亭、望江楼水文站、府河南河整治工程、九眼桥、安顺廊桥、东湖公园、万福桥、五丁桥、雍家渡、王爷庙、安公堤、洗瓦堰、古佛堰、剪刀堰、永安码头、铁河坎、陈家堰、苏家堰、十三洞桥、大河菜坝桥、黄龙溪老码头、王爷坎渡口、复兴桥、温家石桥、贾家拱桥、陈家水碾
			沙河	升仙湖、杨柳河、上三洞桥、砖头堰、方家河、凤凰河、升仙桥、水二厂、水五厂、双水碾闸、洗瓦堰、五桂桥、五福桥、秀水河、杨泗堰、黄门堰、踏水桥、沙河源小学、沙河整治工程
			东风渠	马家堰、东风渠北干、东风渠南干、东风渠东干、三岔湖、青龙湖、百工堰公园、宝狮湖水库、锦归桥、山门寺水库
		走马河干渠	走马河	五斗渠、五斗口节制闸、三叉堰、丰收堰、向阳渠、红塔堰、红塔堰二斗渠、聚源走马河分水闸、聚源走马河、两河口分水闸、皮家堰
			徐堰河	和尚堰、官家堰、罗家堰、廖家堰、棋田村新碾子
			清水河	团结枢纽闸、漏沙堰、浣花溪、广福桥、阳公桥、锦城湖、龙爪堰、肖家河、流杯池、薛涛井、锦江石牛、蜀锦桥、水电报投放点
		江安河干渠	江安河	易家堰、新堰、郭家堰、喇叭堰、上天生堰、毛家堰、天师堰、丰收堰、黄土堰、鲶鱼洞支渠、文星堤罐站支渠、大湖堰、大湖堰节制闸、栏杆堰、江安河一支渠、江安河二支渠、漏沙堰、大土桥、长安桥（安闲桥）、双凤桥、刘板桥、止水苗桥、三善桥、江安河水文站、红桥村护岸堤遗址、鱼凫村遗址
			杨柳河	刘板桥、柳家大桥、舒家渡、达通桥、张琪堰、埠海堰、义和堰、白头堰
		牧马山干渠	牧马山干渠	牧马山干渠

217

流域	河流		重要水文化遗产资源点
岷江	外江总干渠	沙沟河干渠	沙黑总河、胜利堰、环山渠、崇古堰、青龙堰
		黑石河干渠	小罗堰、漏沙堰分水闸、团结堰、梓水堰、黑石堰、临江堰
	右岸一级支流	西河（文井江）	文脉堰、五堰、八合堰、跃进堰、西河堰、马桑堰、乌木堰
		味江（左岸支流）	自流堰
		南河	徐公堰、土门堰、新开堰、楠杆堰、回澜塔、四德桥、竹溪桥、竹溪桥泉、陈水碾桥、竹溪湖、宝胜桥
		郫江（左岸一级支流，岷江二级支流）	高合堰、青山堰、山河堰、大邑水文站、灯笼堰、佛子岩洪水石刻、大红岩洪水石刻、川王宫、郫江堰、王水碾、天生堰、且家碾、羊头堰
		蒲江（右岸一级支流，岷江二级支流）	济公堰、板堰子、杨波堰、瓦窑堰、龙居堰、落火堰、花通堰、黄沙堰、天华古井、黑石堰、朱木堰、白马堰、金斗堰
		临溪河（左岸一级支流，南河二级支流，岷江三级支流）	叶堰、邋遢堰、徐堰、弯滩堰、肖磨子、胜利堰、倒本堰、张滩堰、杨堰、芭蕉堰、关桥堰、琵琶堰、西来镇码头、西来镇水巷、西来镇古镇、龙眼井、临溪桥、铁溪桥、团结堰（花滩堰）、张堰、曹堰、板堰、花滩堰、余大堰、杨碾堰、汪井、龙爪堰碑、林水碾、桂花井、官塘池塘、左堰、丁堰、纸房堰
		斜江（左岸支流，岷江二级支流）	汤堰、黄沙堰、三轮堰

一、内江水系

内江水系指从都江堰渠首枢纽分水鱼嘴左分的渠系，经飞沙堰、宝瓶口、南桥至仰天窝闸止长1811米，由内江总干渠及以下干支渠道所组成。其灌区从古至今，均为都江堰发展灌溉的主要区域。

内江总干渠从鱼嘴分水起，有支渠两条——金堤堰、杨柳河。

内江总干渠及其蒲阳河、柏条河、走马河、江安河四大干渠，皆为都江堰老灌区输水渠系，总灌溉面积224.4万亩。中华人民共和国成立后建成的人民渠和东风渠，则为新灌区的输水渠系。

（一）蒲阳河

蒲阳河，都江堰水利工程建成后人工开凿的河道，是岷江内江四大干渠之一，全长117千米，下段称青白江，在里程24.51千米处左岸分出人民渠渠系。

本次普查蒲阳河流域重要资源点主要有太白堰、太白堰支渠、马坡堰、公安堰、灵寿堰、青白江蓦水河、锦宁堰、南溪桥、兴隆桥、花溪桥、蒲阳河水文站，共计11处。

人民渠： 中华人民共和国成立后新修的都江堰内江水系扩灌工程，初称官渠堰。引用内江干渠蒲阳河水源，实为蒲阳河干渠左岸分支。此渠前身为元代崇宁县万工堰，堰首位于彭州市庆兴乡金龙桥上游，渠线东行过三元桥，至城西之顾复桥汇入新润河。

本次普查人民渠流域重要资源点主要有人民渠、万工堰、万工堰泉眼，共计3处。

（二）柏条河

柏条河，内江水系四大干渠之一，起于都江堰市太平桥（今蒲柏闸），至石堤堰与走马河分支徐堰河相汇合，分出毗河及府河分干渠。府河在里程11.3千米处左岸又分出东风渠渠系。

本次普查柏条河流域重要资源点有柏条河左支渠、柏条河右支渠、莲花堰、车家堰、灵寿堰、上罗家堰、三道堰、柏条河水文站，共计8处。

1. 毗河干渠

毗河清代称毗桥河，因桥得名，自古即为沟通岷沱二江水源的通道；现为都江堰灌区内灌排兼用河道之一，除灌溉农田 10.28 万亩外，还担负柏条河、徐堰河排洪和区间暴雨洪水的排泄任务。现今界定毗河始于石堤堰枢纽闸，至汇入青白江为止，渠长 65.55 千米。毗河为连通岷沱二江的重要水道，下分支渠 9 条，斗渠 41 条，灌田 6667 公顷。

本次普查毗河干渠重要资源点有崇义桥、东方渡（东方堰）、女儿渡、傅利堰、反修桥、贯子山水电站、韩滩码头遗址、韩滩春潮、民族堰、五甲堰、文澜堤，共计 11 处。

2. 府河干渠

古代内江各干渠俱有"府河"一名，因流至成都府之故。现今界定府河干渠起自郫都区团结乡石堤堰枢纽闸，流经成都洞子口，穿城区东部汇合南河，再流至彭山区江口镇汇入岷江为止。其水源来自柏条河干渠及徐堰河分干渠。自古为通向成都的航运河道，清代及民国曾在石堤堰处专管船筏，直至 1952 年仍以竹笼拦河坝留一缺口与毗河分水。

府河除灌溉农田 11.58 万亩（其中郫都区 34900 亩，新都 23058 亩，成都郊区 31805 亩及双流区 24525 亩）外，还承担向东风渠输水和成都市工业、生活供水的任务。

本次普查府河流域水文化遗产资源有高骈改府河（二江抱城）、东风渠进水枢纽、九道堰、九里堤遗址、北门大桥、火烧堰、石牛堰、十二桥遗址、三洞桥水闸、带江草堂永定桥、红星桥、武城门桥、西郊桥、崇义桥、东门大桥、东门码头（翻新）、合江亭码头、合江亭五景、望江楼水文站、府河南河整治工程、九眼桥、安顺廊桥、东湖公园、万福桥、五丁桥、雍家渡、王爷庙、安公堤、洗瓦堰、古佛堰、剪刀堰、永安码头、铁河坎、陈家堰、苏家堰、十三洞桥、大河菜坝桥、黄龙溪老码头、王爷坎渡口、复兴桥、温家石桥、贾家拱桥、陈家水碾，共计 43 处。

3. 东风渠

东风渠是引用都江堰内江渠系水源的大型引水灌溉工程，又名东山引水灌溉工程，工程共分六期建设。

东风渠灌区，跨越龙泉山西与东的龙泉山前平原及山后丘陵区，山前灌区有总干渠、北干渠、东干渠、老南干渠、新南干渠5条主干，全长283.1千米；有支渠19条，总长452.7千米，灌溉农田110.75万亩。山后丘陵灌区有骨干充囤工程4处，主干渠4条，干渠8条。

本次普查东风渠水文化遗产资源有马家堰、东风渠北干、东风渠南干、东风渠东干、三岔湖、青龙湖、百工堰公园、宝狮湖水库、锦归桥、山门寺水库，共计10处。

（三）走马河

走马河是都江堰内江的主要干渠之一，因流向成都，清代亦统称府河，至清代中期，走马河之称乃定。

走马河起水于都江堰市区走江闸，流经聚源镇分一支流为徐堰河，至郫都区两河口分一支流入沱江，两河口以下称清水河，成都市送仙桥以下称"南河"，至合江亭与"府河"汇流后，进入锦江。长26.7千米，过水能力297立方米/秒。

走马河包括清水河、干河、南河，总长71.4千米，两岸共有支渠30条，斗渠190条，灌溉农田63.21万亩。并通过徐堰河、沱江河向东风渠输送农灌用水，并为成都市工业和生活用水供水，近年还承担着成都市环境用水，是一条多功能综合利用的重要干渠。

本次普查走马河流域重要水文化遗产资源有五斗渠、五斗口节制闸、三叉堰、丰收堰、向阳渠、红塔堰、红塔堰二斗渠、聚源走马河分水闸、聚源走马河、两河口分水闸、皮家堰，共计11处。

1. 徐堰河分干渠

徐堰河分干渠是走马河干渠的左岸分支，为通向毗河而连通沱江的排洪水道。起自走江闸以下9千米都江堰市聚源镇分水节制闸，至郫都区石堤堰枢纽闸而止。渠长36.55千米，宽25~40米，平均比降3.9‰，两岸有支渠12条，灌溉农田36.55万亩，此外，徐堰河分干渠还承担向东风渠及成都市工业、生活供水任务。1990年成都市在郫县三道堰建成自来水六厂后，分干渠还承担向水厂供水的任务。

本次普查徐堰河分干渠重要水文化遗产资源有和尚堰、官家堰、罗家堰、廖家堰、棋田村新碾子，共计5处。

2. 清水河干渠

清水河干渠是走马河干渠的后段。走马河在郫都区两河口分水节制闸以下，分为左右两支，左支为沱江河分干渠，右支即为清水河干渠。清水河东南行，右分红旗、团结、苏坡、梁红堰等支渠，左分金牛、双江堰支渠；入成都市区又右分栏杆堰、龙爪堰支渠；至清水河大桥以下，又分左右两支：左支为浣花溪，右支为干河。两支东至望仙桥相汇合，改称南河。东流至合江亭，汇入府河。

清水河自郫都区两河口至龙爪堰，渠长37.4千米，为走马河下段灌排兼用河道。

本次普查清水河干渠重要水文化遗产资源有团结枢纽闸、漏沙堰、浣花溪、广福桥、阳公桥、锦城湖、龙爪堰、肖家河、流杯池、薛涛井、锦江石牛、蜀锦桥、水电报投放点，共计13处。

（四）江安河

江安河起于走江闸，是都江堰市与温江区、温江区与郫都区、金牛区与双流区的界河，最后流入双流区境内，于二江寺汇入府河，是都江堰内江主要干渠之一。

江安河在都江堰内江走马桥闸进水，正常引水流量68立方米／秒。全长106千米，江安河干渠分出杨柳河分干渠和牧马山分干渠，共有灌溉支渠27条，总灌溉面积69.53万亩。

本次普查江安河流域重要水文化遗产资源有易家堰、新堰、郭家堰、喇叭堰、上天生堰、毛家堰、天师堰、丰收堰、黄土堰、鲶鱼洞支渠、文星堤罐站支渠、大湖堰、大湖堰节制闸、栏杆堰、江安河一支渠、江安河二支渠、漏沙堰、大土桥、长安桥（安闲桥）、双凤桥、刘板桥、止水苗桥、三善桥、江安河水文站、红桥村护岸堤遗址、鱼凫村遗址，共计26处。

1. 杨柳河分干渠

杨柳河分干渠是江安河干渠的右岸分干渠。自温江区城柳城镇北青龙嘴、江安河里程44+882处建分水枢纽，江安河拦河闸5孔，孔宽5.5米，设计过水流量150立方米／秒；杨柳河进水闸3孔，孔宽3米，引水流量19.5立方米／秒。

本次普查江安河流域重要水文化遗产资源有刘板桥、柳家大桥、舒家渡、达通桥、张琪堰、埠海堰、义和堰、白头堰，共计8处。

2. 牧马山分干渠

牧马山分干渠是江安河干渠的右岸分干渠。牧马山分干渠为1957年11月动工兴建，1958年3月通水。引水枢纽位于江安河里程70+475处双流金花桥下，进水口位于江安河右岸，在进口下建拦河坝以保证进水。

牧马山分干渠渠长62.8千米，沿渠有支渠10条，分水洞194个，灌溉农田113.78万亩。

二、外江水系

外江实指岷江正流，古称正南江，今称金马河。除下游尚有大朗堰等4处小堰外（总灌溉面积5.6万亩），外江（金马河）即成为专一排洪河道，沙黑总河则成为外江水系的总干渠，下分沙沟河和黑石河两条干渠。黑石河尾水注入西河，再入南河，补充通济堰水源。

（一）沙沟河

沙沟河即古石牛堰，是都江堰外江的主要干渠之一，与黑石河从沙黑河闸分水，经都江堰市至崇州市注入西河，全长35千米，正常引水流量60立方米/秒。

本次普查沙沟河流域重要水文化遗产资源有沙黑总河、胜利堰、环山渠、崇古堰、青龙堰，共计5处。

（二）黑石河

黑石河，乃索桥下五六里正南江右分之一支。因河底卵石是黑色而被命名，古为羊摩江的分支。

黑石河在漏沙堰进水，正常引水流量45立方米/秒。该河经玉堂镇、中兴镇、石羊镇和柳街镇等入崇州市境，全长65千米。

本次普查黑石河流域重要水文化遗产资源有小罗堰、漏沙堰分水闸、团结堰、梓水堰、黑石堰、临江堰，共计6处。

三、西河

西河为岷江中段金马河右岸一级支流。古称小溪、文井江、汶井江，又作文锦江。发源于崇州市与大邑县交界处之火烧营山东北坡黑凼。上段文井江河长67千米，流域面积703平方千米。文井江流域开发时间较早，李冰通文井江发展水运，汉代有灌溉工程，清代都江堰沙黑河灌区开始扩展，后成为都江堰的一部分称"西河灌区"。

西河在高山区支流呈树枝状分布，进入平原丘陵区则呈网状分布。共有大小支沟20余条，引水灌溉、排洪沟7条。其中味江河长38千米，流域面积260平方千米；泊江河，河长39千米；流域面积189平方千米；白马河，河长34千米，流域面积69平方千米。

本次普查西河流域重要水文化遗产资源有文脉堰、五堰、八合堰、跃进堰、西河堰、马桑堰、乌木堰、自流堰，共计8处。

四、南河

南河为岷江中段金马河右岸支流。古称仆千水、布濮水、邛水、赤水、柏木水、文井江；又称大南河，有较大支流约27条，以蒲江、斜江为最大。

本次普查南河流域重要水文化遗产资源有通济堰、徐公堰、土门堰、新开堰、楠杆堰、回澜塔、四德桥、竹溪桥、竹溪桥泉、陈水碾桥、竹溪湖、宝胜桥，共计12处。

（一）邛江

邛江为南河左岸一级支流，岷江二级支流。发源于四川省成都市大邑县西岭火烧营山红石尖，为大邑县、邛崃市之界河。河长84千米，流域面积420平方千米。

邛江流域西北部为邛崃山山脉，河源高山高程多在2000米以上，平原区水网纵横，河流与灌溉渠交错于间。支流呈网状分布，有较大支流长河（古称凤溪）、川溪口沟。

本次普查邛江流域重要水文化遗产资源有高合堰、青山堰、山河堰、大邑水文站、灯笼堰、佛子岩洪水石刻、大红岩洪水石刻、川王宫、邛江堰、王水碾、天生堰、且家碾、羊头堰，共计13处。

（二）蒲江

蒲江为南河右岸一级支流，岷江二级支流。古名蒲水。发源于雅安市名山区月儿冈。河长56千米，流域面积745平方千米。

蒲江上游有长滩水库，砌石拱坝高42.5米，总库容2500万立方米。朝阳水库，砌石拱坝高38.4米，总库容760万立方米。入平原后自流灌溉便利，过东北乡右分蒲江河堰，干渠长35千米，灌溉农田2533公顷。

本次普查蒲江流域重要水文化遗产资源有济公堰、板堰子、杨波堰、瓦窑堰、龙居堰、落火堰、花通堰、黄沙堰、天华古井、黑石堰、朱木堰、白马堰、金斗堰，共计13处。

临溪河

临溪河为蒲江左岸一级支流，南河二级支流，岷江三级支流。古称铁溪，又称百丈河。河长70千米，流域面积370平方千米。

本次普查临溪河流域重要水文化遗产资源有叶堰、邋遢堰、徐堰、弯滩堰、肖磨子、胜利堰、倒本堰、张滩堰、杨堰、芭蕉堰、关桥堰、琵琶堰、西来镇码头、西来镇水巷、西来镇古镇、龙眼井、临溪桥、铁溪桥、团结堰（花滩堰）、张堰、曹堰、板堰、花滩堰、余大堰、杨碾堰、汪井、龙爪堰碑、林水碾、桂花井、官塘池塘、左堰、丁堰、纸房堰，共计33处。

（三）斜江

斜江为南河左岸一级支流，岷江二级支流。古称斜水，官渡河。发源于大邑县雄黄岩。河流南过大邑县城晋原镇西，有大邑水文站。其东南有安仁镇，为四川省级历史文化名镇，位于斜江河畔。支流呈网状分布，沟渠纵横。右岸支流进江河，河长40千米，流域面积228平方千米。

本次普查斜江流域重要水文化遗产资源有汤堰、黄沙堰、三轮堰，共计3处。

第三节
沱江流域分布特征

沱江是长江的一级支流，是四川省腹部地区的重要河流之一，古称中江、内水、金堂江、牛鞞江、资江、雁江、金川、釜川、泸江等。主要支流有湔江、青白江、毗河等。

本次普查沱江流域水文化遗产共计335处，占全市水文化遗产的22.23%。其中Ⅰ级资源4处，占全市Ⅰ级资源的8.69%；Ⅱ级资源15处，占全市Ⅱ级资源的17.04%；Ⅲ级资源36处，占全市Ⅲ级资源的20.57%。

表 4-13 成都市沱江流域重要物质类水文化遗产资源

流域	河流			重要水文化遗产资源点
沱江	沱江干流			庆元桥、瑞光寺、沱江文化博物馆、云顶石城、云顶石城慈云寺、川主庙、跨河堰、二仙桥、回龙山、红心桥、狮子桥、利济桥、南瓜桥
	右岸支流	青白江		同心堰、杨柳堰、曹家水碾、金刚池、老码堰、马棚堰、弥牟古镇、诸葛井、东方渡
			毗河（右岸一级支流，沱江二级支流）	石龙堰、粉后堰、东风渠北干、海滨堰、羊堰、牟珠堰
		湔江		湔江堰、文翁祠、镇江塔、海窝古镇、围山渠、提兜桥、八角井
	左岸支流	黄水河		白果码头遗址、渣浮渡遗址、五凤溪古镇、五凤码头、金相寺、五凤溪凤池、五凤溪龙凤井
		桤木河		泉水堰、铁桩堰、黄桶堰、五板堰、龙黄堰、菜花堰、千功堰、五星堰、铁溪堰、五龙堰、深溪堰、黄泥河堰、金水桥、川主庙
		绛溪河		赤水桥、踏水桥、济安桥、北门桥龙头
		清溪河		圆觉寺（长寿井、古井）、金钵井、洗墨池、金龙井、龙王井、罗汉井、川祖庙、龙王庙、莹碧池

一、湔江

湔江为沱江上源绵远河右岸支流，长江二级支流。古称濛水、彭水、又称金雁江。湔江河长123千米，地跨四川省彭州、什邡、广汉等市。流域面积2808平方千米（包括石亭江）。

水系上游呈树枝状分布，下游呈网状分布，有较大支流8条。其中成都境内大支流有鸭子河以及石亭江。域内自古即有引水工程湔江堰，堰口处古代曾分九河，向东而西一次为鸭子河、小石河、马牧河、濛阳河、小濛阳河、白土河、新润河、新开河和青白江。

本次普查湔江流域重要水文化遗产资源有湔江堰、文翁祠、镇江塔、海窝古镇、围山渠、提兜桥、八角井，共计7处。

二、青白江

青白江干渠为蒲阳河下段，起始点定于人民渠枢纽闸处。因历史上此处有湔江出山口后分散为数支，有一支流汇于此，亦名青白江，渠道即由此转移得名。

青白江自合江村锦水河闸东偏南流于彭州与郫都区界上，左岸依次接纳人民渠总干渠右岸分出的一、二、三支渠，于圆通桥左纳湔江分支新开河，于金堂县城南汇入北河（沱江上段）。渠长70.3千米，宽80~210米，平均比降2.3‰。民国时期通行木船。

青白江连同前段蒲阳河干渠，总长105.6千米，平均比降2.62‰。青白江汇入北河处多年平均流量90.6立方米/秒。

本次普查青白江干渠重要水文化遗产资源有石龙堰、粉后堰、东风渠北干、海滨堰、羊堰、牟珠堰、太白堰、马坡堰、仁和堰、半边堰、墓水河、任家沟、杨柳堰、绣川河、冬瓜堰、同心堰、流水堰、粟米堰、团结堰、清白堰、兴隆堰、青茅堰等；分干渠有锦水河、马棚堰等。

此外，沱江干流及其余支流黄水河、桤木河、绛溪河和清溪河流域也分布有重要的水文化遗产资源，共同构成沱江流域的水文化遗产特色。

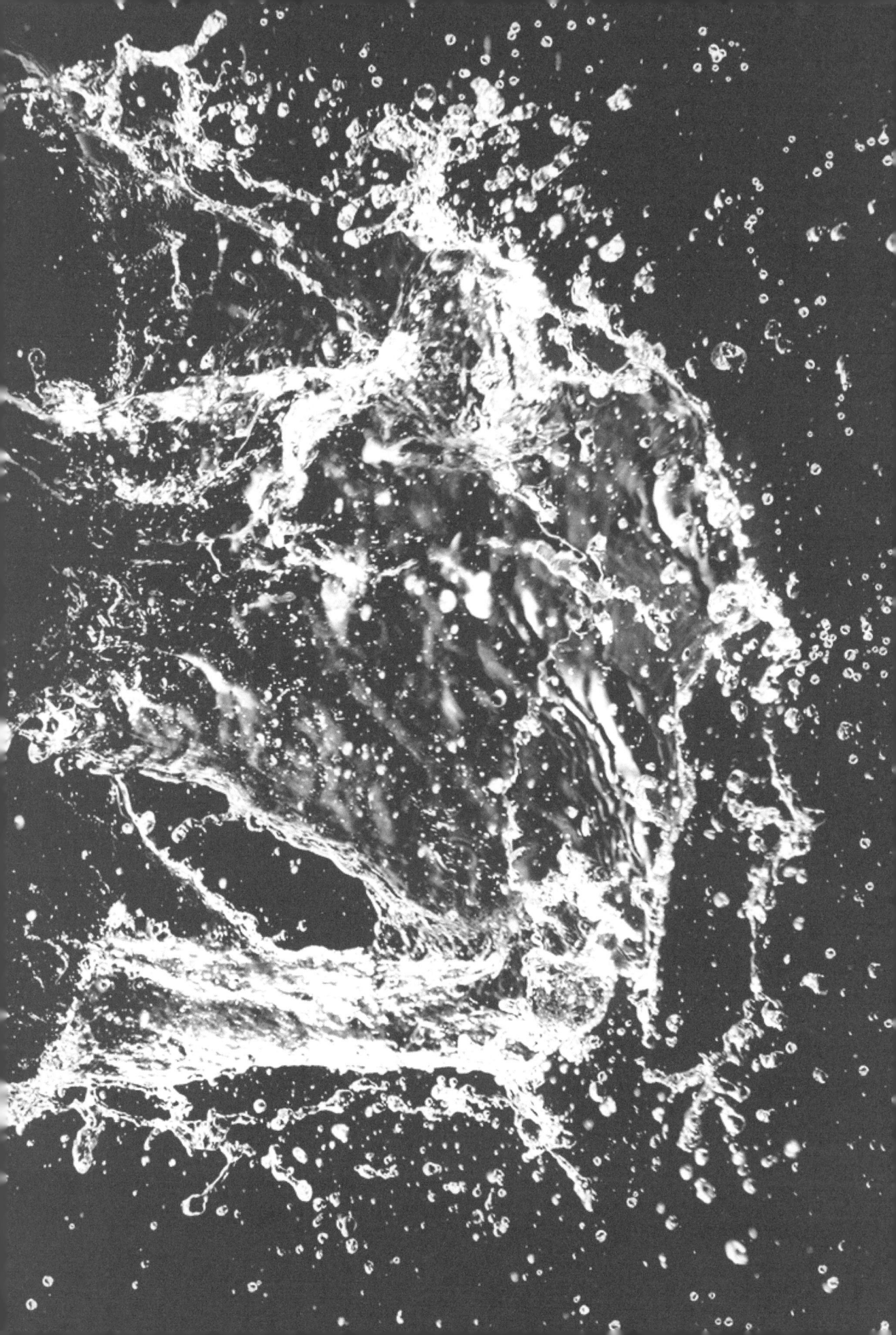

5

水文化遗产资源潜力评价

第一节
分类特色评价

一、物质类水文化遗产特色评价

（一）水利工程综合体

以都江堰水利工程、通济堰、渑江堰等为代表的古代治水工程，体系完整、历史悠久、规模巨大，创造出中外水利的奇迹，具有独特美学意境，体现了治水、祭水、放水的人水和谐理念，是水文化脉络中治水文化的典型代表资源。

表 5-1 水利工程综合体类部分重要资源

序号	资源名称	资源类型	级别	文化脉络
1	都江堰水利工程	010101 水利工程综合体	Ⅰ级	治水文化
2	通济堰	010101 水利工程综合体	Ⅰ级	治水文化
3	渑江堰	010101 水利工程综合体	Ⅰ级	治水文化
4	人民渠引水工程	010101 水利工程综合体	Ⅰ级	治水文化
5	东风渠引水工程	010101 水利工程综合体	Ⅰ级	治水文化
6	玉溪河引水工程	010101 水利工程综合体	Ⅱ级	治水文化
7	石堤堰枢纽	010101 水利工程综合体	Ⅱ级	治水文化
8	三合堰进水枢纽	010101 水利工程综合体	Ⅱ级	治水文化
9	府河、南河整治工程	010101 水利工程综合体	Ⅱ级	治水文化
10	沙河整治工程	010101 水利工程综合体	Ⅱ级	治水文化

都江堰从李冰时代开始就采用"无坝引水、自流灌溉"的引水方式，主要受惠的地区就是比都江堰海拔低的成都平原，都江堰将清流源源不断地输往成都平原。清朝时都江堰的灌面只有280多万亩，中华人民共和国成立后，都江堰进入高速发展时期，在渠首和灌区陆续修建枢纽闸、节制闸、分水闸、进水闸、泄洪闸、连锁闸等一系列工程设施，并逐步完善，达到各级渠道有口有闸，调水自如，能安全输水和泄洪排沙。目前，都江堰灌区灌溉面积达到1030万亩，居全国之冠，灌溉面积由成都平原发展到四川盆地中部的广大丘陵地区，并形成了具有都江堰特色的引、蓄、提相结合的工程格局。其功能也从单一的农业灌溉供水，发展为农业、工业及城镇生活供水、防洪、发电、水产、旅游、养殖、环保等多目标综合服务，成为四川省国民经济和社会发展的重要基础设施。

（二）堤坝渠堰闸

以柏条河干渠、走马河干渠、江安河干渠、蒲阳河干渠、沙沟河干渠、锦江干渠、府河干渠、锦江干渠等为资源代表的内外江干、支渠，组成了完整的都江堰水系，是都江堰水利工程不可缺少的一部分。以郫江堰、文脉堰、古佛堰、万工堰、徐公堰金河、三吏堰、金花堤等为代表的古代渠堰系统，是古代人类治水智慧的结晶，也是天府水文化的一脉相承。

表 5-2 堤坝渠堰闸类部分重要资源

序号	资源名称	资源类型	级别	文化脉络
1	锦江	010102堤坝渠堰闸	I级	治水文化
2	蒲阳河	010102堤坝渠堰闸	I级	治水文化
3	柏条河	010102堤坝渠堰闸	I级	治水文化
4	走马河	010102堤坝渠堰闸	I级	治水文化
5	江安河	010102堤坝渠堰闸	I级	治水文化
6	文脉堰	010102堤坝渠堰闸	I级	治水文化
7	古佛堰	010102堤坝渠堰闸	II级	治水文化
8	黄金堰	010102堤坝渠堰闸	II级	治水文化
9	郫江堰	010102堤坝渠堰闸	II级	治水文化
10	府河	010102堤坝渠堰闸	II级	治水文化
11	南河	010102堤坝渠堰闸	II级	治水文化

（三）桥涵码头

以万里桥码头、猛追湾码头、东门码头、九眼桥码头、雍家渡等资源为代表的码头、渡口文化，展现了古成都曾经的河系之发达，经济之繁荣。自李冰开通郫江、检江后，成都逐步成为港埠城市。秦汉时期，蜀地粮食、丝绸产品、手工业品、土特产品多集中于成都，通过水运远销吴楚、岭南等地，两江沿岸市场繁荣，百货纷呈。至唐代，成都发展成为"水陆所辖，货殖所萃"的大都会，吴盐蜀麻往来相通，万里桥等码头停泊着往来于吴蜀的船舶，沿锦江直至浣花溪。满载粮食的万斛船迎着朝阳在锦江上挂帆启航，短途运销的商船日暮则纷纷返港。此后，成都水运进一步繁荣，锦江沿岸码头逐渐增多。明代，九眼桥成为重要码头。锦江上来往船舶众多，大大小小的码头附近商贾云集，见证着旧时成都"水程通海货，地利来吴风"的繁荣景象。

万里桥码头是当时重要的水运码头，客船、货船、兵船常集结于此。万里桥码头多搬运粮食、煤炭、杉条、竹子、砖瓦、石灰等货物，尤以米交易最为兴盛，万里桥码头于是成了远近闻名的"米码头"，20世纪60年代万里桥上游还有倒桑树粮仓。

九眼桥码头是著名的"柴码头"，乐山、峨边、洪雅等地所产的青冈木、松木等均由水路运送至九眼桥码头。

安顺桥码头也是锦江上重要的码头之一。60年代后，因铁路、公路运输兴起，锦江水量减少，成都港航逐渐萎缩，码头停运，但水文化延续下来。70年代，锦江彻底断航，码头昔日盛景消失殆尽。直到2019年初，成都市按照《天府绿道锦江绿轴规划》，打造了锦江河道"四游线、七码头"的局部游船系统，开通了"夜游锦江"项目，将水运与旅游相结合，锦江上的码头重回人们视线，"水上成都"风貌重现。

表 5-3 桥涵码头类部分重要资源

序号	资源名称	资源类型	级别	文化脉络
1	驷马桥	桥涵码头	I级	文化水景
2	安澜索桥	桥涵码头	I级	文化水景
3	万里桥	桥涵码头	I级	文化水景
4	都江堰南桥	桥涵码头	II级	文化水景
5	九眼桥	桥涵码头	II级	文化水景
6	虹桥	桥涵码头	II级	文化水景
7	兴隆桥	桥涵码头	II级	文化水景
8	乐善桥	桥涵码头	II级	文化水景
9	安顺廊桥	桥涵码头	II级	文化水景
10	二江寺桥	桥涵码头	II级	文化水景

（四）池塘井泉

井泉是20个世纪人们生活用水、取水之地，是市井水文化的一个缩影。成都市区、彭州市、邛崃市、新都区泉水、井水资源丰富，孕育了深厚的井泉文化；如万工堰等用于灌溉功能的自然泉眼，蕴含了丰富的农耕智慧和地域文化特色。

文君井位于邛崃市内里仁街，相传为司马相如与卓文君开设"临邛酒肆"时的遗物，西汉司马相如与邛崃富商卓王孙之女卓文君相爱，文君夜奔相如，结为夫妇，婚后设酒店于临邛市上。"文君当垆，相如涤器"，后世传为佳话。

望江公园内有薛涛取水制笺的薛涛井，井旁立有碑石，上书"薛涛井"三字，为清康熙时成都知府翼应熊的手迹。薛涛晚年曾在住地碧鸡坊自制一种深红色小笺，其色彩绚丽且又精致，世称"薛涛笺"，历代多有仿制。实际上此井为明代蜀王仿制薛涛笺取水之井。正通顺街口有一口井，这口井一年四季水源丰盛，底部宽大，井面开阔。井口有两个井眼，可以两人同时扯水，所以叫"双眼井"，1994年5月7日被纳入成都市青羊区文物保护单位。农村地区的井泉除保障生活用水外主要用作农田灌溉。

表 5-4 池塘井泉类部分重要资源

序号	资源名称	资源类型	级别	文化脉络
1	白莲池（万岁池）	池塘井泉	Ⅰ级	治水文化
2	薛涛井	池塘井泉	Ⅱ级	文化水景
3	文君井	池塘井泉	Ⅱ级	文化水景

（五）名人故居、祠堂、墓园

以官家花园、浣花祠、新都桂湖、奎光塔、二王庙、伏龙观、回澜塔、镇国寺塔（镇江塔）、新都白水寺等为代表的名人故居、祠堂等是水文化建筑的集中表现。其中一些资源已经被列入成都历史建筑保护名录，进一步丰富和完善了成都历史文化名城保护体系。园林式檐廊、小桥、流水、梅园、竹林交错庭中，青瓦飞檐、朱栏花窗的水榭，荷花满池，成为园林之美的最好表达，具有较高的文化艺术价值，与水联系的历史故事、人物事件被流传下来，成为水文化"中心"，彰显中华优秀传统水文化的光辉。

（六）水边聚落遗址

以郫县古城遗址、温江鱼凫遗址、新津宝墩古城遗址、都江堰芒城遗址等为代表的水边聚落遗址是成都最早古聚落群，见证了人类逐水而居的发展史。以十二桥遗址、东华门遗址（摩诃池）、江南馆街唐宋街坊遗址等为代表的古代遗迹完整地展现了成都早期文明的发展脉络，具有厚重的历史文化价值。古蜀文明神秘而久远，吸引着很多人对她进行探秘，而成都八大古城遗址的发掘证明了古蜀文明是源于川西地区，带有明显地方特征的长江上游古代文明，成都平原是长江上游的古代文明中心，它们是迄今所知我国西南地区年代最早、规模最大、分布最密集的史前遗址群，年代距今约4500~4000年。

表 5-5 水边聚落遗址类部分重要资源

序号	资源名称	资源类型	级别	文化脉络
1	金沙遗址	010305 水边聚落遗址	Ⅰ级	水聚落文化
2	芒城遗址	010305 水边聚落遗址	Ⅰ级	水聚落文化
3	郫县古城遗址	010305 水边聚落遗址	Ⅰ级	水聚落文化
4	鱼凫古城遗址	010305 水边聚落遗址	Ⅰ级	水聚落文化
5	新津宝墩遗址	010305 水边聚落遗址	Ⅰ级	水聚落文化
6	双河遗址	010305 水边聚落遗址	Ⅰ级	水聚落文化
7	紫竹遗址	010305 水边聚落遗址	Ⅰ级	水聚落文化
8	古百花潭遗址	010305 水边聚落遗址	Ⅰ级	水聚落文化
9	摩诃池遗址	010305 水边聚落遗址	Ⅰ级	水聚落文化
10	羊子山祭祀台遗址	010305 水边聚落遗址	Ⅱ级	水聚落文化
11	十二桥遗址	010305 水边聚落遗址	Ⅱ级	水聚落文化
12	江南馆街唐宋街坊遗址	010305 水边聚落遗址	Ⅱ级	水聚落文化
13	东华门遗址	010305 水边聚落遗址	Ⅱ级	水聚落文化
14	古蜀船棺合葬墓遗址	010305 水边聚落遗址	Ⅱ级	水聚落文化
15	蒲江飞虎村船棺墓葬遗址	010305 水边聚落遗址	Ⅱ级	水聚落文化

（七）古村古镇

以黄龙溪古镇、街子古镇、平乐古镇为代表的水边古镇是成都水运文化、码头文化、移民文化的集中展示区。

黄龙溪建镇已1700多年，历史底蕴深厚，古名"赤水"。黄龙溪镇历来就是成都南面的军事重镇。传说蜀汉时，诸葛亮南征，曾派重兵把守于此。2100多年前，古蜀先民在此繁衍生息；汉代古墓群留下了前辈的足迹；蜀汉政权在此萌芽催生；诸葛亮南征在此屯兵牧马；唐宋时期日渐繁荣，黄金水道成了南方丝绸之路的集散地；明清时代的木板民舍、青石小径流传着历史的故事；现在的黄龙溪古镇因独具特色的川西田园古镇风貌成为西南第一的天然影视基地。古镇名扬中外，游者慕名而至；凭吊古物，品玩老街、寻觅人文、寄情山水。

街子古镇，五代时名"横渠镇"，因横于味江河畔而得名。后来经过历朝历代的重要历史事件，政治、经济反复兴衰，兴时曾为县治掌一方水土，衰时仅余一条小街。从风雨飘摇中洗尽铅华的青石板路和古老民居，和久居住在这里的淳朴温厚的街子人。第三届2010四川古镇文化名城旅游节上，被评为"2010年四川最美古镇"。

平乐古镇，古称"平落"，史前蜀王开明氏时期，平落四面环山的绿色小盆地即因修水利、兴农桑而起聚落而得名。据《尚书·禹贡》载，大禹治水，将穿镇而过的白沫江用飞沙堰分为"内江""外江"，形成一江分三水的独特格局。到公元前150年西汉时期就已形成集镇，迄今已经有2000多年历史了。公元970～997年为火井县治所在地。至今尚存的银家大院、李家大院、徐家大院、朱家大院等仍然保持着明清时期的古朴风貌。特别是高山之巅，竹林掩映的李家大院更是川西古建筑中的精品，其规模之大，建筑之精美，实属川内罕见，与其所在地范围内的古民居被称为"川西最大的古民居群"。

表 5-6 古村古镇类部分重要资源

序号	资源名称	资源类型	级别	文化脉络
1	黄龙溪古镇	010306 古村古镇	II级	水聚落文化
2	五凤溪古镇	010306 古村古镇	II级	水聚落文化
3	灌县古城	010306 古村古镇	II级	水聚落文化
4	平乐古镇	010306 古村古镇	II级	水聚落文化
5	三道堰镇	010306 古村古镇	II级	水聚落文化
6	街子古镇	010306 古村古镇	II级	水聚落文化
7	元通古镇	010306 古村古镇	II级	水聚落文化
8	洛带古镇	010306 古村古镇	II级	水聚落文化
9	新场古镇	010306 古村古镇	II级	水聚落文化
10	夹关古镇	010306 古村古镇	II级	水聚落文化
11	安仁古镇	010306 古村古镇	II级	水聚落文化
12	石桥古镇	010306 古村古镇	II级	水聚落文化
13	城厢古镇	010306 古村古镇	II级	水聚落文化
14	云顶石城	010306 古村古镇	II级	水聚落文化

二、非物质类文化遗产特色评价

（一）水利技艺

以竹笼、杩槎技艺等为代表的古代水利工程技艺充分体现了先民的治水智慧。竹笼都江堰传统工程技术中的结构构件。竹笼又称竹篓，竹笼用白甲竹或慈竹剖篾编制，一根竹料剖成4~6条，削去内部节头，编成圆柱形空笼，笼眼为六边形，编篾时每篾起头须倒插三个孔眼，使接头牢实。标准竹笼直径0.6米，长10米。

杩槎的解释亦作"杩叉"。用来挡水的三脚木架，很早就用于都江堰，一种导流或截流的水工建筑物。秦昭王时修都江堰即开始应用，历二千多年不变。因其施工方便，易筑易拆，在其他水利工程中也有应用。近代支架有用钢材或钢筋混凝土代替木材，在河道整治工程中得到运用。干砌卵石工程，又名干丁卵石、卵石丁砌。在护岸及堤埝表面作防护层，采用干砌卵石工程，是都江堰传统工程技术特色。羊圈是都江堰传统技术中的基础工程。以木料构成方式框架，中填卵石，形似羊圈。采用直径不少于20厘米的杂木做成立柱。羊圈工程用于地基处理及岸堤护基，其抗冲及稳定性能较竹笼工程更强。现代施工工程的进步已经逐渐淘汰掉传统的技艺，以文化的形式保留传承下来。

表 5-7 水利技艺类部分重要资源

序号	资源名称	资源类型	级别	文化脉络
1	竹笼、杩槎制作技艺	020101 水利技艺	Ⅰ级	治水文化
2	古法截流技艺	020101 水利技艺	Ⅰ级	治水文化
3	干砌卵石技艺	020101 水利技艺	Ⅰ级	治水文化

（二）历史人物、事件及记忆

以大禹治水、鳖灵治水、李冰建都江堰和穿成都二江、文翁治沱开湔江、高骈改府河水道等为代表的治水历史、治水人物、治水事件是成都治水文化的代表。《尚书·禹贡》记载了"岷山导江，东别为沱"，禹为华夏成功治水第一人。

开明是见于文献记载的古蜀治水第一人，对都江堰创建有重要启示。北魏郦道元《水经注，江水》"江水又东别为沱，开明之所凿也"，表明开明继承了大禹的事业。

李冰是战国时期秦蜀郡守，继张若于秦昭王三十年（公元前277）以后到任。东晋常璩《华阳国志·蜀志》称其"能知天文地理""又识齐水脉"。李冰在蜀治水功绩甚著，《华阳国志》里也有详细记载。最早记载李冰创建都江堰的《史记，河渠书》称："于蜀：蜀守冰凿离堆穿二江成都之中。此渠皆可行舟；有余，则用溉浸；百姓飨其利。至于所过，往往引其水益用。溉田畴之渠以万亿计，然莫足数也。"。其时代水利界考定为公元前256年。

文翁主蜀期间，蜀郡"世平道治，民物阜康"。成都的经济地位迅速提升，与洛阳、邯郸、临淄、宛城齐名，并列为全国五大都会。西汉时，全国多次因天灾人祸发生大饥荒，或大批灾民移居成都，或大量调粮接济灾区。《汉书·武帝纪》："元鼎二年（115）长江中游因水灾发生，汉武帝急输巴蜀粮至江陵救济灾民"。

高骈改府河，唐乾符元年公元874年高骈就任西川节度使。在加强边防的同时，他开始考虑成都城防的一劳永逸之计。鉴于成都城区面积太小，缺乏回旋余地，便计划扩建城垣，建造罗城。经过一番勘察设计，高骈于乾符二年公元875年向朝廷上表请求创筑罗城。原来的秦城西南和南面有郫江、检江，东面和北面却没有河流经过。为了更好地保护成都，高骈在修筑罗城的同时，在城西北筑糜枣堰（即今九里堤），使郫江改道，沿罗城北缘东流，在城东北又折向南流，与检江在城东南角合江亭处重新与检江汇合。在成都形成二江抱城的新格局。新开的郫江长26里。这样，郫江就成为成都城东、北两面的护城河。改道后的郫江当时称为清远江，五代时，成都成为前、后蜀的都城，郫江一度被称为京江。唐代以后，成都称成都府。清远江因为绕府城而流，宋代以后称为府江，后又称府河。同一原因，检江也因流向成都府而被称为府河。

（三）民俗节庆和纪念活动

以都江堰放水节、望丛赛歌会等资源为代表的节庆活动是水文化遗产的重要载体和重要内容。清明时节，都江堰市便迎来了从公元978年开始的一年一度的清明放水节大型旅游活动，以纪念率众修建都江堰水利工程、造福成都平原的李冰父子。古时，每到冬季，人们便用杩槎筑成临时围堰，使岷江水或入内江，或入外江，然后淘修河床，加固河堤，这就是岁修。到了清明时节，举行既隆重又热烈的仪式，祭祀李冰父子，祈求五谷丰登、国泰民安，然后拆除杩槎，滚滚岷江水直入内江，灌溉成都平原千里沃野。放水大典，是世界文化遗产都江堰水利工程所在地都江堰市的民间习俗。历史上，这是川西平原源远流长的传统习俗。

道解都江堰是在都江堰鱼嘴旁，仙山、古道、岷江、古堰环绕之中的道解都江堰遗址剧场举办的大型山水实景歌舞演出，是为了传承放水大典文化举行的放水大典实景重现。道堰以前的名字叫湔堋。江水一分二、二分四地在蜀国田野分成无数支流，水墨一般地将蜀之平原浸染成一幅大写意的春之画卷。

望丛祠赛歌会是川西人民在郫县望丛祠内举行的汉族传统赛歌活动，至今已有1500多年的历史。最初人们是在望丛祠内祭祀望帝和丛帝两位古蜀帝王，后来逐渐演变为一种汉族民俗文化活动。后人为纪念望帝，在每年的农历五月十五日前后办起了鹃城赛歌会，赛歌会场地就选在望丛祠。郫县曾是古蜀国都城，传说望帝传位后归隐深山，化作杜鹃鸟。

表 5-8 民俗节庆和纪念活动类部分重要资源

序号	资源名称	资源类型	级别	文化脉络
1	都江堰清明放水节	020402 民俗节庆和纪念活动	Ⅰ级	水民俗文化
2	客家水龙节火龙节	020402 民俗节庆和纪念活动	Ⅱ级	水民俗文化
3	望丛祭祀活动	020402 民俗节庆和纪念活动	Ⅱ级	水民俗文化
4	沱江号子	020402 民俗节庆和纪念活动	Ⅱ级	水民俗文化
5	府河号子	020402 民俗节庆和纪念活动	Ⅱ级	水民俗文化
6	浣花日（大游江）	020402 民俗节庆和纪念活动	Ⅱ级	水民俗文化

第二节　分区特色评价

一、成都市主城区资源评价

成都主城区域包括武侯区、锦江区、青羊区、金牛区和成华区在内的五个区。该区域共查明水文化遗产资源230处，占全市资源总量的15.26%。其中Ⅰ级资源11处，Ⅱ级资源27处，Ⅲ级资源32处，Ⅳ级资源108处，Ⅴ级资源49处。

（一）蜀水文化促进城市发展

中国历史上城市的发展，成都是唯一一座城名不改的城市。成都城市历史文化的发展就是水文化的变迁，水润天府，水文化乃文明之母。李冰治水使都江堰与岷江成为成都平原城市文明的摇篮，使成都彻底脱离中心聚落时代，成为布局严整的古代农业文明城市，奠定了成都城市布局的基础。从秦汉到隋唐，由于成都二江并行，流经成都城南，因而形成"两江珥其市，九桥带其流"的城市布局特色。成都城市的"龟城走向，两城相亚"的特色，也都与水脉的流向有关。濯锦江的得名，更是李冰开流江得清流的直接结果。从都江堰至金沙遗址再到浣花溪，成都城市文明发展轴与河流流向相一致，形成了一条由西向东的人居建筑基准线，这是李冰治水后成都城脉发展的特点，这条基准中轴线更是现在的历史文脉。

（二）蜀水文脉上的沱水文化

成都市区的沙河、磨底河、府河，古代都曾有过"沱江"之称，"沱水自灌口东分为三渠"，说明都江堰的兴建就是"东别为沱"的产物。这些水文化资源点是蜀水文脉上的重要地点，体现了沱水文化，是复兴活水成都的主要文化支撑之一。

（三）蜀水文明体系的江源文化

岷江上游是西部文化最先发展起来的地方，古人把它当作长江的源头，称为"江源"，又叫"江渎"也就不足为奇了。古人认为中国山川四渎（江、淮、河、济），江渎为首。江渎岷山是高山羌人江源文化的发源地，而成都二江（古代郫、流二江总称）流域则是成都平原蜀人江源文化的开拓地。由江源文化发展出汉代灿烂的锦江文明，使岷江成为古代蜀人冲出四川盆地，走向外部世界的重要通道。成都市区的江渎庙等水文化资源就是江源文化的集中代表。

（四）水文化成为都市新名片

成都市近年来，"水+"开启了都市文商旅体融合发展的新模式。毗河木龙湾绿道、七里诗乡绿道、桤木河湿地绿道等为代表的天府绿道旅游产品，以东门码头"门泊东吴万里船"、合江亭"花重锦官光影秀"、夜游锦江等为代表的夜游项目都以水为源，融合"水+"等创新形式，逐步成为响亮的城市名片。

（五）现代治水工程是水文化的延续

以府河、南河、沙河整治工程为资源支撑的现代生态环境治理工程的代表，开创了综合治理城市环境模式，是生态人居的典范。1992年，为履行中国政府在世界环发大会上的承诺，推进《21世纪议程》地方化进程，成都市政府针对府河、南两河现状及过去局部河段单项治理效果不大的问题，决心创造以治水为核心、全面带动城市居住环境改善与城市基础设施建设综合整治工程。彻底整治府河、南河，针对府河、南河存在的六大隐患，确定工程的六个指向：防洪、治污、安居、绿化、文化和道路管网。从河道整治、污水截流、道路工程、滨河绿化、旧城改造等五方面，对府河、南河进行了全面的治理。改造后的府河、南河，已成为成都市民休闲散步的新景区。值得一提的是，它得到国家领导和专家学者们的高度评价，得到全市人民一致认同，获得1998年度联合国人居奖殊荣。

沙河整治主要从恢复自然生态、传承文化的基点出发。沙河八景统一和谐是借用沙河的自然驳岸，打造生态园林式的景观，而市区的河流（诸如府河、南河）则是直立式驳岸。整治单位力图通过设计来体现河流、人、历史、文化、生态环境等之间的统一和谐关系，来展示沙河的风貌。虽然上中下游景点各异，但沙河八景的整体风格指导思想是一致的。继府河、南河综合整治工程后，沙河整治工程又获得了一项国际"桂冠"：舍斯国际河流奖。国际舍斯河流奖的评选标准主要包括河流管理上确有进展和成果，从河流的生态、水质量和生物的多样性方面为河流健康的改善提供科学依据，以及实现河流流域可持续性方面做出的成绩。

二、东部区域资源评价

东部区域包括东部新区、简阳、金堂、龙泉驿在内的四个区（市）县。该区域共查明水文化遗产资源194处，占全市资源总量的12.94%。其中Ⅰ级资源1处，Ⅱ级资源9处，Ⅲ级资源22处，Ⅳ级资源40处，Ⅴ级资源116处。

（一）突出的"红色文化"水利遗产

以龙泉山隧洞出水口、三岔湖水库、东灌工程建设事件等为代表的水文化资源，体现了雄州儿女不怕艰难险阻，团结奋斗、凝心聚力的"东灌"精神。东风渠自建成以来，极大改善了灌区用水条件，改变了过去靠塘堰、冬水田蓄水的灌溉旧貌，拦截了丘陵地区区间径流，减轻了成都市区和沙河、西江河、芦溪河等两岸生态农田遭受洪水袭击的风险，不仅满足了城镇工业和人民生活用水，兼顾了河道木材的流送，还给农副业和渔业的发展提供了条件。在有条件的闸口、河岸修建了生态制口、渠道，并融入了水文化生态的理念。利用和加强现代科技，进一步实现灌区管理的数控化、机械化、科学化和现代化。

（二）水文化资源精彩纷呈

以三岔湖、龙泉湖、百工堰公园、百狮湖等为典型的山水休闲活动日益丰富；以洛带古镇、壮溪渡口、壮溪码头、利济桥等资源为代表的水边乡村休闲聚落，业态发展迅猛，适应了人民生活、环境保护、生态和谐等多样化发展需求。

三、南部区域资源评价

南部区域包括高新南区、天府新区、双流、新津在内的四个区。该区域共查明水文化遗产资源142处，占全市资源总量的9.47%。其中Ⅰ级资源2处，Ⅱ级资源8处，Ⅲ级资源15处，Ⅳ级资源61处，Ⅴ级资源56处。

（一）"水岸城市"焕发水文化新活力

成都湖泊的缺少，历来是成都人心中之憾。而天府新区已脱离传统的成都平原地貌，浅丘纵横，水系发达，自然的地势变化极为丰富。区域内的湖泊和湿地实现了水体形态的多样性：锦江生态呈"带状"，兴隆湖生态呈"面状"，而麓湖则呈现"珊瑚状"，多样性的水体形态丰富了天府新区的生态环境，形成生态、宜居、兴业的生态基底。

（二）水事地标开创"河长制"之先河

双流黄龙溪的三县衙门为全国唯一。清代以前，华阳、仁寿、彭山地势犬牙交错，黄龙溪"一足踏三县，一鸡鸣三县"。水，是农业生产和民众生活的命脉。在如何分水、岁修等利益问题上，三县之间的纷争时有发生。因此古人决定三县共同建立一个松散型机构来管理堰水，在古人的智慧里，就有了开"河长"之先河的思想，并出台了三县人"共护一江水"的举措，给双流的爱民为民的官德文化打下了深厚的基础。保存完好的三县衙门里面的诸多元素体现了古代清廉为官、执政为民的理念，有遗址有底蕴，是典型的水事地标。

（三）码头、古河道成为区域历史文化地标

双流区黄龙溪古镇的千年水码头，成为成都市码头文化的集中体现。四川"硕果仅存"的古老码头中双流彭镇极为难得地保留了一片码头文化的最后神韵。彭镇杨柳河的水码头因曾经水运繁荣成为成都平原有名的水码头，即便到了现在顺着杨柳河岸而下一些被废弃的古河道依然随处可见，如新津杨柳河古道等，河水虽已干涸，但水的印记已成为区域历史文化的标志。

四、西部区域资源评价

西部区域包括都江堰、郫都、温江、崇州、大邑、邛崃、蒲江及高新西区在内的八个区（市）县。该区域共查明水文化遗产资源619处，占全市资源总量的41.11%。其中Ⅰ级资源23处，Ⅱ级资源32处，Ⅲ级资源91处，Ⅳ级资源189处，Ⅴ级资源261处。

（一）水文化推广亮点突出

都江堰依托"水文化"顶级旅游IP，培育形成了康体养生、互动体验、山地运动、娱乐度假等构成的多元化旅游产品体系，实现了以传统遗产观光旅游向全域休闲度假转变，成功创建了天府青城国家级旅游度假区，打造了大型山水实景演出剧目《道解都江堰》，已成为具有地方特色的文化亮点。

（二）水文化旅游驰名中外

治水文明焕发新光彩。每年清明节期间举办的都江堰放水节，备受热捧，世界水利灌溉遗产正加快推进建设，水文化名片逐步形成，已经成为展示天府水文化的文化标识的亮丽名片。

（三）水生态文明核心价值

西部片区区域具备体现生态文明与特色发展的三个核心价值。一是有优良的自然本底。都江堰、郫县是成都市重要的水源地，区域内拥有一二级水源地保护区，供应着成都市80%的饮用水；同时，地处精华灌区核心区，水网密布，林盘品质高，数量多。未来的战略使用就是保田园、保水源、控规划。二是极富特色的镇村发展。基本上一镇一品，如德源镇、三道堰镇已入选中国特色小镇，城乡一体化程度高，一三产联动发展特色鲜明，以推进"农村集体经营性改革试点建设"为契机，利用水源地、林盘打造"小组微生"的田园综合体，在全国已经形成了品牌效应。三是位于成都"天府文化轴"的核心节点，未来的战略使命是文化传承和创新完美交融，凸显地区文脉特色。该区域有条件、有能力、有动力实现"创新"与"特色"发展，保护水源地，以"水+"特色引领，形成灌区城乡特色发展示范区。

五、北部区域资源评价

北部区域包括新都、青白江、彭州在内的三个区（市）。该区域共查明水文化遗产资源137处，占全市资源总量的9.13%。其中Ⅰ级资源3处，Ⅱ级资源5处，Ⅲ级资源15处，Ⅳ级资源44处，Ⅴ级资源65处。

（一）水文化传承不断延续

以人民渠、东风渠等为代表的当代"治水兴蜀"的文化传承与创新，将"治水文化"发扬光大，延续至今。人民渠1~4期主要灌溉成都、德阳两市10县（市、区）242.29万亩农田，向川化、成钢等30多家重点工业企业供水和对丘陵灌区的德阳、绵阳、遂宁三市230多万亩灌面的囤蓄水库输水及灌区城镇生活用水供水。

明天顺二年（1457）前后，在今彭州市丽春到县城西顾复桥开渠作堰，引水灌田，时称官渠堰，其上游原郫县境内一段，称万工堰。1953年1月25日动工扩浚，以都江堰蒲阳河之水为源，上起郫县万工堰，下至彭州市濛阳河，干渠长19.5千米。同年5月7日竣工通水。引水流量为37.7立方米/秒，灌溉16.4万亩。是为官渠堰第一期扩浚工程，建有进水口临时拦河坝、进水闸、节制闸、渡槽等。四川的人民渠是都江堰扩灌工程之一，是中华人民共和国成立后四川省建成的第一座大型水利工程，有"巴蜀新春第一渠"之称。它由人工修建，从岷江引水到莲花水库，彭州桂花镇是渠首干渠，经过青白江、金堂、中江、到三台鲁班水库。人民渠是都江堰水利工程的一部分。作为西南最大的人工水渠，干渠、支渠多达100余条，水系跨越行政区域广，把岷江水引到了德阳、绵阳、遂宁等地区，为沿线十余个县市区提供居民生活用水和工农业用水，对人民群众生活和社会经济发展意义重大。

（二）井泉资源遍布区域

彭州、新都的地下水丰富，孕育了深厚的井泉文化。以万工堰、状元井、幸福泉等为代表的泉、井不仅数量多，而且形态各异，精彩纷呈。泉水、井水凝聚了人民的智慧。清冽甘美的泉水，从地下涌出，汇为河流、湖泊。盛水时节，在泉涌密集区，呈现出"清泉石上流"的绮丽风光。自古以来彭州人就有亲水生活的传统，彭州的泉水滋润了这里的四季，山水交错，汇泉倒影。每一处泉水、每一处泉池都见证着这里文明与历史的变迁，孕育了丰富的民间水文化。

彭州的渠道河流以万工堰最具代表，万工堰的修筑距今已有700余年的历史，万工堰的一个取水口便是万工堰泉眼，成为灌溉万亩农田和村民生活的水源之地。升平镇双泉，以两口自然泉眼而得名，晶莹碧透，甘甜清冽，四季长流、水源充足，是800余亩农田的灌溉水源。敖平镇境内，更是分布着大小名泉二十余眼，其中最知名的算是五珠泉，是许多当地人儿时戏水的必去之处。九尺青龙堰泉，成就了青龙堰，青龙堰绵延400余米，呈"龙"字形，泉水颜色乍看为青色，故取名为青龙堰，而青龙堰泉正是处于龙头的位置。

第三节　水文化遗产资源利用综合评价

一、资源本底评价

（一）水文化资源品级高，特色突出

在物质水文化遗产资源特色方面，都江堰和成都市主城区是资源最密集区域；在非物质水文化遗产资源方面，成都市被列为文物保护单位的水文化遗产近百处，其中全国重点文物保护单位14处、省级文物保护单位8处、市级文物保护单位4处，此外还有为数众多的县级文物保护单位，这些水与文化、水文化遗产的保护起到了积极作用。

与水文化遗产相关的世界遗产类别有世界文化遗产、世界灌溉工程遗产等类别。截至2021年，成都拥有都江堰世界灌溉遗产1处，青城山—都江堰世界文化遗产1处；拥有1处国家级水利风景区、7处省级水利风景区。

（二）水文化资源分布全，互补性强

截至2021年，成都拥有青城山—都江堰世界文化遗产1处，拥有古堰、渠、闸（1954年以前的堰渠）多达百处，灌区水文化滋润了天府大地；成都平原地区是四川古蜀文明发祥地，是四川人文资源最为富集、密集的地区，水边聚落遗址分布散落成都平原各地；水边古镇资源更是发展乡村振兴的集中发力点。

成都多种多样的水边景观、水边聚落、水利建筑设施和治水人、事、物等水文化资源在地域上的多重组合，形成多个风格各异的水文化资源区，互补性强，有利于进行合理分区规划和多层次利用。

二、资源需求评价

依托水利行业拥有的大量水利工程所形成的风景资源优势，大力发展水利旅游业，为人们提供丰富的旅游资源和产品，是旅游业新的经济增长点。我国共有84000多座水库，具备旅游开发资源的占80%以上，但已开发的尚不足40%，水文化资源历史厚重，事件、任务、传说等文化遗产数量更是巨大，水利旅游发展的空间是很大的。

三、利用条件评价

（一）地理区位条件

"西部中心城市"的优越地理区位条件，将推动全市水文化遗产资源全面开发。

（二）交通区位条件

"西部交通枢纽"交旅融合的发展态势，将强化全市水文化遗产资源的深度挖掘。目前成都已开发的水利风景区大多区位优势明显，不仅交通方便、地理位置优越，而且景区周边旅游已形成一定的规模，能有效地带动水文化旅游的发展。

（三）基础与服务设施条件

世界文化名城的基础与服务设施建设，将夯实全市水文化遗产资源的利用基础。

（四）水利事业与政策条件

以水文化走出去战略为导向，加强与国家文物局及联合国教科文组织、联合国粮食及农业组织等的沟通对接，争取更多中国水利遗产被认定为世界文化遗产。积极参与世界相关水文化组织、科研机构、学术论坛的交流合作，承办国际性水文化及水利遗产会展活动，增加中国水文化的国际话语权、为增强中华传统文化的软实力贡献四川力量，助力成都天府文化、世界文化名城建设。

水文化遗产资源
保护与开发利用

第一节
水文化遗产保护与利用现状

一、国内水文化遗产保护取得的成绩

近年来，国务院及有关部门不断推动落实中央相关决策部署，积极开展水文化遗产的开发与综合利用工作，在社会各界的共同努力下，水文化遗产保护工作取得了阶段性成果。水文化遗产工作的管理机制、体制已经基本形成；相关政策与法律法规逐步形成、完善和落实，经费不断增加；保护和利用的技术水平不断提升，社会关注度和保护意识不断增强，科学研究向纵深发展，水文化遗产合理利用稳步推进。

（一）不断推动立法，完善相关法律体系

制定水文化遗产保护的相关法律法规，是推进文化遗产保护的重要前提。制定相应法律法规和政策。在《文物保护法》和《非物质文化遗产法》作为法律依据的上位法的基础上，近年来，国务院及有关部门先后出台了《水下文物保护管理条例》《大运河遗产保护管理办法》《世界文化遗产保护管理办法》等相关法规和部门规章。各省市结合水文化遗产分布与保护利用的实际情况，水文化遗产集中的省市结合保护实际相继出台了保护水文化遗产的地方性法规，如《四川省世界遗产保护条例》《山东省大运河遗产山东段保护管理办法》等。

（二）推动水利遗产保护与利用，启动国家水利遗产认定

水利部于2021年10月正式下发《水利部办公厅关于开展国家水利遗产认定申报工作的通知》，启动国家水利遗产认定工作。明确从2021年起，每两年在全国范围开展一次国家水利遗产认定工作，首批认定15个左右国家水利遗产，"十四五"期间认定30个以上国家水利遗产，初步建立较为完善的水利遗产保护和认定管理体系。这是继水利部颁布《水利部关于加快推进水文化建设的指导意见》后，水文化建设领域又一重要举措。通过开展国家水利遗产认定，对于保护、传承和利用水利遗产，弘扬中华优秀治水文化，不断提升水利改革发展软实力，推动新阶段水利高质量发展具有重要意义。

（三）推进水文化遗产普查，逐步建立保护数据库

按照水利部《水文化建设规划纲要（2011—2020年）》和水利部办公厅《关于开展水文化遗产调查工作的通知》（办秘〔2012〕22号）要求，从2012年起部分省市开始陆续对辖区内水文化遗产进行资源摸底和调查工作。各地水利、旅游、文化等部门通过多年分阶段的艰苦细致工作，对水利遗产分工程类、管理类（文献类）和非物质遗产进行了分类统计，将具体分布状况、生存环境等进行了详细记录并形成了各省市的水文化遗产保护数据库，为掌握水文化遗产从而最终形成全国数据库打下基础。

（四）合理规划，促进合理适度利用

国家文物局将大运河、都江堰、它山堰、通济堰（浙江）、五门堰、镇海堤、洪泽湖大堤、紫阳堤、金口坝、渔梁坝、石龙坝水电站等大批重要的水文化遗产列为重点保护，都江堰、中国大运河被联合国教科文组织列入《世界遗产名录》，夏引黄古灌区、陕西汉中三堰、福建黄鞠灌溉工程等古代水利工程列入世界灌溉工程遗产。同时，政府加强领导，财政部门积极投入专项经费，为水文化的保护与利用提供了资金保障。

（五）积极推动文化遗产的宣传普及，提高水文化遗产保护关注度。

在国家有关部门、研究机构与社会各界高度重视和密切配合下，专家学者深入挖掘水文化遗产中蕴含的中华民族文化中的先进思想和科学精神。政府各部门、高校、各研究机构和各类水利博物馆、纪念馆等充分利用各种文体活动以及大众传媒资源宣传等方式展示水文化遗产，不断提高了水文化遗产在公众中的认知度和关注度。

二、成都市水文化遗产保护与利用现状

（一）世界遗产建设情况

与水文化遗产相关的世界遗产类别有世界文化遗产、世界自然遗产、世界灌溉工程遗产等类别。成都市有都江堰1处水文化遗产在2000年入选世界文化遗产名录，2018年入选世界灌溉工程遗产名录。这是以在用的活态遗产为主，通过申报世界遗产的方式，较好地保护古代水文化遗产并弘扬和展示遗产所蕴含的文化价值，以及古代劳动人民的智慧。

（二）水利风景区建设情况

纯粹的保护难以实现水文化遗产的可持续发展，根据水文化遗产特性，发展生态旅游、打造水利风景区是目前常见的一种水文化遗产保护性利用模式，并且取得了一定的成效。我国的水利风景区开发建设经历了一个快速发展阶段，水利部已公布18批共计878个国家级水利风景区，截至2021年1月，成都市目前有1处国家级水利风景区（四川都江堰水利风景区）、7处省级水利风景区（邛崃市邛窑湿地水利风景区、邛崃市平乐水利风景区、邛崃市竹溪湖水利风景区、彭州市湔江水利风景区、彭州市莲花湖水利风景区、双流区白河水利风景区和温江区金马湖水利风景区）。这些水利风景区多是以水文化遗产为依托建设，部分是以国家级重点文物保护单位的水文化遗产为核心景观而建设，水利风景区是推动水文化遗产活化保护的一条成功路径，而水文化遗产也成了为水利风景区增色添彩的重要方式。

第二节
存在的问题

一、资源潜力认识不足

（一）水文化遗产的研究和统计调查有待加强

虽然对水文化遗产早期进行了调查统计，但是由于水文化遗产的界定和分类随着研究不断发展，分类的标准和程序在不同历史时期和省市不统一，水文化遗产的调研应该不断深入，调查统计数据应当不断更新。根据现有的水文化遗产统计，大多针对工程类水文化遗产，如何对管理类、非物质文化类文化遗产的调查还需进一步完善。

（二）水文化资源的认识不够

由于对水文化遗产价值认识不足，部分遗产"逐渐消失"。由于部分管理人员对水文化遗产资源价值认识不足，对资源的遗产性、发展性认知不足，统筹保护与开发意识薄弱，存在着遗产保护重开发、轻保护的观念，过于强调水文化遗产的功能性而忽视其文化价值的保护与管理，使之成为"逐渐消失"的水文化遗产。同时，国家渡改桥、城市公园建设等政策致使大量的古堰、古渡、古桥重修、扩建，个别资源在过去几年甚至未来几个月、几天都会被破坏。比如青白江、东部新区建修力度大，如青白江金锁桥、绣川桥即将拆除。另一方面，古建筑并未修旧如旧，古桥面水泥硬化、古建筑未留出足够保护范围，导致后期难开发。

（三）水文化资源保护意识淡薄

文化遗产的保护始于人们对文化遗产的重视和全社会广泛的认同，这项工作起步较晚，社会基础薄弱，面临的形势十分严峻。一是文化遗产的保护工作是一项投资需求大、覆盖面广、工作量大的社会公益性事业，文化、文物部门作为主管部门开展了大量的工作，但受资金、人力、行业等客观条件限制，保护工作仍然存在着薄弱环节，对水文化遗产的保护长期得不到足够的重视。二是当前全国各地包括水利设施在内的城市基础设施建设力度空前，许多地方都提出把水作为城市发展和有机更新的重要理念，水文化遗产的保护面临着艰巨的任务。应该看到，许多地方仍把水系治理工作理解为简单的工程建设，只注重水利基础功能，忽视历史文化内涵的现象十分普遍。即便水利系统内部对于水文化遗产的认知也十分模糊，水文化遗产保护工作机制的缺失和监管不到位，导致水文化遗产遭到人为破坏。许多宝贵的桥、堤、闸、坝、堰、井、泉以及沿河重要的水景观、历史建筑、文化古迹被损毁，一批历史上曾经因水而名的水乡小镇已经名不符实，甚至一些蕴含水文化艺术的民间文学艺术因缺乏有效的保护和丧失传承发展的空间和环境，且已失传。

二、资源保护力度有待加强

（一）水文化遗产保护利用难度大

由于水文化遗产分布范围广，资源点难以集中，多以点状分布，所以保护的难度较大。同时，除个别被列入文物保护范围的资源点外，大部分水文化遗产都缺乏经费保障，没有专项基金支持，难以有效落实保护与利用计划。尤其是位于基层的中小型堰、桥、庙等水文化遗产和已失去现实功用的水系、水利工程遗迹，基本处于"无造册、无管理、无资金"的"三无"状态，随时面临年久失修、逐渐消亡的危境。

（二）保护工作缺乏科学性和系统性

国内有关文化遗产保护的法律法规体系尚不完善。各地涉及文化遗产的保护开发虽有规划，但执行力度不够，监督机制有待加强。规划当中涉及水文化遗产的内容不全面，理解不深刻，层次性不高，具体要求和工作措施未能在城市水系治理专项规划以及其他建设项目规划中得到充分体现，得不到规范有序高效的推进。

（三）保护利用经费得不到有效保障

部分水文化遗产保护存在范围不明确，成本较高等问题。在保护经费方面没有专项保护经费以及修复工程专项经费，存在经费缺口，尤其在应对需抢救性保护时，更是捉襟见肘。此外，在吸引社会力量和资金进入保护领域上，还没有形成固定的政策和举措。文化遗产保护管理还需要加强，法律法规和政策体系还不完善，落实不够到位。

（四）保护体制和机制有待建立健全

水文化遗产具有特殊性，它是人类千百年来水事活动的产物，与水密切相关，以水载物，以水载道。其保护工作不仅需要文化部门的协同配合，还需要水利部门从行业的角度进行科学判定。目前，水利部门尚未建立起水文化及水文化遗产的科学评价体系和保护体系。当前，对于水文化遗产的研究、保护开发工作尚处于起步阶段，迫切需要得到全社会各方的高度重视，扎实推进各项工作，形成水文化发展所需的良好外部条件。文化遗产属于不可再生资源，一旦破坏便无法有效恢复，保护工作责任重大。

三、资源利用水平偏低

（一）水文化遗产的利用与经济社会融合度不够

多数水文化遗产目前基本处于自然保存状态，少数进行开发利用的水文化遗产的经营管理状态不佳，甚至存在遭到破坏的安全隐患。水文化遗产资源的利用与社会发展与经济发展之间的联系度、融合度不够，需加强水文化遗产的开发利用与经济社会的融合，支撑农业生产、工业发展、景观旅游、水生态产品、水经济产业等方面发挥一定功能。

（二）水文化与水利核心工作结合不紧密

目前各级水务单位开展的工作大多集中在水利史理论研究、文学艺术、水文化传播等领域，还没有真正融入水利各项工作中，没有真正将水文化融入水利工程建设中，没有成为推动行业和组织发展的软实力。

四、水文化发展缺乏动力

（一）水文化传播力度不够

成都市水文化历史悠久，资源丰富，但是保护、开发和宣传力度不够，目前水文化代表仅有都江堰等零星亮点，没有形成整体水文化发展体系，水文化传播程度、系统性开发和产业化与城市总体定位不匹配，水文化的历史内涵、文化价值等普及程度不够，与世界文化名城总体要求有一定差距。

（二）缺少相关的专题规划

本次水文化遗产资源调查已是一个好的开端，但是对从哪些方面着手，如何与本地区、本部门实践和特色结合，没有明确思路和方向。目前成都市水文化建设已经在积极进行了一些有益尝试，如何避免后续水文化建设无规划可循、力度不够、社会影响力小、发展后劲不足的问题，应在强化水文化顶层设计、深化水文化理论研究、加强水利遗产保护利用等方面制定水文化遗产保护和利用专项规划以及水文化建设发展规划。明确新阶段"如何建设水文化"和"建设什么样的水文化"，促进行业达成加快推进水文化建设的一致共识和统一行动，保障水文化建设有前瞻性、指导性的推进。

第三节
资源利用总体思路

一、指导思想

坚持以习近平新时代中国特色社会主义思想为指导，坚定落实党的十九大精神和习近平总书记对四川及成都工作系列重要指示精神，深刻领会学习习近平总书记治水理念及生态文明思想，全面落实中央、省、区、市决策部署，聚焦成渝经济圈和公园城市建设，践行公园城市新发展理念，打造"绿道蓝网、水城相融、清新明亮"生态城市格局，创新建设生态水利，努力打造幸福河湖；以科学发展生态水利为核心，围绕布局网格化、设施标准化、特色差异化、功能综合化、服务便利化，建立健全具有鲜明时代特征和历史烙印的水文化创新实践体系，加快形成"传承先贤治水精神、增显天府文化风韵、共筑世界文化名城"的中国样本，为成都高质量建设践行新发展理念的公园城市示范区奠定坚实水文化支撑。

二、基本原则

（一）数据依托，文化导向

做好水文化遗产普查，形成全国及各省水文化遗产数据库，各省市水利局对水文化遗产进行了分批调查，通过调查数据统计分析和汇总整理，基本形成了本省市的水文化遗产调查名录。住房城乡建设部组织开展了全国风景名胜资源普查，将全面掌握包括水景观资源在内的各类风景名胜资源分布、价值、数量保护、管理等情况。但是由于水文化遗产调查中存在着评价标准和申报程序不一致的情况，因此，后期调查研究需要水利部门研究制订工程类、资料类和非物质水文化遗产评价体系和申报程序，科学设定水文化遗产的认定、保护、管理等内容，逐步建立国家级和省、市、县级水文化遗产数据库，最终建成一个全国性的水文化遗产数据库。

（二）规划引领，高标定位

科学规划是水文化遗产有效保护与合理利用的前提，政府应当加强对水文化遗产的管理和保护工作的领导，努力促使水文化遗产保护纳入当地国民经济和社会发展计划、国土空间规划。财政部应当根据水文化保护的需要设立水文化遗产保护利用专项基金，并监督各部门切实落实保护与利用资金，为水文化遗产保护工作提供资金保障。各省市水利部门应当依据本辖区内水文化遗产普查结果建立水文化遗产保护库，将水文化遗产保护与利用规划融入水利工程管理保护、水资源保护等专项规划中，并定期对水文化遗产保护的理念、方式、资金落实等各方面进行评估并提出切实可行的保护措施，为水文化遗产保护提供指导依据。

水利部门应当制定水文化遗产的价值评价标准，针对不同历史价值程度的水文化遗产保护方案，加大水文化遗产保护的范围。立足"全球视野、国际标准、战略思维、成都优势"定位，深刻把握国际文化发展潮流和世界城市发展趋势，对标国际国内水文化发展先进城市，聚焦全域文化空间保护展示体系建设，树立符合中国特色社会主义文化发展要求，契合国际规则和标准的成都水文化发展目标。

（三）创新突破，融合发展

践行"可进入、可参与、景观化、景区化"要求，坚持不忘本来、吸收外来、面向未来、交流互鉴，推动水文化创造性转化创新性发展，促进水文化在融入时代和社会进步中传承创新，构建世界水准水文化景观体系和标识体系，培育农商文旅体养融合发展新场景新生态新动能。

（四）合理利用，传承创新

挖掘、探索拓展水利遗产的历史价值、科学价值、艺术价值、经济价值、社会价值、生态价值及功能，整合科技教育、展览陈列、学术研究、科学普及、文化旅游、文学艺术等资源和平台，运用报刊、电视、动漫、互联网、大数据、5G等各种宣传阵地和手段，综合开发利用水利遗产资源，促进水文化事业的不断繁荣与多元发展。在传承中创新，在创新中发展。以水利遗产为载体，激活中华传统水文化的源头活水并加以创造性转化，使之与当代水利改革发展相适应，与当代社会发展相协调，进而把具有中国特色的水文化历史文脉传承下去，把蕴含其中的具有当代价值的水文化精神弘扬起来，把代表和体现当代中国优秀水文化的创新成果传播出去，不断提升水文化的软实力。

（五）政府引导，市场推动

遵循"政府主导、市场主体、商业化逻辑"原则，围绕盘活资产、整合资源、多元投入，创新完善水文化发展政策，充分发挥市场配置资源的决定性作用，广泛调动社会积极性，集中做好水文化这篇大文章，加快构建市场竞争有序、企业活力迸发、资源高效利用的水文化创新发展生态圈。

三、利用策略

（一）发挥水文化的凝聚和教育功能，树立水文化品牌。

支持、鼓励将水利遗产打造成为革命传统教育基地、爱国主义教育基地、国家水情教育基地和水利风景区；大力培育支持专业服务机构发展，积极推进遗产保护利用数字化建设，提升水利遗产的保护利用水平和能力。

（二）推进水利工程与水文化融合，打造水利工程名片。

创新空间与生态灌区的融合重构，支持鼓励利用水利遗产资源，设计开发具有使用价值、观赏价值、传承价值，蕴含科技知识、生产流程体验、历史人文、科普教育等文化特色产品或旅游项目。

（三）提高现代水利工程的文化品位，促进精神文明建设。

对已建工程，充分挖掘水利工程历史文化价值，从保护传承弘扬角度将水利工程与其蕴含的水文化元素有机融合。对新建、在建工程，要依据工程特点配建水文化、水利科普展示场所，面向社会公众开放。

（四）利用水文化现有的资源，串联发展文旅融合。

打造具有地域和遗产特色的文旅线路，建设名人故居、特色小镇（街区）、水文化产业园区、创新创业基地、节日习俗等，培育水利新技术创新设计、工艺美术动漫、水文化研究创意、休闲旅游等新兴新型业态。

（五）加强水文化的宣传与弘扬，坚定文化自信。

拓宽水文化宣传渠道，开发研学载体，积极开展水文化进社区、进校园、进课堂、进机关、进企业、进基层等活动。多渠道创新传播模式，综合利用传统媒体、新媒体等多种传播途径，利用数字技术、网络技术、虚拟现实技术等现代技术手段，推动水文化传播创新发展，讲好中国水利故事。

第四节
不同类型水文化遗产资源利用建议

一、传承教育类水文化品牌

（一）国家水利遗产认定

国家水利遗产，是指人民在长期治水、管水过程中，特别是在兴水利除水害的历史发展进程中，所形成的具有较高历史价值、科技价值、社会价值、经济价值、文化价值和生态价值的工程和非工程的文化遗存。其中，最核心的内涵是以治水实践为载体进而产生的物质水文化（水利工程）与非物质水文化（治水制度与精神）。广泛吸收借鉴杭州西湖、都江堰、大运河等著名水文化遗产成功申遗的宝贵经验，积极推动渝江综合水利工程、邮江堰、文脉堰、古佛堰等申遗工作，争取在"十四五"期间认定一批国家水利遗产，为国家建立完善的水利遗产保护和认定管理体系做资源支撑。

（二）国家水文化博物馆

水文化类博物馆不只是收藏水文化产品，其拥有的教育价值越发凸显，水文化类博物馆将担当特定的社会责任，而产品资源共享能展现其教育意义，发挥水文化博物馆的教育意义，确保水文化类博物馆产品共享工作的持续、深入发展。为了宣传人民群众治水的历史功绩和伟大成就，弘扬水利精神，传承水文化，普及水利知识，促进水利持续发展，水文化历史厚重，丰富多彩的区（市）县应积极创建水文化主题博物馆。我国很多城市都有与水相关的博物馆，如中国水利博物馆、黄河博物馆、中国京杭大运河博物馆、中国三峡博物馆等。

而目前成都市还没有建立一座以长江流域，岷江、沱江为主体的国家级水文化博物馆。以渝江堰、通济堰、紫坪铺水库等物质类资源为支撑，融入大禹治水、李冰治水、古法截流、杩槎、竹笼制作技艺、东灌工程建设事件等非物质类资源，建设一批国家级水利、水文化博物馆。

城市水文化传承。以成都市自来水一厂、东风渠、人民渠等资源为支撑，以纪念、传承城市引水、供水等水工程为目的，建设一批城市水文化博物馆。1955年，随着成都第一座自来水厂的建成投产，改变了当时人民的用水方式。而目前水一厂当初的厂址还尚在，但水设施已不复存在，要保留这段珍贵的城市记忆，让市民了解成都自来水百余年的历史和供水用水相关知识，建立成都市自来水博物馆，以此记录这段用水历史，传承水文化。

（三）国家级湿地公园

建设国家级湿地公园。目前四川省已建成20多个国家级湿地公园，但成都市只有新津白鹤滩湿地唯一一个国家级湿地公园，以成都市的水资源储备，显然从数量上来看是不够的。湿地公园分为自然湿地和人工湿地，将水文化融入湿地公园的建设中。以文脉堰、蒲阳河、柏条河、走马河、江安河、金马河、毗河、清水河干渠、青白江干渠等水系资源为依托，设置科普教育、湿地研究、生态观光、休闲娱乐等多种功能。规划水生态科普区、水文化宣教区等。

（四）水利科普示范园

文化是一个国家、一个民族的灵魂。文化兴则国运兴，文化强民族强。成都市丰富的水文化是城市的"根"和"魂"，我们因结合新时代的要求，继承创新。近代传统的水利工程建设中极少考虑水利与文化的融合，以渝江综合水利工程、石堤堰枢纽、贯子山（玉虹桥）水电站、东风渠、人民渠等传统综合水利工程为依托，积极建设一批水利科普示范园区，设立水文化研学基地，依托遗产资源，采取诗词歌赋、绘画摄影、文艺表演以及新闻出版、动漫制作等形式，开展文学艺术创作，提供多样化多层次的文化产品。鼓励广播电视、报纸杂志等传统媒体和利用5G技术、大数据、云计算、互联网、区块链、网络直播矩阵等新兴媒体和技术，广泛传播宣传水文化和水利遗产相关知识。以三县衙门、罨画池、都江堰文庙、官家花园等水文化遗产和水利名人故居资源为依托，建设研学基地，讲好水故事，学好水知识，传承水文化，扩大社会覆盖面和影响力。

258

二、休闲旅游类水文化品牌

水利旅游的概念最早由原国家水利部于1997年提出，水利部建设与管理司将其定义为"社会经济各界利用水利行业管理范围内的水域、水工程及水文化景观开展旅游、娱乐、度假或进行科学、文化、教育等活动的统称"。水利与旅游业的联系是密不可分的，发展"水 + 旅游"，推进水文化与旅游有机融合，是人民日益追求美好生活的需要。

旅游类水文化产品利用可从二个层面进行：一是从功能类型上看，可根据水文化资源属性和功能的不同，分为水边休闲、滨水度假、山水康养等组合的度假产品体系。二是从项目建设上看，根据度假旅游目的地的产品体系，规划水功能度假区、水文化度假小镇、水边度假村、水主题度假酒店、水上体育中心、水风情街等具体项目。以下从功能类型角度，具体阐述成都适合开发的度假旅游产品，以及各类型度假旅游产品的开发要点。

（一）滨水度假

创中华人民共和国成立家级水利风景。水利风景区，是指以水域或水利工程为依托，兼具旅游观光功能，一般分为国家级水利风景区和省级水利风景区。我国水利风景区开发建设经历了一个快速发展阶段，水利部已公布18批共计878个国家级水利风景区，截至2021年1月，成都市国家级水利风景区只有都江堰水利风景区唯一一个，省级水利风景区有邛崃市邛窑湿地水利风景区、彭州市湔江水利风景区、彭州市莲花湖水利风景区、双流区白河水利风景区、温江区金马湖水利风景区等一共7个。

表 6-1 成都市水利风景区现状一览表

序号	级别	区（市、县）	水利风景区名称	类型
1	国家级	成都市都江堰市	都江堰水利风景区	灌区型
2	省级	成都市邛崃市	邛崃市邛窑湿地水利风景区	城市河湖型
3	省级	成都市彭州市	彭州市湔江水利风景区	湿地型
4	省级	成都市彭州市	彭州市莲花湖水利风景区	水库型
5	省级	成都市双流区	双流区白河水利风景区	湿地型
6	省级	成都市邛崃市	邛崃市平乐水利风景区	自然河湖型
7	省级	成都市邛崃市	邛崃市竹溪湖水利风景区	水库型
8	省级	成都市温江区	温江区金马湖水利风景区	湿地型

为促进水利＋旅游融合发展，应创造条件，以水文化资源为依托，对有条件的水利风景区提档升级，积极引导申报国家级水利风景区。重点支撑资源有：渝江水利风景区、邛崃市平乐水利风景区、邛崃市邛窑湿地水利风景区。以河流、湖泊、水利设施等为依托，积极引导具备条件的水域开展观光、体验、休闲、度假、养生等旅游产品，以三岔湖、石象湖、朝阳湖等湖区资源为依托，推进其创建省级水利风景区和省级度假区。

（二）水边休闲

建设城市河渠休闲带。由于城市化进程，过去具有水利灌溉的水渠已逐渐失去原有的农业属性和灌溉功能，一部分渠道变成的暗沟或逐渐灭失，一部分成为城市的市政排洪渠道。利用城市原有的水系，将一些具有水文化历史的渠道串联，选其节点打造"水文化休闲公园"，营造出优美的城市"小环境"，这种休闲空间的再构建，扩大了城市的休闲空间。当都市化趋势越重的时候，市民所需要的休闲空间就越大。以栏杆堰、九道堰、石牛堰、洗瓦堰、龙爪堰、金花堰、三吏堰、砖头堰、黉门堰、茅草堰、海滨堰、双江堰、罗家堰等星罗棋布的成都古堰资源，利用其古沟渠水系，打造城市休闲水景观，包括水上浮桥、全景观露台、水上喷泉、水景观长廊、河渠绿道、水上旅游风景道等，营造出多点分布的"蓝绿空间"，并将城市与周边的乡村、县市连接，形成的"蓝网"，为市民、游客提供更多自驾、农家乐、露营等休闲体验游。

建设水文化主题公园。目前成都市已有的水文化主题公园仅有沙河三洞桥公园，应普及水文化主题园的建设，广泛传播城市水文化。依托蒲阳河、柏条河、走马河、江安河等八大水系为主干，合理布置滨水滨岸慢行道、水文化主题公园、水文化展示馆、水文化长廊等项目。依托升仙湖、白塔湖等宽阔水域资源，开发以游轮游船观光、水景餐饮、水上会议、水上节庆等产品，打造灯光秀、音乐秀、焰火秀、传播秀、表演秀等项目。

（三）天府名村名镇

依托水边聚落村镇，以街子古镇、黄龙溪古镇、灌县古城、夹关古镇、火井古镇、新场古镇、安仁古镇、海窝子古镇、云顶石城、弥牟古镇、泰安古镇等古镇资源为核心，以水文化等人文景观为文化基础，结合村镇周边的山水环境，宜人气候等自然条件，积极发展生态康养、户外运动、阳光度假、水风情体验等水文化特色村镇。

三、文创传播类水文化品牌

（一）演艺表演

创新表演题材，以大禹岷山导江、鳖灵治水、张仪筑城、"城隍庙祈雨"习俗等非物质类水文化资源为创作源泉，创作水下舞蹈，节庆舞蹈等文艺表演作品。为中国传统文化站台，持续不断地在文化输出上发力，成为"真正的文化输出"，连带当地旅游业一起，打造"文化引人"的标杆项目。

创新演艺方式，以红桥村护岸堤遗址、九里堤遗址、街子古镇双河遗址、二仙桥遗址、东华门遗址、方池街遗址、望江楼公园等水文化遗址、建筑等资源为背景，创新实景再现等演出表演方式，让原本清冷生硬的"遗址"重新焕发活力。如今真正让一个城市从本质与内涵上吸引人，还是要回归当地的文化与历史。当代年轻人，越来越追求民族自豪感和文化自信，这也是现在汉服、国风、各类文创吸引人的原因之一，有文化底蕴的城市会吸引年轻人，"文化引人"让城市持续"出圈"。强烈的个性化表达，赋予了年轻一代人的审美，传统文化从"老气过时"变为"潮流现代"，从内心深处引发大家的民族认同，进而对当地文化产生浓厚兴趣，这既促进了水文化建设的发展，推动了当地旅游业，也更加释放出巨大的市场影响力。相比起种草式的城市"网红化"，用传统文化给人们带来震撼与吸引力是这个时代所需要的。偌大的文创市场，能做到长期深受大众喜爱的，不只有故宫，"文化＋演艺"的节目很多，要做到频繁"火出圈"，以历史文化为支撑才是长久之计。

（二）灯光投影秀

以东门盛景图、蜀山揽概图等绘画遗产资源，创作灯光秀、实景秀，以沉浸式戏剧艺术为手法，通过讲述关于"水、精神、传承"的故事，让更多人感受到戏剧文化的魅力。用投影灯光的形式呈现古老文化与现代科技的碰撞，把悠远的历史场景投影到当下。例如在白天，游客看到的是遗址、建筑景观，夜晚的灯光照明将白天的建筑物勾勒出"别样风情"，通过灯光转换为戏剧表演，带来最佳的视觉传播效果。

（三）文化创意

在全国范围开展岷江、沱江文化创意大赛，文创产品设计等，建设岷江、沱江文化创意产业园，打造岷江、沱江文化创意产业链。

261

第五节
不同区域水文化遗产资源利用建议

一、蓝网空间下的水文化遗产资源利用方向

完整的都江堰，不只是都江堰渠首工程，整个成都平原水系自鱼嘴分水，一分为二,二分为六,六分为 N，绘制出整个成都的蓝网水空间。深挖成都各区域水文化遗产的历史文化内涵，选取一些水文化遗产点分布较集中的地方，连点成线，形成一定规模，开发出以各水文化遗产为红线，裙带其他风景名胜、休闲娱乐为一体，形成对外有较大影响的水文化遗产游线，发展精品水文化传承线路，再现"三江润城、百河为脉、千渠入院、万里织网"灵秀画卷。

（一）建设长江上游文化核

成都市的水资源、水风景有着无法复制的优势，在文化在和旅游融合发展的新时代，共商共建共享"水域文化国家旅游线路"，以岷江、沱江线状遗产、节点城市为重点，打造推广岷江、沱江生态旅游、古城旅游、红色旅游、科普旅游、研学旅行等国家精品旅游线路。联合岷江、沱江沿线区（市）县和国际组织，创办长江文明发展论坛、长江文化和旅游博览会。以长江文明为特色，面向"一带一路"沿线60多个国家推广长江上游文化旅游，打造成都市长江上游水文化发展核。

（二）建设岷江全域湿地的生态轴

以锦江、府河、南河沿线，集观光、休闲为一体的河流形、流域式的湿地风景。湿地成为城市的"肺"，改善城市环境，优化城市生态，城市有一条这样的休闲生态带，无论对人民的休闲娱乐、观光游览，还是对城市的城市形象提升都具有积极作用。

以岷江流经区域为主线，重点依托区域内世界灌溉工程遗产都江堰，灌区内的场镇、林盘、农田、园区等生态资源，岷江、走马河、蒲阳河、黑龙滩、三岔湖、龙泉湖、通济堰等河流、湖库、堰坝水景观资源，以弘扬水利遗产文化、传承农耕文明为核心，大力发展水利工程观光、水利文化研学体验、滨水休闲、休闲体验、古镇度假等产品，联动区域内的熊猫文化、三国文化、美食文化、道教文化等其他文化资源，以及龙泉山、龙门山等山地资源，串联城镇乡村等节点，发展城乡休闲、文创体验、康体养生、水边古镇等水文化游览项目。

262

——打造清水河生态景观走廊。依托清水河水系，以水景观光和岸线景观光为主，开通一批水上观景航线，打造水道观光产品，营造水上游赏空间和视觉景观空间，丰富水上观光内容，打造水上游赏线路。

——打造江安河黄金水道文化走廊。江安河是一条灌溉成都平原的重要河流，也是一条不可缺少的黄金水道，曾经承载着水路交通的重要历史使命，沿途有不少水陆的码头，随着陆路交通的兴起而逐步退出了历史舞台。沿江安河水系沿线，串联沿线二江寺、红桥村护岸堤遗址、鱼凫村遗址、江安河水文站等资源，以水文化为主线，以文化保护、文化教育为主题，把工业水利、山水观光、亲水休闲融为一体，形成现代黄金水岸沿线文化走廊。

（三）建设沱江新城发展的示范轴

依托青白江、毗河、湔江、山溪河等沱江水系流过的区域，以位于成都市金堂县赵镇的沱江源文化带为核心，将天府水城、毗河湾、将沱江文化博物馆、五凤溪古镇、三山一湖（三岔湖）、沱江金堂段、沱江小三峡、溥利堰、云顶石城等物质类水文化遗产资源，打造临江环山的成都山地古镇度假样本。依托沱江两岸丰富的自然人文景观，动人的民间文化传说，融入鳖灵拓峡、韩璩治水等非物质水文化遗产，打造特色鲜明的沱江山水生态旅游区。

——打造"柏条河—毗河"蓝色走廊。形成区域生态活力带，主要辐射郫都区、新都、金牛区、青白江、金堂区域。将郫都区境内的三道堰镇、石堤堰、望丛祠、古城遗址、徐堰河干渠等，新都境内青白江干渠、东风渠北干、新都桂湖、新繁东湖、杨氏宗祠、毗河供水工程等，青白江境内城厢古镇、东风渠（青白江段）、弥牟古镇、马棚堰等，金堂境内五凤溪古镇、蒋铜渡槽、九龙滩提灌站、云顶石城、毗河（金堂段）、淮口瑞光塔等资源整合，建设"柏条河—毗河"水文化走廊，开发"古水寻迹"自驾游线路，打造水文化自驾车旅游典型样板。

——打造江沱文化走廊。沿青白江水系沿线，植入以大禹治水"岷山导江，东别为沱"为主题，打造江沱文化走廊，充分展现蜀水文化的深厚底蕴。

（四）天府绿道蓝网

沿江区（市）县，主动融入天府绿道建设。以锦江绿道江滩公园、熊猫绿道"时代旋律"景观节点、毗河木龙湾绿道、七里诗乡绿道、桤木河湿地绿道等为代表的天府绿道旅游产品，以桂溪公园、锦城湖公园等代表的城市湿地休闲公园旅游产品，以东门码头"门泊东吴万里船"、合江亭"花重锦官光影秀"、夜游三江等为代表的夜游产品，逐步成为响亮的旅游名片。

二、发展格局下的水文化遗产资源利用方向

（一）中部片区

中部区域主要为成都中心五城区，范围包括武侯区、锦江区、青羊区、金牛区和成华区。主城区历史悠久，水文化资源丰富，人文厚重，应对每一处城市水文化景观，对每座桥梁、每座雕塑、每块碑、每片瓦认真揣摩，使城市水文化最终成为展示成都历史文化与现代文明的一颗颗璀璨明珠。让城市水文化景观充分展示成都城市丰厚的水文化底蕴，展现成都城市独特的水环境风采。

——**贯穿城市水系，建设"活水"城市**。活水城市，河湖连通，在城市建设中，要注意保护成都城市历史遗留下来的优秀水文化景观。以成都城市主要河渠干流府河、南河、锦江、沙河、清水河、浣花溪等水系资源，串联城市绿地、公园、景区，以重现昔日水网密集河流纵横的"水上成都"。

——**用好现存的城市水文化景观**。成都城市历史上商业繁荣，号称西南大都，历代有游赏之习盛行，自汉唐时代起有"花市"之称。正月灯市，二月花市，三月蚕市，一四月锦市，五月扇市，六月香市，七月七宝市，八月桂市，九月药市，十月酒市，十一月梅市，十二月桃符市。在现代堤岸建设、河流整治中，将沿水景观融入水文化，呈现河岸有花赏，月月有活动，重现"二江珥市"之美景。

（二）东部片区

东部区域主要包括东部新区、简阳市、金堂县、龙泉驿区等4个区。东部区域是成都融入和引领成渝地区双城经济圈发展的东向重要窗口，是成都金青新大港区发展主体之一，扼守沱源咽喉，积极开展沱江流域河流水文化遗产资源转换利用。东部区域的4个区（市）县是成都市"东进"发展的重要战场、成都金青新大港区发展主体之一，地处沱江流域沱源要津，其水利基础设施水平、水利事业发展层次不仅关系自身水资源供

给、防洪和生态安全，影响和制约着本县整体经济和社会发展，对成都东部地区乃至整个沱江流域地区用水安全、防洪安全、环境质量也产生着重要影响。

——**打造城市近郊亲水集群**。围绕城郊乡镇、农业观光园、重大旅游景区、沿河合理布点，体现多样性、层次性、集中性、特色性，满足不同层次消费者的需求，根据各区（市、县）不同水域资源特色进行整合，重点和优先发展城市周边和主干道沿线交通条件和基础条件好的区域，融入乡村旅游元素，发展近郊亲水旅游，打造水文化旅游示范村，带动区域农户增收。

（三）南部片区

南部区域主要包括高新南区、天府新区、双流区、新津区等4个区。南部区域主要是以水文化为主要特征的传统水文化习俗、水文化竞技竞赛和水民俗在新津区、双流区黄龙溪地区都有分布。

——**创造水生态＋水文化新版图**。天府新区内水资源十分丰富，依托兴隆湖、鹿溪河、麓湖等水资源打造"最成都"的生态湿地，成为其中非常重要的组成部分。串联区域内的湖泊、湿地、水库资源，形成城市生活，安居乐业的生态宜居地。

（四）西部片区

西部区域主要包括都江堰、郫都、温江、崇州、大邑、邛崃、蒲江及高新西区在内的八个区。是全市最重要的水源涵养地、都江堰精华灌区，是践行"绿水青山就是金山银山"的重要区域。

——**灌区城乡特色发展示范区**。区域内依托都江堰世界灌溉遗产工程，积极培育水利工程观光、水利文化科普研学、水利文化休闲体验等新兴业态。整合周边川西林盘景观和现代农业资源，发展乡村休闲、乡村度假、水文化体验、灌溉文化体验、水上运动旅游。

——**山水文化体验地**。该区域可深入挖掘灌区文化、岷江文化蕴涵的时代价值，积极融入长江文化旅游区建设，在文化传承中发挥重要作用。持续巩固生态环境优势，使绿色发展成为新动能，使绿水青山产生巨大的生态效益、经济效益和社会效益，打造绿色发展的样板区，在乡村振兴上发挥引领作用。

（五）北部片区

北部区域主要包括新都、青白江、彭州在内的北部区（市）县。该区域是成都市北部生态屏障、产业转型发展示范区、城市有机更新示范区、彰显天府文化的"和谐宜居家园"。

——**打造国家水生态康养区**。北部的彭州一带，水脉纵横，地下水资源丰富，具有众多的泉点、丰沛的水量、优异的水质等特点，再加之当地百姓长久以来的利用，数以百计的泉水散落彭州各地，赋予了彭州独特魅力的水文化。将北改区域优质的自然水资源和乡村农业作为核心资源，以该区域的水文化历史为内涵，将北部山地区域打造成为国家水生态康养区。

三、行政区划下的水文化遗产资源利用方向

（一）武侯区

全区共有Ⅱ级资源4处，占全区水文化遗产资源总量的8.92%，主要资源有浣花日（大游江）、望江楼公园、薛涛井、虹桥；Ⅲ级资源6处，占全区水文化遗产资源总量的12.5%，主要资源有虹桥、金花堤、南河干渠（武侯段）、江安河干渠（武侯段）、三吏堰、万里桥、龙爪堰（武侯区）等。

——**对城市传统水文化景观广泛宣传**。例如给府河、南河、肖家河正名，恢复"锦江""龙爪堰"之称。锦江的文化内涵已长达2000多年的积累，龙爪堰始建于秦朝末年，水文化历史厚重；都江堰获得世界文化遗产之称，府河、南河工程获得联合国人居奖，二者均因成都城市发展的需要而兴建，加之都江堰、府河、南河均属都江堰扇形水系，故在对外宣传时可将二者并称，立足于宣传完整的都江堰，以提升成都城市水文化的知名度，可建成都城市水文化博物馆，以增强成都城市水文化的宣传力度。

（二）锦江区

全区共有Ⅰ级资源1处，占全区水文化遗产资源总量的2.63%，资源为合江亭。Ⅱ级资源10处，占全区水文化遗产资源总量的26.31%，主要资源有府河、南河整治工程、锦官驿遗址、东门码头、正科甲巷古水渠、指挥街周代遗址、水井街酒坊遗址、九眼桥、

大慈寺、江南馆街唐宋街坊遗址、安顺廊桥；Ⅲ级资源10处，占全区水文化遗产资源总量的15.78%，主要资源有南河干渠（锦江段）、锦江传说、沙河干渠（锦江段）、东门大桥（濯锦桥）、东门盛景图、成都锦江龙舟赛等。

——**提高锦江龙舟赛的影响力**。加大宣传，通过举办赛事集聚人气、带动旅游，让赛事影响力变经济推动力。

——**做强水韵成都，夜游锦江旅游品牌**。目前夜游锦江水上游览航线只在锦江区内开展，要做大做强夜游锦江文旅品牌，应将成都市主城区内主要水系连通，依托府河、南河、锦江，以及九眼桥、安顺廊桥、锦江桥、虹桥、驷马桥、五桂桥等横跨江上的古桥资源，穿过纵横各个朝代造型不同的廊桥、拱桥，体验乘着画舫夜游欣赏。以九眼桥码头、猛追湾码头、东门码头等水边场所为场地，开展水陆联动、灯光投影、实景演出、深度体验"水韵成都"，领略岷江旅游航道，品千年天府水文化。

（三）青羊区

全区共有Ⅰ级资源8处，占全区水文化遗产资源总量的14.89%，为金沙遗址、浣花溪公园、石犀、摩河池遗址、古百花潭遗址、江渎庙遗址、蜀锦工坊、万里桥；Ⅱ级资源9处，占全区水文化遗产资源总量的19.56%，主要为解玉溪、散花楼、金河、十二桥遗址、古蜀船棺合葬墓遗址、方池街遗址、东华门遗址、成都自来水一厂、百花潭公园；Ⅲ级资源4处，占全区水文化遗产资源总量的6.39%，主要为福感寺遗址、府河干渠（青羊段）、南河干渠（青羊段）等。

——**注重水文化资源活化利用**。以重现江渎庙、复原张仪楼等资源，将其打造成为成都文化地标，繁荣水文化。早在尧舜时代，中国的先民就滋生了对名山大川的顶礼膜拜，即五岳四渎。在历朝历代的封建统治者眼中，四川都是大江大河的发源地，因此，在成都设立江渎神的庙宇进行祭祀也就不足为奇。江渎庙最后拆毁于1966年，目前只有三尊江渎神铜像还立于四川省博物院内。曾经的江渎庙除了是祭祀江渎神的场所，还是一座美丽的公园，重现江渎庙，既是水文化传承，也是现代公园城市建设的需要。诗人岑参笔下的"传是秦时楼，巍巍至今在。楼面两江水，千古长不改。曾闻昔时人，岁月不相待。"写的正是成都的张仪楼。张仪楼是与得贤楼、散花楼、西楼合称为成都四大名楼，是蜀汉时期为了纪念修筑成都城垣的秦国宰相张仪所筑，一直沿用到唐代末期。复原张仪楼，结合周边景点联合，将其打造成为城市旅游形象地标。以"水"为主题，打造文化旅游街区等一系列城市水文化旅游景点，推动"世界顶级的水文化旅游区"建设，让游客感受独特的天府水文化。

（四）金牛区

全区共有Ⅱ级资源2处，占全区水文化遗产资源总量的4.76%，主要资源有九里堤遗址（縻枣堰）、羊子山祭祀台遗址；Ⅲ级资源6处，占全区水文化遗产资源总量的14.28%，资源有东风渠（金牛段）、府河（金牛段）、摸底河（金牛段）、清水河（金牛段）、沙河（金牛段）、毗河（金牛段）等。

——打造城中亲水宜居典范。随着时代的发展，成都的版图越来越大，贯穿成都的河道却越来越少。"门前有河，家有小院"的生活方式，已成为一代成都人怀念孩童时代的美好回忆。沙河是流经成都市主要的三条河道之一，串联起了洗瓦堰、砖头堰、驷马桥等多个水文化资源，沿沙河呈带状规划的沙河公园，更是主城内仅有的城中湿地，生态优势突出。亲水而居已成为越来越多的人追求高品质生活的诉求，将沙河为主线，串联沿线的堰渠，打造宜居沙河，让老成都生活的记忆与情感得以保留与传承。

（五）成华区

全区共有Ⅰ级资源3处，占全区水文化遗产资源总量的6.52%，资源有万岁池（白莲池）、升仙湖、驷马桥；Ⅱ级资源1处，占全区水文化遗产资源总量的5.88%，资源有沙河整治工程；Ⅲ级资源7处，占全区水文化遗产资源总量的15.21%，资源有锦江（成华段）、东风渠（成华段）、东风大桥、东风渠北干、二仙桥遗址、沙河干渠（成华）、红星桥等。

——创造现代城市水文化景观。在保存成都城市传统水文化的同时，还应当将现代技术、文化、观念引进现代水城景观建设之中，创造现代城市水文化。以沙河河道整治工程、南河综合整治工程等水文化资源，对城市中心城区水环境治理，可在河岸建设采用高技术的城市水文化展览馆、现代雕塑，大型喷泉、水上娱乐、水幕电影等。

（六）东部新区

全区共有Ⅰ级资源1处，占全区水文化遗产资源总量的2.5%，资源有东灌工程建设事件；Ⅱ级资源3处，占全区水文化遗产资源总量的6.81%，资源有圣德寺白塔、三岔湖；Ⅲ级资源4处，占全区水文化遗产资源总量的9.09%，资源有张家岩水库、石盘水库（龙泉湖）、养马渡口、海螺街道古桥群、东风渠（东部新区段）等。

——打造水中"天府明珠"。以三岔湖、三岔古镇水文化资源为核心，整合湖中

113个岛屿，加强亲水设施和水景观打造，合理布置滨水滨岸慢行道，开发水下游览、潜水观光等项目，建设三岔水文化博物馆，传播东灌奉献精神。

——打造水边休闲度假区。采取多维度、多层次的方式进行滨水旅游开发。依托三岔湖、龙泉湖（石盘水库）丰富的水资源和自然风光，在空间层面上，开发水上游赏空间、运动竞技空间和视觉景观空间，在产品维度上，开发"水心""水面""水中""水空""水滩"五个层次旅游产品。综合考虑三岔湖沿线水域条件和水岸景观，依托村镇、乡村安全河段岸边、库区、湖滨，发展垂钓、湿地观鸟、水上演艺、水疗康养以及益智游戏、篝火晚会、BBQ、棋牌品茗、美食体验等休闲度假旅游产品与业态。

（七）简阳市

全市共有Ⅱ级资源2处，占全市水文化遗产资源总量的4.08%，资源有石桥古镇、圣德寺白塔；Ⅲ级资源6处，占全市水文化遗产资源总量的12.24%，主要资源有赤水桥、平泉街道利济桥、三星镇利济桥、沱江（简阳段）、东风渠（简阳段）、鸡公山提灌站等。

——打造古风古韵旅游胜地。以石桥古镇为核心，完善古镇交通、道路、标识、厕所等基础配套设施，以"水"元素做为主基调，串联古桥群，深挖水文化，保留原有的原始风貌，将古镇的"古风"元素做足，打造"明清古风"风貌的水边古镇，植入滨河度假、休闲垂钓、房车露营、古风摄影等新兴业态，充分引领全市乡村旅游发展，成为具有区域影响力的休闲旅游目的地。

（八）金堂县

全县共有Ⅱ级资源4处，占全县水文化遗产资源总量的6.25%，资源有五凤溪古镇、云顶石城、沱江号子、淮口瑞光塔；Ⅲ级资源8处，占全县水文化遗产资源总量的12.5%，主要资源有九龙滩提灌站、怀安军遗址、三皇庙水文站、沱江（金堂段）、金堂峡（沱江小三峡）、红花水库引水渠、五凤镇关圣宫、李元著《蜀水经》等。

——打造水科普教育基地。绵远河、石亭江、湔江、青白江、毗河等支流在金堂汇集而成沱江。成都水文局三皇庙水文站就位于沱江金堂峡口，是国家重要水文站，且是中华人民共和国成立前建成的11个水文站之一，具有较高的水科普和水文化教育意义。将三皇庙水文站加大宣传，为水文站设立标牌，将建立时间和功能等信息挂牌，建立水科普、水文化教育基地，依托水文站原有基础设施开展水利、水生态科普，传承水文化。

（九）龙泉驿区

全区共有Ⅱ级资源2处，占全区水文化遗产资源总量的5.40%，资源有洛带古镇、客家水龙节火龙节；Ⅲ级资源4处，占全区水文化遗产资源总量的10.81%，主要资源有东风渠（龙泉段）、洛带会馆湖广会馆、石经寺、八角井等。

——**传承水文化民俗活动**。龙泉驿区的洛带地区，水文化资源丰富，洛带舞龙、水龙文化节等请水习俗、龙文化信仰是客家文化的代表，是对天府水文化体系的丰富和华夏龙文化的有效传承，对深度挖掘水龙文化故事、推进传统文化的发展起到了极大的作用。

（十）高新区

全区共有Ⅲ级资源1处，占全市水文化遗产资源总量的20%，资源有龙爪堰（高新段）；Ⅳ级资源1处，为中和场；Ⅴ级资源2处，分别为栏杆堰（高新段）和姐儿堰。

——**打造天府绿道（河湖）生态宜居样板**。近年来，锦城湖晋升为成都人的夜跑胜地；白鹭湾是我市的水生动植物自然课堂；生态资源成了该区难得的标签。依托水域建设的天府绿道体系，成为水生态的成功实践，融入现代理水理念，将水文化释放活力新区。

（十一）天府新区（成都直管区）

全区共有Ⅱ级资源1处，占全区水文化遗产资源总量的4.17%，为二江寺古桥；Ⅲ级资源2处，占全区水文化遗产资源总量的12.5%，资源有安公堤、二江寺。

——**打造水文化生态地标**。千年之古寺，长伫于江头岸边，诠释了天府新区水文化的精髓。二江寺是府河和江安河的汇合之地，地位等同于合江亭。二江寺古桥也是成都现存最古老、规模最大的石拱桥，是锦江上最后一座古代石拱桥，于天府新区乃至整个成都的价值不言而喻，而与之相关的故事更是承载着江河万古的历史。以二江寺、二江寺古桥、安公堤等资源为核心，依托上游江安河出口，二江交汇处形成三角洲地带良好的生态环境，打造生态地标，传承天府新区的水文化遗产，赋予天府新区更深厚的文化底蕴和内涵。使该区域成为了解成都水文化与城市文明的一个窗口，成为了解天府之国如何与河流相辅相成、共生共荣的缩影。

——**打造人水和谐的居住范本**。兴隆湖已成为成都平原水鸟越冬地，生态环境特点突出，以生态引领，产业共融，成为新城建设的核心生态圈，打造人居居住范本。

（十二）双流区

全区共有Ⅱ级资源6处，占全区水文化遗产资源总量的10.00%，主要为古佛堰、三县衙门、府河号子、黄龙溪古镇、黄龙溪古码头、镇江寺；Ⅲ级资源5处，占全区水文化遗产资源总量的6.67%，主要为彭镇、官堰、东风渠（双流段）、赛龙舟、棠湖公园等。

——打造非物质水文化遗产地方品牌。以水文化为重要文化载体，大力发展黄龙溪地区龙舟竞技竞赛项目，深挖赛龙舟、放生会、祭祀民俗等水文化节庆内涵，创立全国性乃至世界闻名的龙舟文化品牌，促进地区特色旅游开发利用，推动与其相关联的非物质水文化遗产协同发展。

（十三）新津区

全区共有Ⅰ级资源2处，占全区水文化遗产资源总量的3.70%，资源为通济堰、新津宝墩遗址；Ⅱ级资源1处，占全区水文化遗产资源总量的1.85%，资源为先主寺；Ⅲ级资源7处，占全区水文化遗产资源总量的12.96%，资源有通济堰水渠（解放渠）、新津白鹤滩湿地、岷江（新津段）、杨柳河干渠（新津段）、老子庙三官殿、龙舟技艺（文化）、新津斑竹林等。

——打造水文化非遗手艺传承高地。深入挖掘新津区域内当地的水边古村落文化融入本次的水文化遗产资源之中，并对当地的龙舟技艺、龙舟文化等进行了资源挖掘，建设龙舟文化展览馆，打造西部龙舟非遗手艺传承人高地，对当地龙舟文化进行传承。

——打造水上游览线路。在杨柳河花源花桥段、南河竹林公园等涉水项目建设中充分融合新津水文化，沿河流域建设河湖公园、湿地公园、水文化主题公园、水文化展示馆、水文化长廊、船宴美食街等项目，丰富游览线路。

（十四）都江堰市

全市共有Ⅰ级资源13处，占全市水文化遗产资源总量的5.91%，主要有都江堰水利工程、都江堰渠首工程、都江堰放水节、杩槎竹笼技术、干砌卵石工程、李冰治水、大禹治水、安澜索桥、李冰石像、芒城遗址、伏龙观、古法截流、二王庙；Ⅱ级资源5处，占全市水文化遗产资源总量的3.94%，主要有灌县古城、官家花园、兴隆桥、都江堰南桥、奎光塔；Ⅲ级资源41处，占全市水文化遗产资源总量的20.20%，主要有紫坪铺水库、金马河（都江堰段）、柏条河（都江堰段）、都江堰水则、走马河水文站、走马河（都江堰段）、沙黑总河、文庙、离堆、仰天窝闸、蒲柏闸、蒲阳河水文站、金刚堤、环山渠、二王庙庙会、都江堰卧铁、宝瓶口水文站、柏条河水文站、泰安古镇、治水六字诀、治水三字经等。

——打造西部田园综合体示范区。守护古蜀沃土，从"传统灌区"升级到"田园综合体"，生态入城，城田水相融的策略。通过柔滑、模糊城乡边界，在城市、田园、水域之间，形成一个城乡过渡区。强调生态对城市空间的渗透，强化水系廊道对城市空间的冲刷的肌理感，形成山水田园居住示范，成为乡村振兴示范项目的重要板块。

（十五）郫都区

全区共有Ⅰ级资源3处，占全区水文化遗产资源总量的4.92%，资源有望丛祠、鳖灵治水、郫县古城遗址；Ⅱ级资源3处，占全区水文化遗产资源总量的4.92%，主要有望丛祠祭祀活动、三道堰镇、石堤堰；Ⅲ级资源12处，占全区水文化遗产资源总量的16.39%，主要资源有东风渠进水枢纽、丛帝陵、望帝陵、望丛赛歌会、徐堰河干渠（郫都段）、毗河干渠（郫都段）、沱江河干渠（郫都段）、江安河干渠（郫都段）、走马河干渠（郫都段）、府河干渠（郫都段）、蒲阳河干渠（郫都段）、磨底河干渠（郫都段）等。

——打造水文化主题农业园。郫都区是全国农家乐的发源地，乡村旅游基础配套成熟。水与农业、农作之间是密不可分的，发挥六大干渠水源地优势，引水进园，科普水与耕作之间的关系，将水文化与农业融合，建设水文化教育农园基地，策划具有生态性、文化性、示范性与体验性的水文化主题产品。以农业生产为产业支撑，创新传统园区的产品形态与运营模式，为农业园开辟新的发展途径，发挥产业融合的综合效益。

（十六）温江区

全区共有Ⅰ级资源2处，占全区水文化遗产资源总量的2.74%，主要资源为鱼凫村遗址、红桥村护岸堤遗址；Ⅱ级资源1处，为红桥村遗址，占全区水文化遗产资源总量的1.37%，Ⅲ级资源8处，占全区水文化遗产资源总量的11.11%，主要为杨柳河干渠（温江段）、金马河干渠（温江段）、玉石堤、红桥村遗址、连二里市、马坝河、大朗堰、江安河干渠（温江段）、清水河干渠（温江段）等。

——打造亲水滨河生态景观带。贯通江安河生态游憩系统，将光华公园、温江公园等大型绿地纳入江安河生态绿色走廊系统，编织城市蓝绿脉络，打造国际花园城市形象窗口。软化驳岸形式，丰富竖向景观，打破硬质岸线段的单一形式。沿江安河两侧设置绿色健康步道，亲水平台，增加亲水场景。把温江打造成林盘水景与滨水新城相辉映的水生态文明示范区、川西农耕文明治水兴水的文化展示区、人水和谐亲近自然的体验区。

（十七）崇州市

全市共有Ⅰ级资源2处，占全市水文化遗产资源总量的3.22%，主要资源有紫竹遗址、双河遗址；Ⅱ级资源4处，占全市水文化遗产资源总量的6.45%，主要资源有三合堰进水枢纽、街子古镇、罨画池、元通古镇；Ⅲ级资源9处，占全市水文化遗产资源总量的19.68%，主要资源有白塔湖、西河(崇州段)、干五里河、七分堰、桤木河、千功堰、文井江(崇州段)、乌木堰、味江河等。

——打造水美古镇，人文崇州。"其水每错综散流，形如井字""西江晚渡客三千"是对文井江的描述，记录了崇州的繁华和富庶。川西名园罨画池清幽秀雅是国家重点保护文物单位，是崇州千年历史文化底蕴的人文坐标。崇州因水而兴，传承了千年的水文化历史。人文崇州，岁月在千年古镇留痕。古镇街子山水相绕，古镇元通河流汇集。以文井江水脉为魂，以生态、浪漫、古典、动感、活力为本，打造水美古镇群。再现陆游"袅袅风中竹，昏昏云外钟"的意境。

（十八）大邑县

全县共有Ⅰ级资源2处，占全县水文化遗产资源总量的8.51%；Ⅱ级资源4处，占全县水文化遗产资源总量的8.51%，为邮江堰、新场古镇、川王宫、安仁古镇；Ⅲ级资源8处，占全县水文化遗产资源总量的17.02%，主要有邮江河(大邑段)、佛子岩石刻、黄沙堰、羊头堰、跃进堰、悦来古镇、三轮堰、斜江河(大邑段)等。

——打造西蜀林盘水乡。邮江河在大邑境内流经西岭镇、花水湾镇、新场镇等，是大邑县的"母亲河"。河流流经之地，均是生态宜人，文化厚重，与天府水乡文化、茶马古道文化高度契合，彰显了大邑厚重的水文化底蕴。以水文化加持，创新乡村改造，利用大美林盘创新实现人与水、乡村和城市的融合，以"水文化+"助力大邑全域旅游建设。

（十九）邛崃市

全市共有Ⅰ级资源1处，占全市水文化遗产资源总量的1%，资源有文脉堰；Ⅱ级资源9处，占全市水文化遗产资源总量的9%，主要资源有翁亭公园、玉溪河引水工程、黄金堰、乐善桥、平乐古镇、文脉堰、回澜塔、文君井、夹关古镇；Ⅲ级资源8处，占全市水文化遗产资源总量的8%，主要资源有邛窑遗址、安乐堰、竹溪湖、楠杆堰、新开堰、徐公堰、邮江河(邛崃段)、南河(邛崃段)等。

——打造水田相融的山水城市样板。"邛窑"是邛崃市的一张文化名片，"邛窑"始于南朝，是古代青瓷的重要产地，而"邛窑"的遗址之一"十方堂"就坐落在学校东南方一千米的南河边，地理位置上与水的接近让"邛窑"与水更是关联甚密，是水边文明的见证者。邛崃因得南河水利之便，物产丰富，创造了灿烂的邛地文化，自古有"秀压西川十三州"之说。以南河两岸沿河打造水景观，融入邛崃水文化，提升文化品位；结合林盘，打造水田融合的田园牧歌图景，传承水文化、发展水经济，助力邛崃山水公园城市样板区建设。

（二十）蒲江县

全县Ⅱ级资源3处，占全县水文化遗产资源总量的4.17%，主要有朝阳湖、石象湖、蒲江飞虎村船棺墓葬遗址；Ⅲ级资源5处，占全县水文化遗产资源总量的6.94%，主要有临溪河（蒲江段）、龙居堰、蒲江河（蒲江段）、西来古镇、南河（蒲江段）等。

——打造具有文化内涵的水美乡村。茶文化是蒲江县重要的地方文化之一，同时茶文化和水文化都是天府文化的两张名片，两者的结合，让蒲江有了文化魂。蒲江水文化类型丰富，沿临溪河、蒲江河建设慢行绿道，串联湖区资源，以古镇聚人气，结合乡村振兴战略规划，建设水美乡村，让水资源转化为旅游价值。

（二十一）新都区

全区共有Ⅱ级资源2处，占全区水文化遗产资源总量的5.00%，资源有新繁东湖、新都桂湖；Ⅲ级资源7处，占全区水文化遗产资源总量的20.45%，资源有青白江干渠（新都段）、状元井、新都白水寺、木兰寺、曹家水碾、杨氏宗祠、东风渠北干（新都段）等。

——打造城北漫生活区。对接天府绿道和市域绿道体系，将绿道延伸，串联新都桂湖、新繁东湖、状元井、曹家水碾等区域内重要水文化资源点，以毗河生态景观带打造为契机，融入水文化建设，承接成都市中心城区城市功能外溢，打造北部漫生活区，让区域居民体验绿道湖畔林间休憩，感受生活节奏在快与慢之间自由转换。

（二十二）青白江区

全区共有Ⅱ级资源2处，占全区水文化遗产资源总量的3.85%，资源有城厢古镇、贯子山（玉虹桥）水电站；Ⅲ级资源3处，占全区水文化遗产资源总量的5.77%，资源有弥牟古镇、溥利堰、毗河（青白江段）等。

274

——打造灌区文化科普基地。青白江有全国最早建成的4座水电站之一，也是号称川西第一水电站的贯子山（玉虹桥）水电站；有都江堰灌区"最后一块区域"的毗河供水工程（青白江段）；有东风渠穿境而过。灌区文化深深印在青白江的土地上，将青白江打造成灌区文化科普教育集中基地，以代表性的资源为文化核心，科普、教育水利灌溉工程，传播灌区精神。

（二十三）彭州市

全市共有Ⅰ级资源3处，占全市水文化遗产资源总量的6.67%，资源为人民渠引水工程、湔江堰、文翁治水；Ⅱ级资源1处，占全市水文化遗产资源总量的2.22%，资源有镇国寺塔（镇江塔）；Ⅲ级资源6处，占全市水文化遗产资源总量的13.33%，主要资源有青白江干渠（彭州段）、万工堰、海窝子古镇、文翁祠、三昧禅林、湔江水利风景区等。

——打造立体公园城市的水文化样板。依托发达的岷江水系，以湔江、白鹿河、小石河、土溪河等河流资源为水脉，串联鱼凫湿地、金彭湖、莲花湖水利风景区、湔江水利风景区、牌坊沟水库等资源，形成河流、湖泊与湿地为主的生态区，使之成为城市的生态绿肺、生态屏障和产居功能的载体，让"水文化"成为彭州的一张世界名片。

——打造水文化体验型民宿体验区。依托水边聚落名城/名镇/名村，海窝子古镇，湔江水利风景区、镇国寺白塔、文翁祠等资源，通过仿古建筑或民族特色建筑，打造水文化主题酒店、民宿、客栈，为游客提供深切的文化居住体验，提升旅游服务水平，创新发展民宿集群。依托水文化底蕴，以当地特有戏曲文化等非物质文化遗产，由经营者带领游客体验各项戏曲非遗技艺或水事体验活动，体验水艺术和水文化。大力发展非遗文创基地、水文化商品、水边营地、艺术村等业态，弘扬文翁治水精神，发展水文化。

第六节
重要水文化遗产资源保护与综合利用建议

重要水文化遗产保护与综合利用建议是根据《天府蓝网总体建设规划》《水利部关于加快推进水文化建设的指导意见》等文件的规划、指导方向为依据，在Ⅰ、Ⅱ、Ⅲ级资源的基础上，筛选20个具备利用潜力的资源进行综合阐述，以突出文化核心为原则，合理利用建议。围绕水文化资源的特点，在综合分析资源优势、文化内涵和外部条件的基础上，因地制宜地对不同水系、不同地区、不同类型的水利遗产资源进行保护、传承，明确发展方向，并提出保护措施和利用建议。

一、湔江堰（水利工程综合体）

（一）资源概况

湔江堰，西汉景帝末年（约公元141年），蜀郡守文翁所开，是古代引用沱江上游湔江水源形成的水网的总称。湔江出山区进入平原后，即呈扇形散流，历代利用自然条件分散引水，形成众多水道，与天然河道交叉相错。

湔江堰不是独立的一条主干及许多分支，而是以湔江为核心，左右分水，在各个历史时期又有分有合，历年修缮，直至现代才基本定型。近代，湔江堰还在发挥作用，出山口以下分为7支，有小堰100条座左右，灌溉今彭州、新都、广汉、什邡等区（市）县20万亩良田，是青白江40万居民饮用水的供水水源。

（二）资源特色

1. 湔江堰是沱江水系上的治水代表工程。湔江堰历史悠久，文翁所开，文翁和"湔水九分"故事流传至今，时至今日，湔江堰仍然还在发挥其功能作用，是沱江水系上治水的代表工程，治水文化延绵流长。

2. 湔江是古蜀文明的重要源流。沱江上游有三条重要的支流：左源绵远河、中源石亭江、右源是湔江，而湔江下段为鸭子河，同源同脉，因此湔江与三星堆古蜀文明有着密不可分的关系。湔江与鸭子河一脉所系，古蜀先民从山区下到平原，有很大可能便是从湔江一带开始，古蜀先民在这里开始从事渔猎与农耕，开启了湔江文明。

3. 湔江堰所在区域具备科学合理开发利用的先决条件。以湔江堰为依托建设的彭州市湔江水利风景区，是成都市7处省级水利风景区之一，水利风景区推动水文化遗产活化保护的路径之一，同时水文化遗产也成了为水利风景区增色加彩的重要方式。水利风景区内可以开展观光、娱乐、休闲、度假或科学、文化、教育活动等。"湔水九分"

所构建的彭州阡陌水系滋润着独特的河谷文化。湔江堰所在的湔江河谷是现在彭州山地休闲的核心区，河谷最宽处达2千米，这种"高地河谷"在成都乃至全国都十分罕见。

（三）保护建议

首先对于水质，在水体水质和水量上有所措施，防止水资源危机，保障人类活动和经济社会发展。其次对水生态保护。根据相关涉水管控法规，包括《成都市河湖管控条例》《成都市国土空间规划》和《成都市蓝线规划》，湔江河道保护范围为河道管理范围以外50米。划定生态保护红线，建设生态廊道，保持生物多样性，营造"水清、岸绿、景美、人水和谐"的良好生态环境。

在保护与修复的实际操作过程中，对于水工程，渠系，闸门，涵洞等，保持古代工程的原貌，修旧如旧。最后对于水利建筑，应保持古建筑风貌，以木结构为主，采用条石、青砖、飞檐等修旧如旧的思路加以修饰。

（四）综合利用建议

1. 河湖公园建设。 目前的湔江水利风景区内已有鱼凫湿地公园、海窝子古镇等特色景点，接下来应丰富水利风景区在内的组成部分。进水口及渠系适当位置设标志牌，标明由谁在什么时间主持创建，以及保护范围，建设河湖公园，设立研学科普基地，生态环境良好的沿水地区规划慢游骑行道，串联已有的绿道，融入绿道体系对接成都市蓝网规划。

2. 文化旅游带打造。 改造或整体搬迁文翁祠，设立文翁塑像，扩大规模，增强影响力。整合湔江河谷区域文化资源，以水文化为主线，将镇国寺塔、文翁祠、湔江堰、海窝子古镇等水文化历史资源串联，集治水文化、戏剧文化、蜀源文化等多种文化要素组合形成文化特色旅游线。

3. 乡村振兴建设。 龙门山河谷蓝网结合生态保护和生境恢复只适宜进行低影响的开发（生态开发），提升龙门山生态旅游综合功能区的战略定位，同时也紧跟国家战略步伐，大力推进乡村振兴。

4. 水文化艺术作品创作。 大力开展治水文化、沱江文化资源的文学创作工作。岷江上游众多的文化资源都是很好的文学题材，目前将其转化为文学作品，但并未受到广大读者和社会广泛关注，将这些文学作品拍成影视剧或戏曲的则更少。事实上，诸如文翁治水、江源文化、古蜀文化、蜀道文化等都有非常多的故事情节可供选择加工，如能有计划地组织力量进行文学创作并将其改编成电影、电视、戏曲（除传统戏剧外，还可包括音乐剧、歌舞剧、情景剧等），加速水文化遗产的弘扬传播，提升这一区域的文化知名度和美誉度，有利于为当地区域乃至成都带来更大的社会效益。

5. 积极宣传水文化。大力开展有关沱江文化、治水文化资源的艺术化表现。文化资源的艺术化表现是文化资源转化为文化资本和文化品牌的重要途径。就湔江区域而言，不定期开展有关这一区域的诗词、散文、书画、摄影等创作大赛，注册开通文化专项微博、公众号，定期推送水文化相关文章，让社会各界人士关注水文化遗产，自觉宣传湔江区域水文化遗产。

表 6-2 综合利用建议一览表

序号	名称	建议内容	时序
1	河湖公园建设	湿地公园、科普教育设施、宣教解说系统	近期
2	文化旅游带打造	串联镇国寺塔、文翁祠、湔江堰、海窝子古镇等水文化历史资源，开通专线公交等形成文化游览交通专线	近期
3	乡村振兴建设	一是湔江风景区内村、镇实现绿化、净化、亮化、美化；二是挖掘湔江水文化特色，融合旅游业、民间艺术、乡村民宿等资源，形成地方特色产业；三是风景区内人居环境改善，营造人居环境优美的生活空间。	中远期
4	水文化艺术作品创作	文翁治水、江源文化、古蜀文化、蜀道文化为创作主题，改编成电影、电视、戏曲等文艺创作作品	中远期

二、都江堰水利工程（水利工程综合体）

（一）资源概况

公元前256年，蜀郡守李冰在蜀人治水事业的基础上主持修建都江堰水利工程。都江堰水利工程是一个由渠首枢纽、灌区各级引水渠道，各类工程建筑物和大中小型水库和塘堰等所构成的一个庞大的工程系统，是全世界迄今为止，兼具灌溉、防洪、水运、城市供水功能，年代最久、唯一留存、以无坝引水为特征的宏大水利工程，2000年已列入世界文化遗产名录，属全国重点文物保护单位。

（二）资源特色

都江堰把成都平原造就成为富饶的"天府之国"，为成都城市的发展奠定了物质基础，使成都迅速成为西南地区的经济、政治、文化中心。都江堰兴利除害的成功，造就了富庶的成都平原。

（三）综合利用建议

1. 思考都江堰景区"扩容工程"。 "向上"扩大都江堰景区范围，将都江堰工程的上游河段及白沙河（因为李冰当时建造的鱼嘴在白沙河口）沿线，都江堰分流之前就已经进入岷江水域段以及延伸到紫坪铺水库，纳入都江堰上游整体打造，扩大现有景区容量，规划景区扩大范围和衍生景点。

2. 积极争取纳入都江堰旅游总体规划。 都江堰上游白沙河是都江堰水利工程的重要组成部分，应创造条件，争取早日将片区纳入省市旅游总体规划中，从宏观上得到指导和统筹协调。

三、江渎庙（坛庙寺观亭）

（一）资源概况

江渎庙始建于秦代，后因战乱灾荒，庙宇损毁；隋开皇三年（583），庙宇重建。唐代，再次对祭祀江神的庙宇进行整修；在宋朝，成都江渎庙进入最鼎盛的发展时期。

（二）资源特色

1. 始建于秦代，历史悠久。 江渎庙是我国江、淮、河、济四大渎庙之首，渎即是源。四渎是指长江、黄河、淮河、济水。江渎庙是我国江、淮、河、济四大渎庙之首，也是中国民间信仰的河流神的代表。古时候，人类征服自然的能力有限，只有通过修建庙宇在心中筑起一座平安的丰碑。江渎庙代表了河流文化，是水文化厚重历史的经典体现。

2. 江渎庙所体现的"水信仰"，是河流文化的典型代表。 唐宋时，江渎庙附近有一江渎池。据宋张唐英《蜀梼杌》载，孟蜀赵廷隐的别墅，即"幅员十余里""后枕江渎池，中有三岛屿"。陆游《江渎池》诗也告诉我们：此地"雨过荒池藻荇香，月明如水侵胡床"，为当日江城一绝好的消夏之处。明代曹学佺《蜀中名胜记》将江渎庙列为成都"南门之胜"，建筑巍峨，有神像、巨钟等文物。对"五岳四渎"封神加以崇拜，表现出古人对孕育了东方文明和中华文明的名山大川既亲和又敬畏的一种心态，传达出人们渴望五谷丰登，风调雨顺，生活美满，追求人与自然和谐发展的愿景。

（三）综合利用建议

1. 恢复成都水文化地标。 以重现江渎庙、复原张仪楼等资源，结合上莲池，下莲池，将其打造成为成都文化地标，繁荣水文化。曾经的江渎庙除了是祭祀江渎神的场所，还是一座美丽的公园，重现江渎庙，既是水文化传承，也是现代公园城市建设的需要。

诗人岑参笔下的"传是秦时楼，巍巍至今在。楼面两江水，千古长不改。曾闻昔时人，岁月不相待。"写的正是成都的张仪楼。张仪楼是与得贤楼、散花楼、西楼合称为成都四大名楼，是蜀汉时期为了纪念修筑成都城垣的秦国宰相张仪所筑，一直沿用到唐代末期。根据相关文字描述，古代张仪楼的位置也在江渎庙附近。复原张仪楼，结合周边景点联合，将其打造成为城市旅游形象地标。

2. 历史文化街区建设。 历史文化街区作为城市文化与城市记忆的重要组成部分，目前成都市内以市井文化等为文化支撑，打造的太古里、宽窄巷子、锦里等步行街区已成为成都旅游的代表之一，但作为天府文化之源的水文化，目前还有没有一个以此为文化主题来打造的街区。为弥补这一文化空缺，建设以"水"为主题，整合文庙西街（文翁石室）、汪家拐街片区，打造文化旅游街区等一系列城市水文化旅游景点、步行街区，成为继太古里、宽窄巷子后成都的又一文化旅游热点街区，推动"世界顶级的水文化旅游区"建设，让游客在城区内有集中场所感受独特的天府水文化。

3. 加强水文化旅游宣传，搭建新媒体传播平台。 随着信息技术的日新月异，各种网络数字新媒体不断涌现，新媒体是新的技术支撑体系下出现的媒体形态，如数字杂志、数字报纸、数字广播、手机短信、移动电视、网络、桌面视窗、数字电视、数字电影、触摸媒体等。新媒体以其形式丰富、互动性强、渠道广泛、覆盖率高、精准到达、性价比高、推广方便等特点在现代传媒产业中占据越来越重要的位置。水文化旅游的宣传要紧跟新媒体的发展步伐，充分利用各种新媒体资源进行营销宣传和参与互动，让相关信息在第一时间得到传播。

4. 实施"水信仰"品牌塑造工程。 在现代快速发展的网络环境下，过去"好酒不

此重建设想图是王晓沛根据光绪三十年（1904 年），成都市地图及其他古地图制作

图 6-1 光绪三十年江渎庙区域地图

怕巷子深"的思想已经不能适应新形势下的传播需要了。尽管江渎庙作为"四渎"之一，拥有历史厚重的水信仰文化内涵，代表的是天府水文化的象征，但若不能实施有效的营销，社会口碑、文化品牌、人气等也是难以建立和聚集起来的，要让江渎庙未来成为水信仰的标志景点，名扬天下，就有必要实施系列的品牌塑造工程。如：整理编撰水信仰文化的影视剧本，拍摄电视剧；定期举办水信仰文化节，逐步将水信仰文化申报省市非物质文化遗产，水信仰文化资源地，将成都的天府水文化推向全国。

表 6-3 综合利用建议一览表

序号	名称	建议内容	时序
1	恢复成都水文化地标	结合上莲池，下莲池，重现江渎庙，复原张仪楼。	近期
2	"水信仰"品牌塑造工程	举办水信仰文化节，修建大型实景舞台，以"江渎庙"历史为线索，演绎天府水文化。	近期
3	历史文化街区建设	以"水"为主题，整合文庙西街（文翁石室）、汪家拐街片区，打造文化步行街区。	中远期

四、三岔湖（河流湖泊）

（一）资源概况

三岔湖于1975年3月动工修建，属大（2）型水库。地处龙泉山东麓，是都江堰东风渠扩灌工程的重要组成。三岔湖1993年列入《世界名湖录》，2001年评为国家AA级旅游区，被誉为"天府明珠"。20世纪70年代修建三岔水库，将原来的乾封古镇、三岔镇旧址淹没，一起变为湖底古镇。

（二）资源特色

三岔湖的蓄水量是杭州西湖的3倍，有113个孤岛和160多个半岛，拥有长达240千米蜿蜒曲折的湖岸线。群岛密布，蔚为壮观，被成都人亲切地称作"马尔代夫""离家最近的千岛湖"。三岔湖地处成都—资阳"两湖（三岔湖、龙泉湖）一山（龙泉上）"战略开发中心、大灌区"继往开来"的腹心地带，位于成渝经济圈之内，区域优势明显，资源禀赋。三岔湖独特的水文化、岛文化和林盘文化，集合诠释出"道法自然"的哲学观与风水内涵，具备生态保护和旅游发展的两大效应。

（三）保护建议

三岔湖现在的水质还没有得到完全恢复，需在维持现有水质的前提下，继续恢复三类以上的水质品质，保证湖区生态安全与生态持续恢复。

（四）综合利用建议

建设水下或水边博物馆。由于三岔湖的蓄水，三岔、乾封古镇永沉湖底。可综合利用三岔湖湖底和周边打造水下或水边博物馆，打造水文化交流基地，让后人铭记三岔湖建设的这段历史。打造在三岔湖赏最美的水利风景，学最经典的水文化故事，成为中华优秀传统文化的实物载体。

五、白莲池（万岁池）（池塘井泉）

（一）资源概况

万岁池始建于秦惠文王二十七年（前311），现位于成华区熊猫大道旁。万岁池是当时为修城墙，挖取了大量泥土之后，挖土留下的洼地被水流填满形成的湖泊，这片水域就是成都府北的万岁池。清朝早期，万岁池尚有八百亩之巨，昭觉寺的方丈丈雪通醉在池中遍种佛教圣物白莲，这一风尚一直延续到后世，万岁池之名此后便被"白莲池"取代。20世纪50年代就被填埋改造成了国营养鱼场。

（二）资源特色

万岁池（白莲池）是成都市最早的水利工程之一，建设年代还早于都江堰，是本次成都市水文化遗产调查出的始建年代最早的古代水利工程，蕴含厚重的水文化历史。

（三）保护建议

1. 现在的白莲池（万岁池）已为企业的所用。应对其设立保护标牌，写明场地名称由来、历史文化等信息。

2. 重视宣传，注重水文化宣传，将万岁池（白莲池）的传说故事广为流传，成为成都市水文化历史的实体鉴证，使之成为传说故事和水文化历史的胜地。

3. 积极争取社会财团的支持，建立基金会。充分利用社会的力量，民间的热情。借助社会财团的力量，尽快建立发展基金会，作为实施下一步发展的重要资金来源和保障。

六、三县衙门（工程管理机构）

（一）资源概况

三县衙门，始建于清乾隆二十八年（1763），初为总爷衙门，民国时期改为三县衙门，主要用于管理古佛堰的灌溉使用而修建，为华阳、仁寿、彭山管理水务事务的专门机构，同时是维护社会治安的衙门。2006年12月公布为第七批省级文物保护单位。

（二）资源特色

三个行政区域共有一个衙门，这在中国历史上还是比较少见的，成为封建社会县级衙门珍贵的历史活标本。它的一些做法对今天的社会治安综合治理仍然有许多借鉴之处。三县衙门是见证清朝衙门历史的活标本。

（三）保护建议

三县衙门是历史的一个缩影，不能复制不能再生，是一座独一无二的文化宝库，应以保护为主，结合黄龙溪古镇引流，成为水文化传播基地。

七、古佛堰、文脉堰（堤坝渠堰闸）

（一）资源概况

古佛堰始建于乾隆二十五年（1760），由彭山县令张凤翥筑堰引水灌华阳、仁寿、彭山三邑田。干渠长22.50千米，堰首有人工凿石渠1200米，其中600米加盖后建成现古佛洞场镇街坊，又穿一300米隧洞绕山嘴向南，直至彭山县江口。至今仍灌三县13115亩良田。

文脉堰始建于秦惠文王更元十四年（前311），是成都市最古老的两个水利工程之一，文脉堰在古代承担着临邛古城护城河用水，还是古老灌溉堰的重要水源地。1953年将同在邛江河左岸引水的文脉堰、张公堰和灌区内的泉凼堰合并组成。

（二）资源特色

民间广为流传有"寺庙横骑古佛堰，古佛堰水灌肥田"的歌谣。古佛堰还被称为小型"都江堰"，足见它的水利重要性。

由于古代文人期望邛崃文脉绵绵，人才济济而得名，民间更知明的说法是它"一脉穿三池"。现仅有翁亭公园由文脉堰供水，其余已不存。

（三）保护建议

目前古佛堰水质差，未达到三类水质标准，应大力整治水体，改善水质，进行水品质综合治理。设立古堰保护标牌，划定古堰保护范围，对其水利工程进行介绍，写明修建年代、人物、功能等信息。

对文脉堰渠系需加强保护，维修城内的渠系（翁亭公园），整治护城河体系，在堰渠首需设立保护标牌，写明古堰修建年代、修建人物、使用功能等信息。

（四）综合利用建议

将文脉堰进水口至邛崃城区段，按标准打造成河湖公园，并保持文脉堰水质品质，该堰进水量不要小于2立方米/秒保证公园内有活水流动。

八、连二里市（古村古镇）

（一）资源概况

连二里市位于成都市温江区金马河畔金马镇（原永盛镇并入）的崇江老场，是一个极具成都平原田园风光的乡村桥场。为 AAA 级景区、成都市历史文化名村、川西坝子唯一林盘集市。它地处崇江之名为崇庆、温江两县名各取一字而成，而后两县两乡两村共一桥场直至今日。

（二）资源特色

1.场镇的由来与水文化密切相关。 场镇主要以黄姓人家居多，其先祖自明末清初迁来此地居住，族人逐渐壮大，也就有了后来的黄家碾、黄家渡、黄家祠堂（20世纪70年代初期被拆，在原址修建青春大队小学和青春水电厂）。当地人更愿意称此地为黄家碾或崇江场。是由于原本此地并无集市，只有一座水碾，叫做黄家碾。金马河一涨洪水，客商们只能滞留在这里搭伙吃饭、搭铺过夜。附近百姓敏锐地嗅到商机，就在路边开起商铺，久而久之，逐渐形成了崇江场。

2.特殊的地理位置，一足踏"两县"。 "连二里市"这个地名源于集市独特的地理位置，当地人常打趣说"场这头摔跟头，场那头捡帽子；温江喝茶，崇州吃饭"，概括出了连二里市特殊而有趣的地理位置。

3. **古镇历史悠久，文化厚重。**连二里市是一座以桥为中心、极具川西田园风光的乡村桥场，有良田美池修竹，小桥流水人家，古人还留下"渔火遥连市，村扉半掩柴。夜来溪上宿，梦已在高斋"的诗句。历史超过200年，是川西坝子九斗碗的发祥地。

4. **文化古迹众多，人文景观丰富。**在面积0.3平方千米的场镇区域内，保留有小而精水文化古迹，有10余米的古桥——崇江桥。崇江桥始建于清嘉庆二十一年，后经多次修缮重建，2008年"5·12"地震被毁，现在的桥身为2009年原址重建。它是研究川西商贸文化和民俗文化的重要依据。具有较高的艺术和历史价值。2009年7月，被批准为第三批区级文物保护单位。

（三）保护建议

1. **对古镇以保护为主，保持、保护原有川西民居建筑风貌。**对连二里市里的传统建筑风貌加以保护、保存，严格管控建设风貌特征，对危、旧历史建筑加以修缮，恢复原始建筑、街区风貌。将保护、继承与发展相结合，保护历史文化、水文化。在现有基础上加强保护，对古镇悠久的历史沉淀和良好的水资源环境加以维护，对其要保护传统的建筑形式、保留街巷风貌，保持古镇与水的生态关系。

2. **生态环境的保护与恢复。**对沿河区域增加绿化，美化水岸。提升水生态、自然生态综合生态环境，以优质的生态环境吸引野生动物驻足、安家，形成生态和谐之地。

（四）综合利用建议

1. **打造温江康养文化地，成为养生智慧的缩影。**岷江，发源于岷山南麓，流经松潘、汶川等县，经都江堰水利工程后灌溉着成都平原，岷山雪水流至温江开始变暖，滋润温江。结合温江区域的养生文化，以水为养生核心，树立温江区域的康养文化，带动康养产业与区域经济发展。

2. **水文化特色自驾游目的地。**维持、维护好连二里市的原始风貌和淳朴的乡村气息，以水文化丰富原有的景区，对其周边环境进行优化升级和配套建设。挖掘岷江渡口文化，以金马河古渡遗址为载体，恢复古渡，行船赏景。挖掘当地水文化故事传说，以故事传说为创作背景，新建水文化景点，雕塑，景观小品等，突出文化村镇建设，带动乡村振兴发展。

3.基础、配套设计提升。连二里市的基础设施和整体风貌较好，但目前不通公交，可进入性不强，应打通金马河上的连接道路，使之与鲁家滩湿地公园相连，增加可进入性，打造休闲、游憩、游赏的好去处，打响"川西林盘唯一集市"的宣传口号。对古镇建设要严格控制建设风貌，保护传统的建筑形式、街巷风貌，结合水文化打造合适的现代休闲古镇。明确各个古镇的定位，将文化和习俗充分融入保护与发展中。

九、栏杆堰（堤坝渠堰闸）

（一）资源概况

栏杆堰又名楠杆堰，为清水河干渠的右岸支渠。东南流经红牌楼、永丰，至石羊场西，转南流入双流区，至协和乡双河村，汇入江安河。渠长21.5千米，灌溉成都、华阳农田3万余亩。

（二）资源特色

栏杆堰东南流经红牌楼、永丰，至石羊场西，转南流入双流区，至协和乡双河村，汇入江安河。栏杆堰目前已成为成都高新区五大特色绿道环之一的"铁像文旅环"的重要绿道之一。

（三）保护建议

进水口及渠系适当位置设标志牌，标明由谁在什么时间主持创建，以及保护范围。整治栏杆堰进水口，取消水泵抽水，恢复自然进水，进水流量不要低于1立方米每秒，如果没有适量的流动水体，河道会逐步变成臭水沟。栏杆堰的水量可经市河管处协调解决。以修旧如旧的方式对西三环路外侧渠系进行改造，对沿河环境进行整体绿化。

（四）综合利用建议

调整栏杆堰入水工程方式，结合城市有机更新，将栏杆堰入水口、沿河环境纳入城市整体绿化改造，注重保留城市水文化根脉和城市发展之间的传承，避免千河一面，尽可能地保留、提升它既有的生活化文态气息，打造最美河岸。

十、龙爪堰（堤坝渠堰闸）

（一）资源概况

龙爪堰始建于秦代，起于清水河西二环路内侧，终于益州大道天府五街下游。龙爪堰名字的由来，是因为它分流之后形式特别像龙爪而得名。

（二）资源特色

龙爪堰是流入成都市区的重要河渠，串联着沿线多个著名旅游景点。龙爪堰水质和沿线绿化景观的质量，直接影响周边居民的生活品质和成都的旅游形象。

（三）保护建议

现如今的龙爪堰实则为市民所熟知的肖家河，而龙爪堰之名除了还存在于地铁七号线和部分公交站名外，其他无从知晓。应将肖家河恢复其原名，改为龙爪堰，设立古堰保护标牌于进水口及渠系适当位置，标明主持创建的人物、时间、用途以及保护范围。并依据相关规定划定保护范围，该堰进水流量不要小于2立方米每秒，如果没有适量的流动水体，城市河道会逐步变成臭水沟。龙爪堰的水量可经市河管处协调解决。加强绿化纳入城市绿道体系对接成都蓝网，将水文化延续下去。

十一、贯子山（玉虹桥）水电站（工程管理机构）

（一）资源概况

贯子山水电站，原名玉虹桥水电站，始建于民国二十二年（1933），1935年3月建成发电。位于青白江区城厢镇东门外1千米处。据《中国水利百科全书》记载，玉虹桥水电站是全国最早建成的4座水电站之一，也是成都地区早期建成的水电站中装机容量最大，运行时间最长，号称川西第一水电站。该站由青翰南主持修建，韩子撰设计，所发电量除供给城厢镇，广汉市三水镇的手工业、副业用电和居民照明外，还供给玉虹乡包家梁子提灌站提水灌溉农田2000余亩。

（二）资源特色

贯子山水电站目前仍可正常运行。玉虹桥水电站1972年因为改渠而停止运行，将全套设备搬迁至贯子山水电站，现在仅存建筑遗迹，它曾与四川省泸县洞窝水电站、云南昆明石龙坝水电站、西藏自治区拉萨夺底河水电站并列为我国最早建成的四个水电站之一，历史业绩蕴含的水文化具有重要意义。

（三）保护建议

1. 争取列入四川省重点文物保护单位。 贯子山水电站前身为川西第一水电站称号的城厢玉虹桥水电站，也是成都的第一个水电站（因行政区划变动，站址现在青白江区境内）。1949年12月27日，随着金堂县的解放，玉虹桥水电站更名为金堂县人民电厂。随之又在1958年建成贯子山电站，两站并网运行。1972年玉虹桥电站正式停止使用，但内部的机器设备转移到了现在的贯子山水电站，继续运行使命。为记录这一历史时期，纪念川西第一水电站称号，建议将贯子山水电站恢复其原名，将"玉虹桥水电站"之名继续传承，争取列入四川省重点文物保护单位。

2. 加强对设施设备维护维修。 贯子山水电站由于建设年代都比较久远，水电站各种设施都已不同程度的老化失修，甚至濒临关闭状态，工程设施落后、老化失修，导致效益偏低。应加强对贯子山水电站建筑外观及设施设备维护维修。

（四）综合利用建议

根据现目前了解的情况，贯子山水电站面临闭站"关门"的危机，这将使成都历史上第一个水电站面临"消失"的问题。将其恢复原名的"玉虹桥水电站"站址环境和内部硬件设施加以提升改造，匹配川西第一水电站称号，使其继续较好地发挥原有的功能，更好地保留下来。

十二、成都自来水一厂（工程管理机构）

（一）资源概况

成都自来水建设最早可追溯至清末，由时任劝业道的周善培倡导，1909年建成，为官商合办，名为利民自来水公司。囿于资金、技术及百姓用水成本的限制，利民自来水公司的出现并未对成都原有的供水方式及居民的饮水生活造成变革式影响，终因经营困难在1926年7月停业。直到1946年，青羊宫水厂正式输水投产，成都才建成了真正意义上的自来水公司。1957年，成都市自来水公司成立，原成都自来水厂更名为水一厂。

（二）资源特色

随着成都第一座自来水厂的建成投产，改变了当时人民的用水方式，成为一个城市用水方式改变的珍贵记忆，具有里程碑式的意义。

（三）综合利用建议

将成都水一厂原址或另选址将自来水一厂的历史文化融入成为其他景区或旅游线上一重要文化节点。目前水一厂当初的厂址还尚在，但水设施已不复存在，要保留这段珍贵的城市记忆，让市民了解成都自来水百余年的历史和供水用水相关知识，建立成都市水文化博物馆自来水馆，以此记录这段用水历史，传承水文化，活化水文化历史记忆。

表 6-4 综合利用建议一览表

序号	名称	建议内容	时序
1	建设成都城市水文化博物馆	采取实物、图片、投影、音像等形式，展示成都城市自来水的发展历程和背后的故事，以此记录成都自来水发展的历史文化和现代自来水发展的成果。	近期

十三、摸（磨）底河（堤坝渠堰闸）

（一）资源概况

摸（磨）底河是一条古老的河流，与清水河同源异流，是古蜀人治水形成的旧河流。摸（磨）底河原名磨底河，磨底河一名最早见清乾隆八年王来通所著《灌江备考》，后世称为"磨底河"。这条都江堰内江水系中人工开掘出来的河道，总长不足50千米，起于郫都区两河口，从走马河分出，自犀浦而下，进金牛区境、入青羊区境，穿金沙遗址，与清水河在送仙桥附近汇合后，流入浣花溪，成为南河的主要水源之一。

（二）资源特色

磨底河是都江堰流入成都市区的重要河流，是成都市中心城区6条主河道之一，连接、串联着沿线金沙遗址、青羊宫、送仙桥等多个著名旅游景点。磨底河水质和沿线绿化景观的质量，直接影响周边居民的生活品质和成都的旅游形象。

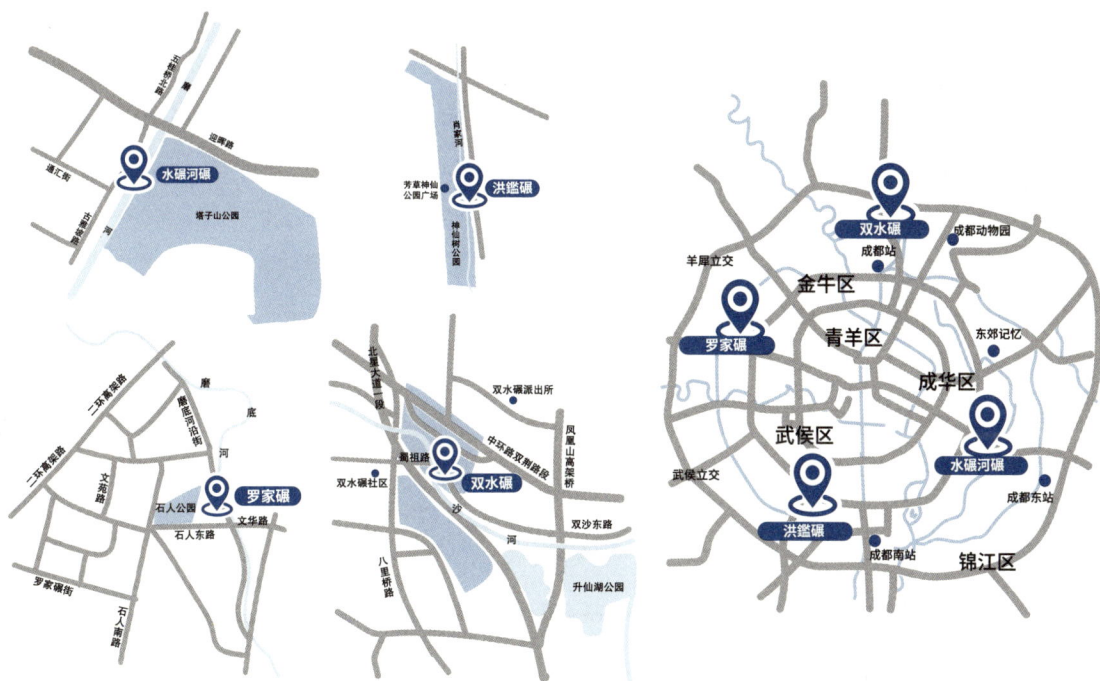

为了使成都市的一些街区名副其实，王晓沛根据民国三十四年（1945年）成都市地图提出重建罗家碾、双水碾、水碾河碾、洪鑑碾，以使成都这座历史文化名城再增加四处区域性水文化地标。

图6-2 磨底河、沙河等水系沿线水碾意想图

（三）综合利用建议

1. 恢复磨底河原名，沿河打造生态河道体验区、宜居水岸示范区。 磨底河进水流量不要小于2立方米每秒，如果没有适量的流动水体，河道会逐步变成臭水沟。磨底河的水量可经东风渠管理处协调解决。两侧修建沿河滨河绿带，以林下露营、植物净水塘、雨水花园、荷塘月色、碧湖绿堤、观景木栈道、阳光草坪、有氧骑行道、亲水平台、科普长廊等打造河道沿线生态绿廊。

2. 复建磨底河和沙河等水系沿线水磨景观。 磨底河沿线的罗家碾和沙河沿线的双水碾等，这些水碾地名自古就有，众所周知的街名、地名与人们沿河用水的历史息息相关。将罗家碾和双水碾的水磨景观沿河复建，成为成都水文化的文化地标，传扬水文化。

十四、合江亭（坛庙寺观亭）

（一）资源概况

合江亭位于四川省成都市府河与南河交汇成府河、南河之处，是以合江亭为核心，周围分布有东门码头、爱情斑马线、安顺廊桥、听涛舫等多个景点组成的区域。合江亭始建于1200年前，1989年成都市人民政府重建合江亭。合江亭于唐代贞元年间由川西节度使韦皋始建，北宋重建，并达到鼎盛，成为官民宴饮，市井游玩的热闹场所。合江桥畔亦是时人登舟出川的主要口岸，明代辟有锦官驿，清代新置船税所。唐代时，合江亭是繁华热闹的码头渡口，无数的舟楫停泊于此，随时扬帆驶入长江，再下东吴。

晚唐时，高骈改水道，在成都形成两江抱城的格局后，在两江交汇处的合江亭便成了贵族、官员、文人墨客宴饮吟诗的首选之处，流风所及，蔚然成景。合江亭，成为当时人们主要的交际场所、娱乐之地，无论是文人墨客吟诗作赋、迎来送往、宴请宾朋，还是普通百姓携家人在城边踏青赏花、娱乐休憩，几乎都在这里进行。

（二）资源特色

1. 合江亭片区是诠释成都生活、文化的代表区域之一。 唐朝是中国历史上比较繁荣的时期，作为西南大都市的成都自然也是歌舞升平，市民的生活都比较富足，因而"休闲"的需求也很旺盛，小小的一座合江亭显然已不能满足大家。于是，韦皋在合江亭旁边又新建芳华楼，并在楼的周围植下许多美丽的奇花异草，其中最多的是梅花。再到后来，他又在亭子周围修筑阁楼台榭，这就成了唐代合江亭的最终格局，当时称为合江园，成为"一郡之胜地"，市民开始到这里游玩，合江园也就成为成都历史上最早的"市政公园"。合江亭将"天府之国"休闲安逸的气质与合江水文化完美地结合在一起，是成都诠释生活、文化的代表区域之一。

2. 合江亭已是成都市中心标志性建筑。位于辖区中部的东大街，在李劼人先生所著的《死水微澜》一书中，对其旧有的商贸繁荣早有记述。唐代大诗人杜甫晚年寓居成都的时候，曾在一首诗中写道：窗含西岭千秋雪，门泊东吴万里船。府河在城区形成两条河流，汇合于合江亭，"泊"字说明船是停靠于此的，因此可推断杜甫这首诗就写于合江亭。合江亭不仅是府河、南河的交汇点，曾经也是解玉溪的汇合点，对成都天府文化的作用很高，已是水文化的标志物。

（三）综合利用建议

1. 整合合江园片区资源，打造水文化集中展示区。唐时的合江亭，并不是孤独地立在两江交汇处，它与张仪楼、散花楼形成了自西向东的绚丽风景线。以合江亭为中心，将锦江两岸合江亭、安顺廊桥、思蜀园、望江楼水文站、锦官驿、水井街、水井坊遗址水文化资源串联，整合已有的片区业态，集中打造水文化展示区。

2. 开发合江亭片区游览纪念品，增加合江水文化旅游附加值。如绘制成都水文化旅游地图，合江亭片区文化景点艺术地图等，以各景点和特色未创作元素，制作成磁力贴等各类旅文化纪念品，文创纪念品等。

3. 融入区域旅游规划。陆游曾作诗："当年走马锦城西，曾为梅花醉似泥。二十里路香不断，青羊宫到浣花溪。"据考证，当年成都的梅林并不只是青羊宫到浣花溪这一段才有，而是从浣花溪一直延伸到合江亭一带。融入"寻乡道"旅游规划，结合区域旅游规划、景区规划，将"寻乡道"旅游景区规划一路延伸到合江亭，以完整再现杜甫诗词。

4. 成为全国影响力的文化品牌。从两江交汇的合江文化到天府水文化品牌，需要全社会的广泛宣传和认同，应凝聚力量合力营造天府水文化品牌，让天府水文化品牌家喻户晓，成为响当当的具有全国影响力的文化品牌。应有组织有计划地推动天府水文化品牌向天府水文化旅游品牌过渡和发展。将合江亭片区水文化集中展示区打包对外营销，以"古今合江园，悠悠锦官驿"等水文化为口号，整体对外宣传合江亭片区的文化气质，形成合江文化国内典型。

表 6-5 综合利用建议一览表

序号	名称	建议内容	时序
1	打造天府水文化集中展示区	串联安顺廊桥、思蜀园、望江楼水文站、锦官驿、水井街、水井坊遗址水文化资源，整合片区已有的业态，打造水文化集中展示区	近期
2	开发合江亭片区游览纪念品	设计、开发合江亭片区文化纪念品，文创纪念品	近期
3	融入区域旅游规划	将"寻乡道"旅游景区规划一路延伸到合江亭，建设文化风景道	中远期
4	合江文化品牌塑造	整合合江亭片区资源点，整体塑造合江文化的国内典型	中远期

十五、官家花园（名人故居、祠堂、墓园）

（一）资源概况

官家花园原名尚书府，位于都江堰崇义镇，是一座拥有三百年历史的古旧大宅院，他的主人李尚书在明末的凄风惨雨中从京城匆匆而来并立即经营建筑了这座占地上千亩的尚府第。

（二）资源特色

1. 官家花园作为治水名人故居，具有非常高的文化价值。官家花园历三百余年的兴衰而保存至今，其官氏一族的其杰出人士——官兴文便是其中的杰出代表。官兴文是都江堰本土杰出的水利专家，1923年任灌县水利知事，1925年又任成都水利知事。在署理都江堰水利事务的任上，深入调查研究，大胆改革创新，整修鱼嘴，兴修白马堰、导江堰等，多有建树。官家花园历经明、清、民国的发展，完整地体现川西民居的建筑风格和建筑文化的历史建筑遗存，是典型的宗祠建筑风格，具有非常高的文化价值。

2. 人文景观是城市重要的文化财富。目前的官家花园正在进行文物修缮，官家花园修旧如旧之后，不仅具有文物价值，对公众也将拥有巨大的吸引力，使名人故居得以完整保留，成为重要的人文景观之一，并使之成为城市中一道亮丽的风景线。

（三）综合利用建议

1. 官家花园是治水名人官兴文的故居，也是文物保护单位，在利用中进行保护，要改善故居周边的环境，解决故居保护的资金问题，使故居得以保护和善待。扩大官家花园的规划范围，纳入崇义镇整体规划，配套建设文化旅游、休闲娱乐设施，从经济效益的角度保护了名人故居。这种整体性地保护与利用名人故居减少了资金的重复投入，又产生了较好的整体宣传效果，具有事半功倍的效果。

2. 如果只是修缮后完全空置，意义并不大，应选择引进一些不会对文物造成再次破坏，而且富有文化、社会意义的项目，比如开设博物馆、纪念馆等，供公众参观。引进项目每一个环节都要经过专家严格论证，最大限度发挥故居的历史文化价值。

十六、海螺古桥群（桥涵码头）

（一）资源概况

海螺古桥群位于海螺街道，两河九桥，分布紧密。海螺街道过境的两条河上分布了九座古桥，基本上是明代至清代修建，平均一千米到两千米范围就有一座桥。

西侧贾家河上有四座桥，从上游往下分别是大林桥、高山坝桥、五福桥、麻柳河桥（已损坏，在修缮）；东侧高明河上有四座桥，从上游往下分别是王古埝桥、阴山河坝桥、拦河堰桥、无功桥，两河汇入双岔河后下游处又见擦耳桥（擦耳岩石平桥）。

其中现在保存较好的桥有五福桥、大林桥、无功桥，其他桥在建成后都有损坏情况。高明河相对流量更大，流速更急，过去人们常利用此水流特点建造磨坊磨米磨面，在王古埝桥下游处修建了两河村水磨坊，拦河堰桥旁修建了另一处水磨坊。古桥已经年代久远，不能胜任现代交通的压力，为了更好地保护古桥，当地政府采用了保留古桥原貌，在其旁边修筑新桥用以交通的保护方案，比如王古埝桥和阴山河坝桥分别在其下游20米和10米新建了现代公路交通水泥混凝土桥。

（二）资源特色

1. **建于明清时代，历史悠久。**海螺古桥群见证了当地文明的发展，了解古桥的历史和故事，挖掘古桥群的历史、艺术和科学价值，彰显了水利系统与水文化于地区经济社会发展的突出价值。在阴山河坝桥、拦河堰桥之间，还有两处水磨坊，对研究成都地区清代社会生活和农业发展史具有重要的参考价值，对研究东部新区地区水利史和经济社会发展史具有重要意义。

2. **古桥形式多样，造型各异**。其中清代修建的五福桥、大林桥等红色砂岩石平桥，呈现川中传统船型桥墩形式；王古埝桥为原古桥重叠建设后的双层石桥，水涨现上层，水落双层桥面皆可见，也展现了水势的变迁，除此之外还有跳蹬河石蹬桥等不同的修建类型。整个桥群格局完整、风貌依旧，是传统桥梁建造工匠集体智慧的结晶。

3. **古桥群是古代文明的标志之一**。东部新区的海螺古桥群横跨在山水之间，勤劳智慧的人民修建了便利交通的桥梁，除了通行功能还成为独特的景观装点了山水，成为古代文明的标志之一。拦河堰桥结合桥、堰和发电装置等，高明河水流五级跌水台阶，形成一座座貌似瀑布的水流，成为当地特殊景观。

4. **周边资源组合性较好**。桥群附近的石庙村有祖师殿，直线距离1000米处还有石庙子和护心寺，以及两处水磨坊。水磨为了解当地民国期间粮食加工原理提供素材。

（三）保护建议

1. **对古桥群进行原址保护**。八桥中除保存较好的五福桥、大林桥、无功桥外，应将另外有所损坏的桥梁加固，桥身修复，修旧如旧，以保存古桥完整的风貌与继续使用功能。整体打包古桥群，积极申报文物遗产，争取列入文物保护单位，设立文物保护碑，以得到尽快修复和保护。

2. **需全面掌握古桥现状及存在的各类问题**。长期以来，在自然因素的作用及使用荷载、交通流量等人为因素影响下，许多古桥的桥梁结构性能正发生不同程度的变化。需要通过科学手段加以诊断和评价，以确定对策。要对古桥群加以保护，应对其开展检测保护工作。

3. **对古桥群周围生态环境的保护**。海螺古桥群位于的海螺街道，周围为自然环境良好的村镇，要保持文化遗产的经济价值和社会价值，应更加注重生态环境的建设。要做好文化遗产的保护工作，须先平衡它周围的生态环境，因此，要先划定古桥群的保护范围，明确资源核心区、保护区和开发利用区，做好前期规划，再谈后期利用。

4. **地方古桥记载的是地方历史、建筑、风俗民情的发展，也是地方发展的一大财富，可以利用现代网络，加大宣传，呼吁公众参与古桥保护，发挥热情**。同时注重新闻媒体的宣传监督警示作用，以提升当地居民对维护保护古桥的意识。

（四）综合利用建议

1. 建设水文化研学教育基地。 古桥群具有的旅游教育价值，应依托区域景观或者集中开发古桥的旅游资源，实现其旅游教育价值。海螺古桥群因集中在同一区域，经过合理的布局和建设，可以成为一个以桥文化为特色的高品位景区，在给人们生产生活带来便利的同时，还为游客提供了休闲赏景的乐趣平台。古桥群中大部分都还在发挥其交通功能，并且景观功能也没有消失，历史研究价值和文物价值依旧存在，可以再旅游景点中发挥它的教育功能，创造经济价值。

2. 桥群是农耕文明的活标本，让传统农耕成为幸福古村的标志之一。 在现代化的冲击下，很多人对于传统文化内涵不了解，对古桥群的传说故事进行挖掘，对知道故事的本地老人进行采访，了解古桥文化故事并将其制作成册，在村镇党群中心、图书室、阅报室、棋牌室等群众文化活动区域免费借阅，以此宣扬传统文化，营造当地良好的水文化氛围。将发掘和记录这些古老的传说和故事进而传承下去，无疑将是村落文化建设的一件大好事。

十七、东灌工程建设事件（历史人物、事件及记忆）

（一）资源概况

龙泉山灌区工程即都江堰东风渠六期工程，又称"龙泉山引水工程""东风渠简阳扩灌工程""东灌工程"，指20世纪70年代为解决成都平原西部龙泉山脉以东简阳、资阳、资中等地旱涝频繁问题，改善群众生活和农业生产条件，在"文革"时期特殊历史条件下，由简阳县委、县革委在全县抽调劳动力，县工程指挥部组织施工，采取国家补助、民工建勤、农民专业工程队常年施工去群众突击相结合的办法，按施工部署，分"修建龙泉山引水工程""修建灌区配套渠系""修建三岔水库""修建石盘水库"四个阶段，历时十年建成的大型水利工程。

（二）资源特色

1. 东灌工程体现的是一种愚公移山的精神。 东灌工程体现的是"愚公移山，路在人开；天道酬勤、事在人为"以及"家国大业，农耕为本；水利先兴，造福子孙"的精神，是当时的工程建设者为"打通龙泉山，引水灌良田；不靠天和地，自强抗大旱"的雄心壮志的体现。

2. "东灌精神"是简阳人民的时代记忆和精神传承。20世纪70年代，简阳人民披荆斩棘、战天斗地，"打通龙泉山，引水灌良田"，彻底改变了简阳千年以来的干旱贫穷面貌，推动简阳实现了由传统农业县向全省农业大县的迈进和跃升。半个世纪后，成都东进让城市格局从"两山夹一城"到"一山连两翼"巨变，简阳迎来了多重发展机遇。从"东灌"精神到东进机遇，简阳人民始终在变与不变中保持着发展定力。

3. "东灌精神"是水文化的红色元素的代表。东灌工程建设事件是不怕牺牲的红色精神，蕴含红色基因。东灌工程前后耗十年之时，群众性突击施工最多达10万余人，在册工程伤残人员2100余人，118人为之捐躯，终以披荆斩棘、战天斗地的大无畏精神"打通龙泉山，引水灌良田"，让都江堰的汩汩清泉滔滔不绝地润泽简阳的良田沃土，百万余亩农田缺水的历史从此一去不复返。弘扬"东灌精神"，就是传承红色文化。

（三）综合利用建议

1. 讲好"东灌"故事，弘扬"东灌"精神。"东灌"精神对于很多简阳人来说，不仅仅是一段难忘的记忆，还是有形的、看得见的。在传承弘扬"东灌"精神中，易春容建议，要让学生知道"东灌"工程、了解"东灌"精神，可以通过"东灌"建设者亲身讲述、实地学习等方式加大影像、文字、实物等的宣传力度，让更多学生将"东灌"精神内化于心、外化于行，并将其融入学习和生活中去，从中学习、感悟，找准自己的人生坐标、施展青春才华、丰富精神世界，从而增强学生的价值判断力和道德责任感，不断提高学生的能力和水平。

2. 文化的创造者是人民，虽然这种文化大多没有列进历史，但这些文化所哺育出的文明，却不断地辉煌着我们的历史。"东灌"故事所蕴含的文化内涵正是体现了人民创造了历史，历史产生了文化，从古代治水到现代治水，这种精神的传递在各个人类时期继续传承。在"东进"区域的城市开发建设中，规划一条以"东灌"精神为象征的城市大道名字，如名为"东灌大道"等诸如此类的市政道路名称，将"东灌"精神这种非物质类的精神文化，铭刻到物质类的实体载体上，达到真正的铭记与纪念。

3. 建设爱国主义教育基地。传承水文化，发扬"东灌精神"的红色基因。东灌工程所体现的"东灌精神"，既是水文化资源，也是红色资源，是中国共产党领导人民在建设中所积累的宝贵的物质与精神财富，应该被当今社会所认识、开发和利用，并对社会文化、经济及社会生活等各方面产生深远的积极影响。

十八、红桥村护岸堤遗址（水灾害遗迹）

（一）资源概况

在四川成都温江区红桥村宝墩文化晚期遗址中，发现一处距今约4000年的护岸堤。这也是目前在成都平原发现的最早的史前水利设施。红桥护岸堤遗址是中国历史上发现的最早的水利工程之一，该水利工程设施由多道坝体组成，比如外侧墙体、内侧墙体等，并且分工明确。外侧墙体起缓冲、分水作用，内侧墙体护岸护台地。内墙第一道墙体上的沟槽立木桩并夯实，起加固、加高作用，形成坚固的防洪体系。

（二）资源特色

1. 红桥村护岸堤遗址是蜀人防洪的最早实物见证。它的发现，将古蜀人治水年代上溯到新石器时代。

2. 红桥村水利工程历史久远，足以改写中国水利史。红桥村水利工程与传说中的大禹治水年代相当，比战国时期李冰在都江堰主持的水利工程要早近2000年，因此这一发现足以改写中国水利史。王毅（成都博物院院长）表示，此次发现的护岸堤，与传说中的大禹治水年代相当，比战国时期李冰在都江堰主持的水利工程要早近2000年，和此前发现的良渚文化水坝均为目前国内已知最早的史前水利设施。

（三）综合利用建议

1. 遗址公园建设。坚持以文化为导向，把遗址文化底蕴作为发展和打造遗址公园的核心。虽然红桥村护岸堤遗址原址地已建设了现代建筑，遗憾没有被保留下来，但可以采取异地建设的思路，利用江安河沿岸绿化带，规划遗址公园。明确遗址公园内的水文化主题，将新石器时代古蜀人治水发展到现在治水的历史文脉梳理清楚，根据不同时期脉络的历史为背景，以治水理念、治水技术、治水管理等特点为基础，打造几个特色鲜明的主题区，在各个区域展示各自的主题内容。

2. 设立科普研学基地。可在遗址公园中可开展教育实践活动，走近历史，走近水利遗址。针对不同的人群，如中小学生，研发不同学龄阶段的专业科普读物，研学教材，定期开展教育实践活动，通过开展水利遗址的基础知识学习、多媒体演示等方式，让学生了解水利遗迹，培养兴趣，传承文化。

十九、治水名人（历史人物、事件及记忆）

（一）资源概况

成都文明发源自古蜀治水开始，从颛顼鲧父子的堵水，到大禹的"岷山导江，东别为沱"，从蚕丛防洪到杜宇鳖灵"决玉垒山，民得陆处"，到李冰建都江堰穿成都二江，更有文翁开湔江、高骈改府河水……历史上众多的治水事件贯穿着成都城市的发展。

大禹（大禹治水），是中华治水第一伟人。大禹治水是中国古代的神话传说故事，著名的上古大洪水传说。大禹率领民众，总结了前人治水的经验教训，用开渠排水、疏通河道的办法，创造了新的"疏导"方法，"岷山导江，东别为沱"，与自然灾害中的洪水斗争，最终获得了胜利。

开明（开明治水），是春秋初期蜀国开明王朝的开国之君，开明是见于文献记载的古蜀治水第一人，他高举大禹的"导"和"别"的大旗，继往开来，承上启下，对都江堰创建有着重要的启示。

李冰（李冰治水），战国时期著名的水利工程专家。公元前256年—前251年任蜀郡太守，在职期间，主持修建了都江堰水利工程。

文翁（文翁治水），著名蜀郡太守，重水利，穿湔江，创办文翁石室学堂，推动蜀郡学风兴盛，民俗顿改，并一跃成为全国科技文化先进地区。

高骈（高骈改府河），高骈在成都期间，鉴于城区狭小，城防不固，成都二江亦未发挥防卫作用，便决定扩大城区，在外围修建砖砌城墙，称为罗城。在扩城的同时，调整河渠布局，将原郫江河道绕城西的一段改道，建縻枣堰枢纽加以节制，开城北和城东的新郫江，称清远江，至城区东南与原流江（锦江）汇流，形成成都"二江抱城"的格局，大大加强了城防能力。

（二）资源特色

1.治水名人具有的当代价值。相关的治水名人是四川宝贵的文化资源与文化遗产，对增强成都的历史记忆、文化记忆、精神记忆，延续巴蜀脉络，推动天府水文化创城与创新，提升人民群众文化素养，增强成都文化软实力、影响力、竞争力，具有重大的现实意义。治水名人的当代价值是巴蜀大地也是中华大地名副其实的文化旗帜与文化地标，具有深刻的历史影响和时代价值。

2. 四川历史名人中治水人物占比重。为贯彻落实中共中央办公厅和国务院办公厅《关于实施中华优秀传统文化传承发展的意见》，2017年8月四川省委办公厅、四川省人民政府办公厅联合印发了《关于传承发展中华优秀传统文化的实施意见》，提出了传承发展的主要目标，梳理了17个传承发展优秀传统文化的主要项目。这当中，"四川历史名人文化传承创新工程"是项目之一。四川省因此启动了首批四川历史名人推荐申报工作。经过四川历史名人文化传承创新工程领导小组最终审定，确定大禹、李冰、落下闳、扬雄、诸葛亮、武则天、李白、杜甫、苏轼、杨慎等10位首批四川历史名人。其中以大禹、李冰为代表的治水人物，他们身上所承载的思想理念、传统美德、人文精神、气质风范、文化品格等，对延续中华优秀传统文化的巴蜀脉络具有重大的现实意义。

（三）综合利用建议

1. 丰富文学戏剧文本创作。根据统计，四川的首批历史名人中多以诸葛亮、杜甫、李白等人物为主要创作元素，但以大禹、李冰等跟治水、理水、水文化直接相关的戏剧故事创作并不多。而且李冰蜀中治水的故事被后世不断神化，但真正以李冰作为原型的古代戏曲却少见。由此可见四川历史名人的戏剧化历程是不均衡的，有的名人戏曲创作数量多，如诸葛亮、武则天、苏轼、李白等，有的较少甚至没有，如落下闳。因此需弥补这一创作空缺，应以治水人物、治水事件、故事为蓝本改变创作戏剧、小说，编写戏曲影视剧本等，用最容易走近老百姓的传播方式，为治水精神的传承，天府文脉的延续作出贡献。

2. 创作大型民族音乐剧。有好的剧本前提下，要尽力做好艺术再现。现代戏剧形式多样，表现手法不断创新，声光电视野下的舞台布局、舞台音像与舞台效果，不断地撞击观众的视觉感官，给观众留下极为深刻的印象。以治水人物的思想精神理念为切入点，用音乐剧场这种新颖、立体式、全景式的舞台呈现人物的治水过程，采用大型民族交响音乐来塑造表现古代治水文化，集器乐、声乐、诗歌吟诵为一体的综合舞台呈现其作品。

3. 加强文化创作营销宣传。宣传的过程是传播和传承的过程。治水人物故事要被社会广泛知晓，要让全社会广泛接受，应加强营销宣传和文化知识普及。增强全社会对艺术创作的欣赏能力，培养赏析知识与水平，促进社会环境的文化艺术氛围的提升，为水文化发展奠定良好的群众基础。

4. 完善四川禹迹图。人物作为名人品牌，其遗址，纪念地等应梳理清楚，首先关于大禹的出生地，目前有汶川县、北川县、都江堰市等说法，应积极开展相关证据的研究与佐证，认真梳理，进行必要的分析与论证，争取证实大禹确切的出生地地址。其次，将都江堰的禹迹图落地。相传都江堰市龙池镇与汶川县交界处有白龙池，又称慈母（禹母）山龙神池。都江堰市也留下了许多大禹治水的遗迹和美丽的传说，"别江为沱"指的就是都江堰治理工程之一的开凿离堆。大禹文化资源散落各地，这些遍布在成都范围内的禹迹应结合全国的禹迹图，以树立全国经典的文化旅游品牌为目标统一规划，完善并形成全国禹迹图，规划禹迹游等特色旅游项目。

二十、浣花日（大、小游江）（民俗节庆和纪念活动）

（一）资源概况

浣花日始于前蜀时期的春江游乐民俗。"成都之俗，以游乐相尚"。在当时除武侯祠、望江楼等名胜古迹外，锦江、浣花溪（包括清水河）等皆为成都人休闲娱乐佳处。前蜀后主王衍首开春天游浣花溪先例，延至宋，定四月十九日为"浣花日"，或称"大游江"，此日游江活动更是倾城出动，盛况空前。同时进行的端午赛龙舟活动延续至今，已演绎成为一种融纪念、节令、体育、游乐为一体的民俗。

（二）资源特色

1. **历史上成都的游赏习俗闻名全国。**成都游江活动五代盛行，唐宋时期成都的四时游赏，以"大游江"和"小游江"最为著名。以锦江—浣花溪为载体的游江活动，至迟在唐代已经产生。五代时，成都遨游之风未减，蜀中百姓富庶，夹江皆创亭榭游赏之处。宋代，江上的游赏成为成都地方惯例，其规模之盛全国闻名。清六对山人《锦城竹枝词》有"锦江春色大文章"之句，正是这一文化活动的生动比喻。

2. **以锦江浣花溪为舞台的大游江达到了游赏习俗的高潮。**古代成都城市游赏习俗的高潮充分体现在浣花日（大、小游江）。游江有大、小之分，四月十九日，是成都狂欢日（浣花日"大游江"），这一天全城人都会去浣花溪一带游玩，看水戏竞渡和彩船娱演；二月二日为小游江，这一天原是踏青节，市民多分散往西郊踏青郊游，后发展规模也逐渐扩大，形成官民一起参与的游江活动，彩船浩浩荡荡出发水上歌舞表演，从万里桥游到浣花溪宝历寺，江岸还有各种可供歇息的彩棚，贩卖饮食的小贩穿梭期间。直至夜深，游玩尽兴的百姓们才散去。

3.古代"东方的音乐之都"。两宋时期，成都的乐舞兴盛，四时歌舞游赏较唐时有过之而无不及。北宋时田况任成都知府，作有《成都邀乐诗》21首，记载成都四时邀游的盛况。《四月十九日泛浣花溪》诗写道：

浣花溪上春风后，节物正宜行乐时。
十里绮罗青盖密，万家歌吹绿杨垂。
画船叠鼓临芳溆，彩阁凌波泛羽卮。
霞景渐曛归棹促，满城欢醉待旌旗。

南宋时陆游贬官成都，称成都"丝竹常闻静夜声"（《成都书事》），"深夜穷巷闻吹笙"（《晚登子城》）。宋范镇说成都"管弦齐奏声闻野"（《和阎寺丞海云寺》）。宋张仲殊亦有词说"成都好，蚕市趁邀游。夜放笙歌喧紫陌，春邀灯火上红楼，车马溢瀛州"（《望江南》）。可见宋代的成都是音乐文化最繁盛的大都市，堪称古代"东方的音乐之都"。

4.大、小游江与商贸活动结合紧密。如成都每月都有时令性的专业集市。成都不仅衢市河边，连一些大的寺院也是市场，如著名的大圣慈寺就是每逢大型集市之期，也就成为人们出行游乐之时。有各种演艺活动吸引游客。唐宋时期的巴蜀，戏剧、歌舞、杂技、木偶、猴戏都很活跃，优人乐鼓的表演是游乐活动的重要内容。有群众性的竞技体育活动穿插其中，让游客亲自参与，如百花潭的"水戏竞渡""官舫民船"（《岁华纪丽谱》）均可参加，赵抃还有《游学射山》诗："锦川风俗喜时平，上已家家出锦城。"

（三）综合利用建议

1.着力水利文化遗产申报。浣花大游江可以说是成都古代的狂欢节。浣花日（大游江）的内容属于非物质文化遗产范围，一方面大有文章可做，另一方面，也容易得到进一步提升，成为国家级乃至世界级的水利文化遗产。激活水文化的生命力，把水文化中具有当代价值、世界意义的文化精髓提炼出来、展示出来、传承下去。

2.推出"大、小游江"水文化体验活动。充分利用成都自古有游赏习俗这一民俗特点，将四月十九或二月二日游锦江的民俗活动定位为全民健身活动，鼓励全民参与，增加活动知名度和影响力，搞好节庆文化活动。与成都市整体文化旅游和自然景观旅游互动，形成自然与人文、山水与城市、历史与现实多层次、多领域、多维度的文化旅游大格局。

3. 推广水文化娱乐，根植"成都慢生活"。 成都是以水而定的城市，既有以文学历史为底色勾画出的优雅气质，也有以娱乐时尚为主色勾画出来的娱乐气质。这两种气质完美地融合与相互影响，成都的娱乐基因扩展为水文化娱乐，并成为娱乐产业。在现代的世界性娱乐产业发展中，成都有机会成为世界级的娱乐文化发源地和娱乐产业的重镇。可以利用现代高新科技，包括 VR、人工智能、区块链等最前沿的黑科技，以水为基底，创造新的娱乐方式、娱乐场地，引领世界娱乐产业发展的前沿。

表6-6 综合利用建议一览表

序号	名称	建议内容	时序
1	水利文化遗产申报	"十四五"期间，初步认定30处以上的国家水利遗产，为丰富水利遗产组成类型，形成遗产全域分布格局，积极申报水利文化遗产。	近期
2	推出"大、小游江"水文化体验活动	将四月十九或二月二日游锦江的民俗活动定位为全民健身活动，鼓励全民参与，增加活动知名度和影响力，搞好节庆文化活动。	近期
3	推广水文化娱乐	结合娱乐产业，融入水文化基因，利用现代高新科技，包括 VR、人工智能、区块链等最前沿的黑科技，以水为基底，在城市水景观中创造新的娱乐方式、娱乐场地，	中远期

参考文献

[1] 刘冠美，王晓沛.蜀水文化概览 [M].黄河水利出版社，2014.

[2] 段渝.四川通史（第一册）[M] // 四川通史，（第一册）.四川大学出版社，1993.

[3] 罗开玉.四川通史（第二册）[M] // 四川通史，（第二册）.四川大学出版社，1993.

[4] 李敏洵.四川通史（第三册）[M] // 四川通史，（第三册）.四川大学出版社，1993.

[5] 贾大泉.四川通史（第四册）[M] // 四川通史，（第四册）.四川大学出版社，1993.

[6] 陈世松.四川通史（第五册）[M] // 四川通史，（第五册）.四川大学出版社，1993.

[7] 吴康零.四川通史（第六册）[M] // 四川通史，（第六册）.四川大学出版社，1993.

[8] 贾大泉.四川通史（第七册）[M] // 四川通史，（第七册）.四川大学出版社，1993.

[9] 王均，向自强.大熊猫文化及其开发利用研究 [J].天府新论，2010 (06)：130-133.

[10] 谭徐明.水文化遗产的定义、特点、类型与价值阐释 [J].中国水利，2012 (21)：1-4.

[11] 谭徐明.古代区域水神崇拜及其社会学价值——以都江堰水利区为例 [J].河海大学学报（社科版），2009.(01).

[12] 周烈勋，陈渭忠.成都城市水利的昨天、今天和明天 [J].四川水利，1995 (05).

[13] 方竹.成都府南河综合整治工程巡礼 [J].中国西部，1996 (02).

[14] 张苹.巴蜀水文化的一次历史性总结——简评成都城市与水利研究 [J].文史杂志，1997.

[15] 刘祯贵.重视对成都城市水文化的研究 [J].成都经济发展，2004.

[16] 张莉红.古代成都的水利工程建设及其影响 [J].西南民族大学学报（人文社科版），2004 (01).

[17] 许蓉生.水与成都——成都城市水文化 [M].巴蜀书社，2006.

[18] 陈渭忠.传承水利文明再造活水成都 [M].中国水文化论坛优秀论文集，2009.

[19] 郭水水.成都市水生态文明建设的实践与探索 [J].中国水利，2014 (03).

[20] 肖平.人文成都——巴蜀文化丛书 [M].成都时代出版社，2003.

[21] 王建华，王进，任心甫.发掘成都水文化内涵 丰富成都城市文化 [J].成都行政学院学报，2016 (05).

[22] 崔洁.我国水利文化遗产保护与开发策略研究 [J].河北水利，2015 (1)：34-34.

[23] 张缨，周家权，孙振江.水利工程文化遗产的保护与开发探讨——以京杭运河德州段为例 [J].中国水利，2016 (6)：62-64.

[24] 古代成都的水利工程建设及其影响 [J].西南民族大学学报·人文社科版，2004 (01)：95-97.

[25] 王英华，谭徐明，李云鹏，等.在用古代水利工程与水利遗产保护与利用调研分析 [J].中国水利，2012 (21)：5-7.

[26] 周波，谭徐明，王茂林.水利风景区水文化遗产保护利用现状、问题及对策 [J].水利发展研究，2013.13 (12)：86-90.

[27] 彭友琴，周平平，杨亚辉.关于水文化遗产保护与利用的思考 [J].水利发展研究，2019.

[28] 张建松.河南水文化遗产的价值及其开发利用 [J].华北水利水电大学学报（社会科学版），2015.

[29] 王磊.浅谈我国古代水文化遗产传承的一般脉络和特征：以水利工程与水利设施遗产为例 [J].2013.

[30] 于开宁，孙平，孟亚明等.水文化传播与水利风景区建设 [J].江南大学学报：人文社会科学版，2010 (2)：76 - 79, 105.

[31] 庄晓敏.水利风景区的水文化内涵探讨 [J].华

北水利水电学院学报：社会科学版，2012 (5)：31－33.

[32] 周波，谭徐明，王茂林. 水利风景区水文化遗产保护利用现状、问题及对策 [J]. 水利发展研究，2013 (12)：86－90.

[33] 胡晓立. 水生态文明理念下蜀水文化旅游资源开发研究 [J]. 西部学刊：2019.

[34] 水利风景区水文化的挖掘、整理与运用 [J]. 南昌工程学院学报，2014.33 (5).

[35] 单霁翔. 文化遗产保护转型过程中的城市文化问题 [J]. 建筑与文化，2007 (10).

[36] 刘冠美. 都江堰与长城 [J]. 中国水利，2004. (09).

[37] 陈渭忠. 大朗和尚王来通：治水济世功德长 [J]. 中国三峡，2014. (04).

[38] 陈渭忠. 摩诃池的兴与废 [J]. 四川水利，2006. (10).

[39] 陈渭忠. 丁宝桢与都江堰（上）[J]. 中国三峡，2013. (10).

[40] 陈渭忠. 丁宝桢与都江堰（下）[J]. 中国三峡，2014. (01).

[41] 陈渭忠. 都江堰与成都水利文明 [J]. 水利发展研究，2006. (11).

[42] 蜀志 [A]. 华阳国志校注（卷三）[M].

[43] 史记·黥布列传 [M].

[44] 史记·郦生陆贾列传 [M].

[45] 汉书·武帝纪 [M].

[46] 续高僧传·隋蜀郡灌口山竹林寺释道仙传 [M].

[47] 史记·河渠书 [M].

[48] 曹玲玲. 作为水利遗产的都江堰研究 [D]. 南京：南京大学，2013.

[49] 郦道元，杨守敬，熊会贞. 水经注疏 [M]. 南京：江苏古籍出版社，1989.

[50] 岷江志 [M]. 四川省水利电力厅，2013.

[51] 张耀南，吴铭能. 水文化 [M]. 北京：中国经济出版社，1995.

[52] 李宗新. 漫谈中华水文化 [M]. 北京：中国水利出版社出版，1997.

[53] 郑国铨. 水文化 [M]. 北京：人民大学出版社，1998.

[54] 吴蔚. 中国的水文化 [M]. 北京：中国发展出版社，2005.

[55] 李宗新，靳怀堾，尉天骄. 中华水文化概论 [M]. 北京：中国水利水电出版社，2008.

[56] 中国水利水电科学研究院水利史研究所. 在用古代水利工程与水利遗产调查报告 [R]. 2012.

[57] 联合国教科文组织世界遗产中心，等. 国际文化遗产保护文件选编 [M]. 北京：文物出版社，2007.

[58] 殷瑞玉，等. 工程哲学 [M]. 北京：高等教育出版社，2007.

[59] 都江堰文物志编委会. 都江堰文物志 [M]. （内部刊物），1997. (08).

[60] 四川省地方志编纂委员会. 都江堰志 [M]. 成都：四川辞书出版社，1993. (01).

[61] 谭徐明. 都江堰史 [M]. 中国水利水电出版社，2009. (02).

[62] 吴会蓉，冯广宏. 都江堰文献集成（近代卷）[M]. 成都：巴蜀书社，2013. (05).

[63] (晋) 常璩，任乃强. 华阳国志 [M]. 上海古籍出版社，1987. (06).

[64]《都江堰市民俗志》

[65]《青山堰水情》

[66]《都江堰历史名人录》

[67]《都江堰历史文化述略》

[68]《都江堰市水利志》

[69]《温江县水利电力志》

[70]《郫县水利电力志》

[71]《双流区水利志》

[72]《金堂县水利志》

[73]《青白江区志》

[74]《青白江区水利志》

[75]《新都水利志》

[76]《新津水务志》

[77]《彭县水利电力志》

[78]《都江堰龙泉山灌区志》

[79]《都江堰人民渠志》

[80]《都江堰东风渠志》

[81]《都江堰水利词典》

[82]《都江堰龙泉驿区水利志》

[83]《都江堰市历史文化述略》

[84]《邛崃水利水电志》

[85]《崇庆县志—水利志》（征求意见稿）

[86]《蒲江县水务志》2006

[87]《崇庆县水利志》1988

[88]《崇庆西河志》

[89]《大邑县水利志》

Namelist of the
Resources of Water
Cultural Heritage
in Chengdu

四川省地球物理调查研究所

编著 ﹀

成都市
水文化
遗产资源
名录

广西师范大学出版社
GUANGXI NORMAL UNIVERSITY PRESS
·桂林·

成都市水文化遗产资源名录

CHENGDUSHI SHUIWENHUA YICHAN ZIYUAN MINGLU

出版统筹：冯　波
项目统筹：廖佳平
策划编辑：邹湘侨
责任编辑：邹湘侨
责任技编：王增元
装帧设计：陈　凌

图书在版编目（CIP）数据

成都市水文化遗产资源名录 / 四川省地球物理调查
研究所编著. -- 桂林 : 广西师范大学出版社，2024. 9.
ISBN 978-7-5598-7432-0

Ⅰ. K928.4-62

中国国家版本馆 CIP 数据核字第 2024NN7092 号

广西师范大学出版社出版发行

（ 广西桂林市五里店路 9 号　邮政编码：541004 ）
　网址：http://www.bbtpress.com
出版人：黄轩庄
全国新华书店经销
广西昭泰子隆彩印有限责任公司印刷
（ 南宁市友爱南路 39 号　邮政编码：530001 ）
开本：787 mm × 1 092 mm　1/16
印张：46.25　　字数：936 千
2024 年 9 月第 1 版　　2024 年 9 月第 1 次印刷
定价：298.00 元（全二册）

成都市水文化遗产资源名录

Namelist of the
Resources of Water
Cultural Heritage
in Chengdu

编委会

主　　任：邓太平

副 主 任：李忠东

顾　　问：谭继和　　祁和晖　　谭徐明　　王　凯
　　　　　朱小南　　彭邦本　　何毓成　　王晓沛
　　　　　李小波　　张义奇　　杨兴国　　刘乾坤
　　　　　旷良波　　谢祥林

编　　委：周　宁　　柳维君　　何红梅
　　　　　卢志明　　杨义东　　高竹军
　　　　　全　丽　　杨金山　　邹　蓉

主　　编：高竹军　　李忠东　　王晓沛

副 主 编：杨义东　　杨金山　　全　丽
　　　　　李双江　　彭相荣

执行主编：邹　蓉　　全　丽

编　　写：高竹军　　李双江　　彭相荣　　汪文婷
　　　　　刘晓蓉　　饶佳艳　　刘露遥　　黄　浩
　　　　　徐　玲　　王万全　　胡　健　　王　洪

制　　图：侯潇伊　　全　丽　　汪文婷

摄　　影：杨　涛　　周江陵　　向文军　　刘乾坤
　　　　　李忠东　　曾　岷　　王　洪　　何　勃
　　　　　郭小明　　王纯馥　　李隆平　　刘　伟
　　　　　朱万载　　范河川　　徐德鹏　　杨　立
　　　　　王　萍　　张莉丽　　梁　晓　　李绪城
　　　　　李　升

项目支持：成都市水文化遗产资源普查项目
项目完成单位：成都市水务局
　　　　　　　成都环境投资集团有限公司
　　　　　　　四川省地球物理调查研究所

第三章
成都市水文化遗产
Ⅲ级资源名录

I

成都市
水文化遗产
I 级资源名录

1. 都江堰水利工程

地理位置：成都市
类型：水利工程综合体
水文化遗产级别：I 级
形成年代：战国（前256）
存续现状：功能完好

　　都江堰水利工程坐落于成都平原西部的岷江上，是一个由渠首枢纽、灌区各类工程组成的水利工程综合体，兼具灌溉、防洪、水运、城市供水、发电功能，是历代蜀人勤劳治水的成果。都江堰水利工程是全世界迄今为止年代最久、唯一留存、以无坝引水为特征的宏大水利工程，是世界文化遗产、世界自然遗产、世界灌溉工程遗产，全国重点文物保护单位。

　　都江堰和关中郑国渠、岭南灵渠被称为秦代三大水利工程，是战国后期秦为征服六国而建。秦灭蜀国后，公元前311年秦相张仪组织兴建成都、郫、临邛三座城池，将大批人口迁到成都平原中部，自然条件优越的蜀郡因此人口激增，农业获得快速发展，为秦征战中原统一六国的战争提供粮食和兵源。在战争需求的刺激下，公元前256年，秦蜀郡太守李冰主持修建了都江堰水利工程。都江堰遵循"深淘滩、低作堰""乘势利导、因时制宜""遇弯截角、逢正抽心"等治水方略，充分利用地形地理条件，变害为利，使人、地、水三者高度协调统一，建堰两千多年来经久不衰，发挥着愈来愈大的效益。

都江堰由渠首枢纽和灌区两部分构成。都江堰渠首枢纽主要由鱼嘴、飞沙堰、宝瓶口三大主体工程构成，将岷江水分为内外二江，由蒲阳河、柏条河、走马河、江安河、沙沟河、黑石河六条人工河道引水并输水灌溉成都平原。都江堰古灌区为成都平原280万亩（1949），主要灌溉温江、郫县（今郫都区）、崇宁（今郫都区唐昌镇）、新繁（今属新都区）、灌县（今都江堰市）五县（市）区；现代灌区包含中华人民共和国成立后新修渠道的灌溉面积，至2022年实际灌面覆盖四川盆地中西部地区7地40区（市）县达1131.6万亩，主要灌溉成都、德阳、绵阳、遂宁、眉山、资阳等地区。都江堰水利工程科学地解决了岷江水自动分流、自动排沙、控制进水流量等问题，消除了水患，使川西平原成为"水旱从人"的天府之国。两千多年来，一直发挥着运输、防洪、灌溉等多种作用。

2. 都江堰渠首工程
（鱼嘴、宝瓶口、飞沙堰）

地理位置：成都市都江堰市
类型：水利工程综合体
水文化遗产级别：I级
形成年代：战国（前256）
存续现状：功能完好

都江堰渠首枢纽工程坐落于成都平原西部的岷江上，为秦昭王后期（前256～前251）蜀郡守李冰主持修建，由鱼嘴分水堤、飞沙堰溢洪道和宝瓶口引水口三大主体工程，和百丈堤、二王庙顺水堤、人字堤等附属工程组成。

鱼嘴分水堤是都江堰渠首枢纽中的分水建筑物，有自然分水分沙作用，位于二王庙前岷江干流江心，将岷江一分为二，分为约130米宽的内江（左）和约100米宽的外江（右）。飞沙堰古名侍郎堰，位于鱼嘴分水堤尾端，飞沙堰在宝瓶口之前，可将进入内江的超量洪水和泥沙翻入外江。宝瓶口是李冰在玉垒山虎头岩低伏部分凿开的一道宽20米的梯形泄水口，起到了控制引水、限制洪水和泥沙进入渠道的作用，是控制岷江内江进水量的关键。三者有机配合，形成一个有效的系统，使都江堰灌区达到"水旱从人"的目标。

传说古蜀国杜宇时期，丞相开明带领人民根据水流及地形特点，在岷江左岸玉垒山坡度较缓处，凿开一道楔形口子以疏通洪水，推测为宝瓶口的原型。《史记》有载："蜀守冰凿离堆，辟沫水之害，穿二江于成都中。"李冰为解决水患，利用这里的地理形势，通过火烧水浇使岩石崩裂的办法进而开凿，历经8年，终于在玉垒山开凿出一个宽20米、高40米、长80米的山口，因其形状酷似瓶口，取名宝瓶口。宝瓶口右侧过去有一个未凿去的岩柱与其相连，形如大象鼻子，故名"象鼻子"。象鼻子因长期水流冲刷、漂木撞击，已于1947年被洪水冲毁崩塌。1970年冬，为了加固岩基，浇注混凝土8100多立方米，给离堆、宝瓶口筑起了铜墙铁壁，在离堆右侧的低平河道底下有一条保障成都工业用水的暗渠，当洪水超过警戒线时，它又自动将多余水量排入外江，使流入内江水位始终保持安全水准，使成都平原有灌溉之利而无水涝之患。

3. 通济堰

地理位置：成都市新津区
类型：水利工程综合体
水文化遗产级别：I级
形成年代：汉景帝末年（前141）
存续现状：唐宋重建 功能完好

通济堰是岷江中游水利灌溉工程之一，渠首位于新津区城东南岷江支流南河、西河与岷江的汇合处。干渠沿岷江右岸山前平原边缘台地南下，经新津、彭山、眉山至眉山市城南入松江（又名醴泉江）。

通济堰始建于西汉汉景帝末年（前141），由蜀郡守文翁主持修建，历史上曾有六水门、蒲江大堰、远济堰、梓堰等称谓。通济堰渠首工程以六水门为显著特征。唐代开元年间，益州长史章仇兼琼整治重建通济堰，使灌区面积达到16万亩。南宋，灌溉面积达34万亩，灌区之富庶，不逊于成都平坝。1985年有效灌溉面积扩大为51.99万亩。

通济堰经西汉创建、唐代再建、宋代扩修，从而形成延续至近代的渠首枢纽，包括拦河大坝、引水渠堤、通航水道等工程设施的大致布置格局。谭徐明《四川通济堰》说："从工程技术角度而言，通济堰是岷江流域古代少有的有坝引水工程，其拦河坝应是我国历史上规模最大、运用时间最长的活动坝。"

通济堰与都江堰并称为孕育古蜀文明的岷江两大灌溉工程，至今还在为成都以南的岷江沿岸百姓提供生产生活用水，也是眉山市中心城区及周边100多万人口生态环保用水的重要水源，入选2022年度（第九批）世界灌溉工程遗产名录，成为都江堰灌区范围内第二处世界灌溉工程遗产。

4. 湔江堰

地理位置：成都市彭州市
类型：水利工程综合体
水文化遗产级别：I 级
形成年代：汉景帝末年（前141）
存续现状：清代重建 功能完好

　　湔江堰是一个引湔江水的灌溉工程，取水口位于彭州市，配套8条支渠，总长89千米，有效灌溉面积16万亩。

　　湔江堰是古代引用沱江上游湔江水源的多条渠系的总称，始建于西汉景帝末年（前141），蜀郡守文翁在湔江出山的关口（今彭州丹景山镇）"穿湔江口，溉灌繁田千七百顷"。渠首在湔水出山处，今彭州关口（珊口），下分若干支。清道光十二年（1831），彭县知县毛辉凤对湔江堰进行了整治。1953年开人民渠自都江堰引水后，湔江堰部分灌区并入都江堰向北扩灌的人民渠灌区。

5. 人民渠引水工程
（成都段）

地理位置：成都市彭州市、青白江区、金堂县
类型：水利工程综合体
水文化遗产级别：I 级
始建年代：1953 年 1 月
存续现状：功能完好

人民渠引水工程（成都段），又名利民渠、幸福渠、官渠堰，是都江堰扩灌工程之一，是中华人民共和国成立后四川建成的第一座大型引水渠系，有"巴蜀新春第一渠"之称。渠首工程位于彭州市丽春镇境内，从岷江蒲阳河干渠引水经青白江、金堂、中江到绵阳三台鲁班水库。干渠横跨岷江、沱江、涪江三江流域，工程宏伟，有干渠、支渠192条，总长3621千米，其中干渠总长达400千米。

人民渠的前身叫官渠堰，是历代官府兴修的水渠。古官渠开始建于何时，已无史料可考。汉时文翁"穿湔江口，灌溉繁田千七百顷"，使青白江成为同时流淌岷江、沱江两江水的双生河，此时修建的渠道可能为官渠堰的雏形。古官渠堰横跨清波河等山溪河流，易被洪水冲垮，屡修屡废。千年间，古官渠经历了后唐刺史刘易从整治古官渠、康熙四十三年谭家场乡绅钱继堂典田出资修渠，雍正八年彭县知县王焕续修官渠等变迁。后官渠逐渐失修，至光绪四年，官渠名存实亡。1953年1月到1956年2月，四川省水利厅主持兴建了官渠堰1~4期工程，灌区面达129万亩，改名人民渠；1958年到1980年又分别续作了5~7期工程和红岩分干渠，扩大灌区面积达264万亩，把岷江水引到德阳、绵阳、遂宁等地区。

6. 东风渠引水工程

地理位置：成都市
类型：水利工程综合体
水文化遗产级别：I 级
始建年代：1956 年
存续现状：功能完好

东风渠引水工程原名东山灌溉工程，是中华人民共和国成立后引都江堰府河水灌溉成都东部区（市）县的重要水利工程，属引、蓄、提相结合的灌溉系统。

东风渠引水口位于郫都区安靖镇石堤堰以下10千米的左岸，流经郫都、金牛、成华、龙泉驿、仁寿、简阳、彭山、东坡等区（市）县，灌区总干渠进水口位于郫都区安靖镇高桥下，总干渠又分为北、东、老南、新南等四条干渠。总干、北干、东干、南干、新南5条干渠全长283.1千米，是成都中心城区长度最长、流域最广、影响区域最大的人工渠道。灌区分布在锦江以东，毗河以南，鲫江河以北，龙泉山脉两侧的一片浅丘地带，设计灌溉面积337.92万亩，有效灌面224.03万亩，承担着成都市灌溉、城市用水调节和防洪等多项重要功能，是成都建立世界级现代田园城市的重要支撑。东风渠引水工程1956年3月动工，共分为六期建设：一、二期工程为基建项目；三、四、五、六期工程属民办公助性质。此工程是成都乃至四川的重要工程项目，是中华人民共和国成立以来成都水利建设取得的重大成就之一。尤其是为期十年的第六期扩灌工程，经历了龙泉山枢纽工程（6274米隧洞）、渠系配套、修建三岔水库、修建石盘水库"四大战役"，20余万人参加建设，2000余人致伤致残，119人牺牲，是中华人民共和国成立后成都地区重要水利工程事件。

7. 锦江

地理位置：成都市
类型：堤坝渠堰闸
水文化遗产级别：I 级
形成年代：战国末期
存续现状：功能完好

　　锦江由府河成都洞子口至彭山区江口镇段，以及锦江南河段两部分共同组成，全长102.66千米。锦江是都江堰渠首工程的延伸，是成都城市文明的摇篮，是成都的母亲河。

　　秦昭王时期蜀守李冰穿二江于成都城中。《中国水利史稿》载，李冰所穿的成都二江，古称检江和郫江。检江自宝瓶口外分水，今名走马河，过成都称南河，因蜀地织女用江水洗濯织锦，生产出艳丽蜀锦，又称"锦江"。郫江一般指今柏条河，过成都称府河。两江于成都东南汇流，南至彭山入外江。从战国末期"二江穿城"到秦汉时期"二江珥市"到晚唐"二江抱城"到现代"江环城中"，成都二江，承载着成都城市格局由小到大的变迁。历史上描写锦江的诗词众多，杜甫也曾观锦江留下"锦江春色来天地，玉垒浮云变古今"的诗句，广义来讲，历史上文人墨客说的锦江，指代了府河、南河。

21世纪初府河、南河污染严重，成都市委、市人民政府对此进行了十年的综合整治，称之为府河、南河综合整治工程（府南河工程）。工程完工后，"锦江"被忽略，府南河鲜为知。为了弘扬成都历史文化内涵、保护传统，2005年5月正式恢复锦江名称，为服务城市总体规划，将锦江延伸到彭山区江口镇，使锦江总长度达到百余里。

成都的文化个性仰赖锦江两河形成，锦江赋予了成都"濯锦清江万里流，云帆龙舸下扬州"的自然条件，对于促进成都经济、社会的发展和繁荣，在历史上起过不可忽视的巨大作用，由此形成成都对外联系"蜀麻吴盐自古通"的通道。蜀锦、蜀绣天下驰名，锦江赋予成都工艺独有特色。在汉代，"两江珥其市"，商市沿两江发展，唐宋时期的"灯、花、蚕、锦、扇子、香，宝、桂、药、酒、梅、桃符"十二月市，也是沿锦江发展起来的。正是因为有锦江，才有六十年代的标志建筑—锦江宾馆、锦江大礼堂和锦江区的称谓。

8. 蒲阳河干渠

地理位置：都江堰市、郫都区、彭州市、新都区、青白江区、金堂县
类型：堤坝渠堰闸
水文化遗产级别：I 级
形成年代：秦汉时期
存续现状：功能完好，正常运行

蒲阳河干渠是都江堰内江四大干渠中最北边的一条干渠，是灌排兼顾的河道，因位于都江堰市蒲阳镇之南，流至广汉市三水镇，有彭州之蒙（水蒙）阳河自北来汇，故名蒲阳河。蒲阳河在蒲柏闸（丁公鱼嘴北侧）进水，正常引水流量160立方米／秒，全长117千米，干渠下段从人民渠渠首（蒲柏分水闸以下24.9千米处）石坝子起至金堂赵镇段称"清白江"。蒲阳河干渠自都江堰蒲柏分水闸开始，流经都江堰市、郫都区、彭州市、新都区、青白江区、广汉市，至金堂县赵镇

汇入沱江，干渠全长103.8千米，集雨面积1170平方千米，流域平均比降2.6‰。根据蒲阳河进口站资料，蒲阳河多年年平均流量110立方米/秒，年径流量34.7亿立方米。

根史料推断，文翁任蜀郡守期间"穿湔江口"，领导蜀地人民开凿、疏通湔江，蒲阳河在这个时期形成。也有传说蒲阳河干渠最初是在开明时期开凿，在开明（鳖灵）开凿玉垒山后，他在玉垒山开出的口子上，人工开出了两条河：柏条河和蒲阳河，李冰在这个基础上进行拓宽，但这个说法未得到证实。

9. 柏条河干渠

地理位置：成都市都江堰市、郫都区、彭州市
类型：堤坝渠堰闸
水文化遗产级别：I级
形成年代：战国末期
存续现状：功能完好，正常运行

柏条河干渠是都江堰内江水系四大干渠之一，起于蒲柏闸，经都江堰市、彭州市到郫都区石堤堰止，与走马河分支徐堰河相汇合。正常引水流量80立方米/秒，长44.8千米，在都江堰市蒲阳桥下丁公鱼嘴与蒲阳河分流向东而行。

柏条河是战国时期李冰建造都江堰时"穿二江成都之中"的一江，相传是因两岸柏木成林而得名，当地人也称柏桥河、郫江。

《元史·河渠志》记载：柏条河"自三石洞（后称三泊洞）北流，过将军桥，又北过四石洞，折而东流，过繁入于成都"。柏条河是曾经的漂木航道，是都江堰各干渠中唯一没有修建电站的河道，在两千多年历史中承担的是漂木的任务，除跨河桥梁、局部河段的卵石浆砌堤岸和几个城镇的临河建筑外，没有其他人工构筑。沿岸林木葱郁，风光秀丽，景色宜人，河堤上多为麻柳、湿地松、杨树等喜湿根系植被，发达利于防洪固堤的乡土树林，是水源保护的一道天然生态屏障。

10. 走马河干渠

地理位置：成都市
类型：堤坝渠堰闸
水文化遗产级别：I级
形成年代：战国末期
存续现状：功能完好，正常运行

　　走马河干渠是都江堰内江的四大干渠之一，起于都江堰市走江闸，流经聚源镇分一支流为徐堰河，至郫都区两河口分一支流入沱江河。从都江堰市区至郫都区两河口一段称走马河，两河口以下称清水河，成都市望仙桥以下称（锦江）南河，至合江亭与（锦江）府河汇流后通称锦江。干渠全长26.7千米，正常引水流量297立方米/秒。

　　走马河前身为古流江，为岷江的一支，起水于离堆以下的木观音附近，战国末期都江堰水利工程建成后，改经宝瓶口进水，"穿二江成都之中"。《华阳国志》所称"检江"，应当指此河。《宋史·河渠志》称走马河为"马骑"。《四川通志》又称为双清河，流到成都后名锦江，古说"以此水濯锦，胜于他锦"。古人创造都江堰后，又在不同的历史时期，于离堆下游开凿堰口，并借用原有自然河道，科学分解江水，减轻防汛压力，扩大灌溉面积。

11. 江安河干渠

地理位置：成都市
类型：堤坝渠堰闸
水文化遗产级别：I 级
形成年代：秦汉时期
存续现状：功能完好，正常运行

　　江安河干渠属岷江水系，是都江堰内江的四大干渠之一，起于走江闸，顺金马河流向东南，是都江堰市与温江区、温江区与郫都区、金牛区与双流区等的界河，最后流入双流区境内，于二江寺注入府河，干渠全长 106 千米，正常引水流量 68 立方米 / 秒。

　　江安河始凿于东汉，又名酸枣河、阿斗河，元代叫马坝渠，以后又称温江，现代又称新开河、新江。因其旱涝不时，于清康熙对在都江堰下十里筑江安堰，均其水势，使温江大部分农田得以灌溉，改名江安河。"江安"二字的寓意是："旱不病涝，水不病潦，江水为安。"

　　江安河历史悠久，早在鱼凫王率古蜀人进入成都平原时，便首选了今温江江安河东北岸定居下来，并在此放鹰捕鱼，筑城建都开国，奠定了古蜀国文明之基。柏灌王墓、鱼凫古城、鱼凫王墓、鱼凫王妃墓、鱼凫村等积淀着厚重的古蜀历史文化的遗迹，就分布于江安河两岸幽静古朴的环境之中。

12. 文脉堰

地理位置：成都市邛崃市
类型：堤坝渠堰闸
水文化遗产级别：I 级
形成年代：秦更元十四年
（前311）
存续现状：功能完好

文脉堰位于邛崃市，又名三泉堰，始建于秦惠文王更元十四年（前311），是成都市最古老的两个水利工程之一，在古代承担着临邛古城护城河用水和灌溉农田的重要用途。

文脉堰因古代文人期望邛崃文脉绵绵，人才济济而得名，民间更知名的说法是它"一脉穿三池"。清嘉庆《邛州直隶州志·杂志》有记载，三池分别为上池—观雨亭（今瓮亭）前池，中池—明杨伸花园内，下池—治南圣（文）庙前泮池。目前三池仅有瓮亭还存在，其余两处早已灭失。文脉堰原取水口是一个深沱，中华人民共和国成立初以前，行商旅客都从文脉堰以下河段涉水过河，未有西河前，这儿曾有一个戴店子。明末清初东河改道之后形成西河，在西河段林凤庵和赛凤庵之间修建拦河坝，成为现在文脉堰的取水口。1953年将同在邛江河左岸引水的文脉堰、张公堰和灌区内的泉凼堰合并组成，称三合堰或三泉堰。三合堰建成后，文脉堰仍保留独立进水，张公堰于1956年废弃。1984年调整灌区，文脉堰灌面从三合堰划出，重新整治渠首，建成灰浆卵石截留拦河堰埂，灌溉临邛镇、宝林乡农田约0.4万亩。

13. 万里桥

地理位置：成都市
类型：桥涵码头
水文化遗产级别：I 级
形成年代：战国末期
存续现状：现代重建，功能完好

万里桥即今成都市南门大桥（古称长星桥），横跨南河，连接青羊区和武侯区，是成都历史上著名的古桥。

战国末期，李冰开二江造七桥，上应北斗七星，万里桥即为七桥之首。三国时期成都为蜀汉都城，成都二江在蜀汉丞相诸葛亮的治理下，畅通顺直，成为沟通外界的重要交通线，万里桥成为当时益州城内外乘舟东航的启程处。诸葛亮曾在此设宴送费祎出使东吴，费祎叹曰："万里之行，始于此桥"，万里桥由此得名。唐宋时代，成都的水路贸易活跃，府河上的万千船舶载来外地货物，运走蜀中物产。万里桥联系城南内外交通，成为商贾会集、水陆辐辏之地。成都历代送友远行，锦江万里桥和府河、南河汇流处的合江亭是饯别的最佳场所。北宋乾德至开宝元年间（963～968），时人沈义伦和转运使赵开，主持修筑石鱼鲴水5道，对万里桥进行了重大改造，改建为石墩五孔木梁平桥，并在桥上用木料修建桥廊，廊上盖瓦，成为廊桥，极为壮观。20世纪90年代，因不适应现代交通发展和防洪的需要，政府对清代时期所建的桥墩进行了易地搬迁，移植到青羊横街望仙桥处仿建。在万里桥原址新修了现代桥梁，并在桥南岸新建一座海洋巨轮式样的建筑，名"万里号饭店"。

万里桥既是古代成都水陆交通的一个重要起点站，又是一大名胜古迹，历史志籍记载颇多，文人吟唱也不绝于书，在历代诗人笔下，万里桥是成都所有文化景点中出现频次最多的。杜甫在《野望》一诗中就有"西山白雪三城，南浦清江万里桥"，唐代诗人张籍《成都曲》："锦江近西烟水绿，新雨山头荔枝熟。万里桥边多酒家，游人爱向谁家宿？"描绘的正是万里桥畔的繁华。从唐代诗人薛涛的诗句"万里桥头独越吟，知凭文字写愁心"，到唐代诗人王建的诗句"万里桥边女校书，枇杷巷里闭门居"来看，著名女诗人薛涛的住宅也应距此不远。而以万里桥为名创作的古诗也为数不少，如唐鼎元《万里桥》"直到东吴水一条，一望江水已魂销。伤心万里流离客，畏过城南万里桥。"唐岑参《万里桥》"成都与维扬，相去万里地。沧江东流疾，帆去如鸟翅。楚客过此桥，东看尽垂泪。"

万里桥边的繁华一直保持到了近代，而近代繁华市井图的亮点则是万里桥头西北南河边的"枕江楼"。开办于20世纪初的"枕江楼"是临江而建的著名川菜馆，以烹制江中的河鲜而享誉全城，以至在业内形成了"枕江楼派"。由于枕江楼既有把酒临江的环境，所有的鲜活鱼虾全都养在河边的大竹笼中，又有名厨制作的以醉虾和醋熘五柳鱼为代表的闻名全城的美味佳肴，所以成为不少骚人墨客的聚会之所。1938年，著名作家张恨水到成都，成都同仁20多人就在"枕江楼"为其接风。张恨水对景感怀，提笔在店主人铺开的宣纸上题写了如下的诗句："江流呜咽水迢迢，惆怅栏前万里桥。今夜鸡鸣应有梦，晓风残月北门潮。"

14. 安澜索桥

地理位置：成都市都江堰市
类型：桥涵码头
水文化遗产级别：I 级
始建年代：唐代
存续现状：全国重点文物保护单位

安澜索桥位于都江堰市，横跨岷江内外二江，为人行桥，是中国著名的五大古桥之一。1982年，作为都江堰的重要组成部分，被国务院公布为第二批全国重点文物保护单位。

安澜索桥，古名珠浦桥，最初修建时长约340米、八孔，最大跨径约达61米，以碗口粗竹缆十根平列，上铺木板为桥面，以竹索为缆、为栏，又称竹桥、笮桥等。宋淳化元年，大理评事梁楚知重建此桥，称评事桥。宋嘉定年间，永康军知事虞刚简用竹笼加固桥桩，"桥长百五十丈"。明末毁于战火，清嘉庆八年，贵州大定府何先德夫妇募捐重建。桥成，两岸行人可安渡狂澜，故名"安澜桥"，时人又称"夫妻桥""何公何母桥"。其后安澜索桥又经历多次原址重建，1979年修建外江闸，经国务院批准，将索桥整体下移100米。现存桥长261米，宽约2.2米，高约13米。安澜索桥有许多民间传说，其中以何先德夫妇悲壮修桥故事影响最大，以此改编的川剧《夫妻桥》，已成为优秀的川剧传统保留剧目。

安澜索桥的初建时代已经无从考证，但至少在唐代时，它就已经在都江堰的上空像唐诗的韵律一样诗意地摇荡了。杜甫就曾亲自观看过这座桥的培修，他在《陪李七司马皂江上观造竹桥》诗中写道：

伐竹为桥结构同，褰裳不涉往来通。
天寒白鹤归华表，日落苍龙见水中。
顾我老非题柱客，知君才是济川功。
合观却笑千年事，驱石何时到海东。

曾经在都江堰待过很长时间、留下过许多诗章的著名田园诗人范成大用严谨的笔法将"长百二十丈，广十二绳"的安澜索桥记在了他的《吴船录》里并以诗记之，至今读来，仍可想象当时桥之壮景。

织篁匀铺面，排绳强架空。
染人高晒帛，猎户远张罿。
薄薄难承雨，翻翻不受风。
何时将蜀客，东下看垂虹？

15. 驷马桥

地理位置：成都市
类型：桥涵码头
水文化遗产级别：I级
形成年代：战国末期
存续现状：2003年重建，功能完好

驷马桥，位于青羊区和金牛区交界处，横跨在成都市北门的沙河上，原为木桥，千百年间经过多次重修，2003年沙河整治工程中驷马桥又一次重修，建成了现代的汉白玉公路桥。

驷马桥据推断修建于战国末期，秦汉时期称升仙桥，传说古蜀的鱼凫王和修仙的张伯子都是在这里骑着赤纹虎飞升上天成了神仙，根据成都出土的汉墓画像砖所绘古桥图像可知，升仙桥是一座廊式结构木桥。相传汉代司马相如背乡北游赴长安求取功名途经升仙桥时，豪情满怀，题其柱曰"不乘驷马车，不复过此桥"，后来他以《子虚赋》《上林赋》《哀二世赋》等名篇赢得武帝的重用，任西南安抚使，两次返成都办理公务，都"高车驷马"经过升仙桥，受到地方官员的迎接。到北宋时期，成都知府京镗重修升仙桥为四孔石基廊桥，写下《驷马桥记》，更名为驷马桥。

司马相如题驷马桥后，诗人常用"题桥、题桥柱、题桥志"来自勉与共勉，这就成了一个表达立志求取功名的专用词汇，杜甫曾写诗道："壮节初题柱，生涯独转蓬。几年春草歇，今日暮途穷。"晚唐诗人许浑赞叹道："应学相如志，终须驷马回。"而明朝文徵明《送钱元抑会试》云："公车拟奏长杨赋，祖道先题驷马桥。"韩雍的《送南城贡士左赞再赴春闱》云："太平桥上乡人众，望尔高车驷马回。"从汉朝起至清代不断有文人雅士在此赋诗留念，唐代诗人岑参作诗《升仙桥》："及乘驷马车，却从桥上归"，陆游、汪遵、常纪等众多诗人也都留下了诗作。据不完全统计，历代关于司马题桥的诗歌不下千首。历代司马相如剧，包括宋话本、明清杂剧和传奇，超过24种，将近半数散佚，而描写司马相如驷马桥上"题桥"这一情节的元明清戏剧就达十多部。驷马桥成为沙河上历史最悠久最辉煌的一座古桥，蕴含着优雅的文化内涵。

16. 白莲池
（万岁池）

地理位置：成都市成华区
类型：池塘井泉
水文化遗产级别：Ⅰ级
形成年代：秦更元十四年（前311）
存续现状：宋代重建，功能完好

白莲池（万岁池）位于成华区，总面积12000平方米，曾被用以灌溉、养鱼、植莲等，是目前成都最早的水利工程之一，始建年代比都江堰早55年。

白莲池（万岁池）始建于秦惠文王更元十四年（前311），为防御蜀王旧部夺回政权，秦相张仪和蜀守张若共同营造了一座"周十二里，高七丈"的成都城，为修筑城墙，从北郊一带空地挖取大量泥土，挖土留下的洼地被水流填满形成湖泊，后世称万岁池。

唐天宝年间剑南节度使章仇兼琼在万岁池筑堤坝，蓄水用于灌溉。"盈盈碧波，广袤十里，渔歌唱晚，画船迎晖"，万岁池和旁边的凤凰山成了成都的春游胜地。宋朝绍兴年间万岁池方圆十里，能灌

白莲池

溉三乡田地，但因年久淤积，当时的成都知府又安排专人疏通，并栽种榆树和柳树在池的周围。清代时期万岁池还有800亩，昭觉寺方丈丈雪在池中遍种白莲花，入夏荷叶田田，银莲朵朵，为一时盛景，万岁池之名此后便被白莲池所取代。1953年，占地530多亩的白莲池功能调整，建成成都渔场，20世纪90年代能为市场提供10万公斤鲜鱼。后来，白莲池被隔成了诸多小池塘，塘埂采用宽堤、石板护坡的办法，建造。目前白莲池主要区域已租给通威公司养鱼。

历代白莲池都为成都的春游圣地，宋代有习俗：三月三日，郡守率士绅百姓朝学射山（今凤凰山）通真观，晚宴于万岁池。冠盖如云，行人蔽野，极一时之胜，中国历史上无数著名的人物都在这里留下了他们的文学作品。南宋中期，著名诗人范成大将成都万岁池与杭州的西湖相提并论，写下诗词《上巳日万岁池上呈程咏之提刑》：

浓春酒暖绛烟霏，涨水天平雪浪迟。
绿岸翻鸥如北渚，红尘跃马似西池。
麦苗剪剪尝新面，梅子双双带折枝。
试比长安水边景，祇无饥客为题诗。

关于白莲池最有名的传说，乃是老龙听经、降雨而死的故事。唐开元年间，有僧诵法华经，一老叟来听，实为池中之龙所化。僧以久旱，请其施雨。老叟曰："须天符，不然恐被天诛"。然亦允僧所请，求僧为其收尸。是夜大雨。明日有巨蛇死于池边。僧收而焚之，为之造塔，取名"龙坛"。

17. 岷江（成都段）

地理位置：成都市
类型：河流湖泊
水文化遗产级别：I级
存续现状：功能完好

岷江，古名渎水、汶水、汶川，长江上游最重要的支流，一度被认为是长江正源。发源于岷山南麓，全长1279千米，流域面积133500平方千米，水量丰富，年均径流量900多亿立方米，为黄河的两倍多，水力资源蕴藏量占长江水系的1/5，沿途汇入黑水河、杂谷脑河、大渡河、马边河等重要支流，在宜宾汇入长江。

岷江（成都段）指岷江从都江堰辖区进水至新津流出的部分。岷江从上游流入宝瓶口水电站，据二王庙水文站观测，年均径流量147.3亿立方米，后通过都江堰划分为内外江两部分，内外江引水后，剩余的水流从金马河排出。岷江内外江干渠中，一小部分水资源汇入沱江，大部分都汇合于府河，最终和金马河在彭山区江口镇再次汇入岷江。岷江在成都平原演化成蜘蛛网状的灌溉系统，滋润着整个成都平原，是成都平原的母亲河。

18. 沱江（成都段）

地理位置：成都市
类型：河流湖泊
水文化遗产级别：I 级
存续现状：功能完好

沱江古称中江、内水、牛鞞江、资江、雁江、金川、釜川等，为长江左岸 I 级支流。古代以湔江为正源，近代按河长唯远原则，以绵远河为正源。沱江干流长634千米，支流呈树枝状分布，流域面积在100平方千米以上的支流有77条；其中湔江、青白江、毗河等大的支流分布于成都境内。流域略呈长条形，由于有都江堰水系引岷江水源汇入，故沱江流域呈非封闭型。

沱江（成都段）主要指绵远河南流至金堂县赵镇接纳沱江支流—毗河、青白江、湔江、石亭江等上游支流后形成的沱江正流，穿龙泉山金堂峡，经简阳市流出成都范围的这段河道。沱江水利开发较早，引沟渠、堰设置较多，自宋朝起即有引绵远河水灌田的记录，绵竹县官宋硼堰、石亭江古堰，彭县湔江堰等古代水利工程至今仍在发挥水利作用，在沱江中下游连绵小山地域，除引水工程外，还多建有小山塘蓄水。开国后，沱江水利事业获得了全面成长，中华人民共和国成立以后，修建了人民渠。沱江水资源通航历史悠久，江上自古就扬起风帆，轻舟巨舫来回穿梭，滋养了沿岸五凤溪古镇、石桥古镇等众多文化古镇。

19. 升仙湖

地理位置：成都市成华区
类型：河流湖泊
水文化遗产级别：Ⅰ级
形成年代：汉代
存续现状：21世纪初重建，功能完好

　　升仙湖位于成华区，原为沙河上升仙桥旁的自然湖泊，现为修建地铁1号线将沙河改道引流而修的人工湖，为成华区10处文化地标之一。

　　沙河在汉代又名"升仙水"，为当时升仙水在城北低洼地带形成的湖泊，毗邻升仙桥（驷马桥），现已不存。宋时的升仙湖，湖畔有小店，店里有自然好茶，八百多年前，陆游就因为暴雨，被迫困在升仙湖茶座消遣。宋孝宗淳熙三年（1176），炎夏的雨热烈突袭，行至升仙桥的陆游，不得跑到离桥不远的升仙湖边茶铺避雨，兴时作诗《升仙桥遇风雨大至憩小店》：

> 触热真疑堕火灰，雨如飞镞亦佳哉。
>
> 空江鱼鳖从龙起，平野雷霆拥马来。
>
> 正怪横吹屋茅尽，俄闻下击涧松摧。
>
> 晚来日漏风犹急，卧看柴扉阖复开。

21世纪初，在成都北边的中环路与双沙路交叉处，为处理地铁一号线与沙河走水的矛盾，修建地铁时挖出一个人工湖。人工湖被双沙路及其高架桥隔成两块，东边大，西边小，犹如母子相依，定名升仙湖。

20. 浣花溪公园

地理位置：成都市青羊区
类型：水文化场所
水文化遗产级别：I级
形成年代：秦汉时期
存续现状：明清扩建，功能完好

浣花溪，为清水河在西二环大桥左岸分支，位于青羊区一环路与二环路之间，汇入磨底河。浣花溪历史最早要追溯到秦、汉时期，唐乾元二年（759），杜甫为躲避安史之乱携家眷逃往蜀中，在浣花溪畔修建茅屋居住近四年，留下诗歌240余首，浣花溪因此而闻名。《茅屋为秋风所破歌》《绝句》等便成文于此。

两个黄鹂鸣翠柳，一行白鹭上青天。

窗含西岭千秋雪，门泊东吴万里船。

杜诗中的浣花溪已成千古绝唱，除了含蓄婉约的景致之外，浣花溪的背景是悠远的文化，诠释它的是一首首优美的诗句，茅庐、小溪、竹林，楼阁、小桥、卵石，就是当时浣花溪的写照。浣花溪是现存杜甫行踪遗迹中规模最大，最具知名度的一处，后世建设了杜甫草堂以作纪念。

浣花溪流域还流传着浣花夫人的故事。传说浣花夫人是唐代浣花溪边一个农家的女儿，她年轻的时候，有一天在溪畔洗衣，帮一位癞头和尚浣洗又脏又破的袈裟，浣花溪中因此盛开出了朵朵莲花。长大后，任氏被西川节度使崔宁纳为妾。大历三年，泸州刺史杨子琳发动叛乱。任氏拿出十万家财，招募勇士千人，自己也毅然披挂上阵，最终平定叛乱，并受封为翼国夫人。纪念她的祠宇就建在浣花溪边，与杜甫草堂和梵安寺（今草堂寺）相邻，因任氏的出生和事迹与浣花溪有关，故人们多称她为"浣花夫人"，明代文学家钟惺著有散文《浣花溪记》。此外，唐代才女薛涛和著名诗人元稹的爱情故事也在浣花溪流传，元稹离开成都时，薛涛退隐浣花溪，只是一门心思在溪水边制作精致的薛涛笺，用于写诗酬和，相传薛涛笺就是由浣花溪的水和木芙蓉的皮，芙蓉花的汁做成的。

五代时诗人韦庄寻得草堂遗址，重结茅屋，使之得以保存，浣花溪历史文化丰富，其后逐渐形成建筑群，宋、元、明、清历代均有修葺扩建，现在仍完整保留着明弘治十三年（1500）和清嘉庆十六年（1811）修葺扩建时的建筑格局。2003年在浣花溪历史文化风景区内，以杜甫草堂的历史文化内涵为背景，新建浣花溪公园，公园由万树山、沧浪湖、诗歌大道、白鹭洲等景点组成，公园388米长的诗歌大道南端，矗立着号称华夏古今第一鼎的文化源泉鼎，象征着中国诗歌"源远流长"，中国诗人"文思泉涌"。

21. 蜀锦工坊

地理位置：成都市青羊区
类型：水文化场所
水文化遗产级别：I 级
始建年代：三国蜀汉时期
存续现状：于1951年9月重建，功能完好

蜀锦又称蜀江锦，是中国四大名锦之一，有着两千多年悠久历史，在我国丝绸发展史上占有相当重要的地位。

成都自古以锦闻名，春秋战国至甚至更早，商人们把蜀锦和其他货物通过"南方丝绸之路"销往印度、缅甸，继而又转运中亚，当时进行锦缎贸易的集市则称之为"锦市"。三国时候，战事连年，川蜀的军政费用几乎全靠锦缎贸易维持。蜀锦兴于汉而盛于唐，到宋元时期，成都仍建有成都府锦院，主要生产皇室用锦、贸易用锦，蜀锦在国内外一直享有盛名，是川蜀对外物资交流的一宗主要产品。

2006年，蜀锦织造技艺入选首批国家非物质文化遗产名录，2009年与中国丝绸博物馆联合申报"中国蚕桑丝织技艺"入选联合国人类非物质文化遗产代表作名录。

鸦片战争以后，民族工业受到很大打击，临近解放，蜀锦行业已是一片萧条景象。中华人民共和国成立后的1951年9月，失业的蜀锦工人在政府的扶持下，通过生产自救，组建了成都市丝织生产合作社（成都蜀锦厂的前身），恢复了蜀锦的生产，最终发展成现在的蜀锦工坊。蜀锦工坊内展示多台蜀锦小花楼木织机，可现场手工制作蜀锦，蜀锦、蜀绣精品异彩纷呈，是国内唯一存有全套手工蜀锦制作工艺和蜀锦历史文化展示的蜀锦织绣博物馆。

22. 江渎庙遗址

地理位置：成都市青羊区
类型：坛庙寺观亭
水文化遗产级别：I 级
始建年代：秦代
存续现状：遗址

　　江渎庙遗址位于青羊区下汪家拐街原卫生干部管理学院内，古代是祭祀长江之神——江渎神的庙宇。

　　在古人的认知中，位于四川西部的岷山，高耸巍峨，所以将它称为"渎山"，加上很多人认为岷江是长江的源头，更是视岷山为神山。早在隋朝，镇守四川的官员就在成都南边修建江渎庙祭祀长江之神。因为战乱灾荒庙宇损毁，隋开皇二年（582），对江渎庙进行了重建。唐代社会稳定繁荣，对江渎庙进行了扩建。宋开宝六年，宋太祖从帝都开封派遣设计师、绘图师和能工巧匠大修江渎庙，使其闻于天下。宋仁宗庆历七年，益州知州文彦博再次对其进行了扩建。南宋淳熙二年，著名文学家、政治家范成大在成都任职期间将江渎庙扩展到"庙宇有屋209间，围墙6870尺"，并约请好友、著名诗人陆游作《成都府江渎庙碑》。明初，朱元璋下令褫夺历朝历代对江河大川赐予的封号，成都江渎庙被毁。明成化七年曾经重建，并用铜铸造了江渎神及二神姝的塑像，但在明末战乱后，成都几乎变为一片焦土，江渎庙逐渐缩小损毁，清代时江渎庙成了练兵阅兵的"南校场"。江渎庙最后于1966年退出了成都的历史舞台，如今只留下三尊铜像及部分铁铸花瓶部件，放置于四川博物院内。

23. 二王庙

地理位置：成都市都江堰市
类型：坛庙寺观亭
水文化遗产级别：I级
始建年代：东汉
存续现状：全国重点文物保护单位

二王庙古建筑群坐落在都江堰市，是世界文化遗产都江堰的重要组成部分，是纪念都江堰开凿者、秦蜀郡太守李冰及其子二郎的祀庙。二王庙占地面积约5.1万平方米，建筑面积约1.1万平方米。

二王庙初建于东汉，原为纪念蜀王的望帝祠，南北朝南齐建武年间（494～498），益州刺史刘季连将望帝祠迁往郫县（今郫都区），与丛帝祠合祀，原祠改祀李冰，命名"崇德庙"。宋开宝五年（972），增祀传说中李冰的儿子二郎。因父子二人相继被敕封为王，清初遂名"二王庙"。二王庙现存建筑系清末民初所建，山门"二王庙"三个金字是爱国将领冯玉祥将军的手笔。庙内观澜亭下，一排丹墙石壁上镌刻着两则治水《三字经》。现存建筑多为民国十四年（1925）遭火灾焚毁后住持李云岩募资重建，是庙宇和园林相结合的著名景区。二王庙对于研究成都道教的发展、道教建筑的营建，具有一定意义。

每年都江堰放水前，二王庙都会举行盛大"官祭"仪式祭祀李冰父子，祈望他们保佑当年风调雨顺、五谷丰登。又传说每年六月廿四日前后分别是二郎和李冰的生日，因此民间定此日为"民祭"，灌区乡民于此间纷纷来二王庙祭祀，每日多达万人。《灌县乡土志》记载："每岁插秧毕，蜀人奉香烛，拜李王者络绎不绝。"

24. 望丛祠

地理位置：成都市郫都区
类型：坛庙寺观亭
水文化遗产级别：Ⅰ级
始建年代：南北朝齐明帝年间
（494～498）
存续现状：四川省文物保护单位

　　望丛祠，位于郫都区，占地面积88亩，由望帝陵、丛帝陵、郫县博物馆、鳖灵湖等主体构成，是为了纪念蜀王望帝杜宇和他的继任人丛帝鳖灵而修建的祀祠，也是中国西南地区唯一的一祠祭二主的帝王陵冢。1985年，望丛祠被列为成都市重点文物保护单位；1991年，被公布为四川省文物保护单位。

　　望帝祠原在今都江堰二王庙处，原名崇德祠。南北朝齐明帝（494～498）时，益州刺史刘季连将它迁至现处，与丛帝庙合并，始称望丛祠。宋仁宗康定二年（1041），邑令赵可度重修。明末清初为战祸所毁，仅剩下杜宇鳖灵二坟。清道光十四年（1834）重修，占地22亩；光绪三十三年（1904），在祠东建"听鹃楼"；民国四年（1915），曾于祠后建筑公园，后逐渐荒芜；民国八年督军熊克武驻扎在此，又拨款培修祠宇。1982年郫县人民政府维修和扩建了望丛祠，形成今天规模。

25. 合江亭

地理位置：成都市锦江区
类型：坛庙寺观亭
水文化遗产级别：I级
始建年代：唐代
存续现状：1989年重建

合江亭位于锦江区，为府河与南河交汇处，以合江亭为核心，周围分布有东门码头、安顺廊桥、思蜀园、听涛舫等多个景点。

合江亭于唐代贞元年间由川西节度使韦皋始建，与芳华楼等楼阁台榭组成成都历史上最早的"市政公园"。唐时的合江亭，与张仪楼、散花楼形成了自西向东的绚丽风景线。晚唐时，高骈改府河，成都形成两江抱城的格局，在两江交汇处的合江亭便成了贵族、官员、文人墨客宴饮吟诗的首选之处。合江亭于北宋重建，并达到鼎盛，成为官民宴饮、市井游玩的热闹场所。每到中国传统节日，就会有市民到此，放灯祈福，品茶笑谈。合江亭历代留下诗作无数，其中具有代表性的有陆游《自合江亭涉江至赵园》等：

> 政为梅花忆两京，海棠又满锦官城。
> 鸦藏高柳阴初密，马涉清江水未生。
> 风掠春衫惊小冷，酒潮玉颊见微赪。
> 残年飘泊无时了，肠断楼头画角声。

合江桥畔亦是时人登舟出川的主要口岸，明代辟有锦官驿，清代新置船税所。1989年，成都市人民政府重建合江亭，与滨江公园、望江楼连成一片。如唐宋时期一般，合江亭仍然是一个供市民游乐的开放式市政公园。

26. 伏龙观

地理位置：成都市都江堰市
类型：坛庙寺观亭
水文化遗产级别：Ⅰ级
始建年代：宋代
存续现状：全国重点文物保护单位

伏龙观位于都江堰离堆北端，宝瓶口正上方，为一道教建筑，占地面积约为3000平方米，三面为悬崖，一面以石阶和开阔的大坝相连，包含老王殿、铁佛殿、玉皇殿等建筑群。

伏龙观就离堆山脊修建，原名"范贤馆"，为纪念西晋大成政权丞相范长生而建。宋太祖诏修崇德庙、扩大庙基并增塑李二郎像于前殿，改名伏龙观，始以道士掌管香火。清同治五年（1866），清四川巡抚崇实重修大殿，作为纪念李冰的专祠，称为"老王庙"。相传李冰父子降伏孽龙并锁于观下深潭中，遂更名"伏龙观"。"文革"中塑像被毁，20世纪80年代以后，改为陈列1974年出土的李冰石像。石像造于东汉灵帝初年，距今已1800多年，是中国现存最早的圆雕石像，对研究都江堰历史具有重要意义。

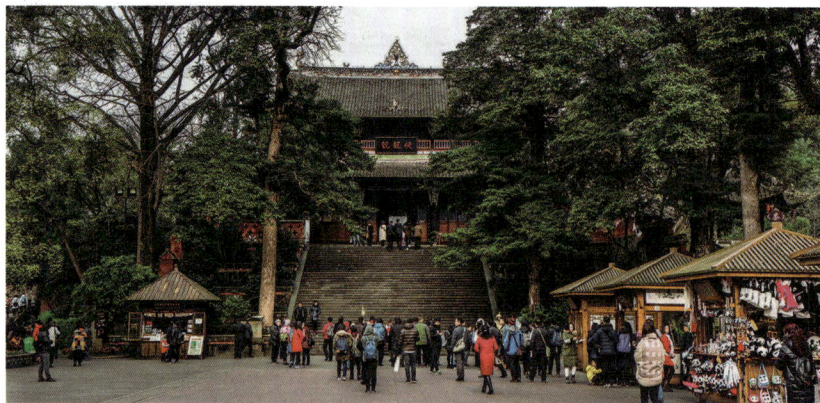

27. 李冰石像

地理位置：成都市都江堰市
类型：雕像、石刻、碑碣
水文化遗产级别：I级
形成年代：东汉
存续现状：四川省文物保护单位

　　东汉李冰石像，位于都江堰市伏龙观前殿，石像高2.9米，肩宽0.96米，厚0.46米，重4.5吨，造型简洁朴素，袖手胸前，微露笑容，神态从容持重，是我国现存最早的圆雕石像，为研究都江堰的历史和汉代美术史提供了可靠的物证。1974年4月4日，四川省人民政府公布"东汉李冰石像"为四川省文物保护单位。

　　东汉李冰石像造于东汉灵帝初年（168），为古代人民在李冰去世后，为纪念李冰治水功绩而造。1974年3月3日，灌县（今都江堰市）修建外江节制闸时从河床中挖出，出土时，石像横伏江心，面部朝下，头顶向西，衣襟有隶书铭文三行，题记："珍水万世焉"。该石雕像是目前唯一能证明李冰创建都江堰的历史文物。1975年8月18日，石像加座迁至伏龙观前殿正中进行展览。

28. 石犀

地理位置：成都市青羊区
类型：雕像、石刻、碑碣
水文化遗产级别：I 级
形成年代：秦汉时期
存续现状：保存完好

　　石犀，现收藏于成都市博物馆内，长3.3米、宽1.2米、高1.7米，重约8.5吨，形状似犀，作站立状，躯干丰满壮实，四肢粗短，下颌及前肢躯干部雕刻卷云纹，具有极高的考古与艺术研究价值，是成都博物馆的镇馆之宝，被成都市民亲切称作"萌牛牛"。

　　石犀于1973年出土于成都天府广场东北侧，属于秦汉时期偏早的石雕艺术品，兼具水则和镇水神兽的功能。李冰担任蜀郡太守期间，曾建造五头石犀，以镇压水精。该石犀是否就是李冰所建造的五头石犀之一还需进一步的考证。

29. 红桥村护岸堤遗址

地理位置：成都市温江区
类型：水灾害遗址
水文化遗产级别：I级
形成年代：距今约4000年
存续现状：异地保护

红桥村护岸堤遗址位于温江区红桥村，距今4000年左右，是中国历史上发现的最早的水利工程之一，也是目前在成都平原发现的最早的史前水利设施。

红桥村护岸堤遗址总长约147米，大体呈西北—东南走向，剖面呈梯形，底宽14米，顶宽12米，高约1.3米。由内外侧多道坝体组成，外侧墙体起缓冲、分水作用，内侧墙体护岸护台地。内墙第一道墙体上的沟槽立木桩并夯实，起加固、加高作用，形成坚固的防洪体系。红桥村水利工程是目前古蜀人治水防洪的最早实物见证。它的发现，将古蜀人治水年代上溯到新石器时代。红桥村水利工程遗址与良渚外围水坝系统遗址齐名，均为目前国内已知最早的史前水利设施。但遗址在科考结束后，并未建馆保存，现已不存。

30. 大邑高山古城遗址

地理位置：成都市大邑县
类型：水边聚落遗址
水文化遗产级别：I 级
形成年代：距今约 4500 ~ 4000 年
存续现状：全国重点文物保护单位

　　高山古城遗址，位于大邑县原三岔镇古城村。在宝墩文化的 8 座史前时期古城中，位于大邑县的高山古城遗址发现最晚但年代最久，属于宝墩文化早期。高山古城遗址于 2019 年被国务院核定为第八批全国重点文物保护单位。

　　高山古城平面形状大致呈梯形，东西平均长 632 米，南北平均长 544.5 米，面积约 34.4 万平方米。东城墙和南城墙尚残存于地表，其中城墙的东南角保存较好，墙体高出现城外地面约 1.5 ~ 2 米。通过东城墙的解剖，初步确认该城墙修筑时代比宝墩古城更早，属于宝墩文化偏早时期；壕沟始于宝墩，废弃于汉代。高山古城遗址还发现了墓葬 89 座、人祭坑 1 座、奠基坑 86 个、灰坑 12 条、水井无数等丰富遗存。

　　通过对成都平原史前遗址的研究，可以推断古蜀先民选择栖息地的规律，古人走出山林、走向丘陵和平原，依水而居是一个大趋势，古蜀先民聚落附近都有发达的水系，包括河流与湖泊，这些地方趋于平坦、视野开阔、动植物资源丰富，对逐步开展的农耕非常有利。

（来源：四川省文物信息中心）

31. 新津宝墩古城遗址

地理位置：成都市新津区
类型：水边聚落遗址
水文化遗产级别：I 级
形成年代：距今约4500～4200年
存续现状：全国重点文物保护单位

　　新津宝墩遗址位于新津区宝墩镇，俗称"龙马古城"。遗址距今约4500～4200年，面积约276万平方米，是成都平原面积最大、发现年代最早的史前城址，为目前发现的具有内外双重城墙的新石器时代晚期大型城址之一。宝墩古城遗址的考古发现在1996年被评为全国十大考古发现之一。2001年被国务院公布为第五批全国重点文物保护单位。

　　宝墩文化以在成都平原上相继发现的新津宝墩古城、都江堰芒城古城、崇州双河古城和紫竹古城、郫县古城、温江鱼凫古城、大邑高山古城和盐店古城八座史前遗址群为代表。宝墩古城遗址群的发现和确认对于探索古蜀文明起源和中华文明起源具有极其重要的学术价值，遗址群的发现将成都历史追溯到新石器时代晚期，证明了成都平原是长江文明和中华文明的起源中心之一，为中华文明起源研究多元一体学说提供了关键证据。

32. 都江堰芒城遗址

地理位置：成都市都江堰市
类型：水边聚落遗址
水文化遗产级别：I级
形成年代：距今4500～4000年
存续现状：全国重点文物保护单位

都江堰芒城遗址是一处距今4500～4000年前的新石器时代晚期城址。城址平面呈较规则的长方形，城垣分内外两圈：外圈南北长约350米、东西宽约300米，面积约10.5万平方米；内圈南北长300米，东西宽约240米；内外城墙间有壕沟。城内堆积有新石器时代和宋代两大时期的文化层，以新石器时代文化层为主，可分5层，遗物以陶器为主，还有一定数量的石器。都江堰芒城遗址为成都平原史前城址之一，属于新石器时代成都平原的宝墩文化城址群之一。2001年，国务院正式公布其为全国第五批重点文物保护单位。

33. 崇州紫竹遗址

地理位置：成都市崇州市
类型：水边聚落遗址
水文化遗产级别：Ⅰ级
形成年代：距今约4300年
存续现状：全国重点文物保护单位

紫竹遗址位于崇州市燎原乡紫竹村，距今约4300年，城址呈长方形，面积约20万平方米，城墙分内外两圈，呈回字形，突出了城垣防洪抗洪的功能，遗址还发掘出陶器、石器、骨制品若干。崇州紫竹遗址是新石器时代成都平原的宝墩文化城址群之一，属宝墩文化二三期中心聚落遗址，与成都其他史前古城在建城技术和规划布局形式中在全国居于领先地位，被誉为"1996年十大考古发现"。2001年被国务院公布为全国第五批重点文物保护单位。

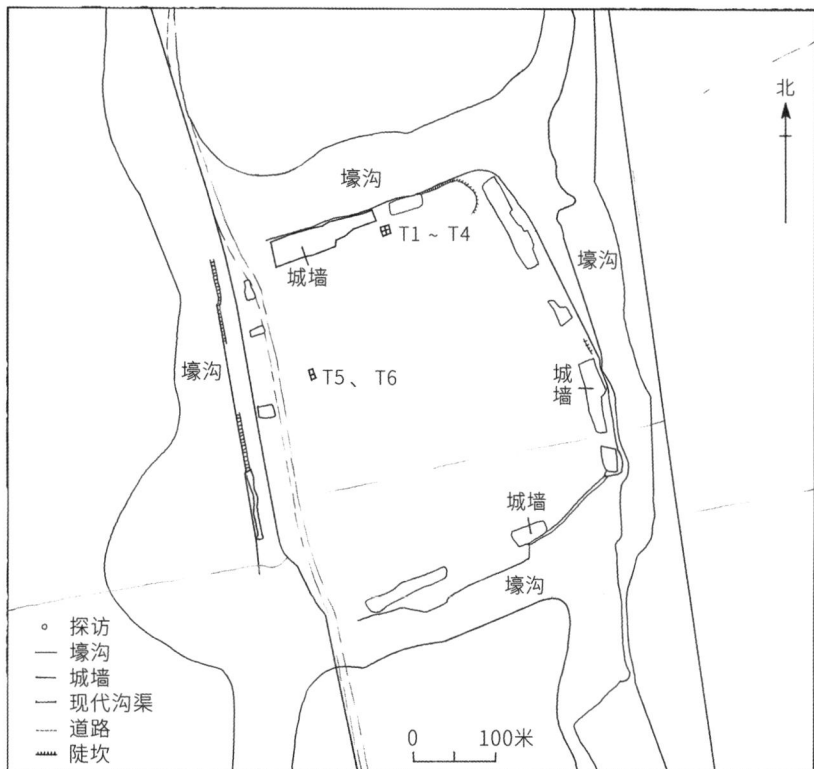

（来源：《崇州市紫竹古城调查、试掘简报》）

34. 崇州双河遗址

地理位置：成都市崇州市
类型：水边聚落遗址
水文化遗产级别：I 级
形成年代：距今4000年左右
存续现状：全国重点文物保护单位

崇州双河遗址，距今4000年左右，为新石器时期遗址，属宝墩文化第二三期。双河遗址以保存较为完整的回字形双重城圈的城垣为显著特征。遗址发掘的三孔石钺选材优良、加工精细，无使用痕迹，为礼器，是宝墩文化中不可多得的实物资料。双河遗址有其独特的文化面貌，出土区别于其他文化的器物组合，具有明显的区域考古学文化特色。2001年，国务院正式公布其为全国第五批重点文物保护单位。

（来源：《四川崇州市双河史前城址试掘简报》）

35. 大邑盐店遗址

地理位置：成都市大邑县
类型：水边聚落遗址
水文化遗产级别：I 级
形成年代：距今约4000年
存续现状：省级文物保护单位

大邑盐店古城遗址，位于大邑县晋原镇盐店村，距今约4000年，为成都平原新石器时代古遗址之一，属宝墩文化三四期，为四川省人民政府第八批省级文物保护单位。城址在斜江河南岸高地上，呈长方形，长约750米，宽约500米，保存完好，面积仅次于宝墩古城。大邑盐店古城遗址墙宽约20米，西面为双重城墙，中间有壕沟。出土陶器等遗存与宝墩、芒城遗址比较相近。

盐店古城的城墙共分为东墙和北墙两大部分，墙基的修筑都是下宽上窄，史前居民们用精确的截面为梯形的斜坡堆积法砌成了整面城墙。盐店古城与别的古城大都拥有两道城圈不同，它的城圈只有一道，但是城圈的坚固程度远远超过其他城市的两道城圈。从目前的考古发掘情况推测，盐店古城的居民有可能由十几千米外的宝墩古城迁移而来，但也只延续了一两百年就废弃了。

36. 郫县古城
遗址

地理位置：成都市郫都区
类型：水边聚落遗址
水文化遗产级别：Ⅰ级
形成年代：距今4000年左右
存续现状：全国重点文物保护单位

　　郫县古城遗址位于郫都区古城镇，长约650米，宽约500米，总面积约32万平方米，属于新石器时代晚期宝墩文化三四期，是成都平原多处史前城址中保存最为完好的一处遗址。城址中发现有用于防御的高耸城墙、礼仪性大型房址、干栏式建筑、各类土坑墓、灰坑，另有石器、陶器无数。郫县古城遗址的发现被评为1996年全国十大考古发现之一，1997年大规模考古发掘中又发现了全国同时期最大的礼仪性建筑遗迹，2001年被国务院公布为全国第五批重点文物保护单位。

37. 温江鱼凫古城遗址

地理位置：成都市温江区
类型：水边聚落遗址
水文化遗产级别：I 级
形成年代：距今 4000 年左右
存续现状：全国重点文物保护单位

温江鱼凫村遗址位于温江区万春镇鱼凫社区，历代俗称"古柳城""万春城"。城址呈新月形，发掘面积达 1800 平方米，保存较完整有 1300 平方米，以保存较为完整的城垣为显著特征，有干栏式、木骨或竹骨泥墙式房址、竖穴土坑墓和灰坑等遗迹。该城距今 4000 年左右，属于史前文明新石器时代遗迹，宝墩文化第三四期，早于广汉三星堆遗址，是当年全国十大考古发现之一。1999 年鱼凫古城遗址被国务院公布为国家级重点文物保护单位。

38. 金沙遗址

地理位置：成都市青羊区
类型：水边聚落遗址
水文化遗产级别：I 级
形成年代：距今约3200～2600年
存续现状：全国重点文物保护单位

金沙遗址位于青羊区，分布范围约5平方千米，是公元前12世纪至公元前7世纪（距今约3200～2600年）长江上游古代文明中心—古蜀王国的都邑，2006年被评为全国重点文物保护单位，是国家AAAAA级旅游景区、国家I级博物馆、国家考古遗址公园，是四川省继广汉三星堆之后最为重大的考古发现之一。

金沙遗址是继三星堆之后的成都平原建立的新的古蜀国权力中心，已发现祭祀区、宫殿区、一般居住地、作坊以及墓葬区等，出土大量金器、青铜器、玉石器、陶器、象牙等，尤以玉石器与金器最为出色，其中太阳神鸟环十分绚丽，是新中国第一个用于文物保护的标志，也是成都市城市形象标识的核心图案。金沙文化和三星堆文化的文物有相似性，约等于三星堆文化的最后一期，代表了古蜀的一次政治中心转移。

39. 古百花潭遗址

地理位置：成都市青羊区
类型：水边聚落遗址
水文化遗产级别：I 级
形成年代：唐代
存续现状：遗址

　　古百花潭遗址位于青羊区，今杜甫草堂西南的清水河右岸龙爪堰进水口旁，与今日的百花潭名同地异。

　　古百花潭遗址，以及百花潭所在的清水河区域，唐、五代时是成都著名的郊游胜地。相传唐代崔盱夫人任氏住在锦城西郊的溪边，年少时为一长满疥疮的老僧浣洗又腥又臭的袈裟，当僧衣入水濯洗，水中立时呈现无数莲花，五彩缤纷，此后人称洗衣处为"百花潭"，称小河为"浣花溪"。唐代四川发生叛乱威胁着成都，任氏散尽家财，募捐千军，出兵平乱，她因保卫成都被封冀国夫人，名垂青史，后人为她建冀国夫人祠纪念，每年农历四月十九祭祀冀国夫人成为唐宋时期成都民俗节日中最为盛大的活动。到了宋代，唐代修建的浣花夫人祠堂重修时，请时任成都知府的吴中复撰写碑文，这个历史上有名的"怪御史"挥笔写下"冀国夫人碑记"。宋代以后，水系变动，原来的潭址已淤没不存。同时，由于经过历朝历代的战乱，尤其是明末张献忠对成都的屠戮，百花潭基本毁掉了，不少遗留的文物古迹也没了踪影，其中就包括那块清水河与浣花溪交汇处的"百花潭"石碑。清光绪七年（1881）清人黄云鹄沿清水河顺流而下，在与西郊河交汇处的宝云庵旁一潭静水错认了百花潭的位置，竖立石碑并镌刻"古百花潭"几个大字于其上。后在此地重建百花潭，修建凉亭敞轩，这就是现在百花潭公园的前生。

40. 摩诃池遗址

地理位置：成都市青羊区
类型：水边聚落遗址
水文化遗产级别：I级
形成年代：隋开皇二年（582）
存续现状：遗址

　　摩诃池，又名龙跃池、宣华池，存在于隋朝582年至民国时期，是成都面积最大、存在时间最长的人工湖泊之一。

　　摩诃池始建于隋开皇二年（582），益州刺史杨秀驻守成都，展筑成都子城，取土之地雨水汇聚形成人工湖泊，名摩诃池。杨秀命人在摩诃池边修建散花楼系列亭台楼阁，用来游宴取乐。785年，节度使韦皋开解玉溪，并与摩诃池连通，湖面逐渐扩大。唐大和三年（829），南诏国军队围攻成都，城郊百姓都进城避难，城中水井水源枯竭，摩诃池作为战乱期间成都重要的救急水源，供百姓打水饮用。王建称帝建立前蜀后，将摩诃池改名为龙跃池，纳入皇宫宫苑。919年，后主王衍扩建内苑和池水面积，并改龙跃池为宣华池，宣华苑极尽豪华，其范围广达十里，青羊宫皆在宣华苑内。934年，孟知祥建立后蜀，扩建后水域面积达1000亩左右，龙跃池又改回摩诃池。明初，为明蜀王府正殿，清康熙年间于蜀王府废墟上兴建贡院，西北隅仍残留少许水面，直至1914年才全部填平作为演武场。摩诃池为古代文人墨客观景抒情和赋诗言志之胜地，李白、杜甫、武元衡、薛涛、高骈、陆游等著名诗人都在此留下了千古名篇。《宫词》中曾有描写到，后蜀时期使用人工脚踏龙骨车提水实施人工补水，是中国龙骨水车更早的人工补水的历史记载。目前摩诃池一期项目正式开园亮相，向成都人民开放，后期还将持续推进摩诃池剩余项目建设。

41. 竹笼、杩槎
制作技艺

地理位置：成都市都江堰市
类型：水利技艺
水文化遗产级别：Ⅰ级
形成年代：古蜀时期

竹笼、杩槎制作技艺是都江堰治水设施的制作技艺，主要运用于都江堰水利工程。2018年初，被列入都江堰市级非物质文化遗产。2023年4月4日，都江堰四大传统堰工技术——竹笼、杩槎、羊圈、干砌卵石入选四川省第四批省级非物质文化遗产名录。

竹笼是都江堰传统工程技术中的结构构件。竹笼又称竹篓，竹笼用白甲竹或慈竹剖篾编制，一根竹料剖成3～6条，削去内部节头，编成圆柱形空笼，笼眼为六边形，编篾时每篾起头须倒插三个孔眼，使接头牢实。具体规格须视水流流速而定。竹笼可垒叠成各种类型的建筑物，如分水鱼嘴、导水堤、挡水或溢流堰坝、护岸等。

杩槎由竹、木、卵石、泥土组成，亦作"槜叉"，也称"闭水三脚"、木马。用原木作成三脚架，架间用檐梁连接，在向水面插签子，置竹笆，加培黏土即成。常用于截流、防洪、调剂水量等，还可用于抢险堵口和护岸工程。杩槎易拆易建，木桩可重复使用，是一种造价低廉的河工构件，是使用灵活、拆卸方便、功效极高的治水工程设施之一，在四川地区使用较多。

竹笼和杩槎

42. 古法截流技艺

地理位置：成都市都江堰市
类型：水利技艺
水文化遗产级别：I 级
形成年代：古蜀时期

　　古法截流，属于传统生产技艺，是都江堰独有的行之有效的系统工程技术，主要运用于都江堰渠首三大工程，即鱼嘴、飞沙堰和宝瓶口工程，其特征是用竹笼装石进行截流和围堰。

　　据典籍记载，古法截流主要用于都江堰渠首内江截流以便岁修。这种竹笼装石截流的方法后又衍生出"做鱼嘴活套法"，使竹笼装石的技术广泛运用到做围堰、筑堤等工程中，成为都江堰水利工程最核心的工艺技术。古法截流技术在材质应用、工艺技术等方面都具有独特的科学价值，是最具古蜀文明发展过程中体现蜀人聪明智慧的文化范例，至今仍然具有研究指导和应用的科学价值。

43. 干砌卵石
工程技艺

地理位置：成都市都江堰市
类型：水利技艺
水文化遗产级别：I 级
形成年代：古蜀时期

干砌卵石工程技艺，为都江堰治水设施的制作技艺，主要见于都江堰灌区大小河流和渠道利用卵石修筑的工程基础、堤防、护岸、分水坝（鱼嘴）、拦水坝和桥梁工程中。

干砌卵石工程技艺，又名干丁卵石、卵石丁砌，是不用任何胶结材料，以卵石为材料，以专门的砌筑工艺修筑的工程。从目前的文献资料推断，至迟在春秋晚期，西蜀地区已经开始普遍使用笼石技术、干砌卵石埂与木桩工程。岷江在都江堰渠首附近的卵石，多系石英岩和花岗片麻岩等火成岩，石质坚硬，其抗磨性能甚至比混凝土和砂岩条石要好。在护岸及堤梗表面作防护层，采用干砌卵石工程，是都江堰传统工程技术特色。干砌卵石可就地取材，具有良好的渗透性、抗冲消能力和生态景观效果。干砌卵石允许河水和坡面渗水，使得堤防没有扬场压力，对边坡稳定和地表水回归都有好处。在灌区上游河渠修筑干砌卵石堤防时，地下水能自由入渗，可以送到下游灌区回归渠道。都江堰有很多渠道，当宝瓶口断流后，到下游仍有几个或几十个流量，这就是干砌卵石渠道可利用回归水的好处。直到现代，干砌卵石的工艺还在不断改良和完善中。

44. 大禹治水

地理位置：成都市
类型：历史人物、事件及记忆
水文化遗产级别：I 级
年代：古蜀时期

大禹，是中华治水第一伟人。禹（相传生于公元前2162年六月初六），姒姓，夏后氏，名文命，上古时期夏后氏首领、夏朝开国君王，历史治水名人，史称大禹、帝禹、神禹。黄帝的玄孙、颛顼的后代，鲧的儿子。

大禹治水是中国古代的神话传说故事，著名的上古大洪水传说。三皇五帝时期，黄河泛滥，鲧、禹父子二人受命于尧、舜二帝，任崇伯和夏伯，负责治水。鲧治水时，除了堙填办法以外，增加了筑堤壅防措施，即"堵水"，没有取得成功。大禹率领民众，总结了前人治水的经验教训，用开渠排水、疏通河道的办法，创造了新的"疏导"方法，"岷山导江，东别为沱"，最终获得了胜利.《尚书·禹贡》记载了"岷山导江，东别为沱"，禹为华夏成功治水第一人。大禹为了治理洪水，长年在外与民众一起奋战，置个人利益于不顾，"三过家门而不入"。大禹治水13年，耗尽心血与体力，终于完成了治水的大业。

成都水文化以治水为先导，大禹开先河，开明续传统，李冰集大成。大禹治水在成都水文化发展史乃至中华文明发展史上起重要作用。在治水过程中，大禹依靠艰苦奋斗、因势利导、科学治水、以人为本的理念，克服重重困难，终于取得了治水的成功。由此形成以公而忘私、民族至上、民为邦本、科学创新等为内涵的大禹治水精神，大禹治水精神是中华民族精神的源头和象征。

45. 开明治水

地理位置：成都市
类型：历史人物、事件及记忆
水文化遗产级别：I级
年代：古蜀时期

开明，是春秋初期蜀国开明王朝的开国之君，本名鳖灵（又作鳖令、鳖冷、邕令），荆人（现湖北附近），据文献推断，开明治水约在公元前676年前后。

开明治水的记录始见于西汉扬雄《蜀王本纪》：荆人鳖灵受命于望帝蚕丛，负责治水，他在今天的金堂"决玉垒山以除水害"，使得被洪水肆虐的人们有安身立命的陆地。那时的四川盆地，经常洪水泛滥。一遇到洪水，地里就颗粒无收。鳖灵发现了最大问题是玉垒山（今成都金堂峡附近）那里把水路给堵了，于是他带领蜀国人民用火把岩石烤烫，然后往岩石上浇水，使其自然开裂，在此开凿了金堂峡等水道这令人惊叹的超级工程。在开明（鳖灵）开凿玉垒山后，他在玉垒山开出的口子上，人工开出了两条河：柏条河和蒲阳河，让这两条河带着多余的岷江水，穿过成都平原，最终汇入东边的沱江，也是《尚书》当中那句著名的"岷山导江，东别为沱"。望帝禅位于鳖灵，"开明（即）位，号曰丛帝。"开明王朝是古蜀王国的最后一个王朝，开明王朝共传十二世，历经三百五十年，亡于周慎王五年即公元前316年。

开明是见于文献记载的古蜀治水第一人，对都江堰创建有重要启示。北魏郦道元《水经注，江水》"江水又东别为沱，开明之所凿也"，表明开明继承了大禹的事业。开明他高举大禹的"导"和"别"的大旗，继往开来，承上启下，对都江堰创建有着重要的启示。为纪念开明及其前任杜宇的治水功劳，在郫都区建有望丛祠，内有望帝和丛帝之陵，每年都江堰清明放水节前一天，望丛祠都会有祭祀望帝、丛帝的活动，另外，望丛赛歌会也是祭奠望帝丛帝的活动之一。

46. 李冰治水

地理位置：成都市
类型：历史人物、事件及记忆
水文化遗产级别：I级
年代：战国末期

李冰（生卒年、出生地不详），战国时期著名的水利工程专家。公元前277年～前245年任蜀郡太守，任蜀守30年。在职期间主持修建了都江堰水利工程。

成都水文化以治水为先导，大禹开先河，开明续传统，李冰集大成。《史记》记录，时任蜀郡太守的李冰，继承大禹的衣钵和鳖灵"决玉垒山"的技法，蚕丛首创"疏浚"，开天府之国"广都"；大禹以"疏浚"为重，把岷江与沱江相连，鳖灵继其业，增强两江的泄洪能力和速度；李冰仍突出"疏浚"，画龙点睛，把"疏浚与灌溉"相结合，把"雨养农业"转化成"灌溉农业"，将水文化推向高峰。李冰任蜀郡太守期间在岷江流域主持修建了众多水利工程，其中以公元前256年他主持修建都江堰水利工程最为著名，都江堰以疏导法将岷江分内江、外江，福泽成都两千余年。李冰设管理堰工的机构湔氐道，负责工程管理、维护，兼理地方民情。设水官"都水尉""都水长"等，管理堰务，是现代"河长制"的出处。都江堰修建后，李冰开成都二江，将检江、郫江引至成都，解决了城市供水的问题，极大改善了成都的水利和交通条件，形成了成都二江珥市的雏形。又在干渠上修建了七座桥梁，分别是冲里桥、市桥、江桥、万里桥（最初叫长星桥）、笮桥（最初叫夷里桥）、长升桥、永平桥，大大方便了二江两岸人们的交流和交通。

李冰

47. 文翁治水

地理位置：成都市
类型：历史人物、事件及记忆
水文化遗产级别：I 级
年代：汉代

文翁（前187～110），名党，字仲翁，公学始祖，著名蜀郡太守，重水利，穿湔江，创办文翁石室学堂，推动蜀郡学风兴盛，民俗顿改，并一跃成为全国科技文化先进地区。

汉景帝末期任命文翁为蜀郡太守，他为官清正，济世仁爱，重视教育，重视人才培养。自李冰创建都江堰后，文翁是第一个扩建者，他体察民情，率领人民穿湔江口，主持在太平堰鱼嘴处开通蒲阳河，引水灌溉灌县蒲阳地区，在彭县、新繁交界处与湔江汇合（称青白江），把都江堰灌区向成都平原北面扩大，增灌汉代繁县境（地跨今成都市新都区及彭州市）农田一千七百顷，约合今12万亩以上，沿用至今，现在仍是都江堰内江灌区三大干渠之一。文翁主蜀期间，蜀郡"世平道治，民物阜康"，成都的经济地位迅速提升，与洛阳、邯郸、临淄、宛城齐名，并列为全国五大都会。《蜀中广记》载："子孙亦家于蜀，文氏遂为著姓"，文翁终于蜀，蜀郡人民感其教化之德，在文庙之侧为其立祠、塑像，岁时祭祀不绝；班固《汉书·文翁传》载："至今巴蜀好文雅，文翁之化也"，阐述了文翁对蜀中教育巨大影响，后人称之为"文翁化蜀"。

48. 高骈改府河
（二江抱城）

地理位置：成都市
类型：历史人物、事件及记忆
水文化遗产级别：I 级
年代：唐乾符元年（874）

高骈（? ~887），字千里，南平郡王高崇文之孙，晚唐名将。乾符元年（874）因成都受到南诏威胁，懿宗调他任成都尹，后为剑南西川节度使。高骈在成都期间，鉴于城区狭小，城防不固，成都二江亦未发挥防卫作用，便决定扩大城区，在外围修建砖砌城墙，称为罗城。在扩城的同时，调整河渠布局，将原郫江河道绕城西的一段改道，建縻枣堰枢纽加以节制，开城北和城东的新郫江，称清远江，至城区东南与原流江（锦江）汇流，形成成都"二江抱城"的格局，大大加强了城防能力。建城改河的同时，他还将"负城丘陵悉垦平之，以便农桑"，又扩大了耕地面积，取得灌溉效益。乾符二年（875）改造工程竣工，奠定了近代府河、南河分流的基础。

49. 东灌工程建设事件

地理位置：成都市简阳市、东部新区
类型：历史人物、事件及记忆
水文化遗产级别：I 级
年代：1970年2月~1980年10月

东灌工程即都江堰东风渠扩灌工程，位于龙泉山东麓川中丘陵的简阳、资阳（今雁江区）境内，20世纪70年代由简阳县组织施工完成。

都江堰东风渠扩灌工程为期十年，经历了龙泉山枢纽工程（6274米遂洞）、渠系配套、修建三岔水库、修建石盘水库"四大战役"，工程建设几乎动用了简阳市所有青壮劳力，并从全省抽调专业技术人员，共20余万人参加工程建设，2000余人致伤致残，119人牺牲。建设大军用钢钎铁锤打通了六千多米长的龙泉山隧洞，依山建成张家岩水库、三岔水库、石盘水库及渠系配套，蓄水量约3.1亿立方米，控灌面积达100余万亩。东灌工程是中华人民共和国成立以来成都人工开凿的一项巨大工程，也是在兴建这个工程中培育了自力更生、艰苦奋斗精神，正是新中国历史上社会主义精神文明建设的壮丽诗篇。在三岔湖主坝，塑立着一块三岔湖纪念碑，纪念建设者们发扬"愚公移山"精神，艰苦奋斗，自力更生，高喊"打通龙泉山，引水灌良田"口号，完成这一气壮山河的千秋功业的艰难历程。文化和精神是一座城市发展的指引，东灌精神是十万英雄用血肉之躯铸就而成的，是简阳儿女不怕艰难险阻，团结奋斗、凝心聚力、"敢叫日月换新天"的集中体现。

（来源：成都市东部新区水务监管事务中心）

50. 都江堰清明放水节

地理位置：成都市都江堰市
类型：民俗节庆和纪念活动
水文化遗产级别：Ⅰ级
形成年代：北宋太平兴国三年（978）
存续现状：国家级非物质文化遗产

　　都江堰清明放水节是都江堰市乃至整个成都历史最悠久、最重要、最具特色的大型民俗活动。都江堰清明放水节（古代又称为"开水节"）距今已经有1800多年的历史，放水节初始于"祀水"，是因为都江堰修筑以前，人们饱受水患之苦，为了祈求"水神"的保护，常常沿江"祀水"。李冰修建都江堰水利工程后，成都平原从此水旱从人，后人为了纪念伟大的李冰父子，人们将以前"祀水"改为了"祀李冰"。每到冬天枯水季节，在渠首用特有的"杩槎截流法"筑成临时围堰，修外江时拦水入内江，修内江时拦水入外江，清明节内江灌区需水春灌，便在渠道举行既隆重又热闹的仪式，拆除拦河杩槎，放水入灌渠，这个仪式就是清明放水节的雏形。每年的清明放水节，一方面庆祝岁修竣工，欢庆川西平原又将迎来一个五谷丰登的年成，另一方面借此机会用在二王庙祭祀李冰、瞻仰修筑都江堰工程的形式，表达对先贤英雄的崇敬、颂扬的心情。北宋太平兴国三年（978）正式由官方将清明节这一天定为放水节，到了清代又被称为祀水，民国后恢复了放水节这一称谓。现代的都江堰清明放水节通过"拜水祈福""古法治水"等文化创意活动和文化展示，正努力打造一个全球最具影响力的水文化盛会。

II

成都市
水文化遗产
II级资源名录

1. 玉溪河引水工程（邛崃、蒲江段）

地理位置：成都市邛崃市、蒲江县
类型：水利工程综合体
水文化遗产级别：Ⅱ级
形成年代：20世纪70年代
存续状态：功能完好

中华人民共和国成立后，四川人民在党和政府的领导下，进行了大规模的水利建设，兴建了人民渠、东风渠等一系列重要水利工程，玉溪河引水工程是四川省20世纪70年代修建的又一座引、蓄、提结合，大、中、小配套的大型水利工程。该工程取水口位于芦山县玉溪河上游，灌溉邛崃、蒲江及雅安市的名山、芦山四市（县），设计灌面86.64万亩，有效灌面62万亩。

四川省玉溪河引水工程修建于"文革"时期，属于"边设计、边施工、边修改"工程，主干渠处于海拔800米以上山区，沿邛崃山脉环绕盘行，所经地段山势陡峻，地形地质条件复杂，自然灾害威胁严重，沿渠有隧洞16处，渡槽18处，暗渠57处，输水建筑物约占渠道总长的33%，建设难度极大。1978年引水工程投入运行以来，彻底结束了灌区历史上"靠天吃饭"的局面，社会效益显著。

2. 石堤堰枢纽工程

地理位置：成都市郫都区
类型：水利工程综合体
水文化遗产级别：Ⅱ级
形成年代：清康熙四十八年（1709）
存续状态：功能完好

石堤堰枢纽工程位于郫都区团结镇，是府河和毗河的进水枢纽。石堤堰将徐堰河与柏条河合流后的水分成府河和毗河，实现府河、毗河的水量控制，是具有防洪、供水的水利枢纽。

石堤堰始建于清康熙四十八年（1709），为四川巡抚年羹尧主持修建，石堤堰建成让岷江上游砍伐的大量原木和石料得以漂流到成都。1998年对石堤堰枢纽工程进行整治，现石堤堰全长130米，宽度20米（包括闸桥），闸高14米，由枢纽控制闸和行人桥组成。枢纽控制闸共有8孔，其中府河进水闸门3孔，称为"府河之源"；节制泄洪闸5孔，从这5孔闸门流出的河流为毗河，用于罐区供水和泄洪。

3. 三合堰进水枢纽

地理位置：成都市崇州市
水文化遗产级别：II级
形成年代：1953年12月
存续状态：功能完好

　　三合堰进水枢纽工程，位于崇州市西河上，是座兼有灌溉、防洪、发电综合效益的枢纽工程。

　　三合堰进水枢纽于1953年12月正式动工，1955年3月全面建成正式放水。三合堰从崇州公议乡磨西河右岸取水，接西河、沙沟河水，灌溉崇州、大邑、邛崃三县共49万余亩农田，建设干渠总长37千米，沿渠大小建筑工程200多处。三合堰建成后，西河以西地区形成了统一的灌溉系统，改变了旧面貌。

4. 府河、南河综合整治工程

地理位置：成都市锦江区、武侯区、成华区
类型：水利工程综合体
水文化遗产级别：II级
形成年代：20世纪90年代
存续状态：功能完好

府河、南河是成都的护城河，也被称为锦江，造就了成都"两江环抱"的独特城市景观。自战国时期蜀郡守李冰凿离堆、穿二江以来，府河、南河一直是古成都通往荆楚的交通要道，是成都经济、文化形成发展、繁荣的命脉，被成都人称为"母亲河"。到了20世纪60年代，府河、南河河床淤毁，行洪能力不足，加之城市化进程的加快，城市规模扩大，人口膨胀，农业和工业用水急剧增加，河流不堪重负。沿江两岸，650多个排污口，每天向河中倾泻60多万吨污水，污染严重，府河、南河变成了藏污纳垢的臭水沟，曾经一度被叫"腐烂河"。

1985年，成都市龙江路小学的学生给市长写了一封关于府河、南河的信，使"救救锦江"的呼声迅速地在市民中传播开来并引起了政府的高度重视。府河、南河整治工程于1994年全面启动，于1997年12月胜利竣工。府河、南河综合整治工程总投资额为27亿元人民币，包括防洪、环保、绿化及文化、安居、道路管网五大子工程。综合整治后的府河、南河，沿岸著名文物古迹、风景名胜和现代建筑融为一体，两岸绿带、建筑和宽阔道路有机联系，千年古都焕发生机。1997年至今，成都府河、南河整治工程先后获得三项联合国大奖，即"人居奖""改善居住环境最佳范例国际奖""地方首创奖"。

5. 沙河综合整治工程

地理位置：成都市成华区
类型：水利工程综合体
水文化遗产级别：Ⅱ级
建设年代：2001年11月～
2004年10月

　　沙河，古称升仙水，又名"凤凰水"，与府河、南河都是流经成都市的主要河道，并称为成都"三河"。沙河承担着东郊450余户大中小型企业和沿线数十万居民的生产生活用水，20世纪90年代污染严重，每年有上千吨生活垃圾、1万余吨粉煤灰流入沙河河道，河道淤积难以贯通。

　　2001年11月28日，沙河综合整治工程正式动工，工程投资32.48亿元。整治内容包括污染治理、防洪及河堤整治、绿化及园森景观、道路及桥梁、管线迁改、拆迁安置、环卫设施、文化和光彩工程等9大项目，治污列入工程的重中之重。2002至2004年，沙河治理工程被列入国家国债项目和四川省、成都市重点工程。2004年12月综合整治工程全面竣工，沿河规划建设了水源保护区和城市滨水绿化景区，沿河建设了北湖凝翠、麻石烟云、三洞古桥等八大景点，整治一新的沙河，成为市民休闲娱乐的好去处。沙河综合整治工程获得2004年建设部颁发的"中国人居环境范例奖"，还获得了2006年度"国际舍斯河流奖"。

6.邮江堰

地理位置：成都市大邑县
类型：堤坝渠堰闸
水文化遗产级别：Ⅱ级
形成年代：元代
存续状态：功能完好

邮江堰，成都在用古代水利工程之一，取水口位于大邑县新场镇邮江左岸，由头堰、二堰、三堰、四堰、五堰、六堰和长流堰组成，灌溉面积5万余亩。

邮江堰始建于元代。民国二十三年以前，头堰取水口在魏石桥下，二堰口在傅水碾侧，三堰口在闻一桥上，四堰口在兰高坎，五堰口在武童庙侧，六堰口在邛、大两县交界处。1954年，为了集中管理，减少工程维修，将二、三、四堰堰口封闭，合并在头堰取水。1962年头堰拦河坝被冲毁，又恢复二、三、四堰堰口。1963年，头堰口从魏石桥上移600米至铁杆桥下。1975年，三堰口复封闭，改从头堰进水。

7. 古佛堰

地理位置：成都市双流区
类型：堤坝渠堰闸
水文化遗产级别：II级
形成年代：清乾隆二十五年（1760）
存续状态：功能完好

　　古佛堰，自双流区黄佛乡府河右岸引水，沿牧马山西麓南下，至彭山区江口镇汇入府河。古佛堰干渠长22千米，灌溉双流、仁寿、彭山三区农田1.31万亩。古佛堰是成都市留存至今仍在使用的古代水利设施之一，为研究川西平原清代水利设施、水文化提供了实物资料。

　　古佛堰始建于清乾隆二十五年（1760），由彭山县令张凤翥筑堰引水灌华阳、仁寿、彭山三县田地，后知县陈奉兹续作，至三十二年（1767）全面完成，以近古佛洞得名。古佛堰事涉华阳、仁寿、彭山三县，清乾隆二十八年（1763）设三县衙门，专门解决协调古佛堰维修、分水、纠纷等管理事务。民国年间，建管理局，设局董、经理、局士、堰长、管事、文书、打锣匠、堰差，下设沟长、攒水夫，以亩计征水费。

8. 黑石河干渠

地理位置：成都市
类型：堤坝渠堰闸
水文化遗产级别：Ⅱ级
形成年代：战国末期
存续状态：功能完好

都江堰水利工程建成后，分内外江向成都平原输水，内江经宝瓶口开凿了四条人工河道，岷江右岸开凿了沙沟河、黑石河两条干渠，取水后剩余的水流从金马河（岷江正流）排洪河道泄走。

黑石河干渠，古称黑石江，又名皂江，是都江堰外江的两大干渠之一，因河底卵石是黑色而被命名，古为羊摩江的分支。黑石河在沙黑总河闸进水，南流经都江堰玉堂镇等地，至柳街进入崇州市境，于三江大桥处纳羊马河尾水，再流到新津区龙王渡汇入西河。干渠全长65千米，正常引水流量45立方米/秒。由于岷江干流的摆动、游荡，黑石河、羊马河都曾经变为岷江干流的主河道，历史上有"黑石大江"之称。元、明、清代前期黑石河为岷江正流，清代后期，几次大洪水使岷江正流转向羊马河，1933年后岷江正流复归金马河。黑石河是经沙黑总河分流的两条河流之一，都有着悠久的历史。干渠流域内棕编、竹编、藤编久负盛名，青城山林木幽深，公孙述墓仿佛默默述说跃马称帝崛起与灭亡的历史。

9. 沙沟河干渠

地理位置：成都市
类型：堤坝渠堰闸
水文化遗产级别：Ⅱ级
形成年代：战国末期
存续状态：功能完好

都江堰水利工程建成后，分内外江向成都平原输水，内江经宝瓶口开凿了四条人工河道，岷江右岸开凿了沙沟河、黑石河两条干渠，取水后剩余的水流从金马河（岷江正流）排洪河道泄走。沙沟河是经沙黑总河分流的两条河流之一，都有着悠久的历史。

沙沟河干渠，古称石牛堰，为秦时"穿羊摩江灌江面"的河系，据《华阳国志》记载，李冰建都江堰后，"乃自湔堰上分穿羊摩江，以灌江西"。推测为李冰所开，历史上进水位置在历史上多次变迁。现代形成的布局是，沙沟河在沙黑总河闸进水，南流经青城桥（长乐桥），沿程相继接纳青城山一带的小山溪，南流至麻柳湾附近入崇州市境内，至崇州市元通镇注入西河。干渠全长35千米，正常引水流量60立方米/秒。

10. 府河干渠

地理位置：成都市郫都区、成华区、金牛区、青羊区、双流区
类型：堤坝渠堰闸
水文化遗产级别：Ⅱ级
形成年代：唐乾符二年（875）
存续状态：功能完好

　　府河，为岷江都江堰分水河道柏条河干渠流经成都市区部分的河道名称，是从石堤堰枢纽府河进水闸取水，流经城区接收沱江河、南河、江安河汇水，至彭山江口镇汇入岷江的115千米河道总称。

　　早在成都建城之初，成都城周围就有着大小不同的河流。先秦李冰穿二江成都之中，郫江为内江，流江为叫外江。内江和外江分别从成都的西面和南面而来，并在城南并行的格局一直保持到唐代。唐代的成都虽然在经济与文化上都达到了高度的繁荣，获得了"扬一益二"的美誉，但却在军事上防御能力不强。当时成都城墙长度不到10里，并且没有护城河，在地方政权南诏军队围城时，不仅城外居民涌入城内导致城中拥挤、水资源紧张，而且城外的房屋被焚毁之后也难以恢复。

唐僖宗乾符年间（875），西川节度使高骈镇蜀时在成都二江珥市的基础上，筑罗城，改郫江河道从府城下经过，与南河在合江亭处汇合，形成两江抱城之势。改道后的郫江成为护城河，因成都府而称府河。

府河水量充足，古为成都航运河道，曾在石堤堰设专人管理船筏过堰。川西一带的伐木商把木头扎成筏子从阿坝漂流到成都，集售点即在今万福桥附近，成都北门为木材集散经营场地。由于木材生意兴隆，客商云集，人们在木材市场东边河岸建房开店，形成一排临河的吊脚楼即是金华街，木材市场背后形成万福桥街。随后又有僧尼来这两条街修建了张飞庙、白衣庵等寺庙。东门望江楼为航运水码头，可通向彭山江口入岷江干流至乐山等地。望江楼以下约15千米处，曾于1937年4月修建船闸，设置姐儿堰船闸管理所，每日集中开闸7次，上下来往船筏收费。

11. 南河干渠

地理位置：成都市青羊区、锦江区、武侯区、邛崃市
类型：堤坝渠堰闸
水文化遗产级别：Ⅱ级
形成年代：战国末期
存续状态：功能完好

南河，岷江都江堰分水河道走马河干渠，流至郫都区称清水河，至成都西郊望仙桥下与浣花溪、磨底河汇合后的水流称南河，绕成都西南，向东流去，与府河在合江亭汇合，全长5.63千米。

南河修建于战国末期，都江堰修建后，李冰开都江堰穿成都二江，即郫江和流江（检江），形成成都二江珥市的雏形。南河即流江（检江），是古代的外江，因地处城南而得名。今天的南河起自望仙桥附近清水河与磨底河的汇合处，在合江亭与府河汇合。又因古代成都是重要的丝织业城市，常有人在江中濯锦，南河又称濯锦江、锦江，在晋朝文学家左思的《蜀都赋》中记载"贝锦斐成，濯锦江波。"在对成都当时劳动生活的细致描写中，可见成都在江中濯锦的工艺早已形

成。从李冰治水都江堰以来，南河作为都江堰水利工程的重要组成部分一直承担着航运的作用。历史上南河规模远比现代更大，马可波罗曾描写，河面宽可达半哩，河中船舶周楫如蚁，运载着大宗商品，来往于这座古城。杜甫曾经在南河畔自己的草堂中写下千古名句"窗含西岭千秋雪，门泊东吴万里船。"从今天的江苏一带沿着长江一路西进北上来到成都并不是诗人的幻想，而是在当时真真切切的主要交通方式。今百花大桥以下宝云庵处大河湾，古代曾形成深潭，称为"百花潭"。民国时期百花潭建成公园后，河道加以规整，渐成为现今状况。成都历代游乐活动丰富，踏青、十二月市盛行，其中最盛大的游乐活动—浣花大游江，主要就集中在南河河段。

12. 沙河

地理位置：成都市金牛区、成华区、锦江区
类型：堤坝渠堰闸
水文化遗产级别：Ⅱ级
形成年代：战国末期
存续状态：功能完好

　　沙河，属岷江水系，起于成都市北郊洞子口，向东南流又分洗瓦堰、砖头堰，经驷马桥向东、穿越东郊腹地后逐渐转西南，于南郊汇入府河，河长22千米。沙河和府河、南河都是流经成都市的主要河道，被称为成都"三河"。

　　沙河原为自然河流，古称升仙水，传说汉代张伯子骑赤纹猛虎从河边飞升上天成仙，《水道图注》有载："鱼凫王、张伯子俱乘虎仙去"。因水傍凤凰山又称凤凰水。沙河是蜀人"岷山导江，东别为沱"的治水方法的产物，古代是成都的排洪河道，战国秦汉时期是二江的重要辅道，在军事上也有着重要的北向防御地位。元代蒙古人曾驱使成百上千劳工下升仙河淘金，升仙水河沙粗而硬，也常为成都玉石坊用以解玉。明代升仙水改名为沙河。

　　20世纪50年代为适应现代城市建设发展的需要，在东郊开凿了一条人工河，广义的沙河也包含这部分。沙河现有11座水闸，3座跌水坝及3座小型发电站，主要担负着东郊企业的生产供水、市民生活用水、沿河农田灌溉及城市东郊防洪任务，被称为成都的"生命河"。

13. 金河

地理位置：成都市青羊区、锦江区
类型：河流湖泊
水文化遗产级别：Ⅱ级
形成年代：唐大中七年（853）
存续状态：绝大部分已消失

金河，又称金水河，是成都城内从西到东横贯全城的小河，存在年代起于唐，在20世纪70年代消失，只留存了人民公园内的一小段古河道遗址。

金河始建设于唐宣宗大中七年（853），为当时的西川节度使兼成都府尹白敏中主持下，疏通城中小河的基础上修成的，按古代五行学说中关于西方属金、金生水的说法，命名为金水河。金河水向东南沿通惠街后边的河道过金花桥，改向东流经金河街，进入少城，穿过半边桥，经西御街后，穿过三桥正街上的三座桥梁后经过染房街后，流过锦江桥、古卧龙桥、青石桥，再经龙王庙、王家坝等地，一直到大安桥后汇入府河。金河曾是成都城最为依赖和最为重要的母亲河之一，河上原有半边桥、卧龙桥、青石桥、拱背桥、向荣桥等桥梁二十余座，众多为大家所熟知。半边桥是清代金河水运终点码头，是当地十分热闹的小型码头贸易区；青石桥又名龟化桥，是为纪念张仪而建的，在宋代还是我国官方木版刻书的发祥、集散之地……20世纪70年代，在那段"深挖洞，广积粮"备战备荒紧迫的日子里，政府对金河进行了大改造，抽干金河河水，淘光淤泥，建成了成都几处大型的地下人防工程之一，金河自此消失。

金河旧照（戴谦和摄于1935年）

14. 毗河干渠

地理位置：成都市郫都区、金牛区、新都区、青白江区、金堂县
类型：堤坝渠堰闸
水文化遗产级别：Ⅱ级
形成年代：战国末期
存续状态：功能完好

毗河为柏条河的下游，是沟通岷江水去沱江的重要通道之一，进口在石堤堰枢纽闸下，闸底海拔535.50米，出口在金堂赵镇入沱江干流。

毗河流经郫都、金牛、新都、青白江、金堂5县（区）。自石堤堰到金堂赵镇河长65.6千米，河宽45～70米，河岸高3～5米。两岸有支渠9条，斗渠41条，灌溉农田10.14万亩。1953年春撤除竹笼拦河坝，在毗河进口用钢筋混凝土修建左岸两孔船闸，右岸两孔冲沙闸，中间为混凝土滚水坝，坝高1.8米。1986年冬至1987年春撤除原建闸坝，重新修建毗河泄洪节制闸5孔，每孔净宽12米。毗河水量充沛，水质清洁，河道弯度较大，素有"九曲回肠"之称，在金牛区境内有上河湾、下河湾、莫龙湾等自然河湾，形成独特生态景观。

毗河曾经是通船到赵镇运输物资与沱江联通的重要航道，由于陆路交通运输的发展，都江堰灌区迅速扩大，水资源按计划统一调配，毗河水运事业遂停止。毗河流域

历史文化丰富，川陕国道和成彭古道横跨毗河，一路留下优美感人的故事传说和大量名胜景区。"五四"新文化运动闯将吴虞、抗日民族英雄王铭章、无产阶级革命家曾涌泉、著名生物学家张明俊、著名作家哈华均在毗河边卓然成才。2021年毗河饮水一期工程建成，可灌溉155万亩农田。

15. 清水河干渠

地理位置：成都市郫都区、武侯区、青羊区
类型：堤坝渠堰闸
水文化遗产级别：Ⅱ级
形成年代：战国末期
存续状态：功能完好

清水河干渠，岷江都江堰分水河道走马河干渠，流至郫都区至成都西郊望仙桥段，其后与浣花溪、磨底河汇合后的水流称南河。走马河在郫都区两河口分水节制闸以下，分为左右两支，左支为沱江河分干渠，右支即为清水河干渠。清水河东南行，右分红旗、团结、苏坡、梁红堰等支渠，左分金牛、双江堰支渠；入成都市区又右分栏杆堰、龙爪堰支渠；至清水河大桥以下，又分左右两支：左支为浣花溪，右支为龙爪堰支渠。

浣花溪东流汇入磨底河，后于望仙桥下与清水河（干河）相汇，以下改称南河，东流至合江亭，汇入府河。清水河干渠自郫都区两河口至望仙桥，渠长37.4千米，为走马河下段灌排兼用河道。两岸有灌溉支渠15条，灌溉面积26.19万亩。

李冰主持修建成都江堰渠首工程之后，接着又开成都"二江"，作为渠首的延续，二江即郫江（内江）和检江（外江，又称流江），检江即是清水河、南河的前身。清水河跨越成都主城区，流域历史文化丰富，有古百花潭、清水河大桥、清水河公园等名胜景区。

16. 青白江干渠

地理位置：成都市郫都区、彭州市、新都区、青白江区、金堂县
类型：堤坝渠堰闸
水文化遗产级别：Ⅱ级
形成年代：秦汉时期
存续状态：功能完好

青白江干渠，为沱江二级支流，为蒲阳河干渠的下段，是灌排兼顾的河道。水源来自岷江，自人民渠渠首枢纽长寿桥始称青白江；继向东，流经新都区，至区境朱家湾，沿弥牟西北边缘，于右岸纳弥牟河水，分出马棚堰，再流向广汉向阳场，至金堂县赵镇平安桥与毗河相汇，再东行汇入沱江。青白江干渠全长78.8千米，沿途有大悲河、小青白江、新开河、白土河、濛阳河等支流汇入。

青白江区1960年建区，因该河而得名青白江区。本应为"清白江区"，因上报四川省委省政府时笔误而作"青白江区"，就将错就错命名为"青白江区"。

17. 正科甲巷古排水渠

地理位置：成都市锦江区
类型：堤坝渠堰闸
水文化遗产级别：Ⅱ级
形成年代：唐末五代时期
存续状态：成都市文物保护单位

正科甲巷古排水渠位于锦江区成都市第一人民医院旧址，是正科甲巷遗址最重要的部分，根据层位关系和出土遗物推断，该排水渠始修于唐末五代时期，在南宋末、元初废弃。唐代末期高骈扩筑罗城，使成都城从原来东西（大城、少城）并列的"日"字形向内城外郭的"回"字形转变，正科甲巷遗址正是这一时期规划设计的体现。

正科甲巷遗址800平方米的范围内，清理出了房屋11座、排水渠（沟）12条、道路2条、灰坑17个、灶3个、水井2口，出土瓷器、陶器、金属器、玉器、钱币等一批重要的生活遗物。其中最重要的要属正科甲巷G8古排水渠，是一座保存最完好、建筑规模最大，土圹砖砌的券拱式暗沟。排水沟呈西北—东南走向，长约19.2米，渠体部分口宽1.64米、底宽1.14米，渠底部无铺砖面，为青灰色夯土硬面，是当时城市地下排水系统的干渠部分。水渠的砖壁在修筑时，还预留了多个出水口与其他小型暗沟相通。该古排水渠工艺高超，超过1米宽的水渠，是成都早在唐代就已经具备了发达排水系统的佐证，也说明，从唐末五代以来，正科甲巷就是成都的经济中心。

正科甲巷遗址与直线距离300米外的江南馆街唐宋古街坊遥相呼应，对研究唐宋时期成都的城市格局和社会生活有重要意义。由于正科甲巷遗址发掘面积不大，考古人员将水渠中保存较为完好的一段，对每一块青砖进行标记、定位，登记在册，用木箱把青砖运到其他地方再"拼起来"，进行异地复原展出。

18. 九里堤遗址（糜枣堰）

地理位置：成都市金牛区
类型：堤坝渠堰闸
水文化遗产级别：Ⅱ级
形成年代：蜀汉时期
存续状态：成都市文物保护单位

九里堤原名糜枣堰，位于金牛区，府河西岸，是三国文化历史遗产、水利知识教育基地，和市民文化休闲场所。1981年5月，成都市人民政府公布九里堤遗址为成都市文物保护单位。

相传九里堤是李冰整治郫江时修建的一个重要工程，是打捞从都江堰顺流而下的木材的重要位置，原址位于郫江（郫江在历代叫法不一，现称之为府河）东岸，全长十余里，号称九里长虹，由于河床多次改道，今人只能推测九里堤位置之大概。在明朝嘉靖《成都府记》等史料公认的记载，九里堤为蜀汉时期丞相诸葛亮主持修筑。唐代乾符年间，高骈在扩建罗城时，对九里堤曾予以维修。宋代乾德时被洪水冲毁，成都知府刘熙古重修该堤，消除水患。后人在堤上修建刘公祠以纪念，因此又名刘公堤，又因刘熙古曾任兵部侍郎，因此又称侍郎堤。九里堤被称作诸葛堤，是蜀人对诸葛亮的敬仰和怀念，因堤坝长度约九里长，清代中叶以后通称九里堤，刘公祠也改为了诸葛庙。民国以来，因河道、水流发生变化，九里堤作用逐渐消退，也因为无人修葺，九里堤堤坝逐渐毁损，现仅余28米长、宽6米的土埂遗址，但九里堤的地名却流传了下来。2013年，成都市政府在保护原址基础上，建成九里堤遗址公园对公众开放。

19. 九眼桥

地理位置：成都市锦江区
类型：桥涵码头
水文化遗产级别：Ⅱ级
形成年代：明万历二十一年（1593）
存续状态：保存完好

九眼桥位于锦江区，横跨锦江，为石拱桥，是成都市桥文化的典型代表。

九眼桥始建于明万历二十一年（1593），由四川左布政使余一龙主持修建，最早称为宏济桥，长四丈、宽三丈、高三丈，桥拱有九孔，为石桥石栏杆。在清乾隆五十三年（1788）由总督李世杰补修时，改名为九眼桥。明代水运发展兴盛，九眼桥一带形成码头搬运、物资仓储转运的集中区，被称呼为"柴码头"，它曾经是成都最繁华的载货码头，乐山、峨边、洪雅等地所产的青冈木、松木运输，市民吃的盐巴、用的山货，成都与外界的物流基本上都要经过九眼桥码头。20世纪30年代，九眼桥码头逐渐衰败。1992年因古九眼桥不利于泄洪被迫拆除。成都市政府于2000年在原九眼桥下游约1千米处重修了一座新九眼桥，其造型大部分还原了旧桥原貌，桥面用青石块铺设，保留具有明代建筑风格的九孔石拱桥形象。

九眼桥历史悠久，据说1646年清军入川，张献忠(明末农民军领袖，大西唯一皇帝，1644年在成都建立大西政权，即帝位，号大顺)携历年所抢的千船金银财宝率部向川西突围，离开成都时，在九眼桥码头上船，临走时把他带不走的金银财宝秘密埋在九眼桥一带的河道下，埋藏地点至今无人知晓。

20. 都江堰南桥

地理位置：成都市都江堰市
类型：桥涵码头
水文化遗产级别：Ⅱ级
形成年代：清光绪四年（1878）
存续状态：1958年重建

　　都江堰南桥位于都江堰市，横跨岷江内江总干渠，是一座传统廊式古桥，历史上曾经又叫普济桥、凌虚桥、步云桥等，南桥充分展现了川西地区传统建筑的优秀建造艺术，是世界文化遗产都江堰不可分割的重要组成部分。

　　都江堰南桥始建于清光绪四年（1878），县令陆葆德用丁宝桢大修都江堰的结余银两设计施工，建成木桥，名"普济桥"。1933年，毗河战争爆发，木桥中孔受损，修复时增建了寨门。1958年重建时改木桥桩为混凝土桥墩，增建了牌坊形桥门，正式定名为"南桥"。后两次改建，在五孔廊桥的样式上增加了多番装饰，成为都江堰市的一处重要景观，被誉为"水上画楼"、"雄踞江源第一桥"、"川西第一桥"。

21. 蒲阳兴隆桥

地理位置：成都市都江堰市
类型：桥涵码头
水文化遗产级别：Ⅱ级
形成年代：清代初年
存续状态：成都市文物保护单位

　　蒲阳兴隆桥位于都江堰市，横跨花子河，为四川地区为数不多的一座保存完好的全木结构廊桥。2015年，四川省人民政府公布其为四川省文物保护单位。该桥为研究民国时期川西地区桥梁建设提供了具有重要价值的实物资料。

　　蒲阳兴隆桥为清初填川移民所建，现存建筑为1923年洪水冲毁后重建，呈南—北走向，全长32米、宽5米，全木结构，双跨石墩，上架圆木，铺木板，桥屋重檐悬山顶，桥头建门坊，木桥栏。

22. 虹桥

地理位置：成都市武侯区
类型：桥涵码头
水文化遗产级别：Ⅱ级
形成年代：战国末期
存续状态：现代重建

　　虹桥位于武侯区，横跨南河，为一单拱人行桥，桥西边有一棵树龄已逾200年的皂角古树。

　　虹桥始建于先秦，前身是李冰开成都二江所造七桥之一——笮桥（夷里桥），后桥年久失修垮塌后，此地发展成一小渡口，当地居民只能依靠渡船过河。20世纪70年代，解放军总后勤部所属3508被服厂自筹资金在原址重建了吊桥。后来，在府河、南河的综合整治工程中这座吊桥被拆除，原址重建了一座单拱人行桥，仍名"虹桥"。

23. 乐善桥

地理位置：成都市邛崃市
类型：桥涵码头
水文化遗产级别：Ⅱ级
形成年代：清咸丰三年（1853）
存续状态：四川省文物保护单位

乐善桥位于邛崃市平乐古镇，横跨白沫江，为七孔红砂石拱桥，总长120米，桥洞一改普遍半圆形，呈桃形，十分罕见，堪称川西一绝，有"邛崃第一桥"之誉，是四川现存规模最大的古代石拱桥。

乐善桥始建于清咸丰三年（1853），历经七年采石，三年修桥，到竣工整整花了十年时间建造，至今有150多年历史。乐善桥先后经过两次改建，曾一度成为钢筋混凝公路桥，后恢复石拱人行桥的原貌，成为平乐古镇一大景点。

24. 安顺廊桥

地理位置：成都市锦江区
类型：桥涵码头
水文化遗产级别：Ⅱ级
形成年代：元代
存续状态：2003年重建

安顺廊桥位于锦江区合江亭旁，横跨锦江，是成都桥文化的重要代表。该桥全长81米宽6米，桥面通道及栏杆均由青石制成，桥栏杆上雕有梅兰竹菊等图案，桥墩上配有两尊石制水兽。桥两侧各有一座仿古牌坊，桥面和牌坊红墙青瓦，飞檐翘角，曲栏回廊。廊桥上铭刻一副《廊桥赋》，是当代剧作家魏明伦的作品。

安顺廊桥有着悠久的历史，最初的建筑踪迹可以追溯到元代，原名为虹桥，位于在青莲上街到十二街之间的南河上，乾隆年间华阳县令安洪德重修此桥，改名安顺桥。安顺廊桥是马可·波罗环游中国记载的四座古桥之一，他站在安顺廊桥上慨叹"商人运载商货往来上下游，世界之人无有能想象其盛者"。巴金先生曾在回忆录里写道，他幼时出成都去外省求学，便是在安顺桥上船，顺江而下。1981年7月安顺桥被一场罕见的洪灾冲毁。2000年成都府河、南河工程指挥部重新设计，在原址下游不远处重建安顺廊桥，历时三年于2003年建成，分上下两层，具有明清时期的建筑风格。如今的安顺廊桥已不仅仅是一座桥，更是集交通、历史、文化、商贸于一体的景观。

25. 二江寺古桥

地理位置：成都市天府新区
类型：桥涵码头
水文化遗产级别：Ⅱ级
形成年代：清道光五年（1825）
存续状态：四川省文物保护单位

二江寺古桥位于华阳街办府河与江安河汇流处，又名二仙桥，桥长约80米，宽约7米。2001年12月列为四川省重点文物保护单位。

二江寺古桥建于清道光五年（1825），它是目前成都市域内规模最大、保存原物时间最久的石拱桥。当时成都修建这座桥，没有机械设备，全是人工从很远的山里凿出石料运到这里施工，其工程量不亚于今天用现代化机械和钢筋水泥材料修建长江大桥。这座石拱桥保留了我国古代传统的建筑技术和工艺水平，具有很高的科技和文物价值。1990年10月为保障府河两岸交通进行过扩建，两端桥头立柱上刻有"二仙桥"字样，北桥头上桥处立有四川省重点文物保护碑，碑后刻有二江寺拱桥的《历史沿革》。

26. 锦官驿遗址

地理位置：成都市锦江区
类型：桥涵码头
水文化遗产级别：Ⅱ级
始建年代：汉代
存续状态：遗址

锦官驿遗址位于锦江区合江亭旁，是秦汉时期的蜀锦管理机构住所，明清时期发展为水马驿总站，现码头已无遗存。

锦官驿始建于汉代，蜀汉时期诸葛亮在成都东南隅围城建织锦工场，并设置锦官专门管理织锦生产。一些供锦官及南来北往客商居住的客栈在成都应运而生，商人在锦官驿周围建起了一排排具有川西特色的独门独院老宅，形成了后来的锦官驿古建筑群。锦官驿明、清为成都东去水陆驿站的起点。《四川通志》载，清康熙六年（1667）下旨设立锦官驿水陆码头，锦关驿紧邻锦官楼原址，清代中期以后，住家人口逐渐增多，遂形成了水井街、水津街、黄伞巷、孙家巷、存古巷、大同巷等街巷，再加上九眼桥、东门码头商船往来、商贾云集，到清同治年间，形成了水陆码头起始点的锦官驿街。

27. 黄龙溪古码头

地理位置：成都市双流区
类型：桥涵码头
水文化遗产级别：Ⅱ级
形成年代：东汉
存续状态：保存完好

黄龙溪古码头位于双流区黄龙溪古镇，处在府河与鹿溪河（古称赤水）的交汇口，是锦江流域不可多得的天然码头。

黄龙溪古码头始建于东汉建安年间，已经有2100年的历史，码头沿河道而建，大多为明清时期的建筑，主街道由石板铺就，两旁是飞檐翘角杆栏式吊脚楼。曾是蜀中对外交往的一条黄金水道，更是南方丝绸之路的物资集散地，呈现过百货山积、帆樯如林的景象。黄龙溪古码头同时还是通航至乐山的水路要冲，是成都历史上最南边的江防据点、屯兵要地。

28. 东门码头

地理位置：成都市锦江区
类型：桥涵码头
水文化遗产级别：Ⅱ级
形成年代：唐代
存续状态：20世纪80年代重建

东门码头位于锦江区东门大桥旁，府河河畔，曾是成都人民出行的重要交通点。

东门码头始建年代已无法考证，推断从高骈开府河后就存在了。都江堰水自西北向东南汇入成都平原，成都依靠便利的水运，走出四面青山，与外界互通往来。上至唐宋，下至明清，成都城内处处商贸繁华、川流不息。合江亭、安顺廊桥、九眼桥到望江楼一带，是演绎"东门盛景"的原点，自唐宋到明清，东门除了文化名胜外，更是最为重要的水陆交通枢纽。在此，李白赋诗道："濯锦清江万里流，云帆龙舸下扬州。"那时候的成都东门，南来北往、诗酒风流。到了清代年间，东门码头一度改名为锦江东水津渡码头。20世纪八九十年代，除去合江亭东门码头等，成都市政府在老南门大桥、百花大桥上游等地也修建了码头十余个，现少量遗存。现代东门码头以旅游功能为主，是锦江游船的起点码头。

29. 薛涛井

地理位置：成都市武侯区
类型：池塘井泉
水文化遗产级别：Ⅱ级
形成年代：明末清初
存续状态：保存完好

薛涛井，原名玉女津，位于武侯区望江楼公园内，以唐代女诗人薛涛命名，为望江楼公园古建筑群之一，具有重要的文物价值，是研究古代制笺和茶文化的例证。

薛涛（约768～832），唐代乐伎、蜀中女诗人，居浣花溪，创薛涛笺。相传其用浣花溪制笺，至明代因百花潭渐淤积，不能沤浸造笺原料，另择玉女津一带造纸制笺。明末清初，在薛涛坟不远处玉女津塘水退缩如井口般大小，当地居民在这里打井取水。而后，每年三月初三，明蜀藩王汲此井水仿制薛涛笺入贡朝廷，自此民间始称薛涛井。到了清代初年，成都兴起以薛涛井水酿酒之风，名为"薛涛酒"，自康熙至道光年间，吟咏不绝。清康熙三年（1664）成都知府冀应熊为井后牌坊题写"薛涛井"三个大字，成为后人纪念、凭吊女诗人的重要遗迹。嘉庆十九年（1814），四川布政使方积、成都知府李尧栋培修薛涛井，并在其附近建吟诗楼、浣笺亭、濯锦楼。光绪年间扩建并刻薛涛石像。

30. 文君井

地理位置：成都市邛崃市
类型：池塘井泉
水文化遗产级别：Ⅱ级
形成年代：西汉
存续状态：已建文君公园

　　文君井，位于邛崃市文君井公园内，相传为司马相如与卓文君开设临邛酒肆时的遗物。公园总占地面积6000余平方米，在井台附近修建有琴台、文君梳妆台、当垆亭、酒肆等纪念性建筑，是邛崃著名的园林胜境。1980年四川省人民政府公布其为四川省文物保护单位。

　　西汉辞赋家司马相如早年父母双亡，孤苦一人来到临邛（今邛崃），结识了卓王孙之女卓文君，两人互相爱慕私奔成都，结为夫妇。后重返临邛，以卖酒为生。每当工余闲暇，常汲取门前井水，品茗相叙。后人为纪念卓文君不顾封建礼教，忠贞爱情，以及她与司马相如汲井烹茶的故事，遂将此井定名为文君井。卓文君与司马相如的爱情故事为后人所仰慕，杜甫等众多文人雅客来此凭吊，整个园林遍布有关卓文君与司马相如的记载及后人题写的联语、诗词、碑刻。清末至民初重新对文君井进行疏淘，扩建当垆亭、水香榭、听雨亭、梳妆台等建筑。

31. 三县衙门

地理位置：成都市双流区
类型：工程管理机构
水文化遗产级别：Ⅱ级
始建年代：清乾隆二十八年（1763）
存续状态：四川省文物保护单位

　　三县衙门，位于双流区，主要用于管理古佛堰的灌溉使用而修建，为清康熙华阳、仁寿、彭山三县管理水务事务的专门机构，同时是维护社会治安的衙门。四川省人民政府于2006年12月公布为其为四川省文物保护单位。

　　三县衙门始建于清乾隆二十八年（1763）。当时黄龙溪民事、经济纠纷不断、匪患猖獗，官府在古龙寺内设立三县联合办事机构，由三县派员轮渡当值，并派驻兵力，共管民事、水政及匪患。初名总爷衙门，民国时改称三县衙门。衙门里镶嵌有一块足印石，相传是华阳、仁寿、彭山三县的交界点，踩上去就可以"一脚踏三县"。双流区文管所于1993～1995年对三县衙门进行了全面修复。

32. 贯子山(玉虹桥) 水电站

地理位置：成都市青白江区
类型：工程管理机构
水文化遗产级别：Ⅱ级
形成年代：民国二十四年（1935）
存续状态：功能完好

贯子山（玉虹桥）水电站，现位于青白江区，横跨溥利堰，前身为金堂县玉虹桥水电站。

20世纪20年代，为解决居民照明及提灌站抽水浇地用电之需，由金堂县属邓锡侯28军师长杨秀春主持向社会筹措大洋25万元筹备修建电站。1933年，该师三旅旅长青翰南率部队工程人员规划和勘测，聘请成都高级工业学校教师韩子撰负责工程设计，民国二十四年（1935）投产，在解决城厢镇和广汉三水镇照明和电力提灌兴农方面发挥了重要作用。据《中国水利百科全书》记载，玉虹桥水电站是全国最早建成的四座水电站之一，也是成都地区早期建成的装机容量最大、运行时间最长的水电站，号称川西第一水电站。

中华人民共和国成立后，公营玉虹桥水力发电厂改名为金堂县人民电厂。1959年又自毗河引水，建成贯子山电站，两站并网运行，统一管理，成为金堂发展生产的电力支柱。1972年，因都江堰渠系改造，玉虹桥上游毛家河改入赶牛河，水源截断，运行37年的玉虹桥水电站停止使用，玉虹桥原水力发电设备搬迁至贯子山水电站继续使用。

33. 成都自来水一厂

地理位置：成都市青羊区
类型：工程管理机构
水文化遗产级别：Ⅱ级
形成年代：清代末年
存续状态：中华人民共和国成立后改建

据《成都自来水厂特种股份有限公司筹备报告》记载，成都自来水建设最早可追溯至清末，由时任劝业道的周善培倡导，1909年建成，为官商合办，名利民自来水公司。利民自来水公司位于成都南门外，择万里桥附近一水深处为起点，高架水筒车，引水通过管道越过城墙，设盐道街、学道街、总府街、商业场等六处蓄水池取水，由人力挑水或板车拉水出售。自来水并没有通过沉淀、过滤设施进行进一步净化处理，只是简单地将远郊河水引流入城，这是成都萌生准现代市政供水的初端。囿于资金、技术及百姓用水成本的限制，利民自来水公司的出现并未对成都原有的供水方式及居民的饮水生活造成变革式影响，终因经营困难在1926年7月停业。

1942年12月，四川省建设厅厅长胡子昂据四川机械公司筹备处萧万成建议，提案重建自来水厂。同年8月水厂动工兴建，选定青羊宫百花潭上游、送仙桥侧，征地五十亩作为水厂厂址；以磨底河、清水河为水厂水源。次年8月1日成立成都市自来水特种股份有限公司及青羊宫水厂。1946年6月1日，青羊宫水厂正式输水投产，1948年1月与四川机械公司合并后输水管线延长到总共8396尺，售水站也增加了八处，销水量专用户增加到75户，板车运水供应到1000户，但仍不能供应成都居民的饮水生活。中华人民共和国成立后青羊宫水厂改为成都自来水一厂，并逐渐进行技术改造，增加供水量，这一情况才稍微缓解。改革开放后，国家经济科技高速发展，成都的自来水事业方翻开了历史崭新的一页。

（来源：成都市自来
水有限责任公司）

34. 金马河

地理位置：成都市都江堰市、温江区、双流区、新津区
类型：堤坝渠堰闸
水文化遗产级别：Ⅱ级

金马河为岷江干流部分，岷江从都江堰市青城桥至新津段称金马河，长81.32千米，是成都的一条重要输水排洪河道。

由于岷江干流的摆动、游荡，岷江干流的主河道多次易道，历史上曾经多次转向黑石河、羊马河，1933年后岷江正流复归金马河。都江堰渠首工程将岷江水分为内外二江，多余的洪水从金马河泄走。金马河两岸分布了都江堰市、温江区、崇州市、双流区、新津区五个区县，面积达4202平方千米，其中耕地184.44万亩，总人口近300万人，金马河一旦溃堤，将对成都百万计人民的人身财产安全产生威胁，金马河两岸防洪堤在成都发展中起到了重要的作用，是成都防洪功能重中之重。金马河防洪堤由跃进堤、幸福堤等堤防组成。防洪堤逐年进行改造维护，通过新建堤防、拦河闸，提升了防洪堤防洪、绿化、治污截污功能和水景环境。

35.三岔湖

地理位置：成都市东部新区
类型：河流湖泊
水文化遗产级别：II级
形成年代：20世纪70年代

　　三岔湖位于东部新区，龙泉山东麓，是都江堰东风渠扩灌工程的重要组成，1975年3月动工，1977年建成蓄水。湖域面积27平方千米，有着240千米迂回曲折的湖岸线，湖面镶嵌着113个孤岛和160多个半岛，蓄水量2.27亿立方米，是杭州西湖的3倍。1993年三岔湖被列入《世界名湖录》，被誉为"天府明珠"。

　　三岔湖湖底埋藏着乾封古镇、三岔古镇的旧址。乾封镇在西魏时期为婆闰县县治之所兼商贸物资集散地，北宋时期还出现过以许奕为代表的文人官吏。明初，离乾封十多千米的三岔古镇逐渐替代乾封镇，成为新的商贸及物资集散地。三岔镇正式建镇设治在清雍正元年（1723），名"永鑫场"，因其北上成都、东下简阳、西通仁寿，因此俗称"三岔坝"。明末清初五省移民来到三岔古镇，修建了真武馆、万寿宫、南华宫等众多会馆、戏台等古建筑，古镇格局既成。1926年至1930年，三岔古镇作为成都后方化铜重镇而繁荣，有"小成都"之称。20世纪70年代修建三岔水库，乾封、三岔古镇沉入了湖底。

36. 石象湖

地理位置：成都市蒲江县
类型：河流湖泊
水文化遗产级别：Ⅱ级
形成年代：20世纪70年代
存续状态：AAAA级旅游景区

石象湖位于蒲江县，因湖区古刹石象寺而得名，相传为三国大将严颜骑象升天之地。石象湖占地800亩，周边有花博园、石象寺、象山古镇。

石象湖始建于20世纪70年代，湖边有东汉末年的石象寺和高15米的川西大佛，是慈悲为怀的佛教文化的代表；有大教育家魏了翁收徒育才之所石象古书院，后人为纪念他还修建了文靖楼；有严颜厌战争求和平的三国文化，还有七子求学的七星台传说。2014年，石象湖成功创建AAAA级旅游景区。

37. 朝阳湖

地理位置：成都市蒲江县
类型：河流湖泊
水文化遗产级别：Ⅱ级
形成年代：20世纪70年代
存续状态：省级风景名胜区

朝阳湖位于蒲江县，为20世纪70年代兴建的水库。湖长7.5千米，有赵坝、小叶坝两个分支，水深30~40米，坝高38.4米，库容760万立方米，自然形成四岛、二十八拐弯、108山峰，有"水上青城"的美誉，是第一批省级风景名胜区之一。朝阳湖旁有十余处两汉至唐宋摩崖石刻造像群，其中飞仙阁摩崖造像始建于隋唐时期，为全国重点保护文物单位，千年石刻，精妙绝伦。湖区范围内还有二郎滩摩崖造像、佛教圣地九仙山、道教圣地太清观、宋代理学家魏了翁创办的鹤山书院旧址、抗日名将李家钰旧居以及战国时期的巴蜀船棺和汉墓等名胜。

38. 罨画池

地理位置：成都市崇州市
类型：水文化场所
水文化遗产级别：Ⅱ级
始建年代：唐代
存续状态：全国重点文物保护单位

罨画池位于崇州市，由罨画池内外湖、陆游祠和州文庙三部分组成，总占地34541平方米，是四川园林中川西园林的代表作之一。2021年6月，国务院公布其为全国重点文物保护单位。

罨画池始建于唐，初名"东亭"，最初是蜀州（今崇州）州署的郡圃，同时兼有驿站功能。当时蜀州风气"尚侈好文，俗好歌舞"，唐宋时期的罨画池，作为蜀州地方官们待客、游赏的衙署园林，其景色以梅花和菱花烟柳为胜。北宋改名为罨画池，江原（即今崇州市）知县赵抃和苏轼之孙苏符任职蜀州时对罨画池陆续加以增建，南宋诗人陆游在此为官时遍植梅花，渐成蜀中名胜。明代官方在罨画池内，增建以纪念陆游、赵抃两人为主题的赵陆公祠，罨画池因而逐渐演变成为公共性纪念园林。现存罨画池建筑群大都重建于清代中后期，为典型的清代川西建筑风格，是中国少数几处保存至今的唐宋衙署园林之一。

罨画池之名，源于宋仁宗嘉祐二年（1057），江原县令赵抃游览时留下的诗句"占胜芳菲地，标名罨画池"。罨画池美景吸引了历代众多文人墨客游玩，留下无数诗作，宋代诗人陆游在蜀州留下100多首诗篇，单是写到罨画池的诗作就有30多首，如"小阁东头罨画池，秋来长是忆幽期"。范成大也赞叹道："荷花正盛，呼湖船泛之。系缆古木修竹间，景物甚野，为西州胜处。"

39. 新繁东湖

地理位置：成都市新都区
类型：水文化场所
水文化遗产级别：Ⅱ级
始建年代：唐代
存续状态：四川省文物保护单位

　　新繁东湖位于新都区，东湖占地1.8万平方米，水面有5000平方米，是一个不大的人工湖。凿湖之土堆成的小山状似蝙蝠偃卧湖上，故名"蝠崖"，其上为见山亭，可俯瞰东湖，公园还有望雪楼、新繁古城墙等主要的历史文化建筑。新繁东湖是我国有遗迹可考的两处唐代古典人文园林之一，自古有"西蜀名园"之称。1996年9月，四川省人民政府公布其为四川省文物保护单位。

　　新繁东湖始建于唐代，是中晚唐著名政治家、文学家李德裕任新繁县令时开凿，因位于原县署之东，故称东湖。现在的园林建筑由出任新繁知县的江苏泰州学者程祥栋于清同治三年（1864）兴建，整个艺术布局仍保持着唐代古典园林风貌。主体建筑怀李堂，原名文饶堂、卫公堂，于北宋政和八年（1118）迁于东湖内，清光绪六年重建，为纪念修建东湖、有功于蜀中的著名宰相李德裕而改名怀李堂。望雪楼原为唐新繁名胜地，清同治十二年（1873）重建，登楼可望彭灌雪山，这里有李德裕和薛涛《伤孔雀及薛涛》浪漫相知故事的传说。东湖历史文化深厚，园内还有纪念明末清初一门四世六乡贤的"四费祠"和纪念唐李德裕、王安石之父宋王益、宋邑人梅挚的"三贤堂"遗址，具有非常重要的历史艺术价值。千余年来，东湖盛名不衰，历代均为川西名人学士雅集之处，给后人留下了大量诗文、匾联、书画作品。

40. 新都桂湖

地理位置：成都市新都区
类型：水文化场所
水文化遗产级别：Ⅱ级
始建年代：唐代初年
存续状态：全国重点文物保护单位

　　新都桂湖位于新都区，占地面积5万余平方米，湖面约占三分之一，其园林建筑以湖心升庵祠为主体，另有亭台楼阁、桥榭廊庑等二十余处。1996年11月20日，"杨升庵祠及桂湖"被国务院公布为全国重点文物保护单位。

　　根据史料记载，新都桂湖始建于初唐。桂湖的早期历史可以追溯到两汉时期，当时的桂湖是一个天然湖，它的所在地是一个汉代的行政单位"亭"，隋开皇十八年，新都区城由古蜀国旧都迁到现址后，因湖正处于城区之南，所以命名"南亭"，最初为驿馆式的官家园林。最迟于武则天执政期间，南亭已形成园林景观，当时初唐宰相张说在此为名臣郭元振等送别，写下了《新都南亭别郭元振送卢崇道》，诗中说：竹径女萝深，莲洲文石堤。静深俗人断，寻玩往不进。碧潭透初月，素林惊夕栖，褰幌纳影，理琴听猿声。佳会改宿昔，胜寄坐睽携。长怀赏心爱，如玉复如。南亭在宋代又改名为"新都驿"。明代正德嘉靖年间，著名学者杨慎沿湖广植桂树并写下《桂湖曲送胡孝思》诗歌，为当时已更名为"新都驿"的此处园林取名桂湖，这个雅号也因此沿用至今，明末桂湖建筑毁于战火，清初废湖为田。清嘉庆十七年（1812），知县杨道南小规模重

修。清道光十九年（1839），知县张奉书博采各地园林之长，重开桂湖胜迹，并在湖上建升庵祠。1927年，桂湖辟为公园；1959年，建立杨升庵纪念馆。历经明、清及近、现代修建，桂湖及杨升庵祠现有楼台亭阁等古迹20余处，基本保存了清道光十九年（1839）的建筑和布局。如今桂湖大门两侧悬挂着杨升庵诗作《桂湖曲送胡孝思》：

君来桂湖上，湖水生清风。

清风如君怀，洒然秋期同。

君去桂湖上，湖水映明月。

明月如怀君，怅然何时辍。

现代桂湖因其桂花和荷花种植规模大、品种丰富等特点，成为全国五大桂花观赏地之一和全国八大荷花观赏地之一。

41. 望江楼公园

地理位置：成都市武侯区
类型：水文化场所
水文化遗产级别：Ⅱ级
始建年代：明代
存续状态：全国重点文物保护单位

望江楼公园位于武侯区，占地118亩，以崇丽阁、濯锦楼、浣笺亭、薛涛井等建筑群、薛涛纪念馆等文物遗迹及各类珍奇异竹而闻名中外。2006年5月，被国务院公布为第六批全国重点文物保护单位。

望江楼公园是明清两代为纪念唐代著名女诗人薛涛而先后在此建起来的，展示有薛涛最具代表性的三十九首留存诗作。薛涛是唐代有名的才女，与唐代的大诗人元稹、白居易、裴度、刘禹锡、杜牧等都有往来唱和，曾被元稹赞誉道："锦江滑腻峨眉秀，幻出文君与薛涛。"薛涛晚年曾在住地碧鸡坊自制一种深红色小笺，其色彩绚丽且又精致，在当时负有盛名，被称为"薛涛笺"。薛涛生前并不住在今天的望江公园，只是死后葬于成都东门外的锦江畔，望江公园内有她的土冢，高6米，周长10余米。到明代时，蜀献王朱椿为了纪念薛涛，就在今天的望江公园打井建坊，仿制薛涛笺，后逐渐建成公园。清嘉庆十九年（1814）由四川布政使方积、成都知府李尧栋在薛涛井右侧建浣笺亭。因薛涛一生爱竹，常以竹子的"苍苍劲节奇，虚心能自持"的美德来激励自己，后人便在园中遍植各类佳竹，遂成国内名竹荟萃之地，也被称为"竹子公园"或"锦城竹园"。

望江楼，又名崇丽阁，是望江楼公园最宏丽的建筑，屹立于锦江畔，高39米，共4层，建于清光绪十五年（1889），因楼身位于锦江边，故名"望江楼"。崇丽阁之名是取晋人左思《蜀都赋》中的名句"既丽且崇，实号成都"而命名，当时清代科举制度开始衰落，崇丽阁修建的初衷是为了提振川蜀文运的希望，崇丽阁建成当年四川考取进士12名，望江楼公园成了四川文脉的聚集地，吸引学子纷纷来参拜，现已成为成都市的标志物。望江楼公园内还有传为薛涛取水制笺的薛涛井，原名玉女津。井旁立有碑石，上书"薛涛井"三字，为清康熙时成都知府翼应熊的手迹。

42. 百花潭公园

地理位置：成都市青羊区
类型：水文化场所
水文化遗产级别：Ⅱ级
形成年代：清光绪七年（1881）
存续状态：现代重建

　　百花潭公园位于青羊区，与杜甫草堂、浣花溪公园相邻，占地约135亩，公园以兰花盆景享有盛名。

　　据考证，今日的百花潭与古时的百花潭名同地异。古百花潭位于今杜甫草堂西南的龙爪堰处。宋代以后，水系变动，潭址已淤没不存。清光绪七年（1881），清人黄云鹄沿清水河顺流而下寻找古百花潭遗迹，将与磨底河交汇处的宝云庵旁一潭静水，错认为古百花潭的位置，竖立石碑并镌刻"古百花潭"几个大字于其上，并在此地修建凉亭敞轩，这就是现今百花潭公园的前生。百花潭在中华人民共和国成立后改建为成都动物园，1971年动物园搬出市区，百花潭公园恢复建设。1976~1982年百花潭公园经整修后重新对外开放游览。公园中，还修建有根据巴金享誉世界文坛名作《家》中对园林及其建筑的描写为蓝本设计的慧园，占地26.5亩，是百花潭花园的重要组成部分。

103

43. 瓮亭公园

地理位置：成都市邛崃市
类型：水文化场所
水文化遗产级别：Ⅱ级
形成年代：西汉
存续状态：邛崃市文物保护单位

　　瓮亭公园位于邛崃市，占地2792平方米，由古瓮亭、飞仙亭、红荷湖等组成，为邛崃市文物保护单位。

　　瓮亭公园在西汉时期为临邛巨富卓王孙私家园林，唐代为临邛镇饯别筵会之地，宋代即建有"鸿都客堂"，至明代疏浚荷池，掘得贮满五铢钱的大瓮二只，因建亭藏之，名瓮亭，瓮亭公园由此得名。瓮亭建于明，清嘉庆十三年（1808）、光绪二十七年（1901）维修。民国二十五年（1936）瓮亭公园扩建并改名为临邛公园。中华人民共和国成立后，更名为邛崃瓮亭公园。除古瓮亭外，公园内还有飞仙亭、水榭、拱桥等古建筑，游人如织，游船如梭。临邛人蔡月岩的诗句"落尽桃花飞尽絮，红荷湖山雨丝丝"，形象地描绘了瓮亭公园美景。

44. 水井街酒坊 遗址

地理位置：成都市锦江区
类型：水文化场所
水文化遗产级别：Ⅱ级
始建年代：元代
存续状态：全国重点文物保护单位

　　水井街酒坊遗址位于锦江区，是一座元、明、清三代川酒老烧坊遗址，面积约1700平方米，包括晾堂、酒窖、炉灶、灰坑及酿酒设备等。水井街酒坊遗址是中国第一个经科学考古发掘的古代酿酒作坊遗址，被称为中国白酒行业的"活文物""中国白酒第一坊"。水井街酒坊遗址是国务院批准保护的全国重点文物保护单位；2008年6月，国务院公布水井坊酒传统酿造技艺为国家级非物质文化遗产。

　　蜀酒文化源远流长，早在三星堆时期，古蜀人或许就已经会使用大米开始酿酒了。从西汉卓文君当垆卖酒，到唐宋名酒"忠臣堂、玉髓、锦江春、浣花堂"，酒坊遗址揭开蜀酒文化神秘面纱。水井街酒坊呈"前店后坊"的布局形式，最迟从明代起延续五六百年未间断生产，揭示了明清时代酿酒工艺的全过程。科研人员从这些古窖池分离提取的高效酿酒功能的红曲霉菌群落，被白酒界称其为水井坊酒的DNA，具有极高的文物保护和传承价值。

45. 镇江寺

地理位置：成都市双流区
类型：坛庙寺观亭
水文化遗产级别：II 级
形成年代：清光绪十年（1884）
存续状态：成都市文物保护单位

镇江寺位于双流区，呈四合院布局，占地面积960平方米。2006年12月被列为成都市文物保护单位。

镇江寺始建于清光绪十年（1884），依镇江王爷坎而建，原为"镇江王爷庙"，是船帮祭祀集会的场所。大殿内原塑湖南民间道教水神——镇江杨泗将军神像，每年农历六月初六杨泗将军圣诞，周边的善男信女都会来此朝会。但现在的镇江寺，已经变成了一座佛教寺庙。在镇江寺旁有一颗黄葛树，据说为一千八百年前黄龙祖师云游来此所植，和镇江寺一起保古镇一方平安。镇江寺遗址对研究清代成都地区佛教的发展具有一定的价值。

46. 先主寺

地理位置：成都市新津区
类型：坛庙寺观亭
水文化遗产级别：II级
形成年代：唐天宝二年（743）
存续状态：1996年重建

先主寺位于新津区，建筑面积4000平方米，寺庙由往生塔、先主殿、山门、居士楼等组成。

据考先主寺始建于唐天宝二年（743）。此地原名"九龙口"，初建时名大禹庙，供奉水母，后因三国时期蜀汉先主昭烈帝刘备为民在此祈雨，并祈雨有应，故改名为先主祠，后又改作先主寺。至清康熙年，附近新津、大邑、邛崃、蒲江、双流、温江、眉山等区（市）县均遇干旱来先主祠求雨。至民国时期占地50亩左右，大殿供奉身高六至七尺的刘、关、张坐像，并有行身木偶等像。大殿后是护法韦陀塑像，二殿供奉水母坐像，三殿供奉武侯坐像等。中华人民共和国成立后被拆除，1996年重建恢复，农历每月初一和十五将会举办祭祀活动。

47. 新场川王宫

地理位置：成都市大邑县
类型：坛庙寺观亭
水文化遗产级别：Ⅱ级
形成年代：明万历十五年（1587）
存续状态：全国重点文物保护单位

新场川王宫位于大邑县新场镇川王社区川王宫村，始建于明万历十五年（1587），是明代先民缅怀先秦太守李冰治水功德所建，以后演变为儒、释、道三教合一庙宇。清末毁于战火，民国十五年（1926）重修，匾额上记载"民国十五年孟秋谷旦重建"。占地面积2534平方米，建筑面积1464平方米，建筑平面呈长方形，由山门、张飞殿、川王宫、关羽殿、刘备殿、三清殿和左右厢房等组成，共有房间87间。川王宫在三清殿前，八角攒尖顶，三重檐楼阁，穿斗式梁架，高12米，宽1.2米。川王宫为研究川西平原近代寺观和木构建筑提供了宝贵的实物资料，2013年被评为全国重点文物保护单位。

在巴蜀地区，川王和川主都是一种水文化民间信仰，核心内容就是巴蜀治水文化，明清以来，川主成了四川本土乡神。一座川王宫，承载着蜀地历史，是研究四川古代宗教、传统建筑工艺手法、民俗、民风的重要史实资料，对研究大邑地区古建筑群有较高参考价值。

48. 大慈寺

地理位置：成都市锦江区
类型：坛庙寺观亭
水文化遗产级别：Ⅱ级
形成年代：魏晋时期
存续状态：四川省文物保护单位

　　大慈寺，又名古大圣慈寺，位于锦江区，占地11530平方米，是四川省文物保护单位。

　　大慈寺始建于公元3世纪至4世纪之间，被誉为"震旦第一丛林"。622年玄奘年满二十岁，正式在此寺受具足戒，唐玄宗曾赐额"敕建大圣慈寺"，唐代新罗国（今韩国）无相禅师，唐开元十六年（728）到长安，受到唐玄宗召见后入蜀参拜智诜、处寂禅师。玄宗幸蜀，复获召见，并命重建成都大慈等寺。历经兴废，多次毁于兵火，现存诸殿为清顺治至同治年间陆续重建。历史上，大慈寺最有特色和影响的文物是名画和铜佛。据说，该寺的铜佛、石佛也曾有大小数百尊。均先后被战乱所毁。

　　唐贞元元年（785）韦皋任西川节度使组织开凿的解玉溪，自西北引内江水入城，经城中斜向东南至大慈寺，于东郭附近仍流入郫江。由于年代的久远这条已经在成都消失了的河流现在的资料相当稀少，

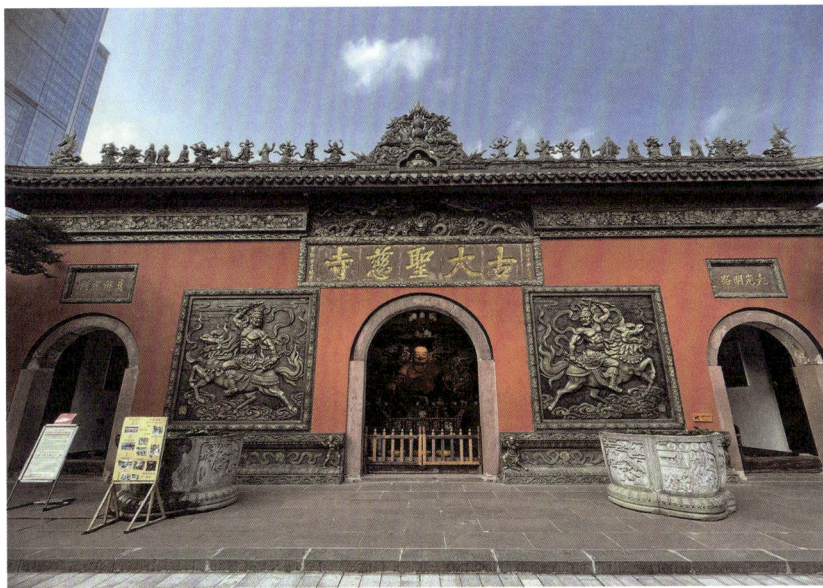

109

仅有大慈寺街区在历史上有史可考，据《成都城坊古迹考》载《大明一统志》："解玉溪在大慈寺（今锦江区内）中，与锦江同源，唐韦南康（韦皋）所凿，有细沙可解玉，寺有玉溪院。"张唐英《蜀梼杌》卷下："明德元年（934）六月，（孟知祥）幸大慈寺避暑……广政元年（938）上巳游大慈寺，宴从官于玉溪院。"元费著《岁华纪丽谱》："七月七日晚宴大慈寺设厅，暮登寺门楼，观锦江夜市，乞巧之物皆备焉"（注：这里的锦江是指解玉溪）。张唐英《蜀梼杌》卷下："明德元年（934）六月，（孟知祥）幸大慈寺避暑……广政元年（938）上巳游大慈寺，宴从官于玉溪院。"解玉溪在城中与新兴的大慈寺相邻，成为游览胜地，还修建了解玉院供官员及市民游乐。

49. 散花楼

地理位置：成都市青羊区
类型：坛庙寺观亭
水文化遗产级别：Ⅱ级
形成年代：隋朝开皇年间（581～601）
存续状态：1993年重建

散花楼位于青羊区琴台路，是一座临水而建的八角飞檐雕花亭楼，楼高四层。

散花楼始建于隋朝开皇年间（581～601），为蜀王杨秀修建，位于著名皇家园林摩诃池畔。大约在开皇十年（590），杨秀在任益州总管的几年中，他组织人工改造旧城，从城东取泥土到往西南边筑土修墙，筑墙的泥土被取走后，地下形成了大水凼，于是杨秀干脆叫人把水凼建成了一个人工湖，这个人工湖被取名为摩诃池。接着，杨秀又把摩诃池附近的东城楼改建为俊美的散花楼。随后的岁月里，摩诃池和散花楼逐渐成为文人雅士、市井走卒争相游玩的园林。

散花楼与张仪楼、得贤楼、西楼合称"成都四大名楼"，散花楼位居四楼之首。在唐代，散花楼是与黄鹤楼、岳阳楼、滕王阁等齐名的中国名楼。唐开元八年（721），21岁的青年李白，在江油大匡山书院学习结业后，拜别师尊，开始了长达5年的四川漫游，写出了许多流传千年的壮丽诗篇，其中就有《登锦城散花楼》：

日照锦城头，朝光散花楼。

金窗夹绣户，珠箔悬银钩。

飞梯绿云中，极目散我忧。

暮雨向三峡，春江绕双流。

今来一登望，如上九天游。

宋末，散花楼毁于蒙古军队的入侵。后散花楼在历史上几经重建迁徙，1993年重建于南河边百花潭公园门外。

50. 镇国寺塔

地理位置：成都市彭州市
类型：坛庙寺观亭
水文化遗产级别：Ⅱ级
形成年代：北宋至和元年（1054）
存续状态：四川省文物保护单位

镇国寺塔位于彭州市，高34米，为十三级密檐式方塔，是现存三座宋塔中最高大的一座。1980年7月四川省人民政府公布其为省级文物保护单位。

镇国寺塔始建北宋至和元年（1054~1060），由北宋高僧净慧大师主持修建，当时净慧大师云游九陇（现丹景山镇）时，喜爱这山盘水折、神灵膏腴的胜境，便栖止于镇国寺，与当地檀越、耿符等人商议了建塔。镇国寺塔本名"无垢净光法舍利塔"，又因其傍临湔江，也称镇江塔，意为震慑水患。塔建好后，净慧大师遂请刚上任的成都知府王素做记，为彭州留下了一篇珍贵的历史文献。相传"塔北第五级有七星泥琴"，正对关口，出山有风时，便发出清越之音，琴音悦耳，令人神清气爽。北宋嘉祐五年（1060），镇国寺塔边刻立《彭州镇国寺新修塔记》碑，现碑已被移迁。

51. 回澜塔

地理位置：成都市邛崃市
类型：坛庙寺观亭
水文化遗产级别：Ⅱ级
形成年代：明万历四十四年（1616）
存续状态：四川省文物保护单位

回澜塔坐落在邛崃市南河河心沙洲上，为十三级六边形楼阁式砖塔，塔高75.48米，是四川省境内最高的古塔，全国第三高砖塔，也是成都地区唯一对外开放的古塔，为省级文保单位。登临塔顶，临邛秀丽的风光尽览眼底。回澜塔既是点缀山水之文风塔，又是研究中国古塔建筑的重要资料。

回澜塔始建于明万历四十四年（1616），相传明朝时期南河水患严重，有一得道高僧从此处过看出有恶龙作怪，于是募资修建回澜塔来镇住妖龙，塔建成以后便没有了水患。崇祯末年毁于兵燹，后又三度筹建，清代重修，至光绪八年（1882）始成，历时170多年。回澜塔坐东向西，塔身内1～8层供奉有名人塑像，集"祛患、致业、守成、崇贤、尚哲"主题思想于一塔，体现了"振一代文风，法古今完人"的宗旨。

52. 淮口瑞光塔

地理位置：成都市金堂县
类型：坛庙寺观亭
水文化遗产级别：Ⅱ级
形成年代：东晋
存续状态：全国重点文物保护单位

淮口瑞光塔也称白塔，位于金堂县淮口瑞光寺内，高33米，共13层，为仿木楼阁式空心方形砖塔，综合运用了小砖叠涩法、搭卷法、简卷法及计承托等典型的宋营造法式，使该塔具有极高的历史、艺术、科学价值，曾是古金堂八景之一。2006年被国务院公布为第六批全国重点文物保护单位。

淮口瑞光塔始建于东晋，距今已有近1700年历史，南宋绍兴年间由住持僧悟明禅师组织重建，是四川现存最古老的佛塔。瑞光寺为瑞光塔之后建造，年代不详，在隋朝时又名长寿寺，在唐代时又名太平寺。瑞光塔是淮口的标志，它历经沧桑，目睹和见证了这座千年古镇的变迁。

53. 奎光塔

地理位置：成都市都江堰市
类型：坛庙寺观亭
水文化遗产级别：Ⅱ级
形成年代：明代
存续状态：全国重点文物保护单位

奎光塔位于都江堰市城南处，是一座17层密檐式六面体双筒砖砌古塔，为我国现存层数最多的密檐式砖塔，四面环立青城、灵岩、玉垒诸山，又有岷江水绕，雄秀万状。奎光塔为全国重点文物保护单位，是国家历史文化名城的地标性古塔。

奎光塔始建于明代，当时老百姓为弥补地形缺陷，振兴本地文风，在城南修建了一座石塔，取名"奎光塔"，取魁星高照，文运昌盛之意，近200年来奎光塔被当地人看作"镇县之宝"。明末，石塔毁于兵火，踪迹不存。清道光十一年秋（1831），灌县县令周因培认为岷江出山之后，如脱缰野马，水脉在平原上呈扇形散开，把灌县的文运冲散了，因此必须在恰当地点修一塔镇住文运，因此重新寻址建设，竟无意挖掘出原石塔塔基，因此亲自主持原址重建奎光塔，塔高52.67米，重约3460吨，为17层密檐式六面体部分双筒砖砌古塔。后人将塔旁三合小院改建为"周公祠"，并在祠门上敬书"崇儒"二字，塔祠相映，传承至今。"水走山飞去未休，插天一塔锁江流。"清代文人郭维藩曾这样赞美奎光塔。

54. 圣德寺白塔

地理位置：成都市简阳市
类型：坛庙寺观亭
水文化遗产级别：Ⅱ级
形成年代：南宋庆元三年（1197）
存续状态：全国重点文物保护单位

圣德寺白塔，位于简阳市城区，属砖石仿木结构、四周攒尖顶、十三级密檐式佛塔，曾以"一塔凌云"之美誉而名列"简州八景"之首。

圣德寺建于唐僖宗乾符年间，当时仅建有天王殿、佛殿、千手观音殿三重大殿，没有建塔。南宋庆元三年（1197），简州教谕张方率僧人惠祖开始募捐建塔，落成于嘉泰四年甲子（1204）秋。建成的塔位于圣德寺中轴线上，初名"圣因塔"。明世宗嘉靖戊戌（1538）仲秋，郡人何本贵等捐资倡众维修，至癸卯（1543）季秋竣工。维修中添置了八只铁风铃，与原有的八只铜铃相间悬挂，并在塔顶加置了重三十余斤的锡塔刹，塔身也涂成了灰白色。"白塔"之名由此得来。圣德寺白塔曾有"回澜塔""镇澜塔"一说，据说宋代的沱江河并不在原来的位置，那时的沱江河岸离原来的位置已约二里之遥，当时白塔就建在沱江西岸水滨，是用以"镇压波澜"，防止洪水危祸人间的，另一说是白塔镇守着简州的文运，清简州举人毛于遼作诗云："奎星掷笔下人寰，竖在城南雁水间。上出云霄生五色，隔江遥点印鳌山。"将白塔比拟成主管人间"文运"的奎星掷下的那支笔，由于它的修建方才使得简阳文运昌盛，出了状元和勤奋学习学生无数。

55. 官家花园

地理位置：成都市都江堰市
类型：名人故居、祠堂、墓园
水文化遗产级别：Ⅱ级
形成年代：明朝末年
存续状态：成都市文物保护单位

官家花园，位于都江堰市，占地近22亩，系庭院式砖木结构瓦房，布局构成有多个四合院，大小房屋119间，总建筑面积5000平方米，是完整展示、体现川西民居的建筑风格和建筑文化的历史建筑遗存。2013年9月，成都市人民政府公布其为成都市文物保护单位。

官家花园建于明末，成型于清初，相传为明末动荡时期一位李姓尚书退隐至崇义时所建，据说当时横向300米、纵向500米，但在官家花园保存的碑记中并未见尚书记载。后历经王姓、官姓代代相传。清末至民国初年，官氏第八代名人官玉章在花园各天井加倍培植，园内景色如画，竹木成荫。每年正月初一和初五，还对公众开放，官家花园成为当时崇义人逢年过节必游之处。民国时期，官家花园还走出一位水利专家官兴文。时任成都水利同知官兴文在1925年主持大修都江堰，让九峰山下的数千亩旱地成为自流灌溉的良田。官家花园经过不断扩建、修葺，而最终成为现在的规模。官家花园历经明、清、民国的发展，完整地体现川西民居的建筑风格和建筑文化，具有非常高的文化价值。

56. 川南第一桥碑

地理位置：成都市邛崃市
类型：雕像、石刻、碑碣
水文化遗产级别：Ⅱ级
形成年代：清道光十一年（1831）
存续状态：邛崃市文物保护单位

川南第一桥碑位于邛崃市，为四柱三间牌楼式砖、石仿木结构建筑，通高9.85米，面阔8.40米，坐东向西，五楼庑殿式砖石结构，檐下置斗拱，脊面饰陶雕，十分精美，为邛崃市文物保护单位。

川南第一桥当地人又称老南桥，连接川藏公路，原为内地通往西康（现雅安、西昌一带）、西藏的要冲。清道光十一年（1831）八月建成，时为15孔石拱桥，桥上修建有凉亭，供路人休息。清道光十二年（1832）在桥南、桥北各立"川南第一桥石碑"，今仍存其一。桥碑设计讲究，结构严谨，雕刻精细，气势极为壮观。清光绪十四年（1888）六月被洪水冲毁，州县及地方官绅捐资在原址下游五十米重建。次年竣工，为石梁桥，共33孔，长70余丈，宽1丈8尺，高1丈。由于桥碑常年在外经受风吹雨打，导致碑文都已基本损毁。2006年底，邛崃市政府投资200余万元恢复了川南第一桥及古桥牌坊、主题公园等。"川南第一桥"牌坊经过打造后，在四周石阶平台烘托下，显得颇为壮观。置有清代邛崃籍著名诗人吴江的对联："风月无边，长安北望三千里；江山如画，天府南来第一州。"在牌坊的另一旁，建立了一座以清代邛崃画家罗蘅斋的《川南第一桥图》为范本雕刻成的浮雕，栩栩如生地展示老南桥这座历史名桥的形象。

57. 方池街遗址

地理位置：成都市青羊区
类型：水灾害遗址
水文化遗产级别：Ⅱ级
形成年代：新石器晚期至商周时期
存续状态：考古遗址

方池街遗址，位于青羊区方池街省总工会大楼附近，是1982年成都地区首次发现的一处新石器晚期至商周时期的古文化遗址。

1982年，方池街遗址发掘了出土了各类陶器、石器、玉器、骨角器及卜甲以及大量的动物骨骼和人骨。1985年，在成都方池街遗址地层第4层之下、第5层之上，发现有东、西、中三条大的有规律的卵石石埂，呈工字型，起拦水、保护堤岸、防水冲刷的作用。从三条石埂重叠痕迹看，是经过几次洪水冲毁后的最后建筑。遗址还发现卵石砌埂的猪嘴形竹笼，都江堰工程也沿袭方池街水利工程竹笼笼石砌堤的方法。考古学家推断，方池街遗址可能是古蜀王开明时期的成都地下水利工程，比公元前256年李冰始为蜀守治水要早一百年左右。这些具有独特地方风格的文化为探讨蜀人的历史提供了丰富的资料，具有重要的意义。

（来源：《成都方池街古遗址发掘报告》）

58. 指挥街周代遗址

地理位置：成都市锦江区
类型：水灾害遗址
水文化遗产级别：Ⅱ级
形成年代：古蜀时期
存续状态：考古遗址

　　指挥街周代遗址位于锦江区，紧临指挥街西面，出土了一处重要的历史文化遗址，包括从古蜀到近代不同时期的文化层。

　　指挥街周代遗址1985年一经发现，文物部门即配合基建工程，对该遗址进行了抢救性和保护性的发掘。在对遗址的清理过程中，专家们发现了房屋遗址，以及少数的墓葬，并出土了一些随葬品，如陶碗，陶罐等等。由于周围房屋密集，调查受到限制，所以遗址面积不详。

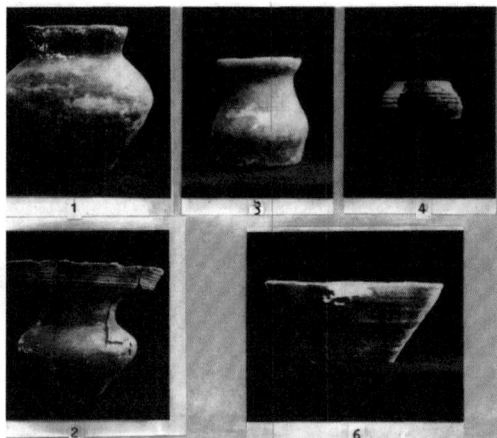

(来源:《成都指挥街周代遗址发掘报告》)

59. 十二桥遗址

地理位置：成都市青羊区
类型：水边聚落遗址
水文化遗产级别：Ⅱ级
形成年代：商代至西周（前1700～前771）
存续状态：全国重点文物保护单位

　　十二桥遗址位于青羊区，是十二桥文化的中心聚落遗址，为商代至西周（前1700～前771）建筑遗址，沿故郫江及支流分布面积逾5万平方米。以十二桥遗址为中心的十二桥文化是四川地区继三星堆文化之后，古蜀文明发展史上的又一次高峰，是传说中蜀王"徙治成都"的明证，是古代蜀人逐水而居，聚落成邑，最后定居成都的迁徙踪迹。2001年，被国务院公布为第五批全国重点文物保护单位。

　　十二桥遗址发现有保存较完好的商代大型宫殿式木结构建筑和小型杆栏式木结构建筑群等遗迹，由形制不一的大、中、小型房屋组合而成，是迄今所知地面部分结构保存最为完整的一处。主体建筑为一座面积达1248平方米的大型杆栏式房屋。工程复杂宏大，堪称当地建筑史上的精华。在商、西周地层中出土了大量铜器、陶器、石器、骨器及卜甲等文物，其中出土的陶纺轮上文字，与所谓"巴蜀文字"不同，与殷墟甲骨文字系统相接近。十二桥遗址原貌在泥沙下保持得异常完好，预测遗址是被一次汹涌的洪水掩埋掉的。十二桥遗址的发现为研究古代蜀地的建筑形制、建筑风格、营造技术提供了重要的实物资料，是对中国建筑史的重要补充。

（来源：《方志四川》）

60. 羊子山祭 祀台遗址

地理位置：成都市金牛区
类型：水边聚落遗址
水文化遗产级别：Ⅱ级
形成年代：商代至西周
（前1700～前771）
存续状态：考古遗址

羊子山祭祀台遗址，位于金牛区驷马桥附近，是一座由土坯和夯土构筑而成的人造土台遗址，又称羊子山土台，为商代至西周（前1700～前771）建筑遗址。羊子山土台是发达的十二桥文化的重要组成部分，是古蜀先民在沙河流域生活的实物证明。

羊子山土台为方形，丘高约10米，直径约160米，土台现存3级，其中心为31.6米见方的用土砖垒砌的郭墙，是西周时期古蜀国王族祭祀的"祭台"。由于在古蜀社会和历史进程中的特殊地位和作用，土台被古蜀史中创造十二桥文化的杜宇族和创造晚期巴蜀文化的开明氏（鳖灵）先后作为国之祭祀场所。

（许琳供图）

61. 江南馆街唐宋街坊遗址

地理位置：成都市锦江区
类型：水边聚落遗址
水文化遗产级别：Ⅱ级
形成年代：唐宋时期
存续状态：全国重点文物保护单位

江南馆街唐宋街坊遗址位于锦江区，因唐宋时期古城街道、房址和完备地下排水系统获得"2008年度全国十大考古新发现"称号，并于2013年被国务院正式公布为第七批全国重点文物保护单位。

江南馆街唐宋街坊遗址地层堆积自上而下可分为7层，发掘面积共4800平方米，其拥有唐宋时期房址22座、铺砖主路4条、泥土支路4条、大小排水渠21条，出土了数以千计的瓷器、陶器、骨器、石雕、钱币等文物标本。这片遗址位于江南馆街北侧，往西数十米是春熙路，往东数十米是大慈寺。在唐宋时期，这里处于成都城的东南部，文献所载的富春坊的东北隅。

江南馆街唐宋街坊遗址是四川在唐宋时期文化遗存中遗迹最丰富、出土文物最多、最典型、最具代表性的遗存。遗址街道、房屋、排水渠（城市下水道）规划科学，布局合理，充分反映了唐宋时期成都已具有很高的城市规划和建设管理水平。纵横交错长达数十余米的铺砖街道在中国城市考古史上十分罕见，而在现代化都市中心发现如此大规模的唐宋时期重要遗存堪称独一无二。对于复原古代成都城市面貌、了解当时的建筑方式、分析城市功能分区都有重要的意义。

（来源：《成都方志》）

123

62. 东华门遗址

地理位置：成都市青羊区
类型：水边聚落遗址
水文化遗产级别：Ⅱ级
形成年代：汉代至清代
存续状态：四川省文物保护单位

　　东华门遗址位于成都体育中心南侧天府广场片区东华门一带，占地约7.5亩，为汉代至清代文化遗存的文化遗存。

　　公元前311年，秦征服古蜀、张仪到蜀地筑大城、少城。"大城"就是从秦代确定的城市中心，其大致范围为南边的城门"江桥门"在红照壁到锦江宾馆的区域，最北大约在现如今的羊市街，西到东城根街，东到太升南路。后成都以此为圆心，向外四面扩展。考古学界学者认为，"东华门遗址"包括唐代摩诃池、建筑遗迹和明代蜀王府水道遗迹等，这些由水池、河道、拱桥、道路共同构成的园林建筑，布局精巧，结构宏大，从一个侧面展现了老百姓口中"明皇城"非壮丽无以示威仪的富丽堂皇。为认识古代成都提供了地理坐标，是研究古代成都中心区的历史依据，也是成都作为历史文化名城的重要文物支撑。

（来源：成都文物考古研究院）

63. 古蜀船棺合葬墓遗址

地理位置：成都市青羊区
类型：水边聚落遗址
水文化遗产级别：Ⅱ级
形成年代：东周时期
存续状态：全国重点文物保护单位

　　古蜀船棺合葬墓遗址位于青羊区商业街，是一处东周（前770~前256）时期古蜀王朝或蜀王家族墓地，是继广汉三星堆之后，古蜀国考古的又一重大发现，为研究古蜀国历史、文化及丧葬制度提供了极其重要的实物资料，2001年被公布为全国重点文物保护单位。

　　船棺合葬墓于2000年发现，现已发掘1500平方米。墓坑呈长方形，长约30米、宽约21米，出土船棺、独木棺等葬具17具，葬具数量之多、体量之大堪称全国之最。船棺葬是古代巴蜀人盛行的一种丧葬礼俗，也是傍水而居、长于舟楫的古蜀先民群体所处生态环境和水上经济生活的投射。

64. 蒲江飞虎村船棺墓葬遗址

地理位置：成都市蒲江县
类型：水边聚落遗址
水文化遗产级别：Ⅱ级
形成年代：战国晚期至秦代
存续状态：考古遗址

　　蒲江飞虎村船棺墓葬遗址位于蒲江县，为战国晚期至秦的大型船棺葬墓地。

　　蒲江飞虎村船棺墓葬遗址分4排东西向分布，每排7～17座不等，共存墓葬60座，墓葬葬具可辨者多为船棺，可能为家族或聚落公共墓地。墓葬出土了圆形、砝码形、山字形、方形巴蜀图语印章，铜剑、矛、钺、弩机、箭镞等兵器；还有铜鍪、铜釜、削刀和斤；土木几案、木梳、竹编器、草篓、战国半两等器物。其中一柄青铜矛上刻有"成都"两字，为二级保护文物，是"成都矛"首次在成都区域内被发现。船棺土葬系四川古代巴人的葬俗，流行于公元前4世纪末至公元前1世纪末。古蜀船棺墓是四川继三星堆之后古蜀考古的又一重大发现，其用整楠木凿成的船棺、独木棺数量之多，体量之大，堪称全国之最。三星堆、金沙、船棺代表了古蜀文化发展的"三部曲"，构成了古蜀文明发展的轮廓，在世界文明史上都具有无可比拟的价值。

65. 红桥村遗址

地理位置：成都市温江区
类型：水边聚落遗址
水文化遗产级别：Ⅱ级
形成年代：新石器时代
存续状态：异地保护

红桥村遗址位于温江区公平街办红桥村，距今约4000年，为宝墩文化晚期遗址，红桥村遗址是古蜀先民逐水而居、聚落成邑的真实例证，在成都平原新石器时代考古研究中具有十分重要的地位。

红桥村遗址是一处以宝墩文化三期遗存为主的大型聚落遗址，地处江安河北岸的Ⅱ级台地之上，台地呈不规则形，高出周围地表0.5～2米，总面积19余万平方米，遗迹丰富，遗物众多。遗址地层堆积自上而下共分6层，第1层为近现代地层，第2层为明清时期地层，第3层为唐宋时期地层，第4层为汉代地层，第5、6层为宝墩文化时期地层。红桥村遗址规模远远超过成都平原同时期的一般聚落址，甚至已经达到了城址的规模，如此大型台地性质的聚落在成都平原并不多见，代表了一种新的聚落类型。大型长方形木骨泥墙和圆形杆栏式建筑，居址附近的大量"石头坑"、氏族墓地、高等级骨杖墓，大型的引排水沟，尤其是大型的防水工程前所未有，昭示着蜀人治水有着悠久的历史。

（来源：成都文物考古研究院）

66. 黄龙溪古镇

地理位置：成都市双流区
类型：古村古镇
水文化遗产级别：Ⅱ级
形成年代：魏晋时期
存续现状：中国历史文化名镇

黄龙溪古镇位于双流区，是中国十大水乡古镇之一，天府第一名镇；先后被评为"中国民间文化遗产旅游示范区""中国历史文化名镇""国家 AAAA 级旅游景区"。

黄龙溪码头距今已有2100年历史，缓流过的府河是成都货物、农副产品及其他物资运输的"黄金水道"，也是古代南方丝绸之路的重要水路段，古镇因水而生，靠水而兴，黄龙溪古镇就是在繁荣的府河航运业推动下建立、发展的。黄龙溪古镇建镇距今有1700余年历史，由一湖、两河、三寺、七古街、九古巷等组成。古街、古巷、古树、古庙、古堤堰、古民居、古码头、古战场、古崖墓和古衙门，黄龙溪田园风光与古镇民居融为一体，水文化风情突出，构成了黄龙溪古镇"临水而居"的旅游特色。

67. 五凤溪古镇

地理位置：成都市龙泉驿区
类型：古村古镇
水文化遗产级别：Ⅱ级
形成年代：汉代
存续现状：中国历史文化名镇

五凤溪古镇位于龙泉驿区，一面临江，三面环山，千里沱江呈 S 状穿镇而过，山水交织、文景兼容、林盘丰富，是成都周边十大古镇中唯一的山地古镇样本，是国家 AAAA 级景区、国家级历史文化名镇。

五凤溪古镇始于汉，兴于唐宋，清置场镇，因五座凤山得名五凤溪。五凤溪古镇是一座因水而生、因河而兴的是中国历史文化名镇，古代是重要商埠，是沱江要津，是成都出川的最便捷的水路通道，古镇上的望江码头在历史上曾作为下川东重要的水运码头，高峰时期每天有100多艘船只进出，承担着成都、重庆、泸州和宜宾之间的粮食、食盐、水果和洋货的运输任务。民谣"五凤溪一张帆，要装成都半城盐。五凤溪一摇桨，要装成都半城糖"生动再现了五凤溪熙攘繁荣的画面。聪明勤劳的人们和船工不辞辛苦地将内江的糖、自贡的盐等下江特产，源源不断地经由五凤码头送往成都，再将成都的百货杂物从这里运往泸州、重庆等下江各地，船工粗犷而不蛮横，豪放而不鲁莽的性情，凝结成了五凤独特的码头文化。五凤溪是清代移民在四川的一方乐土，自"湖广填四川"的百年间，这不仅迎来了客家文化，还孕育催生了五凤的会馆文化。人杰地灵的五凤溪还培养出以"东方黑格尔"贺麟为代表的杰出人才。

68. 灌县古城

地理位置：成都市都江堰市
类型：古村古镇
水文化遗产级别：Ⅱ级
形成年代：南北朝后魏时期
存续现状：四川省文化旅游特色小镇

灌县古城是一座始建于南北朝后魏时期的古城，后重新打造为川西明清风格。灌县古城是都江堰城市之魂、历史之脉、文化之根，都江堰两千多年来沧桑变化的见证。2020年9月，入选四川省第二批文化旅游特色小镇。

灌县古城紧邻都江堰工程，因堰而兴。古城依山而建，面积1.92平方千米，是南方丝绸之路—松茂古道的起点，是盆地与高原文化经济的交汇地。古城区设置始于南北朝后魏时期（386～557），刘宋（420～479）时，灌口镇为汶山郡治所在地，唐武德元年（618），为盘龙县治所。因遭受"5·12"大地震重创，古城从2009年底开始按照川西明清风格实施整体打造，古城内部的城市架构为"一环、一纵、若干小街"串联贯通，保留了与水文化密切相关的西街、水利府、清真寺、南桥、三泊洞、杨柳河、宣化门等文物古迹和不同时期建筑风格的古巷深院、公共建筑和纯朴的民风民俗，同时引水入城，蜿蜒回旋。

NAMELIST OF THE RESOURCES OF WATER CULTURAL HERITAGE IN CHENGDU
成都市水文化遗产资源名录

69. 平乐古镇

地理位置：成都市邛崃市
类型：古村古镇
水文化遗产级别：Ⅱ级
形成年代：西汉
存续现状：中国历史文化名镇

　　平乐古镇，位于邛崃市平乐镇，古称"平落"，是中国的历史文化名镇和特色小镇，素有"一平二固三夹关"的美誉，是全国重点镇、全国环境优美镇、中国历史文化名镇、国家AAAA级风景区、全国农业旅游示范点、中国民间艺术之乡、中国十大文化休闲基地，是四川十大古镇和成都十佳景区之一。

　　平乐到西汉时期（前150年左右）就已形成集镇，迄今已经有2000多年历史，因修水利、兴农桑而起聚落，是古南方丝绸之路西出成都第一站。穿镇而过的白沫江被堰口鱼嘴分为内外两股水流，左为黄金堰，右为安乐堰，中为顺水堰，形成一江分三水的独特格局。平乐古镇以"秦汉古镇，川西水乡"著称，全镇面积70平方千米，其中集镇区面积1.28平方千米，古镇区有保存完好的长庆街、禹王古街、福惠街等明清古街达23.54万平方米。平乐古镇历史文化底蕴深厚，境内有新石器时代遗迹，有古南方丝绸之路遗存秦汉驿道，有宋代造纸作坊遗址群，有唐代石刻大佛和观音像，有康熙御赐的天下第一圃古茶园，有见证古镇水运繁华的古码头，有一江分三水的奇特景色，有清同治元年（1862）修建的乐善桥，有保存完好的明清古建筑和古街，还有国家级非物质文化遗产瓷胎竹编、竹麻号子和省级非物质文化遗产孔明灯。

70. 三道堰镇

地理位置：成都市郫都区
类型：古村古镇
水文化遗产级别：Ⅱ级
形成年代：蜀汉时期
存续现状：AAAA 级旅游景区

　　三道堰镇位于郫都区，是成都平原上唯一有两河并流且已有一千多年历史的西蜀古镇，素有"天府水乡"之誉，是四川省"百镇建设行动"试点镇，国家 AAAA 级旅游景区。

　　据说，三道堰因古望帝和丛帝在柏条河治水期间，用竹篓截水做成三道相距很近的堰头导水灌田得名。徐堰河、柏条河在三道堰镇夹镇而过，在历史上是成都西北面柏条河上有名的水陆码头和商贸之地，是著名的武术之乡，民国时期就有"川西小少林"之称。三道堰镇内有堰桥、永定桥、中共郫都区第一个支部成立所在地和郫都区革命的发祥地青塔寺、充满传奇和地域特色的古水陆码头、望江楼、闻水阁等特色景点，古镇充分利用了得天独厚的水资源，形成了"川西民居，水乡特色"的生态风格。每年农历端午节举办的龙舟会，以赛龙舟、抢鸭子、放河灯、歌舞表演、川剧座唱等活动为主要内容，人山人海、热闹非凡，是三道堰镇久负盛名的传统文化节日。此外，镇内建有日供水量高达 140 万吨的成都自来水六厂，是目前成都地区最大的生活用水厂，承担着成都主城区一半的供水量。

71. 街子古镇

地理位置：成都市崇州市
类型：古村古镇
水文化遗产级别：Ⅱ级
形成年代：五代十国
存续现状：四川省历史文化名镇

街子古镇位于崇州市，毗邻青城后山和九龙山，古镇东北与都江堰接壤。岷江支流味江流经地势平缓的街子镇口，形成一泓碧潭—龙潭。古镇水系发达，地下水丰富，石板路两侧及屋前院后，常年清水不断，因而有川西水乡之名，青城后花园之称。古街区现存以江城街为中心的六条街，古建筑6.8万平方米。街道两旁房屋大体根据《清工部法则》营造，以清代中、晚期建筑为主，尚有明代水井等。境内有晋代古刹—光严禅院、凤栖山旅游风景区、千亩原始森林、千年银杏、千年古楠、清代古塔、清末民初古建一条街、宋代民族英雄王小波起义遗址、唐代一瓢诗人—唐求故居，有神奇传说的古龙潭、五柜沱、云雾洞等，各种文物古迹二十余处。

街子古镇在五代时称"横渠镇"，因横于味江河畔而得名。后来经过历朝历代的重要历史事件，政治、经济反复兴衰，兴时曾为县治掌一方水土，衰时仅余一条小街，到明朝万历四十二年（1615），仅存沿河街子一条街。又从那时起，这里便被叫做"街子场"，后来在清代和民国的又几经兴废。至1940年建立街子场，旋即改场为乡，中华人民共和国成立后仍名街子乡，1991年撤乡建镇至今。崇州街子古镇为四川十大古镇之一，它集中反映了四川西南山坝结合部独特的自然风光；具有深厚的优秀文化积淀；其物产曾经影响过全国的政治、军事；现存建筑朴素，小巧，是反映清代祖国西南小镇风貌的典型实物。

72. 元通古镇

地理位置：成都市崇州市
类型：古村古镇
水文化遗产级别：Ⅱ级
形成年代：东晋
存续现状：中国历史文化名镇

  元通古镇历史久远，东晋时于此设水渠乡，南齐时改称永渠乡，宋代时建兴渠乡，明代划属涌泉乡。明朝后期，景德、大罗两场的废毁，始合二场新建圆通场，即今元通古场。清末设通议乡，当时乡域包括圆通场和公议场。1938年改"圆通"为"元通"，据说"圆通"之名来自古时的圆通寺，圆通乃观音菩萨之法号，有"智慧神通，圆融无碍"之意。现在元通古镇为崇州市最主要的乡镇，AAAA级景区，也是川西地区最著名的古镇之一。

  元通古镇三面环水，文锦江、味江、停泊江在这里汇聚，所以名之汇江，这就注定了元通古镇的地理格局以水为胜，以水为美，历史上为文井江上一个重要的码头。清末民初，湖广、江西等省的商人也到此经商并建造会馆，精明的元通人在江边筑起了场镇。目前城镇正在规划建设，规划面积3.5平方千米，已建成面积1.7平方千米。镇内现存古迹、古景八处：永利桥、罗氏公馆、黄氏公馆、黄氏祠堂、元通天主堂、王国英故居、铁杆桥、工农兵大桥，场始东汉，市繁明清。

73. 洛带古镇

地理位置：成都市龙泉驿区
类型：古村古镇
水文化遗产级别：Ⅱ级
形成年代：唐宋时期
形成年代：中国历史文化名镇

洛带古镇，位于龙泉驿区境内，是国家级历史文化名镇、成都"东山五场"之一。

洛带古镇历史悠久，相传汉代即成街，名万景街，三国时蜀汉丞相诸葛亮兴市，更名为万福街；后因蜀汉后主刘阿斗的玉带落入镇旁八角井而更名为"落带"，后演变为"洛带"。唐宋时已成为地区性集镇，名排东山三大场镇之首。清代时更名为甄子场，后复原名并沿用至今。

镇上居民中85%以上都是客家移民的后裔，主要来自广东、江西、湖北、湖南等省的客家聚居地。上千年的悠久历史和多种文化相互交融，留下众多民间传说、历史遗留、古老建筑、客家会馆。洛带古镇老街完整地保存了"一街七巷子"的格局风貌，其中，广东会馆、江西会馆、湖广会馆、川北会馆四大国家级重点文物保护单位和客家博物馆、洛带客家公园、燃灯寺等均极具历史、人文、建筑研究价值，是名副其实的客家名镇、会馆之乡。一年一度的水龙节、火龙节更是几百年来客家人传承下来的特色民俗活动。洛带镇是中国西部最大的也是唯一的客家古镇，因此又被世人称之为"世界的洛带、永远的客家"，2005年世界客属第20届恳亲大会在洛带的成功举行，进一步确定了洛带在世界客家文化中的地位。近年来，景区打造了中国博客小镇、中国艺库、千亩洛水湿地游乐休闲地等新的旅游地，进一步构建了"湿地古镇、艺术洛带"旅游格局。

74. 新场古镇

地理位置：成都市大邑县
类型：古村古镇
水文化遗产级别：Ⅱ级
形成年代：清代
形成年代：中国历史文化名镇

　　新场镇是大邑县西部最早的建制镇，历史悠久，是四川现存规模最大、保存最为完好古镇，是茶马古道上的历史文化名镇之一，有着丰富多彩民俗文化和农耕文化，2008年12月，新场镇被国家命名为"中国历史文化名镇"。

　　新场古镇位于江河畔，西岭雪山之水经头堰河、二堰河、三堰河穿镇而过，将新场古镇环绕，面积34.9平方千米，镇内古镇保护区面积0.9平方千米。新场为"最后的川西坝子"是因为新场古镇是四川现存规模最大、保存最为完好川西民居风格古镇。新场始建于东汉时期，始称清源，又称思安寨，场镇兴旺于明朝嘉靖年间，始称扇子场（又称半边街）。后由于战乱，场镇凋敝，直至清代康熙年间，街道店铺逐步建成；再加上外省客商和迁移的同乡户，集资修建湖广馆、广东馆、陕西馆、江西馆等会馆；相继基督教传教士，也来此修建天主堂和福音堂；寺庙建筑有壁山寺、财神庙、张爷庙、玉皇庙、马王庙，即此便构成一条正街和河坝场等七条街巷的完整集镇，至今仍保存有清代、民国时期的川西民居建筑20万平方米。

新场位于山区、丘陵和平坝的交融地带，古因其东距成都，西邻邛崃，南有水路通新津，北可达西岭雪山，自古以来就是兵家必争的关口要地和客商云集的商贸重镇，是茶马古道和南方丝绸之路的重镇之一。数百年来，这里的木材、煤炭、茶叶、大米和杂粮等物资的吞吐量极为壮观，素有"五大市场"之称，有"一新（场），二唐（场），三灌口（场）"之说。新场现代仍然保留着传统的赶集习俗，每逢2、4、7、10日，附近山区的农民和百姓都会挑着箩筐、背着背篓来这里赶集，所以也有人称新场是一场"南方丝绸之路上千年不散的集市"。

新场古镇临江而建，风景优美，历代赞其美景的诗句无数。清代光绪年间，云南学政张锡荣拜谒江镇伍嵩生，经新场古镇（旧称清源市），被自然风光及繁华景象深深打动而写诗赞美："花外斜阳晚，云峰暗几层。"

75. 夹关古镇

地理位置：成都市邛崃市
类型：古村古镇
水文化遗产级别：Ⅱ级
形成年代：秦汉时期
形成年代：中国历史文化名镇

夹关古镇地处邛崃市西南部，拥有2300多年的历史，是著名的茶马古道和南方丝绸之路的重要驿站。夹关得名于古蜀国时代，因镇之西部观音岩处的啄子山、胡大岩两峰对峙如门，中横一水而得名，关号夹门，故称夹门关，简称夹关，一直沿用至今。夹关和平乐、固驿同为邛崃三大古镇，自古以来就有"一平二固三夹关"的美誉。

夹关镇水资源丰富，白沫江从小镇穿过，古镇建桥多，由东向西三座夹关大桥、踏水桥、雄关大桥风格迥异。白沫江畔吊脚楼多为川西古民居建筑，江边的石碑、石刻和石板路上精致的花纹河昭示着以往两岸街市发达，贸易兴盛。夹关古镇在中国最早的纪传体通史著作《史记》中就有记载，古时南丝路，西出成都第一站，夹关驿站一

直是重要的交通枢纽。据《临邛县志》载："夹关雄镇也，明朝成化以后移火井县巡检于夹门关……"今夹关古镇北岸街李巷子衙门口就是当年巡检司的遗址，是汉代打通南丝路，开发西南夷，出入川西南的要隘。曾几何时，南来北往的富商大贾云集此地，成就了"买不完的夹关"。每逢赶场，来自雅安、蒲江的人们挤满了夹关的大街小巷。在夹关古镇，目前还能看到众多历史遗迹，明清古建筑、秦汉驿道遗址、汉代冶铁遗址、古桥碑、石牌坊、香崖寺等保存完好。

76. 安仁古镇

地理位置：成都市大邑县
类型：古村古镇
水文化遗产级别：Ⅱ级
形成年代：唐代
形成年代：中国历史文化名镇

　　安仁古镇地处成都平原西南大邑县，位于美丽的斜江河畔，唐代建镇至今已有一千多年历史。古镇内有古街、民国时期的刘氏庄园建筑群、刘湘公馆等古公馆27座。安仁人文荟萃，是著名抗日将领刘湘、起义将领刘文辉等一大批民国时期军政要员的故乡。

NAMELIST OF THE RESOURCES OF WATER CULTURAL HERITAGE IN CHENGDU
成都市水文化遗产资源名录

安仁古镇，地名"取仁者安仁之意"。街道古色古香，两岸街房青砖青瓦，砖木结构，木板铺面，呈现了昔日庄园老街建筑中式特点。古街上分布着大大小小的公馆群，公馆既继承了川西传统民居建筑形式，又借鉴了西方建筑手法；布局以四合院为单元，这在讲究儒家礼制伦理的社会，便于家庭成员尊卑、长幼、男女、主仆住所的区别安排。刘氏庄园是全国文物保护单位和全国青少年教育基地，全国AAAA级旅游风景名胜地，整个建筑群占地七万余平方米，房屋545间，始建于清代末年，民国末年完成，系中西合璧，富丽堂皇的庄园民居建筑群。古镇上还有民国时期修建的学校、戏院、茶馆、袍哥楼。公馆群、古街、古道、古巷等古建筑体现了明清时期的建筑风格和文化特色，同时把川西民居风格与欧式建筑风格巧妙地融为一体，形成独具特色的中西合璧建筑风格。当代由于丰富的历史文化积淀，安仁的文化产业发展迅速，打造了建川博物馆等博物馆聚落。

77. 石桥古镇

地理位置：成都市简阳市
类型：古村古镇
水文化遗产级别：Ⅱ级
形成年代：民国

石桥古镇位于简阳市，沿沱江右岸展布，石桥古镇内有杨柳河蜿蜒穿过，外有沱江环绕。古镇现存超过百余间（座）古建筑，包括三座回龙桥、六大商业会馆、一座古城门、多座古寺庙、祠堂以及数量众多的民居民屋，雕楼画栋，大多数为木穿斗结构，部分为四合院平面布局，是成都保存最好的古镇之一。

古镇宋朝以前，石桥只是一个供来往客商行人歇足的幺店子，因两座古桥"州北七里一名双凤桥，一名回龙桥"得名。民国十九年（1930）改为石桥场，民国二十九年（1940）改为石桥镇。石桥镇因沱江水势平静，岸高水深，船只易停泊，大批货物经此中转，成为沟通川西、川南、川北的交通枢纽，从清代末年到中华人民共和国成立初期一直是原简城县的政治经济中心，素有"小汉口"之称。石桥古镇是典型的移民古镇，抗战时期是石桥古镇最辉煌的时期，这里曾经是川中有名的金融、商贸中心和水陆码头，号称"四川四大古镇"之一。在抗日战争时期，先后来石桥开业的银行有中国银行、四川省银行、汇通银行、裕丰银行、开封银行、金兴钱庄等12家。古镇有270多个著名商号，其中义源商号、裕民烟行、同义昌商号、合益商号享誉全国。镇上有六大会馆、九大码头、一百多家茶铺，也是过去简阳县的衙门所在地。古镇还修建了海潮寺、元觉寺、火神庙、川主庙等10座大大小小的庙宇，以及多座牌坊，古镇周边的洞、亭、阁、井无数。如今很多地方被现代建筑代替，只剩下充满沧桑感的古镇三条老街，不少的古建已年久失修，悬梁飞瓦，面临坍塌。

78. 城厢古镇

地理位置：成都市青白江区
类型：古村古镇
水文化遗产级别：Ⅱ级
形成年代：东晋年间
存续状态：四川省历史文化名镇

城厢古镇位于青白江区城厢镇，是成都平原北部一座县治格局完整、文化内涵丰富、旅游特色鲜明的历史文化名镇。古镇传承宋代的龟背制格局，拥有6处省级文保单位，64处人文院落，保存了4街32巷的老城肌理，是四川省历史文化名镇，是成都唯一传承千年县域格局的古镇，积淀了灿烂的文化，至今仍保存着汉、唐、宋、元、明、清直至民国丰富的历史文化遗存。

城厢一带早在商周时期就有先民活动，至迟汉代即为居民聚落。413年东晋朱龄石于此建置金渊戍，因为军事守备的需求，城市被修建成龟背状。北宋嘉祐二年（1057），为避水灾，金堂县治所由旧城址迁址城厢，后历经宋元明清多个朝代，城厢镇一直为金堂县治所。历经盛衰兴废，清中晚期至民国时期，城厢镇的城建规模因湖广移民潮达到鼎盛，城内外建起多座同乡会馆，如福建会馆天上宫、湖广会馆三楚宫、江西会馆万寿宫、广东会馆南华宫、山陕会馆三圣宫等。城厢镇在相当长的时间里保持着东南西北四门，门上有楼，两楼之间还有碉楼一座的城池布局旧貌，格局一直维持到清末。清代嘉庆十四年（1809）修砖墙，挖护城河，"绕城开濠，离城根一丈八尺，面宽一丈八尺，底宽一丈二尺，深一丈零，四面流通，昼夜不竭。"在今天西街永清宫一侧，护城河格局依然有小段保存完好。城厢古镇历史文化深厚，走出了著名诗人流沙河（原名余勋坦）、抗战烈士彭家珍等杰出人物。

79. 云顶石城

地理位置：成都市金堂县
类型：古村古镇
水文化遗产级别：Ⅱ级
始建年代：南宋淳祐三年（1243）
存续状态：四川省文物保护单位

云顶石城位于金堂县淮口街道云顶山，是以川西佛教名山金堂县云顶山为中心的景区，省级风景名胜区，是川西唯一的南宋末年战争遗址，四川省文物保护单位。

云顶石城南朝齐、梁时始建佛教庙，历代扩建培修，规模宏伟。现存云顶石城遗址、云顶山寺，另有寺、庵41处及雕塑、碑刻、壁画、塔铭等文物。云顶石城南北长2300米，东西宽2100米，周长约7200米，总面积约1.5平方千米，留存建筑约8000平方米。传说诸葛亮曾在云顶山屯兵守隘。南宋淳祐三年（1243），四川安抚制置使余玠为抵抗蒙古军队入侵，在此地修造防御体系，与合川钓鱼城、南充青居城、苍溪大获城、万县天生城等被蒙古军称为川中"八柱"。山城周围有8座城门，皆筑于悬崖陡坎之上，居高临下，易守难攻，南宋军民在此戍守15年。元朝建立后，四川山城多被拆毁，但此城却受到民间千方百计的保护，因而被完整保留下来。现在，山城的北城二门、长宁门雄姿不减，后宰门、端午门、南城门、小东门遗址可寻，炮台、城垛保存完整。山城周围建有北城二门、长宁门、后宰门、端午门、南城门、小东门等8座城门，以及守卫军民在此开凿的水井18口、水池32个。

80. 李冰造七桥

地理位置：成都市
类型：历史人物、事件及记忆
水文化遗产级别：Ⅱ级
形成年代：战国末期

公元前277年～公元前245年，李冰执政蜀地，在区域内大兴水利，建设都江堰水利工程，疏通成都二江（郫江、检江），修建七星桥，修建九里堤。《华阳国志》云："长老传言，李冰造七桥，上应七星。"七桥，即冲里桥、市桥、江桥、长星桥（万里桥）、笮桥、长升桥、永平桥。

冲里桥： 当在今成都西门城外、老西门与通惠门中间，现三洞桥附近，其西北即王建墓。

市桥： 又名市桥门，原址位于今下同仁路口东边金河街。唐宣宗大中七年（853）白敏中任西川节度使时，浚内江，由城西南角入城，取五行西方庚辛金，金生水，名金水河，简称金河，金河上的第一座桥，名金花桥，经十八座以石为拱的桥梁入府河。

江桥： 江桥也在郫江上，约在今文庙前街近南大街一带。《水经注·江水》有载："大城南门曰：江桥"。

李冰造七桥所在位置示意图

长星桥（现万里桥）：《元和志》有载："万里桥架大江水，在（成都）县南八里。"（此"县"指县署，唐县署在武担山南，现成都军区大院内）。成都人所熟知的老南门大桥就是原长星桥的位置，三国时诸葛亮在此送别出使东吴的费祎时说过"万里之路，始于此桥"，因而改称万里桥。

笮桥：原桥为竹索桥，故名"笮桥"，位于今成都锦里中路。《华阳国志》有载："西上曰夷里桥，上曰笮桥"，"西上"谓自万里桥溯检江西上，笮桥在市桥西南一里左右。今其处建有混凝土人行桥名为虹桥，虹桥修建过程中曾掘出古桥墩，印证了笮桥所在。

长升桥：据记载，郫江从西北九里堤一带流来经冲里桥，长升桥又在冲里桥上游。按地势推断，长生桥大约在今老西门外。

永平桥：大约在今城西北通锦桥以西，马家花园一带。

以上七桥中，江桥、长星桥（万里桥）、市桥、笮桥（夷里桥）略成长方形，像北斗七星的斗杓，冲里桥、长升桥、永平桥大体连成一线，自市桥西北斜出，象北斗七星的斗柄，故云"上应七星"。此可证所谓二江七桥指上述七座桥无疑。李冰造成都七桥，上对北斗七星的文化内涵是：北斗七星君是道教崇奉的七位星神，即"北斗七星"。但在中国文化中，对包括北斗七星在内的星辰的崇拜信仰由来已久，远在道教形成之前。根据战国时代的历史背景，秦国欲完成统一大业，谁是正统，根据天授皇权的思想，秦国是理所当然的正统。这也是为了上应天意，下合民心，以达到巩固政权，建立稳定、繁荣的战略大后方，最终为统一全国作充分的心理准备。

81. 解玉溪

地理位置：成都市
类型：历史人物、事件及记忆
水文化遗产级别：Ⅱ级
形成年代：唐贞元元年（785）
存续状态：已灭失

　　解玉溪开凿始于唐代后期。唐代后期，成都成为继扬州之后的全国第二大城市，唐时尚佛，大慈寺号称占地四千亩，有殿宇96院，人户骤增，城内井池的水就不够用了。唐贞元元年（785），西川节度使韦皋在成都城内挖了一条人工河，自西北引郫江水入城，斜穿市境，这条人工渠经过了通顺桥街、玉带桥、玉沙路、桂王桥南街、梓潼桥正街、东锦江街，从大慈寺前门流过，于城东南回归郫江。因为这条河生产一种优质金刚砂，硬度高可用作切玉，因此取名解玉溪。解玉溪之"解"，即切割之意。韦皋凿解玉溪六十年之后，又有白敏中凿金水河之举，使成都享有"因水而生，因水而兴"的城市水环境特征。

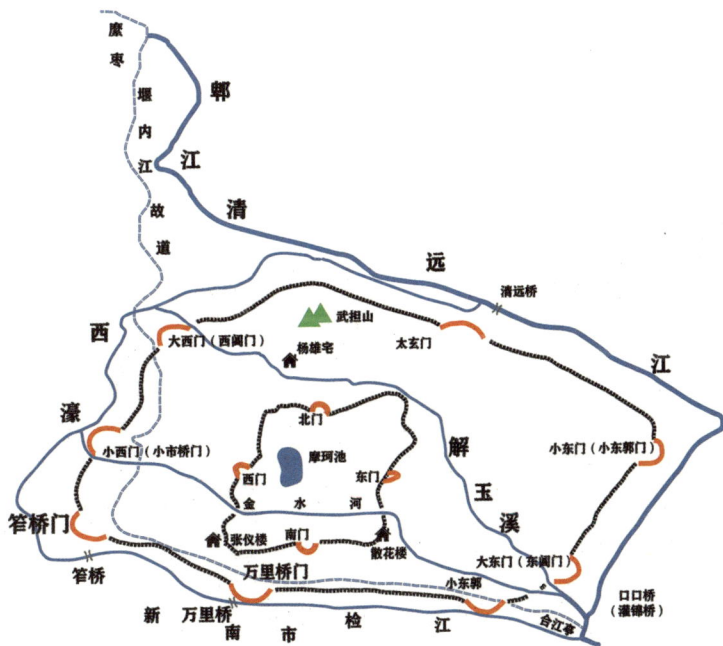

解玉溪位置示意图

82. 客家水龙
火龙节

地理位置：成都市龙泉驿区
类型：民俗节庆和纪念活动
水文化遗产级别：Ⅱ级
形成年代：清代
存续状态：四川省非物质文化遗产

客家水龙火龙节是龙泉驿区洛带镇传统民俗活动，是客家人舞龙祈雨、舞龙祈福的一种仪式。

传说客家人舞龙渊源有千年之久，因此沿海客家人与东海龙王交往甚密。为感谢东海龙王适时下雨，客家人每年夏季皆以舞水龙庆祝丰年，相沿成习。从元朝到明末清初，四川连年战乱、饥荒、瘟疫，几乎成为无人之地，沿海客家大批移填四川，该舞水龙祈丰年的习俗也带入当地。每遇伏旱祈雨，壮年男龙舞龙者头带柳条，上身赤裸且有龙形文身，下身着短裤，脚穿草鞋，用传统的草编扎草龙水龙腾云驾雾，呼风唤雨。客家龙以江西籍客家人刘氏家族"刘家龙"（又称"上川龙"）最为著名，参加舞龙的都是江西籍客家人刘氏族人。相传因他们的始祖刘累是夏朝御苑中专事养龙的官吏，故刘氏族人有"豢龙世家"和"御龙世家"之称。

83. 望丛祠祭祀活动

地理位置：成都市郫都区
类型：民俗节庆和纪念活动
水文化遗产级别：Ⅱ级
形成年代：北宋太平兴国三年（978）
存续状态：延续至今

　　望丛祠祭祀活动是郫都区的传统民俗活动，为了纪念最早的蜀王望帝杜宇和他的继任人丛帝，蜀地人民每年要祭拜于古蜀先祖望帝、丛帝的一种仪式。

　　古蜀之初，望帝杜宇，教民务农在蜀地首创了按农事季节耕种的制度，被后代奉为农神。丛帝鳖灵凿玉垒山，是李冰之前岷江流域的最初治理者。二帝遗爱在民，历代为后人尊祀。都江堰的清明放水仪式始于北宋太平兴国三年（978），放水仪式前一日，当地官员先到郫县望丛祠祭祀望帝和丛帝，求得放水大吉。清道光十二年（1832）规定农历三月三、九月九为望丛二帝祭祀之日，并列入成都府祀典。《郫县志》载："每年都江堰放水，成、绵、龙、茂道台，过郫境则祭之，旧例也"。礼毕，方去隆重举行都江堰放水祭祀仪式，都江堰砍掉"马槎"，放下蓄水。宣告成都平原一年一度的春耕春播正式开始。望丛祭祀礼仪分为击鼓、迎祖、进馔、行初献礼—五谷、主祭官恭读祭文、行亚献礼—三牲等二十余个祭祀程序。虔诚的祭拜礼仪，形象再现了昔日蜀人祭祖的宏大场面，引领了祭拜农神杜主的良好民俗风尚，形成了共同的传统文化价值认同和共鸣。

84. 沱江号子

地理位置：成都市金堂县
类型：民俗节庆和纪念活动
水文化遗产级别：Ⅱ级
形成年代：明万历年间
存续状态：成都市非物质文化遗产

　　沱江号子是流传于四川沱江流域的一种船工劳动号子，分布于成都、内江、自贡富顺地区，成都地区以所辖金堂县赵镇、淮口、五凤一带为盛。2006年，沱江号子被列入成都市首批非物质文化遗产名录。

　　沱江号子是流传于四川沱江流域的一种船工劳动号子，是随着沱江航运的兴盛而发展起来的，起源于明朝万历年间，在清代盛行。人们在沱江边拉纤谋生的过程中，以诙谐风趣的唱词，或粗犷雄浑或抒情婉转的声调唱出独特的艺术魅力和典型的地域文化特点，成为一个时代的乡土之音。呼喝沱江号子，并非只为自娱，实为船工之必不可少的精神食粮。传承千载的沱江号子，以磅礴气势，深沉韵律，丰富内涵，彰显了沱江水运事业的繁荣，船工抢滩涉险的惊心动魄以及艰辛。如今随着时代变迁和陆路交通、航空事业的发展，沱江纤夫已近乎绝迹，沱江号子成为探究流域历史变迁、社会变革的活化石。

85. 府河号子

地理位置：成都市双流区
类型：民俗节庆和纪念活动
水文化遗产级别：Ⅱ级
存续状态：四川省非物质文化遗产

府河号子又称黄龙溪号子、锦江号子，是成都市唯一的船工号子，也是川西平原代表性的船工号子。2009年入选四川省第二批非物质文化遗产名录。

府河号子流传于府河、锦江流域，目前仅存于成都市黄龙溪镇。黄龙溪位于锦江与鹿溪河的交汇口，繁荣的府河航运业促进了府河号子的发展。府河号子原是船工拉船时的工作口号。号工要用号子来掌握航行的速度，统一船工的动作，由于府河水流平缓，水势平稳等水域的特定环境，船工号子以"平水号子"为主体，其音乐特色是旋律舒展、平和、优美，独具川西平原风格。领唱部分的歌词除劳动号令、呼号以外，内容大多反映船工生活、水文概况、沿江两岸的山川风貌、人文地理和风土人情以及民间传说、故事等，知识性强，趣味性浓。府河号子的存在，是成都历代船工原始劳动方式的写照，更是历史文化名城成都水上运输久远历史的见证。

（来源：《方志四川》）

149

第二章
成都市水文化遗产Ⅱ级资源名录

86. 浣花日（大小游江）习俗

地理位置：成都市
类型：民俗节庆和纪念活动
水文化遗产级别：Ⅱ级

浣花大小游江习俗始于前蜀时期的春江游乐民俗。"成都之俗，以游乐相尚"。除武侯祠、望江楼等名胜古迹外，锦江、浣花溪（包括清水河）等皆为成都人休闲娱乐佳处。前蜀后主（唐代）王衍首开春天游浣花溪先例，延至宋，但兴盛于唐宋。

唐代天宝年间，崔圆任剑南节度副使驻于成都时，所见成都游江就已是"数十里丝竹竞奏，笑语喧然"。崔园曾于暮春上巳之日带领属下幕僚游于锦江，是时，"楼船百艘，塞江而至，皆以锦绣为帆，金玉饰舟，旄囊盖伞，旌旗戈戟，缤纷照耀"。船头有穿着绮衣罗裙的舞女，在管乐之中轻歌曼舞，笑语喧哗。周围坐着朱衣紫袍的官吏，击节相和，还有"从官武士五六十人持兵戒严"。

五代时，成都邀游之风未减，"蜀中百姓富庶，夹江皆创亭榭游赏之处。都人士女，倾城游玩，珠翠绮罗，名花异香，馥郁森列"。其规模之大，游人之多，已超过唐代。前蜀主王衍是一个天字第一号

的"遨头"，他经常带着皇家歌舞乐队，乘着华丽的船队在浣花溪往来巡游。"龙舟彩舫，十里绵亘，自百花潭至于万里桥，游人士女，珠翠夹岸。有白鱼自江心跃起，腾空而去"。每到这时，成都总是倾城而出，万人空巷。

宋代，江上的游赏成为成都地方惯例，其规模之盛全国闻名。游江有大、小之分。二月二日为小游江。这一天原是踏青节，市民多分散往西郊踏青郊游。宋太宗时张咏知益州，将踏青改为游江娱乐。当天，官府组织几十只彩舫，知府与宾客分坐其上，船队自万里桥出发，由一条装载着乐队的彩船"歌吹前导"，沿锦江西游。岸边"士女骈集，观者如堵"，欢呼之声不绝。船队到了宝历寺桥下停止，当晚官员们欢宴于寺中。从此之后，二月二日游锦江成为成都"故事"，规模也逐渐扩大。至赵抃知成都府时，彩舫增加了数倍。四月十九日为"浣花日"，或称"大游江"，成都市民这天在地方最高行政长官率领下，倾城前往城西梵安寺（俗称草堂寺），先拜谒冀国夫人祠，次退游杜子美故宅，游江活动更是倾城出动，是宋代成都游乐的最高潮，主政官员带头游乐，形成了著名的"浣花遨头"。因宋代朝廷减少太守用于宴游的财资加上宋代末年的宋蒙战争，使得蜀中三百年左右的浣花遨乐传统逐渐转变为案头故事。

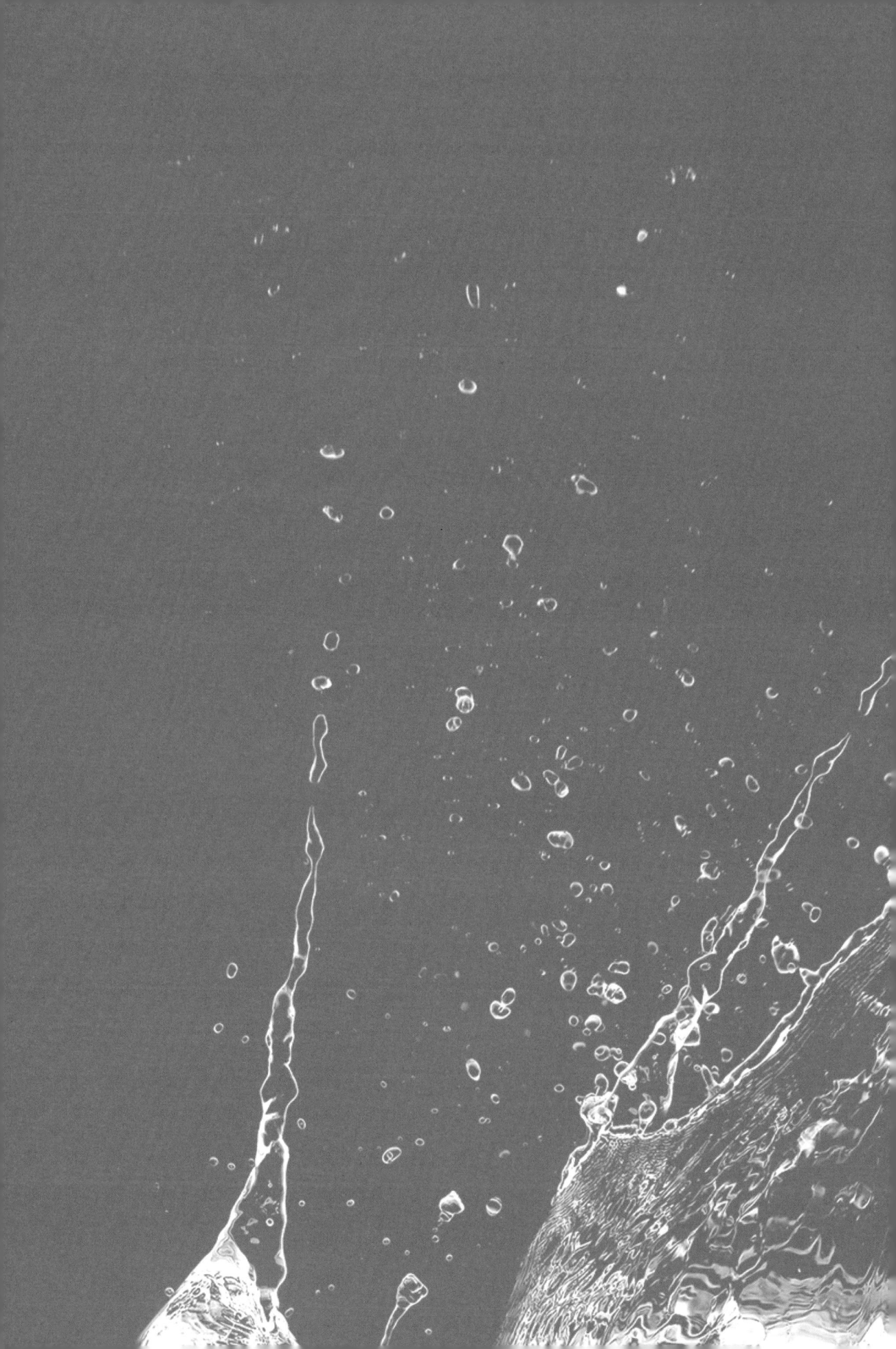

III

成都市
水文化遗产
III级资源名录

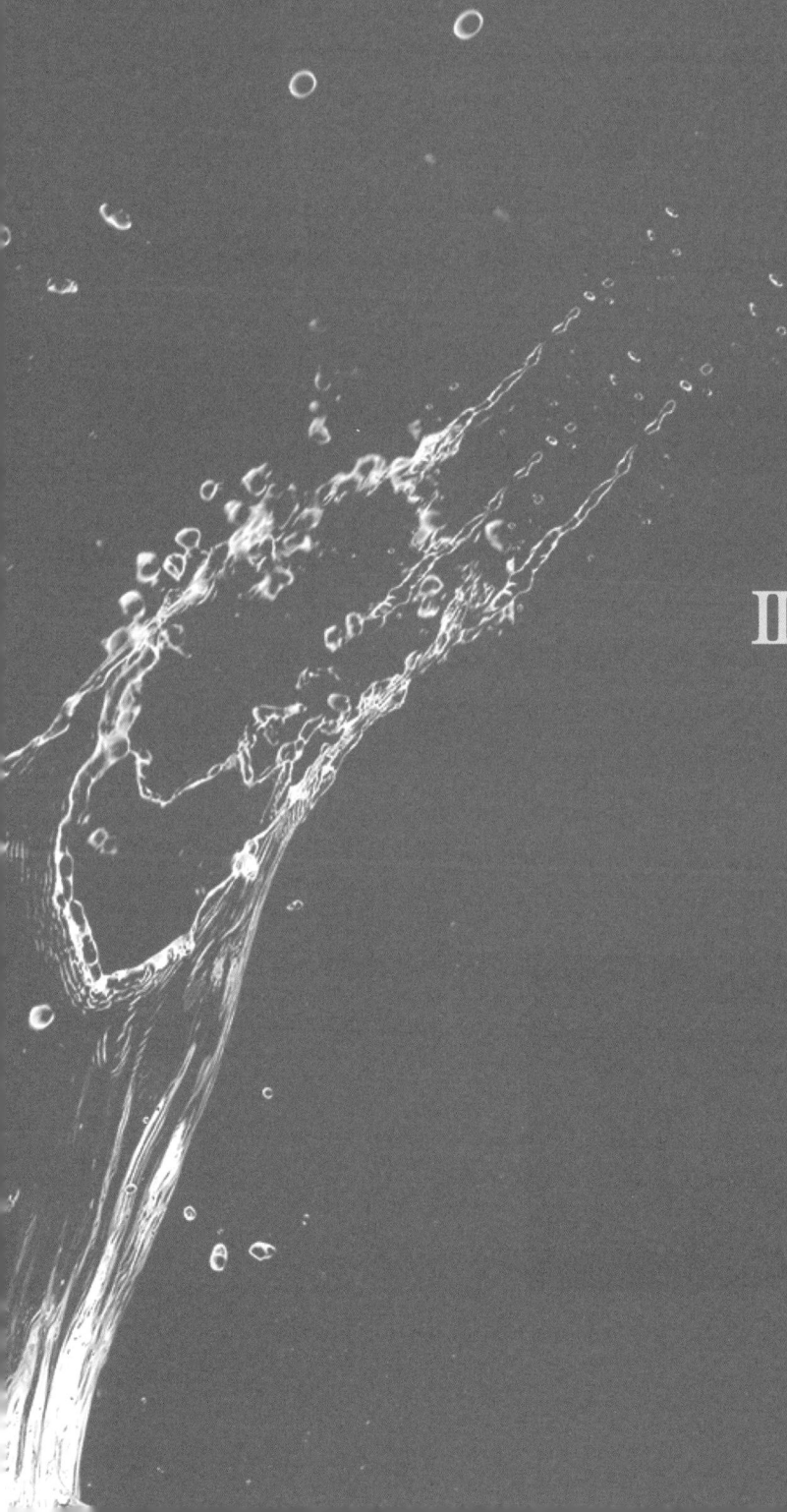

1. 紫坪铺水库

地理位置：成都市都江堰市
类型：水利工程综合体
水文化遗产级别：Ⅲ级
形成年代：2005 年
存续现状：功能完好

紫坪铺水库位于都江堰市紫坪铺镇，是一个以灌溉、供水为主，结合发电、防洪、旅游等大型综合利用水利枢纽工程，是都江堰灌区和成都市的水源储备地。为岷江水电梯级开发的最后一个大型工程。

1984 年，水利电力部下达岷江中上游汶川映秀至都江堰河段开发规划和紫坪铺工程可行性研究任务。2002 年 11 月 23 日，紫坪铺工程截流并转入主体施工阶段；2005 年 9 月 30 日，工程下闸蓄水；11 月 13 日，3 号、4 号水轮机组并网发电；2006 年 5 月 30 日，1 号、2 号机组并网发电。

紫坪铺水利枢纽工程是西部大开发的标志性工程，混凝土面板堆石坝最大坝高 156 米，正常蓄水位为 877 米，水库总库容 11.12 亿立方米。电站装机容量 76 万千瓦，年发电量 34.176 亿千瓦时。紫坪铺水利枢纽工程坝址以上流域面积 22662 平方千米，占岷江上游面积的 98%，多年平均流量 469 立方米/秒，年径流量总量 148 亿立方米，占岷江上游总量的 97%，控制上游泥沙来量的 98%，工程能有效地调节上游水量、洪水和泥沙。其建成使都江堰灌区灌溉用水保证率由 30% 提高到 90%，全年可增供水量 6.94 亿立方米，基本满足成都市工业和生活用水需要。防洪标准由十年一遇提高到百年一遇，直接保护岷江都江堰市至新津区段 29 个乡镇 72 万人口的生命财产安全、控制岷江上游多年平均夹带悬沙的 97%；枯水期向成都提供每秒 20 立方米的环保用水，使锦江水质达到三类地表水标准；增加和调节电力资源，担负四川电网调峰、调频和事故备水任务。

2. 徐堰河干渠

地理位置：成都市
类型：堤坝渠堰闸
水文化遗产级别：Ⅲ级
形成年代：秦汉时期
存续现状：功能完好

徐堰河干渠，是走马河上段分水经毗河到沱江的通道，是走马河的灌溉支流，在走马河进口以下9千米的都江堰市聚源闸分水，在都江堰崇义镇穿317线，从走石山与横山子之间缺口穿过，在平乐寺进入郫都区境内。入郫都区后，经唐昌镇、新民场镇、三道堰镇，在三道堰镇青冈树村牛角濠石堤堰与柏条河交汇，分支形成毗河和府河。徐堰河干渠全长36.6千米，其中都江堰市境段长8.7千米，郫都区境内全长约27.9千米，流域面积163平方千米。

徐堰河进口段最大过水流量80立方米/秒，因河道地势低，两岸区间径流汇入，河床逐步增宽。下段出现过洪峰流量120立方米/秒。徐堰河长35.1千米（其中郫都区境内27.5千米），流域面积163平方千米，进口年平均流量37立方米/秒。两岸有支渠12条，河流过洪能力在两河口以上为75立方米/秒，灌溉都江堰市、郫都区农田共8.79万亩。

3. 柏条河
（都江堰段）

地理位置：成都市都江堰市
类型：堤坝渠堰闸
水文化遗产级别：Ⅲ级
形成年代：战国末期
存续现状：功能完好

柏条河是都江堰内江水系四大干渠之一，为李冰"穿二江成都之中"的一江，亦称柏桥河、郫江。起于都江堰市太平桥（今蒲柏闸），东偏南流经都江堰市幸福、天马，郫都区唐昌、唐元、三道堰等镇至石堤堰与走马河分支徐堰河相汇合。柏条河上，都江堰市有灌溉支渠11条，灌溉面积38305亩，田地1318.09亩。

柏条河（都江堰段）流经灌口镇、胥家镇和天马镇，在任家桥下流入郫都区、彭州市交界处，都江堰市境内长17千米，正常引水流量80立方米／秒，河道较宽，流经都江堰市的河段河面宽度大约是15米左右。为了丰富人们散步的体验，以及美化城市，修建起了一条从观景路到永安大道段的绿道，绿道路面宽度在4米左右，沿线点缀休闲座椅和路灯等设施，是人们茶余饭后散步休闲的首选之地。

4. 蒲阳河（都江堰段）

地理位置：成都市都江堰市
类型：堤坝渠堰闸
水文化遗产级别：Ⅲ级
形成年代：秦汉时期
存续现状：功能完好

蒲阳河，都江堰水利工程建成后人工开凿的河道，是岷江内江四大干渠之一，是四川省都江堰内江的最北侧干流，因位于都江堰市蒲阳镇之南，流至广汉市三水镇，有彭州之蒙（水蒙）阳河自北来汇，故名蒲阳河。

蒲阳河上，都江堰市有灌溉支渠4条，部分渠道由于灾后重建及建设用地使灌面发生变化。渠系灌溉面积田23247亩，地1349.2亩。蒲阳河（都江堰段）市长18.9千米，渠道在幸福镇纳灵岩山沟、蒲阳镇纳万丈沟、中沟、麻柳林河等，复经驾虹、天马等入彭州市。

蒲阳河流域面积广，河道弯曲；河流流量大，水位受季节影响较小，无结冰期，含沙量小；河道较宽，流经都江堰市的河段河面宽度大约是20米左右，水质较好，水流呈青绿色。蒲阳河流域生态环境良好，蒲阳河流域修建绿道规划长度约14千米。目前向公众开放的示范段位于蒲阳河北路，长度约1.8千米，辐射周边多个小区，为小区居民提供了日常休闲及健身的场地。

5. 走马河（都江堰段）

地理位置：成都市都江堰市
类型：堤坝渠堰闸
水文化遗产级别：Ⅲ级
形成年代：战国末期
存续现状：保存完好

走马河为李冰"穿二江成都之中"的一江，古名检江，又名锦江。走马河在仰天窝鱼嘴分水，东流1.5千米至朝天堰，左分一支柏木河；至聚源乡五斗口，右分一支为五斗河；至聚源乡羊子口，左分一支为羊子河，其正流东南流至聚源场，左分一支为徐堰河；又东南流至崇义乡油子口，左分一支为油子河；再东南流至崇义乡邓家湾入崇、郫县境，于两河口闸左分沱江河分干渠，以下称清水河，经崇宁县之郭家湾至郫县之插板堰下，左分一支为磨底河；又东流至成都、温江交界之马家堰入成都县；复曲折东流，绕至成都西门望仙桥与磨底河相汇，以下称南河（锦江），至合江亭，与府河合流。走马河全长83千米，在都江堰内长18千米。

走马河进水口，在仰天窝闸下180米的走江河闸左分支处，有闸5孔，其下称走马河干渠。走马河上，都江堰市有灌溉支渠10条，灌溉面积田79379亩，地1936.03亩。

6. 江安河
（都江堰段）

地理位置：成都市都江堰段
类型：堤坝渠堰闸
水文化遗产级别：Ⅲ级
形成年代：秦汉时期
存续现状：功能完好

　　江安河进水口在仰天窝下180米的走江节制闸右分支处，有闸3孔，其下称江安河干渠。江安河顺金马河流向东南，是成都都江堰市与温江区、温江区与郫都区、金牛区与双流区等的界河，最后流入双流区境内，于二江寺注入府河，全长106千米，是都江堰内江主要干渠之一。

　　江安河（都江堰段）河道较宽，流经都江堰市的河段河面宽度大约是15米左右，正常引水流量68立方米/秒，都江堰市境内长19千米。都江堰市有灌溉支渠4条，灌溉面积田5320亩，地601.3亩。江安河河流周边生态环境良好，植被茂盛，承担着都江堰市民休闲游憩、漫步交通等功能。

7. 沙沟河干渠（都江堰段）

地理位置：成都市都江堰市
类型：堤坝渠堰闸
水文化遗产级别：Ⅲ级
形成年代：战国末期
存续现状：功能完好

沙沟河干渠，古名石牛堰，是都江堰外江的主要干渠之一，与黑石河从沙黑河闸分水，沿程相继接纳青城山一带的小山溪，经都江堰市至崇州市注入西河。沙沟河正常引水流量60立方米/秒，全长35千米。

沙沟河干渠在都江堰市内长约28千米，自今漏沙闸向南流，过都江堰市玉堂镇西，西纳赵公山前螃蟹河、石定江、药王山沟诸山溪汇入，流至唐家碾，右分环山支渠（原称长同堰、上下官堰、大寨渠），南过中兴镇沿江，至民兴乡（今属青城山镇）二江桥分水处，左支为沙沟河，右支为泊江河。1970年改造后，将右支泊江河作为干渠，左支废置。沙沟河流域生态环境良好，形成了大批原生态湿地资源、植被丰富，自然环境优越。

8. 黑石河
（都江堰段）

地理位置：成都市都江堰市
类型：堤坝渠堰闸
水文化遗产级别：III级
形成年代：战国末期
存续现状：功能完好

　　黑石河干渠，是都江堰外江的两大干渠之一。因河底卵石是黑色而被命名，古为羊摩江的分支。黑石河在沙黑总河闸进水，经玉堂镇、中兴镇、石羊镇和柳街镇等入崇州市境。干渠全长65千米，正常引水流量45立方米／秒。黑石河在漏沙堰进水。流域面积广，河道弯曲；河流流量大，水位受季节影响较小，无结冰期，含沙量小；河道宽阔，水质较好，水面呈青绿色。两岸绿植充沛，沿线景观较好。

　　黑石河干渠（都江堰段）长26千米，都江堰市有灌溉支渠17条，灌溉面积田50547亩、地7151.1亩。

161

9. 沙黑总河

地理位置：成都市都江堰市
类型：堤坝渠堰闸
水文化遗产级别：Ⅲ级
形成年代：战国末期
存续现状：功能完好

　　都江堰外江水系总干渠今为沙黑总河，进水闸位于岷江右岸渠首外江闸的右侧，引水至漏沙堰闸，下分沙沟河和黑石河两大干渠。沙黑总河全长2.81千米，河宽28米，水深2米，全程落差15米，平均比降5.3%。在小罗堰处设闸壅水，建成引水式电站一座，称沙黑河电站。沙黑总河今自进水闸起，南偏西流1.08千米至小罗堰闸，左分沙黑河电站引水渠，通过流程1.69千米的厂房，尾水复入沙黑河，又南至漏沙堰闸。渠底高程自729降至714.6米，以下左分黑石河干渠，右分沙沟河干渠。沙黑总河进水闸设计洪水流量995立方米/秒，校核洪水流量1425立方米/秒。小罗堰灌溉闸设计流量120立方米/秒，洪水则从小罗堰泄洪闸排入外江。

　　沙黑总河历史可上溯到李冰始创都江堰时，《华阳国志·蜀志》称："乃自前堰上分穿羊摩江灌江西。"羊摩江即相当于今沙黑总河的前身。清代前期进水口远在今都江堰枢纽的上游古石牛堰处。由于岷江河道受洪水冲淤变迁，进水困难，清代后期进水口不断下移，在今都江堰枢纽以下约2千米的黄家河心处新石牛堰引水。民国时期又将进水口上移至今枢纽以下1.11千米的小罗堰，总干渠长300米，称沙黑总河，建鱼嘴左右分黑石、沙沟二河。

　　1949年至1971年渠系经过多次改造。1974年外江节制闸建成，总干渠称沙黑河，即利用外江闸第7、8两孔进口。至1982年冬，沙黑河建进水闸2孔，拆除小鱼嘴，两河分水仍在漏沙堰闸，于是外江总干渠即与内江总干渠俱在都江堰枢纽处并列引水。

10. 二王庙顺水堤

地理位置：成都市都江堰市
类型：堤坝渠堰闸
水文化遗产级别：Ⅲ级
存续现状：功能完好

二王庙顺水堤位于内江进口左岸，为内江左岸护岸顺水工程，是以排洪减灾为主要作用的堤坝，使宝瓶口引水口和灌区干流免遭泥沙淤塞。

二王庙顺水堤修建于内江进口左岸沿玉全山脚下以山为岸长约100米的弯道上。起于二王庙山门脚下，止于虎头岩，弯道曲率半径约为100米从内江进口至虎头岩河段的水流主槽沿山脚弯道而行，虎头岩嘴形如天然挑水坝，斜向飞沙堰坝上口一段挑流，成为飞沙堰大量泄洪排沙的主要部位，也是飞沙堰坝溃决的要害部位。为了端正内江进口河段的水势流态，减少飞沙堰坝威胁，1954年开始在弯道上低作竹笼顺埂导正水流取得初步效果。以后加高竹笼顺埂，用干钉大卵石包砌竹笼顺埂，用木桩夹钉卵石顺埂。1964年洪水毁埂后，重新用混凝土和浆砌大卵石筑成顺水大堤，称"二王庙顺水堤"。堤长350米，堤高9.1米，堤顶宽4.6~3.2米，堤顶纵坡6.7%，堤顶海拔735.56~733.20米。1966年7月28日岷江上游洪峰流量4790立方米/秒，二王庙顺水堤部分冲毁；当年断流岁修时修复。1981年冬岁修时用混凝土和浆砌大卵石保护了二王庙山门下的一段长190米的堤岸，并用混凝土在岸脚下固基深1.2~2.1米，厚0.8米。

11. 飞沙堰拦水闸

地理位置：成都市都江堰市
类型：堤坝渠堰闸
水文化遗产级别：Ⅲ级
形成年代：1992年
存续现状：功能完好

飞沙堰拦水闸位于渠首飞沙堰处，为1992年新建的大型水闸，既保证岁修时工业供水渠进水；在春灌用水高峰时，通过此闸挡水，并确保宝瓶口进水流量达到530立方米/秒。汛期则将闸全开，以恢复飞沙堰泄洪功能，此闸设平板钢闸门8孔，每孔净宽12米，高4.5米，设计最大过闸流量2740立方米/秒。

12. 徐堰河干渠（都江堰段）

地理位置：成都市都江堰市
类型：堤坝渠堰闸
水文化遗产级别：Ⅲ级
形成年代：秦汉时期
存续现状：功能完好

徐堰河从聚源闸进水，是走马河的灌溉支渠，同时也是古江沱的正流，为人工开凿的灌溉河道，河流起于导江社区，穿越聚源镇（原崇义镇）境内，止于五龙社区，属于都江堰内江水系灌溉渠，为周边乡镇提供灌溉用水，为周边乡镇提供灌溉使用。

徐堰河（都江堰段）起源于都江堰市聚源场下和平桥闸，东南流经导江村、聚源镇（原崇义镇）双黑玉桥、田家桥流入郫都区境内。河流全长36.6千米，都江堰市境段长8.7千米，流域面积163平方千米，进口年平均流量37立方米/秒。河流过洪能力在两河口以上为75立方米/秒。徐堰河主要位于聚源镇区域，徐堰河为聚源镇及周边流经村庄提供灌溉用水，每年农忙季节，当地居民用抽水机从河流抽水。徐堰河除了兼顾灌溉排洪功能外，更是成都市自来水六厂、七厂的主要水源河道之一，与柏条河并称成都市母亲河，供给了全市人民86.3%的饮用水水源。

13. 聚源走马河分水闸

地理位置：成都市都江堰市
类型：堤坝渠堰闸
水文化遗产级别：Ⅲ级
形成年代：1953年
存续现状：功能完好

走江闸为内江系统中走马河与江安河干渠的分水闸，与蒲柏闸相距100米，今都江堰市东门外太平街与天乙街之间的走马河原木架锁龙桥位置，是中华人民共和国成立后都江堰老灌区兴建的第二座节制闸。

聚源走马河分水闸于1953年2月16日内江断流后开工，拆除锁龙桥，在原锁龙桥位置挖基，两个多月竣工。分水闸有平板钢闸门5孔，两边孔宽各6.4米，闸门高3米；中间3孔各宽5.4米，闸门高2米；闸底板海拔720.50米。闸孔净高6.8米，闸总长33.6米。闸上为通向阿坝藏族羌族自治州的公路桥，桥宽9米。开始为人工绞车移动启闭，1961年改为电动绞车移动启闭闸门，1975年加高闸台，闸门启闭机改为一孔一台电动卷扬机。为公路交通需要，1987年春在原闸下加宽闸上桥面为28米，同时整修了工作台。闸前水深核定为3.7米，设计流量280立方米/秒。2001年冬，对该闸进行整治改造，更换钢闸门和启闭设施，并新建闸房。

166

14. 蒲柏分水闸

地理位置：成都市都江堰市
类型：堤坝渠堰闸
水文化遗产级别：Ⅲ级
形成年代：1952年
存续现状：功能完好

蒲柏分水闸为都江堰内江系统中蒲阳河与柏条河干渠的分水闸，位于仰天窝闸以下292米原丁公鱼嘴处，在今都江堰市广场处，其处原有太平桥木桥。

蒲柏闸是中华人民共和国成立后都江堰老灌区兴建的第一座节制闸。1952年2月9日内江断流岁修，2月1日蒲柏闸在原太平桥位置开工挖基，两个多月竣工。共兴建平板钢闸门6孔（蒲阳河3孔，柏条河3孔），每孔闸门净宽6.4米，闸门高3米，闸底板海拔720.74米，闸孔净高4.7米，闸总宽43米，闸上为公路交通桥宽7米。开始为人工绞车移动启闭闸门，1961年改为电动绞车移动启闭闸门。1963年11月19日内江断流岁修时，将蒲柏闸扩建为7孔。扩建后蒲阳河为1孔，增大进水量适应灌区发展需要，柏条河仍为3孔。同时加宽闸上的公路桥面为13米。1975年11月17日内江断流岁修时，在蒲阳河闸下一段河床挖深1米增加过水断面，为满足人民渠一至七期灌区发展需要，同时加高闸台，闸门启闭改为一孔一台电动卷扬机。1986年改善蒲柏闸上交通桥，桥面

167

由宽13米再加宽为28米。将原闸上移19米，孔宽不变，并改造闸台，更换电动卷扬机，闸门启闭改为升卧式，修建管理房350平方米，闸门控制改为室内操作。蒲阳河设计流量245立方米/秒，柏条河设计流量120立方米/秒。核定闸前水深3.7米。2001年冬，对启闭台进行改建，更换启闭设施，并新建闸房。

15. 外江节制闸

地理位置：成都市都江堰市
类型：堤坝渠堰闸
水文化遗产级别：Ⅲ级
存续现状：功能完好

外江节制闸是都江堰首部枢纽外江河口的大型水闸。

外江节制闸始建于1973年11月，时称外江临时节制闸，用以代替每年所设调节水量之杩槎。1974年4月建成8孔，每孔净宽12米，高4米，轴线长104.4米，总过水宽度96米，设升卧式平板钢闸门控制。闸墩高10.5米，高出校核水位0.6米，闸底高程729.429米，在校核情况下，闸前水深8米，通过流量5700立方米/秒，闸上游有河床铺盖长20米，闸下游护坦长55米，海漫长30米。当岷江上游来水量小于600立方米/秒时，外江闸各孔全闭；大于600立方米/秒时，外江闸闸门部分开启，以满足内江宝瓶口引水要求。

16. 仰天窝分水闸

地理位置：成都都江堰市
类型：堤坝渠堰闸
水文化遗产级别：III级
形成年代：1963年
存续现状：功能完好

　　仰天窝分水闸为都江堰内江总干渠分水闸，是在宝瓶口以下781米处内江的第一个鱼嘴分水工程，在此把内江分成两条河，左边分水流经292米为"丁公鱼嘴"（清光绪时四川总督丁宝桢主持兴建），上建太平桥（木桥）。在丁公鱼嘴又一分为二左为蒲阳河，右为柏条河。右边分水流入走马河，上建锁龙桥（木桥）。

　　1952年春在丁公鱼嘴处修建蒲阳河、柏条河闸，简称"蒲柏闸"，以调节水量。1953年在仰天窝鱼嘴以下180米处原锁龙桥位置修建走马河闸，简称"走马闸"。同时在蒲柏闸与走马闸之间的闸前部位挖一条明渠，长84米，底宽8米，顶宽10米，作为两闸之间调水的沟通道。1958年春又将原在外江左岸引水的江安河进口改建在内江与走马河并列分水，增建江安河进水闸与走马河闸并联，从此"走马闸"改称"走江闸"。由于沟通道调水不便，沙石淤积越来越多，调水逐渐困难。1963年11月19日内江进口断流岁修期间，在仰天窝分水鱼嘴处修建弧形钢板闸门6孔（左右两边各3孔），每孔净宽9米，闸门高3.5米。闸底板海拔721.88米，核定闸前水深4.60米，设计流量800立方米/秒。一门一台电动卷扬机启闭闸门，建筑物设计等级为3级。1964年春建成，并修了闸房。1975年改为每孔一台电动卷扬机启闭。2002年冬按照水利部要求，对老化严重的闸房、启闭平台等进行改建，全部更新了闸门及启闭设备，并于2003年11月竣工。改造后的仰天窝水闸横跨内江总干渠之上，与山水城市相呼应，总控内江，利益天府，誉为西蜀第一闸。

仰天窝闸建成后，废填了沟通道调水。运行仰天窝闸按内江四千渠分水计划调剂，运行蒲柏闸达到蒲阳河、柏条河应分水量，再运行走江闸达到走马河、江安河应分水量。三座闸密切配合运行，使内江总水量合理分到灌区。

17. 走江河分水闸

地理位置：成都市都江堰市
类型：堤坝渠堰闸
水文化遗产级别：Ⅲ级
形成年代：1953年
存续现状：功能完好

走江河分水闸是中华人民共和国成立后都江堰老灌区兴建的第二座节制闸，为内江系统中走马河与江安河干渠的分水闸，与蒲柏闸相距100米，今都江堰市东门外太平街与天乙街之间的走马河原木架锁龙桥位置。1952年12月先撤锁龙桥，1953年2月16日内江断流后开工在原锁龙桥位置挖基，两个多月竣工，建平板钢闸门5孔。孔宽两边孔各6.4米，闸门高3米；中间3孔各宽5.4米，闸门高2米；闸底板海拔720.50米。闸孔净高6.8米，闸总长33.6米。闸上为通向阿坝藏族羌族自治州的公路桥，桥宽9米。闸门最初为人工绞车移动启闭，1961年改为电动绞车移动启闭闸门，1975年加高闸台，闸门启闭机改为一孔一台电动卷扬机。为公路交通需要，1987年春在原闸下加宽闸上桥面为28米，同时整修了工作台。闸门控制采用蒲柏闸同样设备在管理房操作。闸前水深核定为3.7米，设计流量280立方米/秒。

1957年11月，在外江（岷江干流）左岸都江堰市聚源乡张家湾引水的江安河改到内江与走马河闸并列引水，新开渠道6千米到安顺桥与原江安河衔接，工程于1958年2月26日竣工。新建平板钢闸门3孔，

每孔净宽5.6米，闸门高3米，闸底板海拔720.61米，每孔净高6.7米，闸总长19.6米，核定闸前水深3.3米，设计流量100立方米/秒。至此，走江闸共8孔，左分走马河干渠，右分江安河干渠。2001年冬，对该闸进行整治改造，更换钢闸门和启闭设施，并新建闸房。闸门启闭设施及闸上公路桥与走马河闸完全一样，改称"走江闸"。

18. 离堆

地理位置：成都市都江堰市
类型：堤坝渠堰闸
水文化遗产级别：Ⅲ级
形成年代：战国（前277）
存续现状：功能完好

离堆位于都江堰水利工程渠首处，由浇注混凝土8100多立方米而形成的铜墙铁壁，形成山包形状。

离堆原为二王庙古滑坡带的一部分，是地质构造的产物，在没有修建都江堰水利工程以前，和现在对面的玉垒山是连在一起的，或许在地质运动和洪水的作用下已经形成了一道深沟或者垭口，汛期有水

流进入。秦昭王三十年（前277），蜀守李冰为了解决水患，利用这里的地理形势，通过火烧水浇使岩石崩裂的办法，在玉垒山开凿出了一个宽20米、高40米、长80米的山口，使其成为具有一定引水能力的进水口，玉垒山开凿分离的石堆就叫作"离堆"，取离山之堆的意思。汉武帝元鼎六年（前111）郎中令司马迁奉旨巡视天下，在《史记·河渠书》写下了"蜀守（李）冰，凿离堆，辟沫水之害""西瞻蜀之岷山及离堆"的记载。后人们在离堆上修建了伏龙观以祭祀李冰。离堆左侧称作象鼻的一部分会在1947年被洪水冲毁崩塌。1970年灌区人民堵口截流，抽干深潭，从两岸基础起，浇注混凝土加固离堆，形成都江堰景区离堆现存的景观。

19. 金刚堤

地理位置：成都市都江堰市
类型：堤坝渠堰闸
水文化遗产级别：Ⅲ级
形成年代：战国末期
存续现状：功能完好

金刚堤是都江堰渠首鱼嘴分水堤身左右侧的护堤。左称内金刚堤，长710米；右称外金刚堤，长880米。外金刚堤处于外江的凹岸，洪水时为主流所逼，故清代又称"逼水坝"。过去用竹笼卵石工程或丁砌卵石构建，羊圈工程护底，为防止急流冲刷，在金刚堤迎水侧又建有许多支水（丁坝），或称"指水"，以资防护。现代已不用竹笼工程或干砌卵石，全用混凝土及浆砌大卵石构筑。内金刚堤在1964年整治时，整体向下游移动20米。

金刚堤的修建是由于宝瓶口上游的岷江东岸有玉垒山，使得地势东高西低，在枯水期，江水难以向东面流，成都平原仍然得不到灌溉。为解决这个问题，李冰修建了第二个工程，沿着留在江心的"离堆"向上游方向，修筑一个几百米长的大堤，称为"金刚堤"，大堤把汹涌的岷江分隔成外江和内江，外江排洪，内江通过宝瓶口流入成都平原。

20. 环山渠

地理位置：成都市都江堰市
类型：堤坝渠堰闸
水文化遗产级别：Ⅲ级
形成年代：清乾隆十九年至二十九年
（1754~1764）
存续现状：功能完好

环山渠，原名长同堰，是一条发源于都江堰市中兴镇梅花社区的沙沟河系跨县支渠，渠道长度29.2千米，承担都江堰市、崇州市5个乡镇6.7万亩农田的灌溉输水任务。

环山渠（长同堰）始建清乾隆十九年至二十九年（1754~1764），由灌县二王庙住持王来通发起、地方绅士集资建成。自都江堰外江沙沟河右岸引水、沿山开凿、凿崖穿洞，前后分两段修建，名曰长流堰河和同流堰，合称长同堰。1971年起扩大引水流量，横跨味江直达文井江，更名环山渠，总长29.2千米，灌溉面积九万亩，并兴建了水电站、泄洪闸等建筑，发挥了综合效益。

21. 东风渠进水枢纽闸

地理位置：成都市郫都区
类型：堤坝渠堰闸
水文化遗产级别：Ⅲ级
形成年代：1956年
存续现状：功能完好

东风渠进水枢纽位于郫都区安靖乡（两路口）西南200米府河11.3千米处左岸。始建于1956年冬，进水闸原设计为4孔，施工时仅左岸一孔孔宽为5米，设钢质平板门；其余3孔中间加厚0.8米的砖墩，一分为二，成为各宽2.1米的6孔，以木质平板门启闭。1957年5月竣工。1962年冬，又在左岸扩建2孔，孔宽5米；同时拆除右侧3孔中间的砖墩，恢复为各宽5米的3孔，均改为钢质平板门控制。至此，进水闸成为钢筋混凝土胸墙6孔钢门。1981年7月洪水，冬春乃将闸墩及胸墙升高0.7米。

1989年春改建，在进水闸右侧修建府河节制闸，其轴线与进水闸轴线交角为40°，共建3孔，中孔宽10米，高2.5米，左右边孔各宽7米，高3米，过闸流量219立方米/秒。东风渠进水闸仍为6孔，孔宽5米，高2.3米，最大过闸流量90立方米/秒。府河节制闸设计洪水流量193立方米/秒，校核洪水流量219立方米/秒（百年一遇）。

22. 黄沙堰

地理位置：成都市大邑县
类型：堤坝渠堰闸
水文化遗产级别：Ⅲ级
形成年代：清嘉庆年间
存续现状：功能完好

黄沙堰位于大邑县安仁镇唐场社区，始建于清嘉庆年间，原名菱塘堰。渠首在大邑县安仁镇唐场社区斜江右岸，1970年渠改时，渠线移至高桥下侧穿川藏路，到小南河的余河湾处建溢洪滩，起止点为唐场大桥至泉水与冉义交界处，原为竹笼扎堰，敞口进水。

黄沙堰渠首闸底高程487.33米，干渠长10.15千米，支渠4条16千米，斗渠10条20.59千米。黄沙堰设计流量5立方米/秒，最枯流量0.7立方米/秒。灌溉傅庵、冉义、泉水、高埂乡农耕地13793亩，其中田13779亩，地14亩。

23. 柏条河干渠 （郫都区段）

地理位置：成都市郫都区
类型：堤坝渠堰闸
水文化遗产级别：Ⅲ级
形成年代：战国末期
存续现状：功能完好

　　柏条河在都江堰内江蒲柏闸与蒲阳河分流，经都江堰市胥家镇、金马镇至郫都区唐昌镇边界，为郫都区与彭州市之界河，下经唐昌镇北桥至吕仙桥入郫都区境内，再经唐元镇、三道堰镇至青杠树村，在青杠树村永镇桥下游为郫都区与新都区界河，直至纳入徐堰河为止，下游称为毗河，入新都境内。

　　柏条河经郫都区境内全长约27千米，郫都区承担的岸线管理长度约46千米。该河道宽度为48米，比降3.5‰，常年来水量约60立方米/秒，其上段15千米的最大过水能力约120立方米/秒，河深约2.0米；下段12千米的最大过水能力约150立方米/秒，河深约2.5米。柏条河为成都市自来水六厂主要水源河道。

24. 府河干渠（郫都区段）

地理位置：成都市郫都区
类型：堤坝渠堰闸
水文化遗产级别：Ⅲ级
形成年代：唐乾符二年（875）
存续现状：功能完好

　　府河，为岷江都江堰分水河道柏条河干渠流经成都市区部分的河道名称，是从石堤堰枢纽府河进水闸取水，流经城区接收沱江河、南河、江安河汇水，至彭山江口镇汇入岷江的河道总称。府河起水于石堤堰，流经太和场、方家桥、高桥，高桥以下为郫都区与金牛区界河。府河在郫都区境内全长约22.5千米，郫都区承担的岸线管理长度约39.5千米。该河道宽度上段为40米，下段为30米，比降上段为1.5‰，下段为1.3‰，常年来水量约40立方米/秒。其上段14.5千米的最大过水能力约70立方米/秒，河深约2.5米；下段8.0千米的最大过水能力约50立方米/秒，河深约2.0米。

　　府河始建于李冰开二河时期，称郫江。唐乾符二年（875），高骈镇蜀时在成都二江珥市的基础上，筑罗城开府河，改郫江河道从府城下经过，与南河在合江亭处汇合，形成两江抱城之势。康熙四十八年（1709），川督年羹尧设新八旗驻防郫县，修堰（石堤堰）凿河，石堤堰蓄纳柏条、徐堰两河丰盈之水，以堰为枢纽，一闸为毗河，一闸为府河，改道后的郫江成为护城河，因成都府而称府河。府河水量充足，古为成都航运河道，曾在石堤堰设专人管理船筏过堰。川西一带的伐木商把木头扎成筏子从阿坝漂流到成都，集售点即在今万福桥附近，成都北门为木材集散经营场地。

25. 江安河干渠
（郫都区段）

地理位置：成都市郫都区
类型：堤坝渠堰闸
水文化遗产级别：Ⅲ级
形成年代：秦汉时期
存续现状：功能完好

　　江安河干渠是都江堰内江的四大干渠之一，起于走江闸，顺金马河流向东南，是成都都江堰市与温江区、温江区与郫都区、金牛区与双流区等的界河，最后流入双流区境内，于二江寺注入府河，干渠全长106千米。

　　江安河干渠（郫都区段）在三邑桥进入郫都区境内，为郫都区与温江区之界河，经花园镇边界骆家滩，友爱镇边界普兴桥、止水庙至狗腿湾入温江区境。江安河在郫都区境内全长约15千米，区内承担的岸线管理长度约15千米。该河道宽度为54米，比降上段为3.3‰，常年来水量约40立方米／秒。最大过水能力约132立方米／秒，河深约2.0米。

26. 磨底河干渠（郫都区段）

地理位置：成都市郫都区
类型：堤坝渠堰闸
水文化遗产级别：Ⅲ级
形成年代：秦汉时期
存续现状：功能完好

磨底河是一条古老的河流，与清水河同源异流，是都江堰内江水系中人工开掘出来的河道，总长不足50千米，它的起点位于郫都区的两河口。所谓"两河口"，即是清水河与磨底河两条河的入口。清同治《郫县志·山川》记载：走马河……又西南为两河口，分两支：左为清水河，右为磨底河。磨底河起于郫都区两河口，从走马河分出，自犀浦而下，进金牛区境、入青羊区境，穿金沙遗址，与清水河在送仙桥附近汇合，成为南河的水源之一。磨底河并不宽阔，水量在不同的季节里，时丰时枯，从源头到南河，在约有五十千米的流程中，在平原的腹地弯弯曲曲地流淌着。

27. 毗河干渠
（郫都区段）

地理位置：成都市郫都区
类型：堤坝渠堰闸
水文化遗产级别：Ⅲ级
形成年代：战国末期
存续现状：功能完好

毗河干渠为柏条河与徐堰河的下游，是沟通岷江水去沱江的重要通道之一，进口在石堤堰枢纽闸下，闸底海拔535.50米，出口在金堂赵镇入沱江干流。毗河干渠流经郫都区、金牛区、新都、青白江区、金堂5县（区）。自石堤堰到金堂赵镇河长65.6千米，河宽45～70米，河岸高3～5米。

毗河干渠（郫都区段）从石堤堰至牟朱堰下的四千米一段，为郫都区与新都区之界河，以下经新都区境内至赵镇汇入沱江。1953年春撤除竹笼拦河坝，在毗河进口用钢筋混凝土修建左岸两孔船闸，右岸两孔冲沙闸，中间为混凝土滚水坝，坝高1.8米。1986年冬至1987年春撤除原建闸坝，重新修建毗河泄洪节制闸5孔，每孔净宽12米。设计洪水流量百年一遇883立方米/秒，校核洪水流量1150立方米/秒。1981年7月13日实际最大洪峰流量566立方米/秒。

28. 蒲阳河干渠
（郫都区段）

地理位置：成都市郫都区
类型：堤坝渠堰闸
水文化遗产级别：Ⅲ级
形成年代：秦汉时期
存续现状：功能完好

　　蒲阳河干渠为都江堰灌区干渠之一，是灌排兼顾的河道，相传为西汉末年蜀郡太守文翁开湔江时开凿。蒲阳河自都江堰蒲柏分水闸开始，流经都江堰市、郫都区、彭州市、新都区、青白江区、广汉市，至金堂县赵镇汇入沱江，干流全长103.8千米，其中都江堰市23千米，郫都区6.6千米，彭州市29.8千米，新都区33.4千米，青白江区2.5千米，广汉市23.2千米，金堂县16千米；由于部分河段为沿江左右岸市、县的界河，界河总长约27.6千米，集雨面积1170平方千米，流域平均比降2.6%。蒲阳河干渠流至彭州人民渠渠首经分水后，分为人民渠和青白江。

　　蒲阳河干渠（郫都区段）河段始于郫都区唐元镇千夫村，流经天星村，终到锦宁村，流入新都区，全段为郫都区与彭州市界河，郫都区内河长6.6千米，流域面积7.9平方千米。

29. 徐堰河分干渠（郫都区段）

地理位置：成都市郫都区
类型：堤坝渠堰闸
水文化遗产级别：Ⅲ级
形成年代：秦汉时期
存续现状：功能完好

徐堰河分干渠（郫都区段），在都江堰聚源闸从走马河分水，在都江堰崇义镇穿317线，从走石山与横山子之间缺口穿过，在平乐寺进入郫都区境内。入郫都区后，经唐昌镇、新民场镇、三道堰镇，在三道堰镇青冈树村牛角濠石堤堰与柏条河交汇，分支形成毗河和府河。

徐堰河分干渠（郫都区段）在郫都区境内全长约27.9千米，河道宽度上段为30米，下段为40米，比降3.2‰，常年来水量约78立方米/秒，其上段16.5千米的最大过水能力约70立方米/秒，河深约2.0米；下段11千米的最大过水能力约137立方米/秒，河深约2.5米。郫都区承担的岸线管理长度约55千米。罗汉桥、新胜、留驾、先锋、新民、罗家桥等6座水电站跨河而建。

徐堰河除了兼顾灌溉排洪功能外，更是成都市自来水六厂、七厂的主要水源河道之一，与柏条河并称成都市母亲河，供给了全市人民86.3%的饮用水水源。近年来，郫都区全力开展饮用水源深度生态化治理和保护，徐堰河实现了全流域景观化，沿线的青春湿地、云桥湿地、泉水湿地、程家船湿地、汉姜湿地等湿地公园如繁星点点映照期间，碧水萦绕，草长莺飞。

30. 走马河干渠（郫都区段）

地理位置：成都市郫都区
类型：堤坝渠堰闸
水文化遗产级别：Ⅲ级
形成年代：战国末期
存续现状：功能完好

走马河起水于都江堰市区走江闸，流经聚源镇分一支流为徐堰河，至郫都区两河口分一支为沱江河。从都江堰市区"走江闸鱼嘴"至郫都区两河口一段称走马河，两河口以下称清水河，成都市望仙桥以下称"南河"，至合江亭与"府河"汇流后称锦江。走马河之前身即古流江，为岷江的一支，起水于离堆以下的木观音附近，战国末期李冰建成都江堰，改经宝瓶口进水，《华阳国志》所称"检江"，即指此河。《宋史·河渠志》称走马河为"马骑"。《四川通志》又称为双清河，流到成都后名锦江，古说"以此水濯锦，胜于他锦"。

走马河（郫都区段）由江西滩入郫都区境内，入境后经友谊桥，巨龙桥，在安德镇云丰村两河口又分沱江河及清水河。走马河在郫都区境内全长约9.2千米，郫都区承担的岸线管理长度约18.4千米。该河道宽度为38米，比降为3.7‰，常年来水量约5～30立方米/秒。最大过水能力约160立方米/秒，河深约2.5米。

走马河在安德镇云丰村两河口处分沱江河后称为清水河。清水河在郫都区境内全长约22.8千米，郫都区承担的岸线管理长度约45.6千米。该河道宽度为30米，比降为3.0‰，常年来水量约5～30立方米/秒。最大过水能力约150立方米/秒，河深约3.0米。

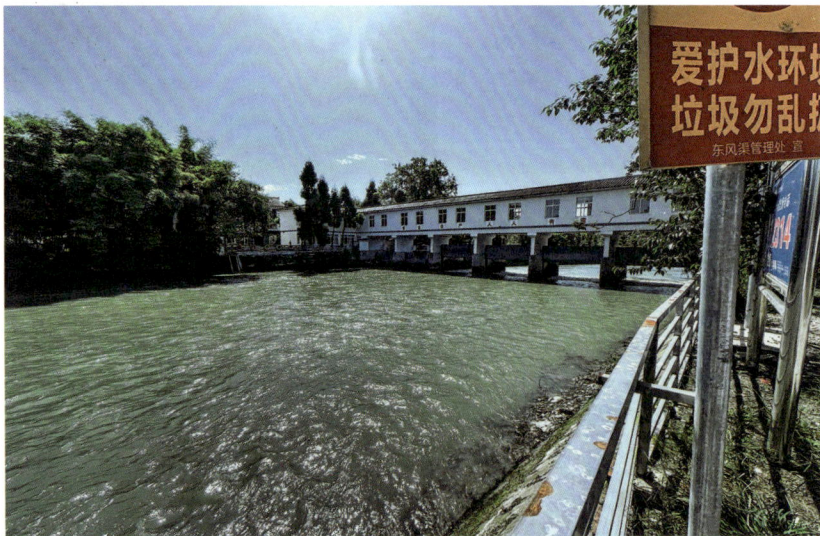

31. 东风渠（金牛段）

地理位置：成都市金牛区
类型：堤坝渠堰闸
水文化遗产级别：Ⅲ级
形成年代：1956年
存续现状：功能完好

东风渠原名东山灌溉工程，自都江堰府河引水自流灌溉成都市东、新都区南、龙泉驿区北、毗河以南至龙泉山西麓丘陵地带，包括龙泉驿区平坝丘陵，并提水灌溉部分深丘山区农田。东风渠是成都市中心城区长度最长的"黄金渠道"，流经郫都、金牛、成华、龙泉驿、仁寿、简阳等区(市)县，是成都市区、龙泉驿、仁寿及简阳等地沿线工业、农业生产用水和城乡人民生活用水的重要水源。

东风渠建设工程于1956年3月动工，建成总干渠自镇沙桥至南北闸长11千米，引水流量每秒10立方米；北干渠35.9千米；4月8日正式通水，当年实灌成都市郊，新都区木兰、泰兴两乡及金堂部分农田共9万余亩，为第一期工程，其中北干渠北支一流入龙泉驿区西河镇(当时为华阳县西河乡)，控灌区境耕地1689亩。

东风渠在金牛区内的起止点为陆家5组至大湾6组，长约6.2千米，宽约55米，流经沙河源、凤凰山、天回镇街道，在沙河源街道境内流经古柏社区、陆家桥社区，约4千米。

32. 毗河（金牛段）

地理位置：成都市金牛区
类型：堤坝渠堰闸
水文化遗产级别：Ⅲ级
形成年代：战国末期
存续现状：功能完好

　　毗河是长江支流沱江的支流，柏条河的下游，是沟通岷江水去沱江的重要通道之一，经郫都区、金牛区、新都、青白江区、金堂5县（区）。毗河起于郫都区（原郫县）团结镇石堤堰，上游系都江堰水系的柏条河、徐堰河，该河流在石堤堰被分流为府河和毗河。毗河从新繁街道流入新都区、金牛区边界及境内，向东流到邵家寺进入青白江区，最后在金堂县赵镇注入沱江，河长65.55千米。

　　毗河作为都江堰分水干渠之一，承担着新都、青白江地区广大灌区和毗河灌区的供水任务，是成都平原的主要排洪河道之一。毗河在历史上是川西的航运河道。上起唐昌，下至赵镇，抗战期中，为运沱江沿岸粮食，以供军需民用，新渝线水运即以泥巴沱为起点。20世纪50年代后期，毗河功能转入主要排洪，航运被陆运代替，同时都江堰灌区扩大，毗河流量减少，航运中止。1952年，石堤堰水利枢纽工程建成后，上游大部分来水被拦入府河。当府河进水闸达到警戒水位（海拔537.37米）时，关闭府河进水闸，将上游来水及漂木拦入毗河。

　　毗河在金牛区内的起止点为莫龙村10组至白塔村5组，长约5.5千米，宽约45米，流经天回镇街道；左岸为金牛区，右岸为新都区。

33. 府河干渠（金牛段）

地理位置：成都市金牛区
类型：堤坝渠堰闸
水文化遗产级别：Ⅲ级
形成年代：唐乾符二年（875）
存续现状：2003年整治，功能完好

　　府河，为岷江都江堰分水河道柏条河、徐堰河干渠流经成都市区部分的河道名称，是从石堤堰枢纽府河进水闸取水，流经城区接收沱江河、南河、江安河汇水，至彭山江口镇汇入岷江的河道总称。金牛区内府河共有两段，一段是从罗家社区流至洞子口高桥，一段是洞子口高桥流至府河红星路桥。罗家社区—洞子口高桥段长约9千米，宽约50～100米，流经西华、沙河源街道，右岸为金牛，左岸除金声路以下外为郫都，其中6.52千米属198区域；洞子口高河红星路桥段长约8千米，宽约50～100米，流经沙河源、九里堤、五块石、荷花池、人北、驷马桥街道；右岸五丁桥下游为青羊，其余左右岸为金牛。

　　府河始建于唐乾符二年（875），高骈镇蜀时在成都二江珥市的基础上，筑罗城开府河，改郫江河道从府城下经过，与南河在合江亭处汇合，形成两江抱城之势。康熙四十八年，川督年羹尧设新八旗驻防郫县，修堰（石堤堰）凿河，石堤堰蓄纳柏条、徐堰两河丰盈之水，以堰为枢纽，一闸为毗河，一闸为府河，改道后的郫江成为护城河，因成都府而称府河。府河水量充足，古为成都航运河道，曾在石堤堰设专人管理船筏过堰。川西一带的伐木商把木头扎成筏子从阿坝漂流到成都，集售点即在今万福桥附近，成都北门为木材集散经营场地。

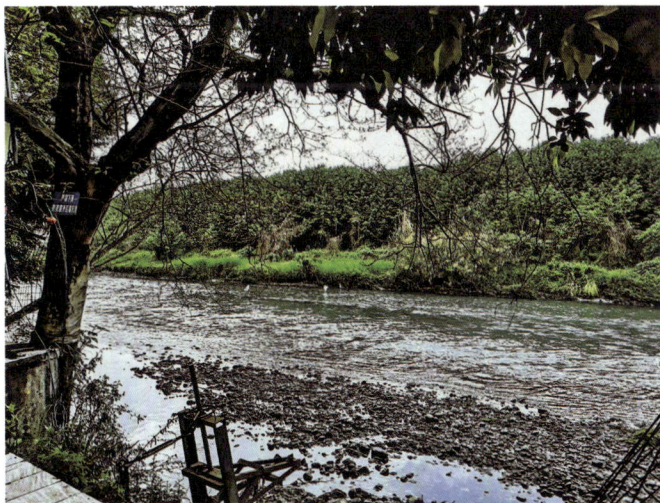

34. 磨底河（金牛段）

地理位置：成都市金牛区
类型：堤坝渠堰闸
水文化遗产级别：Ⅲ级
形成年代：战国时期
存续现状：功能完好

　　磨底河是一条古老的河流，与清水河同源异流，是古蜀人治水形成的旧河流。磨底河起于郫都区两河口，从走马河分出，自犀浦而下，进金牛区境、入青羊区境，穿金沙遗址，与清水河在望仙桥附近汇合后，流入浣花溪，成为南河的水源之一。在清乾隆年间编写的《灌江备考》中的《都江堰河道水利记》（作者申元敬）中，提到走马河分支的由子河分出来的"磨底河。一支入成都北门；又一支至土桥、西门北角。"

　　磨底河全长20千米，金牛区境内10.6千米。河宽约15米，水深4米多。磨底河在金牛区内主要有两段，一段是金牛支渠至二环路，一段是二环路至成温路。金牛支渠至二环路段长约2.22千米，宽约12～15米，流经茶店子街道，左岸为金牛、右岸为青羊；二环路至成温路段长约10.55千米，宽约12～15米，流经金泉、茶店子街道。

　　在九十年代，磨底河为西郊黄忠村与苏坡乡金沙、战旗村的界河，河床最宽处达数十米。在化成与石人两村处形成一个大三叉河湾，成为夏天的天然游泳场。由于河水清的发蓝，老一辈人说，水清如蓝，大多无底，也称之为"无底河"。

35. 清水河干渠
（金牛段）

地理位置：成都市金牛区
类型：堤坝渠堰闸
水文化遗产级别：Ⅲ级
形成年代：战国末期
存续现状：功能完好

清水河干渠，即走马河干渠的后段。走马河在郫都区两河口分水节制闸以下，分为左右两支，左支为沱江河分干渠，右支即为清水河干渠。清水河东南行，右分红旗、团结、苏坡、梁红堰等支渠，左分金牛、双江堰支渠；入成都市区又右分栏杆堰、龙爪堰支渠；至清水河大桥以下，又分左右两支：左支为浣花溪，右支为龙爪堰中流干河。两支中流东至望仙桥相汇合，以下改称南河。东流至合江亭，汇入府河。

据史料记载，这条河大致起源于李冰开二江之一，距今已有近两千年的历史了。而与之有关的传说，甚至更早，早到与大禹有关。相关的传说里，大禹曾路过这一带，并在此凿了七眼古井。

189

36. 沙河干渠
（金牛段）

地理位置：成都市金牛段
类型：堤坝渠堰闸
水文化遗产级别：Ⅲ级
形成年代：战国末期
存续现状：功能完好

　　沙河古称升仙水，属岷江水系，起于成都市北郊洞子口，向东南流又分洗瓦堰、砖头堰，经驷马桥向东、穿越东郊腹地后逐渐转西南，于南郊汇入府河。河长22千米，沙河和府河、南河都是流经成都市的主要河道，被称为成都"三河"。

　　沙河为府河左岸分支，为1954～1957年间，在原有小沙河的基础上改造和扩建形成。沙河干渠全长22.223千米，河道最宽处55米，最窄处15.6米，平均水深4米，经驷马桥向东、穿越东郊腹地，后逐渐转向西南，于南郊返回府河。沙河现有11座水闸，3座跌水坝及3座小型发电站，主要担负着东郊企业的生产供水、市民生活用水、沿河农田灌溉及城市东郊防洪排汛等任务，被称为成都的"生命河"。

37. 府河干渠（青羊段）

地理位置：成都市青羊区
类型：堤坝渠堰闸
水文化遗产级别：Ⅲ级
形成年代：唐乾符二年（875）
存续现状：功能完好

府河，为岷江都江堰分水河道柏条河、徐堰河干渠流经成都市区部分的河道名称，原名郫江，绕成都北门，然后东下与南河汇合。唐乾符二年（875），高骈镇蜀时在成都二江珥市的基础上，筑罗城开府河，改郫江从府城下经过，成为护城河，故称府河。府河进入市区后绕城北城东而流，两河（与南河汇合后）在合江亭相汇东去往南经乐山、宜宾入长江。

府河干渠（青羊段）经金牛区洞子口、九里堤、一环路北二段，过五丁桥入青羊区境，东南向流经区境之武都路、大安西路、大安中路、大安东路至红星桥，其间纳小沙河，过水能力为72立方米/秒。

38. 南河干渠
（青羊段）

地理位置：成都市青羊区
类型：堤坝渠堰闸
水文化遗产级别：Ⅲ级
形成年代：战国末期
存续现状：功能完好

　　南河，岷江都江堰分水河道走马河干渠，流至郫都区称清水河，至成都西郊望仙桥下与浣花溪、磨底河汇合后的水流称南河，绕成都西南，向东流去，与府河在合江亭汇合。

　　南河，岷江都江堰分水河道走马河干渠，流至郫都区称清水河，至成都西郊望仙桥下与浣花溪、磨底河汇合后的水流称南河，绕成都西南，向东流去，与府河在合江亭汇合，全长5.63千米。南河穿锦官桥流至南门桥段，为青羊区与武侯区之界河。继府河、南河综合整治后，市、区政府又投入巨资对清水河光华、东坡两段进行治理，在光华段北岸修建河滨公园，东坡段北岸修建海斯凯体育公园和东坡清水湖公园。这里上风上水的优越区位，成为青羊区"五区两线"发展的重点。

39. 苏坡桥

地理位置：成都市青羊区
类型：堤坝渠堰闸
水文化遗产级别：Ⅲ级
形成年代：明代
存续现状：功能完好

苏坡桥，位于青羊区苏坡街道，曾名"娑波桥"、"莎坡桥"、"苏波桥"，为四洞三墩带长廊的青石拱桥，原古桥早已不复存在。苏坡古桥，曾经历代多次维修，民国时期由桥东、桥西各界乡绅发起成立了"桥公会"，负责该桥的维修事宜。抗日战争时期因修建黄田坝机场，在运送飞机途经该桥时其机翼不能通过，帮拆除桥上的屋盖，改为无房平桥。后又因洪水曾几次冲毁桥面，造成了桥数毁数修。中华人民共和国成立后，因交通发达，桥面不能双向通车，政府将此桥改为石墩钢筋水泥板面大桥，并加宽了桥面，使其双向通车。2000年因苏坡乡考场镇改造，苏坡桥拆除原桥墩后再次改建成钢筋水泥结构平桥。2005年光华大道经过苏坡场镇苏坡桥上又建成长达两千米的高架跨线桥。

据《中国历史文化名城词典》记载："苏坡桥跨府河上，有三孔石桥"。宋元祐年间，文学家苏轼任翰林学士，曾在成都城南杨柳堤讲学，后人为纪念他，在南华宫内立苏轼塑像，在他经常来往的府河上建一桥，名苏坡桥。据明朝嘉靖时期《四川通志》中《津梁志》记载："距城十五里，有苏坡桥"，这是文献查证的最早记载。

而据当地的民间传说，此桥是苏东坡捐资修建的，故名苏坡桥。相传北宋年间，苏轼进省城赶考，路经温江，见江水清澈风景优美，便在河西一家客栈住下，备考期间，写下了不少流芳百世的诗词佳句，如"竹外桃花三两枝，春江水暖鸭先知"等。后苏轼成为北宋一代大文豪，回到成都便在原读书赋诗的地方捐资修建了一座三孔石桥，后人便叫它"苏坡桥"。原桥有对联"听长公当年曾吟大江东去，愿吾辈今朝齐作砥柱中流"。遗憾的是，作为老成都十大风景之一的"东坡亭"，在"文革"后期被拆除，那副对联也随苏坡桥的改建重修而不存。留给人们记忆和思索的，便是晚清诗人周济的那首记载了苏轼在西郊生活的诗句："西出送仙桥，青羊闻鼓声。浣溪绕草堂，东坡月黄昏。"苏坡桥附近还留存了不少以苏坡为名的地名，如苏坡街道办事处、苏坡路、苏坡桥街、苏坡立交桥等。

40. 清水河干渠（武侯区）

地理位置：成都市武侯区
类型：堤坝渠堰闸
水文化遗产级别：Ⅲ级
形成年代：战国末期
存续现状：功能完好

清水河干渠，即走马河干渠的后段。走马河在郫都区两河口分水节制闸以下，分为左右两支，左支为沱江河分干渠，右支即为清水河干渠。清水河东南行，右分红旗、团结、苏坡、梁红堰等支渠，左分金牛、双江堰支渠；入成都市区又右分栏杆堰、龙爪堰支渠；至清水河大桥以下，又分左右两支：左支为浣花溪，右支为龙爪堰中支干河。磨底河到送仙桥下纳浣花溪至望仙桥相汇合，以下改称南河。东流至合江亭，汇入府河。

清水河武侯段全长约6.8千米，向东顺流而下。清水河、浣花溪两畔的诗意美景，让杜甫写下"云掩初弦月，香传小树花"，让陆游写出"二十里中香不断，青羊宫到浣花溪"。清水河，孕育出成都人生活中必须要有花的日常；即便到今天，从浣花溪到青羊宫一路上的寻香道、杜甫草堂、百花潭等地方，依然是成都人赏花的极佳去处。被清水河滋养的，还有"三国文化胜地"武侯祠。以院子为中心的布局、竹影、红墙、小巷，至今倒映出成都人向往的生活方式。

现在的清水河（武侯段）沿线在实现水系、道路、绿化"三通"的基础之上，结合武侯三国文化、历史和景观特点，倾心打造涟漪广场、景观栈道、林荫台地等多处主题节点，突出营城筑景、厚植生态本底，进一步提升城市品质，改善人居环境，增加市民幸福指数，全力打造武侯水文化网红打卡地。

41. 南河干渠（武侯段）

地理位置：成都市武侯区
类型：堤坝渠堰闸
水文化遗产级别：Ⅲ级
形成年代：战国末期
存续现状：功能完好

南河，岷江都江堰分水河道走马河干渠，流至郫都区称清水河，至成都西郊望仙桥下与浣花溪、磨底河汇合后的水流称南河，绕成都西南，向东流去，与府河在合江亭汇合。

南河修建于战国末期，都江堰修建后，李冰开都江堰分成都二江，即郫江和流江（检江），形成了成都二江珥市的雏形。南河即流江（检江），为清水河干渠的后段部分，因水质优良适于濯锦，又称

濯锦江。今百花大桥以下宝云庵处大河湾，古代曾形成深潭，称为"百花潭"。民国时期百花潭建成公园后，河道加以规整，逐渐成为现今状况。历史上南河规模远比现代更大，在古代即为成都景观河道，马可波罗曾描写，"河面宽可达半哩，河中船舶周楫如蚁，运载着大宗商品，来往于这座古城"。

42. 江安河干渠（武侯段）

地理位置：成都市武侯区
类型：堤坝渠堰闸
水文化遗产级别：III级
形成年代：秦汉时期
存续现状：功能完好

江安河干渠是都江堰内江的四大干渠之一，起于仰天窝下180米的走江闸，顺金马河流向东南，是成都都江堰市与温江区、温江区与郫都区、金牛区与双流区等的界河，最后流入双流区境内，于二江寺注入府河，干渠全长106千米，正常引水流量68立方米/秒。

江安河干渠流经武侯区，形成新开江的3脉（支流），一脉注双流区城东迎春桥（河）；一脉注簸锦桥（河）又称簸锦江；一脉注金花桥（江安河），俱合于府河，经牧马山东入岷江（外江）。江安河流经旗桥地段习惯称马家河。

43. 三吏堰

地理位置：成都市武侯区
类型：堤坝渠堰闸
水文化遗产级别：Ⅲ级
形成年代：唐代
保存状况：功能完好

三吏堰起于川西营社区一组（三吏堰进水口）止于金娃路（武科西四路），河道全长2583米，由武侯区水务局管理。

三吏堰原名石笼堰，以筑堰时，所使用的石笼而得名，是江安河上一个著名的古堰。在清道光年间，有三位地方官，因为非常和谐地解决了民众的用水问题，而被传为一时佳话，后世的人们为了纪念这个事情，就把石笼堰改为三吏堰。

44. 金花堤

地理位置：成都市武侯区
类型：堤坝渠堰闸
水文化遗产级别：Ⅲ级
形成年代：三国蜀汉时期
保存状况：功能完好

金花堤，位于武侯区金花桥街道江安河村6组，金花映月街东，江安河北岸。金花堤的修筑主要功能是防洪导流，作为都江堰灌区水系之一的江安河主河道上河堤，它自筑成后一直发挥着重要作用。

金花堤始建于三国蜀汉时期，由诸葛亮主持修筑，后历代均加以修缮。现存河堤为清代所修。原堤为石竹笼修建，清咸丰年间（1851～1861）修缮时将河堤改为红

砂石条堤，1998年经改造加固，现河堤部分（基础部分）为旧石料所筑，尚存1500米。堤上建有石栏以护人畜安全，每岁末均有修葺。金花堤是成都除九里堤外唯一尚存的蜀汉河堤，具有独特的文物价值。

45. 肖家河（龙爪堰）

地理位置：成都市武侯区、高新区
类型：堤坝渠堰闸
水文化遗产级别：Ⅲ级
形成年代：秦代末年
保存状况：功能完好

　　龙爪堰起于西二环路清水河大桥下右岸，至华阳镇北汇入府河，河流长度18千米，也称肖家河。《华阳县志》云："明嘉靖三十六年（1557），蜀藩王于此筑石堰，截堵清水河水，分三股灌田，形似龙爪，故名。"肖家河北起广福桥，南至滨河路流入锦江，一路上，流经崇德园，穿过永丰立交，走过神仙树公园，行至锦城湖，在铁像寺水街逗留，这些地方，因为有水，而变得生机勃勃，因为有水，也成了诗情画意的地方。

　　肖家河和肖姓人家有着莫大的联系，河流位于城区西南部，以老地名肖家河得名，肖家河系龙爪堰支流下段，旁邻肖姓耕田户，习称肖家河。时光回溯，彼时肖家河沿岸因为有水的滋润而沃野遍布，古天府之国的富庶，因为有流水的浸润而得到了保障。

46. 府河干渠
（成华段）

地理位置：成都市成华区
类型：堤坝渠堰闸
水文化遗产级别：Ⅲ级
形成年代：唐乾符二年（875）
存续现状：功能完好

　　府河干渠，为岷江都江堰分水河道柏条河、徐堰河干渠流经成都市区部分的河道名称。府河从石堤堰枢纽府河进水闸进水，流经城区接收沱江河、南河、江安河汇水，至彭山江口镇汇入岷江的河道总称。府河始建于李冰开二江时期，唐乾符二年（875）高骈镇蜀时在成都二江珥市的基础上，筑罗城开府河，改郫江河道从府城下经过，与南河在合江亭处汇合，形成两江抱城之势，因成都府而称府河。

　　府河干渠（成华段）是锦江最重要的节点，景色优美，生态环境良好。府河成华段是锦江绿道建设中示范段，全长2.5千米，沿河建设慢行空间系统、亲水平台和临河管廊，铺装绿道，提升绿化，打造红星桥至339码头夜晚经济，沿锦江依次呈现成华公园"光影秀＋民俗文创夜市"、滨江"城市橱窗光影走廊＋熊猫主题展馆"等新体验型消费场景，实现生态价值向经济价值转化。

47. 沙河干渠
（成华段）

地理位置：成都市成华段
类型：堤坝渠堰闸
水文化遗产级别：Ⅲ级
形成年代：战国末期
存续现状：功能完好

沙河古称升仙水，属岷江水系，和府河、南河都是流经成都市的主要河道，被称为成都"三河"。沙河为府河左岸分支，起于成都市北郊洞子口，向东南流约3千米又分洗瓦堰、砖头堰。洗瓦堰是沙河干流，主要向成都东郊供水，为区内主要供水渠道。

沙河干渠全长22.223千米，河道最宽处55米，最窄处15.6米，平均水深4米，主要担负着东郊企业的生产供水、市民生活用水、沿河农田灌溉及城市东郊防洪排汛等任务，被称为成都的"生命河"。沙河全线着力打造了北湖凝翠、新绿水碾、三洞古桥、科技秀苑、麻石烟云、沙河客家、塔山春晓、东篱翠湖八大景点，称为"沙河八景"。

沙河成华段长约14千米，按照"治水十条"工作部署，成华区开展了以治理沙河下河口污水为重点的水环境综合治理工作，治理后的沙河水质明显提升，常年维持在地表Ⅲ类，奠定了公园城市建设生态基底。

48. 东风渠（成华段）

地理位置：成都市成华区
类型：堤坝渠堰闸
水文化遗产级别：Ⅲ级
形成年代：1956年
存续现状：功能完好

东风渠原名东山灌溉工程，引都江堰府河水自流灌溉成都市东、新都区南、龙泉驿区北、毗河以南至龙泉山西麓丘陵地带，包括龙泉驿区平坝丘陵，并提水灌溉部分深丘山区农田。东风渠（成华段）由人工挖掘而成，渠宽约50米，水深约4米。

东风渠是成都市中心城区长度最长的河道，流经区域以二环和三环及三环之外为主，东风渠是条"黄金渠道"，流经郫都区、金牛区、成华区、龙泉驿区、仁寿、简阳等县区，总干渠全长54.3千米，是成都市区、龙泉、仁寿及简阳等区（市）县沿线的工业、农业生产用水和城乡人民生活用水的重要水源。

东风渠成华段共长12.2千米，由北向南贯穿全境，是沿线工农业生产和居民生活的重要水源。成华区正在以河道带为轴，启动沿东风渠两岸、纵深200米、总面积4.8平方千米的东风渠生态绿带建设工程。

49. 东风渠北干（成华区）

地理位置：成都市成华区
类型：堤坝渠堰闸
水文化遗产级别：Ⅲ级
形成年代：功能完好

东风渠是成都市中心城区长度最长的人工河道，流经区域以二环和三环及三环之外为主，东风渠是条"黄金渠道"，流经郫都区、金牛区、成华区、龙泉驿区、仁寿、简阳等县区，是成都市区、龙泉、仁寿及简阳等区（市）县沿线的工业、农业生产用水和城乡人民生活用水的重要水源。东风渠便是灌溉养育成都东边区（市）县的主要水利工程。东风渠原名东山灌溉工程，都江堰府河引水自流灌溉成都市东、新都区南、龙泉驿区北、毗河以南至龙泉山西麓丘陵地带，包括龙泉驿区平坝丘陵，并提水灌溉部分深丘山区农田。

1951年春，川西水利局规划东风渠引水工程，自郫都区安靖乡（原名两路口）府河左岸引水穿凤凰山北，沿岷沱两江分水岭南入龙泉驿区，分灌龙泉山东面西江河流域及西面芦溪河流域，再开凿隧洞穿过龙泉山，灌溉沱江以西丘陵地区，是省内一项大型引水工程。东风渠引水工程于1956年3月动工，总干渠自镇沙桥至南北闸长11千米，北干渠35.9千米，4月8日正式通水，当年实灌成都市郊，新都区木兰、泰兴两乡及金堂部分农田共9万余亩，为第一期工程。东风渠向成都市新都区、青白江区输水的北干渠，是都江堰灌区向丘陵灌区送水的输水通道，它是支撑地区经济繁荣和社会发展的重要基础设施。

50. 南河干渠
（锦江段）

地理位置：成都市锦江区
类型：堤坝渠堰闸
水文化遗产级别：Ⅲ级
形成年代：战国末期
存续现状：功能完好

　　南河干渠为都江堰内江渠系走马河 - 清水河干渠的后段部分，前身为古代流江，因水质优良，适于濯锦，又称濯锦江，简称锦江。

　　南河干渠起自成都市区一环路外望仙桥至合江亭南河口，总长5.63千米，一般渠宽43米。历史上南河规模远比现代更大，马可波罗曾描写，河面宽可达半哩（800余米），河中船舶周楫如蚁，运载着大宗商品，来往于成都城。今百花大桥以下宝云庵处大河湾，古代曾形成深潭，称为"百花潭"。成都历代游乐活动丰富，踏青、十二月市盛行，其中最盛大的游乐活动 - 浣花大游江，主要就集中在南河河段。

　　南河从南门桥处进入锦江区境内，经锦江桥、复兴桥顺流而下，在合江亭处与府河交汇，现在是成都市区景观河段。

51. 沙河干渠
（锦江段）

地理位置：成都市锦江段
类型：堤坝渠堰闸
水文化遗产级别：Ⅲ级
形成年代：战国末期
续现状：保存良好

　　沙河古称升仙水，属岷江水系，和府河、南河都是流经成都市的主要河道，被称为成都"三河"。沙河为府河左岸分支，起于成都市北郊洞子口，向东南流约3千米又分洗瓦堰、砖头堰。洗瓦堰是沙河干流，主要向成都东郊供水，为区内主要供水渠道。经驷马桥向东、穿越东郊腹地，后逐渐转向西南，于南郊返回府河。1954～1957年间，在原有小沙河的基础上改造和扩建而成了全长22千米。

　　沙河干渠（锦江区）萃锦东路至萃锦西路段紧邻二环路，河道围绕东湖公园沿线进入府河。沙河萃锦东路至萃锦西路段为市民游客休闲娱乐的游憩河段，位于府河东湖河滨路段，全长约2千米。

52. 石牛堰

地理位置：成都市锦江区
类型：堤坝渠堰闸
水文化遗产级别：Ⅲ级
形成年代：清代
存续现状：功能完好

石牛堰渠挨着新九眼桥，属于锦江河段，全长约为4.6千米，能够看到望江楼锦江河堤的每一百米立一石人和石牛的景象。

石牛堰在明代叫万年堤，雍正《四川通志》有载：万年堤，在华阳县东河岸，长三百余丈，置石人、石牛各九，盖前人以之镇水患者。清代之后被称作洗瓦堰，沿着河堰，堤坝上以石人、石牛间隔而立的方式，共置有九具石人、九头石牛。

53. 溥利堰

地理位置：成都市青白江区
类型：堤坝渠堰闸
水文化遗产级别：Ⅲ级
形成年代：清乾隆十二年（1747）
存续现状：功能完好

溥利堰，又称博利堰、普利堰、傅利堰，金堂青白江各地叫法不同，渠首位于青白江区城厢镇白贯村第5组，以南为陈家河，以北为贯子山。溥利堰造型科学性强，兼具闸门和桥梁的作用，原渠首取水闸门全部为红色砂岩筑造，20年代初末进行了现代改造。除去两边桥台外，底部为4根圆柱形红色砂岩桥墩基石，直径大致为1.1米，上部桥面为预制板桥面和栏杆，为单侧栏杆，栏杆高1.2米。

溥利堰始建于清代，乾隆十二年（1747），张南瑛任金堂知县。他理政特别注重水利，经常巡行乡村，一旦发现灌溉渠系有壅塞之处，立马组织疏浚，以维护堰道畅通、安全。县内大河湾地方，方圆十里许，地势较平坦但却没有灌溉水源，居民只能种点儿豆麦等低产旱作物。张知县亲往踏勘，考察地宜，测量高下，作出设计，确定绕冠紫山南开凿沿山渠道，接引绣川河水，灌注大河湾一大畈耕地。乾隆十九年渠成，命名为"溥利堰"。嘉庆《金堂县志》载：由于有了溥利堰，"开粮田数千亩，上乡余水，尽汇于此，源长派远，至今无荒年"。当地百姓在溥利堰灌区内的关王庙、普光寺内，供奉邑侯张南瑛的神位，四时祭祀。

溥利堰后人皆有维修，横跨绣川河两岸。1959年和1964年，修建和扩建贯子山电站时，注浆砌条石截留墙，加固加高渠首工程，全面扩大渠道，枯水期又在毗河筑临时坝引水入渠，使最大引水流量增至每秒20立方米，供给贯子山电站（原装机720千瓦）水源，尾水分道入毗河和青白江。据"三查三定"资料，溥利堰干渠长6.66千米，有效灌溉面积1.01万亩，其中青白江区0.24万亩，金堂县0.77万亩，属都江堰灌区，由东风渠管理处金堂管理站负责管理。

54. 毗河（青白江段）

地理位置：成都市青白江区
类型：堤坝渠堰闸
水文化遗产级别：Ⅲ级
形成年代：战国末期
存续现状：保存完好

毗河为沱江Ⅲ级支流，水源来自岷江，上段为柏条河、徐堰河，通过都江堰枢纽蒲柏闸分流，向东南至郫都区石堤堰始称毗河。自新都邵家寺入青白江区境，流经祥福、姚渡、城厢等镇、在祥福镇康家渡于左岸纳羊叉河水，在接龙村于右岸纳西江河水，在城厢镇沿沱村于左岸纳绣川河和长流河水，流向金堂赵镇，最终汇入沱江。毗河在青白江境内流长17.5千米，平均河宽155米，水深3.5米，比降1.32‰，过洪能力800立方米/秒，特大洪水2000立方米/秒，青白江区境集雨面积141.5平方千米，多年平均流量27.34立方米/秒。

毗河不仅是都江堰渠系的灌排两用河道，而且是成都平原的主要排洪河道之一，因历史变迁，具平原河道蜿蜒曲折、河床不稳定的特征。由于河道比降平缓、洪期泥沙淀积、沿岸多边滩。洪枯水位变幅大，冬春流量一般4立方米/秒，而汛期最大可达2000立方米/秒。洪水袭来，河床宣泄不畅、致沿岸常遭洪水危害。特别是青白江境内的5个河心洲坝尤烈。毗河是都江堰系统中灌区引水的水源，东风渠青白江丘陵灌区内引取毗河水源的支渠共六条，分别为龙门堰、幸福堰、祥福渠、粉后堰、石龙堰、溥利堰。毗河历史上曾通航，青白江丘陵灌区引船上达都江堰市胥家湾、中至郫都区三道堰、新都二江沱，下达赵镇、进入沱江干流。

55. 红花水库引水渠

地理位置：成都市金堂县
类型：堤坝渠堰闸
水文化遗产级别：Ⅲ级
形成年代：20世纪70年代
存续现状：成都市第十八批
历史建筑保护名录

红花水库引水渠位于金堂县竹篙镇风岭村1组，是一座长达280米，跨度28米，高18米的大跨度拱式渡槽，这是金堂县水利建设的一个重要示范建设之一。水渠形态优美，采用传统红沙石与现代钢筋混凝土结合方式，都架在高大的石砌券拱上，巨大的墩柱与精巧的圆拱相结合，刚柔并济，简约中透着庄重，如一道跨越时空的门槛。红花水库引水渠作为近现代水利工程的一大产物，利用蓄水放水带动水轮泵机组抽水，将水引至二十余米高处至红花水库，不额外使用电力，有一定的科研价值。红花水库引水渠的出现解决了原九龙乡片区农业灌溉用水的难题，为群众解决实际灌溉用水1.5万多亩，保障1万多群众的生产生活用水。

成都市《第十八批历史建筑保护名录》31处具有历史文化价值的建（构）筑物中，金堂县竹篙镇红花水库引水渠位列其中。目前，成都市已认定公布历史建筑314处，而"引水渠"类重要水利设施建筑则是首次出现。

56. 九龙滩提灌站

地理位置：成都市金堂县
类型：堤坝渠堰闸
水文化遗产级别：Ⅲ级
形成年代：1969年
存续现状：功能完好

　　九龙滩提灌站地处金堂县淮口镇，以沱江为水源，位于龙泉山以东，沱江与资水河之间。灌区范围东以资水河为界，西至清溪河右岸，北靠中江县境，南抵简阳市境内。九龙滩提灌站现有35千伏变电站1座，提水泵站5座，总装机容量4669千瓦；有总干渠、南干渠和北干渠三条干渠，干支渠总长164.22千米，其中：总干渠长13.95千米，南干渠长33.77千米，北干渠长5.6千米。

　　九龙滩提灌站于1969年初步建成，在不断加强管理、改善用水方法的情况下，不断扩大灌溉面积，到1989年共灌16个乡、120个村，有效灌面达17.96万亩。九龙滩续建配套改造工程后，分4级5处建站，一级站站址位于九龙滩，二级站站址位于白庙子、观音堂，三级站站址位于黑黄寺，四级站站址位于猫儿湾。九龙滩灌区设计灌面达到34.54万亩，控灌淮口、三溪、高板、平桥、竹篙、白果、隆盛、赵家、福兴、金龙龙等10余乡镇，极大提高了输水能力，减少了输水损失，保障了九龙滩滩区灌溉用水，为灌区社会经济可持续发展做出了成绩。

57. 龙爪堰（高新区）

地理位置：成都市高新区
类型：堤坝渠堰闸
水文化遗产级别：Ⅲ级
形成年代：秦朝末年
存续现状：功能完好

　　成都平原有很多建造历史久远的古堰，其中龙爪堰建成于秦朝末年。"明嘉靖三十六年，蜀藩王于此筑石堰，截堵清水河水，分三股灌田，形似龙爪，故名龙爪堰。"清水河从西方奔流而来，到了龙爪堰就分成了三条河，左岸是有名的浣花溪，右岸是流向双流方向灌溉农田的龙爪堰，分10条斗渠分灌农田，东边是下接南河的干河主流清水河。另外，还有一条不宽的小河在浣花溪进水口上游不远处汇入清水河，它叫二环路排洪沟。

　　龙爪堰起于成都市二环路清水河大桥下，东南流经高升桥、肖家河转南流经神仙树、石羊场、铁像寺，至华阳镇北汇入府河，河流长度18千米。

58. 东风渠（龙泉驿段）

地理位置：成都市龙泉驿区
类型：堤坝渠堰闸
水文化遗产级别：III级
形成年代：1956年
存续现状：功能完好

东风渠原名东山灌溉工程，都江堰府河引水自流灌溉成都市东、新都区南、龙泉驿区北、毗河以南至龙泉山西麓丘陵地带，包括龙泉驿区平坝丘陵，并提水灌溉部分深丘山区农田。东风渠龙泉驿段位于十陵街道青龙湖湿地公园内及附近。

东风渠引水工程原名东山灌溉工程，是中华人民共和国成立后引都江堰府河水灌溉成都东部区市县的重要水利工程，属引、蓄、提相结合的灌溉系统。东风渠是成都市中心城区长度最长的河道，流经区域以二环和三环及三环之外为主，东风渠是条"黄金渠道"，流经郫都区、金牛区、成华区、龙泉驿区、仁寿、简阳等县区，渠道全长54.3千米，是成都市区、龙泉、仁寿及简阳等区（市）县沿线的工业、农业生产用水和城乡人民生活用水的重要水源。

1951年春，川西水利局规划自郫县安靖乡（原名两路口）府河左岸引水穿凤凰山北，沿岷、沱江两江分水岭南入龙泉驿区，分灌龙泉山东面西江河流域及西面芦溪河流域，再开凿隧洞穿过龙泉山，灌溉沱江以西丘陵地区，是省内一项大型引水工程。第一期工程于1956年3月动工，4月8日正式通水，当年实灌成都市郊，新都区木兰、泰兴两乡及金堂部分农田共9万余亩，其中北干渠北支一入龙泉驿区西河镇（当时为华阳县西河乡），控灌区境耕地1689亩。1956年10月开工的第二期工程，主要灌溉今龙泉驿区耕地，总计33.6万亩。

59. 东风渠（东部新区段）

地理位置：成都市东部新区
类型：堤坝渠堰闸
水文化遗产级别：Ⅲ级
形成年代：1970～1980年
存续现状：功能完好

成都市东部新区空间范围包括简阳市所辖贾家、养马、三岔等15个镇（街道）所属行政区域，面积共计920平方千米。东部新区全域皆在东风渠第六期扩灌工程灌溉范围内，本次普查称东风渠（东部新区段）。

东风渠第六期扩灌工程，属四川都江堰灌溉系统在龙泉山东的丘陵灌区，位于沱江以西东部新区境内。工程分四个阶段，第一阶段为龙泉山引水工程，1970年2月动工，1973年8月竣工。第二阶段为配套工程，1972年11月动工，1975年春完成。第三阶段为三岔水库工程（总库容2.287亿立方米），1975年3月动工，1978年2月竣工。第四阶段为石盘水库工程（总库容6960万立方米，主要建筑物为3级），1977年8月动工，1980年10月竣工。东风渠六期扩灌工程总面积1151.56平方千米，耕地83.07万亩，占全县耕地的53.58%，有农民17.51万户，68.98万人。年引水量3.7亿立方米，其中引入岷江水量2.79亿立方米，占总引水量的75.5%。

东风渠（东部新区段）包含龙泉山引水隧洞、张家岩水库、渠系、三岔水库和石盘水库五大系统工程，均保护较好，使用正常。配套渠系按照干渠、支渠、斗渠、农渠、毛渠设置，并随引水、蓄水主体工程修建配套修建了许多的小型水利设施，在东部新区范围内，分布着多个十几米长到长数千米的渡槽，根据灌区管理部门统计，仅仅干渠和支渠上就分布有各类渡槽66座，其中高空架设、跨越农田的渡槽兼具实用性和观赏性。

60. 东风渠（简阳段）

地理位置：成都市简阳市
类型：堤坝渠堰闸
水文化遗产级别：Ⅲ级
形成年代：1970～1980年
存续现状：保存完好

东风渠（简阳段）指东风渠从龙泉山隧洞引水进入简阳境内，先进入张家岩水库，北侧建北干渠至石盘水库，后经养马干渠灌溉东北部乡镇；右侧经充水南干渠引水至三岔水库，后经低南干渠、高南干渠、简资干渠、江源干渠灌溉简阳全区。灌区的配套渠系按照干渠、支渠、斗渠、农渠、毛渠设置，并随引水、蓄水主体工程修建配套修建了许多的小型水利设施。

东风渠在简阳境内，主要分布第六期扩灌工程，属四川都江堰灌溉系统在龙泉山东的丘陵灌区，位于沱江以西东部新区境内。工程分四个阶段，第一阶段为龙泉山引水工程，1970年2月动工，1973年8月竣工。第二阶段为配套工程，1972年11月动工，1975年春完成。第三阶段为三岔水库工程，1975年3月动工，1978年2月竣工。第四阶段为石盘水库工程，1977年8月动工，1980年10月竣工。东风渠六期扩灌工程总面积1151.56平方千米，耕地83.07万亩，占全县耕地的53.58%，灌溉范围内有农民17.51万户，68.98万人。年引水量3.7亿立方米，其中引入岷江水量2.79亿立方米，占总引水量的75.5%。龙泉山引水隧洞、张家岩水库、渠系、三岔水库和石盘水库五大系统工程保护较好，使用正常。

61. 鸡公山 提灌站

地理位置：成都市简阳市
类型：堤坝渠堰闸
水文化遗产级别：Ⅲ级
形成年代：1971年
存续现状：2017年改建，功能完好

鸡公山提灌站位于简阳市石钟镇长沟村2社，是简阳最大的提灌站，以沱江为水源，提灌站主体为一圆柱形小楼，直径20米，外观为灰白色浆砌石结构，输水管道5条，办公用房1栋。

鸡公山灌区于1971年由原红塔区委牵头，由石钟、黄连、新合三个乡修建而成，后期平武乡加入，1972年投产，装机容量345千瓦。灌溉面积38036亩，其中水田8368亩，主渠长8.5千米。渡槽4座，全长345米，隧洞9个长780米。到1979年，电灌站规模扩大，灌区扩展为红塔、三星、禾丰各区的十二个乡镇。2017年底，鸡公山提灌站改造，改建后的鸡公山提灌站总装机2865千瓦，主干渠11.72千米，分干渠、支渠、斗渠全长超过100千米，设计灌溉面积11.32万亩，目前常年实际灌面3.12万亩，主要流经青龙、平武、射洪坝、东溪、石钟、三合、踏水、禾丰镇，受益人口18.5万人。

62. 二仙桥遗址

地理位置：成都市成华区
类型：桥涵码头
水文化遗产级别：Ⅲ级
形成年代：清道光五年（1825）
存续现状：遗址

二仙桥，又名遇仙桥，原位于二仙桥北一路，最早在修建成都木材防腐厂时就已经拆除，但桥名作为地名保留了下来。

二仙桥建于道光五年（1825），光绪二年（1876）重修，民国七年（1918）培修，石拱单孔式，可行汽车，是旧时成都北门至龙潭寺乡村道路上的一道桥梁。关于二仙桥名称的由来，有这样的传说：相传古时成都为繁华之地，上元时节满城人都会出来赏花灯。一学士被时不时传来的阵阵笑声与乐器之音所吸引来到桥边，看到摇曳的枫树下有两人在吟诗作对，仔细一看正是传说中的八仙之吕洞宾和韩湘子……一时间，二仙到成都府的消息传开，大家都来桥边看此二人，但二人很快就在众目睽睽之下羽化不见，故此桥得名"二仙桥"。此桥早在修建成都木材防腐厂（在今二仙桥北一路）时就已经拆除，但桥名作为地名保留了下来。

63. 红星桥
（成华区）

地理位置：成都市成华区
类型：桥涵码头
水文化遗产级别：III级
形成年代：清代
存续现状：1954年重建，功能完好

　　红星桥又称一号桥，横跨府河，位于成华区府青路街道李家沱社区府青路一段红星路上，是成都金牛区、成华区、青羊区、锦江区等4个区的交界处，也是成都城区唯一的一个"四交点"。桥长110米，桥头有一块写有红星桥的石碑。

　　红星桥始建于清代，原为木桥，后逐渐消失不在。20世纪50年代，成都东郊逐渐发展成为工业集中区，成都市政府在府河上规划设计修建三座木桥，其中一座，就是这座连接市中心和东郊工业区、八里庄火车货站的红星桥。由于这三座木桥中，这座桥最先施工，就编号为"一号桥"。从1954年建成到1959年，这桥还保持着"一号桥"这一接地气的名字。直到1961年，它改建成钢筋混凝土大桥后，才借着红星路的光，有了新名字。桥作为一种交通便利了居民与车辆的流动，桥的两头都临近居民区，人口流动性高。

64. 东风大桥

地理位置：成都市成华区
类型：桥涵码头
水文化遗产级别：Ⅲ级
形成年代：20世纪60年代
存续现状：功能完好

东风大桥始建于20世纪60年代，位于成华区红星路路口至望平街路口的路段，横跨府河。20世纪五六十年代，望平街至水碾河的路段是泥土路面的农村公路。雨天泥泞不堪，车轮碾压形成的沟坎被太阳晒干后就像横在路面的刀锋。群众称之为"天晴一把刀，下雨一包糟"。1958年成都开始修建东风路，分西、中、东三段修建，东风大桥就在这个阶段修建。桥中间是宽敞的车道，两侧是人行道。桥栏用水磨石打造。沿途高挑的路灯成为分隔快慢车道的隔离带，灯柱与灯柱之间是大小均等的造型植物。六十年代困难时期，东风大桥上开设夜市，常有二三十个摊贩，售卖食品、工作服、胶鞋、布鞋、翻毛皮鞋、小五金等商品。

65. 江安河干渠（温江段）

地理位置：成都市温江区
类型：堤坝渠堰闸
水文化遗产级别：Ⅲ级
形成年代：秦汉时期
存续现状：功能完好

　　江安河干渠，又称新开江或新开河，属于都江堰内江灌溉干渠，主要担负灌溉输水任务。干渠从北至南呈曲线状，长95.8千米，过水能力154立方米/秒，分出支渠26条，斗渠196条，控灌农田31.27万亩。江安河起于走江闸，顺金马河流向东南，是成都都江堰市与温江区、温江区与郫都区、金牛区与双流区等的界河，最后流入双流区境内，于二江寺注入府河。

　　江安河干渠（温江段）自寿安镇东岳社区界牌入境，流经寿安、万春、柳城、公平、涌泉5镇（街道），于涌泉街办共耕社区黑沱子出境入双流区，在区境内流程40.71千米，占地面积67.2公顷，河道断面宽21米至59米，平均比降2.87‰。历史上，江安河干渠是温江东、北部的主要灌溉河道。

　　"江安"二字的寓意是："旱不病涝，水不病潦，江水为安。"江安河担负了流经区域的灌溉和排洪任务，滋养着两岸人民。古蜀时代，鱼凫氏即在这片区域生产生活。至今，江安河温江流域中分布着许多文化遗迹，尤其是在万春镇和公平街道最为集中。

66. 大朗堰

地理位置：成都市温江区、双流区、新津区
类型：堤坝渠堰闸
水文化遗产级别：Ⅲ级
形成年代：清顺治十七年（1660）
存续现状：功能完好

　　大朗堰又名大朗河、沙滓河，为人工开挖的古渠道，自温江区金马河左岸引水，开渠百余里，主渠和支渠全长18千米，自流灌溉温江、双流、新津三区田68000余亩。

　　大朗堰始建于清顺治十七年（1660），为驻双流县三圣寺大朗和尚募化开修。中华人民共和国成立后都江堰渠系改造，干渠进水口不断上移，1958年一度并入杨柳河，起水于温江区洞子口。1970年进水口上移至三渡水大桥以下1.5千米处倒石桥。1971年渠系改造，起水仍在三渡水桥下1.5千米处，向南直下，横开左分支渠二条：倒石桥支渠及二支渠，皆起水于温江区金马乡，自西向东下汇入杨柳河，渠长31.28千米，过水能力12立方米/秒。

67. 清水河干渠
（温江段）

地理位置：成都市温江区
类型：堤坝渠堰闸
水文化遗产级别：Ⅲ级
形成年代：战国末期
存续现状：功能完好

    清水河干渠系走马河正流，为成都锦江上游主流，属灌溉干渠。自都江堰市城关天乙街起水，经都江堰市至郫都区友爱镇两河口分左右两支，左为沱江河，右为清水河。

    清水河（温江段）由郫都区毛家桥入温江境内，至永宁镇田家桥下出区境。境内灌区分属万春、公平、永宁3镇（街道），分别由红旗渠、团结渠、天王堰3条支渠引水，支渠总长12.6千米，灌溉温江区3586.6公顷耕地。清水河（温江段）境内流长3.2千米，占地面积10公顷，河道宽30米，平均比降2.5‰。最大流量24.5立方米／秒，最小流量12.6立方米／秒，排洪量200立方米／秒。清水河（温江段）生态环境良好，2019年测定清水河温江断面为二类水质。

68. 金马河（温江段）

地理位置：成都市温江区
类型：堤坝渠堰闸
水文化遗产级别：Ⅲ级
存续现状：功能完好

金马河为岷江干流，排洪河道，上起都江堰青城大桥，下至新津红岩子，河段长79.19千米，落差260米，平均河宽300～500米，平均坡降3.78‰。金马河古称郝江，又名皂江、正南江。

金马河（温江段），自寿安镇东岳村入境，流经寿安镇、和盛镇、天府街道、金马街道4个镇街，于金马街道粮米渡出境入双流区，境内流程34.92千米。1957年江安河、杨柳河改从内江起水后，金马河专司泄洪，成为都江堰的主要排洪河道，是基本定型的岷江正流。近年来，温江区按照"边滩固脚＋亲水步道＋生态护坡＋堤顶绿道"的型式，共建设生态堤防约16千米。

清初，金马河在温江玉石堰下与石鱼河分流，时为小河。清末，羊马河是岷江干流，或有羊马大河之称。民国二十二年岷江暴发大洪水后，金马河河床冲宽，变成岷江正流。中华人民共和国成立后，人民政府整修水利，扩大都江堰灌溉面积，把外江引水的河道改为从内江起水，金马河变成了岷江的排洪河道。

69. 杨柳河干渠（温江段）

地理位置：成都市温江区
类型：堤坝渠堰闸
水文化遗产级别：Ⅲ级
形成年代：隋代
存续现状：功能完好

杨柳河（温江段）位于金马河以东，自西北向东南经寿安镇、万春镇、和盛镇、柳城街办、天府街办、涌泉街办、金马镇。始建于经隋代蜀王杨秀时期，是川西重要的水运交通干线和枢纽，是温江区境中部的排、灌兼用河道，从北至南呈反"7"字状。

杨柳河（温江段）自玉石乡江安村起，到柳林乡新桥村出境入双流区，流程23.5千米，占地面积368亩，河道断面宽2～16米，平均比降1‰，灌溉面积50736亩。最大流量120立方米/秒，最小流量12立方米/秒，最大排洪量160立方米/秒。河道分为上下两段，上段白玉石乡江安村起至柳城镇西游家磨，流长16.5千米，主要排泄地下水和区间降雨；下段从游家磨至柳林乡新桥村，流长7千米，排灌兼备。

70. 玉石堤

地理位置：成都市温江区
类型：堤坝渠堰闸
水文化遗产级别：Ⅲ级
形成年代：明代
存续现状：功能完好

玉石堤，又名堰棚子，是岷江正流金马河东岸的著名重点防洪工程，位于寿安镇汪家湾社区境内。

玉石堤始建于明代，由时任县令李端主持修建，在清、民国皆有加固重建。民国二十六年（1937）大修后，截至1949年，十二年未加疏浚，河床淤积，水势横流，扬武堰常受洪旱威胁；1951年，在党的"重点岁修"方针指引下，彻底整修了玉石堤，改善扬武堰引水方式，加固扬武堰惠政、杨柳两堤；1957年，改杨柳河进水口于江安河骆家滩起水，延伸玉石堤埂，封闭旧扬武堰口。工程上采取深挖基，立石钉埂，用沉排、木笼护基，堤内新建200余米土堤；1962年浆砌一支水，从而抵御1964年洪峰袭击；1968年玉石堤全部改筑混凝土浆砌卵石埂，堤长1070米；1981年玉石堤洪水毁损一段后采用铅丝笼整修，进一步更增强了抗洪能力。

71. 马坝河

地理位置：成都市温江区
类型：堤坝渠堰闸
水文化遗产级别：Ⅲ级
形成年代：古蜀时期
存续现状：功能完好

　　马坝江，又称马坝河，流经温江境内，自新开江止水庙东黄土堰到石柱坝（今永宁镇境内）分为二支，东为东溪，西为螺溪，全长三十八华里。马坝河拥有四千多年的历史。相传很早以前马坝江是岷江的一大支流，后来由于新开江的开凿，河面和流量逐年缩小，到了元朝初年，才在新开江修筑黄土堰，分水入马坝江，以缓解下游灌溉的紧张状况。

　　《元史·河渠志》：鹿角之北涯，有渠曰马坝，东流至成都，入于南江。渠东行二十余里，水决其南涯四十有九，每岁疲民力以塞之。乃自其北涯凿二渠，与杨柳渠合，东行数十里，复与马坝渠会，而渠成安流。《温江县志》民国版本载：马坝江，新开河自全集乡黄土堰（即今寿安乡止水庙）分水，经过袁家湾，又流经吴家场，入太平乡（今永宁镇）。

72. 青白江干渠（彭州段）

地理位置：成都市彭州市
类型：堤坝渠堰闸
水文化遗产级别：Ⅲ级
形成年代：秦汉时期
存续现状：功能完好

青白江干渠为沱江二级支流，蒲阳河干渠的下段，水源来自岷江，通过都江堰枢纽蒲柏闸分流，上段为蒲阳河，向东至彭州市长寿桥始称青白江。

《元史·河渠志》载："崇宁万工自北以东过清白，东入于彭汉之间"。在明代时，青白江仅累江一小埝，在明嘉靖十九年（1540）改道为主河后始称为"江"。

又据清光《彭县志水利志·渝江水道记》载，当时的河道流经是："自新开河分水，河口宽一丈七尺五寸，右经花桥，其下合西山所出马槽沟、石桥沟为泉水河，再下经回蓝场杨家店、涌山子之东，历崇、彭二县界，至丽春场西，由东南向，历二厘九分，左分连境，入崇宁。再流经三里至合江桥，又二里一分，注入蒲阳河"。民国二十八年（1939）《彭县灌区略图》，该河在丽春场西，今2514厂位置处。其下游在合江桥注入蒲阳河，小地名石坝子。以后丽春段河道向西迁约600米。1953年人民渠一期工程修建时，在此建有平交工程，排泄洪水。末段河道由石坝子上迁约一千米，在桃花滩汇流。1971年都江堰灌区渠系改造后，此河仍保留作排除区间径流河道。末段河宽10～20米，渠改后由新开的清白支渠灌溉，至人民渠止全长12.5千米。

73. 万工堰

地理位置：成都市彭州市
类型：堤坝渠堰闸
水文化遗产级别：Ⅲ级
形成年代：元代
存续现状：功能完好

万工堰又名万弓堰，位于彭州市三界镇红家村境内，最早记录见于元《大元敕赐修堰碑》"南江自利民台，有支流东南出万工堰。又东为骆驼，又东为水碓口，绕青城而东"。"外江东至崇宁，亦为万工堰。堰之支流，自北而东为三十六洞，国清白堰，东入于彭、汉之间"。在《彭县志·水利》（89版）中有这样的记载，"元、明修崇宁万工堰和'彭县万工堰'……"。相传，在罗万（今属三界镇）境内有金、银、铜等三大泉水，金泉是三大泉中最大的。其泉水质好、泉口大、水量充沛。它，形如无数的弓箭卧于泉口之下，向上喷射。于是，筑坝建堰蓄水，取名"万弓堰"。后来，当地的百姓感念筑堰工程量大，施工人数多，施工条件十分艰苦，故改名"万工堰"。

万工堰距今已有700余年历史，中华人民共和国成立后，古堰不断得到改造和扩建，使之成为彭州市三界镇红家、春山，什邡市马井镇红星等村上万亩农田灌溉和村民生活的水源之地。

74. 东风渠（双流段）

地理位置：成都市双流区
类型：堤坝渠堰闸
水文化遗产级别：Ⅲ级
形成年代：1957年
存续现状：功能完好

　　东风渠原名东山灌溉工程，是中华人民共和国成立后引都江堰水灌溉丘陵地区农田的一条干渠，灌区分布在锦江以东，毗河以南，鄢江河以北，龙泉山脉两侧的一片浅丘地带。总干渠进水口位于郫都区安靖乡高桥下。总干渠又分为北、东、老南、新南等四条干渠。新、老南干渠流经双流区境，控灌双流区新兴、中和、万安、华阳、正兴、白沙、兴隆、煎茶、籍田、太平、合江、永兴、三星、大林、永安、黄龙溪镇田地31.41万亩，其中：自流灌溉16.86万亩、提灌5.60万亩、旱地8.95万亩。

　　东风渠建设工程经历了六期：一、二期工程为基建项目；三、四、五、六期工程属民办公助性质。双流县组织民工承担了二、三、四期和扩建工程。东风渠建成后，提高了双流县东山丘陵地区农田灌溉保证率，促进了农业生产的发展。东风渠一期工程完成后，于1957年4月29日正式成立东山灌溉管理处。双流区设站，支渠设管理委员会。华阳县境设东山灌溉管理处第四站，1960年改为东山灌溉管理处第七站。1966年东山灌溉管理处更名为东风渠灌溉管理处，第七站改为东风渠灌溉管理处七站。1979年又更名为东风渠管理处双流二站。

75. 官堰（双流区）

地理位置：成都市双流区
类型：堤坝渠堰闸
水文化遗产级别：Ⅲ级
形成年代：明代
存续现状：功能完好

官堰位于双流区黄龙溪镇川江村1组，西南距大佛寺600米。始建于明代，具体时间不详。官堰呈东西向分布，横跨鹿溪河，全长61.8千米，宽2米，均用红砂岩条石砌筑，上下分为4层台阶状，底三层已经被淤泥掩埋。官堰上共58个石墩，主要供当地居民行走过河，现其中2个已被损坏。官堰的修筑为当地居民生活用水提供了保障，至今仍在使用。官堰是留存至今为数不多明代修建的仍在使用的水利设施之一，对研究川西地区明代水文、水利情况具有重要的意义。

227

76. 安公堤

地理位置：成都市天府新区
类型：堤坝渠堰闸
水文化遗产级别：Ⅲ级
形成年代：清乾隆九年（1746）
存续现状：中华人民共和国成立后整修，功能完好

　　安公堤位于天府新区华阳街道。府河流经望江楼后，经中和场（今高新区）、中兴场（今天府新区），历史上为自然河岸。乾隆九年（1746）府河大洪水后，华阳县令安洪德为保护华阳场镇安全，于乾隆十三年（1748）主持修建防洪土堤，长约1000米，百姓感其恩，称之为"安公堤"。建堤后，经多次扩建、整治，安公堤已形成一道从秦家坝至通济桥之间长约3000米的土堤。民国三十六年（1947）的特大洪水，中兴场惨遭重创，该年8月4日《新新新闻》刊登今日新闻社的特写《洪水洗劫的府河》称，中兴场"全镇均遭淹没，街上人家无一幸免"。汹涌的洪水使安公堤溃决，府河在此改道，民国三十七年（1948）华阳县水灾赈济会组织修复堤防。民国三十八年（1949）的洪水，又将安公堤冲垮110多丈。中华人民共和国成立后，人民政府组织沿河群众对安公堤加高加固，并形成岁修制度。

　　为了纪念安公学习安公精神，双流县人民政府1990年已将土堤全部重建为浆砌条石堤防，之后在堤顶建成滨河公园安公广场，堤北端有碑亭志记，广场面积约4800平方米，也是当地居民饭后休闲和锻炼的绝佳去处。

77. 龙居堰

地理位置：成都市蒲江县
类型：堤坝渠堰闸
水文化遗产级别：Ⅲ级
形成年代：明代
存续现状：功能完好

龙居堰位于蒲江县鹤山街道五龙村，南距双福桥300米。龙居堰坎长数十米，宽4米，从北岸开渠引水，渠长2000米，灌溉农田1600余亩。横跨两岸，蒲江河水穿堰墩而过，雨季水势汹涌时，坝堤有效地缓解水流，确保一方百姓安全。

龙居堰于明代修建，明正德十三年（1518），《四川志》："蒲江县有龙居堰"，为研究蒲江地区明代水利史提供了实物资料。现已修建成水泥堰，堰埂斜断蒲江河，仍保留南北走向的石墩。现今龙居堰不仅充分发挥其水利作用，也是两岸的交通要道。堰堤两岸植被原始且丰富，成片果树、茶陇因为其得天独厚的浅丘地域特点此起彼伏，间或特有保护树种马尾松点缀其间，传统农家小院宁静，可体验到简单自然的农家生活，悠然自得的乡村自然风貌也可尽收眼底。

78. 通济堰水渠（解放渠）

地理位置：成都市新津区
类型：堤坝渠堰闸
水文化遗产级别：Ⅲ级
形成年代：西汉（前141）
存续现状：1985年整治，功能完好

　　通济堰是岷江中游仅次于都江堰的又一灌溉工程，渠首位于新津区城东南岷江支流南河、西河与岷江的汇合处。

　　通济堰始建于西汉（前141），历史上曾有六水门、蒲江大堰、远济堰等称谓。通济堰渠首工程以六水门为显著特征。唐代开元年间，益州长史章仇兼琼整治重建通济堰，使灌区面积达到16万亩。如今，总干渠、东干渠、西干渠全长88千米，65条支渠长369千米，自流灌溉40.2万亩，提水灌溉11.7万亩，1985年进行渠道整治，有效灌溉面积扩大为51.99万亩。通济堰水闸（解放渠）长约400米，上部有一水闸建筑，作为拦截南河水势的重要屏障，其存在为新津及其下游发展提供了良好的灌溉条件。除此之外，通济堰水渠（解放渠）沿岸安装有灯带，起到警示作用的同时，夜晚时分，通济堰水闸也成为岷江夜景的一道特色风景。

79. 杨柳河干渠（新津段）

地理位置：成都市新津区
类型：堤坝渠堰闸
水文化遗产级别：Ⅲ级
形成年代：隋代
存续现状：功能完好

　　杨柳河干渠，是一条人工开凿的渠道，为隋朝开元年间蜀王杨秀主持修建。杨柳河干渠（新津段）起点为双流区与新津区交界处，新津区花源镇白云渡大桥上游约 1.3 千米处，末端为杨柳河河口，河段总长度 52.3 千米，新津段长 15.5 千米。杨柳河从江安河分水，于新津花源镇入境，在毛家渡汇入岷江。左岸流经花源镇、普兴镇、金华镇，右岸流经花源镇、花桥镇、普兴镇、金华镇。

　　杨柳河在水运时代，是连接温江、双流、新津三县间的重要水上交通要道。《新津区乡土志》记载："河面不宽而终年不竭，油、麻、叶烟，舟楫往来相望。"说到杨柳河自然会联想起新津的水系，新津五河汇一江，杨柳河比起金马河、羊马河、西河、南河来，气势小了许多。水运的终结，加上又远离县城，20世纪40年代，杨柳河曾经热闹的河港慢慢冷寂下来，渐渐淡出人们的视野。

　　关于杨柳河的开凿，有这样的传说：从前，普兴黄泥坝住着杨、柳两姓人家。两姓有世仇，子女不得通婚，可是一个叫杨兴的小伙偏偏和一个叫柳香女子相爱了。于是柳氏家族将两人捉来处罚。当时没有杨柳河洪水泛滥，为了避免处罚，他们自请治服洪水，挖掘河道。次年洪水泛滥时，大水真的顺着河道流走了。于是河道越挖越长，形成了一道真正的河流。杨兴和柳香自然结为夫妇，快乐生活；杨柳两姓人家也从此泯灭仇怨，世代友好。后来人们就用"杨柳"两姓来命名这条河。

80. 楠杆堰

地理位置：成都邛崃市
类型：堤坝渠堰闸
水文化遗产级别：Ⅲ级
形成年代：清代
存续现状：功能完好

　　楠杆堰，原名楠江堰，渠首位于邛崃市城南约3.5千米的文君街道回澜塔侧南河左岸。清康熙三十三年（1694）《邛州志》记"栏江堰，州南七里"。嘉庆二十三年（1818）《邛州直隶州志》则称栏杆堰。

　　中华人民共和国成立初期，渠首尚用竹笼卵石扎堰，敞口进水。渠道经东岳乡、固驿乡到高埂乡，全长14千米；内有黄泥、灌溪、锅底、百家、土堰5条分堰；黄泥、朱牟、土堰3处泄洪溢缺。灌宝林、东岳、固驿、高埂乡农田3.4万亩，其中冬水田0.62万亩。1953年拦河新建高1.5米、长250米的黏土心墙干砌卵石坝，又建进水闸3孔，引水流量12立方米/秒。后因三合堰干渠建成，扩灌灌区部分农田，楠杆堰灌溉面积减为2.73万亩。

81. 跃进堰

地理位置：成都市邛崃市
类型：堤坝渠堰闸
水文化遗产级别：Ⅲ级
形成年代：明代
存续现状：功能完好

跃进堰位于邛崃市，干渠从白岩湾修浆砌卵石渠560米，经张坝，穿小岩子过西禅利桑园乡的向阳、万寿村，全长15千米。支、斗渠有滴水、庙子岳山、何大兵母猪圹、土黄、大圹沟7条，共修建山溪渡槽2座。

跃进堰是在原承先堰旧址重建的。据前记载，承先堰"明路庆以来，即由上游七、八里许之佛子岩大河西岸取水，流经虎跳河、白岩湾等地以资灌溉。清康熙间，河水将白岩湾堰堤冲坍，艰于修补，以致尽蓄冬水，各扎筒车，以资播种。"这座近400年历史的古堰，从修到毁，曾兴利50多年，毁弃300余年。民国二十五年（1936）10月，灌区有识之士，应群众要求，组成重开承先堰筹备委员会，具文呈报，要求修复。但未有结果。1957年冬，西禅乡（今茶园乡）政府率领全乡人民，在邮江右岸的白岩湾处，即原承先堰旧址，用竹笼扎堰引水，次年春即受益。投劳2万多工日，投资5.5万元，其中县补助4.4万元。建成后取消筒车20多架。工程竣工时正值"大跃进"开始，故命名为跃进堰。

233

82. 新开堰

地理位置：成都市邛崃市
类型：堤坝渠堰闸
水文化遗产级别：Ⅲ级
形成年代：明代
存续现状：功能完好

新开堰位于邛崃市，属南河水系，与通泉堰、土门堰合称三和堰，水质较好，且堰有一个引水渠，拥有一个宽2米，高7～8米的水闸，控制着南河水系的水流，整个新开堰埂宽50米，水流入南河境内，灌溉着整个邛崃市部分乡镇的农田面积，且地理位置有明显的优势，位于道路一侧，周围自然环境一般。

据旧志记载，段公堰为明新开堰，万历时知州谭天相始筑倾圮。原古堰在新安乡吴碾村南河的筲箕沱右岸引水。拦河堰埂都用竹笼拦河高扎，渗漏亦大。1953年，新开堰进水口上移300米，新修浆砌卵石顺埂，建黏土心墙干砌卵石拦河堰埂，低坝引水。1966年，新开堰改干渠5600米，达到底宽3米；筒车河至高庙子一段旧渠新开，改直3000米。2009年，新开堰经农业综合开发土地治理项目整治后，运行良好。新开堰干渠设计取水流量为3.5立方米/秒，干渠经固驿镇、牟礼镇、回龙镇后，尾水落入蒲江河。

83. 黄金堰

地理位置：成都市邛崃市
类型：堤坝渠堰闸
水文化遗产级别：Ⅲ级
存续现状：功能完好

黄金堰位于邛崃市，渠首在白沫江左岸平乐古镇塔子坝引水，堰埂原用卵石堆砌，春耕时常被冲毁。1956年改干渠整治长1500米，1965年将堰埂改建为黏土心墙干砌卵石坝。1977年，用水泥沙浆胶结堰坝砌体。1982年，并入玉溪河工程直灌灌区。1985年春，平落乡崩土坎明渠滑坡段，改建为213米长的隧洞。1990年，黄金堰干、支渠衬砌长2247米。经过逐年改造完善，保灌下坝乡农田1600亩。

该堰相传由大禹始建，《尚书·禹贡》记载：4000年前，大禹曾经到西蜀蒙山（也就是邛崃山余脉）一带治水。相传在平乐筑堰时，因水势过大，筑堰失败，于是大禹"撒黄金垒土"，终于堰成。汹涌的白沫江被分成了内、外两江，从此滋润平乐的千顷良田，做到了"水旱从人"，所以取名"黄金堰"，此论断有待考证。

84. 徐公堰

地理位置：成都邛崃市
类型：堤坝渠堰闸
水文化遗产级别：Ⅲ级
形成年代：清康熙四年（1665）
存续现状：功能完好

徐公堰位于邛崃市固驿街道临山村南大南河，堰处河面宽150米，南河北为高埂街道光明村，长500米，一年四季都有野生天然大雁俗称水鸭子，数量繁多。

徐公堰的渠首就在离五谷庙不远的南河边上，岸边有一通一人多高的碑，上书"徐公堰"三个大字，落款为"一九九八年春朝永"。渠首处有一拦河坝，宽广的河面没有杂草和岛屿，宛如一面银镜，上游两里许就是古松庵。在南河左岸一侧留有进水口，堰宽五六米，深二米二，清澈见底的河水就顺着它向下流淌，四百多米后到达梁湾，即与南河分离，向左拐弯，前行约一里，到达梁板桥，再过一里，就与由北而来的黄沙堰汇合，干渠游走于小南河与南河这双河之间，灌溉着牟礼两万多亩农田，延伸到蔡渡，进而汇入蒲江河。

《邛崃县志》（1993版）载："（徐公堰）创建于清康熙四年，进水口在高埂场东之聂幺店子，引南河水自流灌溉，后因河道变迁，进水不足。乾隆年间，州判徐坦上移进水口至古松庵，作大堰以拦之，分沟灌田约3万余亩，名徐公堰。"

1987年，引水口建成浆砌卵石溢流坝，长125米，高1.4米，截流深2.8米。投资13.63万元，其中县投资9.63万元，受益户集资4万元，新立徐公堰石碑。1990年，将梁湾的双孔木板闸改为钢板闸，同年，干渠聂碥至周水碾电站单边衬砌2409米。

85. 安乐堰

地理位置：成都市邛崃市
类型：堤坝渠堰闸
水文化遗产级别：III级
形成年代：清代
存续现状：功能完好

安乐堰渠首位于邛崃市平乐镇，在白沫江右岸平乐古镇乐善桥，始建于清代，渠首无引水闸，为拦河堰一侧直接引水，引水渠道沿河边修建，宽约1.5米，由青石砌成，成为河边一道景观，日常水位高于内江的水道。

86. 七分堰

地理位置：成都市崇州市
类型：堤坝渠堰闸
水文化遗产级别：III级
形成年代：清嘉庆七年（1802）
存续现状：功能完好

七分堰，为黑石河的灌溉支渠，最大引水量7立方米/秒，支渠长度4.1千米，斗渠3条，总长33.31千米，农渠66条。七分堰水面较窄，水流清澈，河岸周围植被生长状况较好。

七分堰初建于清嘉庆七年，在西河右岸唐板桥上引水，1954年修建三合堰后，从三合堰拦水坝上引水；1963年为解决与西河下游各堰分水争执，西河管理处在七分堰进水口处建坊工闸，节制渠道进水；

后为便利管理，解决岁修耗资大的问题，1969年西河管理处将堰口上移至张河匾下，修建砖拱桥闸两孔；1970年改渠时，七分堰灌面调整入黑石河灌区内，封闭进水口；1972年春，因黑石河灌区水源不济，原七分堰灌区重新归入西河灌区内，启用进水闸、木质闸门改为钢质闸门。

87. 千功堰

地理位置：成都市崇州市
类型：堤坝渠堰闸
水文化遗产级别：Ⅲ级
存续现状：功能完好

千功堰地处崇州市崇阳街道，千功堰枢纽工作站高5～6米，有3个石墩，千功堰水势较大，整个堰宽20米左右，为整个崇州市起到良好的灌溉饮水作用。

西河管理处于1963年冬新建千功堰口3孔拱涵式进水闸，木质闸门，螺杆式启闭机；1965年改二段竹笼坝为浆砌卵右圬工坝，建4孔连锁式冲沙闸；1973年增建后坦及截流墙，加固冲沙闸下护岸；1977年拆除连锁式冲沙闸，建海河式冲沙闸；1981年再加固冲沙闸下护岸基础，闸门启闭机改为手电两用卷扬机。

88. 乌木堰

地理位置：成都市崇州市
类型：堤坝渠堰闸
水文化遗产级别：Ⅲ级
形成年代：1951年
存续现状：功能完好

乌木堰引水枢纽工程位于崇州市怀远镇西河干流上段文井江出山口处，右岸引水，南流穿无根山枫香咀，至大邑龙风场（青霞镇）分水岭，分高矮二河。分水岭以上段灌崇州怀远、西山乡农田；高河即板槽堰灌区，灌崇州东关、王场、白头乡及大邑青霞镇农田；矮河灌大邑银屏、五龙乡农田。现属都江堰外江灌区，控灌崇州市、大邑县农田7.42万亩，同时担负着向沿途城镇、居民提供生活、工业、环保供水和防洪任务。

1951年，西河管理处，将青山、板槽两堰合并，堰前有一大石名乌木石，故取名乌木堰。乌木堰支渠入县境青霞乡后，分为两流，左流为高河，顺流为矮河，矮河汇合栓子溪后，即为干溪河正流。此后所称青山堰，即指在倒马坎下，拦引干溪河水如银屏乡的以下段。1970年渠系改造后，乌木堰支渠全长17.5千米，引水流量为2.5立方米/秒，有斗渠12条，灌溉崇庆县（今崇州市）怀远、元通、公议、道明、东关及大邑县青霞、银屏7个乡农田33164亩。1979年，在干溪河建拦水坝，坝长38米，高1.5米，顶宽2米，坝体为混凝土浆砌大卵石，坝面浇混凝土。同年，毛家沟水库建成，引蓄乌木堰水，以调剂用水。

89. 三轮堰

地理位置：成都市大邑县
类型：堤坝渠堰闸
水文化遗产级别：Ⅲ级
形成年代：清康熙年间
存续现状：功能完好

三轮堰，取水口位于大邑县安仁镇唐场社区，三轮堰修建较早，清康熙三十三年（1694）《邛州志》即有记载。

1953年，将同在三河场上下约1千米斜江左岸引水的上三棱堰、中三棱堰，下三棱堰和龚家堰，方瞿堰合并，组成三轮堰。未合并前，原有各堰自立门户，各守泉沱，拦河高扎，敞口进水。由于渠首相近，沟渠交叉，灌区交错，互不关照，常发生用水纠纷。后在整顿堰务组织时，统一成立堰务管理委员会，以三棱堰为主，兼并各堰，扩建上三棱堰干渠作为总进水口。废弃中三棱、下三棱、龚堰，取名同心堰，后改名三轮堰。

90. 青白江干渠（新都段）

地理位置：成都市新都区
类型：堤坝渠堰闸
水文化遗产级别：Ⅲ级
形成年代：战国末期
存续现状：功能完好

    青白江干渠，为沱江二级支流，为蒲阳河干渠的下段，是灌排兼顾的河道。水源来自岷江，自人民渠渠首枢纽长寿桥始称青白江；继向东，流经新都区，至区境朱家湾，沿弥牟西北边缘，于右岸纳弥牟河水，分出马棚堰，再流向广汉向阳场，至金堂县赵镇平安桥与毗河相汇，再东行汇入沱江。青白江干渠全长78.8千米，有大悲河、小青白江、新开河、白土河、濛阳河等支流汇入。

    青白江在新都区境全长27千米，河宽90～140米，河道比降30‰左右。右岸大堰原有常乐、杨柳、萝卜、兴隆、插板、永固、天星、老流、漏钟九道；左岸大堰有冬瓜、同心（老虎堰、三尺堰改建）二道。由于承泄山溪洪水，来势迅猛，形成河道弯曲。河岸凹凸，漕滩悬殊。每次洪后，尤以火烧堰、兴隆堰、三岔河、高桥、粮沟坎、三邑桥等处，变迁异常，流向不定，偏南偏北；堰口位置，迁上迁下。民国三十年（1941），兴隆堰至赵镇段，曾一度试航木船运货，正因河床紊乱，堰坝过多，被迫停航。

第三章
成都市水文化遗产Ⅲ级资源名录

91. 羊头堰

地理位置：成都市大邑县
类型：堤坝渠堰闸
水文化遗产级别：Ⅲ级
形成年代：清代
存续现状：功能完好

羊头堰位于大邑县沙渠街道勤江社区，原名湛江堰，始建年代不详，于清嘉庆九年（1804）新津知县陈常主持扩建，扩建后渠道经大坟包、陈河湾至余庙子，入新津县十里堰的分堰无河堰，长达7千米。羊头堰全长12千米，尾水在新津区太平场落入桤木河，灌溉大邑、新津两县农田近7000亩，其中大邑2500亩。

羊头堰堰口原在龙凤、沙渠两镇交界的刘灰窑处，1958年冬，为了接引对岸白马河余水，将堰口下移，改建在方渡下游，缩短渠道两千米。进水口建成两孔砖石拱涵进水闸，1969年建成连锁式混凝土冲沙闸3孔及导水坝90米。1985年改建冲沙闸为净宽8.2米，高2.65米，配手电两用卷扬式启闭机2台。

92. 东门大桥（濯锦桥）

地理位置：成都市锦江区
类型：桥涵码头
水文化遗产级别：Ⅲ级
形成年代：唐代末年
存续现状：现代重建

东门大桥，古称长春桥、濯锦桥，位于锦江区东大街芷泉段，横跨于府河之上。连通锦江区东大街这条交通动脉的濯锦桥，为唐末扩建罗城时引郫江绕经东郭后修建，北宋黄休复《茅亭客话》载："城东七十里分栋山有云气生，濯锦江桥上千人纵观"。濯锦桥见证了繁荣的老成都，见证了蜀锦的发展。

清乾隆五十年重修后损毁，清光绪十二年（1886），地方官吏、士绅、商贾捐资重修此桥为三洞石拱桥，改名长春桥，俗称东门大桥，重修时，原桥基处曾挖出过晚唐的残碑，民国《华阳县志·津梁》载："长春桥，治东五里，余天福街，跨油子河，即府河。石材拱式，三洞。"东门大桥一头连着唐时"成都首街"东大街，一头接着古代成都通往川东的官马大道古东大路，是通衢要津上的商业贸易咽喉。清代时桥的两岸为成都府河东门码头区，桥上轮蹄络绎，百货交驰，自朝达夕，摩肩接踵，十分繁忙，成为成都东门一线商业贸易的生命线。

中华人民共和国成立之后，又经多次大规模扩建改造，昔日的长春桥已成为历史的记忆，今天人们所见的东大桥是在原址修建的新桥。

93. 赤水桥

地理位置：成都市简阳市
类型：桥涵码头
水文化遗产级别：Ⅲ级
形成年代：清乾隆年间
存续现状：保存完好

赤水桥，位于简阳市石桥镇万家坝村三组，始建于清乾隆年间，南北走向，跨绛溪支流赤水河，三孔石拱桥，船形拱。长57米、宽8.1米、高2米。中孔跨度13米，拱高5.8米。左右两侧孔跨度11.7米，拱高5.2米。桥面用石板铺成，呈弧形。桥栏高0.8米。桥拱两侧有浮雕神像，桥头立有建桥历史碑刻。

古时赤水河水深河宽，古时只有一座低平而窄的石桥，行走不便，若发大水，水高出桥面一二丈，行旅被阻，淹殁者不少，土匪则趁机抢劫客商。当地有谚云："过了赤水桥，捡到命一条。"因此，在清乾隆年间，当地绅士蒋隆昌、高成功等倡修大桥，获简州知州韩乐曾、州刺史杨潮观的支持，耗资三千金，伐石三万六千块，建成拱形三孔的横跨赤水河大桥。后虽历经山洪暴发，大桥也确保了行旅安全。经过两百多年，赤水桥仍坚固屹立，如长虹卧波，极为壮观，成为成渝之间交流的一座重要的交通桥梁。赤水桥建成后，在桥头立有4座石碑，记录了当时出资修建的善人、参与修建的匠人以及赤水桥的建成时间、面积等信息，但经过岁月的洗礼、历史的演变，如今，这4座石碑早已不知去向。

赤水桥原来是连接成渝古驿道中重要的一座桥，是驿道上的一个据点，历史上曾经车水马龙。据傅崇矩的《成都通览》记载：成都至重庆的路程从牛市口出发，经茶店子、赤水铺、九曲铺、石桥井、简州等地点。赤水铺是成都通往重庆的必经之地，赤水桥也因此成了成渝之间的必经桥。赤水铺地处川东上成都的东大路上，明朝即置铺，为简州西去的第一个驿站。由于当时商旅来往众多，店栈逐渐发展而成"场"，场傍赤水河，因而场名"赤水铺"。赤水铺街呈长形，中高两头低，长约里许。自成渝铁路通车之后，经过赤水桥往来成渝的商旅已不多了，渐渐地，赤水桥冷清了，赤水铺也安静了。如今，赤水铺已经成为历史，现行政规划于赤水街道。

94. 平泉街道利济桥

地理位置：成都市简阳市
类型：桥涵码头
水文化遗产级别：Ⅲ级
形成年代：清道光二十四年（1844）
存续现状：简阳市文物保护单位

平泉街道利济桥，位于简阳市平泉街道龙泉寺旁沱江支流上，为木质廊桥，桥长8米，宽4米，廊高4米，全木结构，桥墩为砂石，上架圆木，铺木板，桥屋重檐悬山顶，桥头建门坊，有精美的木制吊饰，木桥栏修建于清道光二十四年(1844)，距今已有100多年历史。

平泉街道现已破旧，但过去为平泉场、平泉码头，是沱江简阳段上的商业重镇，是简阳与川东、川北货物交换的中转集散地，当初修桥是就为了解决桥两端居民的交通和货物运输问题，当时的平泉场拥有南华宫等会馆，龙泉寺等好几个寺庙分布在附近，利济桥也是香客到龙泉寺进香的必经之路。

平泉明朝时建场，至今已有400余年历史，南华街是平泉场镇历史最久远的街道，据传，平泉场镇正是兴起于原来南华街口中巷子对面的几户土地庙。土地庙正处在成都至川北要道，过往行人都在此歇息，故当地建起了经营买卖的小店，后又开设了老栈房，其后商业繁华，来此定居的人逐渐增多，慢慢就建成了场镇。

清顺治年间，两湖两广等省份先后来川定居的人数增多，场镇规模逐渐扩大，往来人群密集，各行人才齐聚，场镇逐渐发展成沱江简阳段上的商业重镇，成为简阳与川东、川北货物交换的中转集散地。平泉码头在中华人民共和国成立前总称沙湾码头，共分四个地点起货，每天停靠的大小船只就有一二百只，日吞吐量180余吨，全靠劳动者装载卸货，热闹景象随处可见。作为货物中转集散地，平泉场镇的货物种类繁盛，吸引了周边一带的群众、客商前来购买大米、油枯等商品，渐渐地便在当地形成了米粮、油枯、山货、食盐、蔗糖、匹头、药材等"八大帮"，繁荣景象仅次于石桥古镇。

20世纪50年代，平泉充分利用当地资源优势，开展外引内联，办起了羽绒厂、糖厂、油房等100多个乡镇企业，平泉酒厂尤其有名。酒厂坐落在南华街，离此地不远处有一水井，清澈的泉水常年流之不尽，平泉酒厂利用这一自然清泉，生产出"龙泉牌"白酒。此酒质优价廉、清澈透明、香味纯正、入口清爽，是典型的小曲酒风格，以瓶装运销至云南、贵州、陕西、河南等省份，深受消费者喜爱。随着时代发展，在这里的人们纷纷搬走，如今这座桥已经成了简阳市一般不可移动文物，当地政府已经申报原貌重修，让这座拥有百年历史的古廊桥的魅力得以延续。

95. 三星镇利济桥

地理位置：成都市简阳市
类型：桥涵码头
水文化遗产级别：Ⅲ级
形成年代：清嘉庆十三年（1808）
存续现状：简阳市文物保护单位

三星镇利济桥位于简阳市三星镇，为简阳市不可移动文物。利济桥为石拱桥，跨度七八米，宽三米左右。

周家先祖周鸿禧作为湖广填川的第四代后人，通过自己的努力，创下了一定的家业。在其八十大寿时，即清嘉庆十三年（1808），捐资在场镇三星护城河上建一座桥，便利乡邻。建桥选在当年农历正月初九动工，三月初五日竣工，费银一千九百余两。时任县令

沈大本听说后，大为惊叹，并称赞道："捐资独建桥梁，俾远近乡民。均资利济，属好善急公，殊堪嘉尚，所以该桥当以'利济'命名。"在周鸿禧的影响下，其后人多乐善好施，出现了很多热心公益的乐于助人的先进典型，比如救人英雄罗家顺、"当代雷锋"庄仕华等。

96. 海螺古桥群

地理位置：成都市东部新区
类型：桥涵码头
水文化遗产级别：Ⅲ级
形成年代：清代至民国
存续现状：功能完好

　　海螺街道位于贾家河与高明河交汇处，该处两河交汇流入双岔河。两条河在海螺街道境内分布了九座古桥，基本上是明代至清代修建，平均一千米到两千米范围就有一座桥。

　　西侧贾家河上有四座桥，从上游往下分别是大林桥、高山坝桥、五福桥、麻柳河桥（已损坏，在修缮）；东侧高明河上有四座桥，从上游往下分别是王古埝桥、阴山河坝桥、拦河堰桥、无功桥，两河汇入双岔河后下游处，见擦耳桥（擦耳岩石平桥）。

　　其中现在保存较好的桥有五福桥、大林桥、无功桥，其他桥在建成后都有损坏情况。高明河相对流量更大，流速更急，过去人们常利用此水流特点建造磨坊磨米磨面，在王古埝桥下游处修建了两河村水磨坊，拦河堰桥旁修建了另一处水磨坊。古桥已经年代久远，不能胜任现代交通的压力，为了更好地保护古桥，当地政府采用了保留古桥原貌，在其旁边修筑新桥用以交通的保护方案，比如王古埝桥和阴山河坝桥分别在其下游20米和10米新建了现代公路交通水泥混凝土桥。

97. 养马渡口

地理位置：成都市东部新区
类型：桥涵码头
水文化遗产级别：Ⅲ级
形成年代：清代
存续现状：功能完好

养马渡口位于简阳市养马街道，是沱江上连接壮溪街道和养马街道的渡口，是全省第三大客渡渡口，该处沱江水面宽约150米，尚未修建跨江大桥。现状下养马街道和壮溪街道数十里的江面上尚未修建桥梁，因此养马渡口仍发挥着重要的交通运输的作用。

养马镇得名有几种说法相传，古时沱江河两岸杨马二姓人多，故称"杨马河"，又说形似马而称"杨马"，树下曾立一条石，刻有"杨马河"三字，属咸丰九年（1859）立，按《地名大辞典》称"杨马河场"，又称"养马镇"。民国十九年（1930）为避"安杨保"与杨家街同名，而称"安养"，正式定名"养马河"，后称养马镇。又相传刘备取西川时，张飞带兵于此，曾饮马于江，故称养马。养马镇始建于清乾隆初期，是古代川东平原上的一个驿站。水路交通便利，商旅众多，船只往来不绝。清宣统置镇，民国二十三年（1934）置镇。1953年重新置镇。1992年撤乡并镇。原三元乡并入统称养马，又叫养马河。清代到民国，养马渡口是重要的货运码头，常密密麻麻停靠着许多大大小小的木质泵载船，起载（卸货）、装载、靠岸、离港，船舶络绎不绝。

98. 状元井

地理位置：成都市新都区
类型：池塘井泉
水文化遗产级别：III级
形成年代：明代
存续现状：功能完好

状元井位于新都区马家镇普白路西段，杨升庵故里老祠堂后院，井口径0.6米、井深30余米。

据传，元末杨氏始祖杨世贤入川，定居在此后开凿此井，杨家世代饮用状元井水，家族中先后出现七位进士，其中包括一名状元（杨升庵）和一位宰相（杨廷和）。在1937年和1946年，新都爆发大规模疫病，河水不能饮用，状元井救了不少群众。这口有近700年历史的状元井，是新都杨氏"一门七进士，宰相状元家"丰富文化遗迹的组成部分。

99. 洛带八角井

地理位置：成都市龙泉驿区
类型：池塘井泉
水文化遗产级别：Ⅲ级
形成年代：1928年
存续现状：遗址，用以参观

洛带八角井共有三口，一口位于洛带公园内，一口位于洛带镇中心小学食堂内，为了配合旅游开发，在水井广场又修建了一口新的八角井，又命名为"蜀汉灵泉"。

洛带公园内八角井为1928年修建，由井台和井身组成，平面形状为八边形，井内壁仍由条石砌成，平面为八边形，面积约2平方米。井口加上井台直径约0.8米，井台由条石砌成，水面距井口约1.8米，井沿八角形，深度不详。洛带镇中心小学食堂内八角井已经废弃。洛带水井广场八角井井口直径0.6米左右，井口向下逐渐扩大，井口建筑总占地5平方米左右，旁边有一石碑，上书"蜀汉灵泉"，外围建设有亭子保护。

关于洛带八角井，流传着这样传说。从前，洛带镇叫甑子场。场内有一池塘，塘中有一八角井。井水为东海龙王口中所吐，味极甘甜，泡茶茶香，洗脸美颜。井里有东海鲤鱼，肉味鲜美，食之可益寿延年。蜀太子阿斗闻之，择一黄道吉日，率众太监来到甑子场八角井旁捕捉金色鲤鱼，众太监脱靴挽裤，下得池来，扑腾半日，终无斩获，急煞阿斗。却闻身后一声"好"，一条尺长大鱼随一白发老者钓竿甩动，划一弧线，飞出井来。阿斗眼红，老翁却不卖。太监强抢，阿斗得鱼。鱼落阿斗手中而不甘，奋力摆尾，阿斗连人带鱼跌入井中。那鱼却钻进海眼，回东海去也。阿斗被众太监拖起，忙乱中腰带却掉入井底。回头欲找老翁算账，已无人影，老翁坐钓处仅余一白绸帕，上书一诗："不思创业苦，孺子太荒唐。带落八角井，帝运终不昌。"阿斗脸铁青，团绸帕掷井中，堵住了海眼，井水从此变浑变苦。后人遂改甑子场名为"落带镇"，后演变为"洛带镇"。

100. 曹家水碾

地理位置：成都市新都区
类型：水力器械
水文化遗产级别：Ⅲ级
形成年代：民国时期
存续现状：遗址，用以参观

曹家水碾位于新都区，碾坊已经有将近百年历史，原来主要为周围居民舂米所用，现仅存1个碾盘、1个石碾。当地政府对原建筑进行翻修，在水碾旁对草亭、泉眼、艾芜故居进行了重新修葺，整体打造为传统川西民居风格的建筑，并由成都诗人流沙河题名曹家水碾。

101. 且家碾

地理位置：成都市大邑县
类型：水力器械
水文化遗产级别：Ⅲ级
形成年代：清雍正三年（1725）
存续现状：遗址，用以参观

且家碾位于大邑县，始建于清雍正三年（1725），距今已有近三百年的历史，原来主要为周围居民舂米所用，现磨坊已经丧失原功能，现仅存石碾1个，碾坊下引水通道完整。水碾坊是传统的碾米、榨油等生活生产方式的实物例证，对研究成都地区清代社会生活和农业发展史具有重要的参考价值。

102. 都江堰卧铁

地理位置：成都市都江堰市
类型：水文设施
水文化遗产级别：Ⅲ级
形成年代：明代
存续现状：保存完好

都江堰卧铁，位于都江堰内江河床凤栖窝河底，为铁铸圆柱体，每根卧铁上刻有铸造年代，是内江每年维修疏淘河床深浅的标志。按照都江堰"深淘滩，低作堰"原则，每年的岁修就以挖到卧铁为止。

相传李冰建堰时在内江河床下埋有石马，作为每年淘滩深度的标准，后来演变为卧铁。从鱼嘴沿内江河道向下约200米，就是有名的凤栖窝，凤栖窝靠河岸的地方就是卧铁的埋藏处，4根卧铁顺着河道的方向并排而卧。铸造年代最早的一根造于明万历三年（1573）郭庄所铸，第二根为清同治三年（1864）何咸宜铸，第三根为1927年官兴文兼制，朝向江心的是最新的一根为1994年都江堰建堰2250周年时铸造，并于1998年安放，上面镌刻着"中华人民共和国水利部、四川省人民政府立"字样。游客在离堆公园内喷泉处能看到的这四根卧铁的复制品，真品还埋在内江河床下。

103. 都江堰水则

地理位置：成都市都江堰市
类型：水文设施
水文化遗产级别：Ⅲ级
形成年代：战国末期
存续现状：保存完好

水则是都江堰用来判断宝瓶口引水量大小的标志，都江堰水则雏形最初起于李冰治水时期，借助石人进行水位测验。据354年成书的《华阳国志·蜀志》记载，李冰修都江堰时，"于玉女房下白沙邮作三石人，立三水中，与江神要（约）：水竭不至足，盛不没肩"（《水经注》所载略同）。人形水尺的肩和脚相当于水尺刻度，其目的是将三个石人立在水中，借以观察水位的消涨，并与江神约定，希望水位变幅不越过石人的肩与足之间。李冰借石人来观察水位高低，这是我国水利史上的一大创造，因而被誉为我国"水则"之始，直到唐代以后，石人才逐渐演化为有尺划的水则，并沿袭至今。至迟在宋代，水位测验已发展为等距刻画的水则，在内江进水口宝瓶口离堆的岩石进行水则的凿刻。北宋时都江堰水则共十划，"水及六则，流始足用。过，则从侍郎堰（今飞沙堰）减水河泄而归于江"。

清乾隆三十年（1765）在宝瓶口左岸重建水则，共24划，以便人们知水之消涨。水位相当于13划时可满足春耕用水，汛期警戒水位是16划。这个水则一直使用至今。

"深淘滩，低作堰"是都江堰渠首枢纽兴建、治理的又一辩证法则。"深淘滩"系指每年岁修应把都江鱼嘴到宝瓶口一段河槽在汛期沉积下来的大量泥沙彻底淘挖，挖到出现"卧铁"所在高程，才算岁修合格。"低作堰"系指飞沙堰要低作，以宝瓶口观测水位的旧水则来衡量，飞沙堰顶高程相当于十三划就够了。

104. 宝瓶口水文站

地理位置：成都市都江堰市
类型：工程管理机构
水文化遗产级别：Ⅲ级
形成年代：1936年8月
存续现状：功能完好

宝瓶口水文站位于都江堰宝瓶口处，建于1936年8月，宝瓶口水文站1942～1988年实测多年平均流量231立方米/秒，水位变幅5.2米。

据史料记载，成都地区第一批现代水文站是在民国时期建立的。民国二十四年（1935）卢作孚担任四川省建设厅厅长，提出设立水文站的建议。根据《成都市水利志》的相关记载，1936年建立的岷江紫坪铺水文站、二王庙水文站、内江河口水文站、外江河口水文站为全省第一批水文站，驻灌县（今都江堰市），水利专家周郁如被任命为该区第一任主任；1939年后，又设立沱江三皇庙水文站、府河望江楼水文站等水文站。这些水文站的建立，使成都地区的水文观测基本形成网络，进入现代水文观测时代，对成都地区水文资料的连续观测收集和成都水利的现代化奠定了坚实的基础。成都市1949年前的11个水文站，至今还保留有望江楼水文站、三皇庙水文站、宝瓶口水文站、蒲阳河水文站和柏条河水文站5个。

105. 三皇庙水文站

地理位置：成都市金堂县
类型：工程管理机构
水文化遗产级别：Ⅲ级
形成年代：1939年10月
存续现状：功能完好

　　沱江三皇庙水文站位于沱江金堂峡口，是国家重要水文站，承担着重要的防汛任务。三皇庙水文站于1939年10月建立，原址位于金堂三皇庙内，该处是祭祀开明帝鳖灵的寺庙，后追加祭祀了李冰父子，称三皇庙。后水文站改建至沱江边现存水文站上游100米处，第三次改建才迁至本处。自建站以来，一代代水文职工不断收集着宝贵的水文资料，汛期每天24小时监视水雨情变化，及时向地方发出洪水预报，守卫着金堂的母亲河，是沱江防汛的第一站。

106. 柏条河水文站

地理位置：成都都江堰市
类型：工程管理机构
水文化遗产级别：Ⅲ级
形成年代：1942年1月
存续现状：功能完好

柏条河水文站位于都江堰市城关内江柏条河畔，建于1942年1月，多年平均流量34.0立方米／秒，水位变幅2.9米。

据史料记载，成都地区第一批现代水文站是在民国时期建立的。民国二十四年（1935）卢作孚担任四川省建设厅厅长，提出设立水文站的建议。根据《成都市水利志》的相关记载，1936年建立的岷江紫坪铺水文站、二王庙水文站、内江河口水文站、外江河口水文站为全省第一批水文站，驻灌县，水利专家周郁如被任命为该区第一任主任；1939年后，又设立沱江三皇庙水文站、府河望江楼水文站等水文站。这些水文站的建立，使成都地区的水文观测基本形成网络，进入现代水文观测时代，对成都地区水文资料的连续观测收集和成都水利的现代化奠定了坚实的基础。成都市1949年前的11个水文站，至今还保留有望江楼水文站、三皇庙水文站、宝瓶口水文站、蒲阳河水文站和柏条河水文站5个。

107. 蒲阳河水文站

地理位置：成都都江堰市
类型：工程管理机构
水文化遗产级别：Ⅲ级
形成年代：1942年1月
存续现状：功能完好

　　蒲阳河水文站位于内江蒲阳河、都江堰市城关，至河口109.7千米，始建于1942年1月，至今仍在发挥其水文观测功用。

　　据史料记载，成都地区第一批现代水文站是在民国时期建立的。民国二十四年（1935）卢作孚担任四川省建设厅厅长，提出设立水文站的建议。根据《成都市水利志》的相关记载，1936年建立的岷江紫坪铺水文站、二王庙水文站、内江河口水文站、外江河口水文站为全省第一批水文站，驻灌县，水利专家周郁如被任命为该区第一任主任；1939年后，又设立沱江三皇庙水文站、府河望江楼水文站等水文站。这些水文站的建立，使成都地区的水文观测基本形成网络，进入现代水文观测时代，对成都地区水文资料的连续观测收集和成都水利的现代化奠定了坚实的基础。成都市1949年前的11个水文站，至今还保留有望江楼水文站、三皇庙水文站、宝瓶口水文站、蒲阳河水文站和柏条河水文站5个。

108. 走马河水文站

地理位置：成都市都江堰市
类型：工程管理机构
水文化遗产级别：Ⅲ级
形成年代：1954年
存续现状：功能完好

走马河水文站位于内江走马河口处，建于1954年，多年平均流量82.8立方米/秒，至今仍在发挥其水文观测功用。

据史料记载，成都地区第一批现代水文站是在民国时期建立的。民国二十四年（1935）卢作孚担任四川省建设厅厅长，提出设立水文站的建议。根据《成都市水利志》的相关记载，1936年建立的岷江紫坪铺水文站、二王庙水文站、内江河口水文站、外江河口水文站为全省第一批水文站，驻灌县，水利专家周郁如被任命为该区第一任主任；1939年后，又设立沱江三皇庙水文站、府河望江楼水文站等水文站。这些水文站的建立，使成都地区的水文观测基本形成网络，进入现代水文观测时代，对成都地区水文资料的连续观测收集和成都水利的现代化奠定了坚实的基础。成都市1949年前的11个水文站，至今还保留有望江楼水文站、三皇庙水文站、宝瓶口水文站、蒲阳河水文站和柏条河水文站5个。

109. 江安河水文站

地理位置：成都市都江堰市
类型：工程管理机构
水文化遗产级别：Ⅲ级
形成年代：1958年2月
存续现状：功能完好

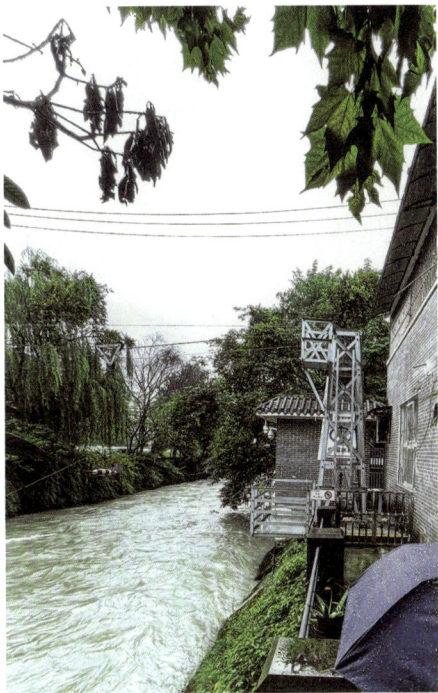

江安河水文站位于内江江安河口处，始建于1958年2月，多年平均流量33.4立方米/秒。

据史料记载，成都地区第一批现代水文站是在民国时期建立的。民国二十四年（1935）卢作孚担任四川省建设厅厅长，提出设立水文站的建议。根据《成都市水利志》的相关记载，1936年建立的岷江紫坪铺水文站、二王庙水文站、内江河口水文站、外江河口水文站为全省第一批水文站，驻灌县，水利专家周郁如被任命为该区第一任主任；1939年后，又设立沱江三皇庙水文站、府河望江楼水文站等水文站。这些水文站的建立，使成都地区的水文观测基本形成网络，进入现代水文观测时代，对成都地区水文资料的连续观测收集和成都水利的现代化奠定了坚实的基础。成都市1949年前的11个水文站，至今还保留有望江楼水文站、三皇庙水文站、宝瓶口水文站、蒲阳河水文站和柏条河水文站5个。

第三章
成都市水文化遗产Ⅲ级资源名录

110. 白沙河

地理位置：成都市都江堰市
类型：河流湖泊
水文化遗产级别：Ⅲ级
存续现状：功能完好

白沙河为岷江左岸一级支流。古称湔水、白沙江，因其下游河沙泛白而得名。其全部流域都位于都江堰市境内。白沙河年均径流量15.8立方米/秒，水能资源丰富，径流年际变化较稳定，水质也较为清澈，是成都市的重要水源之一。白沙河水能资源丰富，供水量足且径流年际变化较稳定。

白沙河发源于都江堰市与阿坝藏族羌族自治州汶川县交界处茶坪山下端桶棚子梁子。上源称正河，进入都江堰市境与关门山沟合并后始称白沙河。在流经杨柳坪水文站后至白沙街，汇入岷江。河长49千米，流域面积365平方千米。白沙河支流呈树枝状分布，有较大支沟8条。

111. 金马河（都江堰段）

地理位置：成都市都江堰
类型：河流湖泊
水文化遗产级别：Ⅲ级
存续现状：功能完好

金马河为岷江干流部分，岷江从都江堰市青城桥至新津段称金马河，长81.32千米的河道，都江堰渠首工程将岷江水分为内外二江，多余的洪水从金马河泄走，因此，金马河是成都的一条重要输水排洪河道。

金马河（都江堰段）从都江堰市中部流过，在都江堰市范围内堤防共计42千米，其中左岸13千米，右岸29千米金马河作为泄洪河道，水流量充沛且湍急，水位受季节影响较大，无结冰期，含沙量大，河道较宽，流经都江堰市的河段河面宽度大约115米，水质良好。盛产奇石，奇石画面精美，形态万千。金马河（都江堰段）沿岸生态环境良好，都江堰市政府修建景观绿道，总长约12千米，以金马河为轴线，沿东西两岸分布，是天府绿道"七道"的重要组成部分。

NAMELIST OF THE RESOURCES OF WATER CULTURAL HERITAGE IN CHENGDU
成都市水文化遗产资源名录

112. 沱江（金堂段）

地理位置：成都市金堂县
类型：河流湖泊
水文化遗产级别：Ⅲ级
存续现状：功能完好

沱江，长江上游支流。沱江发源于海拔4984米的九顶山。沱江正源绵远河南流到金堂县赵镇接纳沱江支流——毗河、青白江、湔江及石亭江等四条上游支流后，穿龙泉山金堂峡，经简阳市、资阳市、资中县、内江市、自贡市、富顺县等至泸州市汇入长江。从赵镇起至入长江口称沱江，长522千米。

沱江（金堂段）上起官仓街道满天星，下至金堂县五凤镇金牛村，由北向南贯穿整个金堂县，县境内全长59.7千米。毗河、中河、北河穿城而过，在赵镇这里汇聚成沱江，三江交汇区域，呈"W"形。周边现有大量人文建筑如滨河游步道、城市公园，环境优美。汇流处毗河宽约220米，北河宽约280米，汇流后形成的沱江宽约400米。

113. 金堂峡（沱江小三峡）

地理位置：成都市金堂县
类型：河流湖泊
水文化遗产级别：Ⅲ级
存续现状：功能完好

金堂峡，又称沱江小三峡，全长13千米，由鳖灵峡、明月峡、九龙峡三部分组成，其中最具有水文化意义的当属鳖灵峡。金堂峡风景绮丽，历史上是四川有名的水码头之一。

鳖灵峡长800米，宽不过百米，两岸峭壁高耸，险峻异常。河边有三皇庙水文站，为观测沱江水位涨落要津。该峡又名金灌口，俗称葫芦口，船行其中如坠深谷。进峡出水中有"金龙船"胜迹，船行峡中曲折多变，使人有"山重水复疑无路"之感，到了三皇庙则是"柳岸花明又一村"。

鳖灵峡相传为古蜀王望帝之相鳖灵所开凿，鳖灵为缓解川西平原水患，分岷江水入沱江所凿，即"岷山导江、东别为沱"的水道，是成都平原第一大出水口。峡中半山岩有原一座三皇庙，为祭祀鳖灵而建，庙中原有鳖灵和宋末爱国名将李大金及妙应真人塑像，现已不存。

114. 临溪河

地理位置：成都市蒲江县
类型：河流湖泊
水文化遗产级别：Ⅲ级
存续现状：功能完好

临溪河，又名铁溪河，古以溪旁山中有铁矿而得名。清乾隆（县志）："唐志：临溪县有铁官，盖溪旁山中旧产铁也。"

临溪河上游段称百丈河，发源于名山区万古乡锦凤山之石桥河。此水北东流至郑河坝入蒲江境后，称临溪河。临溪河在蒲江县内流经寿安街道、西来镇、大塘镇、甘溪等镇，穿越于大小五面山之间，接纳诸山溪流，于五星镇上场口汇入清江河，全流程76.7千米，全流域面积357.5平方千米。临溪河沿流主河道不稳定，多岔道、河湾、沙滩，且沿流有固定或非固定河堰多达45道，导致河床日益淤积，且比降减小，行洪不畅。截至2005年底，已重点整治39处，长13.77千米，增强了河道行洪能力，减轻了洪涝灾害。

115. 蒲江河（蒲江段）

地理位置：成都市蒲江县
类型：河流湖泊
水文化遗产级别：III级
存续现状：功能完好

　　蒲江河又名蒲江，古以沿岸产蒲蔺（席草）而得名。发源于总岗山—丹陵县新场（今名王场）土地坳之杨山。此水在两合水入蒲江县境，沿流路线接纳源出长丘山、小五面山诸山溪水，北东流至五星镇上场口汇临溪河，折东流至刘码头出蒲江县，复转北东流到邛崃市两河口入南河，继流至新津区武阳镇南，注入岷江。全流程62千米，全流域面积836.6平方千米。蒲江县境内流程44千米。流经成佳、白云、朝阳湖、光明、西南、鹤山、天华、寿民、寿安、五星等四乡六镇，至刘码头出口处汇流面积820.3平方千米。

　　蒲江河，河床宽37～132米，古往今来，有灌溉之益，兼有竹筏之利（筏运至中华人民共和国成立初方停）。往上通过古驿道可至名山、雅安，下至新津、彭山、成都，是中国南方丝绸之路的一条主要通道。在两合水至朝阳湖镇段，穿行于深山峡谷之中，曲流急湍，河床比降大，蒲江河在蒲江县流速平缓，排洪相当不畅，经常造成洪水顶托，使接近汇水地之五星、松华、寿安等镇（乡）的沿河村社经常遭受水患。截至2005年，蒲江河已重点整治42处，长15.61千米，增强了河道行洪能力，减轻了洪水危害。

116. 南河（蒲江段）

地理位置：成都市蒲江县
类型：河流湖泊
水文化遗产级别：Ⅲ级
存续现状：功能完好

　　南河，古名赤水河，或曰邛水，长江支流岷江右岸支流，以流经古临邛（现邛崃市）城南而得名。上游称大井河、夹关河，发源于邛崃市西山和天台山东麓。两河东流至马湖齐口汇合，至邛崃城西与发源于大邑的河自北来会，曲折东流，于回龙南有蒲江河流入，折向东北，又于斜江河相会，到新津区武阳镇入岷江，长135千米。南河（蒲江段），系大五面山西段甘溪、大塘两镇境内外流入邛崃市南河之溪流，主要接纳山溪沟有甘溪沟、龙滩子沟、罗营沟、石桥沟、徐沟。

　　南河及其支流蒲江河、西河、斜江、邮江等，都是川内著名的河流，水力资源、水资源非常丰富，流域内的灌溉历史悠久，水电设施遍布。

117. 文井江（崇州段）

地理位置：成都市崇州市
类型：河流湖泊
水文化遗产级别：Ⅲ级
存续现状：功能完好

　　文井江原名汶井江，是崇州市境内最大一条灌溉、排洪两用河道，发源于崇州市西北部鸡冠山主峰火烧营东麓，补给源主要为高山融雪及降雨。文井江全长109千米，其中在崇州市境内就有96.8千米，流经崇州市、大邑县和新津区，流域面积近1300平方千米。崇州境内由北向南流经鸡冠山乡、文井江镇、怀远镇、元通镇、锦江乡、崇阳街道、大划镇、集贤乡、三江镇，贯穿崇州全境，将崇州平坝地区一分为二，灌溉着崇州1090平方千米的土地。

　　《华阳国志》载，蜀郡守李冰建成举世闻名的都江堰水利工程后，接着又疏导了文井江，使蜀地沃野千里，西河码头商贾云集，"西江晚渡客三千"成为崇州一道美丽的风景。文井江是崇州的母亲河，文井江的得名颇有诗情画意，历来有两种说法。其一是光绪《崇庆州志》中记载说："其水每错综散流，形如井字，故以为名"，其二是《益州记》中提及文井江"江中有井，井见土乱"。据鸡冠山乡当地群众说，文井江水流至鸡冠山万担坪下的麻柳沟上游，在河床下面有泉水自河底喷涌而出，人称冲水。

118. 西河（崇州段）

地理位置：成都崇州市
类型：河流湖泊
水文化遗产级别：Ⅲ级
存续现状：功能完好

西河，在崇州又被称为西江，属岷江支流，水源于都江堰和西岭雪山，水质清澈、水流平缓，西河穿越整个崇州，西河经元通镇折而南流再汇岷江支流沙沟河水，至济协乡境又受向阳河水，经崇州市区之西而南流。西河在元通长约5千米，在夏季的时候，水流湍急，冬季时期水流较小，西江水质清澈，清晰见底。

西河外观犹如一条蜿蜒的长龙，元通镇又为西河流域最重要的地段，宽350米的西江河面非常大气美观，笔直的河道穿城而过，现在的元通西河，提供了河上活动，在元通清明台会时，人们会在西河中开展一些水上活动，比如捕鸭之类的传统活动，也有供游客观赏的小船。河岸边，夏家茶楼、元通大桥等交相呼应。犹如一幅美丽的"清明上河图"。

119. 干五里河

地理位置：成都市崇州市
类型：河流湖泊
水文化遗产级别：Ⅲ级
存续现状：功能完好

　　干五里河是西河（文井江、鞍子河）的主要支流之一，源于崇州市六顶山、八卦山一带，河道总长27千米，集雨面积106.75平方千米，出山口后河道长6.55千米，平均河宽100米，平均比降5.8‰，多年平均流量2.8米/秒，年径流总量8960万。

　　乾隆《崇庆州志·山川》载：干五里河两头皆水，惟中五里独干故名。干五里河发源于三郎镇（原和平乡）山区，水有二源：右源出自大崩槽老顶南坡与六顶山东坡之间，为本支流主源，流经大瀑布后，名响水沟，再下数里为龙石岩（即今九龙），继续东南流，右纳一张弓山沟、仙台山沟水后东进，至红纸厂与次源相会；左源发源于八卦山（亦名白桂山）、令牌山东北麓之三叉沟，流向东南，流程中先后有月亮沟等4条山溪沟从左岸注入，经石灰桥偏向南流，至红纸厂汇入主源。两源汇合后东南流，左纳毛狗洞沟水，右纳萧家沟水，至昌家庙，左有自北而南下之双天井沟水和盘陀寺山沟水注入。至两河口，右有油溪河（源出车敞坪和簸箕岩，经黑河坝右纳梨坪水，至周家磨坊与茶园坪、红庙子沟水汇，流经甘河坝，左纳南地坎沟与漆树沟水）来汇。继续东南流，经钻佛岩至翠围山庄，左纳城隍庙山沟水后，河道由东进转而西行，旋即又折向南流。右纳金佛寺山沟水，至三郎镇出山口，右岸有黄泥沟、火烧沟水，在原铁杆桥下注入，东南流至达通桥上环山渠平交工程处右岸，有排泄中佛寺山沟、汪家沟、大明寺山沟水的人工排洪沟水注入。经何家场至上元乡眛江村，有沿山坡面水系汇集由平原排灌兼用渠道至此注入，至胥家河坝入眛江河。

120. 味江河

地理位置：成都市崇州市
类型：河流湖泊
水文化遗产级别：Ⅲ级
存续现状：功能完好

味江河为西河流域内一条主要支流。《槐轩杂著》云："唐安（唐代崇庆名）西北有味江，泉列而甘。"《太平寰宇记》载："味江出青城县长乐山下，水味甘美，故名。"康熙《崇庆州志。山川》载："味江……源出雪山，昔蜀王征西番，有野人以壶浆献，王投之江，使三军饮之，皆醉，因名。"

味江，发源于崇州市三郎镇境以北山区大崩槽老顶东坡，中间陆续汇入杉木包、大火地、蛮河沟、陈家沟、小河子、干五里河、螃蟹河等河流，至元通镇上场口，于二江桥下汇入西河。河道总长42千米，其中都江堰市境内长27.4千米，崇州市境内长14.6千米，集雨面积171.64平方千米，平均河宽120米，年径流总量18200万立方米。

121. 桤木河（崇州段）

地理位置：成都市崇州市
类型：河流湖泊
水文化遗产级别：Ⅲ级
存续现状：功能完好

桤木河是岷江二级支流，为西河以西地区排区间径流河道。桤木河上流原为朱崇河，分引文井江水于鸡公石，经怀远镇、洄澜塔、崇福桥筑堰引水至公议场将军桥下分二流，分支南流称桤木河。桤木河自怀远烂坝子起，绕无根山脚至道明镇，有石马沟、天王寺沟等大小山溪沟水相继汇入，经道明、济协、白头、隆兴、桤泉入大邑县境汇于斜江。桤木河（崇州段）全长40.8千米，平均河宽30米，最大排洪量120立方米/秒。流经崇州大田景观资源最富集、林盘聚落模式最成熟的区域，是崇州市域西部重要的"城市蓝网"。

在现代治理桤木河的过程中，崇州秉持"山水林田湖是一个生命共同体"理念，把桤木河生态景观带细分为上游山水古镇康养区、中游水润湿地慢城区、下游现代智慧田园区，形成整体的水生态走廊乡村振兴示范片规划。依水就势规划建设绿道系统25.3千米、生态护坡45.5千米、生态缓冲带123公顷，生态湿地公园3个，覆盖沿线6个镇（街道），多元化多层次的生态廊道，正形成桤木河流域四季有景、全时可游的滨水景观。

122. 白塔湖

地理位置：成都市崇州市
类型：河流湖泊
水文化遗产级别：III级
存续现状：AAA级旅游景区

白塔湖位于崇州市道明镇，是20世纪80年代初期建设罗沟向阳水库时开发的一个旅游风景区，白塔湖南北长1.7千米，东西宽0.9千米，水域面积大约在1.5平方千米，占地2000多亩，有大小岛屿、半岛10余个，环湖6.5千米，蓄水量1310万立方米。白塔湖因有一座隋朝白塔而得名，20世纪80年代初开发为成都市旅游风景区，有"西川宝镜"之美誉，评定为AAA级旅游景区。

白塔湖原是佛门胜境，湖东面的白塔湖山上有始建于隋的舍利宝塔禅院，旧时的白塔禅院有庙舍78间，规模宏大、古树参天、香火鼎盛。白塔山原名和尚山，它是这一带群山之中提纲挈领之山，其他山头、山岗、山坡、山沟之名均由此派生。它西面的小山，形似置于和尚面前的木鱼，故名木鱼山，蓄水成湖后，四面环水，便改称木鱼岛。木鱼山的西南面有醮赞坡，是白塔禅院佛门弟子做法事的道场。白塔湖附近有"三印岗"，白塔湖畔有"三印亭"，白塔湖址原称"罗汉沟"，所有这些名称都与佛教文化紧密相连，与白塔禅院相依相承。

123. 南河（邛崃段）

地理位置：成都市邛崃市
类型：河流湖泊
水文化遗产级别：Ⅲ级
存续现状：功能完好

南河，古名赤水河，或曰邛水，长江支流岷江右岸支流，以流经古临邛（现邛崃市）城南而得名。上游称大井河、夹关河，发源于邛崃市西山和天台山东麓。两河东流会于马湖齐口，至邛崃城西，与发源于大邑的河自北来会，曲折东流，于回龙南有蒲江河流入，折向东北，又与斜江河相汇，到新津区武阳镇入岷江，长135千米。南河及其支流蒲江河、西河、斜江、邮江等，都是川内著名的河流，水力资源、水资源非常丰富，流域内的灌溉历史悠久，水电设施遍布。

南河（邛崃段）于白鹤乡境出山谷入平原，在城西石灰包处纳郎江，以下又纳五面山5条溪水，至回龙乡两河口纳蒲江，流至羊安镇合江寺纳斜江，于戴林出邛崃市境。河长55.5千米，流域面积361.96平方千米。

124. 邮江河（邛崃段）

地理位置：成都市邛崃市
类型：河流湖泊
水文化遗产级别：Ⅲ级
存续现状：功能完好

邮江，也作斟江，古名布瀑，长江支流岷江支流南河的支流。邮江发源于大邑县西岭镇（原双河乡）西岭雪山白杉岗北端的九龙池，于跃进堰口（白岩湾）处入邛崃市境，称西河，由石灰包入南河。邮江全长84千米，流域面积440.13平方千米。

江河从茶园乡的白岩弯至大邑新场乡武童庙为邛崃、大邑的界河。五堰口以下到出口处，两岸均属邛崃。邛崃市境内邮江河段，右岸长17千米，左岸长9.75千米，流域面积44.13平方千米。邮江属灌排兼用河道，现有引水河堰5条，灌溉邛崃耕地2.6万亩。

125. 岷江（新津段）

地理位置：成都市新津区
类型：河流湖泊
水文化遗产级别：Ⅲ级
存续现状：功能完好

岷江是长江上游水量最大的支流，发源于岷山南麓，水量丰富，为黄河的两倍多，水力资源蕴藏量占长江水系的1/5，沿途汇入黑水河、杂谷脑河、大渡河、马边河等重要支流，在宜宾汇入长江。

新津境内的岷江由南河、金马河、杨柳河、西河汇聚而成，岷江全长1279千米，流域面积133 500平方千米，年均径流量900多亿立方米。

126. 沱江（简阳段）

地理位置：成都市简阳市
类型：河流湖泊
水文化遗产级别：Ⅲ级
存续现状：功能完好

沱江，是长江的一级支流，发源于川西北海拔4000多米的九顶山，经德阳、成都、金堂流入简阳，经简阳再流向资阳、内江……最后流入长江。

沱江（简阳段）属沱江中游，长84.9千米，上经灵仙庙、养马镇，下至猫猫寺、平泉镇，由北向南穿过简阳市，把简阳分为东、西两大块，平均流量为255立方米/秒至275立方米/秒。包括14条主要支流，流域面积859平方千米，沱江东岸有支流环溪河，主干发源于金堂竹篙，支干索溪河发源于乐至宝林，市内环溪河流长46.8千米，索溪河流长23.4千米。沱江西岸有支流绛溪河，发源于龙泉山脉的仁寿县境内，在简阳注入沱江，干流全长71.5千米，境内有大中小型水库85处，总库容3.46亿立方米。

在过去，沱江为简阳人民提供了重要的水上运输，石桥镇因此而成为川内几大著名的商贸重镇之一。沿江两岸的河坝平原为简阳人民提供了万亩良田。源源不断的江水为附近工厂提供了用水便利。沱江还为简阳人民提供了电力补充，猫猫寺水电站就是沱江上最早建成的水电站。

127. 㟃江河（大邑段）

地理位置：成都市大邑县
类型：河流湖泊
水文化遗产级别：Ⅲ级
存续现状：功能完好

㟃江，也作耶江，古名布濮，长江支流岷江支流南河的支流。江发源于大邑县西岭镇（原双河乡）西岭雪山白杉岗北端的九龙池，于跃进堰口（白岩湾）处入邛崃市境，称西河，由石灰包入南河。江全长81.8千米，流域面积440.13平方千米。

民国十一年（1922）《邛崃县志》有载："县城之北，有水由坝流来，即汉志仆干水也，水源仆布，故又名布仆"。清同治三年《大邑县志江考》称："与濮，音之转"。江发源于双河乡红石尖，分南北二源：北源名小河，长20千米；南源名长河，长15千米。两源在双河场汇合，始称江。下流经安顺乡，汇大龙溪、小龙溪、川帮子沟、川溪口沟水，至江乡，汇法华寺沟水，至三坝乡，汇马桥沟水，再经虎跳河至新场镇，河道进入平原，至武童庙出县境，经邛崃市西江、桑园、西河、拱辰、东安等乡，于邛崃市城西入南河。共计流经10个乡镇，河道全长84千米，大邑县境内长60千米。

128. 斜江河（大邑段）

地理位置：成都市大邑县
类型：河流湖泊
水文化遗产级别：Ⅲ级
存续现状：功能完好

斜江河，也称斜江，长江支流岷江右岸支流南河的支流。发源于大邑县境内邛崃山脉雄黄岩东麓，主流三岔河经龙王庙、八角台、鲁店子，再经大邑县城关晋源镇和苏家、安仁、唐场、邛崃市高埂、羊安两街道（原冉义、泉水、安仁、牟礼、羊安等乡镇），于羊安合江寺注入南河。干流河长78.4千米，平均比降3.5‰，流域面积821平方千米。

《邛州志》载："河流委曲斜流数十里，经州东，故名斜江"。又《邛州直隶州志》称为"西河"。民国《大邑县志》称为"西溪"，斜江河系发育，支流密布。斜江水源充沛，是大邑、邛崃两地的灌溉水源，斜江河（邛崃段）以陈家河粗石河、干溪河、桤木河、奔江5条支流较大。

129. 竹溪湖

地理位置：成都市邛崃市
类型：河流湖泊
水文化遗产级别：III级
形成年代：1979年4月
存续现状：省级水利风景区

　　竹溪湖位于邛崃市临邛街道柏树村，原名小柏树水库，竹溪湖是一座以向南河平坝灌区补水为主、兼有灌溉和防洪效益的小（一）型水库，水库枢纽由大坝、溢洪道、放水设施等组成，竹溪湖集雨面积11.82平方千米，正常蓄水位542.6米，设计洪水位543.81米，校核洪水位544.35米，总库容347.82万立方米。

　　水库历经5年于1979年4月建成，灌溉面积542亩。随着旅游带来的发展，在1983年后在大坝、湖心岛等地方修建了楼台亭阁等设施对外开放，取名曰：竹溪湖。曾任国防部长的著名书法家张爱萍来邛游览了竹溪湖后欣然挥毫，现竹溪湖大门上的"竹溪湖"三字为张爱萍手笔。"竹溪"二字由来，是当地俗名竹溪沟；二是宋代诗人、临邛郡守张方在竹溪湖的积翠岩上刻有五尺直径的楷书"竹溪"二字。

　　竹溪湖宋代以来就是川西旅游胜地，两宋文人陆游、魏了翁等常作"竹溪一日游"而蜀中扬名。现已依托竹溪湖打造开发为国家AAA级旅游区竹溪湖生态旅游区，兼具灌溉、防洪、旅游、养殖等功能。竹溪湖呈手掌状，湖中有一个湖心岛——飞来仙岛，四周为山丘，森林覆盖率96%以上，山清水秀，风光艳美。湖面清波荡漾、游艇赛逐，岸边鸟鸣蝶舞，白鹭群栖，和谐美景令游人叹为观止。

130. 张家岩水库

地理位置：成都市东部新区
类型：河流湖泊
水文化遗产级别：Ⅲ级
形成年代：1973年2月
存续现状：功能完好

张家岩水库，当地又称翠屏湖，位于简阳市贾家镇五指乡境内，龙泉山脉的半山腰，沱江支流绛溪河小支流张家岩河上，呈狭长带状分布，库区水面0.8平方千米，有效库存水量1450万立方米，是一个集引水、防洪、灌溉、发电为一体的中型水库。

张家岩水库于1970年8月动工，1973年2月竣工，水库集雨面积17.02平方千米，总库容1450万立方米，有效库容1350万立方米，设计灌溉面积8.98万亩，有效灌溉面积7.78万亩，水库水域面积1200亩（约0.8平方千米），由主副坝4座组成。岷江水流通过6.274千米长龙泉山引水隧洞出口（该隧道）汇入张家岩水库，通过张家岩电站进入灌区，分南北干渠充蓄三岔水库和石盘水库，张家岩水库同石盘水库、三岔水库一起构成了简阳河西地区灌溉水源。张家岩水库主要为简阳市贾家片区六乡两镇和简阳城区居民提供生产、生活用水，是简阳市区唯一的饮用水水源地，由1处饮用水源一级保护区和3处二级保护区组成。其水质远优于龙泉、三岔两湖。

（来源：成都市东部新区水务监管事务中心）

131. 湔江水利风景区

地理位置：成都市彭州市
类型：水文化场所
水文化遗产级别：Ⅲ级
存续现状：省级水利风景区

湔江水利风景区位于成都平原西北缘龙门山中段，距成都市区约50千米，距彭州市区约15千米，2016年湔江水利风景区成功申报省级水利风景区。

湔江水利风景区由湔江和白鹿河滨江开放空间组成，水利风景区长阔相宜，灵秀动人。这里曾是李白诗"蚕丛及鱼凫，开国何茫然"中鱼凫王打猎时"仙去"之地。湔江逶迤于山谷之中，蜿蜒数十里。虽源出山势陡峻的龙门山，但自通济桥以下河床开阔，水势平缓。晴日里，河水徜徉于怪石丛中，泛起粼粼波光。河中滩涂、湿地如繁星散布，野鸭、白鹭成群结队，自在灵动。河两岸峰峦叠翠，连绵不绝。湔江八景（丹湖蜀韵、止马芦花、两河江州、江色晴岚、渔村落照、断桥夜雨、龙漕唤渡、静石诗语）美轮美奂，秀丽动人。丹景山、海窝子古镇、阳平观、"5·12"断桥遗址，古今交融，记录时代变迁。

132. 棠湖公园

地理位置：成都市双流区
类型：水文化场所
水文化遗产级别：Ⅲ级
形成年代：1986年
存续现状：保存完好

　　棠湖公园位于双流区东升街道，由海棠园、蒋琬祠、黄佛渡、人和桥、熏风亭桥、熏风塔等众多单体景观组成，园内还有丰富的馆藏文化和珍贵藏品。

　　棠湖公园创建于1986年，是以海棠和湖泊为特色的仿古园林，湖以棠名，园依湖就，故名"棠湖公园"。尤以"蜀地独垂名"的海棠遍布全园，品种之多，花质之佳，名闻遐迩。其中特别是产于古府河之滨、牧马山丘的铁脚海棠更是堪称一绝，重现了唐代"濯锦江头几万枝"的胜景。棠湖公园充分展现出中国古代皇家园林多景区集锦式的格局，其中尤以熏风塔、蒋琬祠最为著名，熏风塔共七层，站在第七层之上可鸟瞰整个公园乃至城区的全貌。十余年来，棠湖公园突出了公益性、社会性和文化旅游内涵，成功地举办了"成都市第21届灯会""五洲国际灯会"和一年一度的海棠花会，还举办了享誉国内外的"棠湖国际书法邀请展"等文化活动。

133. 新津白鹤滩湿地

地理位置：成都市新津区
类型：水文化场所
水文化遗产级别：Ⅲ级
存续现状：保存完好

　　白鹤滩国家湿地公园景区位于新津区城郊杨柳河出水口与岷江干流交汇处、由南向北呈狭长廊道走向。总规划面积约6.50平方千米（9785亩），分为湿地保育、湿地恢复重建、合理利用三大功能区。公园遵循"全面保护、科学修复、合理利用、持续发展"的方针，挖掘白鹤滩国家湿地公园独有的地理、人文、动植物等自然资源，保护五河汇聚的生态空间，打造"飞鸟逐波鱼随浪，江天沙洲人相融"的河流湿地景观，力争建成西部湿地价值标杆、四川自然教育首选地、成都市公园城市示范区生态会客厅，塑造"生态优先、绿色发展"的城市名片。

　　高段岷江属于游荡性河床，经常年冲积形成大面积沙洲、卵石滩及草甸交错的湿地景观，具有良好的自然生态环境和独特的河流—沙洲湿地复合体湿地类型，在我国西部特别是成都平原地区具有典型性和代表性。

134. 新津斑竹林

地理位置：成都市新津区
类型：水文化场所
水文化遗产级别：Ⅲ级
形成年代：1780年
存续现状：保存完好

斑竹林景区位于新津区兴义镇，核心区占地约560亩，距成都市区25千米新津城区9千米，现已建成面积约1500亩，是天府农业博览园的核心配套区，也是川西平原腹心地带仅有的市级森林公园，并于2017年先后被认定为国家AAAA级旅游景区、四川省生态旅游示范区和成都50佳休闲农业乡村旅游目的地，是成都周边以森林级湿地为主要生态旅游资源的区域之一。

景区始建于1780年，距今已有230余年历史，景区内地势平坦，羊马河、石鱼河穿境而过，金马河、西河环绕四周、姚滩水域湿地成片、花红堰水势平缓，呈现出独特的"水绕半岛"湿地景观；区域内阡陌纵横、碧水回环、白鹭翩飞、修竹成片、农舍俨然、湿地连绵，自然风光秀丽，生态环境良好，森林覆盖率超过90%，有岷江水润、茂林修竹、小桥流水、曲径通幽，有古楠白鹭、平湖秋月、吊桥叠溪等八大景点；拥有国家级珍稀林木—桢楠、香樟、杜仲、朴树近百亩，具有较高的保护研究价值。珍稀动物灰胸竹鸡、红隼、雀鹰、白鹭、小鹏鹏、远东山雀等70余种鸟类在此繁衍生息，堪称候鸟的天堂。

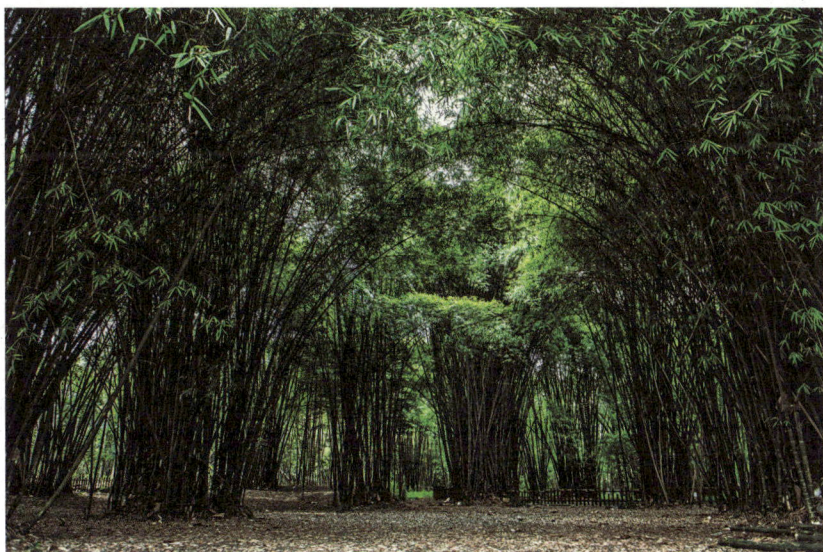

135. 离堆公园

地理位置：成都市都江堰市
类型：水文化场所
水文化遗产级别：III级
形成年代：宋代
存续现状：都江堰文物保护区范围内

　　离堆公园又称离堆古园，位于都江堰市灌口街道玉带桥社区，占地90余亩，是成都市都江堰景点之一。

　　离堆公园，古为"渝氏村"，宋代名"花洲""果园"。宋魏了翁《永康军花洲记》言："永康之城南曰花洲者，俗号果园"。过去，此间又是知县祭奠"先农之神"，祝愿风调雨顺之地，故园内旧有四方形"农坛"碑。清末此地改建为"桑园"。民国初年在园内设"蚕桑局"。民国十四年（1925），驻军旅长邓国璋为使离堆古迹便于国内外人士游览，先后拆去宋公祠和伏龙观前的戏台与围墙等，改桑园为公园，并请邓锡侯题"都江公园"四字，以作园名。1931年进行扩建，1932年建成邓与秘书李铁樵来灌巡视时，因建在离堆之上更名为"离堆公园"，并由李撰书对联悬于大门。上联曰："完神禹无斧椎功，陆海无双，河渠大书秦守惠"；下联为："揽全蜀山水秀，异江第一，名园生色华阳篇"，不仅记述了李冰凿离堆的功绩和公园的特色，还写出了离堆与公园的完整性，使游人一目了然。

136. 三昧禅林

地理位置：成都市彭州市
类型：水文化场所
水文化遗产级别：Ⅲ级
形成年代：唐咸通十三年（872）
存续现状：保存完好

三昧禅林坐落于彭州市丹景山镇双松村茶陇山上，所谓"三昧"，乃佛教用语、梵文音译，是指排除一切杂念、使人心神平静的意思。始建于唐咸通十三年（872），占地约3平方千米，迄今已有1130多年的历史，它是 "上三昧"（水亭寺）、"中三昧"（至德寺）、"下三昧"（安国寺）的统称。

彭州三昧水自古就是佛教徒礼佛寻真的圣地和名人雅士游历向往的名胜，前人有"西游不到三昧水，枉自蜀中走一回"的厚赞之词。三昧禅林因唐代悟达国师洗愈"人面疮"的泉水而得名，如今三昧泉水仍渭流不息，恩泽后世。嘉庆《彭县志》载："自石窦中喷出，方大如斗，不竭不溢，相传即唐悟达国师洗人面疮处。"三昧水水池今犹存，上三昧（水亭寺）佛殿殿后即为圣水亭，水从左面岩隙渗出，清冽甘甜。亭建于明崇祯年间，上书"永兴三昧水，普济十方人"。

137. 二江寺

地理位置：成都市天府新区
类型：坛庙寺观亭
水文化遗产级别：Ⅲ级
形成年代：宋代
存续现状：保存完好

二江寺位于天府新区华阳街道，为一宗教祭祀的寺庙。

二江原位于府河与江安河汇合处的二仙桥（二江寺拱桥）附近，始建于宋朝，占地

10亩，自宋以来，直至明清，本寺香火旺盛，主持积极募捐在附近建桥，定名为"二仙桥"，后更名为"二江寺桥"。民国时期，历经数次劫难，面目全非，只余片瓦。宗教政策得以全面落实后，1990年寺院得以重建，最近选址重建于距原二江寺相隔1.5千米的华阳南湖公园内，共建设宝殿四重。寺庙由福字照壁、山门、弥勒佛殿、观音殿、大雄宝殿等建筑组成。寺院建筑雄伟，金碧辉煌。

138. 都江堰文庙

地理位置：成都市都江堰市
类型：坛庙寺观亭
水文化遗产级别：Ⅲ级
形成年代：五代时期
存续现状：保存完好

都江堰文庙是原川西地区规模最大的县级文庙，全国首家孔庙全景数字博物馆。文庙占地面积达33000余平方米，建筑面积8700余平方米，由棂星门、泮池、大成殿、名宦祠、乡贤祠、崇圣祠、礼器库、东西庑、尊经阁、魁星阁等构成。

都江堰文庙始建于五代（907～960），庙址在都江堰市城西盘龙山麓，明洪武初年，庙址迁于城东宣化门内古泮池，后毁于明末兵灾。雍正、乾隆两朝，修葺扩建，庙制完备，规模初就。1929年，民国时期文庙改设县立初级中学校。1952年，改为灌县中学。2008年汶川大地震文庙受损严重，2010年，文庙按清代性质和布局完成恢复重建，历时三年完成。2012年7月，四川省人民政府公布文庙及魁星阁为省级文物保护单位。2013年，正式注册成立都江堰国学院。2013年，都江堰市政府按清代形制和布局完成文庙恢复重建，同年5月13日正式对外开放；2014年10月，都江堰文庙携手百度百科数字博物馆，共同推出都江堰文庙全景博物馆。这是全国首家孔庙全景数字博物馆。现文庙正在筹备维修，暂停对外开放。

139. 灵岩寺

地理位置：成都市都江堰市
类型：坛庙寺观亭
水文化遗产级别：Ⅲ级
形成年代：隋代
存续现状：保存完好

灵岩寺位于都江堰市灌口街道灵岩社区9组，建筑面积3699平方米，占地面积32万平方米。灵岩寺建筑群坐北朝南，不强调中轴线，进山门拾级而上，依次为长亭、天王殿、韦驮殿、大雄殿，东有接引殿，西为罗汉堂。接引殿两侧厢房与东面禅堂、客房、斋堂等相连接，组成规模宏大、古朴典雅的建筑群体。建筑为悬山顶，抬梁式结构。

灵岩寺始建于隋，名光化寺，《灵岩纪略》记为唐开元四年（716）印度高僧阿世多尊者重建。唐贞观年间（627～649）高僧慧崇主持重建。清乾隆间（1736～1795）性本大师又重建。历经明末清初战乱后，庙宇荒芜，以后几经废修，现存的殿宇多为宋代以后的建筑。寺内有灵窦泉、飞来石、黑风洞、灵石、慈光石窟等胜迹，附近有唐代千佛塔、藏经洞及棋盘石等文物古迹。灵岩寺及千佛塔经过历代的修葺，建筑法式有所变更，但主体建筑的位置始终不变，至今仍保存了隋唐代的传统格局。古刹灵岩寺在"文化大革命"中，文物古迹、山林风景遭到了严重破坏。2003年，都江堰市文物局组织了重建。

140. 老子庙三官殿

地理位置：成都市新津区
类型：坛庙寺观亭
水文化遗产级别：Ⅲ级
形成年代：宋代
存续现状：保存完好

老子庙三官殿位于新津区永商镇车灌社区7组，为市级重点道观。1993年6月被列入为《中国百座寺庙》电视片之一。

老子庙三官殿原是三清殿后院，民国初年重修。三官殿供奉天官大帝、地官大帝和水官大帝神像。三官信仰最初来源于中国古代先民对天、地、水的自然崇拜，又称三元、三气，属于道教自然崇拜的范畴。东汉末年，张天师创教时以老子为教主，同时供奉三官，认为三官能为人赐福、赦罪、解厄。后被认定为中国古代部落首领尧、舜、禹的化身，分别以正月十五、七月十五、十月十五为圣诞日。

三官信仰在我国民间极为隆盛，每逢三元日，百姓都要到三官庙祭拜三官大帝，祈福消灾。道教则认为，若能出家为道，则不受阎王约束，而是归三官大帝管辖。历代帝王对三官都非常推崇，并规定了一些禁忌，比如唐代就规定在三元诞辰的三元节"令百姓是日停宰杀渔猎"。

141. 木兰寺

地理位置：成都市新都区
类型：坛庙寺观亭
水文化遗产级别：III级
形成年代：明代
存续现状：保存完好

　　木兰寺位于新都区石板滩镇木兰村，为纪念元代新都人马复宗的夫人韩娥而建，韩娥原为阆中人，因女扮男装、从军抗元，明洪武年间，王起岩任礼部郎中，解任返川到成都时，特地将韩娥之事告知蜀藩王，藩王曾召见韩娥。大夏政权表彰韩娥为"贞烈""蜀中木兰"。永乐七年（1409），刘维德撰《韩娥传》，家乡阆中建木兰庙（在今木兰乡），其子在新都南关外赤岸山建木兰寺，以纪念这位蜀中"花木兰"，木兰镇也因此而得名。明末，木兰寺毁于战火。清康熙四十五年（1706），新都人古成魁、鞠仲高等11人重建木兰寺，塑韩娥像，直到1940年代，韩娥雕像都还存在。2001年当时的新都县组织重建。

　　每年二月二木兰庙会已经历180多年不间断的历史。木兰庙会又称木兰寺庙会，是历史悠久的中国民俗及民间宗教文化活动，它开始于清嘉庆二十四年春，由迁居当地的客家人首先发起，当地填四川的湖广人和土著居民积极响应，并由严开泰、杨为龙、包玉堂等二十人主动捐资，办起了木兰寺庙会。木兰庙会届时会期十五天，最初叫文昌会，主要为了庆祝文昌帝君的诞辰，后来逐渐演变为种子交流会。

142. 新都白水寺

地理位置：成都市新都区
类型：坛庙寺观亭
水文化遗产级别：Ⅲ级
形成年代：清代
存续现状：保存完好

新都白水寺位于新都区斑竹园镇白水村。四合院布局，坐北朝南，占地面积1900平方米，由山门殿、观音殿、大雄宝殿及东西厢房组成。观音殿：木结构单檐悬山式屋顶，抬梁式梁架，面阔五间17.7米、进深7.8米。东西厢房依纵轴线对称布局，形制、体量一致，均为单檐悬山顶，穿斗、抬梁混合式梁架，面阔五间19.9米，进深7.45米。新建的大雄宝殿为重檐歇山顶仿古建筑，面阔五间20.5米，进深16.1米，殿内塑释迦牟尼金身像。该建筑对于研究清代宗教建筑特色有一定的参考价值。

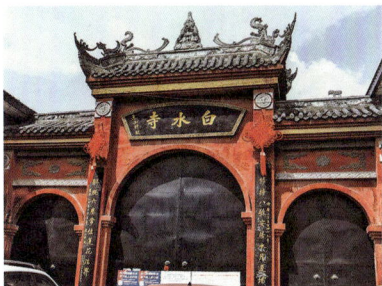

143. 洛带禹王宫

地理位置：成都市龙泉驿区
类型：坛庙寺观亭
水文化遗产级别：Ⅲ级
形成年代：清 乾隆八年（1743）
存续现状：全国重点文物保护单位

洛带禹王宫又称湖广会馆，位于龙泉驿区洛带古镇，为湖广籍移民于清乾隆八年（1743）捐资修建，因供奉大禹，又称"禹王宫"，会馆建筑面积2745.80平方米。坐北朝南，由牌坊、耳楼、戏台、中后殿、前院空坝及两边厢房、两边庑廊组成的四合天井，东西套院及后院组成，全贴金装饰。

洛带禹王宫民国元年毁于火灾,民国二年(1913)重建,1981年4月,成都市人民政府核定公布为文物保护单位,2006年核定公布为全国重点文物保护单位,现为四川客家博物馆和龙泉驿区博物馆陈列办公点。

144. 石经寺

地理位置:成都市龙泉驿区
类型:坛庙寺观亭
水文化遗产级别:Ⅲ级
形成年代:东汉末年
存续现状:四川省文物保护单位

石经寺位于龙泉驿区山泉镇古驿社区,占地220余亩,林荫掩映,八重大殿,依山叠立。飞檐翘角楼。建筑坐西向东,顺应山势由东向西逐层上升。主要建筑有照壁山门、天王殿、驮殿、塔林、大雄宝殿、三圣殿、昆灵殿、祖师殿、方丈院、大师殿藏经楼及五观堂等建筑。石经寺依山立,院落林荫掩映,素有"万木蔽天""遥望石经半天紫"的神奇景观。大雄宝殿前有千年罗汉松一株,系后周显德年间(954~959)植,大友邻殿北侧有古银杏两株,系唐贞观年间(627~649)植,至今枝繁叶茂,果实累累。

石经寺系川西五大佛教丛林之一,最早不是寺庙,它是一座官员的狩猎山庄,始建于东汉末年(189~214)。它由汉景帝第五子刘馀后裔、益州牧刘焉所建,其子刘璋子承父业时扩建。三国蜀汉时,赵云曾承袭该产,在此地镇守成都东大门龙泉山。蜀汉灭亡后,山庄被当地老百姓改建为庙,取名灵音寺,迄今1700余年。唐代石经寺初具规模,寺庙依山而建,历宋、元、明朝。高僧楚山绍琦禅师(1404~1473)系临济宗南岳二十六世法系传人,率同代名僧景隆等十二人与明代理学代表朱嘉学派,论辩十年,力驳排佛之论,道德文章,声动朝野,深受同道士庶之景仰,被明王朝册封为"荆壁禅师"。楚师受蜀王礼请返川,驻锡"灵音寺"(现石经寺),由蜀王献金,大兴修建,七重殿宇庄严落成,改名"天成寺",寓感恩皇家之意。天成寺到清代后改名石经寺。

145. 五凤镇关圣宫

地理位置：成都市金堂县
类型：坛庙寺观亭
水文化遗产级别：Ⅲ级
形成年代：清康熙年间（1662~1722）
存续现状：四川省文物保护单位

关圣宫又叫关帝庙，是四川传统会馆建筑，四川省级历史文物保护单位，是成都周边地区目前保存最好最大的一座武庙。

关圣宫坐北朝南，四合院式，方形布局，木结构，两层，歇山顶，抬梁式梁架。由玉凤街登42级石梯方可进得大门：整个建筑居高临下，中轴线对称，依山而建逐渐升高。中轴线上前为山门（戏楼），后为正殿，两侧为厢房，左厢房为陕西会馆即关圣宫、右厢房为即禹王宫。禹王宫原为供奉大禹，后发展为湖广会馆。

146. 望丛祠望帝陵

地理位置：成都市郫都区
类型：名人故居、祠堂、墓园
水文化遗产级别：Ⅲ级
形成年代：古蜀时期
存续现状：四川省文物保护单位

望丛祠望帝陵，位于郫都区郫筒街道望丛社区，为帝王陵墓，据《郫县志》：祀望帝的"崇德祠"原在灌县二王庙处，南朝齐明帝时（494～498），刺史刘季连将其自灌口移建于郫。后与丛帝庙合并，成为合祀望、丛二帝的"望丛祠"。望帝陵，周长200多米，高8米，是目前西南地区最大的帝王陵墓。墓碑向东，前有拜台陵道，墓脚有石板路环绕。墓顶封土上存古柏15棵。墓碑是民国十八年（1929）四川督军熊克武出资所立，碑文是但懋辛所写。公元前六世纪，蜀族由鱼凫时代逐步过渡到杜宇时代，建立了以农耕为业的古蜀国，都城设在郫邑。杜宇为早期蜀王，号望帝，他教民稼穑，开创和发展蜀地的农业经济，为"天府之国"奠定了根基。千百年来，被誉为"农业之神"和"开天府之师"，长受蜀人敬仰和尊祀。

147. 望丛祠丛帝陵

地理位置：成都市郫都区
类型：名人故居、祠堂、墓园
水文化遗产级别：Ⅲ级
形成年代：古蜀时期
存续现状：四川省文物保护单位

　　望丛祠丛帝陵，位于郫都区郫筒街道望丛社区，为帝王陵墓，丛帝是古蜀国继望帝之后，又一位贤明的蜀王。《岷阳二帝前后志》载："丛帝殁后，咸葬于郫，旧有庙，古邑南去郭一里"。丛帝陵位于望帝陵东北约100米处，为古蜀国丛帝开明的陵冢，现存封土堆成圆形，状若丘山，高出地面约10米，长径约41米，短径约20米，周长约100米。陵上古柏为清道光十五年（1835）所植，陵前立"古丛帝之陵"石碑，落款"民国八年五月吉立熊克武敬立但懋辛敬书"。碑高3.48米，宽0.58米，厚0.14米，青砂石质。

　　相传，商朝的时候，因治水有功，蜀王杜宇称帝，号为"望帝"。后来，他禅位于鳖灵，死后化为杜鹃。鳖灵便是"丛帝"，建立开明王朝，初定都于郫邑，后迁徙到成都。历十二世，终亡于秦。丛帝死后，葬于今天郫都区城南，后来修建起丛帝祠。南朝齐明帝时，将望帝陵从灌县迁至郫县，两陵合为一处。北宋时期，进行扩建，明末毁于战火。

148. 杨氏宗祠

地理位置：成都市新都区
类型：名人故居、祠堂、墓园
水文化遗产级别：Ⅲ级
形成年代：明代
存续现状：保存完好

杨氏宗祠位于新都区斑竹园镇升庵村13社，为四合院布局，坐东朝西，北厢房及前厅于二十世纪九十年代拆除，存正房和南厢房。正房：单檐悬山顶，穿斗式梁架，夯土台基，鼓形石柱础，竹骨泥墙，青板瓦盖顶。前檐墙及两山墙通设木墙裙，明间设实榻木门一道，两侧各置槛窗一道，米字纹棂格。脊檩上彩绘八卦图案。面阔三间12.6米、进深6.15米、通高5.5米。南厢房形制与正房相同，面阔三间10.9米、进深4米、通高5米。该建筑对于研究清代川西民居建筑特色有一定的参考价值。

杨慎（1488～1559），字用修，号升庵，杨廷和之子，公认为明朝三大才子之首，明代文学家，新都（今属四川）人。少年时聪颖，11岁能诗，12岁拟作《古战场文》，人皆惊叹不已。入京作《黄叶》诗，为李东阳所赞赏。正德六年（1511），殿试第一，授翰林院修撰。禀性刚直，每事必直书。武宗微行出居庸关，上疏抗谏。世宗继位，任经筵讲官。嘉靖三年（1524），杨慎因"议大礼"，违背世宗意愿受廷杖，谪戍云南永昌卫，居云南30余年，死于戍地。

149. 文翁祠

地理位置：成都市彭州市
类型：名人故居、祠堂、墓园
水文化遗产级别：Ⅲ级
始建年代：清代初年
存续现状：保存完好

　　文翁祠，位于彭州市，占地面积4亩，建筑面积2000余平方米，是彭州人民纪念文翁治水功德的祠堂，两层祠堂建筑，占地面积4亩，建筑面积2000余平方米，由青砖、木梁、古瓦建成，地板由青石板铺就，以祠堂祭祀、文化展示、观景和休闲为主要功能。

　　文翁，名党，字仲翁，公学始祖，庐江舒人（今安徽舒城县人），西汉循吏。汉景帝末年任蜀郡太守期间，兴教育、举贤能，激起蜀地向学之风，成为"文章冠天下"之地；同时，兴修水利，开湔江口，灌溉农田千七百顷（约合十二万亩），使蜀郡出现了"世平道治，民物阜康"的升平景象。为了纪念文翁治水的历史功德，清代初年，彭州人在湔江河畔修建了文翁祠，祠内石门内刻下"东流不尽汉时水，西望常陪太守祠"，千百年来人们祭祀不断。

150. 佛子岩石刻

地理位置：成都市大邑县
类型：雕像、石刻、碑碣
水文化遗产级别：Ⅲ级
形成年代：明代
存续现状：成都市文物保护单位

佛子岩摩崖造像位于大邑县新场镇川王社区，距离成都市60余千米。造像为研究川西明代石刻造像提供了重要的实物资料，2007年被公布为市级文物保护单位。

佛子岩摩崖造像主要为明代造像。造像开凿在高5米，宽15米的红色砂岩崖壁上，坐南朝北，现存5龛，造像16尊，龛形制为矩形敞口平顶。龛内刻弥勒佛、西方三圣、华严三圣像等。崖壁上楷书阴刻"阿弥陀佛"。佛子岩的石窟雕刻内容主要取材《西游记》中取经的故事，主要景点有唐僧取经窟、比丘和尚窟、治水观音窟等，佛子岩的塑像宗旨与川东大足石刻一致，主要特点是平民化、生活化、风俗化，依山而建，逶迤参差，远远看去，十分壮观、险峻、神奇。

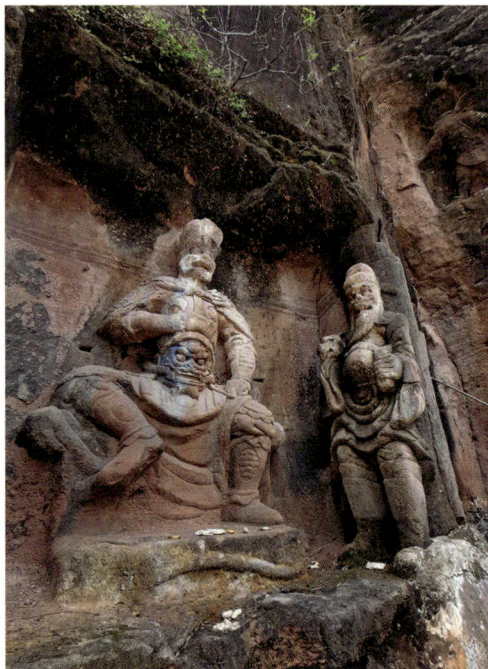

151. 富春坊唐宋街遗址

地理位置：成都市锦江区
类型：水边聚落遗址
水文化遗产级别：Ⅲ级
形成年代：唐宋时期
存续现状：考古遗址

富春坊唐宋街遗址位于锦江区城守东大街，在面积3000平方米的区域之下，前店后坊式的房屋整齐排列，市政排水沟纵横交错，沟渠呈南北向，可与江南馆街坊遗址、科甲巷遗址中的排水沟组成城市的地下管网体系，排水沟修建于晚唐五代时期，废弃于宋末元初时，先后修葺了四次。富春坊遗址发现的街坊遗址，属于古代成都城重要的组成部分，对研究唐宋时期成都城市布局、建筑格局、功能分区等具有重要意义。

唐代成都拥有一百二十坊，绝大多数坊名已不可考，而有些坊名则在各种典籍诗词中得以保存下来，如锦官坊、忠义坊、文翁坊、富春坊……唐代一百二十坊中富春坊是当时卖酒集中的地方。在《旧记》曾记载，唐明皇时，著名道士叶法善曾"引帝至成都，市酒于富春坊"，唐玄宗成都买酒，这些历史传说为富春坊盖上一层神秘面纱。

（来源：成都文物考古研究院）

152. 城守东大街遗址

地理位置：成都市锦江区
类型：水边聚落遗址
水文化遗产级别：Ⅲ级
形成年代：唐宋时期
存续现状：考古遗址

　　城守东大街遗址位于锦江区城守东大街24号，东北距江南馆街遗址约200米，北距科甲巷遗址约100米。2018年4月开始，成都市文物考古工作队对该地块开展抢救性考古发掘工作，揭露面积约1000平方米，发现了晚唐五代至两宋时期的文化遗存，取得了重要收获。

　　城守东大街遗址发现有隋唐至宋元时期不同规模的市政沟渠管网，是成都城内的市政沟渠设施，始建于唐末。从考古资料上看，城守东大街遗址小东门与小西门之间的主街道L3相配套，口大底小，宽1.6～2.1米，两壁直墙亦主要用素面青砖错缝平砌，底部无铺砖，历经五代两宋间多次修葺和改造，至元末明初废弃。次级沟渠通常位于次级干道、坊内或坊间街道旁侧，建筑规模不等，但明显小于主干沟渠，且往往都是封顶后埋于地下的暗沟（渠）。遗址与科甲巷古遗址、江南馆街唐宋街坊遗址相邻，文化面貌相似，且两个地点发现的部分遗迹单位之间也存在一定的联系。从发现的城市排水渠、街道、房屋建筑等的科学规划及合理布局可以看出，唐宋时期的成都城有着较高的城市规划和管理水平。此次发掘为以往考古发掘的补充及完善，对于进一步了解唐宋时期成都城市格局及社会生活情况均有重要的参考价值。

（来源：《成都市旧城沟渠遗址考古报告》）

298

NAMELIST OF THE RESOURCES OF WATER CULTURAL HERITAGE IN CHENGDU
成都市水文化遗产资源名录

153. 鼓楼北街遗址

地理位置：成都市青羊区
类型：水边聚落遗址
水文化遗产级别：Ⅲ级
形成年代：唐宋时期
存续现状：考古遗址

鼓楼北街遗址位于青羊区鼓楼北一街。遗址内已发现至少有唐五代、宋元、明等时期的文化遗存，遗址包括河道、房基、道路、水井、水沟、灰坑、窖藏等遗迹现象，以及瓷器等遗物。据推断，鼓楼北街遗址位于古时成都子城（内城）和罗城（外城）的中间，为晚唐时期修筑罗城时扩建的主干道。至明朝时期，此区域极可能与内江王府有关。

从考古发现看，成都旧城内发现有隋唐至宋元时期不同规模的市政沟渠管网，大致可分作主干沟渠、次级沟渠、小型沟渠三大类。主干沟渠的建筑规模最大，通常位于主街道旁侧或附近，且几乎都是不封顶的明沟（渠），鼓楼北街遗址是其代表，属于唐末扩筑罗城后、回填子城护城河而修建的市政干渠设施，与大东门与大西门之间的主街道 L1 相配套，沟渠内为双水道结构，宽2.5～3.2米，两壁直墙主要用青砖错缝平砌，底部无铺砖，历经五代两宋间多次修葺和改造，至元代最终废弃。

该遗址与成都内姜街遗址相距仅295米，二者宋元时期的文化面貌极为相似，通过测量，发现两处排水沟相互垂直，而道路则是同一条西北—东南向的道路。这些考古发现，对于研究唐五代至明代成都城的市政给排水设施、街巷民居的规划、建设与布局提供了直接依据，对于探索各个时期的城市功能和社会生活面貌的变迁具有重要的参考价值。

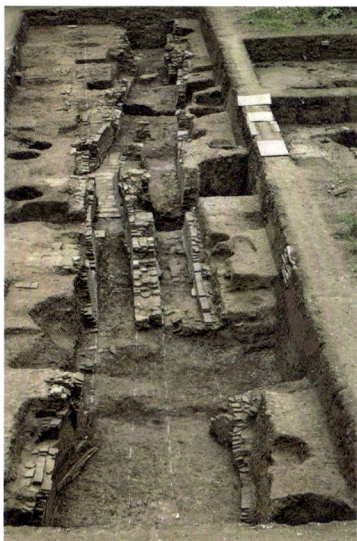

（来源：《成都市旧城沟渠遗址考古报告》）

第三章
成都市水文化遗产Ⅲ级资源名录

154. 内姜街遗址

地理位置：成都市青羊区
类型：水边聚落遗址
水文化遗产级别：Ⅲ级
形成年代：唐宋时期
存续现状：考古遗址

内姜街遗址位于青羊区太升南路西侧、忠烈祠街以南，遗址200余平方米，内发现了唐、宋、元、明、清各个时期的文化遗存，遗址包括道路、水渠、灰坑、水缸、瓷器等遗迹现象和遗物。

从考古发现看，成都旧城内发现有隋唐至宋元时期不同规模的市政沟渠管网，内姜街遗址是成都城内的市政沟渠设施，规模较小。内姜街遗址水道内宽1米左右，券拱完整高度约2.25米，两壁直墙以平丁相杂砌筑，底部有一层铺砖；小型沟渠散布于房屋院落间，普遍修筑工艺简陋，宽度多在0.3米左右，一般都为加盖平砖封顶的暗沟（渠），与主干沟渠或次级沟渠贯通相接，它们的数量众多，分布密集，横纵交错，与市民生活最为息息相关，既有取水洗涤之便，又可排污，净化城市环境，诚如北宋席益《淘渠记》所言："其余小渠，本起无所考，各随径术，枝分根连，同赴大渠，以流其恶。"内姜街遗址是唐宋时期成都城的一处普通民居遗址，考古资料反映出唐代的成都城已经有较为系统的地下排水沟渠的建设。

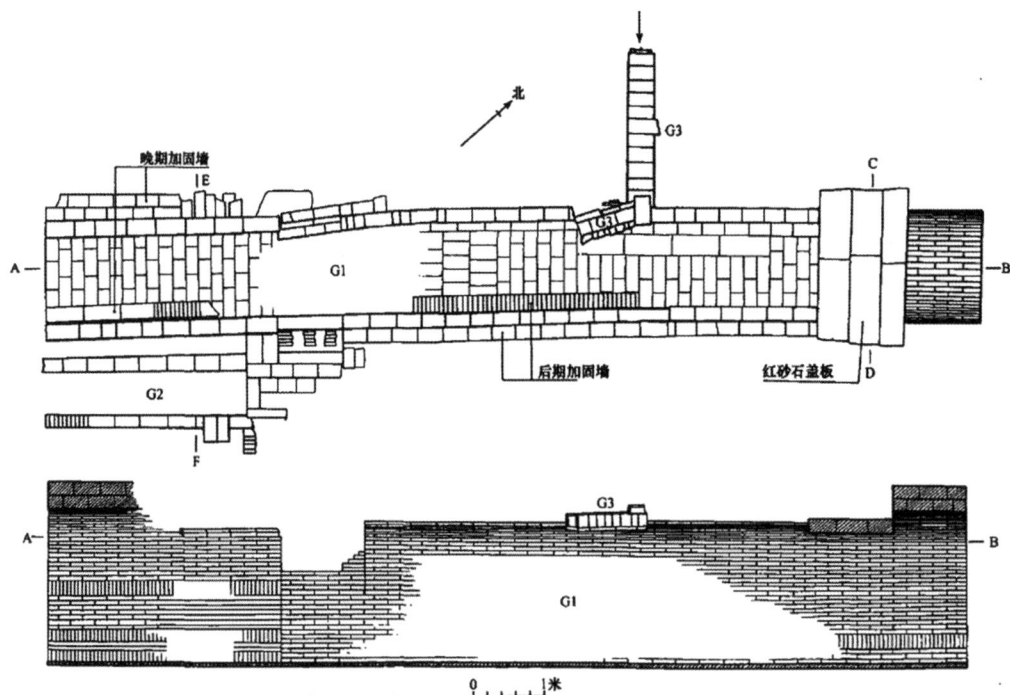

（来源：《成都市旧城沟渠遗址考古报告》）

155. 福感寺遗址

地理位置：成都市青羊区
类型：水边聚落遗址
水文化遗产级别：Ⅲ级
形成年代：两晋时期
存续现状：遗址

福感寺遗址位于青羊区少城街道办事处宽巷子社区，发掘面积达到1.1万平方米。目前的发掘现场只是福感寺的一部分，但已发现了塔基、房址、水井、道路、沟渠等遗迹，出土了1000多块刻有《金刚经》《妙法莲华经》《佛顶尊胜陀罗尼经》等佛教经典的经版，以及多达五六百块的佛教风格建筑构件。

福感寺原名大石寺，建立于两晋，盛于隋唐，根据历史文献记载，在初唐时期其改名为福感寺，寺中常有高僧驻留。在唐代高僧道宣所著的《集神州三宝感通录》中，"（益州）旱涝年，官人祈雨必于此塔，祈而有应，特有感征，故又名福感。"道出福感寺名字的由来。福感寺作为益州名寺，唐代诗人刘禹锡也曾形容其为"绣于碧霄，望之如昆阆间物"。但进入唐代晚期以后，福感寺在南诏入侵成都的战火中毁坏严重，随后节度使高骈扩筑罗城，福感寺的范围逐步往东缩减，之后又受到几次大的战乱波及，福感寺逐渐衰落。

156. 新都水观音
商周遗址

地理位置：成都市新都区
类型：水边聚落遗址
水文化遗产级别：Ⅲ级
形成年代：商周时期
存续现状：考古遗址

　　新都水观音商周遗址位于新都区新繁镇繁川家具大道381号，遗址南北长约300米，东西宽约100米，面积近3000平方米。1986年，水观音古墓遗址被公布为新都县（今新都区）文物保护单位。

　　新都是成都平原先秦文化分布最密集的区域之一，区境内发现和发掘了新繁水观音商周遗址、桂林乡五四村商代遗址等10多处先秦时期遗址。水观音遗址出土坑墓8座，出土陶器100余件，磨制石器70余件，青铜器30多件。陶器有尖底盏、小平底罐、高柄豆、圈足器、纺轮等，是四川最早认定的商代遗址，在殷商与巴蜀两个完全不同的古政治、文化系统里，成都平原早就开始了中华民族多种文化的融合。该地出土的器物形制，既有广汉三星堆遗址文化因素，又具成都十二桥文化的典型特征，为成都附近较早发现的两周时期的古墓遗址，对构建成都平原先秦考古学文化序列，提供了珍贵的实物资料。

（来源：四川新凡县水观音遗址试掘简报）

157. 邛窑遗址

地理位置：成都市邛崃市
类型：水边聚落遗址
水文化遗产级别：Ⅲ级
形成年代：隋代
存续现状：遗址

邛窑遗址位于邛崃市临邛街道。邛崃窑址是唐代著名的瓷窑窑址，因为邛崃在唐代属于邛州，故而也称为"邛窑"。邛窑创烧于南朝，宋时终止，是四川烧瓷品种最为丰富和最具代表性的古代瓷窑之一。1988年国务院将"什邡堂"公布为全国重点文物保护单位。

20世纪50年代至80年代初，四川省文物考古工作者对遗址进行了多次的调查，在什邡堂、尖子山、瓦窑山、西河乡及固驿镇五地都发现了古窑的遗址，其中以什邡堂的窑址最为著名。在什邡堂渡口处发现了具有南朝至隋代瓷器特征的四系壶、河系罐、高足盘及小平底敛口深碗等。这里的唐代窑址最为典型，品种极为丰富，有各式碗、盘、瓶、罐、钵等，还有带提梁的水罐，是其他唐代瓷窑中所未见的具有典型地域特征的器物。器物的装饰有的带褐绿斑点，有的为褐绿彩绘花草纹，也有花鸟纹。此外，还发现了大量烧制的小件动物和人物雕塑等。

158. 怀安军遗址

地理位置：成都市金堂县
类型：水边聚落遗址
水文化遗产级别：III级
形成年代：宋代
存续现状：考古遗址

怀安军遗址位于淮口街道同兴社区洲城村，2007～2008年多次勘探调查初定范围，为南北长1500米，东西宽500米，面积0.6平方千米，2008年发掘面积8000余平方米，发现了北城门、城墙、民居、寺庙、作坊等重要遗迹。在沱江西侧的冲积平坝上，西面为花果山。再向西不远处即为有名的云顶山，是南宋时期抗击蒙古的重要战略据点，城址东临沱江，隔江屹立着南宋时期的瑞光塔，东北处为淮口大桥，北面是金乐公路。

159. 海窝子古镇

地理位置：成都市彭州市
类型：古村古镇
水文化遗产级别：Ⅲ级
形成年代：清代
存续现状：保存完好

海窝子古镇位于彭州市通济镇海窝子社区，古镇倚龙门山脉，居湔江河畔，镇上只有一条主街，是一条特色商业步行街，全长1.5千米，由南向北。院落属川西民居风格，以木质结构居多，砖瓦为辅，场镇出口便是那海眼，似一汪碧绿的清潭，潭水深不可测。

据《华阳国志》记载"蜀王鱼凫，由于地湔山建都上瞿上。"蜀王柏氏建都瞿上，在此开创了古蜀王国，帝王象征龙也，王者所在即龙之所居，龙潜于海，故后人称此地为海窝子，也有人称海窝子为瞿上。海窝子古镇与三星堆、金沙遗址一脉同源，古镇始建制于1790年，距今有两百多年历史。

关于海窝子古镇的命名还有另外一个传说。据传，在彭州这片神奇而富裕的土地上，曾生活着一对母子。儿子小龙以割草为生，每当他割完一茬草背回家，再次来到之前割草的地方时，那草瞬间又生长得十分茂盛。有一年干旱，土地菩萨托梦给小龙，说是长得最茂盛的那窝草挡住了东海的眼睛，于是小龙使劲拔走了那株草，顷刻间大水喷涌而出，小龙因口干舌燥，把头伸进水里一阵猛喝，突然头痛难忍，头上长角，身上长鳞，变成了一条龙，在水中翻滚，他顺水一直下流，流进了东海。小龙拔过草的地方，至今仍流水不断，人们为了纪念小龙，就把这里叫做海窝子。

160. 西来古镇

地理位置：成都市蒲江县
类型：古村古镇
水文化遗产级别：Ⅲ级
形成年代：北魏
存续现状：四川省历史文化名镇

　　西来古镇位于蒲江县西来镇临溪社区，是成都市"十大魅力城镇""四川省历史文化名镇"及"全国环境优美乡镇"，是典型的川西民俗文化古镇、旅游休闲的圣地。西来古镇背山面水，临溪河、小河子穿镇而过，河畔12棵古黄楝树苍劲挺拔，风韵浓郁。其核心区是一条有近百年历史的老街，镇内文风街、簸箕街、龙眼街、烟巷子、水巷子、亭子巷纵横交错，构成了1200米的长街和近700米的小巷。镇上建筑保留明清风格，木质瓦房临街而列，小巷幽静，窗花雕饰，楼阁灯笼，青石街巷平整而悠长，呈现出典型的川西民宅风貌。

　　西来古镇历史悠久，至今已有1700余年历史，因临溪而建，西来镇原名叫做临溪，自北朝西魏设县以来，一直是县治所在。三国时期，蜀人在临溪河畔建起古渡，成为蒲江与邛崃的必经之地。当时，渡口两岸人丁兴旺，来来往往的行人也很多，慢慢便发展出供人歇脚的商铺，并延伸出一条行商走集的河坝街。后来以此为根基，来此定居的人口渐多，并逐渐形成繁华的市口，因临近临溪古渡，人们就称之为临溪场。经

历了北周、隋、唐、前蜀、后唐、后蜀、北宋9个朝代后，临溪降县为镇，隶属邛崃，直到明朝政府重新设置蒲江县，才将临溪镇划入蒲江。康熙三十四年（1696），蒲江县令便因关帝爷从西而来带来繁荣和希望，同时借用佛教教义中"佛法西来"的典故，将临溪场改为西来场。2000年，西来镇被省政府列为"小城镇建设试点镇"。2004年被省政府命名为"历史文化名镇"，被市政府评为"十大魅力城镇"。2005年该镇被评为成都市"十大魅力城镇"，同年又被列为"四川省历史文化名镇"。西来古镇现今仍保留有纯朴的民俗文化，如玩狮灯、耍龙灯、抬幺妹儿、踩高跷，春分、端午粉墨登场唱大戏，每一项民间活动都是历史人文的传承。

161. 连二里市

地理位置：成都市温江区
类型：古村古镇
水文化遗产级别：Ⅲ级
形成年代：清代
存续现状：保存完好

连二里市，位于温江区金马街道，是一个极具成都平原田园风光的乡村桥场，面积0.3平方千米。贯穿连二里市的石鱼河，河道自金马河流经温江长滩的老君渡处分水，向南形成一条蜿蜒盘曲的小河。缓缓流淌的河水自北向南从场桥中流过，把小场辟为东西两部分，崇江桥又把这两部分连在一起，形成一座小桥场。

崇江场是以崇庆、温江两县名之中各取一字而得名，场以桥名，故曰"崇江场"。其实崇州、温江两县过去均属江源郡辖地。555年西魏恭帝二年，崇州、温江从江源郡析出，以崇江桥两头划界置县，东为温江永盛乡，西为晋源县江源乡，此后县名、乡名虽有所变更，但两县两乡共一桥场直至今日，"一足踏二县，一市连二乡"，所以当地人也叫它连二里市。从怀远、元通、廖家等地运来的木材、木器工艺品及农副土特产品，源源不断通过崇江场，经黄家渡口过金马河，取道温江到成都，将货物销往四川和全国各地。从成都转运而来的布匹、食盐和各种日杂百货用品在此处集散，运销崇州、大邑、都江堰等地。这时的崇江场已成为周边数十里的物资集散地。由于交通方便，商气旺盛，一些外地官商名流先后在场内购地建房，置田放租，场内黄家祠、雷家祠等在川西坝子享有盛誉。整个集市街道两旁店挨店、铺连铺，形成错落有致，水曲廊桥的乡村桥场。

162. 悦来古镇

地理位置：成都市大邑县
类型：古村古镇
水文化遗产级别：Ⅲ级
形成年代：清代
存续现状：保存完好

悦来古镇位于成都平原西部大邑县，面积26平方千米。悦来古镇不大，只有四条街，古建筑主要集中在悦来正街和河坝街上，基本是清末至民国时期的川西小镇建筑风格，中西方建筑风格元素融合的民居比比皆是。

悦来古镇历史悠久，物产丰富，交通发达，是大邑县城通往国家级风景区——西岭雪山、高山滑雪场、花水湾温泉度假区、道教发源地——鹤鸣山、佛教早期传播地——雾中山的咽喉要道。以"悦来"

为地名，寓意在于使居住此地的人甚觉开心，也希望远道而来之人在此倍感愉悦，与孔子对"近者悦，远者来"的释义，均表明了悦来的待客之道。悦来古镇的风景十分古朴。在悦来正街下段，你会看到一排古老而又低矮的围墙，据当地人讲：这就是有名的"川王宫"旧址。另外在这条街的309号值得一看，革命烈士车耀先曾经在这里住过，他可是成都老字号餐厅"努力餐"的创始人。河坝街的中段有座很小的庙宇，当地人称为"张大夫子庙"。传说是纪念重修了这条街道和房屋的当地善人。河坝街的尽头是座建于1920年的鹤林桥铁索桥，上面铺满木板，走在上面依然是颤颤悠悠的感觉。

163. 泰安古镇

地理位置：成都市都江堰市
类型：古村古镇
水文化遗产级别：Ⅲ级
形成年代：唐宋时期
存续现状：保存完好

　　泰安古镇位于都江堰市青城山镇泰安社区，环抱于幽静的青城后山之中，是青城后山的第一景点，古镇地处青城后山核心景区，群山坏抱，幽静自然，山清水秀，森林覆盖率80%以上，旅游资源极其丰富。有味江河穿流而过，还有飞泉沟、五龙沟、通灵沟、马家沟纵横穿越。

　　泰安古镇唐宋建镇，是著名的古镇，古驿道，自古即为旧时成都平原通往阿坝州大小金川的必经驿道上之重镇。该镇因镇上有古刹泰安寺而得名。古称"花坪老驿路"，唐时为味江寨，清时始依场后的古泰安寺易名为泰安场，是成都茂汶、金川物质交流的中转重镇，历来商贾云集，市场繁荣。泰安古镇以川西山乡民居为主要建筑风格，雕花阁楼鳞次栉比，古朴雅致，古镇占地面积约55亩，由三条街道两个巷子组成。因"5·12"汶川大地震，古镇大部分被毁，经过修缮，分为古镇老街和古镇新街，新街的建筑风貌延续老街，保持统一风格。

164. 弥牟古镇

地理位置：成都市青白江区
类型：古村古镇
水文化遗产级别：Ⅲ级
形成年代：后唐时期
存续现状：保存完好

弥牟古镇，古称弥牟寨、唐家寺，亦名八阵乡，地处青白江区西北端。

弥牟古镇始建于后唐时期（934～936），作为老川陕路的要冲，弥牟镇又被称为"成都北大门"，闻名于世的三国旱"八阵图"遗址仅存于此，还有诸葛井、诸葛桥等三国时期历史遗址。"晓云不散弥牟镇，春草横生八阵图"，弥牟镇的八阵图是迄今仅存有真迹的一处，俗称旱八阵，始建于221年，是诸葛亮的"演兵场地"。弥牟古镇中有一口诸葛井，相传为诸葛亮在团河乡扎营时开凿。旱八阵和诸葛井是弥牟镇在历史中的重要军事地位和人文历史价值的代表。

汉代广汉与成都为纺织中心，处在成都和广汉之间的向阳场和弥牟镇一带纺织业也非常兴盛。弥牟本身是一个形容词，言纻布织工之细，进而代指产于今青白江区弥牟镇具有地域特征的特产布，《后汉书·礼仪志中》和唐《元和郡县图志》均对"弥牟纻布"有记载，弥牟纻布早在汉代已经是上贡朝廷的"土贡"，一直延续到唐代，弥牟镇也因布名而得镇名。

第三章
成都市水文化遗产Ⅲ级资源名录

165. 彭镇

地理位置：成都市双流区
类型：古村古镇
水文化遗产级别：Ⅲ级
形成年代：明永乐年间（1403~1424）
存续现状：保存完好

彭镇建于明代永乐年间，历史曾名永丰场，后因蜀中丹棱大诗人彭端淑家族移居于此，得名彭家场。其旧时共有六庙、三馆、双桥、两楼、一阁、一台等二十多处经典建筑，青瓦飞檐，层楼叠榭。彭镇建成数百年来，大部分历史建筑包括最有名的天一楼和地六楼，彭端淑亲提"第一春波"的双流八景第一桥和袁王氏捐木修筑的万年台灯都已损毁，仅存机面房和观音阁等，作为仅存不多跨越几百年的历史建筑，皆始于明朝，经典的川西穿斗风格建筑，垂檐精雕，文韵深厚。

彭镇是双流区城西历史最悠久的一大古镇，自古以来，彭镇被誉为双流西区之重镇，商贾云集之地。其水陆码头是杨柳河流域最大水码头之一，乃双流西区水陆码头之要冲。彭镇是粮、麻、油、蓝靛等农副产品的集散地，粮食、布匹、百货、烟酒、棺碑、糖果、纸火、染房、药材等二十多个行业紧密林立。民间曾传有一言："日来千人拱手，夜来万盏明灯"，实为当时的繁华写照。彭镇曾有过上百座大小寺庙，各种民俗活动精彩纷呈。以民国时期算起，彭镇的庙会计有：正月二十（阴历）"春台会"；三月初三"娘娘会"；五月十三"单刀会"；七月"火神会"；十月"寒衣会"。时至今日，彭镇还保存着一大批优秀的民间手工艺术，包括手制竹椅、竹编甑子、舞狮子灯等等。

166. 治水三字经

地理位置：成都市都江堰市
类型：档案文书及法规制度
水文化遗产级别：Ⅲ级
形成年代：战国末期
存续现状：保存完好

　　三字治水经全文为："深淘滩，低作堰。六字旨，千秋鉴。挖河沙，堆堤岸。砌鱼嘴，安羊圈。立湃阙，留漏罐。笼编密，石装健。分四六，平潦旱。水画符，铁桩见。岁勤修，预防患。遵旧制，毋擅变。"三字经刻石嵌二王庙三官殿左侧壁间，高0.77米，宽1.77米，字径0.9米，为清光绪丙午（1906）春成都知府文焕书。

　　治水三字经是千余年来人们治理都江堰经验的概括，是治理都江堰的行为准则。"深淘滩，低作堰。六字旨，千秋鉴"说的是治水"六字诀"是修治都江堰的准则，要世代相传。"挖河沙，堆堤岸"指挖出的泥沙，要用来加固培高河堤。"砌鱼嘴，安羊圈"指在修筑鱼嘴时，先要做好护底工程"羊圈"，确保鱼嘴牢固抗冲击。"立湃阙，凿漏罐"是说要给内江修好飞沙堰、溢洪坝等减水河道，并在人字堤留出暗涵引水口，灌溉都江堰市区南塔子一带。"笼编密，石装健"指竹笼的笼眼编得小，才足够牢固。卵石要装填饱满，才能抗冲击。"分四六，平潦旱"指鱼嘴要按"四六"比例分水，灌区才能不涝不旱。"水画符，铁桩见"指宝瓶口岩壁的水则要刻画清楚，深淘内江河道时，要挖到"卧铁"出现。"岁勤修，预防患"是说要坚持岁修，以防洪涝灾害的发生。"遵旧制，勿擅变"是说不要轻易更改这些总结出来的治水原则、经验和管理制度。

313

167. 治水六字诀

地理位置：成都市都江堰市
类型：档案文书及法规制度
水文化遗产级别：Ⅲ级
形成年代：战国末期
存续现状：保存完好

  治水六字诀为"深淘滩，低作堰"。相传为李冰留下的都江堰枢纽岁修要领，最早见于《水经注·江水注》描述："江水又历都安县李冰作大堰于此，立碑六字曰：深淘滩，浅包堰。"明代蜀中著名学者杨升庵的《金石古文》中著录的《秦蜀守李冰湔珝堰官碑》，其六字诀文字作"深淘滩，浅包鄢"，《大元勅赐修堰碑》中写道："深淘滩，低作堰"。在宋代前，六字诀已成为都江堰治水的经验总结和岁修准则，明朝治水名家潘季训将其深化阐发并亲自实践。清嘉庆二十三年（1818）知县王梦庚书写六字诀，雕刻于二王庙三官殿左侧壁间，刻石高1.95米，宽3.12米，字径0.9米。

  "深淘滩"是说内江凤栖窝一带的河床，岁修清淤必须挖到深淘标志"卧铁"处，以保障内江进水满足灌溉需求。"低作堰"是指修筑飞沙堰要低，只能高出内江卧铁2米。既要利于在枯水季控制内江水量，还要方便在洪水季泄洪、排沙。都江堰的维修，遵循古训"六字治水诀"和"八字治水格言"，即"深淘滩，低作堰"；"逢正抽心，遇弯切角"。历代遵循，岁岁落实，故使名堰历久不衰。

168. 治水八字格言

地理位置：成都市都江堰市
类型：档案文书及法规制度
水文化遗产级别：Ⅲ级
形成年代：战国末期
存续现状：保存完好

清光绪元年（1875），成都水利同知胡均所撰著名的八字格言：遇弯截角，逢正抽心，是千百年来都江堰岁修在疏浚河道方面的宝贵经验总结，具有很强的科学准则指导价值，治水八字格言是治理都江堰的行为准则。

八字格言分两句，其一为：遇弯截角，逢正抽心；其二为：乘势利导，因时制宜。"遇湾截角"是指，岁修时遇到河流弯道，要在凸岸截去沙滩角，在凹岸设置挑流护岸工程，以减轻主流对凹岸的冲刷。"逢正抽心"是说顺直河道，应疏浚河床中间部分，使江水安流顺轨。"乘势利导，因时制宜"，这是说，要充分利用岷江流量大、坡度陡、流速快和枯水、洪水期不同的特点，合理安排都江堰水利工程引水、泄洪、排沙、岁修等工作。

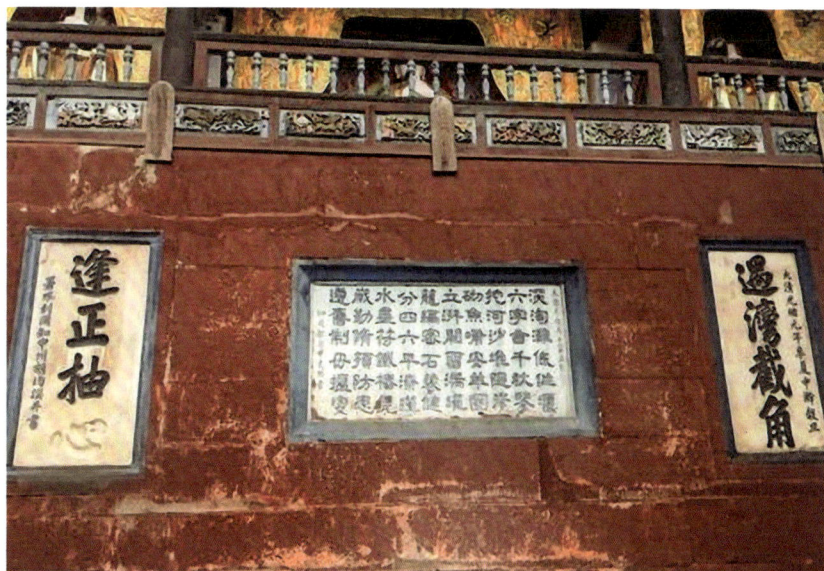

169. 岁修制度

地理位置：成都市都江堰市
类型：档案文书及法规制度
水文化遗产级别：Ⅲ级
形成年代：战国末期
存续现状：保存完好

　　都江堰岁修制度指的是每年冬春之际枯水时节对都江堰工程进行系统维护、修治和必要的更新，由此形成的全社会官民同遵共守的传统制度，包括在每岁进行维修的基础上，复有每隔数年的大修，或针对具体情况进行的特修。都江堰的岁修形成于何时尚未定论，根据专家学者研究成果合理推断，在建堰之初即已经起源，至迟在汉代即基本形成。

　　秦昭王末年（前256~251），李冰主持建成都江堰后，设立"湔氐道"，负责工程的管理和维护，兼理地方民政，之后的历朝历代也多设有相关管辖机构。都江堰的维修，分为岁修、大修、特修、抢修几大类，其中以岁修最为重要。都江堰工程之所以每岁必修，是由于第一，各级渠道经过洪水之后，可能有新的冲刷或淤积，影响输水，必须年年整理。第二，新建和改建工程，水下部分必须在枯水期施工。第三，过去都江堰工程设施简陋，只有干砌卵石及竹笼、杩槎。竹笼

的寿命只有一年，必须年年更换。干砌卵石必须年年修补。杩槎也必须年年架设。

岁修重点在都江堰堰口鱼嘴至宝瓶口段，长约1224米，这里每年沉积的沙石为1~3万立方米。岁修先修理外江，自霜降节起，开始截闸使外江断流，在立春节前完成外江修治。旋将外江开放，截闸内江施工，至清明节前一律完工。1957年以后，改为内江冬修，外江春修）。此岁修常例，历届皆奉行惟慎。明清以后，岁修成为不可更改的制度，甚至成为川西民俗之一。都江堰水利工程的管理与修治模式，两千多年来没有发生根本改变，这不仅在中国历史上是唯一的，在世界水利史上也不多见。

170. 五津渡记忆

地理位置：成都市
类型：历史人物、事件及记忆
水文化遗产级别：Ⅲ级
形成年代：唐代

五津出自王勃诗句《送杜少府之任蜀州》"城阙辅三秦，风烟望五津"。任乃强《华阳国志校补图注》标注了五个最具代表性的渡口所在，分别是白华津、万里津、江首津、沙头津、江南津。自秦以来，这五津对成都平原就有特殊的意义，到了唐代，已然成了成都繁华兴盛的代名词。历经千年，这五个古老的渡口虽早已消失，却永远存活在历史记忆中。五津中最南的江南津，位于麓湖附近的锦江生态带上，如今天府新区打造的锦江生态带、麓湖生态城、天府公园、兴隆湖、仿如当年江南水乡盛景再现。

五津，也借指杜少府上任的蜀州。"风烟望五津"全句意为"遥望蜀州，只见风烟迷茫。"据考证，第一个用五津代指蜀州的，就是王勃，王勃诗中的五津就位于成都二江上，基本上都是在当时蜀州的辖区内，所以五津是蜀州的代称。有史料记载，唐代四川有两个地方的蜀锦是贡品，一个是成都，另一个就是蜀州，说明蜀州的生产技艺非常高。唐代的蜀州经济非常发达，盛产蜀锦、单丝罗和茶叶。产自蜀州的商品、贡品要北上出川，或销往外地，多通过渡口运输，因此当时的渡口非常热闹，很多商贾、货物往来络绎不绝。

171. 锦江名称由来

地理位置：成都市
类型：历史人物、事件及记忆
水文化遗产级别：Ⅲ级

　　蜀锦是成都最重要的文化遗产之一。它源于上古、兴于秦汉、盛于唐宋，距今已有两千多年的历史。蜀锦与宋锦、云锦、壮锦并称为我国的"四大名锦"。古人利用岷江流经成都的江水濯锦，濯锦者沿江不绝，致使江水五光十色，艳丽似锦，故此锦江得名。买卖蜀锦的集市成为"锦市"，织锦工匠居住的地方叫"锦里"。

　　成都最早被人们称为"蜀"，是华夏历史上有名的蚕桑之地。早在蚕丛时代，成都人就已经懂得利用蚕茧抽丝织锦了。战国时期，蜀锦成为重要的贸易品，并且由此开辟了一条由成都出发，经云南、缅甸、印度、巴基斯坦到中亚的国际文化交流通道，也就是著名的"南方丝绸之路"。到了汉代，成都的丝织业更加发达，享有"衣履天下"的盛誉。蜀锦与蜀绣并称丝织技艺的"双璧"。有"汉代孔子"之称的成都人杨雄在他的《蜀都赋》里写道："若挥锦布绣，望芒兮无幅"，蜀锦的生产盛况由此可见一斑。为了方便管理，汉王朝在成都设立专门负责蜀锦织造的官职—"锦官"，成都因此被人们称为"锦官城"（又称"锦城"），而当时专门用来淘洗锦缎的流江则因此多了一个美丽名字——锦江。

172. 东门盛景图

地理位置：成都市锦江区
类型：文学、艺术与传说
水文化遗产级别：Ⅲ级
存续现状：保存完好

　　东门胜景图是位于锦江区东大街镗钯街上一处浮雕景点，总长10米长，上面雕刻着以前老东门的图画，展现了合江亭、安顺廊桥、九眼桥到望江楼一带之前的生活容貌。

　　当时的老东门不只是一条街，范围包括了从盐市口到老东门大桥，在清代不仅是成都全城最宽的街道，街道宽约三丈，长1600余米，街面全用红砂石板铺就，而且也是全城最繁华、最重要的街道。凡是大绸缎铺，大匹头铺，大首饰铺，大皮货铺，以及各字号，以及贩卖苏、广杂货的水货，全都在东大街。在南北两门相距九里三分的成都城内，东大街可称为首街。此浮雕墙画是当时老东门的具体刻画，水井坊博物馆大厅的模型图也是根据此图来缩略复原的。

173. 吉当普铸铁龟镇水

地理位置：成都市都江堰市
类型：历史人物、事件及记忆
水文化遗产级别：Ⅲ级
年代：元元统二年（1334）

吉当普（吉达布），蒙古族人，元元统二年（1334），元朝政府派蒙古族官员吉当普出任金四川肃政廉访司事。在元代以前，都江堰都是以砂石筑堤，年年修治，耗费巨大，民役沉重。吉当普经过研究后，大胆地决定将132处堤防缩减为32个要害堤防，而对于要害之处则集中人力物力进行重点治理。随后，吉当普又说服当时担任灌州通判的张宏出资，建小堰进行试验获得成功。每次大修，最突出的工程是铸大铁龟作为内外二江的分水鱼嘴。吉当普认为分水鱼嘴位居河中，顶冲激流，最容易破坏，为了坚作鱼嘴，他用了16000斤铁浇铸成一只巨大的铁龟作鱼嘴，并在鱼嘴前埋铁桩，以抵抗水流的冲击，防止水运木材与木筏对鱼嘴的碰撞造成的损坏。吉当普铸铁龟开创了坚作治水的尝试。吉当普铸铁龟镇水全部工程共动员了石工和铁匠各700人，木工250人，壮工3900人，耗用粮食1000余石，开山取石百余万方，用去石灰60000多斤，桐油30000多斤，铁65000斤，麻5000斤，人工和材料费用共计49000多缗，工程之浩大，都江堰水利史上极其罕见。

都江堰经过吉当普的治理后，彻底改变了以往那种修治后数月就无法使用的情况，使都江堰水利工程维持了将近四十年无大修的局面，对川西平原贡献甚巨。

174. 卢翊大修都江堰

地理位置：成都市都江堰市
类型：历史人物、事件及记忆
水文化遗产级别：Ⅲ级
年代：明正德八年（1513）

卢翊，江苏常熟人，明正德八年（1513）任四川按察司水利佥事，主管水利。他反对用铁石治水之法，主张恢复传统的都江堰岁修方法。他认为铁石法治理都江堰工程，过于浪费，又不深淘河滩，不如传统的笼石法收效大。如动用铁件，费钱几千万串，工程也不能一劳永逸。而竹笼卵石结构就地取材十分省费，古今称便。卢翊在治理都江堰时用传统的笼石法对都江堰进行了大修，全部恢复竹笼工程，并重刻宝瓶口水则，以观测其水位变化。并采用每亩产三石粮就派一名岁修劳力的办法，组织劳力3000人，分为8班，每8年轮换服役一次。他又题写《治水记》碑文，并将"深淘滩、低作堰"六字诀，重刻于石上，供后人遵循。

175. 施千祥铸铁牛鱼嘴

地理位置：成都市都江堰市
类型：历史人物、事件及记忆
水文化遗产级别：Ⅲ级
年代：明嘉靖二十六年（1547）

施千祥，字子吉，号半峰，明嘉靖乙未年进士，明靖年间施千祥任四川按察司佥事，主管水利，嘉靖二十九年（1550）主持大修都江堰。

据《都江堰铁牛记碑》记载，秦汉之后，都江堰水利工程时兴时废，江河堰堤屡筑屡毁，水涝、旱荒不断。明嘉靖二十六年（1547），都江堰遭受百年不遇的大洪灾，堰毁堤决，民不聊生。嘉靖二十九年（1550），施千祥任四川按察司金事期间，主管水利。为了治理水患，他仿效元代吉当普铸铁龟"以铁治堰"之法，拟铸铁牛两头于堰首。蜀王朱佑槟知道后十分赞赏，并支付银百两、铁万斤。各受益灌区百姓纷纷响应，鼎力相助，施千祥很快筹集了废旧铁器7万余斤，木炭13万斤，竹木柴草不计其数，召集铁匠、铸工120多名，民工、炉夫1200多人，所集财物折合钱银为721两。施千祥亲临现场指挥，昼夜施工。工匠先用竹笼、杩槎拦江截流，再深淘江底挖坑，竖埋300余根柏木桩，桩间黏土回填，桩顶铺2尺厚石板，然后浇铸铁板为底座，再在铁板上用泥沙作成牛的模具。不久，施千祥命工匠点火升炉。其时，牛的模具四周11座大炉烈火熊熊，50口熔锅内铁水滚滚，千名工匠轮番作业，场面十分壮观。经过一昼夜连续浇铸，两头铁牛终于铸成，"各长丈余，首合尾分，如人字状，以其锐迎水之冲，高与堰嘴等。计铁七万斤，及工费共用银七百两。"铁牛铸成之日，蜀王府对施千祥等人予以褒奖。

176. 李元著《蜀水经》

地理位置：成都市
类型：历史人物、事件及记忆
水文化遗产级别：Ⅲ级
年代：清乾隆年间

李元（？ ~1816），字太初，号浑斋。京山孙桥人，清代学者。少时和寡母相依为命，家贫而好学。清乾隆三十六年（1771）中举人，乾隆五十年（1785）始，李元历任四川昭化、仁寿、金堂、南充等地知县，任昭化知县时，增补《昭化县志》；任仁寿知县时修撰县志，体裁极严谨。李元一生撰述甚多，有《蠕范》《窬索》《音切谱》《声韵谱》《检验详说》《西藏志》等，所著诗古文集名《浑斋全集》。

《蜀水经》十六卷由清代乾隆年间李元所撰，是一部全面系统记述四川水道的专著，约成书于乾隆五十九年（1794），其目的在于修订错纪，同时重视河流水道与日常生活、农田水利的兴废等涉及国计民生的问题，该书仿效《水经注》"以水为纲"进行编排，共计按24条江河分条叙述，同时对一些重要的地理名物也多有记述，并考辨论记和水道有关的历史事件。其在历史自然地理、历史人文地理、地名学、文学、文献学等各领域都有卓越的贡献。

177. 丁宝桢大修都江堰

地理位置：成都市都江堰市
类型：历史人物、事件及记忆
水文化遗产级别：Ⅲ级
年代：清光绪三年（1877）

丁宝桢大修都江堰事件发生在清光绪三年（1877）。

因都江堰在清代时年久失修，破坏了灌区的农业和民生。到1875年，灌县、新都等县被洪水冲毁的房屋、良田更多，淹死了一两百人。到丁宝桢治理前夕，每年淹死几十人到几百人。

丁宝桢任四川总督之后，发现都江堰灌区每年都因为春灌无水，导致农民连年到官府群体上访。丁宝桢亲自赴都江堰实地视察，发现内江、外江河道堵塞淤积，河岸废坏，民田荒芜，他由此立即向朝廷写报告，要求对都江堰进行大修、治理。1877年12月，清代政府批准四川总督丁宝桢的奏请，都江堰大修工程正式动工，丁宝桢结合都江堰的历史及其现状，充分借鉴李冰"深淘滩，低作堰"的治水思想，主张淘挖外江的泥沙，让河床降低，垫高内江河床，确保外四内六的分水原则。他把都江堰的河道深淘达1.2丈、1.3丈和1.4丈不等，丁宝桢根据都江堰的实际，改变了之前传统的堤堰构造，采用"易笼为石"，把之前的卵石竹笼所建造的堤堰全部拆除，改用条石砌筑堤堰，条石之间用铁锭互相闩住，并用桐油、石灰、糯米汁嵌缝，使之融为一体。

都江堰大修工程在1878年4月按期完工，整个工期只用了3个多月，开支了约13万两白银，全部由藩库银支付。除了河道、内外江的石埂、人字堤、鱼嘴、飞沙堰、白马槽、湃水口、平水槽等水利设施得到了修整，对普济桥、索桥的石墩进行了重建，植树造林对沿江堤岸进行了绿化。丁宝桢大修都江堰，其灌溉效益、防洪效益、复耕效益大大彰显。光绪六年，朝廷对他的功劳予以褒奖。百姓在二王庙附近建了丁公祠，成都各县也纷纷建立专祠，以纪念这位治水的循吏，现在的二王庙里还有他的雕像。

178. 贺龙指挥解放军 抢修都江堰

地理位置：成都市都江堰市
类型：历史人物、事件及记忆
水文化遗产级别：Ⅲ级
年代：1950年

1949年7月，岷江上游连降暴雨6天，山洪暴发，江水猛涨。7月17日，岷江洪峰流量达到每秒4430立方米，宝瓶口水位升到18.8划（每划为1市尺，正常水位为13划）。洪水将都江堰鱼嘴、飞沙堰、金刚堤、百丈堤、顺水堤、人字堤、外江河口等渠首工程冲垮冲毁，青城桥上下石埂仅存20余米，外江黄家河心、秦家渡、陶家湾堤岸溃决，洪水冲入黑石河、江安河，灌区农田受灾14万亩，老百姓生活在水深火热之中，有的家破人亡，有的流离失所。

1949年冬，中国人民解放军62军在贺龙司令员的率领下由甘肃、陕西挥戈南下，解放川西。1950年1月16日，中国人民解放军184师550团、551团和552团的1500余名官兵，按照贺龙司令员要同地方密切配合，全力以赴地抢修都江堰的要求，在师政委梁文英和师长林彬的带领下，以高度的政治热情参加抢修都江堰。贺龙指挥解放军抢修都江堰事件具有重大的革命意义，国民党反动政府忙于垂死挣扎，不顾川西人民死活，扣掉都江堰"岁修"工程的经费，破坏"岁修"工程。只有人民解放军才真正忠于人民，全心全意为人民服务。他们既能勇敢战斗，消灭敌人，又能急群众之急，参加生产建筑，既是战斗队，又是工作队，同时还是生产队。贺龙指挥解放军抢修都江堰让人民和解放军之间建立起了信任的桥梁。

179. 望丛赛歌会

地理位置：成都市郫都区
类型：民俗节庆和纪念活动
水文化遗产级别：Ⅲ级
形成年代：南北朝齐明帝时期
存续现状：四川省非物质文化遗产

　　郫都望丛赛歌会举办地点为郫都区望丛祠，为四川省非物质文化遗产。郫都望丛赛歌会是川西坝子汉民族传统的赛歌节，它以郫都区为中心，以川西民歌为内容，以歌颂和缅怀望帝"教民务农"丛帝"治理水患"为主题的汉族民俗活动。

　　郫都赛歌的民俗源远流长，自南北朝齐明帝，益州刺史刘连季将望帝祠从灌县（今都江堰市）迁至郫县，与丛帝新庙合建后，每年农历五月初五，当地群众都会不约而同来到望丛祠参加朝会以表达对二帝的感激和崇敬，膜拜之余有喜欢唱歌的农民聚于祠

内竞赛山歌，久而久之，自然形成一年一度的望丛赛歌会，距今有1500年之久。郫县赛歌习俗到真正冠名为"郫县望丛赛歌会"是在改革开放的1983年。83年恢复望丛赛歌会以后，一时间竞歌、赛歌、斗歌络绎不绝。参加赛歌会期间，县城内举办各种文化、娱乐、体育活动和土特产展销。民歌年年唱，歌会年年开，至今已经连续举办了二十余届。

180. 二王庙庙会

地理位置：成都市都江堰市
类型：民俗节庆和纪念活动
水文化遗产级别：Ⅲ级
形成年代：宋代
存续现状：都江堰市非物质文化遗产

　　二王庙庙会是每年农历六月二十四日定期在二王庙内举办的传统庙会。

　　二王庙的祭祀活动历史十分悠久，大概有了李冰的庙食之地，就有了对他的祭祀。从宋代开始，改祭祀李冰一人为祭祀李冰父子二人，并把六月二十四日李二郎的生日定为主祭日，实际上李二郎取代了李冰的位置。宋以前是春秋两次祭祀，形式是举行斗牛会，而宋以后改为李二郎生日祭祀，形成屠羊血祭。

　　二王庙庙会作为氐羌民族的共同节日，证明都江堰市在5000年的历史发展过程中不断得到文化的碰撞与整合，因而使都江堰市形成丰富多彩的民族民间文化，凸显了都江堰水利工程为成都平原带来的巨大历史影响力，更体现着各民族相互融合、相互影响和相互尊重的历史。除此之外，二王庙庙会作为一种庙会形式，提供了古代人们的民间祭祀习俗文化和农业节令习俗文化的鲜活样板。

181. 成都锦江龙舟赛

地理位置：成都市锦江区
类型：民俗节庆和纪念活动
水文化遗产级别：Ⅲ级
形成年代：春秋战国时期

　　端午节又称五月节、龙舟节、浴兰节，赛龙舟是中国端午节的习俗之一，赛龙舟起源于春秋时期，盛行于我国南方，是端午节最重要的节日民俗活动之一。龙舟竞渡是成都端午节传统活动之一，每年农历五月初五，成都都要在锦江、新津南河、金堂赵镇沱江等地举行端午龙舟竞渡。唐、五代、宋数百年间，成都"船只栉比，帆樯如林，舟楫往来"，富甲西蜀。树影花光的锦江、浣花溪上，盛兴着龙舟彩舫游江、官民同乐之风。李白、杜甫、陆游等许多文人墨客，更为成都水景留下许多传世篇章。

　　中华人民共和国成立后端午龙舟竞渡最早为20世纪50年代在新津恢复，2000年后很多地方都恢复了龙舟竞渡，成都市20世纪60年代初期在锦江望江楼前举行，至1966年停止。2005年到2007年在锦江上九眼桥下至河心村一段连续举办了三届龙舟赛，龙舟赛开创了城市品牌，打造成都的又一张名片。市民除了能在比赛期间看到激烈的龙舟竞逐外，还将欣赏到文化名人，民间艺人畅谈端午民俗文化，重温老成都端午节风情。江中对歌、河中抢鸭等广大市民津津乐道的项目也将是龙舟会的重头戏。今后，赛龙舟将成为成都一年一度的固定传统节目，在锦江上举行。

182. 新津端午龙舟会

地理位置：成都市新津区
类型：民俗节庆和纪念活动
水文化遗产级别：Ⅲ级
形成年代：唐代
存续现状：省级非物质文化遗产

　　新津端午龙舟会始于唐代初年，相传是纪念伟大诗人屈原而流传下来的民俗文化活动。据新津区清道光版县志载："五月五日包角黍（即粽子），悬蒲剑艾虎于门，饮雄黄酒，城南竞渡。"这足以说明，唐代初年龙舟竞渡、包粽子等民俗的历史悠久。中华人民共和国成立前，每年端午节，新津人民都自发在南河中举行龙舟赛、抢鸭子等活动，龙舟由各乡乡长或哥老会头目组织，花船则由各机关法团及行会长组织，花船除了观赏龙舟比赛外，还负责放鸭子下水供龙舟水手争抢。民间则在端阳当天中午吃粽子和盐泡鸭蛋，饮雄黄酒，人人佩带各色各式香包，晚上用陈艾、青蒿等药草洗澡解暑清毒。

　　1980年代以来，新津龙舟会被赋予了新的内容。1987年，新津区成功举办了全国最高水平的第三届"屈原杯"龙舟赛。1988年、1997年端午节的龙舟会历时五天四夜，同时举办经济贸易交流会，除了传统活动，还增加了渔舟表演、女子高空跳伞、技巧滑水、歌舞川剧时装船巡江、焰火燃放等多种文艺体育表演，其规模声势堪称历史之最。1996年，国家体育总局授予新津区"全国龙舟活动先进县"。新津龙舟会2009年入选省级非物质文化遗产代表性项目。

183. 黄龙溪赛龙舟

地理位置：成都市双流区
类型：民俗节庆和纪念活动
水文化遗产级别：Ⅲ级
形成年代：唐代

黄龙溪古名"赤水"，据《仁寿县志》载："赤水与锦江汇流，溪水褐，江水清，古人谓之黄龙溪清江，真龙内中藏"，黄龙溪迄今保留着正月表演火龙灯、狮灯、牛儿灯、幺妹儿灯、四月初八放生会、端阳节赛龙舟，还有代代相传的府河号子、民间儿歌、童谣、谚语，扯响簧、翻筋斗等非物质文化遗产表演。

黄龙溪赛龙舟每年端午节在锦江黄龙溪古镇段举行，竞赛项目一是比赛划龙舟；二是比赛抢鸭子，看哪条龙舟的战果最辉煌。黄龙溪的赛龙舟融入了本地龙的传说，即黄龙与青龙的恋爱故事。故赛龙舟时，主船是青龙舟和黄龙舟，另有彩船两只，各伴一龙舟。黄龙溪赛龙舟也富有极深的群众基础，每年比赛期间均有来自全省的龙舟爱好者前来黄龙溪古镇景区观看龙舟赛事。黄龙溪镇端午节赛龙舟历史悠久，有不少文人咏诵的佳句传世。《竞渡曲》描写龙舟竞渡的盛况："鼓声三下红旗开，两龙跃出浮水来。棹影波飞舞万剑，鼓声劈浪鸣千雷；鼓声渐急标将近，两龙望标目如瞬。波上人呼霹雳惊，竿头彩挂虹倪晕。前船抢水已得标，后船失势空挥桡。"

184. 《道解都江堰》剧目

地理位置：成都市都江堰市
类型：民俗节庆和纪念活动
水文化遗产级别：Ⅲ级

《道解都江堰》是全国首座遗址实景演出剧目和四川唯一的大型山水实景演出。剧目用实景演出的形式，融合都江堰最具代表性的"道家""水利工程""山水"几大元素，展现天府之国在都江堰引水灌溉水利工程的造福下人民和谐自然的生活状态。

都江堰建立至今2200多年来，仍发挥着巨大效益，李冰治水，功在当代，利在千秋。《道解都江堰》通过深度诠释都江堰独有的文化特性，展现人与自然和谐相处的理念，在原《道解都江堰》《放水大典》的基础上引入了大量的多元化元素和川西平原的人文风貌，民俗文化展示，使演出内容和形式全新升级，比原来的演出更具观赏性，增加了观众的视觉冲击力，制造了更多兴奋点。《道解都江堰》以实景演出的形式，通过500多名演艺人员的精彩表演，解读了都江堰的古往今来，完美地诠释出岷江水的柔美与刚烈，表现出天府之国的宁静、悠远与安逸，展示出都江堰的千年文化底蕴和人与自然和谐相处的美妙画卷。填补都江堰旅游演艺的空白，吸引了大批游客的消费。

IV

成都市
水文化遗产
IV级资源名录

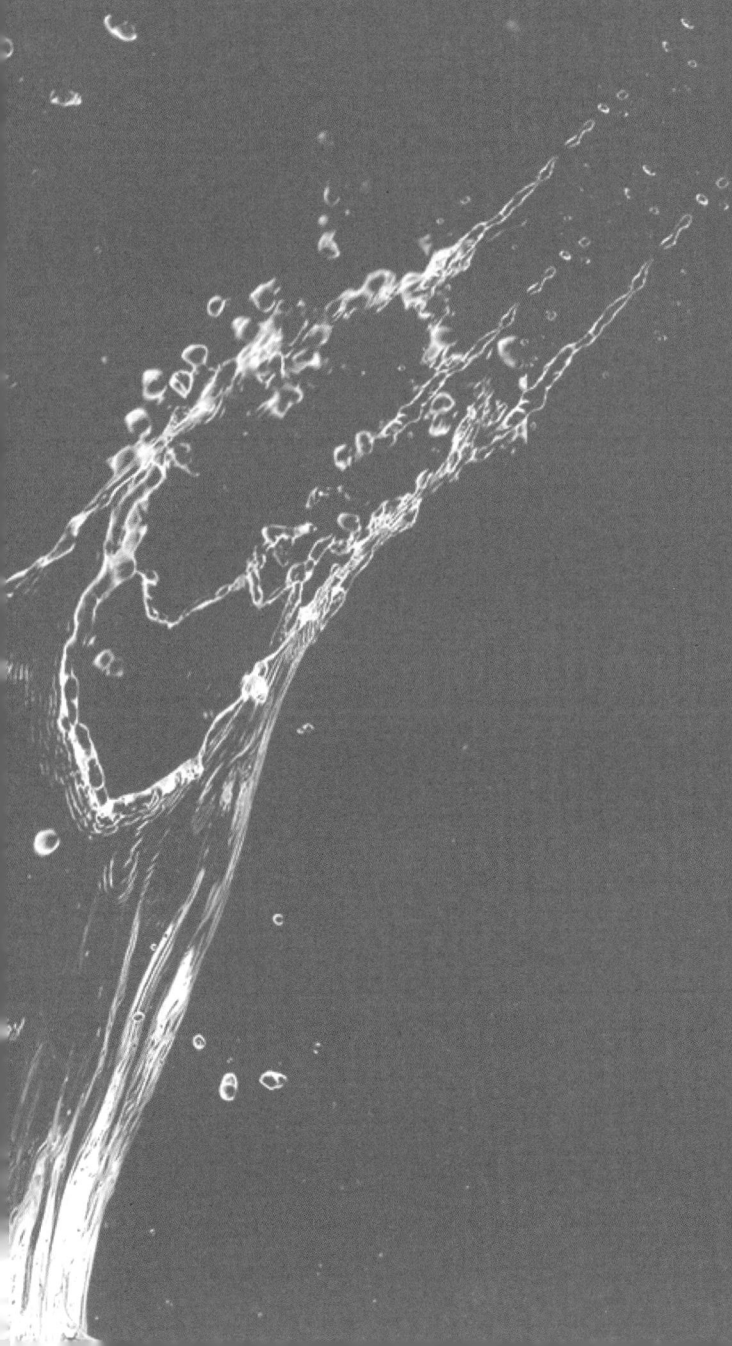

序号	名称	基本类型	行政区	时代/始建年代	存续现状
1	漏沙堰（都江堰市）	堤坝渠堰闸	都江堰市		重建
2	百丈堤	堤坝渠堰闸	都江堰市	战国末期	1958年重建
3	柏木河（都江堰段）	堤坝渠堰闸	都江堰市		重建
4	导江堰	堤坝渠堰闸	都江堰市	1942年11月	传统形式
5	徐家渡（都江堰市）	堤坝渠堰闸	都江堰市	战国末期	遗址
6	红塔堰	堤坝渠堰闸	都江堰市		重建
7	临江堰	堤坝渠堰闸	都江堰市	清末民初	重建
8	灵寿堰	堤坝渠堰闸	都江堰市		重建
9	马坡堰	堤坝渠堰闸	都江堰市		重建
10	人字堤	堤坝渠堰闸	都江堰市	1933年	重建
11	三泊洞	堤坝渠堰闸	都江堰市	西汉及以前	传统形式
12	拥军渠	堤坝渠堰闸	都江堰市	1940年代	重建
13	长同堰	堤坝渠堰闸	都江堰市	清乾隆十九年	重建
14	簧门堰	堤坝渠堰闸	成华区		传统形式
15	马家堰	堤坝渠堰闸	成华区		传统形式
16	双水碾水闸	堤坝渠堰闸	成华区		传统形式
17	砖头堰	堤坝渠堰闸	成华区		传统形式
18	官堰（崇州市）	堤坝渠堰闸	崇州市	明代	重建
19	菜花堰	堤坝渠堰闸	崇州市		重建
20	黄泥河堰	堤坝渠堰闸	崇州市		重建
21	黄桶堰	堤坝渠堰闸	崇州市		重建
22	岩堰洞	堤坝渠堰闸	崇州市		重建
23	龙黄堰	堤坝渠堰闸	崇州市		重建
24	泉水堰	堤坝渠堰闸	崇州市		重建
25	深溪堰	堤坝渠堰闸	崇州市	民国	重建
26	石头堰	堤坝渠堰闸	崇州市	民国	重建
27	铁溪堰	堤坝渠堰闸	崇州市		重建
28	铁桩堰	堤坝渠堰闸	崇州市		重建
29	吴家堰	堤坝渠堰闸	崇州市		重建
30	五板堰	堤坝渠堰闸	崇州市		重建
31	五龙堰	堤坝渠堰闸	崇州市		重建
32	五星堰	堤坝渠堰闸	崇州市		重建
33	西河堰	堤坝渠堰闸	崇州市		重建

序号	名称	基本类型	行政区	时代/始建年代	存续现状
34	张家堰	堤坝渠堰闸	崇州市		重建
35	自流堰	堤坝渠堰闸	崇州市		重建
36	高河堰	堤坝渠堰闸	大邑县		传统形式
37	青山堰	堤坝渠堰闸	大邑县	明代	重建
38	天生堰	堤坝渠堰闸	大邑县	清代	重建
39	五堰	堤坝渠堰闸	大邑县	民国	重建
40	充水南干渠	堤坝渠堰闸	东部新区	1970年	传统形式
41	都江堰 龙泉山灌区渡槽群	堤坝渠堰闸	东部新区	1972年	传统形式
42	九道堰（金牛区）	堤坝渠堰闸	金牛区	清代	传统形式
43	二道河（金牛段）	堤坝渠堰闸	金牛区		传统形式
44	海滨堰	堤坝渠堰闸	金牛区		传统形式
45	茅草堰	堤坝渠堰闸	金牛区		传统形式
46	三道河（金牛段）	堤坝渠堰闸	金牛区		传统形式
47	桃花江（金牛段）	堤坝渠堰闸	金牛区		传统形式
48	西郊河（金牛段）	堤坝渠堰闸	金牛区		传统形式
49	羊堰	堤坝渠堰闸	金牛区		传统形式
50	杨柳河（金牛段）	堤坝渠堰闸	金牛区		传统形式
51	杨泗堰	堤坝渠堰闸	金牛区		传统形式
52	赵家堰	堤坝渠堰闸	金牛区		传统形式
53	罗家堰（金牛区）	堤坝渠堰闸	金牛区		传统形式
54	牟珠堰（金牛区）	堤坝渠堰闸	金牛区		传统形式
55	毗河（金堂段）	堤坝渠堰闸	金堂县		传统形式
56	中河金堂段	堤坝渠堰闸	金堂县		传统形式
57	大观堰	堤坝渠堰闸	锦江区	1943年	重建
58	石牛堰	堤坝渠堰闸	锦江区		传统形式
59	东风渠老南干渠	堤坝渠堰闸	龙泉驿区	1956年	传统形式
60	柏条河灵宝堰	堤坝渠堰闸	郫都区		重建
61	两河口分水闸	堤坝渠堰闸	郫都区		
62	蟇水河支渠 （郫都区段）	堤坝渠堰闸	郫都区		重建
63	皮家堰	堤坝渠堰闸	郫都区		重建
64	三道堰	堤坝渠堰闸	郫都区		重建

序号	名称	基本类型	行政区	时代/始建年代	存续现状
65	梭梭堰（漏沙堰）（郫都区）	堤坝渠堰闸	郫都区		重建
66	团结枢纽闸	堤坝渠堰闸	郫都区	1971年	
67	沱江河干渠（郫都区段）	堤坝渠堰闸	郫都区		重建
68	九道堰（郫都区）	堤坝渠堰闸	郫都区		重建
69	芭蕉堰	堤坝渠堰闸	蒲江县	中华人民共和国成立前	重建
70	白马堰	堤坝渠堰闸	蒲江县	清代	重建
71	板堰	堤坝渠堰闸	蒲江县	中华人民共和国成立前	重建
72	板堰子	堤坝渠堰闸	蒲江县	清代	重建
73	曹堰	堤坝渠堰闸	蒲江县	中华人民共和国成立前	重建
74	倒本堰	堤坝渠堰闸	蒲江县	中华人民共和国成立前	重建
75	二郎堰堤坝	堤坝渠堰闸	蒲江县	明代	重建
76	高合堰	堤坝渠堰闸	蒲江县	中华人民共和国成立前	重建
77	官桥堰	堤坝渠堰闸	蒲江县	中华人民共和国成立前	重建
78	花滩堰	堤坝渠堰闸	蒲江县		重建
79	济公堰	堤坝渠堰闸	蒲江县	清代	重建
80	金仙堰	堤坝渠堰闸	蒲江县	中华人民共和国成立前	重建
81	邋遢堰	堤坝渠堰闸	蒲江县	中华人民共和国成立前	
82	落火堰	堤坝渠堰闸	蒲江县	清代	重建
83	琵琶堰	堤坝渠堰闸	蒲江县	中华人民共和国成立前	重建
84	胜利堰	堤坝渠堰闸	蒲江县	中华人民共和国成立前	重建
85	瓦窑堰	堤坝渠堰闸	蒲江县	清康熙三十五年（1696）	重建
86	徐堰	堤坝渠堰闸	蒲江县	中华人民共和国成立前	传统形式
87	杨波堰	堤坝渠堰闸	蒲江县	清代	重建

序号	名称	基本类型	行政区	时代/始建年代	存续现状
88	杨堰	堤坝渠堰闸	蒲江县	中华人民共和国成立前	重建
89	张滩堰	堤坝渠堰闸	蒲江县	中华人民共和国成立前	重建
90	张堰	堤坝渠堰闸	蒲江县	中华人民共和国成立前	重建
91	纸房堰	堤坝渠堰闸	蒲江县	明正德十三年（1518）	重建
92	朱木堰	堤坝渠堰闸	蒲江县	清代	遗址
93	黑石堰（蒲江县）	堤坝渠堰闸	蒲江县	清代	
94	团结堰（蒲江县）	堤坝渠堰闸	蒲江县	1960年	重建
95	东风渠（青白江段）	堤坝渠堰闸	青白江区	1956年	传统形式
96	粉后堰	堤坝渠堰闸	青白江区	清代	重建
97	马棚堰	堤坝渠堰闸	青白江区	1958年由四川化工厂投资修建闸墩坝	重建
98	石龙堰	堤坝渠堰闸	青白江区	清代	重建
99	文澜堤	堤坝渠堰闸	青白江区	清代	传统形式
100	江安河干渠（青羊段）	堤坝渠堰闸	青羊区	蜀汉时期	传统形式
101	栏杆堰（青羊段）	堤坝渠堰闸	青羊区	秦、汉时期	传统形式
102	龙池堰	堤坝渠堰闸	青羊区		遗址
103	磨底河干渠（青羊段）	堤坝渠堰闸	青羊区		传统形式
104	清水河干渠（青羊段）	堤坝渠堰闸	青羊区	战国末期	传统形式
105	西郊河（青羊段）	堤坝渠堰闸	青羊区	唐代	传统形式
106	肖家河（青羊段）	堤坝渠堰闸	青羊区	秦朝末年	传统形式
107	八合堰	堤坝渠堰闸	邛崃市		重建
108	倒灌堰	堤坝渠堰闸	邛崃市	清代	重建
109	㵐江第一堰	堤坝渠堰闸	邛崃市		重建
110	君平堰	堤坝渠堰闸	邛崃市		重建
111	汤堰	堤坝渠堰闸	邛崃市	清嘉庆二十三年（1818）	重建
112	土门堰	堤坝渠堰闸	邛崃市	清代	重建
113	渔唱溢流堰	堤坝渠堰闸	邛崃市		重建
114	玉带堰	堤坝渠堰闸	邛崃市		重建
115	白头堰	堤坝渠堰闸	双流区		传统形式

序号	名称	基本类型	行政区	时代/始建年代	存续现状
116	陈家堰	堤坝渠堰闸	双流区	明末清初	传统形式
117	大湖堰	堤坝渠堰闸	双流区	1947年	传统形式
118	剪刀堰	堤坝渠堰闸	双流区		传统形式
119	鲢鱼洞支渠	堤坝渠堰闸	双流区	清代	传统形式
120	麦草堰支渠	堤坝渠堰闸	双流区		传统形式
121	三支渠	堤坝渠堰闸	双流区		传统形式
122	柑梓堰（唐家堰）	堤坝渠堰闸	双流区	清代	重建
123	铁河坎	堤坝渠堰闸	双流区	明代	传统形式
124	张琪埝	堤坝渠堰闸	双流区		传统形式
125	牧山干渠（双流区）	堤坝渠堰闸	双流区	1957年11月5日	传统形式
126	洗瓦堰（天府新区）	堤坝渠堰闸	天府新区		重建
127	江安河二支渠	堤坝渠堰闸	温江区		传统形式
128	江安河三支渠	堤坝渠堰闸	温江区		传统形式
129	江安河四支渠	堤坝渠堰闸	温江区		传统形式
130	江安河一支渠	堤坝渠堰闸	温江区		传统形式
131	上天生堰	堤坝渠堰闸	温江区		传统形式
132	新堰	堤坝渠堰闸	温江区		传统形式
133	黄土堰	堤坝渠堰闸	温江区	元朝初年	传统形式
134	龙泉堰	堤坝渠堰闸	温江区		传统形式
135	青龙嘴枢纽闸	堤坝渠堰闸	温江区		传统形式
136	喇叭堰（温江区）	堤坝渠堰闸	温江区		传统形式
137	漏沙堰（温江区）	堤坝渠堰闸	温江区		传统形式
138	栏杆堰（武侯区）	堤坝渠堰闸	武侯区	秦、汉时期	传统形式
139	飞沙堰	堤坝渠堰闸	武侯区		传统形式
140	高攀河	堤坝渠堰闸	武侯区		传统形式
141	黄堰河	堤坝渠堰闸	武侯区		传统形式
142	火烧堰	堤坝渠堰闸	武侯区		传统形式
143	金花堰	堤坝渠堰闸	武侯区	始建年代不详，重建于明代	传统形式
144	九洞桥堰	堤坝渠堰闸	武侯区	清同治年间（1862～1874）	传统形式

序号	名称	基本类型	行政区	时代/始建年代	存续现状
145	瓦子堰	堤坝渠堰闸	武侯区	始建于明清时期，重建于清道光元年（1821）	遗址
146	东风渠北干（新都区）	堤坝渠堰闸	新都区		传统形式
147	毗河干渠（新都段）	堤坝渠堰闸	新都区	战国末期	
148	杨柳河故道	堤坝渠堰闸	新都区		遗址
149	饮马河干渠（新都段）	堤坝渠堰闸	新都区	唐代	传统形式
150	牧山干渠（新津区）	堤坝渠堰闸	新津区	1957年	重建
151	南河干渠（新津段）	堤坝渠堰闸	新津区		传统形式
152	桤木堰	堤坝渠堰闸	新津区		传统形式
153	泗江堰	堤坝渠堰闸	新津区		重建
154	西河干渠（新津段）	堤坝渠堰闸	新津区		传统形式
155	羊马河干渠（新津段）	堤坝渠堰闸	新津区		传统形式
156	会元桥	桥涵码头	都江堰市		重建
157	南溪桥	桥涵码头	都江堰市	民国三十一年（1942）	重建
158	八里桥	桥涵码头	成华区		重建
159	麻石桥	桥涵码头	成华区		传统形式
160	猛追湾码头	桥涵码头	成华区	唐乾符三年（876）	传统形式
161	上三洞桥	桥涵码头	成华区		重建
162	升仙桥	桥涵码头	成华区	秦代	重建
163	武成门桥	桥涵码头	成华区		重建
164	踏水桥遗址（成华区）	桥涵码头	成华区	清乾隆年间	
165	滨河水上公园码头	桥涵码头	崇州市		重建
166	味江码头	桥涵码头	崇州市	唐代	重建
167	西江桥	桥涵码头	崇州市	中华人民共和国成立前	重建
168	魏石桥	桥涵码头	大邑县	宋代	重建
169	广济桥（东部新区）	桥涵码头	东部新区	清康熙三年（1664）	传统形式
170	五福桥（东部新区）	桥涵码头	东部新区	清道光年间	传统形式
171	金安桥	桥涵码头	东部新区	清道光七年（1827）	传统形式
172	龙泉山隧洞	桥涵码头	东部新区	清道光七年（1827）	传统形式
173	济安桥	桥涵码头	简阳市	清代	重建
174	石头桥	桥涵码头	简阳市	清代	传统形式

序号	名称	基本类型	行政区	时代/始建年代	存续现状
175	踏水村踏水桥	桥涵码头	简阳市		传统形式
176	北门桥（万安桥）	桥涵码头	简阳市	明成化十八年（1482）二月	重建
177	红星桥（简阳市）	桥涵码头	简阳市	清代	传统形式
178	三洞桥	桥涵码头	金牛区	清代	重建
179	王爷庙桥	桥涵码头	金牛区	清代	重建
180	雍家渡	桥涵码头	金牛区	清中期	遗址
181	高桥（金堂县）	桥涵码头	金堂县	明代	重建
182	合江亭码头	桥涵码头	锦江区		重建
183	五桂桥	桥涵码头	锦江区		传统形式
184	五福桥（锦江区）	桥涵码头	锦江区		传统形式
185	义兴桥	桥涵码头	龙泉驿区	清代	传统形式
186	凤仪桥	桥涵码头	彭州市	明万历二年至七年（1574~1579）	传统形式
187	桂花龙桥	桥涵码头	彭州市		重建
188	龙凤桥（彭州市）	桥涵码头	彭州市	清道光五年	传统形式
189	崇宁文庙月宫桥	桥涵码头	郫都区		传统形式
190	古水陆码头	桥涵码头	郫都区		遗址
191	三道堰永定桥	桥涵码头	郫都区	民国十二年（1923）	重建
192	石象寺老码头	桥涵码头	蒲江县	蜀汉	重建
193	驭虹桥	桥涵码头	蒲江县	清嘉庆六年（1801）	重建
194	广济桥（蒲江县）	桥涵码头	蒲江县	清嘉庆年间（1796~1820）	传统形式
195	送仙桥	桥涵码头	青羊区	唐宋时期	重建
196	望仙桥	桥涵码头	青羊区		重建
197	白龙渡码头	桥涵码头	邛崃市		重建
198	川南第一桥	桥涵码头	邛崃市	清道光十二年（1823）	重建
199	飞仙桥	桥涵码头	邛崃市	清代	传统形式
200	景沟桥（金凤桥）	桥涵码头	邛崃市	清代	重建
201	九龙桥	桥涵码头	邛崃市		重建
202	南岸街庆元桥	桥涵码头	邛崃市	清乾隆四十二年（1694）	重建
203	平乐渔市拐码头	桥涵码头	邛崃市		重建

序号	名称	基本类型	行政区	时代/始建年代	存续现状
204	竹溪桥	桥涵码头	邛崃市	清代	重建
205	柳楠桥	桥涵码头	双流区	乾隆十七年（1753）	传统形式
206	王爷坎渡口	桥涵码头	双流区	锦江	重建
207	永安老码头	桥涵码头	双流区	清光绪年间（1875~1908）	重建
208	彭镇水码头	桥涵码头	双流区		遗址
209	樊家干坝子桥	桥涵码头	天府新区	清代	重建
210	华阳通济桥	桥涵码头	天府新区	清道光五年（1825）	重建
211	廻江桥	桥涵码头	天府新区	民国时期	传统形式
212	太平长寿桥	桥涵码头	天府新区		重建
213	永兴大桥	桥涵码头	天府新区	清乾隆元年（1736）	重建
214	崇江桥	桥涵码头	温江区	清嘉庆二十一年（1817）	1926年重建
215	泮桥	桥涵码头	温江区		传统形式
216	三善桥	桥涵码头	温江区	清代	传统形式
217	舒家渡廊桥	桥涵码头	温江区	清康熙五十一年（1712）	重建
218	高升桥	桥涵码头	武侯区	清嘉庆年间	遗址
219	广福桥	桥涵码头	武侯区	清乾隆五十二年（1787）修，嘉庆十六年（1811）重修，民国十二年（1923）培修	传统形式
220	金花桥	桥涵码头	武侯区	始建时间不详，重建于明代	重建
221	锦江桥	桥涵码头	武侯区	20世纪50年代末期	传统形式
222	老南门码头	桥涵码头	武侯区		遗址
223	武侯区万里码头遗址	桥涵码头	武侯区		重建
224	承顺桥	桥涵码头	新都区	清代	传统形式
225	大丰街道崇义桥	桥涵码头	新都区	隋代	传统形式
226	清源桥	桥涵码头	新都区	明代	重建
227	饮马河大桥	桥涵码头	新都区	清嘉庆十四年（1809）	重建
228	柏杨村师拱桥	桥涵码头	新津区	清代	重建

序号	名称	基本类型	行政区	时代/始建年代	存续现状
229	大兴桥	桥涵码头	新津区	清末民初	重建
230	龙池桥	桥涵码头	新津区	清代	重建
231	龙王渡大桥	桥涵码头	新津区		重建
232	南河大桥	桥涵码头	新津区		重建
233	三渡水大桥	桥涵码头	新津区		传统形式
234	西河大桥	桥涵码头	新津区		传统形式
235	李家井	池塘井泉	都江堰市	清末	传统形式
236	周家八卦古井	池塘井泉	都江堰市	1763年	传统形式
237	八角井（成华区）	池塘井泉	成华区	清代	传统形式
238	八角井（崇州市）	池塘井泉	崇州市	明代	传统形式
239	艾家井	池塘井泉	崇州市	清代	传统形式
240	陈家古井	池塘井泉	崇州市	清代	重建
241	鹤鸣明月池	池塘井泉	大邑县		重建
242	都江堰神龟池	池塘井泉	都江堰市		传统形式
243	涌泉镇老井	池塘井泉	简阳市	清代	传统形式
244	慈云寺莹碧池	池塘井泉	金堂县	南北朝	传统形式
245	云顶石城井群	池塘井泉	金堂县	南宋时期	遗址
246	石经寺放生池	池塘井泉	龙泉驿区	明代	传统形式
247	万工堰泉眼	池塘井泉	彭州市	明末清初	传统形式
248	八角井（彭州市）	池塘井泉	彭州市	清代	传统形式
249	古城镇古井院古井	池塘井泉	郫都区	三国时期	传统形式
250	梅花御井	池塘井泉	郫都区	明代	传统形式
251	郫筒井	池塘井泉	郫都区	西晋	重建
252	望丛祠鳌灵湖	池塘井泉	郫都区		传统形式
253	望丛祠隋唐井	池塘井泉	郫都区	隋唐五代	传统形式
254	文昌宫巷寒泉井	池塘井泉	郫都区		传统形式
255	张家大林盘池塘	池塘井泉	青白江区		传统形式
256	井巷子	池塘井泉	青羊区		重建
257	井巷子井	池塘井泉	青羊区	清代	传统形式
258	沧浪湖	池塘井泉	青羊区	2003年	传统形式
259	双眼井	池塘井泉	青羊区	宋代	传统形式
260	铁箍井	池塘井泉	青羊区	清代	传统形式
261	八卦井	池塘井泉	邛崃市	唐代	传统形式

序号	名称	基本类型	行政区	时代/始建年代	存续现状
262	贵妃池（邛崃市）	池塘井泉	邛崃市		重建
263	鲍家塘	池塘井泉	双流区	清代	传统形式
264	堵水塘	池塘井泉	双流区	清代	传统形式
265	甘塘子	池塘井泉	双流区	清代	传统形式
266	龙池井	池塘井泉	双流区	清代	传统形式
267	太平池	池塘井泉	天府新区	清光绪二十年（1894）	传统形式
268	泮池	池塘井泉	温江区	清嘉庆十七年（1812）	传统形式
269	庭院小桥	池塘井泉	温江区		传统形式
270	桓侯庙放生池	池塘井泉	武侯区	明成化年间（1465~1487）	遗址
271	流杯池	池塘井泉	武侯区	清光绪二十四年（1898）	传统形式
272	龙井二泉	池塘井泉	武侯区		重建
273	诸葛井（武侯区）	池塘井泉	武侯区		遗址
274	白螺泉	池塘井泉	新都区	清嘉庆十九年（1814）	重建
275	黄龙泉	池塘井泉	新都区	清代	传统形式
276	清泉	池塘井泉	新都区	清代	重建
277	乌木泉	池塘井泉	新都区		传统形式
278	纯阳观凉水井	池塘井泉	新津区	清光绪二十九年（1903）	传统形式
279	陈家水碾	水力器械	双流区	清嘉庆年间	传统形式
280	冯家碾房	水力器械	郫都区	民国	传统形式
281	发电站桥水磨坊	水力器械	东部新区		传统形式
282	两河村水磨坊	水力器械	东部新区		传统形式
283	郭河坝碾房	水力器械	邛崃市	清代	传统形式
284	王井坎碾房遗址	水力器械	邛崃市	清代	传统形式
285	小金沱磨碾	水力器械	邛崃市		传统形式
286	银杏溪碾房	水力器械	邛崃市		传统形式
287	油坊石磨	水力器械	邛崃市		传统形式
288	小石河水电站	工程管理机构	彭州市		遗址
289	望江楼水文站	工程管理机构	锦江区	1939年	传统形式

序号	名称	基本类型	行政区	时代/始建年代	存续现状
290	成都市自来水二厂	工程管理机构	成华区	1946年	传统形式
291	成都市自来水五厂	工程管理机构	成华区	1946年	传统形式
292	大邑水文站	工程管理机构	大邑县	民国二十六年（1937）	遗址
293	水利府遗址	工程管理机构	都江堰市	清雍正十三年（1735）	遗址
294	都江堰莲花湖	河流湖泊	都江堰市		重建
295	龙池湖	河流湖泊	都江堰市		重建
296	方家河（成华区）	河流湖泊	成华区		传统形式
297	凤凰河	河流湖泊	成华区		传统形式
298	十陵河	河流湖泊	成华区	清道光七年（1827）	传统形式
299	西河（大邑段）	河流湖泊	大邑县		传统形式
300	烟霞湖	河流湖泊	大邑县	明代	重建
301	龙泉湖（石盘水库）	河流湖泊	东部新区	清道光七年（1827）	传统形式
302	绛溪河	河流湖泊	简阳市		传统形式
303	凤凰河（金牛段）	河流湖泊	金牛区		传统形式
304	南堰河（金牛段）	河流湖泊	金牛区		传统形式
305	饮马河（金牛段）	河流湖泊	金牛区		传统形式
306	资水河	河流湖泊	金堂县		
307	北河（金堂县）	河流湖泊	金堂县		
308	东风水库（金堂县）	河流湖泊	金堂县	1958年	传统形式
309	百工堰水库	河流湖泊	龙泉驿区	1958年	传统形式
310	宝狮湖	河流湖泊	龙泉驿区	1960年	传统形式
311	湔江（彭州段）	河流湖泊	彭州市		传统形式
312	濛阳河（彭州段）	河流湖泊	彭州市		传统形式
313	蒲阳河（彭州段）	河流湖泊	彭州市		传统形式
314	鸭子河（彭州段）	河流湖泊	彭州市		传统形式
315	醴泉江（蒲江段）	河流湖泊	蒲江县		传统形式
316	长滩水库	河流湖泊	蒲江县	1984年	传统形式
317	青白江干渠（青白江段）	河流湖泊	青白江区		传统形式
318	齐口沱	河流湖泊	邛崃市		传统形式
319	玉溪河	河流湖泊	邛崃市		传统形式

序号	名称	基本类型	行政区	时代/始建年代	存续现状
320	蒲江河（邛崃段）	河流湖泊	邛崃市		传统形式
321	文井江（邛崃段）	河流湖泊	邛崃市		传统形式
322	斜江河（邛崃段）	河流湖泊	邛崃市		传统形式
323	白河	河流湖泊	双流区		传统形式
324	石鱼河	河流湖泊	温江区		重建
325	金马河干渠（新津段）	河流湖泊	新津区		传统形式
326	金马河古河道	河流湖泊	新津区		遗址
327	桤木河（新津段）	河流湖泊	新津区		传统形式
328	杉板桥公园	水文化场所	成华区	2017年11月	传统形式
329	花水湾温泉	水文化场所	大邑县		传统形式
330	都江堰精华灌区	水文化场所	都江堰市		重建
331	带江草堂	水文化场所	金牛区	民国二十六年（1937）	传统形式
332	沙河源小学	水文化场所	金牛区	1932年	传统形式
333	思蜀园	水文化场所	锦江区	1997年	重建
334	莲花湖水利风景区	水文化场所	彭州市		传统形式
335	家珍公园	水文化场所	青白江区	1926年	传统形式
336	百溪堰湿地公园	水文化场所	新津区		重建
337	通济堰博物馆	水文化场所	新津区		传统形式
338	龙潭寺	坛庙寺观亭	成华区	蜀国时期	传统形式
339	崇德治水庙	坛庙寺观亭	崇州市	明末清初	重建
340	三官殿	坛庙寺观亭	大邑县	东汉	传统形式
341	养马街道禹王宫	坛庙寺观亭	东部新区	清康熙年间（1664~1722）	传统形式
342	禹王宫	坛庙寺观亭	都江堰市	清代	重建
343	玉垒山斗犀台	坛庙寺观亭	都江堰市	宋代	重建
344	涌泉寺	坛庙寺观亭	简阳市		传统形式
345	三圣寺	坛庙寺观亭	彭州市	三国时期	重建
346	石城寺	坛庙寺观亭	青白江区	唐大历年间（766~779）	传统形式
347	五谷庙	坛庙寺观亭	邛崃市		重建
348	镇江王爷庙	坛庙寺观亭	邛崃市	1989年	重建

序号	名称	基本类型	行政区	时代／始建年代	存续现状
349	宝光寺	坛庙寺观亭	新都区	隋唐	重建
350	弥陀寺	坛庙寺观亭	新都区	明代	重建
351	方井寺	坛庙寺观亭	新津区	清代	重建
352	潘文华遗址	名人故居、祠堂、墓园	武侯区	清光绪十一年（1885）	遗址
353	杨遇春宫保府遗址	名人故居、祠堂、墓园	武侯区		遗址
354	升庵故里	名人故居、祠堂、墓园	新都区	明代	传统形式
355	德政坊	雕像、石刻、碑碣	都江堰市	1907年	传统形式
356	东汉郭择赵汜碑	雕像、石刻、碑碣	都江堰市	东汉	传统形式
357	东汉堰工石像	雕像、石刻、碑碣	都江堰市	东汉	传统形式
358	二王庙安流顺轨碑	雕像、石刻、碑碣	都江堰市	1853年	传统形式
359	二王庙引水思源碑	雕像、石刻、碑碣	都江堰市	1853年	传统形式
360	天王社区石犀	雕像、石刻、碑碣	温江区		传统形式
361	锦江石牛	雕像、石刻、碑碣	锦江区		传统形式
362	桂溪寺祭文碑	雕像、石刻、碑碣	武侯区	明朝	传统形式
363	北斗七星柱	雕像、石刻、碑碣	青羊区	清代	传统形式
364	桂湖碑林	雕像、石刻、碑碣	新都区	明代	传统形式
365	大朗和尚筑堰治水功德碑	雕像、石刻、碑碣	新都区	唐代	传统形式
366	东阳桥遗址	水灾害遗迹	天府新区	始建于明代，清初重建	
367	三官堂遗址	水边聚落遗址	双流区	先秦时期	传统形式
368	琉璃厂窑址	水边聚落遗址	锦江区	五代	遗址
369	水井街	水边聚落遗址	锦江区		重建
370	都江堰宣威门	水边聚落遗址	都江堰市	宋代	重建
371	刘门放生池遗址	水边聚落遗址	成华区	清光绪年间（1875~1908）	遗址
372	望平坊	水边聚落遗址	成华区	清道光五年（1825）	重建
373	下涧槽林荫道	水边聚落遗址	成华区	清光绪年间（1875~1908）	重建
374	筒车坝渡口	水边聚落遗址	东部新区	东汉	遗址
375	筒车坝遗址	水边聚落遗址	东部新区	东汉	遗址

序号	名称	基本类型	行政区	时代/始建年代	存续现状
376	双关村船棺墓葬群	水边聚落遗址	青白江区	春秋晚期至战国中晚期	遗址
377	玉垒关	古村古镇	都江堰市	明代	重建
378	中和场	古村古镇	高新区		遗址
379	沙河源洞子口老场镇	古村古镇	金牛区	清乾隆三十一年（1766）	重建
380	赵镇古镇	古村古镇	金堂县	清代	
381	临溪古街	古村古镇	蒲江县		重建
382	火井古镇	古村古镇	邛崃市	南北朝	传统形式
383	石梯子坡	古村古镇	天府新区		重建
384	黄家碾	古村古镇	温江区		重建
385	簇锦古镇	古村古镇	武侯区		重建
386	花桥镇老街	古村古镇	新津区	明代	重建
387	花园场	古村古镇	新津区	清雍正十年（1732）	传统形式
388	平泉坝遗址	古村古镇	东部新区	隋代	传统形式
389	香水制度	档案文书及法规制度	大邑县	民国十九年（1930）	
390	水轮制度	档案文书及法规制度	大邑县	清光绪十年（1884）	
391	堰官制度	档案文书及法规制度	都江堰市	战国末期	
392	白莲池传说	文学、艺术与传说	成华区	始于元明	传统形式
393	鳖灵与开明兽的传说	文学、艺术与传说	都江堰市		
394	夫妻桥的传说	文学、艺术与传说	都江堰市	宋淳化元年（990）	
395	灌县川剧	文学、艺术与传说	都江堰市		
396	赵巧开挖金马河	文学、艺术与传说	都江堰市		
397	鳖灵拓峡的传说	文学、艺术与传说	金堂县		
398	五凤溪的传说	文学、艺术与传说	金堂县		
399	阿斗洛带传说	文学、艺术与传说	龙泉驿区	蜀汉时期	
400	刘皇叔与香水井	文学、艺术与传说	彭州市		
401	《银盘古井的故事》	文学、艺术与传说	郫都区		
402	金锣玉棍的传说	文学、艺术与传说	青白江区		
403	文澜秋月的传说	文学、艺术与传说	青白江区		
404	"烛龙"与"应龙"的神话	文学、艺术与传说	双流区		

序号	名称	基本类型	行政区	时代/始建年代	存续现状
405	鹿溪河传说	文学、艺术与传说	双流区		
406	《鱼凫架桥》	文学、艺术与传说	温江区		
407	《鱼凫王大战饮马河》	文学、艺术与传说	温江区		
408	《乐水楼》	文学、艺术与传说	武侯区		
409	簇锦传说	文学、艺术与传说	武侯区		
410	万里桥相关诗句	文学、艺术与传说	武侯区		
411	猛追湾街—街名故事	历史人物、事件及记忆	成华区		
412	青龙场—故事	历史人物、事件及记忆	成华区	清代中期	
413	杉板桥—街名故事	历史人物、事件及记忆	成华区		
414	水碾河路—街名故事	历史人物、事件及记忆	成华区	清代末年	
415	跳蹬河路—街名故事	历史人物、事件及记忆	成华区		
416	五桂桥—街名故事	历史人物、事件及记忆	成华区	蜀汉时期	
417	下涧漕路—街名故事	历史人物、事件及记忆	成华区	清光绪年间（1875~1908）	
418	1975年金马河治理工程	历史人物、事件及记忆	都江堰市		
419	官兴文改造分鱼嘴	历史人物、事件及记忆	都江堰市	民国十五年至十九年（1925~1929）	
420	胡光铸城	历史人物、事件及记忆	都江堰市	明洪武初年（1368）	
421	强望泰两修都江堰	历史人物、事件及记忆	都江堰市	清道光七年（1827）	
422	清明放水节的来历	历史人物、事件及记忆	都江堰市		
423	牛鞞古渡	历史人物、事件及记忆	简阳市		遗址
424	韩滩春涨	历史人物、事件及记忆	金堂县		

序号	名称	基本类型	行政区	时代/始建年代	存续现状
425	古卧龙桥街	历史人物、事件及记忆	锦江区		重建
426	彭州地名的由来	历史人物、事件及记忆	彭州市		
427	龙潭寺场—故事	历史人物、事件及记忆	成华区		
428	薛涛笺	历史人物、事件及记忆	青羊区	唐代	
429	御河	历史人物、事件及记忆	青羊区	明洪武十八年（1385）	遗址
430	通济桥遗址	历史人物、事件及记忆	天府新区	清道光年间（1821~1850）	遗址
431	《天纲井》	历史人物、事件及记忆	温江区		
432	《天生堰的故事》	历史人物、事件及记忆	温江区		
433	郭之新整修西河故道	历史人物、事件及记忆	新津区	清代	
434	船工祭祀	民俗节庆和纪念活动	双流区		
435	放河灯	民俗节庆和纪念活动	双流区		
436	三道堰泼水节	民俗节庆和纪念活动	郫都区		
437	新津端午龙舟搏浪擒鸭	民俗节庆和纪念活动	新津区		传统形式
438	烟霞湖花船会	民俗节庆和纪念活动	大邑县	清乾隆四十九年（1748）	传统形式
439	养生沱和养生长河	民俗节庆和纪念活动	大邑县	清代	

注：由于当前文献资料和证据所限，部分古代工程暂时无法准确确定年代。

V

成都市
水文化遗产
V 级资源名录

序号	名称	基本类型	行政区	时代／始建年代	存续现状
1	马桑堰	堤坝渠堰闸	崇州市		重建
2	灯笼堰	堤坝渠堰闸	大邑县		重建
3	鹤鸣天师堰	堤坝渠堰闸	大邑县	清代	重建
4	鹤鸣桐子堰	堤坝渠堰闸	大邑县		重建
5	北干渠	堤坝渠堰闸	东部新区		传统形式
6	黑石堰（都江堰市）	堤坝渠堰闸	都江堰市		重建
7	团结堰（都江堰市）	堤坝渠堰闸	都江堰市		重建
8	柏条河莲花堰	堤坝渠堰闸	都江堰市		传统形式
9	柏条河右支渠	堤坝渠堰闸	都江堰市		传统形式
10	柏条河左支渠	堤坝渠堰闸	都江堰市		传统形式
11	布袋堰	堤坝渠堰闸	都江堰市		重建
12	车家堰	堤坝渠堰闸	都江堰市		重建
13	东八字堰	堤坝渠堰闸	都江堰市		重建
14	公安堰	堤坝渠堰闸	都江堰市		传统形式
15	官家堰	堤坝渠堰闸	都江堰市	清顺治年间（1643~1661）	重建
16	和尚堰	堤坝渠堰闸	都江堰市	唐代	重建
17	横山渠暗渡槽	堤坝渠堰闸	都江堰市	清代	重建
18	廖家堰	堤坝渠堰闸	都江堰市		重建
19	罗家堰（都江堰市）	堤坝渠堰闸	都江堰市		重建
20	欧家坡下渡槽	堤坝渠堰闸	都江堰市	清末	传统形式
21	三叉堰	堤坝渠堰闸	都江堰市		重建
22	胜利堰下段	堤坝渠堰闸	都江堰市		重建
23	太白堰	堤坝渠堰闸	都江堰市		重建
24	五斗渠	堤坝渠堰闸	都江堰市		传统形式
25	西八字堰	堤坝渠堰闸	都江堰市		重建
26	向阳渠	堤坝渠堰闸	都江堰市		传统形式
27	小罗堰	堤坝渠堰闸	都江堰市		重建
28	易家堰	堤坝渠堰闸	都江堰市		重建
29	梓水堰	堤坝渠堰闸	都江堰市		重建
30	栏杆堰（高新区）	堤坝渠堰闸	高新区		传统形式
31	曹家堰	堤坝渠堰闸	金牛区		传统形式
32	三洞桥水闸	堤坝渠堰闸	金牛区		传统形式
33	双江堰（金牛区）	堤坝渠堰闸	金牛区		传统形式
34	高涧桥（金堂县）	堤坝渠堰闸	金堂县	清道光七年（1827）	遗址

序号	名称	基本类型	行政区	时代 / 始建年代	存续现状
35	洗瓦堰（锦江区）	堤坝渠堰闸	锦江区		传统形式
36	秀水河	堤坝渠堰闸	锦江区		传统形式
37	东风渠东干渠	堤坝渠堰闸	龙泉驿区	1951年	传统形式
38	龙口堰	堤坝渠堰闸	郫都区		重建
39	丁堰	堤坝渠堰闸	蒲江县		重建
40	肖磨子堰	堤坝渠堰闸	蒲江县		重建
41	张应曾修张公八堰遗址	堤坝渠堰闸	蒲江县	清代	遗址
42	左堰	堤坝渠堰闸	蒲江县		重建
43	高涧槽	堤坝渠堰闸	青白江区	清代	重建
44	老码堰	堤坝渠堰闸	青白江区	清代	传统形式
45	民族堰	堤坝渠堰闸	青白江区	清代	传统形式
46	三口堰	堤坝渠堰闸	青白江区	清代	传统形式
47	石河堰	堤坝渠堰闸	青白江区	清代	重建
48	喇叭堰（青羊区）	堤坝渠堰闸	青羊区		传统形式
49	双江堰（青羊区）	堤坝渠堰闸	青羊区		遗址
50	二道河干渠（青羊段）	堤坝渠堰闸	青羊区		传统形式
51	浣花溪水闸	堤坝渠堰闸	青羊区		传统形式
52	蒋家堰	堤坝渠堰闸	青羊区		传统形式
53	小梁家堰	堤坝渠堰闸	青羊区		遗址
54	张师堰	堤坝渠堰闸	青羊区		遗址
55	平桥堰	堤坝渠堰闸	双流区		重建
56	四号堤坝	堤坝渠堰闸	双流区		传统形式
57	苏家堰	堤坝渠堰闸	双流区	清代	传统形式
58	文星堤灌站支渠	堤坝渠堰闸	双流区		传统形式
59	洗马堰	堤坝渠堰闸	双流区	三国	遗址
60	义和堰	堤坝渠堰闸	双流区		传统形式
61	栏杆堰（天府新区）	堤坝渠堰闸	天府新区		重建
62	毛家堰	堤坝渠堰闸	温江区		重建
63	天师堰	堤坝渠堰闸	温江区		重建
64	郭家堰	堤坝渠堰闸	温江区		重建
65	鸡公堰（温江区）	堤坝渠堰闸	温江区		重建
66	鸡公堰（武侯区）	堤坝渠堰闸	武侯区		传统形式
67	牟珠堰（新都区）	堤坝渠堰闸	新都区	清代	重建
68	柏水堰（新都区）	堤坝渠堰闸	新都区		重建

序号	名称	基本类型	行政区	时代/始建年代	存续现状
69	锦水河干渠（新都段）	堤坝渠堰闸	新都区		传统形式
70	龙桥堰	堤坝渠堰闸	新都区	民国	重建
71	马沙堰	堤坝渠堰闸	新都区	民国	传统形式
72	拦河坝	堤坝渠堰闸	新都区		传统形式
73	同心堰（新都区）	堤坝渠堰闸	新都区		传统形式
74	娃娃堰	堤坝渠堰闸	新都区	明代	传统形式
75	杨柳堰	堤坝渠堰闸	新都区	清代	传统形式
76	西江河（新都段）	堤坝渠堰闸	新都区		
77	东关庙引水闸	堤坝渠堰闸	新津区		传统形式
78	花红堰	堤坝渠堰闸	新津区		传统形式
79	黄泥堰	堤坝渠堰闸	新津区		传统形式
80	沙子堰	堤坝渠堰闸	新津区		传统形式
81	伍锁堰	堤坝渠堰闸	新津区		传统形式
82	廖家桥	桥涵码头	成华区	清中期	传统形式
83	福惠桥	桥涵码头	大邑县	清同治元年（1862）	重建
84	还山子桥	桥涵码头	大邑县	清代	重建
85	石砌桥	桥涵码头	大邑县	清代	重建
86	夫子岩铁索桥	桥涵码头	大邑县	清代	重建
87	高沟桥	桥涵码头	大邑县	清代	重建
88	源桥	桥涵码头	大邑县	1913年	重建
89	观音桥（大邑县）	桥涵码头	大邑县	清光绪三年（1877）	重建
90	恒安桥（东部新区）	桥涵码头	东部新区	清代	传统形式
91	安顺桥	桥涵码头	东部新区		传统形式
92	陈家桥	桥涵码头	东部新区	清乾隆三十六年（1771）	传统形式
93	赤水河老桥	桥涵码头	东部新区	清代	传统形式
94	大林桥	桥涵码头	东部新区	清咸丰年间（1851~1861）	传统形式
95	发电站桥	桥涵码头	东部新区		传统形式
96	凤凰桥	桥涵码头	东部新区	清代	传统形式
97	济川桥	桥涵码头	东部新区	清代	传统形式
98	拦河堰桥	桥涵码头	东部新区	20世纪70年代	传统形式
99	老君井桥	桥涵码头	东部新区	清代	传统形式
100	明月桥	桥涵码头	东部新区	清代	传统形式

序号	名称	基本类型	行政区	时代/始建年代	存续现状
101	谭家桥	桥涵码头	东部新区	清代	传统形式
102	状溪镇天成桥	桥涵码头	东部新区	清道光年间（1821~1850）	重建
103	万寿宫状元桥	桥涵码头	东部新区	清道光二十七年（1847）	传统形式
104	王古埝桥	桥涵码头	东部新区		传统形式
105	无功桥	桥涵码头	东部新区	清代	传统形式
106	响水滩桥	桥涵码头	东部新区		传统形式
107	向家沟桥	桥涵码头	东部新区	清代	传统形式
108	杨家桥（东部新区）	桥涵码头	东部新区	清代	传统形式
109	和尚桥（都江堰市）	桥涵码头	都江堰市	清代	重建
110	长寿桥（都江堰市）	桥涵码头	都江堰市	清末	重建
111	大乐桥	桥涵码头	都江堰市	清末	重建
112	范家桥	桥涵码头	都江堰市		重建
113	古景贤桥	桥涵码头	都江堰市	民国十年（1921）	重建
114	红岩老桥	桥涵码头	都江堰市		重建
115	将军桥	桥涵码头	都江堰市	宋代及以前	重建
116	柳城桥	桥涵码头	都江堰市		重建
117	杨家桥（都江堰市）	桥涵码头	都江堰市	清代	传统形式
118	平顺桥	桥涵码头	都江堰市	清代	传统形式
119	千藏沟上拱桥	桥涵码头	都江堰市	清代	传统形式
120	千藏沟下拱桥	桥涵码头	都江堰市	清代	传统形式
121	桥桥沟桥	桥涵码头	都江堰市	清代	重建
122	上两河桥	桥涵码头	都江堰市	清代	重建
123	上铁杆桥	桥涵码头	都江堰市	清代	重建
124	双磨桥	桥涵码头	都江堰市		重建
125	太柏桥	桥涵码头	都江堰市		重建
126	五龙社区王家井	桥涵码头	都江堰市	清代	传统形式
127	吴塘社区吴塘桥	桥涵码头	都江堰市	清末	重建
128	下两河桥	桥涵码头	都江堰市	清代	重建
129	下铁杆桥	桥涵码头	都江堰市	清代	重建
130	棕花桥	桥涵码头	都江堰市	民国	传统形式

353

第五章
成都市水文化遗产Ⅴ级资源名录

序号	名称	基本类型	行政区	时代/始建年代	存续现状
131	走江桥	桥涵码头	都江堰市		重建
132	观音桥（都江堰市）	桥涵码头	都江堰市		传统形式
133	半边寺桥	桥涵码头	简阳市		传统形式
134	折柳桥	桥涵码头	简阳市	明成化十八年（1482）二月	重建
135	红光桥	桥涵码头	简阳市	清光绪年间（1875~1908）	传统形式
136	大拱桥	桥涵码头	简阳市	清代	传统形式
137	红庙村小拱桥	桥涵码头	简阳市	清代	传统形式
138	垣坝村花花桥	桥涵码头	简阳市	清代	重建
139	黄葛树古桥	桥涵码头	简阳市	清代	重建
140	济安村踏水桥	桥涵码头	简阳市	清嘉庆年间（1796~1820）	重建
141	简阳码头群	桥涵码头	简阳市		传统形式
142	倒桥	桥涵码头	简阳市	清代	传统形式
143	五洞桥	桥涵码头	简阳市	清代	传统形式
144	平武木桥村桥	桥涵码头	简阳市	清代	传统形式
145	狮子桥	桥涵码头	简阳市	清代	传统形式
146	双仙桥	桥涵码头	简阳市		传统形式
147	王家湾桥	桥涵码头	简阳市	清代	传统形式
148	孝义桥	桥涵码头	简阳市	1893年	重建
149	壮溪码头（壮溪渡）	桥涵码头	简阳市	民国元年（1912）	传统形式
150	恒安桥（简阳市）	桥涵码头	简阳市	清代	传统形式
151	芦稿村五洞桥	桥涵码头	简阳市		传统形式
152	金仙桥	桥涵码头	金牛区		传统形式
153	踏水桥	桥涵码头	金牛区		重建
154	通锦桥	桥涵码头	金牛区		重建
155	通锦桥遗址	桥涵码头	金牛区		重建
156	通顺桥	桥涵码头	金牛区		重建
157	万福桥	桥涵码头	金牛区	清代	重建
158	五丁桥	桥涵码头	金牛区	西周	重建
159	新桥	桥涵码头	金牛区		重建
160	韩滩古渡码头遗址	桥涵码头	金堂县	汉代	遗址
161	金简桥	桥涵码头	金堂县	清道光十四年（1834）	传统形式

序号	名称	基本类型	行政区	时代／始建年代	存续现状
162	名扬渡遗址	桥涵码头	金堂县	清代	遗址
163	庆元桥	桥涵码头	金堂县	清代	重建
164	水师码头遗址	桥涵码头	金堂县		遗址
165	五凤溪望江古码头	桥涵码头	金堂县	清代	遗址
166	渣浮渡遗址	桥涵码头	金堂县	清代	
167	白果码头	桥涵码头	金堂县		
168	天赐桥	桥涵码头	金堂县		重建
169	蔡家河石拱桥	桥涵码头	金堂县	清嘉庆十二年（1807）	重建
170	观音桥（锦江区）	桥涵码头	锦江区		重建
171	蔡家桥	桥涵码头	龙泉驿区	清代	传统形式
172	大河堰桥	桥涵码头	龙泉驿区	清代	传统形式
173	飞龙桥	桥涵码头	龙泉驿区	民国时期	传统形式
174	简华桥	桥涵码头	龙泉驿区	清道光七年（1827）	重建
175	江西桥	桥涵码头	龙泉驿区	清道光七年（1827）	重建
176	锦归桥	桥涵码头	龙泉驿区		重建
177	九孔桥	桥涵码头	龙泉驿区		重建
178	十愿桥	桥涵码头	龙泉驿区	明代	传统形式
179	肖家桥	桥涵码头	龙泉驿区	清代	传统形式
180	驿马桥	桥涵码头	龙泉驿区		重建
181	葛仙山五七桥	桥涵码头	彭州市	1975年	传统形式
182	葛仙山镇花桥	桥涵码头	彭州市		重建
183	葛仙山镇廊桥	桥涵码头	彭州市		重建
184	葛仙山镇枕流桥	桥涵码头	彭州市		传统形式
185	红岩八角庙桥	桥涵码头	彭州市	清嘉庆二年（1797）	传统形式
186	顺天拱桥遗址	桥涵码头	彭州市	唐代	传统形式
187	提兜桥	桥涵码头	彭州市		重建
188	迎仙桥	桥涵码头	彭州市	清光绪十一年（1885）	重建
189	古堰桥	桥涵码头	郫都区		重建
190	顾家桥	桥涵码头	郫都区		重建
191	老君桥	桥涵码头	郫都区	清代	传统形式
192	马家桥	桥涵码头	郫都区	清代	传统形式
193	三道堰永静桥	桥涵码头	郫都区	1938年	重建

序号	名称	基本类型	行政区	时代/始建年代	存续现状
194	太平桥	桥涵码头	郫都区	清代	重建
195	雍家渡吊桥	桥涵码头	郫都区	民国时期	重建
196	云桥村桥	桥涵码头	郫都区	清代	重建
197	云桥村紫云桥	桥涵码头	郫都区	明代	重建
198	独工桥	桥涵码头	蒲江县	清代	重建
199	放生桥	桥涵码头	蒲江县	清代	重建
200	老东女桥	桥涵码头	蒲江县	明代	重建
201	老女桥	桥涵码头	蒲江县	清代	重建
202	临溪桥	桥涵码头	蒲江县	清代	重建
203	刘石桥	桥涵码头	蒲江县	清光绪七年（1881）	重建
204	蒲江县双寿桥	桥涵码头	蒲江县	清代	重建
205	石象湖文相桥	桥涵码头	蒲江县	清代	重建
206	双寿桥	桥涵码头	蒲江县	清光绪三十三年（1907）	重建
207	万寿桥	桥涵码头	蒲江县	清代	重建
208	响仁桥	桥涵码头	蒲江县	清代	重建
209	迎恩木桥	桥涵码头	蒲江县	清同治九年（1870）	重建
210	玉龙古桥	桥涵码头	蒲江县		重建
211	龙凤桥（蒲江县）	桥涵码头	蒲江县	清同治年间（1862~1875）	传统形式
212	长寿桥（蒲江县）	桥涵码头	蒲江县	清代	传统形式
213	长安桥（青白江区）	桥涵码头	青白江区	清代	遗址
214	观音桥（青白江区）	桥涵码头	青白江区	清代	重建
215	踏水桥遗址（青白江区）	桥涵码头	青白江区	清代	重建
216	反修桥	桥涵码头	青白江区	1970年	传统形式
217	高土桥	桥涵码头	青白江区	明代	重建
218	金水桥	桥涵码头	青白江区	清代	重建
219	金锁桥	桥涵码头	青白江区	清代	遗址
220	雷打桥	桥涵码头	青白江区	清代	遗址
221	女儿渡	桥涵码头	青白江区	清代	遗址
222	双石桥	桥涵码头	青白江区	清代	重建
223	孙家桥	桥涵码头	青白江区	清代	遗址
224	天神桥	桥涵码头	青白江区	清代	遗址
225	绣川桥	桥涵码头	青白江区	明代	遗址

序号	名称	基本类型	行政区	时代/始建年代	存续现状
226	玉虹桥	桥涵码头	青白江区	明代	重建
227	龙凤桥（邛崃市）	桥涵码头	邛崃市	清光绪四年（1878）	重建
228	白鹤桥	桥涵码头	邛崃市	清代	重建
229	保胜桥	桥涵码头	邛崃市	清代	重建
230	纪红桥	桥涵码头	邛崃市	清代	重建
231	金鸡桥	桥涵码头	邛崃市	清代	重建
232	敬雨灵桥	桥涵码头	邛崃市		重建
233	南岸街万福桥	桥涵码头	邛崃市	清宣统元年（1909）	重建
234	南岸街永寿桥	桥涵码头	邛崃市	清代	重建
235	平安桥	桥涵码头	邛崃市	清代	重建
236	骑龙村永远桥	桥涵码头	邛崃市	清代	重建
237	青石桥	桥涵码头	邛崃市		重建
238	邛州园商运码头	桥涵码头	邛崃市		重建
239	仁寿社区平康桥	桥涵码头	邛崃市	清代	重建
240	三道湾彩虹桥	桥涵码头	邛崃市		重建
241	三道湾桥	桥涵码头	邛崃市		重建
242	三和乐善桥	桥涵码头	邛崃市	清代	重建
243	神仙桥	桥涵码头	邛崃市	清代	重建
244	十里桥	桥涵码头	邛崃市	明朝	重建
245	双溪河桥	桥涵码头	邛崃市	清代	重建
246	四德桥	桥涵码头	邛崃市	清道光十七年（1837）	重建
247	松安桥	桥涵码头	邛崃市	清代	重建
248	宋水碾桥	桥涵码头	邛崃市		重建
249	桃花社区红军桥	桥涵码头	邛崃市		重建
250	桃源桥	桥涵码头	邛崃市		重建
251	天池村拱桥	桥涵码头	邛崃市	清代	重建
252	头堰桥遗址	桥涵码头	邛崃市	清代	遗址
253	万善桥	桥涵码头	邛崃市	清光绪十八年（1892）	重建
254	文君青石桥	桥涵码头	邛崃市		重建
255	文武桥	桥涵码头	邛崃市		重建
256	西安桥	桥涵码头	邛崃市	清代	重建
257	兴乐桥	桥涵码头	邛崃市		重建
258	盐井桥	桥涵码头	邛崃市	1930年	重建

序号	名称	基本类型	行政区	时代/始建年代	存续现状
259	盐井溪踏水桥	桥涵码头	邛崃市		重建
260	堰滩村万福桥	桥涵码头	邛崃市	南北朝	重建
261	镇龙桥	桥涵码头	邛崃市		传统形式
262	植板桥	桥涵码头	邛崃市	清代	重建
263	大河桥中坝红石拱桥	桥涵码头	双流区	清代末年	重建
264	二洞桥	桥涵码头	双流区	清道光年间（1821~1850）	重建
265	桂花桥	桥涵码头	双流区	清乾隆十三年（1748）	重建
266	贾家拱桥	桥涵码头	双流区	清代	传统形式
267	林家砖桥	桥涵码头	双流区		重建
268	十三洞桥	桥涵码头	双流区	清代中期	重建
269	石子沟石拱桥	桥涵码头	双流区	清代	传统形式
270	鸭子桥	桥涵码头	双流区	清光绪元年（1875）	重建
271	和尚桥（双流区）	桥涵码头	双流区		传统形式
272	火烧桥	桥涵码头	天府新区	明清时期	传统形式
273	库尔嘴桥	桥涵码头	天府新区	清代	传统形式
274	林溪寺拱桥	桥涵码头	天府新区	清代	传统形式
275	寿福桥	桥涵码头	天府新区	清道光七年（1827）	传统形式
276	苏家倒桥	桥涵码头	天府新区	清代	传统形式
277	五捉桥	桥涵码头	天府新区	清代早期	传统形式
278	柳江大桥	桥涵码头	温江区	清乾隆二十五年（1760）	重建
279	石敦桥	桥涵码头	温江区		传统形式
280	止水苗桥	桥涵码头	温江区	清嘉庆二十二年（1817）	重建
281	达通桥	桥涵码头	温江区	清乾隆四十八年（1783）	重建
282	鱼凫桥	桥涵码头	温江区	清道光十二年（1832）	重建
283	长安桥（温江区）	桥涵码头	温江区	清康熙五年（1666）	重建
284	新桥（武侯区）	桥涵码头	武侯区	明正统三年（1438）	重建
285	安顺码头遗址	桥涵码头	武侯区		重建
286	簇桥石拱桥	桥涵码头	武侯区		传统形式
287	和平桥	桥涵码头	武侯区	1952年建成，2010年命名	传统形式

序号	名称	基本类型	行政区	时代/始建年代	存续现状
288	磨子桥	桥涵码头	武侯区	清道光年间（1821~1850）	重建
289	太平下街与皮房码头	桥涵码头	武侯区		重建
290	望锦桥遗址	桥涵码头	武侯区		遗址
291	邓公场水陆码头	桥涵码头	新津区		遗址
292	董大桥	桥涵码头	新津区	民国五年（1917）	重建
293	花桥铁索桥遗址	桥涵码头	新津区		重建
294	孔家渡	桥涵码头	新津区		重建
295	毛家渡大桥	桥涵码头	新津区		传统形式
296	秦石桥	桥涵码头	新津区		重建
297	乌龟桥	桥涵码头	新津区	清代	重建
298	余波桥	桥涵码头	新津区	明代	重建
299	余渡大桥	桥涵码头	新津区		重建
300	月花村渡口	桥涵码头	新津区		遗址
301	徐家渡（新津区）	桥涵码头	新津区		重建
302	范家井	池塘井泉	成华区	清代	传统形式
303	黄家井	池塘井泉	成华区	清乾隆年间（1736~1796）	传统形式
304	白家井	池塘井泉	崇州市	清代	传统形式
305	板槽村胡家井	池塘井泉	崇州市	清代	传统形式
306	赵家井（崇州市）	池塘井泉	崇州市	清代	传统形式
307	曾家井	池塘井泉	崇州市	清代	传统形式
308	方家井	池塘井泉	崇州市	清代	传统形式
309	柳家井	池塘井泉	崇州市	清代	传统形式
310	马家井	池塘井泉	崇州市	清代	传统形式
311	倪家井	池塘井泉	崇州市	清代	传统形式
312	前锋村井	池塘井泉	崇州市	清代	传统形式
313	施家井	池塘井泉	崇州市	清代	传统形式
314	天水村岳家井	池塘井泉	崇州市	清代	传统形式
315	文家井	池塘井泉	崇州市	清代	传统形式
316	斜阳村李家井	池塘井泉	崇州市	清代	传统形式
317	严家弯湾百年古井	池塘井泉	崇州市	清代	传统形式
318	元通吕家井	池塘井泉	崇州市	清代	传统形式
319	长寿井	池塘井泉	崇州市	清代	重建

序号	名称	基本类型	行政区	时代/始建年代	存续现状
320	朱家井	池塘井泉	崇州市	清代	传统形式
321	高家井（崇州市）	池塘井泉	崇州市	清代	传统形式
322	蔡场水井	池塘井泉	大邑县	清代	传统形式
323	鹤鸣八功德水泉	池塘井泉	大邑县	清代	重建
324	鹤鸣碧玉潭	池塘井泉	大邑县	北宋前	重建
325	晋王社区水官爷	池塘井泉	大邑县		重建
326	晋王社区鱼洞潭	池塘井泉	大邑县		重建
327	吴塘社区邓家井	池塘井泉	都江堰市	清代	传统形式
328	丁家烧房井	池塘井泉	都江堰市		传统形式
329	贵妃池（都江堰市）	池塘井泉	都江堰市		传统形式
330	侯家井	池塘井泉	都江堰市	清末	传统形式
331	金家井	池塘井泉	都江堰市	清末	传统形式
332	罗家二房井	池塘井泉	都江堰市	清代	传统形式
333	青龙神泉	池塘井泉	都江堰市		传统形式
334	田家井	池塘井泉	都江堰市	清末	传统形式
335	万家井	池塘井泉	都江堰市	清代	传统形式
336	下龙眼井（都江堰市）	池塘井泉	都江堰市	清代	传统形式
337	夏家井	池塘井泉	都江堰市	清代末期	重建
338	肖家井	池塘井泉	都江堰市	清代	传统形式
339	浴丹井	池塘井泉	都江堰市	清代	传统形式
340	郑家井	池塘井泉	都江堰市	清代	传统形式
341	朱家古井	池塘井泉	都江堰市		重建
342	红星社区方古井	池塘井泉	简阳市		传统形式
343	宏缘镇古井村古井	池塘井泉	简阳市	清代	重建
344	老龙村双古井	池塘井泉	简阳市		传统形式
345	石桥井	池塘井泉	简阳市	清咸丰年间（1851~1861）	传统形式
346	白鹭岛神鹭泉	池塘井泉	金堂县	南宋隆兴二年（1164）	传统形式
347	金钵井	池塘井泉	金堂县	清代	传统形式
348	金蝉井	池塘井泉	金堂县	清代	传统形式
349	五凤溪古镇龙凤井	池塘井泉	金堂县		重建
350	杨柳沟井	池塘井泉	金堂县		重建

序号	名称	基本类型	行政区	时代/始建年代	存续现状
351	圆觉寺长寿井	池塘井泉	金堂县	南宋	遗址
352	龙王庙井	池塘井泉	金堂县		重建
353	宝狮村龙王潭	池塘井泉	龙泉驿区		
354	陈家堰塘	池塘井泉	龙泉驿区		传统形式
355	撑杆井	池塘井泉	龙泉驿区	清代	传统形式
356	村子井	池塘井泉	龙泉驿区	清代	传统形式
357	洛带粮站宿舍古井	池塘井泉	龙泉驿区	清道光七年（1827）	传统形式
358	石经寺古井	池塘井泉	龙泉驿区		传统形式
359	万兴老古井	池塘井泉	龙泉驿区	清光绪年间（1875~1908）	传统形式
360	饮马塘	池塘井泉	龙泉驿区		重建
361	张家井	池塘井泉	龙泉驿区	清代	传统形式
362	长丰村谢家井	池塘井泉	龙泉驿区	清道光七年（1827）	传统形式
363	葛仙山镇七眼井	池塘井泉	彭州市		传统形式
364	九尺双泉	池塘井泉	彭州市		传统形式
365	九尺镇观音泉	池塘井泉	彭州市		传统形式
366	芦茅泉	池塘井泉	彭州市		传统形式
367	猫耳泉	池塘井泉	彭州市		传统形式
368	寿阳泉	池塘井泉	彭州市		重建
369	五珠泉	池塘井泉	彭州市		传统形式
370	小鱼洞	池塘井泉	彭州市		传统形式
371	谢恩泉	池塘井泉	彭州市		传统形式
372	药王泉	池塘井泉	彭州市		传统形式
373	高家井（郫都区）	池塘井泉	郫都区	清代	传统形式
374	护国寺古井	池塘井泉	郫都区	隋唐五代	传统形式
375	平城村古水井	池塘井泉	郫都区		传统形式
376	平乐古寺通汉井	池塘井泉	郫都区		传统形式
377	仁义村陈家井	池塘井泉	郫都区	清代	传统形式
378	孝女井	池塘井泉	郫都区	明末	传统形式
379	永安村石岗井	池塘井泉	郫都区	清代	传统形式
380	袁隆平水稻种植硅谷基地古水井	池塘井泉	郫都区		传统形式
381	中心村李家古井	池塘井泉	郫都区	清代	传统形式

序号	名称	基本类型	行政区	时代/始建年代	存续现状
382	官塘池塘	池塘井泉	蒲江县	清代	重建
383	桂花井	池塘井泉	蒲江县	西汉	传统形式
384	黄沙坎下回水沱	池塘井泉	蒲江县	清末民初	重建
385	柳树井	池塘井泉	蒲江县	清代	传统形式
386	寿泉井	池塘井泉	蒲江县	清雍正年间（1732）	传统形式
387	天华古井	池塘井泉	蒲江县	清嘉庆二十五年（1820）	传统形式
388	汪井	池塘井泉	蒲江县	清乾隆三十年（1865）	传统形式
389	龙眼井（蒲江县）	池塘井泉	蒲江县	宋代	传统形式
390	诸葛井（青白江区）	池塘井泉	青白江区	三国时期	传统形式
391	金刚池	池塘井泉	青白江区	明洪武年间（1368~1398）	传统形式
392	联兴村井	池塘井泉	青白江区	清代	传统形式
393	龙腾园北龙眼井	池塘井泉	青白江区	清代	传统形式
394	龙腾园南龙眼井	池塘井泉	青白江区	清代	传统形式
395	十五里村唐家井	池塘井泉	青白江区	清代	传统形式
396	吴家井	池塘井泉	青白江区	清代	传统形式
397	杨家井	池塘井泉	青白江区	清代	传统形式
398	龙眼井（邛崃市）	池塘井泉	邛崃市	清代	传统形式
399	王家井	池塘井泉	邛崃市	清代	传统形式
400	观音井	池塘井泉	邛崃市	清代	传统形式
401	龙眼泉	池塘井泉	邛崃市	清代	传统形式
402	清河村陈槽井	池塘井泉	邛崃市		传统形式
403	任湾井	池塘井泉	邛崃市	清代	传统形式
404	同乐村元帅井	池塘井泉	邛崃市		传统形式
405	永丰社区洗马池	池塘井泉	邛崃市		传统形式
406	张坝社区古井	池塘井泉	邛崃市	清代	传统形式
407	竹溪桥泉	池塘井泉	邛崃市		传统形式
408	永丰社区洗马池（邛崃市）	池塘井泉	邛崃市		传统形式
409	陇石石井	池塘井泉	双流区	古蜀国	传统形式
410	八角井（双流区）	池塘井泉	双流区	清乾隆二十二年（1757）	传统形式
411	报恩池	池塘井泉	天府新区	清代	传统形式

序号	名称	基本类型	行政区	时代/始建年代	存续现状
412	饮水思源井	池塘井泉	天府新区	清代	传统形式
413	王家井（天府新区）	池塘井泉	天府新区	清代	传统形式
414	大桐街井	池塘井泉	温江区	清代	传统形式
415	李家院子井	池塘井泉	温江区		传统形式
416	梁家烧坊井	池塘井泉	温江区	清代	传统形式
417	烈士街井	池塘井泉	温江区	清代	传统形式
418	刘家院子井	池塘井泉	温江区		传统形式
419	前锋井	池塘井泉	温江区	清代	
420	下龙嘴井	池塘井泉	温江区		传统形式
421	张家烧坊井	池塘井泉	温江区	清代	传统形式
422	正宗井	池塘井泉	温江区	清代	传统形式
423	陈家井	池塘井泉	温江区	清代	传统形式
424	翰林泉	池塘井泉	温江区	清代	传统形式
425	红专井	池塘井泉	温江区	清代	传统形式
426	黄石井	池塘井泉	温江区	清代	传统形式
427	镇江村镇子泉	池塘井泉	温江区	清代	传统形式
428	踏水桥井	池塘井泉	温江区	清代	传统形式
429	赵家井（温江区）	池塘井泉	温江区	清代	传统形式
430	纯阳观忠孝莲花池	池塘井泉	新津区		传统形式
431	幸福泉	池塘井泉	新津区		传统形式
432	龙桥村古桥古水磨房区域	水力器械	大邑县	清代	重建
433	王水碾	水力器械	大邑县		遗址
434	拦河堰桥水磨坊	水力器械	东部新区	20世纪70年代	传统形式
435	余家碾作坊	水力器械	都江堰市	清末	传统形式
436	四圣祠北街水塔	水力器械	锦江区	1952年	传统形式
437	仁家碾坊	水力器械	郫都区	民国时期	传统形式
438	金家村余水碾	水力器械	蒲江县		重建
439	林水碾	水力器械	蒲江县		重建
440	杜石碾	水力器械	邛崃市	清代	重建
441	火烧碾遗址	水力器械	邛崃市	清代	传统形式
442	永丰社区水碾	水力器械	邛崃市		传统形式
443	石桥街道洪水位刻线	水文设施	简阳市		传统形式

序号	名称	基本类型	行政区	时代/始建年代	存续现状
444	阳化河	河流湖泊	简阳市		传统形式
445	桤木河（金堂段）	河流湖泊	金堂县		传统形式
446	黄水河（金堂段）	河流湖泊	金堂县		
447	清溪河	河流湖泊	金堂县		传统形式
448	壮溪河	河流湖泊	金堂县		
449	芦溪河	河流湖泊	龙泉驿区	清道光七年（1827）	
450	西江河	河流湖泊	龙泉驿区	清道光七年（1827）	
451	城厢古镇护城河	河流湖泊	青白江区	清代	传统形式
452	桤木河（青白江区段）	河流湖泊	青白江区		传统形式
453	西江河（青白江段）	河流湖泊	青白江区		传统形式
454	长流河	河流湖泊	青白江区		传统形式
455	沙子河（金桥段）	河流湖泊	双流区	清顺治十七年（1660）	传统形式
456	向荣桥街	水文化场所	锦江区	清同治十二年（1873）	重建
457	金花庙	坛庙寺观亭	大邑县		遗址
458	洪恩寺（吊水寺）	坛庙寺观亭	东部新区	明洪熙元年（1426）	重建
459	都江堰回龙观	坛庙寺观亭	都江堰市	清代	传统形式
460	秦堰楼	坛庙寺观亭	都江堰市	1994年	传统形式
461	玉垒阁	坛庙寺观亭	都江堰市		传统形式
462	百堰寺	坛庙寺观亭	简阳市	唐代贞观年间（627~649）	遗址
463	淮口川主庙	坛庙寺观亭	金堂县		重建
464	龙王庙（真多观）	坛庙寺观亭	金堂县	汉代	重建
465	土桥镇禹王宫	坛庙寺观亭	金堂县	清乾隆二十一年（1756）	重建
466	金华寺	坛庙寺观亭	彭州市	明代	传统形式
467	海潮庙	坛庙寺观亭	武侯区	清代	遗址
468	龙泉山隧洞烈士墓地	名人故居、祠堂、墓园	东部新区		传统形式
469	壮溪镇贺氏老宅	名人故居、祠堂、墓园	东部新区	民国元年（1912）	传统形式
470	沱江文化博物馆	名人故居、祠堂、墓园	金堂县		传统形式
471	龙凤桥桥涵码头碑	雕像、石刻、碑碣	蒲江县	清同治年间（1861~1874）	传统形式
472	龙爪堰碑	雕像、石刻、碑碣	蒲江县	清代	传统形式

序号	名称	基本类型	行政区	时代/始建年代	存续现状
473	北门桥龙头	雕像、石刻、碑碣	简阳市	明成化十八年（1482）二月	传统形式
474	古佛桥碑	雕像、石刻、碑碣	简阳市	清嘉庆二年（1797）	传统形式
475	金简桥功德碑	雕像、石刻、碑碣	简阳市	清乾隆四十九年（1784）	传统形式
476	乐善桥功德碑	雕像、石刻、碑碣	简阳市	清光绪十九年（1893）	传统形式
477	都江堰实灌一千万亩碑记	雕像、石刻、碑碣	都江堰市	1994	传统形式
478	都江堰龙泉山灌区水利工程纪念碑	雕像、石刻、碑碣	东部新区		传统形式
479	郭之新四方碑文	雕像、石刻、碑碣	新津区	清代	传统形式
480	庆元桥碑	雕像、石刻、碑碣	邛崃市	清同治五年（1866）	传统形式
481	继承大禹，为民众谋福利刻石	雕像、石刻、碑碣	都江堰市		传统形式
482	离堆公园堰功道	雕像、石刻、碑碣	都江堰市		
483	万成堰纪念碑	雕像、石刻、碑碣	大邑县	1942年	重建
484	新都治水碑文	雕像、石刻、碑碣	新都区		传统形式
485	达善桥碑	雕像、石刻、碑碣	龙泉驿区	清代	传统形式
486	五凤溪镇治水碑文	雕像、石刻、碑碣	金堂县	清道光二十五年（1845）	传统形式
487	怀安军协防军营址遗迹	古村古镇	金堂县	宋代	遗址
488	锅底沱	水灾害遗迹	都江堰市		传统形式
489	渡口所遗址	水边聚落遗址	简阳市	汉代	遗址
490	浆洗街	水边聚落遗址	武侯区		重建
491	染靛街	水边聚落遗址	武侯区		重建
492	水巷子	水边聚落遗址	武侯区		重建
493	洗面桥街	水边聚落遗址	武侯区	始建时间不详，清乾隆十五年（1750）重修	遗址
494	永兴场	古村古镇	新津区	清末民初	重建
495	黑石江 大水吟	文学、艺术与传说	崇州市		
496	水灾行	文学、艺术与传说	崇州市		
497	文井江上	文学、艺术与传说	崇州市		
498	"凉水井"传说	文学、艺术与传说	都江堰市		
499	"龙池"的传说	文学、艺术与传说	都江堰市		
500	马超护堰	文学、艺术与传说	都江堰市		

序号	名称	基本类型	行政区	时代/始建年代	存续现状
501	王彦章摆渡	文学、艺术与传说	都江堰市		
502	望娘滩传说	文学、艺术与传说	都江堰市		
503	龙池求雨传说	文学、艺术与传说	都江堰市		
504	姐儿堰	文学、艺术与传说	高新区		遗址
505	石龙过江	文学、艺术与传说	简阳市		
506	《登锦城散花楼》	文学、艺术与传说	金牛区	唐代	
507	白鹭岛传说	文学、艺术与传说	金堂县		
508	白马涌泉传说	文学、艺术与传说	金堂县		重建
509	金船橇峡	文学、艺术与传说	金堂县		
510	金龙船和仙女坟的传说	文学、艺术与传说	金堂县		
511	神蛟力劈海螺河传说	文学、艺术与传说	金堂县		
512	九龙巷传说	文学、艺术与传说	锦江区		
513	中莲池街名故事	文学、艺术与传说	锦江区		
514	西河龙井的传说	文学、艺术与传说	龙泉驿区		
515	彭州天彭利安场水打东北桥	文学、艺术与传说	彭州市		
516	神仙桥传说	文学、艺术与传说	青白江区		
517	大朗和尚与大朗堰的故事	文学、艺术与传说	双流区		
518	古佛洞的传说	文学、艺术与传说	双流区		
519	龙树的传说	文学、艺术与传说	双流区		
520	双流区与水	文学、艺术与传说	双流区		
521	《金马河的传说》	文学、艺术与传说	温江区		
522	《马坝河的传说》	文学、艺术与传说	温江区		
523	《石鱼河的传说》	文学、艺术与传说	温江区		
524	《赵巧开凿金马河》	文学、艺术与传说	温江区		
525	《簇锦桥》	文学、艺术与传说	武侯区		
526	成洛路—南丝绸之路成都起点	历史人物、事件及记忆	成华区	蜀汉时期	重建
527	都江堰名称由来	历史人物、事件及记忆	都江堰市	宋代	
528	设水利同知专管都江堰	历史人物、事件及记忆	都江堰市	清雍正六年（1728）	

序号	名称	基本类型	行政区	时代/始建年代	存续现状
529	严时泰修复都江堰	历史人物、事件及记忆	都江堰市	明代	
530	五凤溪古镇凤池	历史人物、事件及记忆	金堂县	清道光七年（1827）	重建
531	染房街	历史人物、事件及记忆	锦江区	唐代	重建
532	东锦江街	历史人物、事件及记忆	锦江区		重建
533	桂王桥记忆	历史人物、事件及记忆	锦江区		
534	龙泉龙爪堰碑记	历史人物、事件及记忆	蒲江县	清乾隆三十年（1765）	传统形式
535	《杜甫咏桥》	历史人物、事件及记忆	温江区		
536	《诗满双凤》	历史人物、事件及记忆	温江区		
537	《玉石堤的由来》	历史人物、事件及记忆	温江区		
538	止水庙	历史人物、事件及记忆	温江区	明正德三年（1508）	遗址
539	金马河大修	历史人物、事件及记忆	温江区		
540	水电报投放点	历史人物、事件及记忆	武侯区	清代	遗址
541	天星堰遗址	历史人物、事件及记忆	新都区	明代	遗址
542	学门堰	历史人物、事件及记忆	新都区	明代	遗址
543	雨水节	民俗节庆和纪念活动	都江堰市		
544	放生会	民俗节庆和纪念活动	双流区		
545	府河号子曲目《上江口下江流》	民俗节庆和纪念活动	双流区		
546	旧时接亲的喜轿（文化记忆）	民俗节庆和纪念活动	武侯区		

注：由于当前文献资料和证据所限，部分古代工程暂时无法准确确定年代。

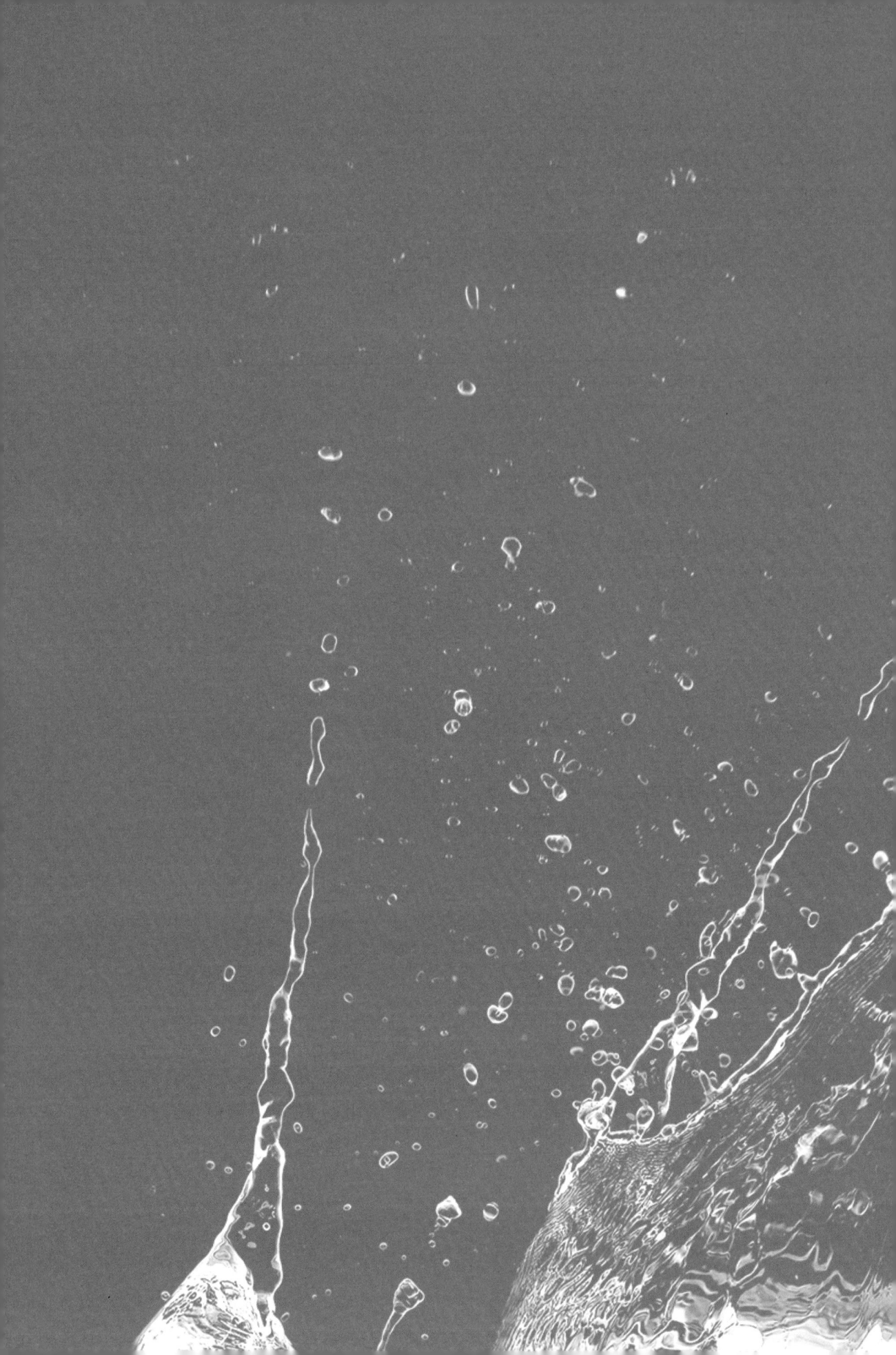

VI

成都市
水利文献一览表

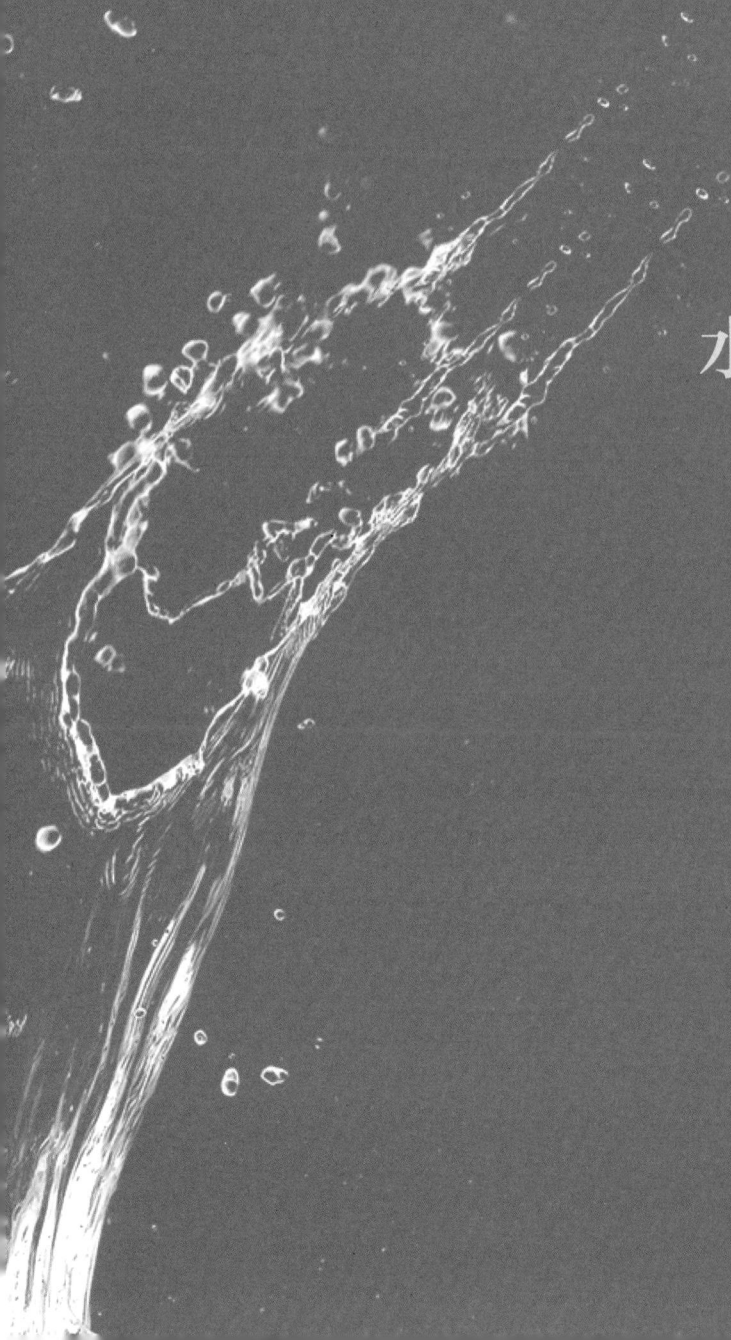

序号	文献名称	文献内容介绍
1	史记·河渠书	汉，司马迁著，记述从禹治水开始，延续到汉元封二年（前109）黄河堵口，及其以后各地区倡兴水利，开渠引灌等史实，共13段，25事。其中防洪6事、航运3事、灌溉11事、航运兼灌溉5事，所叙河流有黄河、长江、淮河、济水、淄水、漳水等。河渠书对大禹治水、李冰凿离堆有详细介绍。
2	汉书·沟洫志	汉，班固著。《汉书》是继《义记》之后的纪降体正史，班固（32～92）完成12纪、9志、70列传，死后由其妹班均华完成天文志、3表。《沟洫志》为班固所编，其前段套用《史记·河渠书》，仅作个别字句的改动。与《史记·河渠书》所记古代都江堰内容相同。
3	政论	汉，崔实。《政论》为东汉政论家崔实（？～约170）所撰，现已经散佚，此段佚文引自《太平初览.卷七十五·渠》，此段亦为汉代部江堰12载；对大禹治水、李冰凿离堆有详细介绍，内容与《史记》《汉书》一致。
4	蜀王本纪	汉，杨雄。《蜀王本纪》是辞赋家扬雄（前53～后18）所编秦汉史实的著作。原著已经灭失，对李冰治水置石犀等记载引自宋代著作，是可贵的早期记载。书中记述李冰任蜀守后的活动。李冰治水事件在古代文献记述甚久，在这里可以看出，李冰曾查勘过岷山天彭阙，修都江堰后又在渠道的重点地段设立镇水物。
5	本蜀论	汉，来敏，成书于三国时代的蜀汉，是巴蜀地区最早的地方志书之一，主要记述先秦之前的古蜀国历史及传说。《本蜀论》是汉末学者老敏所撰，记述古代蜀国情况。原文久已散佚，此段引自《水经 江水注》。 书中较早记述开明治水的文字，文印保留蜀国原始的传说。蜀国水灾的起因，是巫峡阻水，长江不能流动了，于是位于上游的男因大小河流也不敢流动了。从根本上治理的办法，是疏通巫峡。巫峡一通，长江畅流，蜀国的河流也就恢复了排供功能，平原区的涝损也就琉干了。
6	郭择赵汜碑	《郭择赵汜碑》为东汉建安四年雕刻的石碑。碑文记载："（建安）三年间，择、汜受任监作北江堋，堋在百京之首。冬寒凉慄，刃，不克。时陈溜高君下车，闵伤犁庶，民以谷食为本，以堋当作，兴公，掾史都水郭荀任亩，杜期履历平司；择、汜以身帅下，志，作堋。旬日之顷，堋鄢竟就备毕。" 从碑铭全文可知，建安三年和四年冬春之际的此次都江堰修治，并无水灾背景的记载，可知是为一次正常的岁末修治，而且是在新的郡守上任之前即已经开始，足见应属按程序依例开展的工作，证明其时岁修确已经成为制度或惯例。《郭择赵汜碑》铭文还反映，都江堰岁修的管理主体分为两级，一是郡县都水机构，主要发挥统筹领导的管理职责；二是地方政府下属的堋吏（或曰堰官）机构，其作为专职的日常管理者，在岁修中需发挥具体组织为数众多的"作者"亦即役夫施工的领导作用。

序号	文献名称	文献内容介绍
7	风俗通义	汉代,《风俗通义》是应劭(189~220)所编的一部杂记。此段现存《民俗通义》中未载,当属佚文。引自《水经·江水注》。卷七十四引《风俗通义》有"秦昭王听田贡之此以李冰为蜀守,开成都两江,造兴溉因万顷以上"之文。此段最早记载李冰是秦昭王所任命的蜀守。同时,又最早记述汉代都江堰稻田面积概数,并录下当时流传的李冰斗江神的神话。
8	蜀丞相亮护堤令碑(碑文拓本)	任乃强《华阳国志校补图注》卷三"龙坝池"条,"近人于堤下掘得《蜀丞相亮护堤令碑》",碑高0.53、宽0.55米。碑文如下:"丞相诸葛令按九里堤捍护都城,用防水息。今修筑竣。告尔居民,勿许侵占、报坏。有犯,治以严法。令即遵行。章武三年九月十五日。"通过"丞相诸葛令"碑进一步证明了诸葛亮的治蜀之功和受巴蜀民众的世代敬仰。
9	三国志·蜀志	晋,陈寿,《三国志》是由西晋陈寿所著,记载中国三国时代历史的断代史,同时也是二十四史中评价最高的"前四史"之一。其中《蜀志》专记蜀汉政权下四川等地区政事,有记载国君视察水情的最早资料。刘禅虽然昏庸.但能系列都江堰以示关心,并在岷江一带视察,为期十天,可见对治水工作有一定支持。
10	华阳国志·蜀志	《华阳国志》又名《华阳国记》,地方志著作,是由东晋时期成汉常璩撰写于晋穆帝永和四年至永和十年(348年~354)的一部专门记述古代中国巴蜀地区地方历史、地理、人物等的地方志著作,保留了大量四川古代治水史料,还保存了古代许多治水神话传说。书中叙述了古蜀国的地理形态以及开明治水后,开创了历世十二代的王朝等史实,由此可见治水对安邦定国有间接关系。因作者对古蜀神话传说采取过于认真的态度,因而对治水活动叙述说简。
11	蜀都赋	晋,左思撰;南北朝,刘逵注。西晋文学家、山东临淄(今淄博)左思所写,系他著的"三都赋"(另为《吴都赋》、《魏都赋》)中的一篇。当时人们为传抄此赋,京城洛阳的纸也因而涨价,故有"洛阳纸贵"之语。《蜀都赋》颇为细致地描述了巴蜀的物产、山川、风俗等。据记载,他曾花10年时间收集资料,内容涉及巴蜀地区许多地理和治水材料。古代都江堰情况的重要记载,从刘逵注文中可知,都江堰枢纽金堤有左右口,雍水灌溉平原区,灌区走遍要用一个月,李冰当时又曾开辟农田等。
12	益州记	南北朝,校豫、李赔等。《益州记》是南北朝流传的几种地理著作,皆为同一书名,专述四川地理资料,其成书年代在梁天监七年(509)之前。其中校豫、李赔所著者较为著称,但所有这些地理著述均已遗失,仅在庙宋有关著作的引文中保留了部分内容。《益州记》又名《蜀记》,是除《华阳国志》以外古代巴蜀最有影响的地方志之一。书中对都江堰引水渠系的古代资格虽然零星片断,但却保留了渠系的总体布局、概况,是研究水利史的宝贵文献。

序号	文献名称	文献内容介绍
13	水经·江水注	北魏, 郦道元著,《水经注》记载了历史上和当时的洪水暴发的情况, 这些记载包括洪水暴发时间、洪水大小等情况, 相当具体、翔实。这些历史水文资料大多为郦道元实地考察收集而来, 有的得之于古书记载, 有的则得之于许多河流上的石人或测水石铭的记录, 非常珍贵, 对于研究洪水的发展变化规律, 防汛救灾具有重要参考价值。书中为长江作注的部分, 收罗了很多四川古代水利资料。此段按岷江流向, 沿途记叙有关治水事迹, 包括蜀王开明、张仪、李冰、文翁、李岩等突出的油水人物, 对于都江堰引水渠系的原委更为详明。是一篇系统的古代水利记述, 参考价值极大。
14	蜀记（南北朝）	《蜀记》是一部专记古代蜀国传说的书籍, 久已散佚。作者实不详何人, 疑为南北朝时作品。书中开明（鳖灵）生平, 治水经过, 当上刺史, 有了治地, 然后才接受弹让而为蜀王等。较《蜀王本纪》时代为晚, 也记录了汉代的情况。
15	蜀记（东晋）	《蜀记》是晋朝史学家王隐所著的一部记载三国时蜀汉的史书。南朝刘宋裴松之给《三国志》作注时, 多次引用王隐的《蜀记》并加以辨析。
16	十三州志	南北朝, 阚骃。《十三州志》又名《十三州记》。书名。原书十卷。北凉地理学家阚骃撰。约传至北宋以后散佚。清代学者张澍、王谟等人有辑本。记载魏晋十六国政区沿革、新旧县之方位、地名取义、山川、道里、古迹、风俗、民族、四邻等。《水经注》引述甚多。对鳖灵开凿巫山平水患、称开明帝等进行了较为详细的记录。
17	水部式	《水部式》是唐代关于水资源管理的专门行政管理法规, 对于水资源的利用、分配、节水等内容有着较为详细的规定, 具有一定的历史先进性。现存《水部式》系在敦煌发现的残卷, 共29自然段, 按内容可分为35条, 约2600余字。内容包括农田水利管理, 碾硙的设置及其用水量的规定, 航运船闸和桥梁渡口的管理和维修, 渔业管理以及城市水道管理等内容。现存的法规中有关关中灌区的内容较多。对都江堰等大型渠系的配水工程闸门设置、轮灌制度、灌区的机构和人员配备等作了相应的规定。
18	括地志	唐, 李泰。《括地志》是唐代中国的一部地理学专著, 唐太宗李世民第四子魏王李泰主编, 全书555卷, 包括正文550卷、序略5卷。以州为单位, 分述各县沿革、地望、得名、山川、城池、古迹、神话传说、重大历史事件。记录了唐代成都二江的相对位置, 由此可以推测李冰时期成都二江布置概况。

序号	文献名称	文献内容介绍
19	元和郡县图志	唐，李吉甫。《元和郡县图志》，汉民族现存最早的古代总地志。写于宪宗元和年间（806～820）是一部中国唐代的一部地理总志，对古代政区地理沿革有比较系统的叙述。常简称为《元和志》。《元和郡县图志》在魏晋以来的总地志中，不但是保留下来的最古的一部，而且也是编写最好的一部。书中叙述四川地区主要是在"剑南道"（卷三十一），其中与都江堰有关的内容分列于"成都府"下。 文中对都江堰、六门堰都有记载。本书为唐代都江堰主要干渠地理位置资料，从所述方位和里程，可以绘出当内成都二江的渠系，已经对金堂、犀浦、郫县等地水系都有记录。
20	贺江神移堰笺	唐，杜光庭。《贺江神移堰笺》是唐代杜光庭创作的一篇散文。文章出自《全唐书》。
21	元丰九域志	宋，王存等。《元丰九域志》是北宋时期王存主编，曾肇、李德刍共同修撰的历史地理名著。《元丰九域志》分十卷，始于四京，次列二十三路，终于省废州军、化外州、羁縻州，分路记载所属府、州、军、监及其距京里程、四至八到、主客户数、土贡、领县数和名称；每县下又详列距府州方位里程、所领乡数镇堡、寨名目以及名山大川。从《元丰九城志》所记都江堰水源及渠名归属的县区，可知北宋时渠系布局概况。
22	太平寰宇记	宋，乐史，其为北宋文学家、地理学家。《太平寰宇记》是北宋初期一部著名的地理总志，搜罗了许多古代地理记载。《太平寰宇记》继承了唐李吉甫《元和郡县图志》的体裁，记述了宋初十三道范围的全国政区建置。所载政区取制于太平兴国后期，可补《元丰九域志》、《舆地广记》所不载，是考察北宋初期政区建置变迁的主要资料。对都江堰水源、枢纽、干渠按照所在县位置作记述，是研究历史人文、自然地理的宝贵资料。
23	舆地广记	《舆地广记》是宋代史家欧阳忞（民）（生卒午不详）所著的一部全国性方志，记有四川地区地处情况。文中记录宋代较早地志所记录的都江堰情况，虽多引古代文献，但当时总体形势尚未大变。
24	旧唐书·高俭传	高俭是唐代四川地方官（益州刺史），曾扩建都江堰渠系，有功于民间，故新旧《唐书》皆为之立传。从此段可知，唐代都江堰的水利价值，以及灌区土地的宝贵，加密和扩展渠系的经济价值。
25	新唐书·高俭传	宋，欧阳修、宋祁、范镇、吕夏卿等著。《新唐书》是北宋时期宋祁、欧阳修、范镇、吕夏卿等合撰的一部记载唐代历史的纪传体史书，属"二十四史"之一。高俭是唐代地方官，曾扩建都江堰渠系，有功与民间，故新旧《唐书》皆为之立传

序号	文献名称	文献内容介绍
26	新唐书·地理志	宋，欧阳修、宋祁、范镇、吕夏卿等著。《新唐书》是北宋时期宋祁、欧阳修、范镇、吕夏卿等合撰的一部记载唐代历史的纪传体史书，属"二十四史"之一。全书共有225卷，其中包括本纪10卷，志50卷，表15卷，列传150卷。《新唐书》前后修史历经17年，于宋仁宗嘉祐五年（1060）完成。记录了各地主要山川及渠堰情况，保存了计多古代水利资料，文中表明古代对都江堰渠系有所扩建，并兼顾防洪、排水等效益。
27	通志略·陵渠	《通志略》是南宋史学家郑樵（1103～1162）所治的一部通志，其中专有一节记载古代水利工程。书中记录了都江堰的创建及汉代引水渠首重要扩建的情况。
28	堤堰志	宋，任慥。《堤堰志》是宋代流传的记都江堰枢纽尺寸从渠系分布的专文，作者生平不详。
29	录异记	《录异记》是道士杜光庭（850～933）所作的杂记书，专书当时异闻异事。所记都江堰洪水冲移的事，是当时的事实，比较可靠。本文记述了都江堰梁首的一次重要变迁，岷江洪水将渠首枢纽向下游冲移近一千米。与此同时，宝瓶口捍御了过虽供水，保护成都不受水害。
30	茅亭客话·蜀无大水	宋，黄休复。《茅亭客话》是北宋学者黄休复（生卒年不详）所撰的杂记，记有当时多许典故、传闻，有一定的史料价值。
31	独醒杂志	《独醒杂志》是曾敏行（生卒年不详）所著的一部杂记，书中卷五记录引道教人士介绍的都江堰情况，说明宋代对李冰创建都江堰的功绩十分景仰，民间已形成伏龙神话，并隆重祠祭。
32	文翁祠堂记	宋，宋祁。此文为宋代文学家宋都为成都文翁祠堂修建所作的记事，文中提及都江堰功能。
33	古今集记	《古今集记》是赵抃（1008～1084）所著的一部笔记。文中对李冰凿离堆以防洪、灌溉，川西南十余州农田都受益，但能看出宋代都江璇效益之显著。
34	合江亭记	宋，吕大防。《合江亭记》为北宋大臣吕大防（1027～1097）所撰的一篇记叙文。此文记述了宋代都江堰引至成都的干渠位置及情况。
35	东斋纪事	《东斋纪事》宋朝范镇（1007～1088）所撰的一部杂记，所记多为当时所见所闻之事。载都江堰灌区工程结构，唐宋即有因地制宜的不同类型，是前人治水经验的结晶。唐代章仇兼琼修堰等进行记录。
36	道教灵验记	《道教灵验记》是宋代道教人士编撰的杂记，目的在于记载道教的威神，是一种宗教宣传品。此书载于宋道士张君房（生卒年不详）所编《云笈七签》中。本文虽为宗教记事，但相当真实，由此可知宋代都江堰岁修的服役分工制度，以及当时重视维修质量、工程材料等情况。岁修工段长达二百里，也可推知当时灌溉效益之广。

序号	文献名称	文献内容介绍
37	吴船录	《吴船录》是南宋诗人、学者、水利家范成大（1126~1193）所作的笔记，记其从四川乘船下至江苏的经历。此文为宋代流传的日记式游记，真切记述了当时都江堰干渠沿线情况，史料价值极高。文中对李冰治都江堰，用竹笼卵石构筑鱼嘴分水堤登记行了记载，推断宋代渠首枢纽形状已与今日相似。
38	麋枣堰记	宋，杨甲。此文为宋代文士杨甲为范成大筑亭所作的记述，文中详细记录了麋枣堰的来龙去脉及刘熙古改善其综合利用功能之事。
39	新定九域志	有新志、旧志之分，旧志是指《元丰九域志》，成书于北宋神宗元丰三年，是王存、曾肇与李德刍等人奉敕纂修的；新志是指《新定九域志》，是哲宗绍圣四年经黄裳提议，对元丰旧志的续修增补。
40	导水记	宋，吴师孟。此文为宋代吴师孟记述当时整治成都城市水道的情况，对唐高骈修罗城和麋枣堰以及之后成都县令改水道进行了详细记载。
41	淘渠记	宋，席益。此文为宋成都知府席益记其疏治城内水道情况。文中提出用图指导施工，是极为宝贵的水利勘测资料。
42	宋史·河渠志	元，脱脱等。《宋史·河渠志》是《宋史》的十五《志》之一，分为七卷，全文6万多字。按所叙内容有具体河名、水系和年代可考的，约580事。书中对岷江段记献都江堰渠系较为翔实，是可靠的水利史料。文中系统、翔实记录了都江堰渠系布置、渠道结构等资料，对都江堰水则等详细记录。
43	大元敕赐修堰碑	又名《蜀堰碑》，抄自《揭文安工文集》卷十二，是元末文学家揭傒斯（1274~1344）所撰。记述至元元年吉当普改建都江堰渠首枢纽的事实，是宝贵的第一手资料。《元史 河渠书》对都江堰记载直接取材于本文，仅作个别文字改动。本文详述元末吉当普在改建都江堰渠首及治理渠系的经过，文字翔实流畅，既有较高的学术价值，又有较高的文学价值。
44	赵不恶·王觌·纬亿传	此处编录见《宋史》列传，记载宋代官吏中对水利有贡献的人物，如赵不恶、王觌、纬亿等。
45	马可·波罗游记	是十三世纪意大利商人马可·波罗记述他经行地中海、欧亚大陆和游历中国的长篇游记。全书共四卷，每卷分章，每章叙述一地的情况或一件史事，共有229章。书中记述的国家，城市的地名达100多个，而这些地方的情况，综合起来，有山川地形，物产，气候，商贾贸易，居民，宗教信仰，风俗习惯等，记述在元代成都所见所闻之事，对城市中河流、码头、万里桥进行了描述，可靠性较强。由本书此得知都江堰引水干渠在当时规模甚大。

序号	文献名称	文献内容介绍
46	路史余论	《路史》四十七卷，是宋代史学家罗泌（生卒年不详）所著的上古史，书中附有《余论》，为专题论著。此段取自《余论》中的《杜宇鳖令》篇，《路史》中保留了许多古代历史传说，此段即为古蜀国原始传说材料。此段综述有关蜀王杜宇与开明事迹的古代记载，并作了一些解释和考证。由于所引古书今已亡佚，因而这段综述就更为可贵。开明治水，主要是解决巫山壅江问题，在此也得到证实。
47	元史·河渠志	明，宋濂。《元史》为二十五史之一，属官修正史。《河渠志》专记全国水利情况。其中对于岷江都江堰的一段，基本上取自元代揭衡斯《蜀堰碑》，仅作了个别文字改动。
48	治水记	明，卢栩。此文为明代水利金事卢翊所撰。主要阐述对都江堰岁修方法的见解。当时有两种主张：一是以砌石改造引水枢纽，加强耐久性，减少每年岁修工程量；一是仍采用传统的竹笼卵石简易结构，加强每年的岁修管理。本文则持后一种主张。文中对六字治水诀等进行了记载。
49	议处修堰新规	明，张彦杲。此文为明嘉靖十年（1531）成都府水利金事张彦杲为都江堰渠首枢纽改用砌石结构所作的预算书，对其流程及用工进行了详细的记录。原文载于嘉靖《四川总志·经略志·水利》中。
50	都江堰铁牛记（高韶）	此文为明嘉靖时户部右侍郎高韶（生卒年不详）所术。它很详细地记载了施千祥铸铁牛鱼嘴一事。
51	都江堰铁牛记（陈鎏）	明，此文为明代四川按察司金事陈鎏记述施千祥铸成都江堰铁牛型鱼嘴工程之事，对于改建工程的来龙去脉，当时的施工情况，叙述甚详，史料价值较高。
52	蜀中广记	明，曹学佺撰。史部杂抄类地理著作，全书一百零八卷。是研究四川地方史的一部极其重要的历史文献，常为史家征引，分名胜、边防、通释、人物、方物、风俗、诗话、画苑等十二门。初稿主要完成于曹学佺任职蜀中的四年间，后曹氏被罢职离蜀，旋又因丁忧返乡，最终在家乡完成了对初稿的修订。征引渊博，搜罗宏富。蜀中掌故大略备具。但《蜀中郡县古今通释》仅占四卷，所属各县沿革未能详尽；而《名胜记》则有三十卷，颇不相称。后人别刊《名胜记》单行，称《蜀中名胜记》。
53	都江堰记	明，陈文烛。此文为明弘治时进士陈文烛所撰关于都江堰结构变迁的小史。文中盛赞改革传统结构的创新精神，批判了保守观点。
54	大修都江堰碑记	明，陈演。此文为明末翰林陈演所撰的明代最后一次都江堰大修记事，保存了即将灭亡的明朝尚在致力于修堰的宝贵资料。

序号	文献名称	文献内容介绍
55	新作蜀守李公构碑	明，阮朝东。此文为明嘉靖时水利金事阮朝东为蜀王新修李冰祠庙而写的碑记，原碑已失，仅存此文。文章主婴记建庙经过，但后半部在阐述李冰留传的岁修制度时，发表了一些议论，表明其反对以砌石改革渠首结构的观点。
56	疏江亭临江碑记	明，劳堪。此文为明代文人劳堪所作都江堰宝瓶口右侧疏江亭的游记。此亭下临宝瓶口，可以观赏内江进水情况。本文存于《灌江备考》中。此文描述了明代都江堰周围的风光景色。
57	嘉州水利程功记	明，彭汝实。此文为明代士人彭汝实所记乐山一带水利工程情况，着重于说理。文中记述了阮朝东的治水思想与方策，是明代水利学术的一篇重要史料。
58	程邑侯水利功德碑	明，庄祖此文为明末进士、金堂人庄祖诲记录金堂知县程邑候在金堂治理渠堰的事。他关心水利、查勘、捐银，大修和疏浚渠道，并惩治霸水土豪。
59	重开金水河记	明，刘侃。此文为明嘉靖时成都知府刘侃记述整治金水河的过程。文中描述当时的部署和措施，具有参考价值。是城市水利的可贵资料。
60	泉池记	明，许宗鉴。此文为明代奉节官吏许宗鉴记述其在奉节县境内寻找水源，引泉入城，疏治水池的情况。文中记载了多种渡槽型式，有参考价值。文章有提到诸葛亮用竹筒引水进城事宜。
61	明史·河渠志·直省水利	明代水利专史。《明史》系清代官修，乾隆四年（1739）成书，署名张廷玉等撰。《河渠志》是其中一个专篇，记述洪武元年至崇祯十七年（1368~1644）间水利史事，《直省水利》则记录各省打的水利工程情况。其中简要记载了不同年代对都江堰、万工堰等的续修和设置专官的情况，成都河流水利有相应记述。
62	新修成都府志（明成化）	《新修成都府志》是在明成化十二年（1476），李敏（字公勉）倡导编修的《四川成都府志》基础上编纂的。开局于泰昌元年（1620），以知府冯任等为总裁，谢寿举、张世雍、杨懋方、李莅等进行补充、完善，于明万历十六年（1618）成书，天启元年（1621）刊印。全书分四十一门八十目，约75万字。因其是四川布政司首府的志书，此志是目前所能见到的最早一种成都府志。舆地部分篇幅虽然不算很大，但对于明代以前成都府所属各州县之山川疆域、城池关津、古迹名胜、风俗民情等记载颇详。而明代成都府所辖地域较广，共领六州二十六县，为清代建制的二倍以上。这对于研究成都古代地域之沿革变迁、名迹风物极有史料价值。其资料来源中水利资料为各县提供。
63	明史·地理志	《明史》是官修正史之一，《地理志》在书中第四十三卷。此处摘录都江堰干渠分布的有关资料。

序号	文献名称	文献内容介绍
64	读史方舆纪要	明，顾祖禹。《读史方舆纪要》是明末清初历史地理学家顾祖禹（1631~1692）历三十余年之久所撰成的一部研究历史地理的重要名著。文中对都江堰水系有部分记载。
65	蜀水经	清，李元，《蜀水经》由清代乾隆年间李元所撰，是一部全面系统记述四川水道的专著，约成书于乾隆五十九年（1794），十六卷，其目的在于修订错纪，同时重视河流水道与日常生活、农田水利的兴废等涉及国计民生的问题，该书仿效《水经注》"以水为纲"进行编排，共计按24条江河分条叙述，同时对一些重要的地理名物也多有记述，并考辨论记和水道有关的历史事件。
66	蜀水考	清，陈登龙，《蜀水考》是清陈登龙撰地理著作。四卷。是书为继《水经注》后全面记述四川水道著作。作者感于《水经注》"详于河而略于江"，遂以此书补之。综全蜀之水，以岷江为经，众水为纬，网罗载籍，溯源析流，一以贯之，于四川地势沿革、民俗变迁有重大参考价值。
67	修浚都江堰疏	清，佟凤彩。此文为清顺治时四川巡抚佟凤彩就全省水利及都江堰整治问题向朝廷所 . 上奏疏，是清初水利参考史料。
68	修建太平堤记	清，朱载震。此文为清康熙时士人朱载震所记巡抚能泰号召官员捐薪俸修复都江堰水毁工程一事。
69	复浚离堆碑记	清，杭爱。此文为清康熙二十年（1681）四川巡抚杭爱记其疏浚宝瓶口淤塞、恢复都江堰功能一事。
70	都江堰的派夫价疏	清，宪德。此文为清雍正时四川巡抚宪德向朝廷所上奏折，请求按实量田亩面积征集都江堰岁修劳力及经费。在四川水利史上，开水费征收之先河。
71	请永免石牛堰沙沟黑石二河派捐疏	清，硕色。此文为清乾隆六年（1741）四川巡抚硕，旧读色给朝廷写的奏折，要求照都江堰渠首由公项银两补助之例提供外江岁修经费。
72	李公父子治水记	清，刘沅。此文为清代士人刘沅所撰的一篇记述李冰父子治水传说的文章。虽论点并无可取，但保存了一些民间的李冰父子传说，亦可作参考。
73	汇辑二王实录	清，张灼。此文为清士人张灼应二王庙道士王来通之约，根据古代文献及传说，编成记述李冰事迹的文章。文中虽有很多迷信说法，但亦保留了不少原始传说素材。该文原载《灌江备考》书中。

序号	文献名称	文献内容介绍
74	成都府志（清康熙）	清康熙，何如伟所著典籍，此志于康熙二十五年（1686）修成。由举人徐仰廉、秦州州判罗镶等纂；佟世雍、王元士、章元炜等序；李斯伫跋。流传有八卷，实为三十五卷，除风俗、土产两门合为一卷外，其他均各自为卷，所载三十六门，约合25万字。今存康熙二十五年（1686）纂修本。此志最有价值者，是如实记载了经过明季兵燹之后四川境内所遭受严重破坏，以及清初逐渐得以恢复的情形。例如"十室九空""百里断炊烟""昔之繁华城镇，衰为豺薮鹿场"等等。康熙初期鼓励外省农民入川耕种，发展农业生产，恢复四川经济。在筹边门中，对明末清初派兵征剿四川西南各少数民族如藏、彝、苗、羌等部落的史实记述极详细，是研究川中民族关系史的珍贵资料。
75	六字碑记	清。此文为清乾隆时知县张文麓在《灌江备考》编辑中，应王来通之约写的题记，说明重刻六字诀的情况。
76	都江堰十四属用水田粮辞记	此文为汉州所立碑记，记载清嘉庆以来都江堰岁修经费的摊收数额和办法。文中引用上级批文为据。
77	书都江堰事	清，林俊。此文为清嘉庆时四川布政司林儒（俊）记述嘉庆四年（1799）缺水情况，文中有当时内江灌区需水材料。
78	奏请成都水利同知专驻灌县疏	清道光，何绍基。此文为清道光时四川学政何绍基向朝廷上的奏折，要求水利同知专驻灌县。
79	千金堤记	清，李芳。此文为清同治时士人彭洵应水利同名曾寅亮之约，为千金堤落成所作的碑记。
80	司马曾公德改辞	清代。此文为清末士人陈召南为水利同知曾寅亮所作的传记，其在工作外，还整修了二王庙，在人字堤左岸修建长堤防洪。文中突出了曾氏的工作作风与治水功绩。
81	钱公堤记	清。此文为清同治时士人李芳记述灌县知县钱璋修筑外江堤及整治渠系经过，可供参考。
82	离堆伏龙观题壁记	清，黄云鹄。此文为清同治十年（1871）建昌道观察黄云鹄在伏龙观壁上的题记，至今尚存。文中抨击何咸宜轻率凿去三道崖脚的礁石，以致局部改变刷岷江引水的流态。
83	补修灌邑伏龙观离堆记	清，胡圻。此文为清光绪元年（1875）灌县知县胡圻（其，又读寅）为伏龙观补修离堆基础所作的碑记。文中同意黄云鹄的观点，抨击何咸宜轻率凿除三道崖脚礁石一事。
84	论三道崖不可复修（碑记）	此文为清光绪五年（1879）水利同知刘廷恕在三道崖处所立碑记。文中反对当时保守人士修补三道崖脚礁石的主张，提出既要慎始，又要慎终的观点，认为何咸宜凿崖考虑不周，主张补崖也是考虑未周。

序号	文献名称	文献内容介绍
85	清同治时凿三道崖事	此文摘自民国二十一年版《灌县志》卷三《水利书》。文中记述清同治三年（1864）何咸宜凿三道崖而遭非议之事。
86	都江堰灵异记	清，周盛典。此文为清末士人周盛典记述都江堰褐槎树料复活的异事，作者将此归之于丁宝桢修堰功大，精诚感天。文中对当年都江堰大修作了一些记载。
87	成都石犀记	清，刘沅。此文为晚清刘沅考证成都古代石犀下落的文章。文中提出河道迁移演化的论点，有一定科学性。
88	卧铁记	清，庄裕筠。此文为清光绪十一年（1885）水利同知庄裕筠记其整理卧铁的经过。文中对卧铁来历及发现作了记述。
89	襄护王寝殿落成记	清，丁士彬此文为清末成绵道丁士彬为二王庙修庙所作的碑记。文章为作者于光绪三年（1877）受丁宝桢命改造都江堰结构，反被指斥受过的怨言，为此次事件提供了可靠史料。
90	请复篓堰旧制票	清，承厚此文为清光绪时成绵道承厚向总督刘秉璋所上报告，要求在都江堰恢复传统的竹篓结构。为供参考，附刘秉璋批文及《樽县志》编者的按语。
91	宣统成都通览	清，傅充矩著，成都通俗报社印制。全书不分卷，为类一百八十余，分装成册。记录成都山川气候，风土人情，农工商业，饮食方言，凡百价目。全书由作者个人私人编撰，对清末成都社会重大变化也有反映。是清末成都社会的百科全书，是官修地方志的有效补充。
92	灌江备考	清，王廷钰。《灌江备考》为清乾隆时水利同知王廷珏应二王庙道士王来通之约所撰，文中记述都江堰有关地理资料，可供参考。文中还有清乾隆三十一年（1766），灌县知县滕兆柴（启）、水利同知在松承在《灌江备考》上记载他们刻水则、埋卧铁、立石标的经过。
93	都江堰复笼工碑	清，不详。《都江堰复笼工碑》为清光绪时恢复竹笼后的一篇碑记，作者不详。文中盛赞竹笼工程的实用价值。
94	丁亥入都纪程	清，黎庶昌。此文为清末川东兵备道黎庶昌（1837～1897）《丁亥入郁纪程》一书中所记都江堰首部情况的一段，可作史料参考。
95	募捐河工经费启	清，陈炳魁。《募捐河工经费启》为清末灌县水利干部陈炳魁向各界集资维修外江河道诸事的摘要。
96	都江堰水源考	清，刘应鼎。此文为清乾隆时原四川布政使刘应鼎应二王庙道士王来通之邀约写文记录其查勘岷江上源的体会。文中对岷江发源各支记述甚详。
97	都江堰河道水利记	清，申元敬。此文为清乾隆时灌县人桃源知县申元敬应二王庙道士王来通之约，记述都江堰水系分布的主要情况，以刻入《灌江备考》书印。
98	都江堰水系记述	清，佚名。此文摘自光绪十二年版《增修灌县志》卷二《舆地志 山川》。文中记述都江堰水系至详。
99	天时地利堰务说	清，王来通。此文原载于《灌江备考》，作者未注，或为清乾隆时人王来通所作。文中论述都江堰岁修原理及关键，具有很高的史料价值。

序号	文献名称	文献内容介绍
100	拟作鱼嘴法	清，王来通。此文为清乾隆时二王庙道士王来通作撰。作者根据多年观察都江堰鱼嘴制作的经验，提出一种修造鱼嘴竹笼堤的办法。文中着重提出用木作骨的新手段。原文载于所编之《灌江备考》书中。
101	做鱼嘴活套法	清，王来通。此文为清乾隆三十一年（1766）二王庙道士王来通所撰。作者在文中提出了如何灵活控制内外江水量问题，近年用水，常采用此法。
102	深淘滩低作堰论	清，何焕然。此文为清代士人何焕然所撰的一篇论文。作者论述"因"与"作"的关系，从而提出反对都江堰渠首结构改革，主张采用岁修手段维持更新。
103	李冰凿离堆论	清，郭维藩。此文为清代士人郭维藩所撰的一篇论文，提出都江堰离堆为大禹所凿的新论。
104	都江堰水利说	清，王昌麟。此文为清末士人王昌麟所撰的论文，文中论述都江堰岁修六字诀的深刻涵义，并与黄河对比衬托，以增强其说服力。
105	堰工祠记	清，钱茂。此文为清末水利同知钱茂所撰，记述其治水体会与政绩。文中设二人问答以表意，对当时都江堰管理上的利弊，分析较详。
106	都江堰堰工利病书	清，赵世铭。此文为清宣统二年（1910）水利人士赵世铭对都江堰工程管理所撰的一篇总结文章，内容丰富详尽。首先分外江、内江各段叙述工程要点，继又提出七条意见。文章前有引言，后有结语。原件载于《四川文史资料选辑》第20辑（1980年版）。
107	西川道道尹公署辞	此文为民国七年（1918）西川道道尹熊成章据黄炳星呈文所出的公告。文中主旨为都江堰岁修时淘挖沙石不准倾倒在凤栖窝处。
108	太平桥石鱼嘴记	此文为民国时期水利家全泽所撰，记述官兴文修建太平鱼嘴的经过。
109	饬查水利檄	清，张钧。此文为清乾隆时建南道道台张钧所发的调查通济堰工程情况的公文。
110	勘修通济堰状	清，徐莌、张凤翯。此文为清乾隆十九年新津区知县徐莌、彭山县知县张凤翯向建南道所作的修复通济堰查勘报告。原文载于嘉庆四年版《眉州属志》。
111	通济堰竣工会禀	清，徐莌、张凤翯。此文为清乾隆二十年三月二十四日新津区知县徐尧、彭山县知县张凤翯向四川省建南道所作的通济堰修复工程竣工报告。
112	重修通济堰碑记	清，黄廷桂。此文为清乾隆时四川总督黄廷桂（生卒年不详）在通济堰修复后所撰的碑记，文载于民间十二年版《眉山县志》。
113	复修通济堰记	清，张之浚。此文为清乾隆时四川松茂道道台张之浚在通济堰修复工程完成后所作的碑记。原载民国十三年版《眉山县志》卷一。本书选用时略有删节。

序号	文献名称	文献内容介绍
114	详议通济堰善后事宜	清，张凤翥。此文为潜乾隆二十年彭山知县张凤翥在通济堰修复后所起草的章程。原文载于嘉庆四年版《眉州属志》，《四川通志·堤堰》记为眉州知州张兑所作。
115	大邑县郭之新功德碑拓本	清代道光五年（1825），成都平原发生了一起影响范围大、案情复杂的西河水权纠纷事件。时任西河河长的郭之新在积极组织民间淘淤自救未果下，向官府申诉，但因沙沟河水权不明晰，且涉及西河、黑石河两个灌区众多水户权益，官府一时难以裁决，后郭之新不断向上申告，总督、道台亲临现场勘验裁决，最终保障了西河灌区水权利益，清道光二十六（1846），经群众推举、地方官府申报，道光皇帝御赐"寰宇熙春"匾额褒扬，并赏八品顶戴，允许其建坊纪念。清道光二十六（1846），经群众推举、地方官府申报，道光皇帝御赐"寰宇熙春"匾额褒扬，并赏八品顶戴，允许其建坊纪念。
116	通济堰章程	清，宋灝。此文为清道光时新律知县宋灝起草的通济堰管理章程，原文载于民国版《新津区志》。
117	条陈通济堰利弊	民国，徐元烈。此文为民国四年彭山水利委员徐元烈向西川道提出的通济堰管理建议。
118	善后条陈十六则	此文为民国十二年（1923），水利委员蓝天与向省府所提关于通济堰管理上的建议。
119	古佛堰碑记	清，姚思廉。此文为清乾隆时仁寿知县姚思廉为古佛堰所撰的记事，源抄自省农田水利局档案，多有字迹不清及脱耀之处。
120	古湔堰水利考	清，吕调阳等。此文为清光绪四年版《彭县志》所载湔江水利考证，此志旧为吕吴调阳所集，此文或为其手笔。吕对地理考证，虽有惊人的推断力，但多臆测和牵强附会，此文也有同样毛病。由于文中保留一些史料，故仍有参考价值。
121	金堂县百户堰卖田契	此文为清同治时金堂县百户堰公田的一件卖田契，其中表明卖田的同时，也把用水条件一并出售，是为古代水利管理的一件原始资料。
122	修筑诸法	清，史进爵。此文为清乾隆时什邡知县史进爵所撰，主要记述其管照水利的体会和经验，是一篇宝贵的历史材料。
123	水利同知开办堰务研究所禀批示	清，赵尔丰。本文为清宣统元年（1909）《四川官报》所载四川总督赵尔丰对于水利同知府要求成立堰务研究所报告的批示。
124	水利同知开办堰务研究所	清，宣统。为1909年，四川总督赵尔丰对水利同知府成立研究所的批示。

序号	文献名称	文献内容介绍
125	议开成都金水河事宜	清，项诚。此文为清雍正九年（1731）成都府知府项诚向朝廷所写的一篇关于成都金水河工程查勘报告及竣工后管理意见，原委详明，内容完整、充实，参考价值较高。
126	简阳县志（民国十六年版）	民国十六年（1927）出版。本志书是记录简阳县历史、地理、经济、文化等各个方面内容的书籍，由地方政府官方编撰。
127	都江堰水利述要	民国二十七年（1938）四川省水利局发行。书中内容侧重于历代治河之实用方法，益以近代科学治河工程设备诸记录，并附都江堰附近风景图说。
128	民国大邑县志校注	大邑县地方志编纂委员会编撰。本志书是记录民国大邑县历史、地理、经济、文化等各个方面内容的书籍，由地方政府官方编撰。
129	成都自来水厂特种股份有限公司筹备报告	自来水出现以前，井水、河水是成都民众倚赖的生命之源。傅崇矩《成都通览》言"河水每挑十六文、二十文不等"，而"井水则二文、三文"，所以当时临河两岸的居民和中上富贵之家、官署、公馆及茶铺多取用河水，城内普通居民则主要使用井水。杨吉甫、晏碧如等编纂的《成都市市政年鉴》言："近世市政建设，常以电灯、电车、自来水为三大主要公用事业"，"自来水一项，尤为重要，其直接之功效，为增进市民之卫生，间接之功效，则为火灾消防"。开办自来水厂被提上日程，始于晚清。据《成都自来水厂特种股份有限公司筹备报告》记载，成都自来水建设最早可追溯至清末，由时任劝业道的周善培倡导，1909年建成，为官商合办，名利民自来水公司。
130	温江区水利电力志	温江区水利电力局编撰，1982年出版。本志书是温江区水利专志，记录这一阶段辖区内水资源、水旱灾害、治水方略、水文工作、水利建设的历史、发展、现状的志书。
131	四川省新津区水利电力志	新津水利电力志编写组编撰，1983年出版。本志书是新津区水利专志，记录这一阶段辖区内水资源、水旱灾害、治水方略、水文工作、水利建设的历史、发展、现状的志书。
132	彭县水利电力志	四川彭县水电局编撰，1983年出版。本志书是彭县水利专志，记录这一阶段辖区内水资源、水旱灾害、治水方略、水文工作、水利建设的历史、发展、现状的志书。
133	郫县水利电力志	四川省郫县水电局编，1983年出版。本志书是郫县水利专志，记录这一阶段辖区内水资源、水旱灾害、治水方略、水文工作、水利建设的历史、发展、现状的书籍。
134	都江堰、青城山的传说	中国民间文艺研究会四川分会、四川文艺出版社1985年9月出版。全书约八万余字，系统记录了都江堰和青城山相关的神话故事、民间传说。

序号	文献名称	文献内容介绍
135	双流区水利水电志	双流区水利电力志编写组编撰，1986年出版。本志书是双流区水利专志，记录这一阶段辖区内水资源、水旱灾害、治水方略、水文工作、水利建设的历史、发展、现状的书籍。
136	都江堰	四川省水利电力厅、都江堰管理局编，主编金永堂，水利电力出版社1986年3月出版，收集徐慕菊、吴敏良、罗开玉、蒙文通、徐中舒等著名学者有关水利方面的文章50余篇。全书系统介绍了都江堰的历史与中华人民共和国成立三十多年的发展情况，分析总结了两千多年来水利科学技术上的成就，探讨了历久不衰的原因和经验。主要内容包括自然概况、创建发展过程、渠首工程布局和泥沙防治经验、传统工程技术、老灌区的改建、新灌区的发展以及灌区管理等，资料丰富，兼具历史性、科学性和知识性。
137	青城山、都江堰诗词选	王纯五注释，四川人民出版社1986年6月出版。书中选录自唐至现代的著名诗人共40余人近百首作品。
138	都江堰史研究	四川省水利电力厅、都江堰管理局编，主编金永堂，水利电力出版社1986年3月出版，收集徐慕菊、吴敏良、罗开玉、蒙文通、徐中舒等著名学者有关水利方面的文章50余篇。全书约十八万字。
139	都江堰文物志	四川省文化厅、都江堰市志编撰委员会，1986年出版。本志书是双流区文物专志，记录都江堰历史文化发展、现状，文物情况的志书。
140	巴川蜀水	冯广宏编著，四川科学技术出版社1987年出版。本书集中出版众多作家和艺术家对四川山水文化的艺术创作。
141	中国民间文学集成四川卷·成都市灌县卷	主编王纯五，灌县民间文学集成办公室1987年12月选编。
142	崇庆县水利志	崇庆（崇州）水电局编撰，1988年出版。本志书是崇庆县水利专志，记录这一阶段辖区内水资源、水旱灾害、治水方略、水文工作、水利建设的历史、发展、现状的志书。
143	都江堰人民渠志	四川省都江堰人民渠第一管理处编，1989年出版。志书对人民渠建设历史过程的记录，反映了此工程建设依靠群众、艰苦创业、勤俭办水利的发展状况。
144	四川历代水利名著汇释	四川省水利电力厅编著，四川科学技术出版社，1989年出版。全书约三十五万字。四川与水利相关文献典籍浩如烟海，本书对一些主要的古代水利著作进行介绍并对其中重要部分进行释义。

序号	文献名称	文献内容介绍
145	四川水利40年	四川省水利电力厅编著四川科学技术出版社，1989年1月。本书对中华人民共和国成立40年以来，四川省水利发展历史、水利工程建设情况进行了详细记录，反映了四川省水利发展的重要成就。
146	四川江河一览	四川省水利电力厅编撰，四川科学技术出版社1990年出版，是四川省内重要河流的汇总描述。
147	新都水利志	新都县水利局编著，1990年出版。本志书是新都区水利专志，记录这一阶段辖区内水资源、水旱灾害、治水方略、水文工作、水利建设的历史、发展、现状的志书。
148	大邑县水利志	大邑县水利电力局编撰，1991年出版。本志书是大邑县水利专志，记录这一阶段辖区内水资源、水旱灾害、治水方略、水文工作、水利建设的历史、发展、现状的志书。
149	都江堰东风渠志	四川省都江堰管理局东风渠管理处，四川人民出版社1991年出版。是对东风灌溉渠建设历史过程的记录，反映了东风渠依靠群众、艰苦创业、勤俭办水利的发展状况。
150	邛崃水利水电志	邛崃市水利局编撰，1992年出版。本志书是邛崃水利专志，记录这一阶段辖区内水资源、水旱灾害、治水方略、水文工作、水利建设的历史、发展、现状的志书
151	都江堰龙泉驿区水利志	成都市龙泉驿区水利水电局编撰，1993年出版。本志书是龙泉驿区水利专志，记录这一阶段辖区内水资源、水旱灾害、治水方略、水文工作、水利建设的历史、发展、现状的志书。
152	都江堰志	四川省地方志编纂委员会编纂，四川辞书出版社1993年出版，全书595千字。记录灌区自然地理、工程规划勘设、建设施工与运行管理、综合效益、水利科技和发展规划等。
153	金堂水利志	成都市金堂县水利电力局编撰，1993年出版。本志书是金堂县水利专志，记录这一阶段辖区内水资源、水旱灾害、治水方略、水文工作、水利建设的历史、发展、现状的志书。
154	青白江区水利志	《青白江水利志》编委会编撰，1993年出版。本志书是青白江县水利专志，记录这一阶段辖区内水资源、水旱灾害、治水方略、水文工作、水利建设的历史、发展、现状的志书
155	中外名人与都江堰	陈先哱编，中国三峡出版社1999年3月出版。全书约十八万字，对古今中外来都江堰参观、考察、游览伟人、名人、政治家、军事家、艺术家和进行了记录。

序号	文献名称	文献内容介绍
156	都江堰与李冰	都江堰市文物局编，主编王定富，巴蜀书社1994年2月出版，全书约十七万字。书中收集黄万里、钟天康、熊达成、黎沛宏等著名学者有关水利方面的文章30余篇。
157	都江堰水利词典	四川省水利厅，四川省都江堰管理局，科学出版社2004年出版。本书收集了都江堰历史和现状、自然科学和人文科学相关的名词术语2500余条，采用分类编排的方式。
158	蒲江县水务志	蒲江水电局编撰，2006年出版。本志书是蒲江县水利专志，记录这一阶段辖区内水资源、水旱灾害、治水方略、水文工作、水利建设的历史、发展、现状的志书
159	江源文明	刘俊林主编，四川出版集团、巴蜀书社2006年11月出版，全书约十六万字，内容主要为有关大禹、李冰治水及都江堰、成都市文明发展的作品二十余篇。
160	都江堰文献集成	西华大学、四川省文史研究馆易学研究中心，四川省都江堰管理局编，主编冯广宏，副主编袁苹，四川出版集团巴蜀书社，2007出版，全书两卷共约1480千字。
161	都江堰龙泉山灌区志	四川省都江堰龙泉山灌区管理处，2011年编撰。本志书是以龙泉山灌区工程的水利工程专志，记录灌区自然地理、工程规划勘设、建设施工与运行管理、综合效益、水利科技和发展规划等。
162	蜀水文化概览	四川省水电政研会编撰，2014年出版。系统地介绍了四川从古至今的经典水事活动和地方治水民俗、宗教，以及治水所取得的巨大成就，彰显了治水人物"坚韧不拔""兴利除弊""珍水爱民"的精神品格。是研究四川历史文化的一本工具书，同时也是一本普及水文化知识的科普书。
163	当代四川水利	《当代四川》丛书编辑部，四川人民出版社。本书记述了四川自然地理概貌，水资源现状、水利建设成就等，反映了四川水资源开发利用的有利条件和物质基础及兴修水利工程的艰巨性。
164	都江堰市历史文化述略	都江堰市文化体育和旅游局编撰，2020年出版，是对都江堰历代历史文化的综合记录。

VII

成都市水文化
历史人物

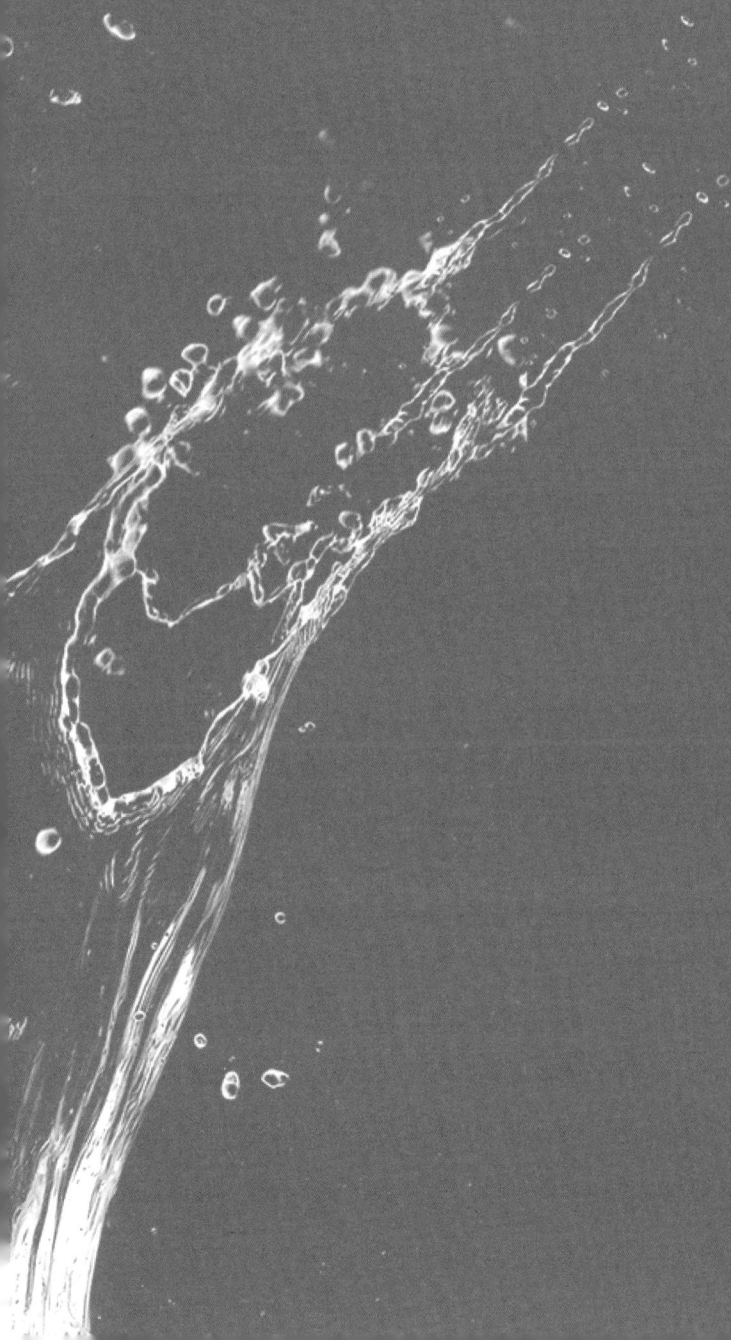

杜宇（战国）

杜宇为传说中的古蜀国开国国王。公元前1057年，鱼凫王杜宇参加了武王伐纣的战争，号称蜀。杜宇始称帝于蜀，号曰望帝。古蜀军队是伐纣联军中最具战斗力的队伍之一，是推翻暴君殷纣王的重要力量。晚年时，洪水为患，蜀民不得安处，乃使其相鳖灵治水。鳖灵察地形，测水势，疏导宣泄，水患遂平，蜀民安处。杜宇感其治水之功，让帝位于鳖灵，号曰开明。杜宇退而隐居西山，传说死后化作鹃鸟。每年春耕时节，子鹃鸟鸣，蜀人闻之曰"我望帝魂也"，因呼鹃鸟为杜鹃。一说因通于其相之妻，惭而亡去，其魂化作鹃鸟，后因称杜鹃为"杜宇"。

师旷《禽经》云："杜鹃出蜀中，春暮即鸣，田家候之，以兴农事。"杜宇掌政时期，传播先进的农业生产技术，营造了古蜀国农耕文明，后人容易把杜鹃和杜宇联系。其次，杜鹃鸟的吟唱则有"四音一节"的旋律，其声凄厉动人哀思，正如李白《宣城见杜鹃花》诗云："蜀国曾闻子规鸟，宣城还见杜鹃花。一叫一回肠一断，三春三月忆三巴。"在杜宇死后，蜀民同情失败者，为表达对杜宇的追思，将其幻化为了杜鹃。望帝化为杜鹃鸟，也成为蜀人世代相传的神话故事。

李冰（秦代）

李冰，战国时期著名的水利工程专家，中国古代科学家，属于人文活动中的地方人物。公元前256年～公元前251年为蜀郡守，在此期间，他征发民工在岷江流域兴办许多水利工程，其中以他为主主持修建的都江堰水利工程最为著名。李冰到蜀郡后，亲眼看到当地严重灾情：发源于成都平原北部岷山的岷江，沿江两岸山高谷深，水流湍急；到灌县附近，进入一马平川，水势浩大，往往冲决堤岸，泛滥成灾；从上游挟带来的大量泥沙也容易淤积在这里，抬高河床，加剧水患；特别是在灌县城西南面，有一座玉垒山，阻碍江水东流，每年夏秋洪水季节，常造成东旱西涝。因此李冰到任不久，便开始着手进行大规模的治水工作。李冰和他的儿子二郎沿岷江岸进行实地考察，了解水情、地势等情况，制定了治理岷江的规划方案。李冰发现开明所凿的引水工程渠首选择不合理，因而废除了开明开凿的引水口，把都江堰的引水口上移至成都平原冲积扇的顶部灌县玉垒山处，这样可以保证较大的引水量和形成通畅的渠首网。李冰创筑的都江堰，史籍记载甚为简略，但以这些记载为基础，结合现今都江堰工程结构分析，可以基本确定李冰修建的都江堰由鱼嘴、飞沙堰和宝瓶口及渠道网所组成。

几千年来，都江堰水利工程为成都平原成为水旱从人，不知饥馑的天府之国奠定了坚实的基础，后世为纪念李冰及李二郎，在都江堰修建了二王庙，而都江堰水利工程一方面成为全球著名的风景名胜，另一方面也成为都江堰第三项世界遗产——世界灌溉工程遗产。李冰在修完都江堰后，在四川什邡洛水镇修建水利工程，后病逝于当地，葬于洛水镇旁边的章山之上。被后人尊为川主，邓小平、江泽民等党和国家领导人曾为李冰陵园题字。

李冰修建的都江堰水利工程，不仅在中国水利史上，而且在世界水利史上也占有光辉的一页。我国古代兴修了许多水利工程，其中颇为著名的还有芍陂、漳水渠、郑国渠等，但都先后废弃了。唯独李冰创建的都江堰经久不衰，至今仍发挥着防洪灌溉和运输等多种功能。

文翁（西汉时期）

文翁石著名蜀郡太守，重水利，穿湔江，创办文翁石室学堂，推动蜀郡学风兴盛，民俗顿改，并一跃成为全国科技文化先进地区。

文翁学识渊博，汉景帝末期任蜀太守，为官清正，济世仁爱，重视教育，重视人才培养，他还体察民情，率领人民穿湔江口，开凿蒲阳河，扩大都江堰地区灌溉面积一千七百顷，沿用至今，现在仍是都江堰内江灌区三大干渠之一。

文献记载：《蜀中广记》载："子孙亦家于蜀，文氏遂为著姓"，文翁终于蜀，蜀郡人民感其教化之德，在文庙之侧为其立祠、塑像，岁时祭祀不绝；班固《汉书·文翁传》载："至今巴蜀好文雅，文翁之化也"；元《成都瞻学田记》云："蜀有材，汉文翁始也"；清代端淑《再掌教锦江书院作》："文翁遗泽至今崇"，阐述了文翁石室对蜀中教育巨大影响。李惺《新建文翁祠碑记》："顾水利之兴，始于秦李冰，继则汉之文翁"，记载了文翁兴修水利的史实。

杨秀（隋代）

杨秀（？~617），弘农华阴人（今属陕西），隋文帝杨坚的第四子。初封越王，开

皇元年（581）改封蜀王，任益州总管。次年进位上柱国。开皇十二年（592）任内史令、右领军大将军，不久出镇于蜀，

杨秀为人有胆气，多武艺，对工程技术颇感兴趣。在蜀期间，因成都城区狭窄，便改建城垣（称为子城），扩大城区范围，取土坑用作水池，称为摩诃池，成为城中心皇家园苑的一部分。又曾兴修都江堰水利，如温江新源水等。由于他性格奢侈，车马服饰超出限度，不爱惜民力，任用亲信；隋文帝得知，便在仁寿二年（602）废他为庶人，加以监禁。

炀帝继位后（605）亦未赦免，但也未加害。义宁元年（617）宇文化及杀隋炀帝时，杨秀同时被害。

高俭（隋唐）

高俭（577～647），字士廉，以字行。渤海郡彦县人（今河北景县），隋洮州刺史高励之子。隋仁寿年间（约603）任治礼郎。唐初，经秦王李世民推荐，任治中。李世民为皇太子时，他进任侍郎中，封义兴郡公。此后宦途受挫，直到贞观元年至五年（627～631）方出任益州大都督府长史。后升吏部尚书，封许国公。他在成都任长史期间，遵文翁遗教，重视教育，引诸生讲授经义，兴办学校，使风俗为之一变。同时，重视水利。当时有都江堰水利保证的良田，每顷地价千金，成为豪家争夺的对象，他便整理扩建渠系，改善灌溉条件，达到处处富饶，使争地现象从根本上消失。唐代整治都江堰、扩大灌溉效益，实自高俭始，新旧《唐书》本传皆有记述。据李吉甫《元和郡县图志》记载，唐代都江堰灌区范围包括成都府10县、彭州3县、蜀州2县、汉州1县，控制灌溉面积约200万亩。作为都江堰的核心灌区，成都的经济地位再次提升，由汉代的"五都之一"上升到唐代的"扬一益二"。

章仇兼琼（唐代）

章仇兼琼，颍川（今河南省许昌市）人。唐玄宗开元二十三年至二十五年（735～737），任益州长史，二十六年（738）任剑南节度使，二十八年（740）改任剑南采访史。章仇兼琼在蜀八年，躬身治水，成效巨大，其主要功绩是修复通济堰，并由都江堰补水，

故属都江堰灌区。通济堰的前身为六水门，始建于西汉年间，东晋常璩《华阳国志·蜀志》武阳县："借江为大堰，灌（犍为）郡下，六门"。北魏郦道元《水经注·江水》："此县籍江为大堰，开六水门，用灌郡下"。汉晋武阳县即今新津区、彭山县之地。

唐代，六水门已日渐淤废。开元二十八年，章仇兼琼重建汉代六水门，成为唐代的通济堰，于邛江（今岷江支流南河）口取水，在新津区境分成4条支渠，至彭山县境又分为10条支渠，至眉州，共灌溉三县农田1600顷，约合今15万亩，尾水复入岷江。此系唐代完成的最大引水灌溉工程。

《新唐书·地理志》彭山县："有通济堰一、小堰十，自新津邛江口引渠南下，百二十里，至眉州西南入江，灌田千六百顷。开元中，益州长史章仇兼琼开"。新津区："西南二里有远（通）济堰。分四筒穿渠，溉眉州通义、彭山之田。开元二十八年，采访史章仇兼琼开"。至唐僖宗末年(约888)，通济堰又淤塞严重，眉州刺史张琳再次整修，恢复前代灌区规模，民间有歌谣赞颂："前有章仇后张公，疏决水利粳稻丰。"20世纪50年代，对通济堰工程重新勘测设计，并分五期扩建施工，至60年代，灌溉面积由40年代的16万亩扩大为44万亩，80年代达到52万亩。至今，运行正常，效益恢宏。

章仇兼琼在蜀期间还为四川省水利事业做了三件大事，一是疏通新源水渠，恢复航运功能。新源水航渠系隋代蜀王杨秀所开，用于流放成都西部山区砍伐的竹木，至唐代已淤废。《新唐书·地理志》温江县："有新源水。开元二十三年长史章仇兼琼因蜀王秀故渠开，通漕西山竹木"。二是新开蟆颐堰，灌溉眉山青神农田。眉州东7里的蟆颐堰，系章仇兼琼于开元二十八年新开，引岷江水源灌溉眉山、青神等县农田。至清代，灌区面积约7.2万亩，20世纪80年代复查灌溉面积为6.94万亩，至今运行正常。三是整修万岁池，筑堤蓄水溉田。万岁池系战国末期秦灭蜀后，张若、张仪筑成都城墙取土之坑形成。东晋常璩《华阳国志·蜀志》："秦惠王二十七年（前311），（张）仪与（张）若城成都，周回十七里，高七丈"。"其筑城取土，去城十里，因以养鱼，今万岁池是也"。天宝年间章仇兼琼疏淘万岁池，筑堤蓄水，灌溉农田。《新唐书·地理志》成都县："北十八里有万岁池。天宝中，长史章仇兼琼筑堤，积水溉田"。万岁池今名白莲池，20世纪50年代以后，为成都市最大的国营渔场，2002年改制后，现为通威公司养鱼基地。

章仇兼琼治水，善于根据不同的河流状态和地质条件，因地制宜采用不同的工程结构，或建竹笼卵石"软堰"，或修巨木大石"硬堰"，乃唐代四川水利史上一位杰出的治水人物。

高骈（唐代）

高骈（？~887），字千里，幽州人（今北京西南）。唐咸通五年（864）由秦州刺史移任安南都护，破南诏兵，收复交州之地，颇著威名。后迁郓州刺史、天平军节度观察使。乾符元年（874）因成都受到南诏威胁，懿宗调他任成都尹，后为剑南西川节度使。高骈在成都期间，鉴于城区狭小，城防不固，成都二江亦未发挥防卫作用，便决定扩大城区，在外围修建砖砌城墙，称为罗城。在扩城的同时，调整河渠布局，将原郫江河道绕城西的一段改道，建縻枣堰枢纽加以节制，开城北和城东的新郫江，称清远江，至城区东南与原流江（锦江）汇流，于是成都形成"二江抱城"的格局，大大加强了城防能力。建城改河的同时，他还将"负城丘陵悉垦平之，以便农桑"，又扩大了耕地面积，取得灌溉效益。乾符二年（875）改造工程竣工，奠定了近代府南二河分流的基础。

晚唐时期，各地农民纷纷起义，政局不稳，高骈调任淮南节度使、诸道兵马都统。广明元年（880）他坐守扬州，拥兵自重，力图保存军事实力。他晚年迷信神仙，行为悖逆，终被部将所杀。

薛涛（唐代）

薛涛为唐代著名女诗人，薛涛与当时的元稹、白居易等诗人都曾有过交往，彼此间赋诗相和；曾任校书郎，更是受到了韦皋等节度使和诗人们的青睐和敬重。薛涛一生有诗五百多首，但大多散失，留存下来的仅有九十余首。薛涛爱竹，曾在她的诗歌《酬人雨后玩竹》中称赞竹"虚心能自持""苍苍劲节奇"。

刘易从（唐代）

生卒年代不详，曾任彭州长史，在彭州做官期间，广修水利，建成官渠，灌溉彭州万顷良田，深得百姓爱戴，因而载入史册，被彭州人民怀念。唐代是我国封建社会的繁荣时期，在水利上有突出的成就。武则天当政时期，刘易从奉命来彭州作长史。他为官仁恕，富有远见。鉴于湔江堰灌区常闹干旱，他发动彭州百姓引蒲阳河之水东来与湔江下游河道相通，建成官渠，灌溉今彭州市平坝区的部分农田，使老百姓深受实惠。《新唐书》肯定他"决唐昌沱江，凿川派流，合堋口琅岐水，溉九陇、唐昌田"的行为。

刘熙古（北宋）

　　刘熙古，字义淳，宁陵（今属河南省）人。北宋乾德四年（966），由兵部侍郎迁任成都知府。是年七月，岷江暴雨洪水，府城西阊门进水，城区受淹，刘熙古率众抗洪，抢险救灾。灾后及时修复府城西北郊糜枣堰防洪堤，于开宝初年（968）竣工。民众感刘公之恩，念刘公之德，称此堤为刘公堤，因刘熙古曾任兵部侍郎，故又称侍郎堤。

　　逾二百余年后，时至南宋淳熙二年（1175），吴郡范公镇蜀，感念刘熙古治水丰功，"越明年六月，筑亭于糜枣堰下，云汀烟渚，竞秀于前，古木修篁，左右环峙，柏松森森亘数十里，幽旷清远，真益州之胜迹也"。"又明年四月，范公与客聚于亭上，命其诸生杨甲为之记"。杨甲《糜枣堰记》："糜枣堰者，杀湍悍之巨防也。奥考厥初，虽肇于唐高骈，然陋陋易圮，不足以埋洪源，折逆流。

　　逮隆崇基以漉沉澹灾，引注灌溉，膏我粱稻，绝其泛滥决溢者，宋端明殿学士刘公熙古之力也。自开宝以迄于今逾二百年，而沃野之利溥矣"。从这一段追记可知，糜枣堰工程始于晚唐乾符三年（876），由剑南西川节度使高骈主持修建，糜枣堰为郫江上的水利枢纽工程，兼具城市防洪与农田灌溉功能。高骈所建之糜枣堰，工程较为简陋，兼之运行近百年后，工程已经老化，未能抗御乾德四年（966）的大洪水。经刘熙古修复后，工程质量显著提高，既能"引注灌溉，膏我粱稻"，又能"绝其泛滥决溢"，历二百余年而效益未衰。糜枣堰堤上曾建诸葛庙，相传始建于宋乾德年间，刘熙古曾题"为王者师"金匾一道，认可该堤防工程的前身即蜀汉丞相诸葛亮所建之九里堤。

　　五代末至两宋，成都平原处于暴雨洪水多发时期，成都城市水系频遭水毁，两宋地方官员重视水利，历任成都知府大多认真整治城市水系，刘熙古整修糜枣堰肇其端，随后有元丰七年（1084）吕大防整治成都二江，绍圣初年（1094），大观初年（1107）、绍兴八年（1138）王觌、度旦、席益先后三次整治城市水系，形成四大沟脉。

韩璹（宋代）

韩璹，宋代名臣，曾任梓州路（今川东、南大部分地区，含金堂）转运使。当时，沱江已经是重要的水道交通枢纽，但沱江金堂段由于长期以来水流冲刷，河道沙石淤积，船舶航道阻塞。为顺利通航，韩璹率领民工疏浚了这里的航道，疏浚了河道之后，中河、毗河汇聚到此，河面一下子宽阔起来。后人为纪念韩璹功绩，就用他的姓氏命名了这片水域，称之为"韩滩"。

韩璹疏浚了河道之后，中河、毗河汇聚到此，河面一下子宽阔起来。嘉庆《金堂县志》这样描述到："每值春涛泛溢，聚如湖泽，烟波无际，舸舰迷津，颇为一邑巨观"。

赵不憼（南宋）

赵不憼（1121～1187），字仁仲，南宋皇家宗室。孝宗时任成都路转运判官，督修都江堰。他在工地亲自参加施工劳动，实地发现弊端及时纠正，将贪污工料财物的官吏绳之以法，同时制定规章。此后升任成都提刑，改西路转运判官。他离任时，从成都到双流，都有民众遮道送行，连车马也难以前进。

吉当普（元代）

吉当普（又作吉达布），蒙古族人。元统二年（1334）任四川肃政廉访司佥事，到任后对都江堰工程十分重视，经深入调查研究，发现岁修劳役过重。当时，都江堰渠首岁修工程多达132处，岁修时征调兵民劳力数百人，而大修时最多达万人以上，并规定每人服役70天，不服劳役者按日交纳代役钱三串。于是，富者困于交钱，贫者困于出力，而修堰官吏又多贪污。吉当普为解决民众负担过重问题，首先将每年整治的132处工段，减少为32处要害工程。同时着手进行枢纽工程的结构改革。

NAMELIST OF THE RESOURCES OF WATER CULTURAL HERITAGE IN CHENGDU
成都市水文化遗产资源名录

大朗和尚（明清时期）

大朗和尚（1615~1685），俗名杨今玺，渝州（重庆）人，明崇祯朝举人。明亡后，到阆中天峰寺削发为僧，属禅宗临济一脉的祖师级人物、大书法家破山海明的再传弟子，先后驻锡什邡慧堂、梁山双桂堂、大邑兴化寺、眉州清池寺、成都圆通寺；清顺治年间移驻双流三圣寺。

三圣寺位于双流区城西15千米，始建于明洪武初年。明末清初，全蜀兵燹靡沸，寺庙都遭焚毁，唯独三圣寺庙宇，幸得存留完好。据文献记载，大朗和尚"持律甚坚，能感人"；"大朗德行，夙为当道所钦"。由于德高道深，声名隆著，当时成都周围一些有头衔而无实职、无公可办（因时局未靖、政制尚虚）的官场人士如"元戎陈相亭、新律令"等，都喜欢与大朗交往，常到三圣寺拜访，品茶谈禅。

大朗建堰竣工后，功成不居，即离三圣寺，到新繁县龙藏寺隐居，于1685年坐化，享年71.又将近200年后，光绪四年（1878），温江、双流、新津三邑绅民，感念大朗功德，深恐年代久远后人淡忘，特在双流兴建祭祀大朗的专祠；并由双流知县周北庆、温江举人李汉南、新津候选知州刘德树，联名呈文四川总督丁宝桢："国初蜀初平，双流、温江间贫窭苦旱，寺僧大朗丐资筑大堰以溉两邑田，迄今二百余年，厥功甚伟。去年天时亢旱，他处多歉收，独大朗堰所灌溉者一律丰收。民工既食其利，而益念其功。"请予转奏朝廷，要求封赠。丁督转奏，敕封大朗和尚为紫阳真人；后又加封静惠禅师。大朗第八代徒裔（蜀中著名诗僧、书法家），刻碑记、诗文于祠堂，永志纪念。

胡光（明代）

胡光，安徽绩溪人，明建文年间（1399~1402），以进士任灌县知县，按元末吉当普思路，重新用铁石结构恢复枢纽工程，成为明代采用新结构大修都江堰的第一人。

卢翊（明代）

卢翊，字凤仲，江苏常熟人，明弘治三年（1490）进士。明弘治四年（1491），四川按察司添设佥事，提督都江堰并各府州县水利。正德三年（1513）卢翊任四川按察司签事，主管水利，功绩卓著。卢翊主持都江堰大修时，不赞成采用铁石结构，主张恢复传统的笼石结构。为改革岁修工程中农户投劳及竹笼用料问题，制定出岁修劳役制度，按受益面积及所产粮食征工造册，将劳力分为八班，受益农户每八年才投工一次。并请蜀王府供给竹料，得到蜀王朱祐宾的支持，蜀王每年助青竹四万竿，委派官员督制成竹笼。卢翊对都江堰岁修投工及用料的改革，减轻了农民的负担，受到民众拥护，灌区连年丰产。清《四川通志·堤堰》引《水利考》："先是每年修筑工役有不均之叹。翊乃下令，以粮三石，派夫一名，分八班，按八年一周；而蜀王府每年一助青竹数万竿，委官督织竹笼，装石资筑"。

元代，吉当普特修都江堰，将传统的"笼石"结构改为"砌石"结构，虽取得一定成功，但并未一劳永逸，维持了40年依然垮塌毁损。从而引起了激烈的争论，在长达276年的大明王朝，都江堰大修工程中，两种方法交替使用。明洪武九年（1376），彭州知州胡子祺大修都江堰采用笼石；建文二年（1400）灌县知县胡光大修都江堰又采用砌石；正德八年（1513）四川按察司签事卢翊大修都江堰时，不仅在实践中全面恢复"笼石"结构，而且从理论上陈述了"笼石"结构的优越，"砌石"结构的弊端。卢翊完成都江堰大修后，写下《治水记碑》，原立于都江堰玉垒关外、西瞻亭侧山崖上，碑文已剥蚀断残，1978年复制立于二王庙灵官殿中。嘉靖十二年（1534）冬，阮朝东在《新作蜀守李公祠碑》中也表达了反对"砌石"主张"笼石"的观点，碑文称："后世乃有好事者，谓岁一修治之烦，始废竹篓，更砌巨石作坊，所费不赀。春夏波涛冲击，浮木震撼，不二三年辄隳焉，财费而患不免。元之吉当普，建文时胡光往辙可鉴也"。

施千祥（明代）

施千祥，福建省福州人。明嘉靖年间任四川按察司佥事，主管水利，嘉靖二十九年（1550）二月主持都江堰特修工程。自建文二年（1400）胡光大修都江堰采用砌石结构之后的100多年间，都江堰岁修及大修基本上采用笼石结构，庞大的劳力投入及工料投入又燃起了人们"易笼为石"的欲望。施千祥的前任按察司佥事张彦杲在嘉靖十一年（1532）就提出了砌石结构的设计，并制定工程预算书《议处修堰新规》，为施千祥的结构改革奠定了基础。嘉靖二十九年（1550）春，施千祥会同崇宁知县刘守德，灌县知县王来聘共同制定结构改革计划。因上年增立的铁桩三株，贯石以砌鱼嘴，竹笼省去一半，费用省去二千余金，故请制铁牛以护砌石鱼嘴，以节省更多费用，使工程更加耐久。该计划经批准后，于该年二月二十四日，集中大炉11座、大锅50余口，现场熔铁浇铸铁牛两头，首合尾分，形同人字，尖端作为分水鱼嘴顶端。每牛长1丈余，牛背高度与原鱼嘴堤顶相当，铁牛基础为铁板，铺于石板之上，石板又安砌在桩工基础之上。整个浇铸过程于一昼夜间完成，施工时前来观看的群众成千上万，欢声雷动，并赢得各级官员赞许。铁牛鱼嘴工程参加者含铸工120人、炉夫1200余人，耗铁72500多斤，耗炭13万多斤，共耗金721两。该工程得到蜀王朱厚烨大力支持，命有司捐助铁1万斤，银200两。铁牛鱼嘴竣工后，高韶《都江堰铁牛记碑》、陈鎏《铁牛记》、陈文烛《都江堰记碑》对铁牛鱼嘴工程均作了详细记述，并阐述了支持砌石工程的观点。此次特修，大胆设计并制造出铁牛型分水鱼嘴。将艺术造型与工程技术完美结合，是都江堰发展史和中国冶金史的一大壮举。

徐霞客（明代）

徐霞客（1587～1641），名弘祖，字振之，号霞客，南直隶江阴（今江苏江阴市）人。明代地理学家、旅行家和文学家，40年考察撰成的260多万字（遗失达200多万字，只剩下60多万字），被称为"千古奇人"。徐霞客一生志在四方，足迹遍及今21个省、市、自治区，"达人所之未达，探人所之未知"，所到之处，探幽寻秘，并记有游记，记录观察到的各种现象、人文、地理、动植物等状况。《徐霞客游记》开篇之日（5月19日）被定为中国旅游日。

在他所写的文学作品《溯江纪源》，不但是徐霞客一生延续时间最长、所耗精力最多的研究课题，也是他一生地理考察的最后一篇封笔之作。对长江及各主要支流，我国汉代以来已有记载。《溯江纪源》敢于大胆否定被视为圣经的《尚书·禹贡》"岷山导江"的传统说法，从整个水系的宏观上进行研究，在历史上第一次论证了金沙江才是长江正源。通过实地考察进行地理考证，"其所纪核，从足与目互订而得之"，成为科学名篇。而且结构严谨，层层递进，逻辑性强。《溯江纪源》是最早付梓和最早被介绍到西方的徐霞客著作。被刊载于崇祯《江阴县志》和崇祯《靖江县志》。康熙皇帝的《康熙几暇格物编·江源》介绍并赞赏该文。

徐霞客的重要地理学贡献有：对喀斯特地貌的详细考察、记述和探索，居世界先进水平；纠正了古代文献有关中国水道源流记载的一些错误，如否定"岷山导江"旧说，肯定金沙江乃长江上源的事实；观察记述了不少植物品类及其分布的若干规律；对火山、地热及各种人文地理现象的细致考察与记录。

严时泰（明代）

严时泰，浙江余姚人，明嘉靖初年（约1530）任四川布政使，二十六年（1547）任四川巡抚。此年岷江大洪水，沿江居民受灾，他察看灾情，向当地有经验的人士咨询，于是委托按察司副使周相、成都府通判汤洪、崇宁县知县刘守德大修都江堰。次年岷江再次出现大洪水，因有修堰班子组合，未发生大的灾害。当时舆论归功于严时泰劳心民事，但他谦称乃有司勤事之力，自己并无贡献。

王佐臣（清代）

王佐臣（1875～1938），又名运昌，亦名运新，今和盛镇顺江村人。自幼勤奋好学，曾中秀才，发"长案"后，肄业于成都锦江书院。清光绪二十八年（1902）被保送留学日本宏文师范学校。清光绪三十二年（1906）回国。次年，任温江县水利委员会委员长，并兼任金马河特修工程总队部副总队长和总务组长，带病察勘工地，指挥防洪工程，因积劳成疾，工程竣工后一年去世。

任县立高等小学堂堂长，因创办新学，筹划有方，受到社会赞誉。民国八年（1919），任县修志局协理，参加县志的编纂。民国二十四年（1935），集资筹建"温江县耀明电灯股份有限公司"，首创温江电力事业。

强望泰（清代）

强望泰，字尊圃，陕西韩城人，赐进士出身，曾任翰林和内阁中书。道光七年至二十四年（1827～1844），八次出任成都府水利同知，对都江堰维修工程作出巨大贡献。清雍正六年（1728），成都府设水利同知，协助知府专管水利。雍正十二年（1734），水利同知衙门由成都迁至灌县，以利于加强都江堰管理。道光六年（1826）三月，岷江春汛，都江堰鱼嘴以下内江水系堤防多处被毁，水流由决口处大量归入外江，使内江水量骤减，此时正值内江灌区水稻育秧栽秧用水季节，成都府14县农灌用水难以保障而群情激愤。时任水利同知袁昌业、灌县知县朱华因禀报不及时，抢险不得力，被四川总督戴三锡撤去职务，并奏报朝廷。

道光七年（1827），强望泰选授为成都府水利同知，强望泰到任后，以治理都江堰为"系十四州县之田，活亿万黎民之命"的大事。深入实际调研，寻求治水良策，发现多年来未能治好都江堰的根本原因是没有遵循李冰"深淘滩，低作堰"的原则，并对这一原则作出精辟的诠释："深淘滩者，所以防顺流之沙石，不使淤入内江也；'低作堰'者，所以使有余之渠水，便于泄入外江也。"是年冬，强望泰主持都江堰大修，遵循"深淘滩，低作堰"的原则，"多加河防，广作埂笼，深去江底之碛石，低砌笼埂之层数"。取得很好效果，经历了道光八年（1828）的洪水考验，保障了灌区用水。

强望泰担任成都府水利同知期间，"视国事如家事，视民事如己事"。对治理都江堰心怀高度责任感，"每淘滩作堰，躬与役徒为伍，虽严寒风雪，不敢告劳"。强望泰作风正派，为官清廉，"绝黄缘而梦寐皆清，只是一腔白水；甘淡泊而间阎少累，何妨两袖清风"。后人对强望泰的人品及功绩，予以充分肯定。彭洵对其评价称："（强望泰）性情方正，居官廉洁，坦诚待物，视国为家。尤能察识水性，洞悉工程，区画殚心，措置秘密，巨细躬视，毫无假胥吏。在官十余年，十四属无忧旱涝。言水利者，无出左右，屡典剧郡，以德化名，有古名宦风度，蜀人至今称之"。

丁宝桢（清代）

丁宝桢，字稚璜，贵州省平远（今织金）县人，咸丰三年（1853）进士，先后任湖南省岳州知府、长沙知府、山东省按察使、布政使、巡抚等职。同治皇帝赏识其文治武功，赐一品花翎，加封太子少保衔，简称官保。光绪二年（1876）任四川总督，丁宝桢任四川总督之时，正值都江堰年久失修之际。自道光七年（1827）强望泰大修都江堰后，由于列强入侵中国，朝廷忙于军兴，经费紧绌，都江堰已半个世纪未能大修，灌区内堤岸垮塌，河渠淤塞，春灌不能及时输水，汛期不能安全泄洪，20多万亩农田长期淹没不能耕种。"索水"风波迭起，民怨鼎沸。丁宝桢到任后，心系民众，体察民情，顺应民意，经深入实际，调查研究，精心策划，决定对都江堰进行大修。经朝廷批准后，大修工程于光绪三年（1877）十二月动工，光绪四年（1878）三月竣工，正赶上灌区大春育秧、栽秧用水，发挥了显著效益。不幸的是，是年五月，岷江发生特大洪水，将都江堰大修的部分工程冲毁，引起朝野人士广泛关注。有的官员乘机发难，参奏丁宝桢，朝廷给予丁宝桢降三级留用的处分。按四川省历年修办堰工成案，凡宝瓶口"水则"（水尺）在16画以内水毁者，视为质量问题，承办之官吏及工头赔罚；凡在16画以上水毁者，视为自然灾害，可免罚赔。光绪四年五月的洪水，宝瓶口水则已超过22画，属特大自然灾害，丁宝桢本应免予处分。但是，办理此案的官员却将人字堤被超标准洪水冲毁之事，归罪于丁宝桢"擅改祖制，易笼为石"，"实属办理乖方"。这里所称"擅改祖制，易笼为石"，是指岁修工程中将鱼嘴、人字堤等部分工程由"笼石"结构改为"砌石"结构。

都江堰工程结构改革始于元代吉当普；在明代，一直存在"笼石"与"砌石"的激烈争论，两种工程结构交替使用；在清代，皆沿袭古制，采用"笼石"，清人总结的都江堰《治水三字经》称："笼编密，石装健"，"遵旧制，毋擅变"。迄至光绪三年（1877）丁宝桢大修都江堰时，对部分工程继续进行结构改革。鱼嘴改为砌石后，于鱼嘴之前及两侧加竹笼数层防止冲刷，经受住了光绪四年洪水考验，基本成功；当年用砌石修建的柏条河与蒲阳河分水鱼嘴，后人称为"丁公鱼嘴"。

一直沿用到20世纪50年代初期；人字堤改为砌石结构后被洪水冲垮三十七丈，主要是超标准泥石流山洪所致，与工程结构改革无关。此次改革，"意至美，而法未尽善"，虽未完全成功，却起到承先启后作用。56年后，民国二十二年（1933）叠溪大地震，堰塞湖溃决后的次生洪水，将都江堰渠首工程冲毁，民国二十四年（1935）冬，四川省水利局局长兼总工程师张沅主持都江堰大修，采用砌石结构，取得全面成功，为长达600年的都江堰工程结构改革画上圆满句号。

丁宝桢受到不公平的处分后，虽感"怨尤交集"，但是不计个人得失，依然知难而上，勤奋工作，潜心治水。光绪四年（1878）汛期过后，及时修复水毁工程，保证了次年灌溉用水及防洪安全。光绪三年的大修工程，经光绪四年（1878）、光绪五年（1879）

的实践检验，工程效益逐渐显现，由于渠系输水通畅，农田灌溉适时，农业丰收，粮价回落，民心安定。大修前灌区内有20余万亩农田久经淹没，不能耕种，至光绪五年（1879）已有8.2万亩农田复耕。

丁宝桢于光绪二年（1876）任四川总督，光绪十二年（1886）辞世于任所。主蜀十年，成效斐然，政绩可靠。整肃吏治，弹劾贪官；重视教育，举荐人才；发展实业，创建机械制造局；改革盐政，增加财政收入；治水为民，大修都江堰工程。《清史》称："（丁宝桢）治蜀凡十年……至是诛匪几尽，声为道不拾遗。"丁宝桢逝世后，朝廷闻知，悼惜殊深。赐太子太保衔，谥文诚。礼部奏请将丁宝桢与曾国藩、左宗棠等同举为中兴名臣。

王来通（清代）

清初二王庙道士，号自明道人。他任二王庙主持的40余年中，一生热心公益，在修建二王庙的过程中，王来通深感募化的艰辛，他发下誓愿，决定用自己的力量，自力更生维护二王庙的运行。修建庙宇的两个首要问题是资金和木材，通过开山种树既可以保证修庙所需的木材，也可以将多出来的木材出售，换得修葺所需的经费。王来通说干就干，自1734年，即清雍正十二年开始，遍山种树，历年不辍。他到处寻找杉树苗，在庙外的空地上种植。他发下誓愿，每年要栽一千棵树。他每年开山种树，风雨无阻。三十多年过去了，二王庙周围种植的杉树有八万四千多棵，白蜡树也有六万四千多棵。他还在二王庙周围，种了一千六百棵胡桃树，每年结果换成钱，用来支付将来修建庙宇的工钱。三十年来，王来通殚精竭虑，亲力亲为，使二王庙旁的山上都披上了一层绿装。

关心都江堰水利，清乾隆十九四年（1754）灌县玉堂场到太平场一带都是旱地，没有水源灌溉，王来通便会同王天顺、艾文星、刘玉相、张全信等各捐银五百两，发起新修横山的长同堰，造福地方。他们仔细勘查，考察地形，仿照李冰开辟离堆，在横山寺开山凿石，经过三年努力，修通了从沙沟河到玉堂场一带二十多里的长同堰，灌溉面积达到三万多亩。开凿石方渠道，以木制渡槽引水过石定江，开创了前所未有的功绩。王来通最大贡献，是从乾隆初年起，约请当地士人王廷珏等编纂都江堰资料，汇集成书，名为《灌江备考》，刊印流行。乾隆二十六年（1761），他已是花甲之年，再次补充资料，编为《灌江定考》。书中收录了他所撰的《做鱼嘴活套法》等文。此书一再翻刻，为水利界所珍视。

1773年，即清乾隆三十八年，王来通年事已高，见自己收的徒弟不堪住持二王庙重任，便通过当时水利同知贾运彦和灌县知县孙天宁作证，委托城隍庙当家张来翕继任住持。1779年，即清乾隆四十四年九月初一日卯时，王来通于二王庙羽化，寿终七十八岁。孙天宁为他主持了祭帐仪式，并作挽诗："未践青城约，旋惊鹤梦幽。几年培善果，一旦毕灵修。药室芝还茂，杉山木已秋。方平仙去后，何处觅丹邱。"王来通为了二王庙大局，任贤选能的风范，值得后人赞扬。

二王庙的历代住持，继承了王来通勤劳朴实、济世度人的道德风范，把历代先贤修建都江堰的治水经验，铭刻在庙里的石碑和墙壁上，为后人了解和研究都江堰留下了翔实的第一手资料。

四川总督阿尔泰（清代）

阿尔泰，伊尔根觉罗氏，满洲正黄旗人。清代乾隆时期重要官员、将领，官至四川总督、武英殿大学士。乾隆中期，时任四川总督的阿尔泰，是位热心水利建设的专家型能臣。他多次亲往各地勘察水利设施，提出许多建设性意见，引导州县官大兴水利。

金堂县赵家堰，上承成都分泄之水，下达简阳等数州县，位置十分重要。阿尔泰亲赴赵家堰查看，又往中江、保宁、绵州等地，对如何疏通河道、加固城堤等事作了安排。乾隆三十二年（1767）夏秋，江水猛涨，阿尔泰当机立断，启动泄洪举措，饬令金堂县将赵家堰大坝拆卸，使上游汹涌来水，得以顺畅下泄，避免了大片农田、房舍被淹之灾。后来，依据历次调控的实践经验，赵家堰专门制定了贮水、泄水的水则和适时疏蓄章程，以收利农避害之效。川北首府保宁位置重要，但城身靠近大江，每遇暴雨洪水即直逼城根，十分危险。阿尔泰视察后，决定在上游修筑排水坝，使大溜趋江，在对岸开挖导引渠，以水刷沙，在下游河道石嘴逼仄处，开凿数丈，使江水去路宽敞，不致涌入城区。

乾隆皇帝获悉阿尔泰在川中针对水患的有效治理情况后，在一道谕旨中称赞道："诸凡留心，经理妥协，嘉悦览之。"

谢惟杰（清代）

谢惟杰，字兼山，浙江会稽监生。清嘉庆六年，任金堂知县。

古文中有记载：谢惟杰任金堂县令期间"问民疾苦，勤于扶字。凡前邑尹有创建未备者，踵而行之，皆补其所不及。田野辟，市肆安。民俗蒸然，秀髦蔚起，规模气象，灿然一新，歌颂溢于四境。初，金堂未有邑志，惟杰于公余之暇，博采前言，往行访求故老传闻，并汉魏隋唐以来典籍，及省志诸书，精心考究，辑为《金堂县志》。为部者三，为纲者九，为目者三十有六，共计十有一卷。博而有要，赅而不遗。酌古准今，有条不紊，询足供轺轩之采，而后人亦得藉以资考镜焉。后擢同知直隶州知府。"

谢惟杰任金堂县令期间，为金堂水文化发展做出了突出贡献。任职期间，谢与金堂文人墨客留下了金堂八景的最初名字，金堂八景名为云顶晴岚、韩滩春涨、净土晨钟、文澜秋月、宝塔临江、金船橇峡、圣灯朝佛、白马涌泉。这些胜迹，"半属人工，半由天巧"，在金堂历史上颇有影响。

具体事迹：

冠紫山上在清代嘉庆之前，就有一座塔，坍塌了。清嘉庆九年（1804），县令谢维杰在原来的塔基上又重新修了一座。定塔名为"培风塔"，取培养学子潜心向学，学业精进的意思，祈望学子学富五车，科第高中。并且把考中举人、进士的人的名字刻在塔上，以奖掖他们，激励后学。由于此塔滨临江边，取名"宝塔临江"，列入金堂八景。

在金堂县的旧县城（青白江区城厢镇）的西门外，有一堵河堤，长二十余丈，宽一丈左右，形状酷似"鹅项颈"，河堤一边是秀川河，一边是长宁河，两条河流夹持着这"鹅项颈"悠悠向东而流。县令谢维杰约四五诗友到此游览，诗兴大发，写下了流传后世的篇什《文澜秋月》：

> 二水潆洄曲曲流，
> 文澜堤畔桂华浮。
> 谁将一片蟾蜍影，
> 分作蒹葭两岸秋。
> 雁阵声回黄叶浦，
> 渔歌响彻白云楼。
> 闲情为忆坡仙赋，
> 明月清风乐未休。
>
> ……

金堂八景被完整收录于清嘉庆十六年（1811）出版的《清嘉庆金堂县志》中，主要编撰是谢惟杰，是金堂县现存完备的最早县志。

张南瑛（清代）

张南瑛，字石渠，云南姚安人。雍正四年（1726）举人。乾隆十二年（据嘉庆《四川通志·职官》，实为乾隆十五至二十二）任金堂县知县，在任职期间主持修建了溥利堰。

他任金堂县令理政特别注重水利，经常巡行乡村，一旦发现灌溉渠系有壅塞之处，立马组织疏浚，以维护堰道畅通、安全。县内大河湾地方，方圆十里许，地势较平坦但却没有灌溉水源，居民只能种点儿豆麦等低产旱作物。张知县亲往踏勘，考察地宜，测量高下，作出设计，确定绕冠紫山南开凿沿山渠道，接引绣川河水，灌注大河湾一大畈耕地。渠成，命名为"溥利堰"又名"普利堰"。

嘉庆《金堂县志》载：由于有了溥利堰，"开粮田数千亩，上乡余水，尽汇于此，源长派远，至今无荒年"。当地百姓在溥利堰灌区内的关王庙、普光寺内，供奉邑侯张南瑛的神位，四时祭祀。

古文记载原文："振兴文学，创建奎阁，增修书院，培植士类。尤长于水利，堰有壅塞，皆为输瀹，初大河湾有十里地，平畴衍沃，无水灌溉，居民仅种菽麦。南瑛为相其地宜，度其高下，遂绕冠紫山南，凿渠接绣川河水，名普利堰，开良田数千亩。上乡余水，尽汇于此，源长流远，至今无荒旱不足。又开龙尾、枧槽二堰。"

高桂庭（清代）

高桂庭，清道光年间赵渡乡嘉陵村士绅，有田76亩，在茅苞堰灌区内。此堰建于康熙初年，可控灌农田2000余亩，但因进水口地基为砂砾，经常冲毁，渠道内淤沙严重，每年岁修耗资投劳皆大，而见效甚微。高桂庭得知青白江引水的青龙堰比茅苞堰条件优越，经查勘规划，提出采用浆砌条石倒虹管接引青龙堰水源的方案，受到当地用水户的赞同。由于资金缺乏，高桂庭就向商号义兴珍借贷，于是工程得以动工。这一倒虹管长

50米，跨越宽40余米深6米的排洪沟，过水流量可达2立方米/秒。工程建成通水之日，金堂知县亲临祝贺，盛赞其宏伟坚固。

高桂庭借贷建成这一工程，受益后，按亩摊收投资，却未能将款收齐，在义兴珍加紧迫债之下，高桂庭被迫卖田破产还贷，此后家境日蹙，贫病交加，死于嘉陵村。后人感谢其毁家修水利，常至坟前致祭。

高文增（清代）

高文增（1673~1757），金堂县九龙坪人，当地地势平坦，但缺灌溉水源。文增热心水利，于清乾隆三年（1739）与族兄弟共修老黑堰，九年（1745）又修下堰，至十七年（1753）复与胞弟文焕、文贵沿山穿溪，开渠5、8里，越坳而东，建成翻山堰。最后将所引余水凿塘囤蓄，名同兴堰。此后又修螃蟹堰。高氏兄弟所修渠堰，除灌高家坝田500亩，土1200亩外，余水又灌下游黑壁湾百余亩农田。当时民间有谚云："高家坝修沟扎堰，黑壁湾望着等现。"乾隆三十三年（1769），高文增又为首修建跨越清溪河的联登桥，行人称便。

其堂弟高文郁（1675~1755），除参与修堰外，在乾隆二十三年（1759）还栽种松柏竹木数千株，四十一年（1777）主持建赵家场河边大桥。

官兴文（清代）

官兴文，字蔚章，灌县崇义铺人，都江堰本土杰出的水利专家，1923年任灌县水利知事，1925年又任成都水利知事。在署理都江堰水利事务的任上，深入调查研究，大胆改革创新，整修鱼嘴，兴修白马堰、导江堰等，多有建树。

1925年，官兴文主持大修都江堰。经过分析，他认为要铸就鱼嘴的金刚不坏之身，除了要加强鱼嘴和堤岸的修筑外，缩短"鱼身"以强其体是关键。官兴文大胆作出将鱼嘴位置下移200米，使鱼嘴至飞沙堰的堤岸变得短而粗壮，成为名副其实的"金刚堤"。大修中，官兴文利用当时最新的测量技术，再次校准内江岁修淘修河床的基准，新铸卧铁一根，埋于凤栖窝下，作为每年岁修的基准。此次大修，基本奠定了鱼嘴和金刚堤现在的格局。

1942年官兴文主持修建导江堰，历时四年，终于完成了这条水渠，城北山下11万亩土地终于得到都江堰的自流灌溉，成为旱涝保收的良田。在庆祝导江堰建成通水的大会上，时任四川省政府主席的张群亲自将导江堰正式命名为"兴文堰"，以表彰官兴文对都江堰水利建设作出的杰出贡献。

官兴文在任灌县水利会主任委员期间，积极建议都江堰兴利除害等事，撰写有《都江堰兴利除害计划书》

沈定久（清代）

沈定久，青白江区绣水乡红旗村人，生于清光绪二十七年（1901）。

沈定久1950年进入水利会，被选为杨柳堰支渠主任。1965年因年老体衰卸职。当地群众因其责任心强，管水有方，通过村干部请其担负全村水利工作。直基1975年因病逝为止，终年74岁。沈定久任劳任怨，为基层水利献出了毕生精力。

1958年沈定久参加金堂县春灌工作会议，半夜起床时不慎从楼上跌下，晕倒在地，经抢救后身痛耳鸣，以致产生耳炎，长期流脓；但他因春溜迫切，不顾个人病痛，带病坚持，在群众中留下深刻印象。有一年岁修紧张期间，忽闻其子在雅安触电身亡的噩耗，他的家人要求他前往处理，希望组织照顾抚恤。但沈定久认为岁修工程即将完工，如在此时离开岗位，必将影响工程进度和质量。如果都江堰开水，岁修未完，不但有妨小春，而且许多材料也要报废。他毅然决定不去雅安，仍在工地坚守，化悲痛为力量。

沈定久家与大堰相隔七十华里，在春灌、防汛、岁修期间，他都来回步行，半天由下而上，半天由上而下，不以为劳。沿程了解水情，解决困难，说服群众团结用水。他经常说，自己是个婆婆嘴，连说三遍不为多，因而群众称之为"沈三遍"。当时曾在上游马家场，下游城厢八仙桥建立简易水尺，借以观测水位。沈定久巡行途中，不仅经常堵塞渠道漏洞，使滴水归田，而且还为群众修田坎、护秧窝、捞浮渣、查虫病，不仅管好了水，还关心到农业生产。至今当地群众提到沈大爷这些事迹，仍然十分怀念。

张沅（清代）

张沅（1880至1952），字子聪，四川资中县人。光绪二十九年（1903），以优异成绩官费留学日本，就读于东京帝国大学土木系，毕业后在日本考察，民国元年（1912）归国，后任成都水利知事，并参加了民国初期大修都江堰的工作，民国四年（1915）四川巡按使陈廷杰呈请中央拨银圆30万元大修都江堰，陈廷杰请张沅主办这次大修，1915年2月12日他们成功绘制出了1∶12000的"四川省都江堰外江流域淘工、堰工平面图"，并标明了外江河道和大修工程的分布状况。这是都江堰有史以来第一张运用了现代科学技术的"淘工、堰工平面图"，从此都江堰结束了其传统的无图整治时代。历时4年修复了鱼嘴，灌县、温江分别施工，按时完成了淘修任务。

1923年5月下旬，岷江洪水暴发，灌县山洪暴发。此次水灾为数百年所未见，都江堰渠首工程以及都江堰流域大大小小的灌溉工程均遭受重创。灾后，张沅再次受命主持大修都江堰。

1933年四川叠溪发生了7.5级大地震，地震后堰塞湖溃决的特大洪水使都江堰水利枢纽工程又一次遭遇灭顶之灾。1935年冬四川省主席刘湘核准大修都江堰，张沅第三次主持大修并于1936年完成了改建都江堰。

张沅改建分水鱼嘴时，将鱼嘴位置西移20余米，紧靠外江桥墩，深挖基础，安设地符（河床铺3米深大卵石，河床上铺放大木排架），上用巨石砌筑，更以混凝土填实。全长10余丈，深入河底约10尺，高出水面部分约15尺，前部作椭圆形，径约3丈，尾部宽约4丈，上窄下宽，呈流线性。

民国二十五年（1936）成立四川省水利局，张沅任局长兼总工程师。民国三十三年（1944），张沅任都江堰流域堰务管理处处长。抗战期间都江堰得到了巩固发展。其中都江堰鱼嘴1936年改用水泥砂浆砌筑后，一直到1973年冬～1974年春兴建外江节制闸拆除，中经36年，一直保持完好。

韩楷（民国）

韩楷，字子揆（1886~1958），四川江油县中坝人，称为"四川小水电的奠基人"，民国时期修建的中国第一座水电站——泸县洞窝水电站，在技术上，主要由青输南、韩子揆二人负责。

韩子揆，毕业于日本东京工业大学机械科，专攻水力机械，长于小水电站勘测、设计和施工。一生主要从事职业技术教育工作。历任四川省勘工局局长、省长公署技正、四川省机械工厂厂长、四川省公路局副局长、公路局修车总厂厂长等职。

钟德斋（民国）

钟德斋，青白江区姚渡乡集体村人，生于民国三年（1914），中华人民共和国成立前是个佃农，1948年被群众选为石龙堰（民堰）堰长；中华人民共和国成立后1956年5月起，转为姚渡乡水利干部。一生在基层从事水利工作，晚年积劳成疾，1973年10月23日因肺心病病故。终年59岁。钟德斋勤奋好学，踏实苦干，在本乡水利工作上作出显著贡献。

石龙堰灌区地跨姚渡、杨柳、龙威三乡，农田面积一万余亩，计有48道平梁，10座水碾，每年到栽秧季节，争水纠纷迭起，钟德斋自中华人民共和国成立前夕被选为堰长后，春灌期中日夜巡察，认真负责，公而忘私。当发生水利纠纷时，则抱息事宁人态度，秉公调解，深得群众拥护，大家称之为"钟水官"，以喻其办事公道。1963年以后，钟德斋针对区内下湿田、冬水田产量低而不稳问题，在上级支持下，按自愿互利的原则，采取示范办法，亲自下田开挖深沟，排除涝渍。

在4个点上取得增产三成以上的经验后，于是全面推广，使农民心服口服。连续三年（1964~1966），将全乡4085亩下湿田全部改造完。接着又按同样方法改造冬水田，仍以三年时间（1965~1967），将全乡5570亩冬水田改造成两季田，不仅当年水稻增产30%，还多种一季小春。省农水局得知此情，曾在姚渡乡召开川西片现场会，以推广姚渡改造下湿田、冬水田的成功经验。随后，又有40多个市县派学习组到姚渡取经。

冬水田改造后，蓄水量不足，出现了用水紧张的情况，钟德斋奔走努力，取得都江堰管理处的支持。1964~1968年分年将石龙堰枢纽原有竹笼工程，进行技术改造，改建成混凝土坝，以减少岁修工程量，且使进水稳定可靠。进入20世纪70年代，钟德斋又决心开展蓄水工程建设，利用东风渠水源，实行平塘移位，集中蓄水，扩大容积，并学习蓄水设施建设技术，进行规划。在1972～1973年成功地建起二座小（二）型水库，大大增加了蓄水量，从而扩大了上百亩的灌溉面积。当时省委书记还亲自到姚渡乡视察，充分肯定这一成绩。《四川日报》报道过姚渡乡水利建设的成效。

戴郁文（近现代）

戴郁文（1886～1950），名风承，号觉民，今金马街道人。喜好书法绘画，对建筑设计、机械制造有浓厚的兴趣和研制能力。

1924年，设计出一台水力纺纱机，在刘家濠大朗河堰上安装1台大型水车作动力，带动12台纺纱机同时操作，大大提高了纺纱的生产效率。此外，还先后设计制造过绞纱机、洗毛机、脚踏纺麻机等，均有一定的实用推广价值，人称"土博士""土专家"。

名思枢（近现代）

名思枢，四川罗江县人，1896年出生，1917年考入北京大学法政学院。1937年四川建设厅厅长卢作孚升任全国经济委员会委员，何北衡接任建设厅长，并兼任四川水利局局长。1939年下半年，交卸建设厅厅长。继续兼任水利局局长，直至1947年。

在他兼任水利局局长任内，修建的工程计有：华阳县沙河提水灌溉工程、巴县梁滩河、什邡县朱李火堰、绵阳县龙西堰、德阳县獐子堰、洪家嘴堰、彭县湔堰、雅安县花溪渠、三台县可亭堰、遂宁县南北坝、东山大坝、罗江县野坝堰、灌县都江堰、鱼咀等项，灌溉总面积共30多万亩。在长期的战争和官场腐败的恶劣环境下，完成这些工程应当说是难能可贵的。

任重（近现代）

任重（1904~1986），字致远，四川省万县小周溪人。民国二十三年（1934），都江堰灌区又发生春旱。任重住在仍有余震的地震中心叠溪，督工疏导海子，及时完成了第一期疏导工程，刊立了《叠溪积水疏导纪念碑》。民国二十四年（1935）条石砌筑的都江堰渠首鱼嘴被洪水冲毁。次年冬，张沅主持修复，派任重负责施工，将鱼嘴位置西移10米，紧靠原索桥桥墩。任重创用大楠竹做水筒抽出基坑积水，用水泥砂浆砌条石，重修鱼嘴，质量优良，一直维持到建成外江枢纽闸才相应改造。民国二十五年（1936）石亭江洪水冲毁朱李火三堰渠首分水工程。次年4月派任重为助理工程师代理朱李火三堰（现为前进渠）工程处处长，用条石重修平梁，由于砌置基础深，位置恰当，工程较稳固，历10余年少有毁坏。在此期间任重常深入灌区宣讲水规水法。民国三十三年（1944）成立四川省都江堰流域堰务管理处，任重为堰务管理处地方工程股股长。每年岁修时任重带领一个基础工程队，分赴基层实地勘测安工，并用都江堰传统工程技术指导施工。

成昆煌（现代）

成昆煌出生于1938年11月，崇宁县人，1963年毕业于清华大学水利工程系，为教授级高级工程师，享受国务院政府特殊津贴专家。历任长江水利委员会设计局副局长、水利部长江水利委员会副总工程师，兼长江水利委员会大坝安全检测中心主任、《长江年鉴》副总编辑等职。成昆煌为三峡工程的设计领导者，并利用自身才识积极为社会发展作出贡献。

1958年崇宁县撤销，所属乡镇划归郫县。1959年将已划归郫县的君平、庆兴、桂花、丰乐四乡划归彭县（今彭州市）。古称川西最富裕的上五县"温、郫、崇、新、灌"的"崇"即是崇宁县，也就是如今的唐昌镇，为成都府河、南河上游生态绿色屏障，素以历史文化悠久、生态环境优美誉称。